Gütersloher Verlagshaus. Dem Leben vertrauen

MODULE DER THEOLOGIE

Band 4

Frank Surall

Systematische Theologie

Gütersloher Verlagshaus

Bibliografische Information der Deutschen Nationalbibliothek

Die Deutsche Nationalbibliothek verzeichnet diese Publikation in der Deutschen Nationalbibliografie; detaillierte bibliografische Daten sind im Internet über http://dnb.d-nb.de abrufbar.

Mix
Produktgruppe aus vorbildlich
bewirtschafteten Wäldern, kontrollierten
Herkünften und Recyclingholz oder -fasern
www.fsc.org Zert.-Nr. SGS-COC-004278
© 1996 Forest Stewardship Council

Verlagsgruppe Random House FSC-DEU-0100
Das für dieses Buch verwendete FSC-zertifizierte Papier *Munken Premium*
liefert Artic Paper Munkedals AB, Schweden.

© für diese Ausgabe: Gütersloher Verlagshaus

Konzeption und Realisierung:
© 2009 Palmedia Publishing Services GmbH, Berlin

Dieses Werk einschließlich aller seiner Teile ist urheberrechtlich geschützt. Jede Verwertung außerhalb der engen Grenzen des Urheberrechts ist ohne Zustimmung von Palmedia unzulässig und strafbar. Das gilt insbesondere für Vervielfältigungen, Übersetzungen, Mikroverfilmungen und die Einspeicherung und Verarbeitung in elektronischen Systemen.

Umschlaggestaltung: Init GmbH, Bielefeld
Druck und Bindung: Těšinská Tiskárna, a.S., Český Těšin
Printed in Czech Republic
ISBN: 978-3-579-08084-0

www.gtvh.de

Inhalt

Vorwort 7

1. **Systematische Theologie als Disziplin der Theologie** 9
   1.1 Zur Zielsetzung und Anlage des Buches 9
   1.2 Systematische Theologie im Gefüge der theologischen Disziplinen – die Notwendigkeit enzyklopädischer Orientierung 13

2. **Gegenstand und Aufgabe der Systematischen Theologie** 18
   2.1 Der christliche Glaube als Gegenstand der Systematischen Theologie 18
   2.2 Der konstitutive Gegenwartsbezug der Systematischen Theologie 28

3. **Die Quellen der Systematischen Theologie** 37
   3.1 Die Bibel 39
   3.2 Konfessionelle Bekenntnisse und Lehrtraditionen 51
   3.3 Nicht-theologische Quellen 57

4. **Systematische Theologie zwischen Wissenschaft und Kirche** 62
   4.1 Der wissenschaftliche Anspruch 62
   4.2 Die kirchliche Aufgabe 73

5. **Dogmatik** 78
   5.1 Trinitarischer Aufriss der Dogmatik 79
   5.2 Heilsgeschichtlicher Aufriss der Dogmatik 83

6. **Theologische Ethik** 92
   - 6.1 Allgemeine Ethik 92
   - 6.2 Angewandte Ethik 99

7. **Das Verhältnis von Dogmatik und Ethik** 112

8. **Fundamentaltheologie** 117

9. **Die Wahrnehmung anderer Religionen** 121

10. **Neuere Theologiegeschichte** 126
    - 10.1 Die neuere Theologiegeschichte als Teil der Systematischen Theologie 126
    - 10.2 Orientierungsmarken der neueren Theologiegeschichte 128

11. **Ausblick: Tendenzen der Systematischen Theologie der Gegenwart** 141
    - 11.1 Die Offenheit der Systematischen Theologie nach Barth und Bultmann 141
    - 11.2 Die gegenwärtige Pluralisierung der Systematischen Theologie 147

12. **Arbeits- und Hilfsmittel zur Systematischen Theologie** 153

Vorwort

Das vorliegende Buch will Studienanfängern insbesondere in den modularisierten Studiengängen ohne Voraussetzungen und in einer möglichst verständlichen Sprache einen ersten Eindruck davon vermitteln, worum es in der Systematischen Theologie geht. Es handelt sich weder um ein methodisches Lehrbuch noch gar um einen originellen Entwurf der Systematischen Theologie. Eher zieht die Einführung eine Bilanz aus mehr als zehn Jahren, in denen ich an den Universitäten Kiel und Bonn systematisch-theologische Proseminare für Studierende aller theologischen Studiengänge durchgeführt habe.

Für die Gelegenheit dazu danke ich herzlich Herrn Dr. Dirk Palm, der den Band im Rahmen der Reihe „Module der Theologie" angeregt und seine Entstehung intensiv mit vielen hilfreichen Anmerkungen begleitet hat. Mochte sein nachdrückliches Ansinnen, Fachvokabular und Fremdwörter auf das Nötigste zu beschränken und auf Zitate und Belege für übernommene Aussagen fast vollständig zu verzichten, zunächst ungewohnt gewesen sein, so empfand ich doch zunehmend Freude an der neuen Freiheit von wissenschaftlichen Konventionen. Der Experte wird jeweils unschwer erkennen, woher einzelne Gedanken stammen, auch die Literaturempfehlungen am Ende geben Hinweise darauf.

Meine erste Leserin war wiederum Petra Surall, meine Frau. Mancher komplizierende Exkurs, der Einseitigkeit und Undifferenziertheit vermeiden wollte, und manche schwer verständliche Wendung sind ihrem Einspruch zum Opfer gefallen. Wenn das Buch tatsächlich von Studienanfängern mit Gewinn gelesen werden sollte, wäre dies auch ihr Verdienst.

Oberstes Ziel war, die mitunter recht schwer gängige Tür zur Systematischen Theologie möglichst weit und einladend aufzustoßen. Über die Schwelle treten müssen die Studierenden selber mit eigener systematisch-theologischer Arbeit.

Bonn, im Juni 2009 *Frank Surall*

1. Systematische Theologie als Disziplin der Theologie

„*Systematische Theologie ist diejenige Gestalt von Theologie, die auf dem Boden des biblischen Zeugnisses und im Horizont der (kirchen-) geschichtlichen Tradition als Funktion der Kirche den auf Offenbarung beruhenden christlichen Glauben nach seinen zentralen Inhalten (Dogmatik) und nach seinen praktischen Handlungsorientierungen (Ethik) auf wissenschaftliche Weise, d. h. methodisch, begründend und kritisch, und systematisch, also als klares und gegliedertes Ganzes, denkend entfaltet, auf die jeweilige Situation bezieht und so die christliche Wahrheit als eine gegenwärtige verantwortet.*" (Hermann Fischer, Systematische Theologie, S. 237)

Definition Systematische Theologie

1.1 Zur Zielsetzung und Anlage des Buches

Der Hamburger Systematische Theologe Hermann Fischer (geb. 1933) hat im oben stehenden Satz zusammengefasst, was Systematische Theologie ist. Natürlich würde sich nicht jeder Systematische Theologe jede einzelne Formulierung zu eigen machen können. Was Systematische Theologie ist, lässt sich nicht neutral, ohne jede inhaltliche Positionierung, die prinzipiell strittig ist, bestimmen. Nach evangelischem Verständnis gibt es keine Instanz, die autoritativ festlegen könnte, was Systematische Theologie „ist" bzw. sein soll.

Unmöglichkeit einer neutralen Definition

Hermann Fischers zusammenfassende Definition in einem einzigen Satz lässt ohne unzulässige Vereinfachung die Komplexität des Faches erkennen. Ohne seine eigene theologische Identität zu verleugnen, ist doch Fischers Bemühen erkennbar, so etwas wie einen Common Sense zu formulieren. Der Satz leitet bei Fischer den Schlussabschnitt ein, in dem der Verfasser ein knappes Fazit aus einem vorangehenden Überblick über die systematisch-theologischen Konzeptionen und Entwicklungen des

Fischer-Satz als Leitfaden

20. Jahrhunderts zieht. Insofern will er keine spezielle Definition einer bestimmten theologischen Schule bzw. Richtung formulieren und kann sich die vorliegende Einführung in die Systematische Theologie in den behandelten Aspekten an Fischers Definition anlehnen. Der Satz kann während der Lektüre als orientierender Leitfaden und anschließend als ein Kompendium dienen, das dem Leser die Ausführungen der einzelnen Kapitel in Erinnerung ruft und auf knappstem Raum vergegenwärtigt.

Zielsetzung dieses Buches

Die vorliegende Einführung begibt sich in dasselbe Spannungsfeld zwischen der eigenen Auffassung, die der Verfasser vertritt, und möglichst repräsentativer Basisinformation. Das Buch soll Studierenden unabhängig von einer Entscheidung für bestimmte inhaltliche Optionen einen ersten Zugang zum Fach vermitteln. Mit dieser Zielsetzung werden die verschiedenen Aspekte der Systematischen Theologie allerdings in eigener Verantwortung aufeinander bezogen und entfaltet, ohne künstliche Neutralität anzustreben.

Kap. 2: Gegenstand und Aufgabe Systematischer Theologie

Nach dieser Einleitung und der Verortung der Systematischen Theologie im Gefüge der fünf Teildisziplinen der Theologie (1.2) setzt die Darstellung im 2. Kapitel ein mit der Reflexion des christlichen Glaubens als des grundlegenden Gegenstands der Systematischen Theologie (2.1). Er ist in Fischers Definition das grammatische Objekt des langen Relativsatzes, der Systematische Theologie näher bestimmt. In der zusammenfassenden Schlussformulierung „und so die christliche Wahrheit als eine gegenwärtige verantwortet" wird der „christliche Glaube" als grammatisches Objekt durch die „christliche Wahrheit" ersetzt und so der enge Zusammenhang zwischen Glaube und Wahrheit markiert. Für die Entfaltung des christlichen Glaubens und für die Verantwortung der christlichen Wahrheit ist deren Gegenwartsbezug entscheidend, der gesondert zu reflektieren ist (2.2).

Kap. 3: Die Quellen der Systematischen Theologie

Anschließend werden im 3. Kapitel biblisches Zeugnis (3.1) und (kirchen-)geschichtliche Tradition (3.2) als die wesentlichen Quellen, aus denen Inhalte und Handlungsorientierungen des christlichen Glaubens erhoben werden, in den Blick genommen. Ergänzt werden sie durch nicht-theologische Quellen als dritte Gruppe, die bei Fischer nur implizit durch die notwendige Bezugnahme auf die gegenwärtige Situation zu erschließen ist (3.3).

Das 4. Kapitel verortet die Systematische Theologie zwischen Wissenschaft und Kirche. Die von Fischer weit auseinandergerückten Bestimmungen der systematisch-theologischen Arbeit „als Funktion der Kirche" und „auf wissenschaftliche Weise" werden stärker aufeinander bezogen, da sie gerade von Studienanfängern, an die sich das Buch richtet, häufig als gegensätzlich empfunden werden und ihr Verhältnis insofern klärungsbedürftig ist. Bedeutet die kirchliche Anbindung nicht einen Verzicht auf wissenschaftlich begründete Kritik oder zumindest deren Entschärfung? Oder umgekehrt: Hat ein wissenschaftliches Studium der Systematischen Theologie im Rahmen eines universitären BA-Studiengangs, das weder auf ein kirchliches Amt noch auf die Befähigung zu kirchlich verantwortetem Religionsunterricht hinführt, überhaupt noch etwas mit der Kirche zu tun? Die Systematische Theologie bewegt sich zwischen den skizzierten Extremen. So wenig sie ohne jeden wissenschaftlichen Anspruch und ohne jeden kirchlichen Bezug auskommt, versteht sich doch nicht jeder Ansatz betont als Kirchliche Dogmatik (Karl Barth), und nicht jeder Ansatz besteht auf der prinzipiellen methodischen Gleichförmigkeit mit den (anderen) Geisteswissenschaften.

Kap. 4: Die Teildisziplinen der Systematischen Theologie

Die anschließenden Kapitel wollen mit Dogmatik (Kap. 5) und Ethik (Kap. 6) als den wichtigsten Teildisziplinen der Systematischen Theologie vertraut machen. Die bei Fischer zu findende Hauptunterteilung in Dogmatik und Ethik spiegelt sich auch in den Modulplänen vieler neuer Studiengänge wider. Die wichtigsten Themenfelder sowohl der Dogmatik als auch der allgemeinen und der angewandten Ethik werden jeweils exemplarisch anhand zentraler Fragen vorgestellt, bevor in Kap. 7 ihr Verhältnis zueinander bedacht wird.

Kap. 5–7: Dogmatik und Ethik – die Hauptdisziplinen der Systematischen Theologie und ihr Verhältnis zueinander

In den folgenden Kapiteln werden weitere Teilbereiche Systematischer Theologie in den Blick genommen, die verschiedentlich über die Hauptunterteilung in Dogmatik und Ethik hinaus auch ergänzende Schwerpunkte systematisch-theologischer Lehrstühle und Institute bilden: die Fundamentaltheologie, die z. T. zur Dogmatik gerechnet, z. T. als eigene (Teil-)Disziplin

Kap. 8 und 9: Fundamentaltheologie und Wahrnehmung anderer Religionen

betrachtet oder mit der Religionsphilosophie identifiziert wird (Kap. 8), und die Wahrnehmung anderer Religionen (Kap. 9), die z. T. in Religionsphilosophie oder Religionswissenschaft erfolgt, z. T. auch in Schwerpunktbezeichnungen wie „Dialog der Kulturen" institutionalisiert ist.

Kap. 10: neuere Theologiegeschichte

Anders als in den Naturwissenschaften und stärker als in den historischen Fächern sind viele ältere Positionen in der Systematischen Theologie nicht einfach „überholt", sondern bieten der gegenwärtigen Reflexion und Diskussion bleibende Anregungen und Anknüpfungsmöglichkeiten. Dies gilt insbesondere für die neuere Theologiegeschichte, die im 10. Kapitel als ein unverzichtbarer Teil der Systematischen Theologie vorgestellt wird (10.1). Daran schließt sich ein exemplarischer Überblick über Orientierungsmarken der neueren Theologiegeschichte seit dem 18. Jahrhundert an (10.2). Er konzentriert sich auf die wesentlichen Grundlinien, die für eine erste Orientierung in der Systematischen Theologie notwendig sind. Die Darstellung nimmt insofern auf die vorangehenden Kapitel Bezug, als sie nun unterschiedliche inhaltliche Optionen im Verständnis des christlichen Glaubens (Kap. 2) und im Zugriff auf die systematisch-theologischen Quellen (Kap. 3) differenziert bestimmten theologischen Positionen zuweist.

Kap. 11: Ausblick – Tendenzen der Systematischen Theologie der Gegenwart

Fischers Bestimmung der systematisch-theologischen Arbeit als „systematisch" auf ein „klares und gegliedertes Ganzes" abzielend wird schließlich zum Ausgangspunkt für einen Ausblick auf die Tendenzen der Systematischen Theologie der Gegenwart, der eben ein solches systematisches Ganzes fraglich geworden zu sein scheint und die stattdessen durch Offenheit und Pluralisierung gekennzeichnet ist (Kap. 11).

Kap. 12: Kommentiertes Literaturverzeichnis

Der Anlage der Reihe „Module der Theologie" gemäß wird um der Lesbarkeit willen auf die Angabe von Belegen in der wissenschaftlichen Literatur verzichtet. Einen gewissen Ersatz dafür bietet das Literaturverzeichnis (Kap. 12), das eine Auswahl grundlegender und für die jeweiligen Kapitel relevanter Werke aufführt und kommentiert.

Kontrollfragen:

1. Wie lautet die grammatisch kürzest mögliche Fassung des Relativsatzes der Fischer-Definition („Systematische Theologie ist diejenige Gestalt von Theologie, die ..."), die sich nach Fortlassung aller Näherbestimmungen ergibt?
2. Worin besteht die besondere Intention des Quellenbezugs der Systematischen Theologie im Unterschied zu demjenigen anderer Fächer?

Kontrollfragen

1.2 Systematische Theologie im Gefüge der theologischen Disziplinen – die Notwendigkeit enzyklopädischer Orientierung

Bevor Hermann Fischer in seinem langen Relativsatz näher bestimmt, was Systematische Theologie ist, bezeichnet er sie im Hauptsatz als eine bestimmte („diejenige") Gestalt von Theologie. Diese Bezeichnung setzt voraus, dass es neben ihr noch andere Gestalten von Theologie gibt. Obwohl die Systematische Theologie die Ergebnisse derjenigen Disziplinen, die sich mit dem biblischen Zeugnis und der kirchengeschichtlichen Tradition befassen, aufnimmt und verarbeitet, wäre es vermessen, sie für die Theologie schlechthin zu halten. Sie ist nur eine ihrer Gestalten, die nicht aus sich selbst heraus bestehen kann, sondern auf Ergänzung angewiesen ist.

Systematische Theologie als eine bestimmte Gestalt von Theologie

Die Bestimmung des Verhältnisses der theologischen Fächer zueinander bezeichnet man herkömmlich als „Theologische Enzyklopädie". Enzyklopädie meint in diesem speziellen Sinne also kein umfangreiches Nachschlagewerk wie die Theologische Realenzyklopädie (TRE), sondern die aufs Ganze gerichtete theologische Reflexion. Theologische Enzyklopädie breitet nicht als *Real*enzyklopädie das gesamte gegenständliche Wissen der Theologie (real < lat. *res* „Sache, Gegenstand") in alphabetischer Ordnung aus. Vielmehr beschreibt sie als *Formal*enzyklopädie auf einer Meta-Ebene gewissermaßen die Form der Theologie als ganzer, die von den Einzeldisziplinen inhaltlich auszufüllen ist. Theologische Enzyklopädie schreitet wie in einem Kreis (gr. *kyk-*

„Theologische Enzyklopädie": Begriffsbestimmung

los > *enkyklios* „kreisförmig") die Gesamtheit der theologischen Fächer in ihrer arbeitsteiligen Zuordnung ab. Sie behandelt also keinen eigenen Gegenstand neben denjenigen der fünf theologischen Hauptdisziplinen, sondern verbindet alttestamentliche und neutestamentliche Wissenschaft, Kirchengeschichte, Systematische Theologie und Praktische Theologie miteinander zu einem zusammenhängenden, sinnvoll konstruierten Theoriegebäude.

Theologische Enzyklopädie als gemeinsame Aufgabe aller theologischen Disziplinen

Theologische Enzyklopädie zu betreiben ist für Studierende besonders wichtig, damit sie ihre Studien in den verschiedenen theologischen Fächern zu einer Gesamtsicht integrieren können und ihnen „Theologie" nicht zu einem bloßen Sammelbegriff für eine bunte Mischung unterschiedlicher, unzusammenhängender Wissenschaften wird. Dass die Systematische Theologie der bevorzugte Ort solcher enzyklopädischer Orientierung ist, versteht sich nicht von selbst. In der Vogelperspektive der Theologischen Enzyklopädie scheint die Systematische Theologie nur eine von fünf Hauptdisziplinen zu sein und gleichrangig neben den anderen zu stehen. Ein eigenes Fach „Theologische Enzyklopädie" *neben* den fünf Hauptdisziplinen gibt es nicht, weder als Lehrstuhl an den Theologischen Fakultäten noch in den Studienordnungen. Ein solches wäre auch problematisch: Keine Disziplin kann einer anderen Disziplin bevormundend ihre Eigenart und ihre Bedeutung erklären. Theologische Enzyklopädie wächst aus der Arbeit in den einzelnen Disziplinen, die sich in einem komplizierten Prozess bis zum 19. Jahrhundert etabliert haben, heraus und muss mit deren Selbstverständnis vereinbar sein. Viele Autoren bedeutender Theologischer Enzyklopädien haben in mehreren Fächern Bedeutendes geleistet, sodass man ihnen keine enge Perspektive einer Einzeldisziplin vorwerfen kann (F. Schleiermacher, R. Bultmann, G. Ebeling; s. Literaturverzeichnis Kap. 12).

Dass sich gerade die Systematische Theologie durch die Aufgabe einer Theologischen Enzyklopädie in besonderer Weise herausgefordert sieht, hat Gründe, die bereits mitten in die enzyklopädische Aufgabe hineinführen. Sie sollen im Folgenden wenigstens angedeutet werden.

Die bis heute wirkungsvollste Theologische Enzyklopädie, auf die sich die meisten der späteren Entwürfe zumindest implizit beziehen, ist diejenige von Friedrich Schleiermacher (1768–1834). Die Druckfassung trägt den sperrigen Titel *Kurze Darstellung des theologischen Studiums zum Behuf einleitender Vorlesungen* (Erstfassung 1810, überarbeitet 1830). Schleiermacher unterschied darin die drei großen Gruppen der philosophischen, der historischen und der praktischen Theologie. Die philosophische Theologie, die vom empirisch-geschichtlichen Christentum absehe, war damals so wenig institutionell ausgeprägt wie heute. Verschiedene Bestandteile derselben finden sich Schleiermacher zufolge fragmentarisch in den historischen Disziplinen. Zu diesen rechnete Schleiermacher neben der Bibelwissenschaft und der Kirchengeschichte überraschenderweise auch die Systematische Theologie bzw. Dogmatik – letztere als Oberbegriff für die Glaubenslehre, d. h. Dogmatik in unserem Sinne, und die Sittenlehre, d. h. die theologische Ethik. Die Systematische Theologie ist freilich nur in dem Sinn historisch, dass sie am äußersten Ende der Historie, der Gegenwart, angesiedelt ist. Sie enthalte die „Kenntnis der *jetzt* in der evangelischen Kirche geltenden Lehre" (§ 195), deren Inhalte der Gegenwart durch Bibel und Tradition zur stets aufs Neue erfolgenden Prüfung vermittelt werden.

philosophische, historische und praktische Theologie nach Schleiermacher

Ernst Troeltsch (1865–1923) hat später ausgehend von Schleiermachers Entwurf die Systematische Theologie stärker von den historischen Disziplinen abgerückt und zur praktischen Theologie gezogen. Systematische Theologie verdankt sich wie die Praktische Theologie nicht allein einer chronologischen Spezialisierung, sondern besitzt darüber hinaus einen normativen Aspekt: Die Frage, was gegenwärtig gilt, ist nicht von der Frage zu trennen, was gelten *soll* (s. Kap. 2.2).

Modifizierung durch Ernst Troeltsch

In jedem Fall muss die Systematische Theologie als gegenwartsbezogene Disziplin notwendig auf die im engeren Sinne historischen Disziplinen zurückgreifen, da die Glaubensinhalte und Handlungsorientierungen, die sie reflektiert, geschichtlich vermittelt sind. Dasselbe gilt für die Praktische Theologie. In der

Systematische Theologie und Praktische Theologie als enzyklopädische Disziplinen

Systematischen Theologie und in der Praktischen Theologie – dort insbesondere in der Religionspädagogik – ruft die für die eigene Arbeit unvermeidliche innertheologische Interdisziplinarität eine Neigung zu enzyklopädischer Reflexion hervor. Dogmatik und Ethik sind gewissermaßen in sich enzyklopädisch angelegt. Dies wird in Kap. 3 hinsichtlich der systematisch-theologischen Quellen näher zu entfalten sein.

enzyklopädischer Beitrag der historischen Disziplinen

Dass umgekehrt die historischen Disziplinen zu gegenwartsbezogenen Reflexionen vordringen, ist weniger selbstverständlich. Dennoch zeichnen sie gerade diese Grenzüberschreitungen als Gestalten der Theologie aus, die von der fortdauernden Aktualität ihres Gegenstandes überzeugt ist. Aus jeder Disziplin können Einsichten in das Ganze der Theologie erwachsen. Zu ihrer jeweiligen Zeit haben Kirchengeschichtler wie Adolf von Harnack (1851–1930) oder Exegeten wie der Alttestamentler Gerhard von Rad (1901–1971) und der Neutestamentler Rudolf Bultmann (1884–1976) das Verständnis der Theologie insgesamt maßgeblich geprägt. Da die historischen Fächer als theologische Disziplinen nicht bei ihrem jeweiligen Ausschnitt der geschichtlichen Entwicklung verharren können, können und müssen sie sich in einem übergreifenden Gesamtzusammenhang der Theologie verorten und Studierenden ein solches Verständnis vermitteln. Mögen sie diese Aufgabe oft v. a. an die Systematische Theologie delegieren, handelt es sich bei der Theologischen Enzyklopädie doch nicht um eine exklusiv systematisch-theologische Fachangelegenheit, sondern um stellvertretende Reflexionen für die gesamte Theologie.

notwendige Kenntnis der enzyklopädischen Aufgabe schon zu Studienbeginn

Diese Andeutungen müssen in einer Einführung für Studienanfänger genügen. Theologische Enzyklopädie vermittelt kein abstraktes Vorverständnis, sondern gewissermaßen ein reflektierendes, Zusammenhang stiftendes Nach-Verständnis der theologischen Disziplinen. Sie ist nicht mit einer Einführung in die Theologie zu verwechseln, da sie Kenntnisse der verschiedenen Disziplinen voraussetzt. Die Theologische Enzyklopädie gehört – zugespitzt formuliert – nicht ins Proseminar, sondern ins Oberseminar, ist also weniger etwas für Studienanfänger als für Fortgeschrittene. Bereits der Studienanfänger muss allerdings wissen, *dass* das jeweilige Fach nicht aus sich allein heraus zu verstehen ist, sondern notwendig in einem übergeordneten Zusammenhang steht. Dieser große Zusammenhang im Singular wird durch viele kleine Zusammenhänge hergestellt, auf die von Anfang an zu achten ist und auf die nur dann geachtet werden kann, wenn man sich ihrer Bedeutung von vornherein bewusst ist.

Kontrollfragen:

1. Worauf zielt die Theologische Enzyklopädie?
2. Worin besteht das Gemeinsame im Begriff der Theologischen Enzyklopädie und in der Bezeichnung eines umfangreichen Nachschlagewerks wie z. B. der Brockhaus Enzyklopädie?
3. Warum sollte man selbst in einem separaten Studium der Systematischen Theologie z. B. als Begleitfach in einem Bachelor-Studiengang zumindest Grundkenntnisse der anderen vier theologischen Hauptdisziplinen erwerben?

Kontrollfragen

2. Gegenstand und Aufgabe der Systematischen Theologie

2.1 Der christliche Glaube als Gegenstand der Systematischen Theologie

1. Die Offenbarung Gottes in Christus als Grund des Glaubens

Offenbarung als Selbsterschließung Gottes

Christliche Theologie geht davon aus, dass sich nur deshalb etwas von Gott sagen lässt und also Theologie nur deshalb möglich ist, weil Gott *selber* den Menschen etwas über sich mitgeteilt hat. Diese grundlegende Mitteilung Gottes als Erkenntnisgrund der Theologie nennt man Offenbarung. Nach christlichem Verständnis offenbart Gott primär nicht irgendwelche geheimen Sachverhalte, sondern sich selbst. Offenbarung ist die Selbsterschließung Gottes.

Offenbarung und Glaube

Aufseiten des Menschen empfängt der Glaube die göttliche Offenbarung. Glaube und Gott gehören „zu Haufe", d. h. untrennbar zusammen, meinte Martin Luther in seinem Großen Katechismus. Nur im Modus des Glaubens aufgrund seiner Offenbarung ist Gott dem Menschen zugänglich. Freilich ist der Glaube nicht in dem Sinne menschlich, wie die Offenbarung göttlich ist. Beide verdanken sich einem grundlegenden Handeln Gottes: Offenbarung ist der von Gott geschaffene Weg Gottes zum Menschen, Glaube ist der ebenfalls von Gott geschaffene Weg des Menschen zu Gott.

allgemeine Offenbarung

Die christliche Theologie kennt verschiedene Offenbarungsarten, deren Verhältnis zueinander umstritten ist. Die allgemeine Offenbarung oder natürliche Offenbarung *(revelatio generalis)* bedeutet, dass sich Gott in seiner Schöpfung auf eine Weise zeigt, die allen Menschen aufgrund ihrer natürlichen Anlagen und insbesondere aufgrund ihrer Vernunft zugänglich ist. Paul

Althaus (1888–1966) sprach von einer „Ur-Offenbarung" Gottes. Entsprechend gäbe es einen vernünftigen, nicht spezifisch christlichen Gottesglauben. Die zentrale biblische Belegstelle für diese Annahme findet sich im Römerbrief, an dessen Beginn Paulus feststellt, dass Gott den Heiden sein unsichtbares Wesen seit Erschaffung der Welt offenbart habe (Röm 1,19f.).

Viele christliche, insbesondere evangelische Theologen meinen allerdings, dass ein solcher natürlicher Glaube, der einer sog. natürlichen Theologie zugrunde liegt, seinen Gegenstand gar nicht erreichen kann. Aufgrund der Sünde, der sich von Geburt an niemand entziehen könne, seien die natürlichen Anlagen des Menschen so sehr verdorben, dass der Gott, den sie zu erkennen glauben, ein Phantom ist und nichts mit dem wahren christlichen Gott zu tun hat. Die Kritiker berufen sich auf die Fortsetzung der Ausführungen des Paulus im Römerbrief, der zufolge die Heiden die Wahrheit Gottes mit der Lüge vertauscht haben, sodass ihre Gedanken in einen Wahn verfielen und ihr unverständiges Herz verfinstert wurde (Röm 1,21.25). Selbst Theologen, die einen vernünftigen Glauben an Gott grundsätzlich für möglich halten, betonen die Korrektur- und Ergänzungsbedürftigkeit des natürlichen Gottesglaubens. Martin Luther zufolge kann die Vernunft Gott nicht als Gott, der „für mich" *(pro me)* ist – mit mir in eine heilvolle Beziehung tritt –, erkennen. Sie spielt Blindekuh mit Gott – sie tastet quasi mit verbundenen Augen nach ihm.

evangelische Kritik der natürlichen Offenbarung

Eine klare Vorstellung, wo Gott zu finden ist, vermittelt demnach nur die besondere Offenbarung Gottes in Jesus Christus *(revelatio specialis)*, in welcher der Glaube seinen eigentlichen – für manche einzigen – Bezug findet. „Christus allein" *(solus Christus)* und „allein durch Glauben" *(sola fide)* – zwei der vier sog. Exklusivpartikeln, welche die reformatorische Lehre zusammenfassen (zu „allein durch Gnade" s. Kap. 2.1.3, zu „allein durch die Schrift" s. Kap. 3.1) – erfordern einander und erläutern sich gegenseitig. Das christliche Ur-Bekenntnis lautet in seiner kürzesten Form schlicht „Kyrios Jesus", d. h. „Jesus ist Herr" (1 Kor 12,3). Jeder, der in dieses Bekenntnis einstimmt, hat Paulus zufolge den Heiligen Geist und damit echten christlichen Glauben, ungeachtet aller sonstigen Unterschiede.

die besondere Offenbarung in Jesus Christus – Grundlage des christlichen Gottesglaubens

der Glaube an Christus als theologischer Ausgangspunkt

Jesus Christus erst schafft dem Glaubenden einen Zugang zu Gott – „im Namen Jesu Christi" wendet er sich im Gebet vertrauensvoll an ihn. Erst nachträglich, vom Glauben an Christus her, wird auch der Schöpfer in den Werken seiner Schöpfung erkennbar. Ein frühchristlicher Hymnus, der im Kolosserbrief angeführt wird, ging sogar so weit, dass Himmel und Erde „in Christus" geschaffen wurden (Kol 1,16). Der Schöpfer wurde nicht nur von Christus her erkannt, sondern beinahe mit Christus identifiziert. Die spätere trinitätstheologische Lehre, dass die nach außen, auf die Welt gerichteten Werke des dreieinigen Gottes ununterscheidbar keiner einzelnen Person der Trinität, sondern nur den trinitarischen Personen Vater, Sohn und Heiligem Geist gemeinsam zugeordnet werden können, wurde hier angebahnt. Die radikale Weigerung, Gott ohne Christus zu denken, führte zur Annahme der „Präexistenz" Christi, seiner Gemeinschaft mit Gott schon *vor* (lat. *prae*) aller Schöpfung (Kol 1,15) und damit erst recht *vor* der Geburt Jesu als historischer Person.

irdischer Jesus und Christus des Glaubens

Darin wird deutlich: Die Bedeutung Jesu Christi reicht für den Christen weit über die Bedeutung als Gestalt der Vergangenheit, die in einem spezifischen historischen Kontext ein spezifisches Anliegen vertrat, hinaus, so sehr sich die Bedeutung an dieser geschichtlichen Person festmacht und nicht von ihr abzulösen ist. Seine Bedeutung ist universal, insofern sie Anfang und Ende der Geschichte, das durch sein Wiederkommen eingeleitet wird, umfasst (Offb 1,17; 22,12f.). Das Heil der Welt wie des einzelnen Menschen verdankt sich seinem Kreuzestod. Diese universale Bedeutung Christi ist nicht historischer Forschung zugänglich, sondern allein dem Glauben. Luthers Wort, dass Gott und Glaube zu Haufe gehören, gilt auch für Gott in Christus – also für Gott, der sich den Menschen in Christus offenbart. Das Verhältnis des „Christus des Glaubens" – wie man im meist kritischen Anschluss an David Friedrich Strauß (1808–1874) gern formuliert – zum irdischen Jesus ist seit dem 19. Jahrhundert die zentrale Frage der Christologie, also der Lehre von Christus als Teil der Dogmatik.

Wenn nach christlicher Grundüberzeugung der Zugang zu Gott über Christus führt, wird dadurch also nicht der Glaube umgangen, indem ein historischer Zugang zum Menschen Jesus wie zu irgendeiner anderen historischen Persönlichkeit gesucht würde. Die Evangelien des Neuen Testamentes sind keine objektiv berichtenden Dokumente. Sie können zwar historisch-kritisch auf ihre Glaubwürdigkeit befragt werden und besitzen durchaus einen Quellenwert, aber ihre Bedeutung geht nicht darin auf. Die Briefe des Neuen Testaments enthalten ohnehin nur äußerst spärliche Bezüge zum irdischen Jesus. Paulus stellte dezidiert fest: „Auch wenn wir Christus gekannt haben nach dem Fleisch, so kennen wir ihn doch jetzt so nicht mehr" (2 Kor 5,16). Kreuz und Auferstehung als Versöhnung mit Gott, die im Glauben angeeignet werden kann, ziehen alle Aufmerksamkeit auf sich. Ein „historischer Jesus" ohne jeden Bezug zum Christus des Glaubens wäre streng genommen kein Gegenstand der Theologie, sondern allein der Geschichtswissenschaft. Vom christlichen Standpunkt aus betrachtet könnte mit einer solchen methodischen Verkürzung die Bedeutung der Person Jesu gar nicht angemessen erfasst werden.

zentrale Bedeutung von Kreuz und Auferstehung für den Glauben

Statt vom „historischen Jesus" sprach Martin Kähler (1835–1912) daher vom geschichtlichen, biblischen Christus, in dessen Wahrnehmung sich historische Erkenntnis und Glaubens-Urteil miteinander verbinden. Wenngleich sich die terminologische Unterscheidung zwischen „historisch" und „geschichtlich" nicht durchsetzte, erwies sich die Verschränkung der Perspektiven für die Systematische Theologie als wegweisend. Das historische Bewusstsein der Neuzeit, das kritisch hinter die Quellen zurückfragt, kann und soll nicht umgangen werden. Der Weg zurück zur naiven Identifizierung von dogmatischer und historischer Perspektive ist auch der Systematischen Theologie versperrt. Die historische Kritik zerstört jedoch weder den Glauben, noch macht sie ihn überflüssig. Sie macht vielmehr die Evangelien überhaupt erst als Glaubenszeugnisse erkennbar. Einen Zugang zu ihrem Gegenstand findet nur, wer in den sie tragenden Glauben einstimmt und wie sie Jesus *als* den Christus bekennt. Dieses unscheinbare „als" ist die Grundlage des christlichen Glaubens und damit auch der Systematischen Theologie: Der Glaube allein erkennt Jesus „als" den, der er wirklich ist.

Verbindung von historischer und Glaubens-Perspektive in der Erkenntnis Christi

2. Christlicher Glaube als herzliches Vertrauen (fiducia)

Glaube als Wahrnehmung, Zustimmung und Vertrauen

Die Erkenntnis Jesu als Christus vollzieht der Mensch nicht als unbeteiligtes Erkenntnissubjekt gegenüber einem Objekt, sondern mit seiner ganzen Existenz. Diese wird durch die An-Erkennung Jesu als des Herrn von Grund auf neu gestaltet. So wird das Zum-Glauben-Kommen im Neuen Testament in radikaler Weise als Übergang vom Tod zum Leben gedeutet und im Sakrament der Taufe durch das Untertauchen und Wieder-Emporkommen entsprechend versinnbildlicht. Die reformatorische Theologie hat den Glauben in drei Teilaspekte untergliedert: *Wahrnehmung (notitia)* – die erkenntnismäßige Grundlage, ohne die Glauben eine Illusion bliebe –, *Zustimmung (assensus)* im Sinne der beschriebenen existenziellen Anerkennung des Erkannten und schließlich das *herzliche Vertrauen (fiducia)*. Letzteres wurde Luther nicht müde, zum eigentlichen Wesen des Glaubens zu erklären. Wer sich wie ein Kind auf seinen Vater von ganzem Herzen auf Gott verlässt, gewinnt Anteil an dem, was Gott „für mich" *(pro me)* getan hat.

Glaube – keine niedrigere Erkenntnisstufe

Diese Urform des Glaubens gilt als typisch christlich, wie die zentrale Bedeutung des Glaubens überhaupt das Christentum von anderen Religionen unterscheidet. Glauben als Vertrauen zu Gott, das durch Christus vermittelt wird, meint keinen niedrigeren Grad an Gewissheit, wie er im umgangssprachlichen Verständnis als bloßes Meinen, das festem Wissen entgegengesetzt wird, zum Ausdruck kommt: Ich *glaube*, die Tür ist verschlossen, *weiß* es aber nicht genau. Glaube als Vertrauen setzt im Gegenteil einen erkenntnismäßigen Grund, eine *notitia*, die auf bereits gemachter Erfahrung mit dem Glaubensgegenstand beruht, voraus. Wenn der Glaubende sich nicht in falscher Sicherheit (lat. *securitas*) wiegt, dann nicht, weil er unsicher wäre, sondern weil er gewiss ist (lat. *certitudo* „Gewissheit"), d. h. zum Vertrauen gefunden hat. Dass der Glaube nach dem irdischen Leben ins „Schauen" (2 Kor 5,7) übergeht, soll den Glauben nicht als Ungewissheit abwerten, sondern im Gegenteil auf ein Ziel ausrichten, das nur durch den Glauben erreicht wird. Das Schauen Gottes wird nach der christlichen Hoffnung, die wie die Liebe untrennbar mit dem Glauben verbunden ist, die Gemeinschaft mit Gott in Christus vollenden, deren eingeschränkte Vorwegnahme unter den Bedingungen der sündigen Welt der Glaube ermöglicht.

Die Überbietung unbeteiligter Erkenntnis durch das persönliche Vertrauen *(fiducia)* fasst der Heidelberger Katechismus, die grundlegende Bekenntnisschrift der reformierten Kirche (s. Kap. 3.2), in der Antwort auf seine 21. Frage „Was ist wahrer Glaube?" mit einer Fülle biblischer Belegstellen wie folgt zusammen: „Es ist nicht allein eine gewisse Erkenntnis, dadurch ich alles für wahr halte, was uns Gott in seinem Wort offenbaret (Jak 1,18), sondern auch ein herzliches Vertrauen (Röm 4,16ff.; 5,1), welches der Heilige Geist (2 Kor 4,13; Eph 2,8–9; Mt 16,17; Phil 1,19) durchs Evangelium in mir wirket (Röm 1,16; 10,17), dass nicht allein andern, sondern auch mir Vergebung der Sünden, ewige Gerechtigkeit und Seligkeit von Gott geschenkt sei (Hebr 11,7–10; Röm 1,16) aus lauter Gnaden, allein um des Verdienstes Christi willen (Eph 2,7–9; Röm 3,24f; Gal 2,16)."

Zusammenfassung im Heidelberger Katechismus

3. Der Glaube als unverfügbare Gabe Gottes

Wenn Systematische Theologie vom Glauben ausgeht, stellt sie diesen nicht einseitig auf die Seite des Menschen. Christlicher Glaube ist ein durch und durch menschlicher Glaube, dessen Ursprung und bleibender Bezugspunkt Gott ist. Ohne seine Menschlichkeit wäre der Glaube ein übernatürlicher Fremdkörper, ohne seinen göttlichen Ursprung wäre er eine menschliche Eigenschaft neben anderen. Der Glaube beruht nicht nur auf einer unverfügbaren Voraussetzung, der Offenbarung Gottes, sondern er ist nach reformatorischem Verständnis selber eine Gabe Gottes, die dieser „allein aus Gnade" *(sola gratia)* schenkt. Gott selber weckt durch das Wirken seines Heiligen Geistes den Glauben im Herzen des Menschen. Niemand besitzt den Glauben von sich aus oder kann sich selber mit dem Glauben beschenken. Der Glaube entsteht durch das Hören auf ein Wort, das von *außen (verbum externum* „äußeres Wort") zu mir gesprochen wird (Röm 10,17). Insofern entspricht dem „für uns" *(pro nobis)* des Glaubens nach reformatorischem Verständnis sein „außerhalb

Menschlichkeit und göttlicher Ursprung des Glaubens

unser" *(extra nos)*. Es bedeutet eine große Entlastung für den Menschen, dass er sein Heil nicht selber suchen muss, sondern darin ganz einem anderen vertrauen kann.

die Früchte des Glaubens

Der Mensch kann den Glauben lediglich passiv empfangen, dann aber aktiv im Glaubensgehorsam sein Leben nach ihm ausrichten. Karl Barth (1886–1968) fügte seiner Auslegung des Glaubens als Vertrauen und Erkenntnis, die der reformatorischen *fiducia* und *notitia* entsprechen, die Auslegung des Glaubens als Bekenntnis, das der Mensch in Wort und Tat ablegt, hinzu. Die Bibel spricht hier gern in einem Bild von den „Früchten" des Glaubens (Röm 6,21; 7,4 u. ö.) bzw. im Blick auf das menschliche Handeln vom Glauben, der durch die Liebe tätig ist (Gal 5,6). Die Lehre, dass der Glaube erst durch die Liebe formiert werde *(fides caritate formata)* und demnach ohne Liebe kein vollgültiger Glaube wäre, haben die Reformatoren freilich abgelehnt, weil dadurch der Charakter des Glaubens als herzliches Vertrauen verdunkelt würde. Dass der Glaube auch Handlungsorientierung bietet und es keinen Glauben ohne Liebe gibt, bestritten sie jedoch nicht. Dies ist die Voraussetzung jeder theologischen Ethik.

Beispiel Taufe

Das Außersichsein des Glaubens wird sinnfällig veranschaulicht durch das Sakrament der Taufe. Niemand kann sich selber taufen, jeder muss von einem anderen im Namen des dreieinigen Gottes getauft werden. Für Martin Luther stand fest, dass Gott sich in der Taufe dem Menschen ohne jede Vorbedingung zuwendet. Auch ein Erwachsener könnte sich daher nicht anders taufen lassen als ein kleines Kind. Selbst im Säugling könne Gott Glauben schaffen. Ein solcher Kinderglaube *(fides infantium)* sei von Gott her betrachtet dem Glauben von Erwachsenen gleichzustellen. Die innerchristliche Kontroverse um die Legitimität der Säuglings- bzw. Kindertaufe entzündet sich letztlich daran, ob das Hinzukommen zur Taufe noch wie bei Luther auf die Seite des passiven Gläubigwerdens gehört, das auch für Erwachsene unverfügbar bleibt, oder bereits auf die Seite der menschlichen Antwort auf die göttliche Anrede, die einen persönlichen Entschluss voraussetzt, den nur ein Erwachsener oder zumindest ein älteres Kind fassen kann. Letztere Auffassung vertrat in neuerer Zeit v. a. Karl Barth, für den die Taufe bzw. der eigene Entschluss, sich taufen zu lassen, die Ethik – also das Handeln des Menschen – begründe.

4. Subjektiver Glaube und objektive Glaubensinhalte

Den Zugang zu Gott eröffnet nicht das Erkenntnisstreben des Menschen, sondern allein der von Gott geschenkte Glaube. Daher kann statt unmittelbarer Gotteserkenntnis nur der Glaube Gegenstand der Systematischen Theologie sein. Manche Theologen, v. a. des liberalen Neuprotestantismus seit dem 19. Jahrhundert, haben deshalb die Systematische Theologie ausdrücklich als „Glaubenslehre" bezeichnet. Friedrich Schleiermachers Werk „Der christliche Glaube nach den Grundsätzen der evangelischen Kirche dargestellt" (1821/22, Endfassung 1830/31) ist die einflussreichste evangelische Dogmatik des 19. Jahrhunderts. Schleiermacher grenzte die Religion und mit ihr den Glauben konsequent vom Wissen und Tun ab, um sie im Gefühl zu verorten. Insofern es sich beim Gefühl nicht weniger als bei Verstand und Willen um eine menschliche Anlage handelt, sahen andere Theologen wie Karl Barth die Gefahr, dass die Glaubenslehre die Theologie ihres eigentlichen Gegenstandes berauben könnte, indem sie aus der Theo-logie eine Anthropo-logie (gr. *anthropos* „Mensch"), aus der Lehre von Gott eine Lehre vom Menschen machte. Eine Glaubenslehre wäre demnach eine Spielart der „natürlichen" Theologie, welche von der besonderen, maßgeblichen Offenbarung in Christus absähe.

Systematische Theologie als Glaubenslehre?

Dass dies keineswegs notwendig der Fall sein muss, zeigt Karl Barths eigene *Dogmatik im Grundriss* (1947). Dem Apostolischen Glaubensbekenntnis – auch Credo (lat. „ich glaube") genannt – folgend, schickte Barth seiner Darstellung der dogmatischen Inhalte eine dreifache Reflexion über den Glauben voraus und begründete so die Dogmatik ebenfalls in gewisser Weise als Glaubenslehre. Er folgte dabei der reformatorischen Lehre, indem er „Glauben heißt Vertrauen" betont an den Anfang stellte und darauf die weiteren Bestimmungen des Glaubens als Erkennen und als Bekennen folgen ließ (s. o., Kap. 2.1.3). Das Credo entfalte das „an" – den objektiven Gegenstand, „an" den der subjektive Glaube glaubt und von dem er lebt.

Einsatz der Dogmatik mit dem Glauben bei K. Barth

der Glaube will verstehen

Selbst wenn man Barths tiefe Skepsis gegenüber der Subjektivität des Glaubens nicht teilen mag, ist doch für die Systematische Theologie die Einsicht grundlegend, dass sich der subjektive Glauben auf bestimmte Glaubensinhalte bezieht. So beantwortet sich die Frage, wie der persönliche Glaube, dessen Wesen kindliches Vertrauen *(fiducia)* ist, denn Gegenstand einer wissenschaftlichen Beschäftigung sein kann. Ob jemand subjektiv glaubt, ist nicht messbar. Der Glaube bleibt jedoch nicht nur innere Erfahrung. Er äußert sich, teilt sich anderen, Glaubenden und (Noch-)Nicht-Glaubenden, mit. Von der natürlichen Erkenntnis des Menschen führt zwar kein Weg zum christlichen Glauben, den nur Gott selbst wirkt. Aber in umgekehrter Reihenfolge will der Glaubende jedenfalls nachträglich verstehen, was er glaubt. Der Glaube sucht das Verstehen *(fides quaerens intellectum)*, fasste der mittelalterliche Theologe Anselm von Canterbury (1033/34–1109) zusammen.

evangelisches Verständnis von „Dogmen"

Die Formulierungen, zu denen der um das Verstehen seiner selbst bemühte Glaube gelangt, lassen sich als „Dogmen" bezeichnen. Der Begriff Dogma, den die Reformatoren häufig gleichbedeutend mit *articulus fidei* („Glaubensartikel") benutzten, hat zunächst nichts mit fest gefügten, altertümlichen Lehrsätzen zu tun, über deren Einhaltung die Kirche mit strengen Maßregelungen wacht. Dogma (< gr. *dokein* „meinen") bezeichnet in evangelischer Sicht ein Resultat theologischen Nachdenkens über den Glauben, dessen Verbindlichkeit sich allein aus seiner kritisch zu prüfenden Schriftgemäßheit ergibt. Die Prüfung und Weiterentwicklung der überlieferten Glaubensinhalte ist die zentrale Aufgabe der Systematischen Theologie. Nur im offenen Sinn vorläufiger Ergebnisse eines unabgeschlossenen, jederzeit neu zu belebenden Verstehensprozesses lässt sich von evangelischen Dogmen als Ziel gegenwärtiger evangelischer Dogmatik sprechen. Der Dynamik des unabgeschlossenen, sich entwickelnden Glaubensverständnisses entspricht nach Auffassung mancher Theologen wie z. B. Ernst Troeltsch oder Paul Tillich (1886–1965) die Annahme einer dynamischen Offenbarung, welche zwar unaufgebbar auf die grundlegende Offenbarung in Christus bezogen bleibt, diese aber stets neu entfaltet.

Was soeben als Unterscheidung zwischen dem Glauben als Vertrauen und dessen verstehendem Nachvollzug in ausformulierten Dogmen vorgestellt wurde, berührt sich in wesentlichen Punkten mit der wirkungsvollen Unterscheidung zwischen dem Glauben, der glaubt (*fides qua creditur*, oft nur: *fides qua*), und dem Glauben, der geglaubt wird (*fides quae creditur*, oft nur: *fides quae*). Der Kirchenvater Augustin (354–430), der für die westeuropäische Theologie des Mittelalters leitend wurde, hat diese theologischen Formeln geprägt, um den Zusammenhang zwischen der Einheit des Verkündigungsinhalts und seiner individuellen Aufnahme in den Glaubenden zu erklären. Oft wird auch von einer Unterscheidung zwischen Glaubensakt bzw. -haltung (*fides qua*) und Glaubensinhalt (*fides quae*) gesprochen. Als eigentlichen Glauben bezeichnete auch Augustin den Glauben, der glaubt (*fides qua*), nicht den Bezug auf bestimmte Inhalte. Glaube setze keinen bestimmten Wissensbestand voraus.

fides qua und *fides quae*

Kritiker der Unterscheidung zwischen *fides qua* und *fides quae* wenden heute ein – ob zu Recht oder zu Unrecht sei hier dahingestellt –, dass ein Glaubensakt, der so stark von Glaubensinhalten gelöst wird, in die Nähe einer allgemeinen Religiosität gerate und seine christliche Prägung zu verlieren drohe. Der Marburger Systematiker Hans-Martin Barth (geb. 1939) hat daher die Unterscheidung zwischen Alpha-Glaube und Omega-Glaube eingeführt. Während der auf artikulierbare Inhalte bezogene Alpha-Glaube weitgehend der *fides quae* entspricht, orientiert sich der Omega-Glaube stärker am reformatorischen Verständnis von Glauben als Vertrauen, das nicht von bestimmten inhaltlichen Voraussetzungen ablösbar ist. Wie das Omega nicht am Anfang, sondern am Ende des griechischen Alphabets steht, kann auch ein Omega-Glaube nur über einen bestimmten Alpha-Glauben und in bleibendem Zusammenhang mit diesem erlangt werden. In den geläufigeren Begriffen der reformatorischen Theologie ausgedrückt: Der Glaubende kann zu Gott nur deshalb ein herzliches Vertrauen fassen, weil er sich dessen rechtfertigendes Handeln im Kreuz Jesu Christi zueigen machen kann. Jesus Christus hält Hans-Martin Barth daher für den entscheidenden Schnittpunkt zwischen Alpha- und Omega-Glauben.

Alpha- und Omega-Glaube

kritische Prüfung der Glaubensinhalte

Der Omega-Glaube ist ein Letztes, das dem Alpha-Glauben unformulierbar vorausliegt. So bleibt stets ein Spielraum für die kritische Prüfung und Neuformulierung des Alpha-Glaubens, d. h. der einzelnen Glaubensinhalte. Die Unverfügbarkeit des Omega-Glaubens bietet zugleich eine theologische Begründung von Toleranz gegenüber anderen christlichen Konfessionen und nicht-christlichen Religionen.

Kontrollfragen:

Kontrollfragen

1. Worin besteht die grundlegende Bedeutung Jesu Christi für den christlichen Glauben?
2. Was besagen die Wendungen *pro me* und *extra nos* und wie hängen sie miteinander zusammen?
3. Wie soll Systematische Theologie mit überlieferten Lehrsätzen umgehen?

2.2 Der konstitutive Gegenwartsbezug der Systematischen Theologie

1. Die Gegenwärtigkeit des christlichen Glaubens

Gegenwärtigkeit des Glaubens

Der Gegenwartsbezug ist dem christlichen Glauben wesentlich. Keine Aktualitätsforderung wird erst nachträglich an ihn herangetragen, um ihn aus taktischen Gründen zeitgemäß und damit für heutige Menschen attraktiver zu machen. Die Unterscheidung zwischen *fides qua* und *fides quae* bzw. Alpha- und Omega-Glaube hat verdeutlicht, dass der Glaube nicht mit Texten, Formeln und Begriffen einer bestimmten, vergangenen Zeitepoche identifiziert werden kann. Nach Karl Barth, der leichtfertiger Modernisierung unverdächtig ist, hat die Systematische Theologie in besonderer Weise zur Voraussetzung, dass die Geschichte, von der die überlieferten Glaubenszeugnisse handeln, *gilt*, d. h. in die heutige Gegenwart hineingeht. Nicht nur Paulus, Luther usw. drückten auf je eigene Weise, die auch jeder innerlich unbeteiligte Forscher beschreiben kann, ihre Überzeugung aus, dass Christus der Herr ist. Den Glauben schenkt Gott immer wieder aufs Neue. Nur er verhilft über den „garstigen Graben" (Lessing), der uns heute von der Zeit Jesu und der Apostel trennt, indem er durch das Zeugnis des Heiligen Geistes im eigenen Herzen mit Christus verbindet.

Die Identität des eigenen, gegenwärtigen Glaubens mit dem Glauben anderer, die gegenwärtig leben oder in früheren Zeiten gelebt haben, ist selber eine Glaubensaussage. Nach katholischem Verständnis garantiert die Kirche durch ihre seit Petrus ununterbrochene Kette geweihter Amtsträger, die ihre Beauftragung an neue Generationen von Amtsträgern weitergeben (apostolische Sukzession), und durch die Ausscheidung bestimmter Lehren einen einheitlichen, mit seinen Ursprüngen übereinstimmenden Glauben. Die Reformatoren hingegen kamen zur grundlegenden Einsicht, dass der von der Kirche des 16. Jahrhunderts gelehrte und gelebte Glaube trotz der vermeintlichen institutionellen Sicherungen nicht mit dem Glauben, den das Neue Testament bezeugt, identisch und somit überhaupt kein echter Glaube war. Der Glaube verdankt seine Glaubwürdigkeit nicht der Kirche, sondern eigener Erfahrung, die zu eigener Einsicht führt. Das „allein durch Glauben" *(sola fide)*, auf das sich die Reformatoren beriefen, wirkte in ihrer Gegenwart kritisch gegenüber dem Bestehenden.

kritische Funktion des gegenwärtigen Glaubens

Die Vergegenwärtigung des Glaubens muss keineswegs per se eine kritische Absicht verfolgen. Sie kann auch positiv fortsetzend an Hergebrachtes anknüpfen und dieses in einer neuen Zeit bewahren. Die Geschichte der christlichen Publizistik bietet dafür schöne Beispiele. Sie hat sich immer wieder neue Medien erschlossen, von der Zeitung über das Radio und das Fernsehen bis hin zum Internet, dabei aber stets die alte Intention weiterverfolgt, den christlichen Glauben in der Gegenwart zu entfalten und zu verantworten.

konservative Funktion des gegenwärtigen Glaubens

Problematisch ist aus heutiger Sicht der z. T. bis heute nachwirkende Versuch der nachreformatorischen Epoche konfessioneller Orthodoxie, bestimmte Ausdrucksformen des Glaubens sowohl in der Lehre als auch im kirchlichen Leben für unantastbar zu erklären. Bereits Gotthold Ephraim Lessing (1729–1781) hat sich, als der lutherisch-orthodoxe Hamburger Hauptpastor Johann Melchior Goeze (1717–1786) seine Rechtgläubigkeit anzweifelte, gegen ein starres lutherisches Lehrsystem, das sich bei

Glaubensfreiheit im Geiste Luthers

Luther selbst noch nicht findet, auf den *Geist* Luthers berufen, in dem dieser die Freiheit des Glaubens für sich in Anspruch nahm. Mit dem Geist Luthers ist es nicht zu vereinbaren, sich mit kirchlicher Autorität auf eine bestimmte, noch so lutherische Position festlegen zu lassen, zu der der eigene Glaube keinen Zugang findet.

Achtung vor dem individuellen Gewissen

Die Auslegung des *sola fide* als verbindliche Ausrichtung am eigenen, gegenwärtigen Glauben führte im Protestantismus zu einer besonderen Achtung vor dem Gewissen – dem eigenen und dem des anderen. Die reformatorische Betonung des Glaubens, der jeden Christen gegenwärtig selber ohne Vermittlung anderer Instanzen unmittelbar beansprucht, erwies sich als ein Wegbereiter der Gewissensfreiheit als Grundvoraussetzung des modernen Rechtsstaats.

2. Das Verhältnis von altem und neuem Glauben

sich aus Altem und Neuem erneuernder Glaube

So sehr sich die Reformatoren einerseits gegen eine Bindung des Glaubens durch äußere Instanzen wandten, legten sie andererseits doch Wert darauf, dass es sich bei ihren Lehren nicht um Neuerungen handelte. Da Jesus Christus der bleibende Glaubensgrund für alle Zeiten ist (Hebr. 13,8), wäre ein wirklich neuer Glaube kein christlicher Glaube mehr. Ein Glaube, der nicht gegenwärtig wäre, sondern lediglich in der Anerkennung bestimmter Konventionen bestünde, wäre ein toter Glaube. Ein neuer Glaube hingegen, der keinen Zusammenhang mit den alten Glaubenszeugnissen suchte oder diesen gar bewusst leugnete, wäre ein falscher Glaube. Weder ein alter und toter noch ein neuer und falscher Glaube, sondern ein sich stetig aus seinen alten Quellen erneuernder Glaube ist Gegenstand der Systematischen Theologie.

gegenwärtiger Glaube zwischen Orthodoxie und Heterodoxie

Friedrich Schleiermacher hat diesen Zusammenhang als Spannungsverhältnis zwischen Orthodoxie (Rechtgläubigkeit) und Heterodoxie (Andersgläubigkeit) beschrieben, in das sich der Systematische Theologe notwendigerweise begibt. Rechtgläubigkeit und Andersgläubigkeit werden dabei nicht statisch der Mehrheitskirche auf der einen Seite und Sekten auf der anderen Seite zugeordnet. Eine Kirche, die ihre Rechtgläubigkeit sichtbar als eine feste Eigenschaft vor sich hertrüge, wäre keine Kirche im Geiste Luthers. Stattdessen bestehen zwischen Orthodoxie und Heterodoxie fließende Grenzen und ein unauflösliches Spannungsverhältnis, das sich der je neuen Gegenwärtigkeit des christlichen Glaubens verdankt. Die Notwendigkeit, den Glauben in immer wieder neuen Situationen zu leben, erfordert Veränderungen des Hergebrachten, die als solche zunächst heterodox sind. Erst die Zukunft kann zeigen, ob sie akzeptiert und damit orthodox werden. Der Systematische Theologe muss solche Versuche als entscheidende Aufgabe systematisch-theologischer Forschung wagen, wenn er den christlichen Glauben in der Gegenwart verantworten will. Diese Grundaufgabe der Theologie fasste der 1. Petrusbrief in die Aufforderung: „Seid allezeit bereit zur Verantwortung vor jedermann, der von euch Rechenschaft fordert über die Hoffnung, die in euch ist" (3,15). Dieser Aufgabe entzieht sich, wer einfach nur auf das Hergebrachte verweist und den Zeitgenossen ihre Gegenwärtigkeit abnötigt. Letzteres kann allein schon durch eine antiquierte Sprache geschehen, in der die vermeintliche Rechenschaft erfolgt.

Die Systematische Theologie bewegt sich Paul Tillich zufolge in einem theologischen Zirkel, in dem Frage und Antwort stets aufs Neue aufeinander bezogen werden (Methode der Korrelation). „Gott antwortet auf die Fragen des Menschen, und unter dem Eindruck von Gottes Antworten stellt der Mensch seine Fragen" (Systematische Theologie I, 75). Während in der Antike die Frage nach der Unsterblichkeit dominierte und im Mittelalter die Frage nach der Gnade Gottes, werden die Menschen heute nach Tillichs Wahrnehmung von der Frage nach dem Sinn des Lebens umgetrieben. Die systematisch-theologische Vergegenwärtigung des Glaubens kann nicht einfach die theologischen Antworten vergangener Zeiten wiederholen, weil sie sich als Antwort auf die gegenwärtigen Fragen erweisen muss.

theologischer Zirkel von Frage und Antwort

Eine solche Ausrichtung auf die Gegenwart bedeutet weder eine stromlinienförmige Anpassung der Systematischen Theologie an den Zeitgeist noch eine leichtfertige Auflösung nachdenkenswerter Fragen durch allzu einfache Antworten. Der Glaube müsste das Verstehen nicht erst suchen, wenn man ihn mit ferti-

nötige und unnötige Anstößigkeit des Glaubens

gen, von anderen Menschen und Zeiten gefundenen Erkenntnissen abspeisen könnte. Systematische Theologie darf aber nicht im Namen des christlichen Glaubens unnötig Anstoß erregen und so vom eigentlichen, unaufgebbaren Anstoß, den das Wort vom Kreuz als Grund des Glaubens erregen muss (1 Kor 1,18ff.), ablenken. Der Mut, das Alte neu zu sagen, riskiert, dass das neu Gesagte innerhalb der Kirche nicht akzeptiert wird, und bloße Privatmeinung bleibt. Das Neue kann jedoch als echte, zeitgemäße Auslegung des Alten anerkannt werden und sich kraft seiner inneren Überzeugungskraft, unabhängig von kirchenoffizieller Anerkennung, durchsetzen. Die Heterodoxien von heute können die Orthodoxien von morgen werden, und was heute rechtgläubig scheint, muss es keineswegs immer schon gewesen sein.

Beispiel: Verhältnis Judentum – Christentum

Als Beispiel kann das Verhältnis zum Judentum dienen. Für viele Christen ist heute, insbesondere vor dem Hintergrund der nationalsozialistischen Verbrechen, unerträglich geworden, wie in vielen jahrhundertelang als orthodox geltenden Texten, in Kirchenliedern, in der Liturgie, selbst in manchen Bibeltexten von Juden gesprochen wird. Die Systematische Theologie hat gemeinsam mit anderen theologischen Disziplinen, insbesondere der neutestamentlichen Wissenschaft, ein neues Verständnis des christlichen Glaubens entwickelt, das einen kritischen Umgang mit den antijüdischen Traditionen des Christentums nicht nur ermöglicht, sondern sogar erfordert. Manche evangelische Kirchen haben in Reaktion auf das veränderte Glaubensverständnis in großen Teilen der Theologie und des Kirchenvolks inzwischen ihre Verfassungen geändert. Die Veränderung wurde auch hier nicht als Neuerung empfunden, so sehr sie etlichen Theologen und Gemeindegliedern zunächst als heterodox erschienen und z. T. noch erscheinen. Vielmehr ist man überzeugt, zu einem klareren Verständnis des christlichen Glaubens gefunden zu haben, der aus seinen jüdischen Wurzeln und der entschiedenen Betrachtung Jesu als Juden auch religiöse Kraft zieht. Der Kritik an manchem Hergebrachten stehen z. B. eine neue liturgische und kirchenmusikalische Kreativität und eine Wiederentdeckung anderer, bisher randständiger Traditionen gegenüber. Zu letzteren gehört die paulinische Israel-Theologie in Röm 9–11, die von der bleibenden Erwählung Israels ausgeht und lange Zeit nicht in ihrer grundlegenden Bedeutung gewürdigt wurde.

Das Spannungsfeld, in welchem die Systematische Theologie den christlichen Glauben vergegenwärtigt bzw. genauer gesagt: über die Vergegenwärtigung nachdenkt, die der christliche Glaube *selber* als lebendiger Glaube stets aufs Neue vollzieht, lässt sich mit Tillich als priesterlich und prophetisch beschreiben. Der Priester bewahrt und pflegt das Vorfindliche, während der Prophet nach vorn schaut und zu neuen Ufern aufbricht. *Beides* ist dem christlichen Glauben notwendig, priesterliche Bewahrung und prophetische Aktualisierung. Eine Einseitigkeit würde den christlichen Glauben einem religiösen Verwaltungsapparat ausliefern oder schwärmerisch jegliche Bodenhaftung verlieren lassen.

priesterliche Bewahrung und prophetische Aktualisierung

Paul Tillich hat den Katholizismus näher beim Priester, das protestantische Prinzip hingegen aufgrund der oben beschriebenen Folgen reformatorischer Freiheit gegenüber kirchlichen Vorgaben näher beim Propheten gesehen. Das protestantische Prinzip ist für ihn wesentlich kritisches, prophetisches Prinzip. Manches mutige Wort aus den Jahren vor 1945 zur Unvereinbarkeit von christlichem Glauben und Nationalsozialismus, insbesondere in der Bekennenden Kirche, erwies sich im Rückblick als prophetisch gegenüber der von NS-Sympathisanten, den sog. Deutschen Christen, beherrschten Mehrheitskirche. Aber auch in der Bekennenden Kirche war das Bewusstsein vorherrschend, nichts Neues, sondern lediglich das Alte deutlicher der Gegenwart zu sagen als die deutschchristliche Mehrheit. In seiner Schrift „Theologische Existenz heute" aus dem Jahr 1933 formulierte Karl Barth, ein führender Theologe der Bekennenden Kirche, es sei gerade angesichts der Sorgen und Aufregungen der Gegenwart geboten, Theologie zu treiben, „als wäre nichts geschehen". Die gegenwärtige Lage erfordere geradezu, nicht zur „Lage", sondern zur „Sache" zu reden, um die es Theologie und Kirche unverändert gehe. Denn die Gegner behaupteten, dass aus der nationalsozialistischen Machtergreifung durchaus etwas geschehen sei, aus dem Theologie und Kirche grundlegende Konsequenzen für die eigene Arbeit ziehen müssten. Die „Deut-

Inanspruchnahme prophetischer Rede in der „Bekennenden Kirche"

schen Christen" bezeichneten sich selber ausdrücklich als *Glaubens*bewegung, die das Evangelium im Dritten Reich wirkungsvoller und volksnäher als andere verkündigen wollte – freilich in höchst problematischer Konzentration auf die Christen arischer Rasse und mit massiven Umdeutungen und Verfälschungen der biblischen Tradition.

echte und falsche Propheten

Damals ließ sich aber auch diese theologische Neuausrichtung unter nationalsozialistischem Vorzeichen durchaus als prophetisches Wort und als Fortsetzung, gar Vollendung der Reformation verstehen. Doch nicht jedes kritische Wort kann für sich prophetische Legitimität in Anspruch nehmen, wie – mit Schleiermacher gesprochen – nicht jedes heterodoxe Wort mit der Gewissheit vorgetragen werden kann, einst als orthodox anerkannt zu werden. Schon immer, bereits in alttestamentlicher Zeit, standen die echten Propheten in Konkurrenz zu falschen Propheten, die das Gegenteil verkündeten und dafür ebenfalls beanspruchten, im Namen Gottes zu reden. Die eindeutige Bewertung, die sich uns heute bei einem Blick in die Prophetenbücher der Bibel oder in die Geschichtsbücher über den Kirchenkampf im „Dritten Reich" aufdrängt, war für die Zeitgenossen keineswegs so unabweisbar. Selbst wenn es nicht so ums Ganze geht wie bei den Propheten Israels und Judas oder im Kirchenkampf der NS-Zeit, sondern um systematisch-theologische Detailfragen von scheinbar geringerer Bedeutung, ist eine Unterscheidung der Geister (1 Kor 12,10) erforderlich, um eine Vergegenwärtigung des alten Glaubens von einer problematischen Neuerung abzugrenzen. Diese Unterscheidung wird im Neuen Testament als unverfügbare Geistesgabe gesehen, auf deren Besitz niemand von sich aus einen Anspruch erheben kann. Daher wird bei der systematisch-theologischen Vergegenwärtigung des christlichen Glaubens im Regelfall statt des prophetischen Gestus die sachliche, nachvollziehbare Argumentation im Gespräch mit anderen und im Bewusstsein der eigenen Fehlbarkeit vorherrschen.

3. Der gegenwärtige als der angefochtene Glaube

Die Reformatoren unterschieden zwischen einer *theologia gloriae*, einer Theologie der Herrlichkeit, die sich siegesgewiss anderen Theologien entgegenhalten lässt, und einer *theologia crucis*, einer Theologie des Kreuzes, die auch in ihrer theologischen Gestalt den Weg der Erniedrigung, den Christus bis zu seinem Kreuzestod beschritten hat, mitvollzieht. Der lebendige, gegenwärtige Glaube, der seinen Ursprung im Wort vom Kreuz hat und Gegenstand der Kreuzestheologie ist, gewinnt eine innere Gewissheit *(certitudo)*, die ihren Grund nicht als unumstößliche Sicherheit *(securitas)* in sich selbst, sondern unverfügbar außer sich in Christus hat. Das Kreuz ist kein überholtes Durchgangsstadium, sondern wurde ein bleibendes Moment sowohl Gottes selbst als auch des christlichen Gottesglaubens. Das Wort vom Kreuz, das den Glauben weckt, bleibt eine nicht zu beschönigende Ungeheuerlichkeit, die jeden Glaubensstolz bricht.

Theologie des Kreuzes oder Theologie der Herrlichkeit

Christlicher Glaube hat darin seine Eigenart gegenüber anderen Religionen, dass er wesentlich angefochtener Glaube ist. In der Moderne hat die existenzielle Anfechtung zunehmend auch die Gestalt intellektuellen Zweifels angenommen: Man zweifelt an bestimmten Glaubensinhalten, ja an Gott selbst. Anfechtung und Zweifel sind wie das Kreuz kein überholtes Durchgangsstadium auf dem Weg zum Christsein. Luther stellte die Anfechtung gleichberechtigt neben Gebet und Nachdenken als Wesensmerkmal theologischer Existenz: Gebet, Nachdenken und Anfechtung machte zum Theologen *(oratio, meditatio, tentatio facit theologum)*. Die Theologie des Kreuzes hielt Eberhard Jüngel (geb. 1934) geradezu für einen Zwillingsbruder des Atheismus. Wer dessen Bestreitung Gottes mit scheinbar glaubensstarken Phrasen wegwischt, vergisst, dass die Christen selber an einen „gekreuzigten Gott" glauben, wie ihn Jürgen Moltmann (geb. 1926) nannte. Die Anfechtung durch den Atheismus wird so zum treibenden Motiv, das Wort vom Kreuz und den Trost, den die Hineinnahme des Todes in Gott selbst bedeutet, systematisch-theologisch besser zu verstehen. Der angefochtene und zweifelnde Glaube ist zugleich denkender Glaube.

angefochtener Kreuzesglauben

angefochtener Glaube führt zum Dialog	Der existenziell angefochtene und intellektuell zweifelnde Kreuzesglaube tritt anderen nicht triumphierend gegenüber, sondern in Offenheit und in der Bereitschaft, durch das Hören aufeinander des eigenen Glaubens gewiss zu werden. Die Vergegenwärtigung des Glaubens führt somit notwendig in das Gespräch hinein und besitzt ein dialogisches Moment. Partner des Glaubensgesprächs können Personen, aber auch die Bibel und Zeugnisse der theologischen Tradition sein.

Kontrollfragen:

Kontrollfragen

1. Warum kann der christliche Glaube nicht ausschließlich auf die Vergangenheit gerichtet sein?
2. Warum sind das priesterliche und das prophetische Element des Glaubens für die Systematische Theologie gleichermaßen notwendig?
3. Wie schlägt sich der angefochtene Glaube in der systematisch-theologischen Erkenntnishaltung nieder?

3. Die Quellen der Systematischen Theologie

Das biblische Zeugnis (3.1) und die (kirchen-)geschichtliche Tradition (3.2) sind die grundlegenden Quellen der Systematischen Theologie, denen sie ihre Kenntnis der Inhalte und Handlungsorientierungen des christlichen Glaubens verdankt. Implizit enthält die Aufgabe der Systematischen Theologie, ihren Gegenstand auf die jeweilige Situation zu beziehen, eine weitere Gruppe von Quellen, die sich z. T. mit der neueren (kirchen-)geschichtlichen Tradition überschneiden: nämlich solche, die Auskunft über die gegenwärtige Situation und ihre Sicht der Wirklichkeit geben, ohne unbedingt theologische Quellen zu sein (3.3).

Quellen der Systematischen Theologie

Der Begriff „Quelle", der in den historischen Fächern geläufig ist, ist in der Systematischen Theologie zwar nicht überall gebräuchlich, wurde aber von bedeutenden Vertretern wie z. B. Paul Tillich (1886–1965) benutzt. Der Sache nach bringt der Begriff zum Ausdruck, dass Theologie nicht aus sich selbst heraus betrieben werden kann, sondern auf Mitteilungen angewiesen ist, die ihr vorausliegen. Darin unterscheidet sich die christliche Theologie von anderen Ansprüchen auf Erkenntnisse oder Erfahrungen Gottes, die solcher Quellen nicht zu bedürfen meinen. So gibt es seit der Antike eine lange Tradition religionsphilosophischen Nachdenkens über Gott. Wenn sich ein Philosoph auf Gedanken beruft, die andere vor ihm gedacht haben, mag dies die Einordnung und damit das Verständnis seiner eigenen Auffassung fördern. Es mag ihm die Arbeit erleichtern, wenn er nicht jeden Gedanken selber entfalten muss, sondern an vorhandene Erkenntnisse anknüpfen kann. Methodisch notwendig ist eine solche Bezugnahme auf Vorausliegendes hingegen nicht, da

der Begriff „Quelle"

der Religionsphilosoph zur Einsicht in seine Gedanken nichts anderes als die Rationalität beansprucht, die grundsätzlich allen Menschen zugänglich ist. Ebenso wenig benötigt der Mystiker irgendwelche Quellen, da es ihm auf die je gegenwärtige Erfahrung Gottes ankommt.

Quellen und Offenbarung

Die christliche Theologie erkennt den Wert vernünftiger Einsichten und gegenwärtiger Erfahrungen durchaus an. Für die gegenwärtige Lebendigkeit ihres Gegenstands steht nicht zuletzt der kirchliche Bezug der Systematischen Theologie (s. Kap. 4.2). Dass der Systematische Theologe seine Erkenntnisse nicht aus sich selbst schöpft, sondern sie in der Wahrnehmung bestimmter Quellen gewinnt, stellt aber eine zwingende methodische Konsequenz aus der theologischen Grundeinsicht dar, dass sich der subjektive Glaube einer ihm vorausliegenden Offenbarung verdankt, die konstitutiv auf Geschichte bezogen ist (s. Kap. 2.1). Freilich sind die Quellen nicht mit der Offenbarung identisch. Selbst die Bibel „ist" nicht das Wort Gottes, sondern bezeugt es, sodass das Bibelwort in der gegenwärtigen Verkündigung als Wort Gottes vernehmbar werden kann (nicht muss). Der Heilige Geist ist in seinem Wirken frei und nicht an Buchstaben gebunden, die als solche Menschenwort sind.

theologischer und technischer Begriff

Zum theologisch gefüllten Begriff der Quelle als Ursprung bzw. ursprünglich-authentisches Glaubenszeugnis tritt der mehr technische Gebrauch des Begriffs in der Geschichtswissenschaft, der als Quelle einen Text oder ein anderes Medium bezeichnet, das uns die Kenntnis vergangener Ereignisse übermittelt. Völlig trennen lassen sich beide Begriffsaspekte freilich nicht. Die Quellen der Systematischen Theologie sind zu einem wesentlichen Teil Zeugnisse der Vergangenheit. Die Systematische Theologie wird sich aber immer dessen bewusst sein müssen, dass ihre Quellen auch auf gegenwärtigen Glauben zielen. Der gegenwärtige Glaube, der in Kontinuität zu den geschichtlichen Glaubenszeugnissen steht, ist der Glaube, mit dem es die Systematische Theologie als ihrem Gegenstand zu tun hat.

3.1 Die Bibel

1. Die Bibel als grundlegende Quelle der Systematischen Theologie

Die Bibel stellt nach evangelischer Auffassung die grundlegende Quelle der Systematischen Theologie dar. Keines der klassischen Themen der Systematischen Theologie lässt sich ohne biblische Bezüge erörtern. Explizite und implizite Verweise auf die Bibel sind in die Werke aller bedeutenden Theologen gleichsam verwoben. Die Bibel ist der Maßstab, von dem her sie ihrem Selbstverständnis nach beurteilt werden möchten. Manche wichtigen Werke der Theologiegeschichte haben die Form von Auslegungen bestimmter biblischer Bücher, ohne doch exegetische Kommentare im modernen Sinne zu sein. So haben sich beispielsweise vom Römerbrief-Kommentar des Origenes über die Vorlesungen Martin Luthers bis zum „Römerbrief" Karl Barths, dem Grunddokument der sog. Dialektischen Theologie (s. Kap. 10.2), theologische Reflexionen in unterschiedlichen geistesgeschichtlichen Kontexten mit demselben Text des Paulus verbunden.

grundlegende Bedeutung der Bibel

Der besondere normative Anspruch, den die Reformatoren der Bibel im sog. Schriftprinzip *„sola scriptura"* (allein durch die Schrift) zuerkannten, resultiert theologisch aus ihrer besonderen Nähe zu Jesus Christus. Der gegenwärtige Glaube, um den es der Systematischen Theologie geht, ist wesentlich auf Geschichte bezogen, insofern er durch die Verkündigung des Todes und der Auferstehung Jesu, des Anfängers und Vollenders des Glaubens (Hebr 12,2), entsteht. Der Glaube wird durch das Wort vom Kreuz (1 Kor 1,18) als dem Zeugnis von Ereignissen hervorgerufen, die zu einer bestimmten Zeit an einem bestimmten Ort stattgefunden haben. Das Apostolische Glaubensbekenntnis legt Wert darauf, dass die den Glauben begründenden Ereignisse kein zeitloser Mythos sind, sondern sich „unter Pontius Pilatus", der etwa zwischen den Jahren 26 und 37 n. Chr. römischer Statthalter der Provinz Judäa war, zugetragen haben. Ohne das ursprüngliche Glaubenszeugnis von Jesus Christus in den Büchern des Neuen Testaments könnte auch heute kein christlicher Glaube entstehen.

der besondere Christusbezug als Grund der Vorrangstellung

Zuverlässigkeit der Schrift

Die Glaubwürdigkeit der Schrift ist nicht mit der Authentizität historischer Augenzeugenberichte zu verwechseln. Für Paulus tritt alles geschichtliche Wissen über Jesus hinter Kreuz und Auferstehung zurück (2 Kor 5,16). Zuverlässig sind primär nicht die Informationen, sondern der Glaube, der sich in den neutestamentlichen Schriften ausdrückt. Glaubenszeugnisse sind zuverlässig nicht für Historiker oder für Philosophen, sondern nur für diejenigen, die selber an den die Zeiten übergreifenden Glaubensgrund (Hebr 13,8) glauben.

Altes Testament

Die Schriften des Neuen Testamentes stehen in einem traditionsgeschichtlichen Zusammenhang mit dem Alten Testament, der für ihr Selbstverständnis wesentlich ist. Das Alte Testament war für die Autoren des Neuen Testaments selbstverständlich die (einzige) heilige Schrift, mit der sie argumentierten – die christlichen Schriften mussten ihre kanonische Autorität erst allmählich gewinnen und wollten die älteren Bücher der Bibel nicht ersetzen. Der Schriftbeweis war vielmehr das wichtigste Mittel, um den christlichen Glauben an die „Schrift" anzubinden, indem er zum Ausdruck brachte: Die Schrift, d. h. das Alte Testament, zeugt von Christus.

Heute scheint die christliche Rezeption des Alten Testamentes deshalb unverzichtbar, weil es die Heilige Schrift ist, aus der die Autoren des Neuen Testamentes, die Christus bezeugten, und nicht zuletzt Jesus selber gelebt haben. In diesem vermittelten Sinn lässt sich immer noch vom Christusbezug des Alten Testaments sprechen. Eine Wahrnehmung des Alten Testamentes, die keinen christlichen Sinn gewaltsam in die Texte hineinträgt, sondern für theologische Bezüge zwischen Altem und Neuem Testament sensibel und für jüdische Auslegungstraditionen offen ist, kann das Verständnis zwischen Juden und Christen nachhaltig fördern. Zu einer solchen christlichen Hermeneutik des Alten Testaments im Angesicht Israels gibt es inzwischen einige vielversprechende Ansätze (Jürgen Moltmann, Friedrich-Wilhelm Marquard, Rolf Rendtorff u. a.). Das Alte Testament kann nie mehr in dem Sinne ein christliches Buch sein, dass es kein jüdisches Buch mehr wäre.

2. Die theologische Botschaft des Kanons

Die Bibel ist anders als etwa der Koran kein einzelnes Buch, sondern eine Sammlung von Büchern. Diese von der Kirche für verbindlich erklärte Auswahl von Schriften nennt man den Kanon der Bibel (< gr. *kanon* „Richtschnur").

Der Kanon des Alten Testamentes unterscheidet sich in der evangelischen und in der katholischen Kirche. Der katholische Kanon orientiert sich an der griechischen Übersetzung, der sog. Septuaginta (abgekürzt oft LXX für ihre der Tradition nach siebzig Übersetzer), und der lateinischen Übersetzung, der sog. Vulgata, die auf den Kirchenvater Hieronymus zurückgeht. Beide enthalten einige Schriften, die das rabbinische Judentum aus dem Kanon seiner hebräischen Bibel ausschied (z. B. die Makkabäerbücher, das Buch Jesus Sirach und die Weisheit Salomos). Als die Reformatoren im Gefolge des humanistischen Mottos *„ad fontes"* (zurück zu den Quellen!) hinter die Vulgata zurück wollten und sich am griechischen Urtext des Neuen Testaments und am hebräischen Urtext des Alten Testamentes orientierten, mussten sie auf solche hebräische Bibelausgaben zurückgreifen, die das Judentum bewahrt hatte. Darin fehlten aber inzwischen die apokryphen („verborgenen" / evangelische Terminologie) bzw. deuterokanonischen („zweit-kanonischen" / katholische Terminologie) Schriften. Luther übersetzte sie zwar größtenteils aus dem Griechischen und Lateinischen bzw. ließ sie z. T. durch Mitarbeiter übersetzen und meinte, sie seien nützlich und gut zu lesen. Er stellte sie aber nicht den anderen Büchern des biblischen Kanons gleich. Bis heute fehlen sie in den meisten Ausgabe der Lutherbibel.

Die Geschichte des biblischen Kanons zeigt, dass es keineswegs unstrittig ist, was „die" Bibel ist. Die innere Pluralität der Bibel zeigt sich nicht nur an ihren Rändern und z. T. fließenden Grenzen. Der Pentateuch (die „fünf Bücher Mose") ist in sich plural, d. h. enthält unterschiedliche Überlieferungen und Wiederholungen (u. a. 5. Mose / Deuteronomium < gr. *deuteros nomos* „zweites Gesetz"). Ein für Judentum wie Christentum grundlegender Text wie der Dekalog („die zehn Gebote")

Begriff „Kanon"

evangelischer und katholischer Kanon

innere Pluralität der Bibel: AT

ist doppelt mit z. T. erheblichen Abweichungen überliefert (Ex 20,2–17; Dtn 5,6–21).

innere Pluralität der Bibel: Evangelien

Im Neuen Testament entschied sich die frühe Kirche bewusst für die Pluralität von vier Evangelien, obwohl man an dieser schon früh Anstoß nahm. Marcion (ca. 85 – ca. 160), der später als Ketzer verurteilt wurde, nahm im 2. Jahrhundert in seinen Kanon neben einigen Paulusbriefen nur das Lukasevangelium auf. Der altkirchliche Theologe Tatian (ca. 120 – ca. 180) ging einen anderen Weg, indem er die Evangelien zu einer einheitlichen Evangelienharmonie, dem Diatessaron, zusammenfasste. Er ergänzte das in einem Evangelium Fehlende aus den anderen Evangelien und harmonisierte die Widersprüche paralleler Überlieferungen, indem er sich für jeweils eine einzige Variante entschied. So entstand eine fortlaufende Erzählung. Mehrheitlich ging die Kirche jedoch bewusst nicht den Weg der Vereinheitlichung. Sie suchte gleichsam die Harmonie nicht durch die Reduktion auf einen einzigen Ton, sondern in der Verbindung verschiedener Töne zu einem Akkord. Sie nahm die Evangelien in ihrer jeweiligen Eigenart wahr. Erst zusammen, ungeachtet der Spannungen und Widersprüche ihrer literarischen Gestalt, vermitteln die Evangelien ein authentisches Zeugnis von Jesus Christus.

innere Pluralität der Bibel: Briefe und Apokalypse

Analog wurde auch bei den übrigen Schriften des Neuen Testaments auf eine uniforme Präsenz der paulinischen Theologie, die Marcion ebenfalls angestrebt hatte, verzichtet. In den ersten Jahrhunderten blieb die Kanonizität des Hebräerbriefs im lateinischen Westen, diejenige der Johannesapokalypse im griechisch sprechenden Osten des Römischen Reiches umstritten – am Ende haben sich beide durchgesetzt. Nicht nur Briefe von Paulus-Schülern mit z. T. deutlich abweichenden theologischen Akzenten wurden in den Kanon aufgenommen (z. B. Kol / Eph). Über die paulinische Theologie hinaus ist auch hier die grundlegend anders ausgerichtete johanneische Theologie vertreten (1–3 Joh, Offb).

„was Christum treibet" als Sachkriterium

Mit dem Jakobusbrief wurde sogar ein Text aufgenommen, der zentrale Aussagen der paulinischen Rechtfertigungslehre infrage zu stellen scheint (s. Jak 2,24). Luther hat den Jakobusbrief zusammen mit einigen anderen Schriften deshalb scharf kritisiert. Der Christusbezug stellt nach reformatorischer Auffassung das entscheidende Sachkriterium dar, nach dem die biblischen Bücher und ihr Inhalt zu beurteilen sind. Martin Luther lehrte, innerhalb des biblischen Kanons als „Prüfstein" darauf zu achten, „was Christum treibet", d. h. was von Christus predigt und zu ihm hinführt (Vorrede zum Neuen Testament, 1522). Weil dies beim Hebräerbrief, beim Jakobusbrief, beim Judasbrief und bei der Offenbarung des Johannes weniger deutlich sei, stellte Luther diese Bücher in seiner ersten Bibelübersetzung ohne Zählung ans Ende des Kanons und wich damit bei den beiden erstgenannten Büchern von der traditionellen Reihenfolge ab. Der Hebräerbrief schloss bis dahin das *Corpus Paulinum* ab, der Jakobusbrief folgte direkt danach. Letzteren hielt Luther jedoch für eine „stroherne Epistel", deren Nähe zur Werkgerechtigkeit in Spannung zur Rechtfertigung allein aus Glauben stehe. Den Hebräerbrief fand er wegen dessen Ablehnung einer zweiten Buße bedenklich. Die durch Sachkritik motivierte Änderung der Reihenfolge unterscheidet bis heute die Anordnung evangelischer Bibelübersetzungen von katholischen Bibelausgaben und von wissenschaftlichen Editionen des griechischen Urtextes (z. B. Nestle-Aland), die sich an die überlieferte Reihenfolge halten.

Aus dem Kanon verbannt hat Luther die kritisierten Schriften, die er später milder beurteilte, jedoch nicht. Sie blieben als Anstoß und Gegengewicht erhalten – der Jakobusbrief etwa als bleibender Einspruch gegen ein allzu schnelles Abgleiten in eine „billige Gnade" (Dietrich Bonhoeffer), die den Ernst der Nachfolge ignoriert.

Verschiedenen Zeiten und verschiedenen Personen können verschiedene biblische Aussagen und verschiedene biblische Bücher wichtig werden. Das verzweifelte Festhalten am von Gott geschenkten Leben, das in manchen Psalmen begegnet, und die weltzugewandte Diesseitigkeit vieler Erzählungen des Alten Testaments erschienen noch der Aufklärung mit ihrem unerschütterlichen, scheinbar vernünftigen Glauben an die Unsterblichkeit der Seele primitiv. Heute hat sich die Situation radikal gewandelt, sodass man einen neuen Zugang zu den genannten Überlieferungen gefunden hat. Das Markusevangelium, das

Veränderlichkeit der Wahrnehmung

lange Zeit ein Schattendasein zwischen dem Matthäusevangelium als dem Hauptevangelium der Kirche und dem „geistlichen Evangelium" (Clemens von Alexandrien) des Johannes fristete, gelangte zu ungeahnter Wertschätzung, als man seine Priorität gegenüber den beiden anderen Synoptikern Matthäus und Lukas entdeckte (Zwei-Quellen-Theorie). Diese neue Perspektive hat nicht nur eine historische, sondern auch religiöse Qualität: Viele Christen fühlen sich heute gerade bei der Lektüre des schlichten, am wenigsten theologisch geformten Markusevangeliums Jesus am nächsten.

Konfessionalität der Wahrnehmung

Schließlich ist die Wertschätzung der biblischen Bücher in den christlichen Konfessionen unterschiedlich (s. Kap. 3.2): Während z. B. der Römerbrief, an dem Luther seine sog. „reformatorische Entdeckung" machte, dass der Mensch allein aus Gnade durch den Glauben gerecht wird (Röm 3,28), im Protestantismus hohes Ansehen genießt, besteht im Katholizismus eine gewisse Affinität zum „kirchlichen" Epheserbrief, und die orthodoxe Kirche liebt die Logos-Christologie des Johannesevangeliums, die Christus als das Fleisch gewordene Wort (gr. *logos*) vorstellte (s. den sog. Logos-Hymnus Joh 1,1–18), ganz besonders.

„Kanon im Kanon" als bleibende Aufgabe

Diese Beispiele zeigen: Einen „Kanon im Kanon" können keine Zeit und kein einzelner Mensch allgemeingültig festlegen. Ihn zu finden bleibt eine individuell zu verantwortende Aufgabe, bei der gleichwohl konfessionelle Traditionen eine Orientierung bieten können. Andererseits besagt die theologische Botschaft des Kanons auch, dass der Vielfalt Grenzen gesetzt sind. Mit uneingeschränkter Beliebigkeit kann eine religiöse Gemeinschaft heute genauso wenig bestehen wie damals. Es gibt Texte, welche die Kirche z. T. nach anfänglichem Zögern schließlich einmütig aus dem Kanon ausgeschlossen hat. Zu diesen neutestamentlichen Apokryphen zählen manche Schriften, die ähnlich alt sind wie manche kanonischen Bücher und sich auf ähnlich angesehene Personen als Verfasser berufen, wie z. B. der Barnabasbrief, das Thomasevangelium oder die Didache (Zwölf-Apostel-Lehre).

Der Christusglaube schafft keine Uniformität, sondern eine Pluralität ohne Beliebigkeit. Dies ist die theologische Botschaft des Kanons. Der Kanon gibt so verstanden eine auch heute noch maßgebliche Richtschnur für das Verständnis des biblischen Zeugnisses insgesamt.

theologische Botschaft des Kanons

3. Die Mitte der Schrift

Die theologische Botschaft des Kanons führt auf eine reformatorische Grundeinsicht: Erst wenn man die Schrift von ihrer Mitte – d. h. nach reformatorischer Auffassung: von Christus her – liest, wird sie klar. Nichts anderes meint auch die Rede vom „Kanon im Kanon", die Kanonizität nicht nur als fertiges, in der Kirchengeschichte bewährtes Ergebnis – das freilich in verschiedenen Kirchen verschieden ausfällt –, sondern auch als bleibende Aufgabe jeder Kirche und jedes Einzelnen begreift. Der Glaubende entdeckt im vielstimmigen Zeugnis einen Zusammenhang, indem er selber durch die Erfahrung des rechtfertigenden Glaubens in den Chor der Glaubenszeugen aufgenommen wird. Christus als Mitte der Schrift wird so zu seiner eigenen Lebensmitte. Die *claritas scripturae* („Klarheit der Schrift") resultiert nicht aus ihrer Schriftgestalt, sondern aus ihrem geistlichen Zeugnis, das „Christum treibet".

Christus als Mitte der Schrift

Die Theologie des 19. Jahrhunderts brachte dies zum Ausdruck, indem sie das Schriftprinzip *sola scriptura* als *Formalprinzip* betrachtete. Dieses bedarf, um normativ zu wirken, der Ergänzung durch das Material- oder Realprinzip der Rechtfertigung allein durch Glauben und allein aus Gnade. Dass *Christus* die Mitte der Schrift und damit auch des christlichen Glaubens ist, wurde konkretisiert, indem man das nach reformatorischem Verständnis entscheidende *Werk* Christi, die Rechtfertigung allein aus Gnade und aus Glauben, als Materialprinzip und somit als den entscheidenden Inhalt der Schrift identifizierte. Schon für die Reformatoren wurde ihr zentrales Anliegen *solus Christus* (Christus allein) durch die weiteren Exklusivpartikel *(particulae exclusivae) sola scriptura, sola gratia* und *sola fide* (allein die Schrift, allein durch Gnade, allein durch Glauben) entfaltet. Die Schrift von Christus her zu lesen bedeutet, sie von der Rechtfertigung *sola gratia* und *sola fide* her zu lesen.

Formal- und Materialprinzip

die „ganze"
Schrift?

Ohne ein solches inhaltliches Zentrum würde die Schrift zum bloßen Steinbruch, dessen man sich bediente, um der eigenen Auffassung Autorität zu verleihen. Die „ganze" Schrift mag sich zunächst als ein Schlagwort, das sich Biblizisten und Fundamentalisten auf ihre Fahnen schreiben, gut anhören. Überprüft man es, erweist es sich jedoch bald als eine Illusion. Niemand wird Abstammungslisten (Gen 5; 10 u. ö.) oder das Verzeichnis der Lagerplätze beim Wüstenzug (Num 33) für so wichtig halten wie die Zehn Gebote, oder die Grüße des Paulus an ihm bekannte Gemeindeglieder am Ende seiner Briefe für so wichtig wie die Berichte von Kreuz und Auferstehung Jesu. Neben dieser Gewichtung wird man manches auch stillschweigend übergehen bzw. in den historischen Zusammenhang einordnen, ohne ihm für den eigenen Glauben eine Bedeutung beizumessen. Wer sich in vermeintlicher Unvoreingenommenheit auf die „ganze" Schrift beruft, entzieht lediglich die geheime Mitte, von der her er de facto ebenfalls die Schrift versteht und auslegt, der Rechenschaft vor anderen und vor sich selbst. Mehr noch: Wer behauptet, gleichgewichtig die „ganze" Schrift in der Gegenwart zur Geltung zu bringen, nimmt letztlich die Schrift weniger ernst als derjenige, der begründete Sachkritik an Einzelaussagen übt, insofern die vermeintliche Ganzheit damit erkauft ist, missliebige Stimmen zu ignorieren bzw. von einem intuitiv gewählten und damit unhinterfragbaren Standpunkt über der Schrift aus zu harmonisieren.

Mitte der Schrift und christliches Prinzip

Wenn vom Material*prinzip* die Rede ist, darf der Begriff „Prinzip" nicht so verstanden werden, als ob es in einem ontologischen – seinsmäßigen – Sinne im Inneren der Bibel einen Kern gäbe, den es nur zu entdecken gälte. Die Einheit stiftende Mitte ist nicht objektiv vorgegeben, sondern wird zuallererst subjektiv konstituiert. Das christliche Prinzip ist ein Reflexionsbegriff (Ernst Troeltsch), dessen inhaltliche Bestimmung sich im Laufe der Theologie- und Geistesgeschichte bzw. auch innerhalb einer individuellen Lebensgeschichte ändern kann. Um sich als *christliches* Prinzip zu legitimieren, muss es jedoch stets seinen Zusammenhang mit der grundlegenden Offenbarung am Anfang des Christentums aufzeigen, welche die Bibel bezeugt. *Sola* *scriptura* besagt so verstanden: Was christliches Prinzip sein will, muss sich auch als Mitte der Schrift ausweisen lassen – nicht im Sinne einer quantitativen, sondern im Sinne einer sachlichen Gewichtung vom Christusglauben her. Dadurch sind der Willkür Grenzen gesetzt, ohne die Freiheit christlicher Glaubensverantwortung zu beschneiden.

4. Die Autorität der Bibel

Die besondere Nähe zu Christus als Sachgrund für die herausragende Bedeutung der Bibel, die in dieser Weise von der katholischen Theologie nicht geteilt wird, impliziert eine Abgrenzung von der bloß formalen, äußeren Autorität einer bestimmten Textsammlung. Bereits die Reformatoren mussten sich mit dem Vorwurf auseinandersetzen, dass für sie die Bibel zu einem „papiernen Papst" geworden sei. Die bedingungslose Hörigkeit des Christen sei erhalten geblieben. An die Stelle einer bestimmten Person sei lediglich ein bestimmtes Buch getreten.

die Bibel – ein „papierner Papst"?

Das reformatorische Schriftverständnis schließt jedoch eine bloß äußere Autorität der Bibel aus. Die Schrift behauptet nicht ihre eigene Unfehlbarkeit, sondern bezeugt den Grund des Glaubens. Die orthodoxe Lehre der Verbalinspiration, die erst in der nachreformatorischen Zeit aufkam und selbst die Behauptung sprachlicher Schwächen für Gotteslästerung erklärte – so z. B. der Wittenberger Theologe Johann Andreas Quenstedt (1617–1688) –, beruht aus heutiger Sicht auf einem theologischen Missverständnis. Noch für Martin Luther war es kein Widerspruch, dass der Heilige Geist den Propheten die Gedanken eingab, die sie in ihren Büchern niederschrieben, und ihnen dennoch „zuweilen auch mit unterfiel Heu, Stroh und Stoppeln" sodass sie „nicht eitel Silber, Gold und Edelgestein bauten". Denn „so bleibt doch der Grund da, das andere verzehrt das Feuer". Wenn man heute noch von einer Inspiration der Bibel sprechen will, dann so, dass man die Schrift von der Kondeszendenz, der Selbsterniedrigung Gottes, her versteht: Kein glanzvolles Werk von vollendeter literarischer Gestalt, sondern menschlich-natürliche, zeitgebundene und mitunter gar fehlerhafte Texte werden im glaubenden Hören zum Wort Gottes. Die besondere Nähe zu

Inspiration der Bibel

Christus resultiert weder aus einer besonderen Qualität ihrer Verfasser noch aus der Approbation der Kirche, sondern erweist sich stets aufs Neue durch das Zeugnis der Bibel selber.

emanzipatorische Bedeutung des Schriftprinzips

Das reformatorische Schriftprinzip hat insofern eine emanzipatorische Bedeutung: Kirchliche Äußerungen können anhand der Schrift geprüft und ggf. zurückgewiesen werden. Unter Berufung auf die Schrift widerstand Luther sogar der Autorität des Papstes. Der Christ benötigt nach evangelischer Auffassung kein Lehramt, das ihm den Inhalt der Schrift vermittelt und auslegt. Die Schrift ist „*sui ipsius interpres*" – ihr eigener Interpret, sie legt sich selbst aus. Jede theologische Auslegungshilfe ist sekundär und unterstellt sich dem Rekurs auf die Schrift selbst.

inneres Zeugnis des Heiligen Geistes im Menschen

Eng mit dem Schriftprinzip verbunden ist die reformatorische Lehre vom *testimonium spiritus sancti internum*, vom inneren Zeugnis des Heiligen Geistes im Menschen. Der Heilige Geist erschließt den Inhalt des äußeren Zeugnisses der Schrift in jedem Einzelnen, indem er ihn mit Christus verbindet. Erst dadurch erhält die Schrift ihre Autorität. Das innere Zeugnis des Heiligen Geistes vermittelt das Zeugnis der Schrift der subjektiven Erfahrung. Auf diese Erfahrung zielt letztlich der Geltungsanspruch der Schrift. Das „*sola scriptura*" impliziert ein „*sola experientia*" (allein durch Erfahrung / Gerhard Ebeling im Anschluss an Luther). Die grundlegende Glaubenserfahrung ist freilich eine Erfahrung eigener Art, die sich empirischer Beweisbarkeit entzieht. Dabei liegt ihr Bezugspunkt – der im Glauben erfahrene Christus – außerhalb unserer selbst *(extra nos)*. Er wird durch die Erfahrung zwar erschlossen, nicht aber konstituiert.

Teilnahme am innerbiblischen Gespräch

Die biblischen Texte „geistlich" zu verstehen heißt demnach, sie von ihrer Mitte her zu interpretieren, die allein im Glauben erfahren wird. Damit stellt sich der Systematische Theologe keineswegs über die Schrift. Indem der Systematische Theologe ggf. die Schrift von der Schrift her kritisiert – und nur diese Möglichkeit hat er nach evangelischem Verständnis – nimmt er gewissermaßen am innerbiblischen Gespräch teil. Letzteres setzt voraus, dass er die biblischen Texte in ihrer jeweiligen Eigenart, in ihrem historischen und theologischen Zusammenhang wahrnimmt – in der Regel wird er diesbezüglich auf Erkenntnisse der exegetischen Fachwissenschaften zurückgreifen. Für die systematisch-theologische Rezeption der biblischen Aussagen ist es von entscheidender Bedeutung, dass man die Bibeltexte nicht flächig wahrnimmt, indem man die verschiedenen Überlieferungsschichten ignoriert oder gleichberechtigt nebeneinanderstellt. Wer die Schrift von ihrer Mitte her beurteilt, kann oft dem Gefälle der innerbiblischen Kritik selber folgen, ohne dass die Unterscheidung zwischen zentralen und peripheren Inhalten ein objektivierbares Ergebnis historisch-philologischer Forschung wäre. So finden sich in manchen Texten Züge eines problematischen Gottesbildes, das z. B. Gewalt gegen andere Völker oder selbst gegen Kinder religiös legitimiert. Dem Propheten Ezechiel (evangelisch auch Hesekiel) zufolge kritisierte Gott selbst rückblickend einen Teil seiner eigenen Gebote: „Darum gab ich ihnen Gebote, die nicht gut waren, und Gesetze, durch die sie kein Leben haben konnten, und ließ sie unrein werden durch ihre Opfer, als sie alle Erstgeburt durchs Feuer gehen ließen, damit ich Entsetzen über sie brachte und sie so erkennen mussten, dass ich JHWH bin" (Ez 20,25f.).

Ob man – wie dieser Bibeltext nahelegt – von einer Einsichts- und Lernfähigkeit Gottes selbst aufgrund des Geschichtsverlaufs auszugehen hat oder ob sich ausschließlich die menschliche Erkenntnis Gottes gewandelt hat, ist eine moderne Alternative, die den biblischen Autoren noch fremd war. Von Gottes geschichtlicher Offenbarung in Jesus Christus her scheint ein lernfähiger Gott allemal plausibler als ein Tyrann oder der selber unbewegte Beweger des Aristoteles. Führende evangelische Theologen wie Jürgen Moltmann (geb. 1926) oder Eberhard Jüngel (geb. 1934) grenzen sich heute kritisch von der klassischen, auf Voraussetzungen der antiken Philosophie beruhenden Lehre der „Apathie" Gottes ab, mit der die Unveränderlichkeit Gottes und seine Unerreichbarkeit für äußere Einwirkungen zum Ausdruck gebracht wurden.

In jedem Fall bleibt festzuhalten: Die Autorität der Bibel ist eine Autorität des Geistes und nicht eine Autorität des Buchstabens. Sie geht aus der Mitte der Schrift hervor und lässt sich nicht an einzelnen, aus dem Zusammenhang gerissenen Aussa-

Autorität des Geistes oder Autorität des Buchstabens

gen oder gar Worten festmachen. Die Schriftautorität wird nicht mit dem Ersatz eigener Reflexionen durch wortgetreue biblische Versatzstücke gewahrt. Dadurch würde vielmehr die systematisch-theologische Aufgabe verfehlt, den christlichen Glauben in der Gegenwart zu verantworten.

5. Sinn und Grenze von Bibelübersetzungen in systematisch-theologischer Perspektive

Gebrauch von Bibelübersetzungen in der Systematischen Theologie

Die Systematische Theologie zieht aus pragmatischen Gründen oft neuere Übersetzungen heran, in denen Ergebnisse umfangreicher exegetischer Forschungen verdichtet sind. Dies gilt sowohl für Übersetzungen in wissenschaftlichen Kommentaren als auch für Bibelausgaben, die von Expertengremien erarbeitet wurden. Auch die Lutherbibel wurde inzwischen mehrfach revidiert (zuletzt 1984), wobei ihr Wortlaut von Wissenschaftlern an den neuesten Stand der Forschung angepasst wurde.

eigene exegetische Bemühungen

Die Verantwortung für eine angemessene Erfassung des Textsinns, für die eine gewissenhafte Rezeption und Verarbeitung der Forschungsergebnisse der exegetischen Disziplinen notwendig ist, lässt sich freilich nicht abgeben. Als Faustregel kann gelten: Je wichtiger eine Textstelle für die eigene Fragestellung und Argumentation ist, desto genauer wird man sich auch unter Heranziehung des Urtextes und der Sekundärliteratur um sie zu bemühen haben. Man kann sich nicht einfach auf das Vorverständnis zurückziehen, das sich bei der Lektüre einer Übersetzung einstellt. Wo die hebräische oder griechische Sprachkompetenz fehlt, weil z. B. (Systematische) Theologie nur als Begleitfach in einem Bachelorstudiengang belegt wird, können doch zumindest mehrere Übersetzungen verglichen und wissenschaftliche Kommentare herangezogen werden. Methodisch kann jedenfalls nicht auf den Versuch verzichtet werden, den Aussagen des Textes so nahe wie möglich zu kommen. Zum Ernstnehmen der Schriftautorität gehört das Bemühen um ein möglichst genaues Verständnis der biblischen Aussagen, das nicht der bloßen Intuition überlassen bleiben darf.

Kontrollfragen:

1. Wie lautet zusammengefasst die theologische Botschaft des Kanons?
2. Worauf beruht die Autorität der Bibel für die Systematische Theologie?
3. Wenn man im Wüstensand einen bislang unbekannten Brief des Paulus fände – sollte man ihn in die Bibel aufnehmen?

Kontrollfragen

3.2 Konfessionelle Bekenntnisse und Lehrtraditionen

Auf welche nachbiblischen Quellen der Dogmen- und Theologiegeschichte der Systematische Theologe vorrangig zurückgreift, hängt neben dem jeweiligen Thema insbesondere von seiner Konfession ab, die bewusst oder unbewusst als Auswahlprinzip fungiert. Eine Systematische Theologie, die konfessionell sein *will*, darf es nicht geben. Jeder Systematische Theologe versucht, den christlichen Glauben und keine konfessionelle Sonderlehre so gut wie möglich zu verstehen. Wenn er dabei auf seine spezifischen Traditionen zurückgreift, ist er überzeugt, dass sie ihm dazu behilflich sind und ihn nicht dem allgemeinen, christlichen Glauben entfernen.

unfreiwillige Konfessionalität

Dennoch wird es entgegen ihrem Wunsch und Selbstverständnis eine Systematische Theologie, die nicht de facto konfessionell *ist*, nicht geben – schon allein die Bezeichnung Systematische Theologie setzt sich im Katholizismus nur zögerlich durch. Der umfassende Entwurf einer *Ökumenischen Dogmatik* von Edmund Schlink (1903–1984) aus dem Jahr 1983 besticht zwar durch seine Programmatik. Die Durchführung trägt aber deutlich evangelische Züge, wenn etwa die Erlösungslehre mit der als typisch lutherisch geltenden Unterscheidung zwischen Gesetz und Evangelium zusammengefasst wird. Systematische Theologie strebt keinen Standpunkt über den Konfessionen an, sondern eine ökumenische Offenheit von einem klar konturierten, eigenen Standpunkt aus. Es steht dem Systematischen Theologen grundsätzlich frei, jede Tradition heranzuziehen und zu erforschen, von der er sich einen Aufschluss für seine jeweili-

unausweichliche Konfessionalität

ge Fragestellung verspricht. Aus pragmatischen Gründen wird er sich neben der Bibel auf diejenigen konzentrieren, die ihm vertraut sind und ihm vertrauenswürdig scheinen. Die unausweichliche konfessionelle Einfärbung erklärt über Kap. 3.1.3 hinaus, dass die subjektive Verantwortung des christlichen Prinzips faktisch nicht zu einer Fülle heterogener Prinzipien führt, die beziehungslos nebeneinanderstehen. Vielmehr geht es um die individuelle Gestaltung weniger Grundoptionen, die sich der jeweiligen konfessionellen Identität verdanken.

reformatorische Bekenntnisschriften

Für die evangelische Theologie resultiert daraus eine besondere Relevanz der reformatorischen – lutherischen oder reformierten – Bekenntnisschriften, die für die konfessionelle Identität der Kirchen heute noch bedeutsam sind. Deren Formulierung ergab sich im Reformationszeitalter aus der Notwendigkeit, die Identität der neuen Glaubensgemeinschaft(en) in Abgrenzung nach außen gegenüber den sog. Altgläubigen, d. h. der römisch-katholischen Kirche, und nach innen gegenüber missliebigen Tendenzen im Protestantismus selber zu bestimmen. Dabei wurden die Bekenntnisschriften nicht als Neuerungen verstanden, sondern als Auslegungen der Bibel und als Rückkehr zum ursprünglichen Schriftsinn. Wenn die Bekenntnisschriften selber Norm sein wollen, dann als normierte Norm *(norma normata)*, die durch die Schrift als normierende Norm *(norma normans)* justiert wird. Ebenso sah man sich im Einklang mit den altkirchlichen Bekenntnissen (auch Symbole genannt).

lutherische Bekenntnisschriften

Die größte Bedeutung haben die Bekenntnisschriften im Luthertum erlangt. Nur hier gab es so etwas wie einen Kanonisierungsprozess, der der Herausbildung des biblischen Kanons vergleichbar ist. Die wichtigsten evangelisch-lutherischen Bekenntnisschriften wurden entweder von Martin Luther selbst oder von seinem engsten Mitarbeiter Philipp Melanchthon (1497–1560) verfasst. Eine herausragende Bedeutung als unstrittiger „Kanon im Kanon" kommt dem Augsburger Bekenntnis *(Confessio Augustana)* zu, das Melanchthon in Abstimmung mit Luther für den Augsburger Reichstag im Jahr 1530 entwarf. Melanchthons Apologie (Verteidigung) des Augsburger Bekenntnisses *(Apologia Confessionis Augustanae)* erlangte ebenfalls den Status einer

Bekenntnisschrift. Dasselbe gilt von seiner Schrift *Von der Gewalt und Obrigkeit des Papstes (Tractatus de potestate et primatu Papae)*, die 1537 als Ergänzung zum Augsburger Bekenntnis die dort ausgeklammerte Frage des Papstamtes behandelte. Von Luther stammen die Schmalkaldischen Artikel *(Articuli Smalcaldici)*, die er im selben Jahr 1537 als Darstellung der evangelischen Position auf einem geplanten Konzil schrieb und die als Zusammenfassung seiner reifen Lehre gelten, sowie sein Kleiner und sein Großer Katechismus aus dem Jahr 1529.

Die genannten Schriften wurden am Ausgang des Reformationszeitalters von führenden lutherischen Theologen mit den drei wichtigsten altkirchlichen Bekenntnissen (Apostolikum, Nicaeno-Constantinopolitanum, Athanasianum) im Konkordienbuch (1580/84) zusammengefasst. Sie wurden damit als normativ für die evangelische Lehre hervorgehoben und entfalteten im folgenden konfessionellen Zeitalter eine regulative Funktion. Die Zusammenstellung des Konkordienbuchs sollte regional unterschiedliche Sammlungen von Bekenntnisschriften vereinheitlichen, konnte sich jedoch faktisch nicht in allen lutherischen Territorien durchsetzen. Dabei betrafen die Unstimmigkeiten analog zum biblischen Kanon die Ränder, während sich die lutherischen Kirchen über den Grundbestand (Augsburger Bekenntnis, Apologie, Schmalkaldische Artikel, Katechismen) weitgehend einig waren.

Konkordienbuch

Differenzen gab es insbesondere hinsichtlich der Konkordienformel *(Formula Concordiae*, 1577), die das Konkordienbuch neben einer Vorrede Jakob Andreaes (1528–1590) begleitete und selber zur Bekenntnisschrift wurde. Der zwölf Artikel umfassende Text wurde in einem komplizierten Entstehungsprozess von verschiedenen Theologen gemeinsam verfasst (federführend J. Andreae, M. Chemnitz) und sollte innerprotestantische Lehrstreitigkeiten beenden. Die Konkordienformel liegt in einer ausführlichen Fassung *(solida declaratio)* und in einer Zusammenfassung (Epitome, „Grundriss") vor und versteht sich selber als Auslegung des Augsburger Bekenntnisses.

Konkordienformel

Die wichtigste, allgemein anerkannte Bekenntnisschrift der reformierten Kirche ist der Heidelberger Katechismus. Daneben

reformierte Bekenntnisschriften gibt es verschiedene Bekenntnisse mit regional eingeschränkter Bedeutung (z. B. *Confessio Scotica*, 1560). Eine besondere Bedeutung kommt ferner dem Consensus Tigurinus (Zürcher Übereinkommen) von 1549 zu, mit dem sich die Anhänger Zwinglis und Calvins auf eine gemeinsame Position in der Abendmahlsfrage gegenüber Katholizismus und Luthertum verständigten und so die Voraussetzung für die gemeinsame, reformierte Konfession schufen. Eine kanonische Sammlung von Bekenntnisschriften analog zum lutherischen Konkordienbuch gibt es in der reformierten Kirche nicht. Da das Konzept einer relativen Abgeschlossenheit der Bekenntnisschriften der reformierten Lehre fremd ist, hatten die Reformierten weniger Schwierigkeiten als das Luthertum, die Barmer Theologische Erklärung von 1934 als neue Bekenntnisschrift aus biblisch-reformatorischem Geist anzuerkennen (s. u.).

andere Konfessionen In den anderen evangelischen Denominationen kommt Bekenntnisschriften eine noch geringere Verbindlichkeit über die jeweilige Situation hinaus zu (z. B. *Baptist Confession* von 1688), da dort oft die Vorstellung einer die einzelnen Gemeinden integrierenden Kirche, die sich das Bekenntnis zu eigen machen könnte, fehlt (Kongregationalismus). In der römisch-katholischen Kirche erfüllen über die altkirchlichen Symbole hinaus die Erklärungen und Lehrentscheidungen von Konzilien z. T. eine analoge Funktion, während der orthodoxen Kirche das Konzept von Bekenntnisschriften grundsätzlich fremd ist.

bleibende Bedeutung der reformatorischen Theologie Bei allem geistesgeschichtlichen und sozialen Wandel seit dem 16. Jahrhundert ist die Theologie der Reformatoren für das Verständnis der grundlegenden Inhalte des christlichen Glaubens und der entsprechenden Handlungsorientierungen wegweisend geblieben. Ermöglicht wird diese Orientierungsfunktion durch eine Grunderfahrung, die ungeachtet teils befremdlicher, zeitgebundener Ausdrucksformen Reformationszeit und Moderne verbindet. Dazu zählen beispielsweise die von der Rechtfertigungslehre vollzogene Aufwertung des Individuums in seiner unvertretbaren Stellung vor Gott oder die Freiheit des Christenmenschen, die ihn zugleich in der Nächstenliebe an den Mitmenschen bindet, als fundamentale Voraussetzungen evangelischer Dogmatik und Ethik.

Nach dem in Kap. 3.1 entfalteten Verständnis von Schriftprinzip und Kanonizität ist die Grenze zwischen biblischer und theologischer Tradition in gewisser Weise fließend. Auch die theologische Tradition soll danach beurteilt werden, „was Christum treibet". Umgekehrt kann und soll niemand bei der Bibellektüre von der theologischen Tradition und seinem geistesgeschichtlichen Standort abstrahieren, die seine Denkweise und seine Rezeptionsmuster geprägt haben. Durch den Fokus geschichtlich gewachsener Auslegungstraditionen wird das biblische Zeugnis in der Gegenwart vernommen, um dessen nach wie vor erhobenen Wahrheitsanspruch systematisch-theologisch zu verantworten.

fließende Grenze zwischen Schrift und Tradition

Die fließenden Grenzen widersprechen nur scheinbar dem reformatorischen Schriftprinzip. Entscheidend war für die Reformatoren, dass nichts Menschliches gleichrangig neben Christus gestellt wird und so das *solus Christus* gefährdet. Das Augsburger Bekenntnis unterschied die *traditiones humanae*, die menschlichen Traditionen, bei denen Differenzen geduldet werden können, nicht von der Schrift, sondern von der *doctrina evangelii*, der Lehre des Evangeliums, als Mitte der Schrift (Art. VII). Die Reformatoren beabsichtigten mit dem Schriftprinzip also keine bloß äußere Unterscheidung zweier Textkorpora. Die Annahme fließender Grenzen ebnet nicht den qualitativen Unterschied zwischen Schrift und (kirchen-)geschichtlicher Tradition ein, sondern trägt im Gegenteil den an der Schrift gewonnenen und ausgewiesenen Maßstab („Kanon") auch an die Tradition heran. Die Schrift *in* der Tradition statt Schrift *und* Tradition – das ist die evangelische Grundeinsicht. Mit der Tradition darf nicht etwas anderes neben das Evangelium als Mitte der Schrift treten.

klare Grenze zwischen Evangelium und menschlichen Traditionen

Die Einsicht in die Konfessionalität des eigenen Standpunkts und in die unausweichliche Pluralität der Prinzipienbildung muss jedoch davor warnen, das traditionelle evangelische Materialprinzip der Rechtfertigungslehre (s. Kap. 3.1.3) mit dem Evangelium gleichzusetzen. Ein evangelischer Theologe wird nicht umhinkommen, seine Einsichten auf diese zentrale hermeneutische Kategorie zu beziehen und entsprechend zu gewich-

Unterschied von Evangelium und positiver Rechtfertigungslehre

ten, da deren identitätsstiftende Funktion seiner eigenen Reflexion vorausliegt. Seine evangelische Freiheit wird eher in der selbst verantworteten Auslegung der Rechtfertigungslehre zum Tragen kommen als in deren Ersetzung bzw. Marginalisierung. Das Evangelium ist aber nicht mit irgendeiner *doctrina evangelii*, d. h. mit einer bestimmten Gestalt der Rechtfertigungslehre identisch. Die dogmatische Reflexion, die sich in einer bestimmten Ausformulierung der Rechtfertigungslehre verdichtet, darf nicht mit dem reflektierten Ereignis selber, das im Glauben ergriffen wird, verwechselt werden. Mit anderen Worten: Die Erkenntnis, dass die eigene Tradition von bestimmten, z. T. gar zufälligen („kontingenten") Rahmenbedingungen geprägt wurde, schafft die Grundlage für eine konfessionelle Toleranz ohne Beliebigkeit.

Barmer Theologische Erklärung

Das Zurücktreten konfessioneller Gegensätze angesichts einer zumindest die evangelischen Konfessionen gemeinsam treffenden Herausforderung zeigte sich in der Barmer Theologische Erklärung vom 31. Mai 1934. Lutherische, unierte und reformierte Mitglieder der Bekennenden Kirche verabschiedeten diese Erklärung einmütig zur Abwehr deutschchristlicher, mit dem Nationalsozialismus sympathisierender Irrlehren. Die Trennlinie ging auf einmal quer durch die Konfessionen zwischen Bekenntnis- und sog. Deutschen Christen. Die gemeinsame Bedrohung relativierte die konfessionellen Unterschiede, ohne sie aufzuheben. Die Barmer Bekenntnissynode erkannte die Theologische Erklärung einmütig als biblisch-reformatorisches Zeugnis an, doch sollte zugleich dessen konfessionsspezifische Auslegung vom jeweiligen Bekenntnisstand her erfolgen.

Heute gilt die Barmer Theologische Erklärung den einen als neues Bekenntnis, zu dem die evangelische Kirche erstmals seit der Reformationszeit wieder die Kraft gefunden habe. Der Bekenntnischarakter wird von anderen, insbesondere lutherischen Theologen, die v. a. am prägenden Einfluss des reformierten Theologen Karl Barth auf die Erklärung Anstoß nehmen, vehement bestritten. Für sie ist die Barmer Theologische Erklärung eher ein kirchenpolitisches Dokument, das nicht mit den alten Bekenntnissen auf dieselbe Stufe gestellt werden dürfe. De facto wird die theoretische Debatte um den Bekenntnisstatus dadurch unterlaufen, dass die meisten Landeskirchen und Kirchenbünde – auch die lutherischen – in ihren Grundordnungen auf die Barmer Theologische Erklärung verweisen und unierte Kirchen sie in den sog. Ordinationsvorhalt aufgenommen haben, mit dem die zu Ordinierenden auf Schrift und Bekenntnis verpflichtet werden. In der reformierten Kirche hat sie über Deutschland hinaus (z. B. United Presbyterian Church, USA) den offiziellen Status einer Bekenntnisschrift. Unabhängig von ihrem formalen Status ist sie neben den reformatorischen Texten ein wichtiger Bezugspunkt für systematisch-theologische Aussagen.

Inwiefern darüber hinaus Texte der neueren Theologiegeschichte seit Ende des 18. Jahrhunderts von der Systematischen Theologie heranzuziehen sind, wird in Kap. 10.1 „Die neuere Theologiegeschichte als Teil der Systematischen Theologie" zu erörtern sein.

Kontrollfragen:

1. In welchem Verhältnis zueinander stehen Schrift und Tradition?
2. Woran scheitern Versuche, einen allgemein akzeptierten Standpunkt über den Konfessionen zu begründen?

Kontrollfragen

3.3 Nicht-theologische Quellen

Systematische Theologie hat die Aufgabe, den christlichen Glauben in der Gegenwart zu verantworten. Die methodische Berücksichtigung nicht-theologischer Quellen hat die theologische Voraussetzung, dass sich der christliche Glaube nicht selbstgenügsam auf sich selbst zurückziehen kann, sondern in der Welt entfaltet und verantwortet werden will. Nicht-theologische Quellen erfüllen dabei eine doppelte Funktion: als weitere Quellen der Glaubensinhalte neben den Quellen der Theologiegeschichte (1.) und als Quellen für die Wahrnehmung der Situation, auf die hin der christliche Glaube zu verantworten ist (2.).

doppelte Funktion nicht-theologischer Quellen

Die Quellen der Systematischen Theologie

christliche Traditionen in Staat und Gesellschaft

1. Nicht-theologische Quellen sind nicht unbedingt nichtchristliche Quellen. Noch im 19. Jahrhundert waren Kirche und Gesellschaft dem Umfang nach nahezu deckungsgleich, sodass Theologen wie Friedrich Schleiermacher die ganze Lebenswirklichkeit vom (christlichen) Glauben durchdrungen sahen. Die Wirkung der Religion beschränkte sich nicht auf einen abgegrenzten, kirchlichen Bereich. Heute, nach der Trennung von Kirche und Staat seit der Weimarer Republik, soll der Gottesbezug in der Präambel des deutschen Grundgesetzes, der verfassungsgeschichtlich aus einer christlichen Prägung vieler sog. Väter und Mütter des Grundgesetzes resultierte, weder Ungläubige noch Andersgläubige ausgrenzen. Die Religionsfreiheit duldet keine Privilegierung irgendeiner Religionsgemeinschaft. Die Menschenrechte, als deren Kristallisationspunkt sich die Religionsfreiheit begreifen lässt, wurden nicht nur gegen die Kirchen durchgesetzt, sondern haben dessen ungeachtet auch christliche Wurzeln, wenngleich diese eher in kirchlichen Randgruppen wie dem frühen amerikanischen Protestantismus mit seinem Bestehen auf individueller Gewissensfreiheit liegen.

Das Beispiel der Menschenrechte zeigt: „Spuren des Wortes" (Herbert Vinçon), Zeugnisse christlichen Glaubens finden sich auch dort, wo man sie auf den ersten Blick nicht vermutet und wo keine explizit christlichen Bezüge greifbar sind. Schon die biblischen Texte, die heute als christliche Quelle schlechthin gelten, haben auf „heidnische" Traditionen wie babylonische Schöpfungsmythen oder antike Hausordnungen zurückgegriffen – freilich nicht beliebig, sondern in strenger Auswahl dessen, was sich mit z. T. erheblichen Veränderungen in den eigenen Glaubensstandpunkt integrieren ließ. Für die mittelalterliche Theologie war die vor-christliche Philosophie des Aristoteles von entscheidender Bedeutung.

„Spuren des Wortes" in Philosophie und Literatur

Nach Paul Tillich gehört zu den Quellen Systematischer Theologie über Bibel und theologisch-konfessionelle Lehrtradition hinaus auch die allgemeine Kulturtradition, die sich z. B. in Sprache, Dichtkunst oder Philosophie ausdrückt. Philosophen wie Kant, Schelling oder Hegel, in geringerem Maße aber auch Schriftsteller wie Lessing, Goethe, Dostojewski und Thomas

Mann sind etablierte Bezugspunkte systematisch-theologischer Arbeit, ohne die die Texte der neueren Theologiegeschichte nicht zu verstehen sind. Sie gehören schon allein deshalb zu den Quellen der Systematischen Theologie, weil führende Theologen der Neuzeit zur gegenwärtigen Entfaltung christlicher Glaubensinhalte auf sie zurückgriffen.

Für Adolf von Harnack (1851–1930), einen der wirkungsvollsten Vertreter des sog. Kulturprotestantismus, waren Kant und Goethe zentrale Orientierungsmarken seines theologischen Denkens. Der ihm theologisch nahestehende Wilhelm Herrmann verfasste die bedeutendste theologische Ethik seiner Zeit, die letztlich nichts weiter als eine theologische Adaption und Weiterführung der Ethik Kants in Auseinandersetzung mit dem zeitgenössischen Neukantianismus darstellt. Karl Barth, der seine theologische Laufbahn als Schüler Harnacks und Herrmanns begann, sagte man in seiner Frühzeit einen massiven Hegelianismus nach, was sich in der Fremdbezeichnung „Dialektische Theologie" für die von Barth begründete theologische Bewegung niederschlug (Dialektik als Grundfigur Hegelscher Philosophie: These – Antithese – Synthese).

Für Hegel selbst fiel der Inhalt der christlichen Religion mit dem Inhalt der wahren Philosophie zusammen. Die Entfremdung des reinen Geistes in die ihm fremde Natur nannte er etwa einen „spekulativen Karfreitag". Der späte Schelling verfasste sogar eine „Philosophie der Offenbarung". Lessings sog. „theologiekritische" Schriften sind durchaus im heutigen Sinne theologische Schriften. Die Einordnung als „nicht-theologisch" ist daher vielfach technischer und weniger inhaltlicher Art. So schrieb Paul Tillich sowohl eine philosophische als auch eine theologische Dissertation über Schelling, von dem seine Systematische Theologie nachhaltig geprägt wurde.

Der Rückgriff auf nicht-theologische Autoren ist aber natürlich nicht nur indirekt im Rahmen der Rezeption klassischer Autoren der neueren Theologiegeschichte möglich. Jeder Systematische Theologe kann selber prüfen, inwieweit nicht-theologische Texte der Entfaltung christlicher Glaubensinhalte dienen können.

Bilder, Musik, Film

Die Bedeutung anderer, nicht-textlicher Medien, in denen der christliche Glaube grundsätzlich ebenfalls entfaltet und verantwortet werden kann, ist in der Systematischen Theologie eher marginal. Es zeigen sich allerdings Tendenzen zu einer verstärkten Berücksichtigung. So wurde kürzlich an der Universität Rostock unter systematisch-theologischer Federführung ein Institut für Bildtheorie errichtet, das sich der interdisziplinären, Natur- und Kulturwissenschaften einbeziehenden Erforschung von Bildern und Bildlichkeit widmet. In der Musik wurde immer wieder die theologische Qualität des Werks Johann Sebastian Bachs gewürdigt. Daneben ist an Karl Barths Monografie zum von ihm verehrten Wolfgang Amadeus Mozart zu erinnern. Vereinzelt entdecken Systematische Theologen auch „Spuren des Wortes" im Film, so etwa in der 10-teiligen Spielfilmserie „Dekalog" des polnischen Regisseurs Krzysztof Kieslowski, welche die Zehn Gebote durch Geschichten, die in der Gegenwart spielen, interpretiert.

christliche Zeitgenossenschaft

2. Die Grenzen zwischen der ersten und der zweiten Funktion der Verarbeitung nicht-theologischer Quellen sind fließend. Selbst Denker, die sich explizit gegen das Christentum wandten, konnten gegen ihre eigene Absicht positiv zur Entfaltung des christlichen Glaubens herangezogen werden. Es geht bei dem systematisch-theologischen Bezug auf die jeweilige Situation und bei der gegenwärtigen Verantwortung um keine vordergründige Apologetik, die den eigenen Glauben gegen Angriffe von außen rechtfertigen müsste. Der Christ partizipiert als Zeitgenosse zu sehr an der gegenwärtigen Situation, als dass sie ihm ein bloßes Außen sein könnte.

Kritiker des Christentums

Wie bereits in Kap. 2.2.3 erwähnt, konnte Eberhard Jüngel sogar den Atheismus als Zwillingsbruder des Glaubens an den gekreuzigten Gott anerkennen. Von daher rezipierte er z. B. die auf das Zentrum der Liebe ausgerichtete Anthropologie des Religionskritikers Ludwig Feuerbach (1804–1872) und stellte sie in einen theologischen Kontext. Daneben gibt es im Protestantismus eine breite Rezeption Friedrich Nietzsches (1844–1900), eines der wohl schärfsten Kritiker des Christentums, bei Karl Barth, Paul Tillich, Albert Schweitzer u. a. In der Gegenwart fordert z. B. das „Lob des Polytheismus" und die „Apologie des Zufälligen" des skeptischen Philosophen Odo Marquard (geb. 1928) zur systematisch-theologischen Auseinandersetzung heraus.

Für die theologische Ethik sind über die Philosophie hinaus die Sozialwissenschaften und die Ethiken, die sich in den verschiedenen Fachwissenschaften herausgebildet haben (Wirtschaftsethik von Ökonomen, Medizinethik von Medizinern usw.), Gesprächspartner, von denen sie lernen kann und vor denen sie ihre Handlungsorientierungen zu verantworten hat. Insbesondere in der angewandten Ethik, die die verschiedenen Bereiche individuellen und gesellschaftlichen Lebens gestalten will, ist Sachkunde unabdingbar, die aus theologischen Quellen nicht bzw. nur dann erworben werden kann, wenn diese bereits ihrerseits kompetente Autoren des jeweiligen Fachbereichs rezipiert haben (s. Kap. 6.2).

nicht-theologische Quellen der Ethik

Die Bedeutung der Philosophie und der Fachwissenschaften reicht damit weit über den Status von Hilfswissenschaften hinaus, die sich in der klassischen, mittelalterlichen Bezeichnung der Philosophie als *ancilla theologiae* (Dienerin der Theologie) ausdrückte.

Kontrollfragen:

1. Warum entfernen nicht-theologische Quellen die Systematische Theologie nicht von ihrem Gegenstand, dem christlichen Glauben?
2. Welche nicht-theologischen Quellen sind für die Systematische Theologie besonders relevant, welche weniger?

Kontrollfragen

4. Systematische Theologie zwischen Wissenschaft und Kirche

4.1 Der wissenschaftliche Anspruch

Theologie als traditioneller Kernbestand der Wissenschaft

Systematische Theologie wird als Teildisziplin der Theologie zumeist an Universitäten im Kontext zahlreicher anderer Wissenschaften gelehrt. Schon als die Institution Universität im Mittelalter entstand, war eine ihrer vier Fakultäten die theologische. Nachdem alle Studenten eine Art Grundstudium an der Philosophischen Fakultät – der sog. „Artistenfakultät" (< *artes liberales* „freie Künste") – mit den sieben fachlich unspezifischen Teildisziplinen Grammatik, Dialektik, Rhetorik, Arithmetik, Musik, Geometrie („Erd-Kunde" im weiteren Sinn, < gr. *ge* „Erde") und Astronomie durchlaufen hatten, konnten sie für die Fortsetzung ihres Studiums zwischen der medizinischen, der juristischen und der theologischen Fakultät wählen. Die Theologie gehörte somit zum Kernbestand der Wissenschaften.

Theologie in der Defensive

In der Gegenwart ist das unhinterfragte, von christlichen Lehren bestimmte Weltbild, das allen Fakultäten gemeinsam war und in dem sich weltliche und geistliche Erkenntnisse zu einem harmonischen Ganzen integrieren ließen, zerbrochen. Die Philosophische Fakultät gibt sich längst nicht mehr mit der alten Rolle einer Magd der Theologie (*ancilla theologiae*) zufrieden, von der am Ende von Kap. 3.3 die Rede war. Schon Immanuel Kant konfrontierte in seiner Schrift *Der Streit der Fakultäten* (1798) die Theologie mit dem Anspruch der Vernunft, den die philosophischen Fächer geltend machen. Ironisch deutete er die traditionelle Rolle um: Wenn die Philosophie eine Magd sein sollte, dann trage sie der Theologie jedenfalls nicht demütig die Schleppe nach, sondern selbstbewusst die Fackel voran. Kant warnte davor, der philosophischen „Magd" den Mund zu verbieten oder sie gar zu verjagen. Die Ermittlung der Wahrheit sei allein Sache der Philosophie, während die Theologie und die beiden anderen vormals oberen Fakultäten allein mit der nützlichen *Anwendung* der Wahrheit zu tun haben, was wissenschaftlich zweitrangig sei. Heute geben die Philosophie und die empirisch arbeitenden Naturwissenschaften, die sich im 19. Jahrhundert aus der Philosophischen Fakultät herausgelöst und verselbstständigt haben, das wissenschaftliche Leitbild vor, vor dem sich die Theologie rechtfertigen muss. So trifft der wissenschaftliche Anspruch der Theologie teilweise auf starke Vorbehalte. Die neutrale Beobachtung eines Gegenstandes, bei der der Beobachter selber unbeteiligt bleibt, wie sie von naturwissenschaftlichen Versuchen angestrebt wird, scheint hier nicht gegeben zu sein.

Allerdings gibt es selbst in den sogenannten exakten Wissenschaften keine theoriefreien Beobachtungen, die sich in mathematischen Formeln und in einer neutralen Wissenschaftssprache ausdrücken ließen. Die Annahme einer objektiven Wirklichkeit, welche der wissenschaftliche Beobachter ohne subjektive Anteile unverzerrt aufnehmen und abbilden könnte, lässt sich wissenschaftstheoretisch nicht halten. Zum einen zeigt sich auch in den Naturwissenschaften eine methodische Pluralisierung und Ausdifferenzierung in eigenständige Teildisziplinen, die von einer *einheitlichen* Erfassung der gesamten natürlichen Wirklichkeit weit entfernt ist. Zum anderen lässt sich in historischer Perspektive die Geschichte der Naturwissenschaften als eine Abfolge „wissenschaftlicher Revolutionen" (Thomas S. Kuhn) verstehen. Die jeweils herrschende (natur-)wissenschaftliche Grundvorstellung (Paradigma) lässt jeweils einen unerklärten Rest übrig, von dem der Anstoß zur Ausbildung eines neuen Paradigmas ausgeht. Rückblickend stellt sich der umfassende, objektive Anspruch des alten Paradigmas, das allmählich abgelöst wird, jeweils als falsch heraus. Naturwissenschaftler selber distanzieren sich von dem Anspruch, „die" Wirklichkeit abzubilden, indem sie heute oft von bloßen Modellen sprechen. Dieser Begriff deutet naturwissenschaftliche Einsichten von vornherein als *menschliche* Konstruktionen, die durch andere Modelle relativiert und durch bessere Modelle überholt werden können. Der Versuch, alle Erkenntnis an messbare, quantitative Begriffe und Zusam-

Marginalie: keine Objektivität in den empirischen Naturwissenschaften

menhänge zu binden und neben dieser uniformen Erfassung der Wirklichkeit keine anderen Formen der Erkenntnis zuzulassen, erweist sich aufgrund des Scheiterns aller universalen Erklärungsansprüche selber als positionell, d. h. als eine bestimmte Position in Konkurrenz zu anderen, statt scheinbar neutrale und alternativlose Voraussetzung aller möglichen Positionen zu sein. Die Behauptung, es gebe *nur* „objektiv" messbare Erkenntnis, lässt sich mit der geforderten wissenschaftlichen Objektivität jedenfalls nicht beweisen. Sie hat vielmehr weltanschauliche Qualität als Ausdruck eines wissenschaftlichen Materialismus.

Pluralität methodischer Zugänge und Interpretationen in den Geistes- und Sozialwissenschaften

Wenn nur auf messbaren Ergebnissen beruhende Begriffe den Anspruch auf Wissenschaftlichkeit erheben könnten, wären nicht nur die Theologie, sondern auch die Geistes- und Sozialwissenschaften aus dem Kreis der Wissenschaften ausgeschlossen. Während die Positionalität der Naturwissenschaften nur auf einer Meta-Ebene, beim Betrachten dieser Wissenschaften von außen bzw. in historischer Perspektive, zutage tritt, ist für die Geistes- und Sozialwissenschaften eine Pluralität der methodischen Zugänge und der Interpretationen, in der sich auch die Subjektivität des Forschers widerspiegelt, grundlegend und ohne Weiteres erkennbar. Eine Interpretation von Goethes *Faust* lässt sich genauso wenig objektiv beweisen oder widerlegen wie eine Auslegung des Römerbriefs des Paulus. Das Ergebnis einer sozialwissenschaftlichen Erhebung wird in hohem Maße von der Fragestellung und der in die Auswertung einfließenden subjektiven Haltung des Wissenschaftlers mitbestimmt.

wissenschaftlicher Vorrang der historischen Disziplinen?

Die Bedenken hinsichtlich ihrer Wissenschaftlichkeit treffen daher zumindest die historischen Disziplinen der Theologie (Bibelwissenschaften und Kirchengeschichte) nicht mehr als die Geisteswissenschaften überhaupt. Sie können sich darauf berufen, die ihnen zugrunde liegenden Texte mit denselben historisch-kritischen Methoden und derselben philologischen Sorgfalt zu erforschen wie Altorientalistik, Altphilologie und Profangeschichte als ihre Nachbardisziplinen in der Philosophischen Fakultät. Die Systematische Theologie hingegen hat die Inhalte und Handlungsorientierungen des christlichen Glaubens im Horizont der Gegenwart zu prüfen und zu bewähren. Der gegenwärtige Glaube als Gegenstand der Systematischen Theologie (s. Kap. 2) scheint für eine wissenschaftliche Erforschung auf den ersten Blick ungeeignet. So dauerte es beispielsweise etwa 150 Jahre, bis nach einer stattlichen Reihe von Vorgängern aus Exegese und Kirchengeschichte mit Ulrich Kühn erstmals ein Systematischer Theologe in die 1846 gegründete Sächsische Akademie der Wissenschaften gewählt wurde. Dieser führte seine Ausnahmestellung auf die genannten Schwierigkeiten zurück, auch die gegenwartsorientierten Disziplinen der Theologie – hinsichtlich der Praktischen Theologie zeigte sich eine ähnliche Zurückhaltung – als *Wissenschaft* zu akzeptieren. Kühn verwies darauf, dass selbst in der materialistisch orientierten Wissenschaft der ehemaligen DDR die historischen Disziplinen ihre wissenschaftliche Reputation behalten hatten.

Innerhalb der Theologie selber gab es schon an der Wende vom 19. zum 20. Jahrhundert, auf dem Höhepunkt des sog. Historismus, Tendenzen zu einer Gleichsetzung von wissenschaftlich-theologischer mit historischer Forschung. Der Kirchengeschichtler Adolf von Harnack war damals ein führender Repräsentant sowohl der Theologie als auch der deutschen Wissenschaft überhaupt und erster Präsident der 1911 gegründeten Kaiser-Wilhelm-Gesellschaft zur Förderung der Wissenschaften, deren Nachfolgeorganisation die heutige Max-Planck-Gesellschaft ist. Aus dem Studium der Kirchen- und Theologiegeschichte meinte Harnack auch ohne Systematische Theologie die nötige Orientierung für die Gegenwart gewinnen zu können (s. Kap. 10.2). Das Wesen des Christentums sah er bereits an dessen Ursprung im Evangelium Jesu ein für allemal grundgelegt. Verfälschung und Neuentdeckung des Evangeliums in der Kirchengeschichte können historisch erforscht werden, während darüber hinaus kein dogmatischer Fortschritt möglich und nötig sei. Einer bezeichnenden Anekdote zufolge ließ Harnack deshalb nach einem Umzug die Dogmatiken zur „schönen Literatur" stellen. Im Unterschied zu den verlässlichen, aus den Quellen gewonnenen Erkenntnissen des Historikers hätten systematisch-theologische Texte demnach den Status von Romanen, deren Verfasser ihrer Fantasie freien Lauf lassen. Der Neubegründung

Gleichsetzung wissenschaftlich-theologischer mit historischer Forschung bei Harnack

der Dogmatik durch Karl Barth und die Dialektische Theologie nach 1918 warf er eine Verachtung der wissenschaftlichen Theologie vor. Sie verrate die „Blutsverwandtschaft" mit der Wissenschaft überhaupt, indem sie die Begründung auf geschichtlichem Wissen und kritischem Nachdenken aufgebe.

dreifache Begründung des wissenschaftlichen Anspruchs der Systematischen Theologie

Für den wissenschaftlichen Anspruch der Systematischen Theologie lässt sich demgegenüber zum einen auf ihren methodischen Zusammenhang mit den historischen Disziplinen verweisen (1). Zum anderen steht aber auch ihre spezifische Eigenart, die über geschichtliche Forschung hinausgeht, in einer Analogie zu etablierten Wissenschaften (2). Schließlich leistet die Systematische Theologie auch mit dem, wozu sich keine Analogien in anderen Wissenschaften finden lassen, einen wertvollen Beitrag zum Ensemble der Wissenschaften (3). Diese dreifache Begründung ist nun im Einzelnen zu erläutern.

methodischer Zusammenhang mit den historischen Disziplinen

1. Bereits in Kap. 2 wurde herausgestellt, dass nicht der Glaubensakt als solcher *(fides qua creditur)* Gegenstand der Systematischen Theologie sein kann, sondern Gedanken, Texte und andere Medien, in denen sich der Glaube äußert *(fides quae creditur)*. Dem christlichen Glauben ist das Bemühen wesentlich, sich selber zu verstehen *(fides quaerens intellectum)*. Die Zeugnisse des denkenden Glaubens sind zunächst in ihrer jeweiligen Aussagestruktur sachgemäß zu erfassen. Insbesondere bei der Bezugnahme auf die Bibel oder ältere Texte wird die Systematische Theologie kaum selbstständige historische Forschung leisten, sondern im interdisziplinären Gespräch auf Ergebnisse der historischen Fächer zurückgreifen. Insofern sie selber biblische und theologiegeschichtliche Quellen untersucht, wird sie sich derselben anerkannten Methoden bedienen wie die historischen Teildisziplinen der Theologie und deren Nachbarfächer in der Philosophischen Fakultät. Der Kommentar zu Luthers Katechismen eines Systematischen Theologen wie Albrecht Peters z. B. zielt wie jeder andere Kommentar zu einem Werk der Geistesgeschichte auf die angemessene Erfassung des Textsinns. Eine systematisch-theologische Monografie zu Schleiermacher ist genau wie eine philosophische oder pädagogische Studie zum Werk dieses vielseitigen Theologen nur dann gelungen, wenn sie

dessen Anliegen möglichst genau erfasst sowie verständlich und ohne innere Widersprüche präsentiert.

2. Mit ihrem spezifischen Anliegen, den christlichen Glauben in der Gegenwart zu entfalten und zu verantworten, geht die Systematische Theologie über die historisch-philologische Analyse hinaus. Die gegenwärtige Verantwortung vollzieht sich zwar auch in den historischen Disziplinen der Theologie, allerdings indirekter z. B. durch das aus einem gegenwärtigen Kontext erwachsende Frageinteresse. Die gesellschaftliche Emanzipation der Frau etwa regte Untersuchungen zum Geschlechterverhältnis in der Bibel an, oder die sog. „soziale Frage" führte zu Untersuchungen über Armut und Reichtum in der Kirchengeschichte. Die Forschungsarbeiten selber folgen den auch außerhalb der Theologie anerkannten Methoden. Nur insoweit *jedes* Verstehen eine selten ausdrücklich thematisierte Beziehung zum betrachteten Gegenstand voraussetzt, spielt auch hier der subjektive, je gegenwärtige Standpunkt des Forschers eine Rolle. In der Systematischen Theologie hingegen stellt die Vermittlung mit der gegenwärtigen Situation das erklärte Ziel der Befassung mit den theologischen Quellen dar. Der Systematische Theologe kann nicht bei der mehr oder weniger selbstständigen Analyse und Darstellung der Positionen anderer stehen bleiben. Im gegenwartsbezogenen Urteil ist nicht nur der Geistesgeschichtler – der der Systematische Theologe notwendig auch ist – gefragt.

das Spezifische der Systematischen Theologie

Doch auch die gegenwärtige Urteilsfähigkeit, auf die sich alle systematisch-theologischen Bemühungen richten, ist im Kontext der etablierten Wissenschaften keineswegs so einzigartig, wie es auf den ersten Blick scheinen mag. Schleiermacher nannte die Theologie eine „positive Wissenschaft", die sich statt auf grundlegende Erkenntnis auf Vorgegebenes (positiv < lat. *positum* „gegeben") beziehe und statt zweckfreier Forschung die Ausbildung zum kirchenleitenden Amt anstrebe. Von einer diesbezüglich ähnlichen Auffassung her hatte zuvor Kant die Theologie mit der Medizin und der Rechtswissenschaft als Anwendungswissenschaften zusammen- und der Philosophie gegenübergestellt. In der Medizin verstellt die inzwischen erfolgte hochgradige Technisierung oft den Blick dafür, dass sich Diagnose und Therapie

Nähe zu Medizin und Rechtswissenschaft

letztlich einem Urteil des Arztes verdanken, das trotz aller objektivierenden Hilfsmittel keine Eindeutigkeit besitzt – eine „zweite Meinung" einzuholen wäre sonst sinnlos. Naheliegend erscheint auch heute noch die Analogie zur Rechtswissenschaft: Auch der Jurist bedient sich verschiedener Methoden, um zu einem gegenwartsbezogenen eigenen Urteil über die jeweilige Rechtslage zu gelangen. Wortlautauslegung, historische, systematische und teleologische Methode stellen die vier klassischen Auslegungsmethoden der Rechtswissenschaft dar. Der historische Hintergrund seiner Abfassung und die philologische Analyse eines einschlägigen Gesetzes besitzen zwar eine tragende Bedeutung für das gegenwärtige Urteil, doch bezieht dieses auch den sachlichen Gesamtzusammenhang (systematisch) und den Zweck einer gesetzlichen Bestimmung (teleologisch: „zielbezogen", < gr. *telos* „Ziel") mit ein. Diese mehrschichtige Abwägung kann nie im (natur-)wissenschaftlichen Sinn „exakt" sein. Sie wird im Zweifel sogar die rechtsphilosophische Frage einbeziehen müssen, ob positives, geltendes Recht tatsächlich gerecht ist und seinem Anspruch, Recht zu sein, genügt. Die Idee der Menschenrechte verkörpert einen solchen überpositiven Maßstab des Rechtes, der – wiederum in Analogie zur Systematischen Theologie – Impulse zu einer künftigen Fortbildung des Rechtes geben kann.

Analogie zur Literaturkritik und zur Philosophie

In der Literaturwissenschaft wird eine Analogie zur systematisch-theologischen Urteilsfindung erkennbar, wenn der Übergang zur Literatur*kritik* vollzogen wird. Dann wird über die verstehende Beschreibung und Deutung eines Werkes hinaus dessen Qualität beurteilt. Dabei werden bestimmte Kriterien zugrunde gelegt, über die der Kritiker Rechenschaft ablegen muss. Nicht zuletzt ist aber auch die Philosophie längst ebenfalls von den Naturwissenschaften, die sich aus ihr emanzipiert haben, abgerückt. Wenn sie Aussagen über Sinn und Ziel von Mensch und Welt trifft oder als Praktische Philosophie über die Beschreibung von Handlungsmotiven und -bedingungen hinaus normative Orientierungen anbietet, verfolgt sie ähnliche Anliegen wie die Systematische Theologie.

3. Über die Vergleichbarkeit der Systematischen Theologie mit verschiedenen Geisteswissenschaften hinaus bleibt jedoch ein wesentlicher Unterschied bestehen. Das identitätsstiftende „Vorgegebene" der positiven Wissenschaft Theologie ist der von allen Erkenntnisbemühungen letztlich uneinholbare Glaube als *fides qua* bzw. Omega-Glaube (H.-M. Barth, s. Kap. 2.1.4), der allen seinen Äußerungen als *fides quae* bzw. Alpha-Glaube, die dem analytischen Zugriff zugänglich sind, vorausliegt. Dieser individuell erfahrbare Glaube beruht auf einem bestimmten Ereignis, nämlich auf Kreuz und Auferstehung Jesu Christi. Davon lässt er sich nicht ablösen. Der christliche Glaube ist daher keine universale religiöse Struktur, die unter methodischer Ausschaltung bzw. beliebiger Ersetzbarkeit des Glaubenden und des Geglaubten voraussetzungslos beschrieben werden könnte. Den christlichen Glauben gibt es nicht schon immer und überall, sondern nur seit und sofern es Jesus Christus gibt und sofern sich dieser dem Menschen in gegenwärtiger Freiheit erschließt. Diesen Gegensatz zu einer rational begründbaren Notwendigkeit nach Art eines Naturgesetzes nennt man Kontingenz (< lat. *contingentia* „Möglichkeit" – *nur* möglich im Sinne von „nicht notwendig").

die Kontingenz des christlichen Glaubens

Der christliche Glaube, der Gegenstand der Systematischen Theologie ist, bekennt sich offen zur Kontingenz seines Ursprungs, den er für unwiederholbar und unersetzbar hält, und zur Kontingenz seiner Äußerungen. Die Konfessionalität der theologischen Fakultäten ist eine Folge daraus – an vielen Universitäten existieren nebeneinander evangelisch- und katholisch-theologische Einrichtungen. Die Ergänzung durch jüdische oder islamische Institutionen, die nach z. T. jahrhundertealten Vorüberlegungen an deutschen Universitäten derzeit verstärkt erwogen und in ersten Ansätzen vorgenommen wird, bereitet der christlichen Theologie weniger Probleme, als die Einordnung in eine zeit- und ortlose Einheitstheologie hervorriefe. Dass die einzigartige Bestimmtheit des christlichen Glaubens einzigartige Erkenntnisvoraussetzungen schafft, ist eine Einsicht, welche die Systematische Theologie auf *jedes* religiöse Verhältnis überträgt.

keine zeit- und ortlose Einheitstheologie

keine allwissende und allmächtige Einheitswissenschaft

Darüber hinaus kann die Integration der Theologie in den Kanon der Wissenschaften die Einsicht in die Kontingenz der Erkenntnis überhaupt wach halten, welche den nicht-theologischen Wissenschaften auch aus sich selbst heraus zugänglich, wenn auch nicht immer und überall bewusst ist. Der Glaube als Grenzbegriff theologischer Erkenntnis steht für die Begrenztheit allen Wissens. Indem sich die Systematische Theologie auf den gegenwärtigen Glauben bezieht, begibt sie sich in eine kritische Distanz zu allen Versuchen, eine allwissende und allmächtige Einheitswissenschaft zu begründen. Darin liegt zugleich der fundamentale Ansatz für eine theologische Wissenschaftsethik (s. Kap. 6.2, Nr. 6). Der Begrenztheit der Erkenntnis entspricht die Freiheit des Forschens, die durch keine scheinbar endgültigen Ergebnisse zu unterbinden ist.

methodische Distanz zum Erkenntnisgegenstand

Kontingenz darf freilich nicht mit Willkür oder dem Verzicht auf Sinnhaftigkeit verwechselt werden, als ob Systematische Theologie behaupten statt begründen würde oder die gebotene methodische Distanz zu ihrem Erkenntnisgegenstand zugunsten religiöser Unmittelbarkeit aufgäbe. Im Gegenteil bewahrt gerade das Wissen um ihre Grenze die Theologie vor einer leichtfertigen Identifizierung mit ihrem Gegenstand. Systematische Theologie ist selber keine Verkündigung, sondern tritt in eine bewusste Distanz zu den Glaubensaussagen, von denen sie herkommt und denen sie freilich gerade dadurch dient (s. Kap. 4.2).

kein Opfer der Vernunft

Wenngleich die theologische Erkenntnis prinzipiell begrenzt ist, gelten für die Systematische Theologie diesseits dieser Grenze auch abgesehen von den historischen Anteilen ihrer Denkbemühungen (s. o. Nr. 1) allgemeine Kriterien der Wissenschaftlichkeit. Unter den bedeutenden Theologen der neueren Zeit hat v. a. Rudolf Bultmann betont, dass der Glaube nicht verlangt, die Vernunft zu opfern *(sacrificium intellectus)*, d. h. auf rationale Einsicht zu verzichten und Absurdes für wahr zu halten. Sonst wäre der tiefste Glaube zugleich der unvernünftigste. Die Vernunft ist zwar nicht die Quelle der Theologie, welche die Glaubensinhalte hervorbrächte, wohl aber das „Organ" (Tillich), das diese gemäß ihrer eigenen Strukturen aufnimmt und verarbeitet. Die im Anschluss an 1 Petr 3,15 bestimmte Grundaufgabe der Theologie, die christliche Hoffnung gegenüber jedem, der darüber Rechenschaft fordert, zu verantworten (s. Kap. 2.2.2), erfordert, die Glaubensinhalte nicht in einer Geheimsprache, sondern verständlich zu kommunizieren. Die *Aneignung* dieses Glaubens bleibt auch dann unverfügbar.

Im Einzelnen folgt daraus: Die systematisch-theologischen Aussagen müssen auch von Nicht-Glaubenden logisch nachvollzogen werden können. Begriffe sollten klar definiert und ihre verschiedenen Bedeutungsebenen unterschieden werden. Die systematisch-theologische Arbeit sollte die ihr zugrunde liegenden Methoden aufzeigen können und konsequent befolgen. Paul Tillich nannte dies die logische, semantische und methodische Rationalität der Systematischen Theologie. Aus ihr folgt freilich nicht die vordergründige Auflösung von Spannungen, die in der Sache selber begründet sind. Luthers Bestimmung des Christen als Gerechter und Sünder zugleich *(simul iustus et peccator)* setzt nicht anders als etwa die literaturwissenschaftliche Zuschreibung von Liebe *und* Hass zu derselben Figur eines Dramas voraus, dass die Bedeutung der Begriffe je für sich deutlich ist, damit die Spannung zwischen ihnen verstanden werden kann. In beiden Fällen wird keine unsinnige Behauptung getroffen, welche die Logik außer Kraft setzte, sondern im Gegenteil versucht, die im Gegenstand selber liegende Spannung möglichst genau zu erfassen.

logische, semantische und methodische Rationalität

Mit der methodischen Rationalität verbindet sich als weiteres allgemeines Kriterium von Wissenschaftlichkeit, dass Systematische Theologie die verschiedenen Aussagen nicht nur für sich betrachtet, sondern so miteinander verknüpft, dass sie ohne innere Widersprüche zusammenstimmen (Kohärenz, < lat. *cohaerentia* „Zusammenhang"). Hier wird ein enger Zusammenhang zwischen dem wissenschaftlichen Anspruch und der im engeren Sinne systematischen Aufgabe erkennbar. Theologie als wissenschaftliches System meint keine totale Abbildung der christlichen Lehre jenseits kontingenter Erfahrungen, sondern bringt ihren Anspruch auf methodische Konsequenz zum Ausdruck (s. Kap. 11.1).

Kriterium der Kohärenz

Kriterium der Überprüfbarkeit

Uneinigkeit besteht über das Kriterium der Überprüfbarkeit der dargestellten Zusammenhänge. Karl Barth lehnte es entschieden ab, diese allgemeine wissenschaftstheoretische Forderung auch auf die Theologie anzuwenden. Dafür berief er sich auf deren Ausnahmestellung als Wissenschaft, die in ihren einzigartigen Erkenntnisvoraussetzungen begründet sei. Wolfhart Pannenberg hingegen hielt ebenso nachdrücklich an diesem Kriterium fest. Er legte ein erweitertes Verständnis von Kohärenz zugrunde, insofern sich die Systematische Theologie zur Verantwortung der christlichen Wahrheit nicht nur des widerspruchslosen Zusammenhangs der christlichen Lehrstücke untereinander, sondern auch ihres Zusammenhangs mit dem außertheologischen Wissen zu vergewissern habe.

Selbstverständnis als Wissenschaft

Ihre Anerkennung als Wissenschaft können die Theologie im Allgemeinen und die Systematische Theologie im Besonderen nicht erzwingen. Sie können lediglich Argumente darlegen, die auch in nicht-theologischer Sicht ihre Stellung innerhalb der Universität und ihre Einbindung in einen interdisziplinären Zusammenhang begründen. Wichtiger ist, dass sich die Systematische Theologie selber aus eigenen Gründen, die sich aus ihrem spezifischen Gegenstand – dem christlichen Glauben – ergeben, als Wissenschaft versteht und keinen selbstgenügsamen Rückzug an theologische Ausbildungsstätten der Kirchen anstrebt.

Kontrollfragen:

Kontrollfragen

1. Welche Analogien bestehen zwischen der Systematischen Theologie und anderen Wissenschaften?
2. Welcher Zusammenhang besteht zwischen dem Glauben als Erkenntnisgegenstand der Systematischen Theologie und ihrem wissenschaftlichen Anspruch?

4.2 Die kirchliche Aufgabe

Die Bedenken hinsichtlich der Wissenschaftlichkeit der Theologie im Allgemeinen und der Systematischen Theologie im Besonderen beziehen sich insbesondere auf ihr Verhältnis zur Kirche. Würde die Kirche der Theologie bestimmte unumstößliche Inhalte vorgeben, wäre eine freie wissenschaftliche Forschung, wie sie an Universitäten betrieben wird, kaum möglich. Auch in bildungspolitischer Hinsicht müsste man sich fragen, ob Einrichtungen eines Faches, das bloß dem Interesse einer gesellschaftlichen Gruppe dient, die als einzelne Konfession in der pluralistischen Gesellschaft immer mehr zu einer Minderheit wird, tatsächlich mit öffentlichen Mitteln unterhalten werden sollte.

Konflikt zwischen kirchlichen Vorgaben und freier wissenschaftlicher Forschung?

Dass Systematische Theologie eine Funktion der Kirche ist, wurde von so unterschiedlichen Theologen wie Karl Barth, Paul Tillich oder Wolfhart Pannenberg gleichermaßen anerkannt. Der Zusammenhang zwischen Systematischer Theologie und Kirche wird nicht erst sekundär hergestellt, sondern liegt in der gemeinsamen Sache, um die es beiden geht. Derselbe Glaube, der Gegenstand der Systematischen Theologie ist, begründet zugleich auch die Existenz der Kirche. Der Glaube richtet sich auf Christus, der der Herr und das Haupt der Kirche ist. Er ist nach reformatorischer Einsicht zwar grundlegend der Glaube des einzelnen Menschen und Theologen, in dem ihn keiner – auch nicht die Kirche – vertreten und für den er sich notfalls auch gegen die Kirche auf sein Gewissen berufen kann. Aber dieser Glaube vereinzelt nicht, sondern führt im Gegenteil den Einzelnen in die Gemeinschaft der Glaubenden hinein. Das Apostolische Glaubensbekenntnis spricht von einer Gemeinschaft der „Heiligen" *(communio sanctorum)*, zu denen nach evangelischem Verständnis statt einer Glaubenselite alle Christen gezählt werden. Der Systematische Theologe findet sich somit immer schon in einer kirchlichen Gemeinschaft vor, an deren lehrmäßiger Verantwortung ihres Glaubensgrundes er selber teilhat. Keineswegs steht ihm die Kirche als Kontrollinstanz gegenüber. Keiner der namhaften evangelischen Theologen, die Theologie als eine Funktion

systematisch-theologische Teilhabe an kirchlicher Lehre

der Kirche bestimmten, verstand daher diese Aussage im Sinne einer unselbstständigen Hörigkeit der Theologie gegenüber einer ihr übergeordneten Autorität kirchlicher Amtsträger.

kirchliche Autorität als Sachautorität

Vielmehr stellt das (systematisch-)theologische Gespräch zwischen den verschiedenen Positionen und Richtungen selber die Art und Weise dar, in der die Kirche ihre lehramtliche Aufgabe wahrnimmt. Kirchliche Autorität ist nach evangelischem Verständnis vorrangig eine sachliche Autorität, welche ihre Gründe aus den theologischen Quellen (s. Kap. 3) plausibel darlegen kann. Die verschiedenen Denkschriften der evangelischen Kirche zu zahlreichen gesellschaftlichen, aber auch kirchlich-theologischen Fragen veranschaulichen dies, insofern sie stets von führenden Experten aus Theologie und den jeweils einschlägigen Fachgebieten verfasst werden und beim Leser auf den eigenen Nachvollzug ihrer Argumente statt auf die Übernahme fertiger Entscheidungen von Kirchenoberen abzielen. Die Anerkennung des eigenen systematisch-theologischen Urteils, das im Gewissen zu verantworten ist, führte dazu, dass sich die evangelische Kirche dem gesellschaftlichen Pluralismus aus eigenen Gründen öffnen konnte, statt dem Verlust kirchlichen Einflusses in einer vormals durchweg christlich geprägten Gesellschaft nachzutrauern.

Ecclesia semper reformanda: Kirche unterwegs zum Reich Gottes

Die Reformatoren verstanden die Kirche nicht als eine feste hierarchische Ordnung mit theologischer Weisungsbefugnis jeweils nach unten, sondern wesentlich als *ecclesia semper reformanda*, d. h. als Kirche, die in ständiger Neubildung (< *reformare* „umgestalten, reformieren") begriffen ist und die Reformation nicht als ein historisches Ereignis längst hinter sich gelassen hat. Die Kirche ist zuallererst unterwegs auf das Reich Gottes hin. Die Unerlöstheit der Welt hält sie in Bewegung und sorgt dafür, dass ihr Glaubensgrund bis zur Vollendung der Gottesherrschaft keinen abschließenden Ausdruck in kirchlichen Formen und Lehren findet. Paulus bekannte, dass unser irdisches Wissen Stückwerk bleiben muss, und fasste diesen erkenntnismäßigen Vorbehalt in das poetische Bild: „Wir sehen jetzt durch einen Spiegel ein dunkles Bild; dann aber von Angesicht zu Angesicht. Jetzt erkenne ich stückweise; dann aber werde ich erkennen wie

Die kirchliche Aufgabe

ich erkannt bin" (1 Kor 13,12). Die Kirche, die unterwegs ist und das Vollkommene erst für die Zukunft des Reiches Gottes erhofft, übt in der Welt eine analoge Funktion aus wie die Theologie im Zusammenhang der Wissenschaften: Sie wird nie in einem vorfindlichen Staat aufgehen, sondern erinnert ihn an seine eigene Unvollkommenheit und wehrt allen totalitären Ansprüchen.

kritisches Gegenüber zur Kirche als Erfordernis der kirchlichen Funktion

Um in Bewegung zu bleiben, braucht die Kirche die Theologie gewissermaßen als ihren Motor. Gerade deren kirchliche Funktion erfordert es, in eine Distanz zur Kirche und den derzeit in ihr vorherrschenden Überzeugungen, Lehren und Frömmigkeitsgestalten zu treten. Das kritische Gegenüber zur Kirche, das eine wissenschaftliche Erkenntnishaltung erfordert, steht daher nicht im Widerspruch zur kirchlichen Funktion der Systematischen Theologie, sondern ist deren Grundvoraussetzung. Theologie, insbesondere die Systematische Theologie, ist die kritische Selbstreflexion der Kirche, die sie an die Unvollkommenheit ihrer Glaubenserkenntnis erinnert, ohne sich der Illusion hinzugeben, diese endgültig überwinden zu können.

Die Kirchengeschichte zeigt, dass immer wieder theologische Grundrichtungen auseinandertreten, in denen sich jeweils bestimmte Menschen mit ihrem individuellen Glauben und mit ihren biografischen Prägungen wiederfinden und zusammenfinden können. „Die" Kirche im Singular ist selber ein Glaubensgegenstand. Die dogmatische Tradition nannte sie deshalb die unsichtbare Kirche *(ecclesia invisibilis)*, die den verschiedenen sichtbaren Kirchen uneinholbar vorausliege. Die Einheit der Kirche(n) liegt in ihrem Grund und in ihrem Ziel, die letztlich beide identisch sind: in Christus selber. Die Kirche kommt von Christus her und bewegt sich auf Christus hin. Die Systematische Theologie verpflichtet sie mit ihren prinzipiell begrenzten Mitteln auf diesen Grund und auf dieses Ziel.

Kirche zwischen geglaubter Einheit und sichtbarer Vielfalt

Ihre kirchliche Verantwortung nötigt die Systematische Theologie, nicht im Unverbindlichen zu bleiben, sondern bis zu *konstruktiver* Kritik, mag sie für die Kirche auch ungewohnt oder gar schmerzhaft sein, vorzudringen. Karl Barth bestimmte die Dogmatik – die für ihn Ethik mit einschloss (s. Kap. 7) – sowohl als formale Funktion der hörenden Kirche, die diese kritisch von

kritisch-positive Doppelfunktion der Systematischen Theologie

Abwegen zum Hören auf das Wort Gottes zurückrufe, als auch als materiale – inhaltlich bestimmte – Funktion der lehrenden Kirche, welche sie positiv an ihren Gegenstand erinnere. Selbst wenn man Barths inhaltliche Bestimmung der dogmatischen Norm und der dogmatischen Methode, die er dabei zugrunde legte, nicht übernehmen mag, lässt sich die kritisch-positive Doppelfunktion der Dogmatik bzw. Systematischen Theologie an sich auch unabhängig von diesen positionellen Näherbestimmungen begründen. So verband Paul Tillich in seiner Systematischen Theologie wie erwähnt (s. Kap. 2.2.2) ein priesterliches Element, das die positiven religiösen Ausdrucksformen (als „Symbole" oder „Sakramente" bezeichnet) pflege, mit einem prophetischen Element, das eine anmaßende Identifizierung der religiösen bzw. theologischen Symbole mit der symbolisierten Sache, d. h. letztlich Gott selbst, kritisiere. Beide Elemente seien unverzichtbar, doch herrsche im Katholizismus das erste, im Protestantismus hingegen das zweite vor.

Öffnung des kirchlichen Standpunktes durch die Universalität des christlichen Glaubens

Systematische Theologie besitzt aufgrund ihrer kritisch-konstruktiven Rationalität für die Kirche eine Vermittlungs- und Versachlichungsfunktion (Volker Drehsen), die ihr ermöglicht, sich darüber klar zu werden, wo sie steht und wohin sie steuern will, statt sich blindlings einer gerade herrschenden Entwicklung oder gar dem Zeitgeist hingeben zu müssen. Insofern dient sie dem „Kirchenregiment", wie es Schleiermacher nannte. Dabei sind Geltung und Reichweite theologischer Aussagen heute stärker voneinander zu unterscheiden als in Zeiten der äußeren Deckungsgleichheit von Kirche, Staat und Gesellschaft. Während der christliche Glaube als ihr Gegenstand den unmittelbaren Geltungsanspruch der Systematischen Theologie auf die Gemeinschaft der Glaubenden beschränkt, beansprucht der Glaube selber eine Reichweite über den kirchlichen Binnenraum hinaus. Die Universalität des christlichen Glaubens drückt sich heute nicht zuletzt infolge eines theologischen Erkenntnisfortschritts weniger in rücksichtslosem Bekehrungseifer, welcher die Personalität des anderen missachtet, aus als in der schon angeführten Offenheit der Verantwortung gegenüber jedermann, welche die geschöpfliche Würde auch des Andersgläubigen achtet. Die systematisch-theologische *Selbst*reflexion der Kirche als Kirche in der Welt und für die Menschen gelingt daher nur, wenn sie nicht der kirchlichen Abschottung in einer religiösen Hinterwelt und Sondersprache dient, sondern mit Bereitschaft zur Selbst*kritik* das Gespräch über Kirchenmauern hinweg ermöglicht und fördert. Auch und gerade die ausdrücklich konfessionelle Theologie, die um die Kontingenz ihres eigenen Standpunktes weiß, versteht sich nicht als bloßes Sprachrohr einer gesellschaftlichen Minderheit. Daher sieht die Systematische Theologie ihren Ort widerspruchs-, wenngleich nicht spannungsfrei zugleich in Kirche *und* Universität.

Zusammenfassend formuliert: Gerade was die Systematische Theologie für eine scheinbar wertfreie, am Ideal empirischer Forschung orientierte Wissenschaft verdächtig macht – ihr gegenwartsorientierter Gestaltungswille –, lässt sie für die Kirche unverzichtbar werden. Was die Systematische Theologie für eine scheinbar glaubensstarke, am Ideal unumstößlicher Lehren orientierte Kirche verdächtig macht – ihre kritisch-konstruktive Distanznahme –, sichert ihr Selbstverständnis als Wissenschaft, unabhängig von dessen Anerkennung durch andere.

Zusammenfassung: Bedeutung der Systematischen Theologie für die Kirche und Selbstverständnis als Wissenschaft

Kontrollfragen:

1. Warum steht die kirchliche Bindung der Systematischen Theologie nicht im Widerspruch zu ihrer wissenschaftlichen Freiheit?
2. Worin besteht die kritisch-positive Doppelfunktion der Systematischen Theologie?

Kontrollfragen

5. Dogmatik

außertheologisches Verständnis von „Dogmatik"

Der Begriff Dogmatik verweist anders als der Begriff Ethik von vornherein auf einen theologischen Kontext. In übertragenem Sinne ist aber z. B. auch in der Rechtswissenschaft von „Rechtsdogmatik" die Rede, um einen Komplex anerkannter Meinungen und Lehrsätze zu bestimmten Rechtsfragen zu bezeichnen. Vorherrschend ist im außertheologischen Sprachgebrauch freilich die abschätzige Bezeichnung starrer, ungeprüft behaupteter Auffassungen als „dogmatisch". Von einem solchen „Dogmatismus" grenzt sich insbesondere die evangelische Dogmatik, die keine äußere Autorität eines kirchlichen Lehramts anerkennt, entschieden ab (s. Kap. 2.1.4).

Evangelische Dogmatik als Aufgabe

Dogmatik bezeichnet nach evangelischem Verständnis keine Art und Weise, Inhalte autoritativ festzulegen. Vielmehr gehören bestimmte Inhalte durch ihren Bezug auf den christlichen Glauben, also von der Sache her, zur Dogmatik. Die dogmatische Erörterung begründet den Wahrheitsanspruch des christlichen Glaubens nach innen, also im Blick auf die Situation und die Problemlage in den christlichen Kirchen, und nach außen, also gegenüber Anfragen der Nachbarreligionen und aus dem säkularen Umfeld, in dem zumindest die Christen West- und Mitteleuropas leben. Die dogmatische Entfaltung will von ihren Adressaten nachvollzogen werden und erfolgt daher argumentativ, indem sie auf deren Befindlichkeit und Bedenken eingeht, und selbstkritisch, indem sie von christlichen wie nicht-christlichen Gesprächspartnern den eigenen Glauben immer besser zu verstehen und mitzuteilen lernt, als sie es zuvor vermocht hat. Wie Systematische Theologie insgesamt, so ist auch die Dogmatik – dies soll angesichts der genannten Vorurteile betont werden – weniger ein fertiges und festes Lehrgebäude als eine nie abgeschlossene Aufgabe christlicher Selbstvergewisserung und Verantwortung vor der Welt.

Durch welche Inhalte der christliche Glaube dogmatisch entfaltet wird, steht grundsätzlich in der Verantwortung jedes einzelnen Theologen (s. zum Verhältnis von *fides qua* und *fides quae* in Kap. 2.1.4). Allerdings gibt es bestimmte Muster und Gliederungen, an denen er sich dabei orientieren kann. In besonders hohem Ansehen steht seit frühchristlicher Zeit das Apostolische Glaubensbekenntnis (Apostolikum, Credo), das bis heute in vielen Gottesdiensten gesprochen wird. Insofern kann es einen weithin akzeptierten Anknüpfungspunkt für die Entfaltung der Inhalte des christlichen Glaubens darstellen und wird als solcher auch für die folgende Untergliederung verwendet.

Orientierung am Apostolischen Glaubensbekenntnis

5.1 Trinitarischer Aufriss der Dogmatik

Manche Dogmatik präsentiert sich ausdrücklich als Auslegung des Apostolischen Glaubensbekenntnisses, dessen Aussagen in der vorgegebenen Abfolge behandelt werden (z. B. Karl Barth, Dogmatik im Grundriß, [1]1947, [8]1998; Wolfhart Pannenberg, Das Glaubensbekenntnis ausgelegt und verantwortet vor den Fragen der Gegenwart, [1]1972, [6]1995). Selbst wenn man sich meist formal nicht so eng auf den Wortlaut des Credo bezieht, stellt der trinitarische Aufbau der drei sog. „Artikel" des Apostolischen Glaubensbekenntnisses, der sich an den drei Personen Gottes orientiert, den verbreitetsten Aufriss der dogmatischen Inhalte dar. „(1) Ich glaube an Gott, den Vater, ... (2) und an Jesus Christus, seinen eingebornen Sohn, unsern Herrn ... (3) Ich glaube an den Heiligen Geist ..." – daraus werden die dogmatischen Lehrstücke Gotteslehre, Christologie (Lehre von Christus) und Pneumatologie (Lehre vom Heiligen Geist) als thematisch zusammenhängende Teilgebiete christlicher Lehre abgeleitet.

trinitarischer Aufbau des Apostolikums

1. Gotteslehre. Die Gotteslehre kann nicht isoliert von Gott, dem Vater, handeln, wie man aufgrund der Orientierung am ersten Artikel des Apostolikums zunächst erwarten könnte. Denn zum Vater wird Gott erst durch den Sohn, der durch den Heili-

Gotteslehre als Trinitätslehre

gen Geist empfangen wurde. Um von Gott, dem Vater, zu reden, muss man daher auch vom Sohn und vom Heiligen Geist reden (s. Kap. 2.1.1). Diese Überzeugung schlug sich im altkirchlichen Konzept der Trinität („Dreieinigkeit", zusammengesetzt aus lat. *tri-* „drei" und *unitas* „Einheit") nieder, dem zufolge Gott die Einheit der drei Personen Vater, Sohn und Heiliger Geist ist. So ist die christliche Gotteslehre oft explizit Trinitätslehre – von Karl Barth als solche wirkungsvoll erneuert. Die trinitarische Gotteslehre muss sich heute angesichts des christlich-jüdischen und des christlich-islamischen Dialogs verstärkt gegen das Missverständnis eines Drei-Gott-Glaubens („Tritheismus") abgrenzen.

nicht-trinitarische Gotteslehre

Neben betont trinitarischen Konzeptionen stehen offenere Modelle der Gotteslehre, die stärker an menschliche Erfahrungen anknüpfen. Friedrich Schleiermacher erkannte hinter den zahlreichen bedingten Abhängigkeiten, welche die Freiheit des Menschen in Familie, Beruf usw. begrenzen, eine „schlechthinnige Abhängigkeit". Der Mensch kann nicht aus sich selbst heraus bestehen, sondern ist auf etwas angewiesen, das sein Leben trägt und erhält. Gott sei das „Woher" dieser schlechthinnigen Abhängigkeit, dessen rechte Erkenntnis zwar erst durch Jesus Christus möglich, aber schon im religiösen Gefühl des Menschen angelegt sei. An Schleiermacher anknüpfend sprach Paul Tillich im Blick auf Gott von dem, was uns unbedingt angeht. Bedingt gehe uns an, was unsere wechselnden Bedürfnisse befriedige, unbedingt jedoch nur, was über unser Sein oder Nicht-Sein entscheide. Unbedingt angehen könne uns nur Gott als das „Sein selbst", in dem alles Da-Sein einzelner Personen und Dinge seinen Grund habe.

die öffnende Funktion der Trinitätslehre

In neuerer Zeit wurde die Trinitätslehre, die bei Schleiermacher an den Rand gedrängt wurde, in den Dienst einer Öffnung des Christentums gegenüber nicht-christlichen Erfahrungen gestellt. Sie fasse Gott nicht als allmächtigen Herrscher auf, sondern verbinde ihn mit dem Kreuz Christi und der befreienden Auferstehungserfahrung. Diese zeige sich innerweltlich in psychischer und politischer Befreiung, in der die „offene Trinität" Gottes den Menschen Lebensräume und Entfaltungsmöglichkeiten gewähre (Trinität als „Sozialprogramm", Jürgen Moltmann).

Weiterhin bezeichne die begrifflich nicht zu fassende Trinitätslehre eine Grenze menschlicher Erkenntnis und verwehre dem Christen in der Begegnung mit anderen Religionen jeglichen Hochmut (Hans-Martin Barth).

Einen Anlass, über eine Korrektur des hergebrachten Gottesbildes nachzudenken, bietet auch die Frage der sog. Theodizee, d. h. nach der Rechtfertigung Gottes (< gr. *theos* „Gott" + *dike* „Gerechtigkeit") angesichts von Leid und Katastrophen, die einzelne Menschen, Menschengruppen oder gar ganze Völker ohne erkennbares Verschulden treffen. Die Theodizee-Frage stellt Eigenschaften Gottes wie Allmacht und Güte, die unaufgebbar scheinen, infrage. Wenn Gott Gräuel wie „Auschwitz" oder Naturkatastrophen, die unzählige Menschenleben kosteten, nicht verhindert hat, ist er entweder selber ohnmächtig oder ein Sadist, lautet eine oft vorgebrachte Alternative. Der Glaube an Gott scheint in beiden Fällen unmöglich zu sein. Die trinitarische Bindung Gottes an das Leiden des Sohnes ermöglicht diesbezüglich einen grundlegenden Perspektivwechsel. In Christus offenbart sich Gott nicht als machtvoller Herrscher, sondern als selber Leidender, der in den Tod geht und so den Tod überwindet. Eine „Theologie nach Auschwitz", wie sie mit dem katholischen Theologen Johann Baptist Metz (geb. 1928) auch evangelische Theologen wie Jürgen Moltmann und Dorothee Sölle (1929–2003) vertreten, spricht daher von der Compassion Gottes, seinem Mit-Leiden in Solidarität mit den Opfern, das an die Stelle unbeteiligter Ohnmacht oder gleichgültiger Allmacht tritt.

Theodizee-Frage

2. Christologie. Christologie ist die Lehre von Christus und nicht – um ein unter Studienanfängern verbreitetes Missverständnis aufzugreifen – eine Theorie des Christentums. Sie widmet sich der Frage, wer Christus ist. Dabei sind Ergebnisse der neutestamentlichen Forschung, welche hinter die durch nachösterliche Glaubenserfahrungen geprägte Darstellung Jesu in den Evangelien und deren durch die weitere dogmengeschichtliche Entwicklung bestimmte Wahrnehmung zurückfragt, zu verarbeiten. Christologische Dogmen, die frühere Zeiten noch unbefangen in den Evangelien wiederzuerkennen meinten, sind vom irdischen Jesus, dessen Bild seit dem 18. Jahrhundert in immer

christologische Dogmen und irdischer Jesus

neuen Anläufen durch historisch-kritische Quellenanalysen rekonstruiert wird, zu unterscheiden (s. Kap. 2.1.1).

Problem der Zwei-Naturen-Lehre

Das apostolische Glaubensbekenntnis beantwortet die Frage, wer Jesus Christus ist, mit der Auskunft, er sei Gottes eingeborener Sohn und unser Herr. Herkömmlich hat die Sohnschaft Christi die größere Aufmerksamkeit auf sich gezogen. Die christologische Frage wurde in der Alten Kirche durch die sog. Zwei-Naturen-Lehre beantwortet, der zufolge Christus sowohl wahrer Mensch als auch wahrer Gott ist und in ihm zwei Naturen, die menschliche und die göttliche, unvermischt vereint sind. Hier zeigt sich von der Christologie her die Verbindungslinie zur Gotteslehre sowie darüber hinaus zur Anthropologie, der Lehre vom Menschen. In Christus offenbart sich nicht nur Gott, sondern er zeigt als „zweiter Adam" zugleich, wie der Mensch ist bzw. von Gott her sein soll. Die altkirchliche Christologie baute auf den Voraussetzungen der antiken Metaphysik auf (Lehre von dem, was *nach* [gr. *meta*] der erfahrbaren Natur [gr. *physis*] kommt). Ihre Spekulationen über das göttliche Sein – z. B. über die Frage, ob Christus Gott wesensgleich oder nur wesensähnlich sei – sind dem heutigen Denken fremd geworden. So stellt sich der gegenwärtigen Christologie die Aufgabe, die Identifikation Gottes mit dem Menschen Jesus auf andere Weise, ohne Anleihen beim antiken Welt- und Menschenbild, auszusagen und durch eine solche Übersetzung wesentliche Einsichten der herkömmlichen Christologie zu bewahren.

Heiliger Geist als Geist Gottes und Geist Christi

3. Pneumatologie. Die Pneumatologie, die Lehre vom Heiligen Geist, hat als eigenes Lehrstück eher weniger Beachtung gefunden, was z. T. sachliche Gründe hat. Der Heilige Geist verweist als Geist Gottes bzw. Geist Christi von sich fort auf Gott bzw. Christus. Er wird nach dem altkirchlichen Glaubensbekenntnis von Nicaea und Konstantinopel gemeinsam mit dem Vater und dem Sohn angebetet. So wird er v. a. in der Trinitätslehre thematisiert. Die Frage, ob der Geist vom Vater oder – wie die westliche Kirche in dem Zusatz *filioque* („und vom Sohn") zum nicaeno-constantinopolitanischen Glaubensbekenntnis meinte – auch vom Sohn ausgeht, führte 1054 zum Bruch („Schisma") zwischen der östlichen, orthodoxen Kirche und der westlichen, römischen Kirche, in deren Tradition in dieser Frage auch die evangelische Lehre steht. Gegenwärtig gibt es aber einige evangelische Theologen, die die alte westliche Lehre korrigieren möchten.

Die Pneumatologie wurde in neuerer Zeit stärker beachtet. So haben namhafte evangelische Theologen wie Jürgen Moltmann (Der Geist des Lebens. Eine ganzheitliche Pneumatologie, 1991) und Michael Welker (Gottes Geist. Theologie des Heiligen Geistes, 1992) am Ende des 20. Jahrhunderts Pneumatologien vorgelegt. Die weltweit enorm wachsenden Pfingstkirchen, die besondere Geistesgaben wie „Zungenreden" in fremden Sprachen (Apg 2,4) oder Krankenheilungen (1 Kor 12,9) für sich in Anspruch nehmen, fordern die pneumatologische Reflexion heraus. Hinzu kommt die intensivierte Begegnung mit anderen Religionen: Gegenüber der christologischen Konzentration auf das Eigene – die Bedeutung Jesu Christi wird in den anderen Religionen nicht oder nur sehr eingeschränkt anerkannt – ermöglicht die Besinnung auf den Geist, der weht, wo er will (Joh 3,8), und schon in der Schöpfung anwesend ist (Gen 1,2), eine gewisse Öffnung. Freilich darf die Pneumatologie nicht gegen die Christologie ausgespielt werden, sondern ist deren Verhältnis zueinander heute mit neuer Sorgfalt zu erforschen.

neue Aufmerksamkeit für die Pneumatologie

5.2 Heilsgeschichtlicher Aufriss der Dogmatik

Mit dem trinitarischen Aufriss von Gotteslehre, Christologie und Pneumatologie verbindet sich meist ein heilsgeschichtlicher Aufriss, woraus sich weitere dogmatische Lehrstücke ergeben. Der heilsgeschichtliche Aufriss folgt dem Weg von der Schöpfung der Welt (1. Schöpfungslehre) und des Menschen (2. Anthropologie) über den Sündenfall (3. Sündenlehre) und die Rechtfertigung durch Christi Heilswerk (4. Soteriologie), die Stiftung der Kirche (5. Ekklesiologie) mit den Sakramenten (6. Sakramentenlehre) bis zur endgültigen Erlösung (7. Eschatologie). Die Verbindung des trinitarischen mit dem heilsgeschichtlichen Gliederungsstrang ist schon inhaltlich von der Eigenart der drei Personen der Trinität her vorgeprägt. Im Apostolischen

Verhältnis von heilsgeschichtlichem und trinitarischem Aufriss

Glaubensbekenntnis werden den Personen der Trinität z. T. indirekt bestimmte Werke in der Heilsgeschichte zugeordnet. Eine solche heilsgeschichtliche Zuordnung nennt man auch ökonomische Trinität. Im Unterschied zur immanenten Trinität, welche die innere Beziehung dreier göttlicher *Seinsweisen* (Hypostasen) zueinander reflektiert, beschreibt die ökonomische Trinität, wie sich nach dem göttlichen „Haushalt" (gr. *oikonomia*), d. h. nach seinem weisen Ratschluss die drei göttlichen Personen mit jeweils unterschiedlichen *Werken* der Welt und den Menschen zuwenden.

Vereinbarkeit von theologischer und naturwissenschaftlicher Sicht

1. Schöpfungslehre. Der erste Artikel des Glaubensbekenntnisses spricht von Gott, dem Vater, dem Schöpfer des Himmels und der Erde. In der Vergangenheit wurde v. a. in diesem Lehrstück der Konflikt mit naturwissenschaftlichen Welterklärungsmodellen ausgetragen. Dass die Welt von Gott geschaffen wurde, hielt man für unvereinbar mit dem Gedanken einer natürlichen Evolution. Heute noch sind fundamentalistische Christen auf der einen Seite und naturwissenschaftliche Materialisten auf der anderen Seite dieser Auffassung. In der europäischen Theologie dominiert jedoch eine vermittelnde Linie, die den Schöpfer im natürlichen Entwicklungszusammenhang am Werk sieht. Eine solche Schöpfungslehre lässt keine Alternative zwischen naturwissenschaftlicher Erklärung und theologischer Deutung gelten. Beide liegen auf unterschiedlichen Betrachtungsebenen, die heute auch viele Naturwissenschaftler nicht in Konkurrenz zueinander sehen.

erhaltendes Schöpfungshandeln

In theologischer Perspektive steht neben der Schöpfung am Anfang aus dem Nichts *(creatio ex nihilo)* die erhaltende Schöpfung *(creatio continua)*. Durch diese Art seines Schöpfungshandelns, die weniger spektakulär als die anfängliche Schöpfung scheinen mag, sorgt Gott kontinuierlich, immer wieder aufs Neue dafür, dass das geschaffene Leben bestehen kann und nicht ins Nichts zurückfällt. Was unter naturwissenschaftlichem Blickwinkel als Naturgesetz erscheint, lässt sich theologisch als erhaltendes Schöpfungswerk deuten. Dass Gott die Lilien auf dem Felde fortwährend ernährt und kleidet (Mt 6,28), ist nicht weniger eine Glaubensaussage als die Rückführung der Weltentstehung auf eine göttliche Initiative. Aber auch die alltägliche Versorgung und Bewahrung des einzelnen Menschen lässt sich als Fortsetzung der Schöpfung verstehen. So erklärte Luther in seinem Kleinen Katechismus das Bekenntnis zum Schöpfer so, dass Gott ihm „Kleider und Schuh, Essen und Trinken, Haus und Hof, Weib und Kind, Acker, Vieh und alle Güter" gegeben habe und erhalte sowie ihn „mit allem, was not tut für Leib und Leben, … reichlich und täglich versorgt, in allen Gefahren beschirmt und vor allem Übel behütet und bewahrt" (EG 855.2).

Der Glaube an Gottes fortgesetztes Schöpfungshandeln wird durch Eingriffe des Menschen in die Schöpfung herausgefordert. War es vor wenigen Jahrzehnten noch die atomare Hochrüstung mit der Schreckensvision einer völligen Vernichtung des Lebens auf der Erde, so sind es heute z. B. genetische Manipulationen bei Pflanzen, Tieren und Menschen, die manche Christen als Bedrohung der Schöpfung Gottes auffassten bzw. auffassen. Die entscheidende theologische, bereits zur Ethik überleitende Frage lautet: Lassen sich klare Grenzen einer Schöpfungsordnung ausmachen, deren Überschreitung mit vollem theologischem Gewicht zu untersagen ist? Die Schöpfungslehre muss klären, inwiefern es sich bei neuen Möglichkeiten und Auswirkungen des technischen Fortschritts jeweils um Anmaßungen des Menschen, an die Stelle des Schöpfers zu treten, handelt, oder um strittige, aber grundsätzlich zuzugestehende Wahrnehmungen seines stellvertretenden Schöpfungshandelns (Gen 1,28; 2,15), das vor Gott und den Menschen zu verantworten ist.

gegenwärtige Herausforderungen der Schöpfungslehre

2. Anthropologie. Als ein Teilbereich der Schöpfungslehre lässt sich schließlich die Anthropologie, die Lehre vom Menschen (gr. *anthropos*) auffassen. Wenn der Mensch vornehmlich im Rahmen der Schöpfungslehre thematisiert und also in erster Linie von seiner Gottebenbildlichkeit („Lasset uns Menschen machen nach unserm Bilde", Gen 1,26) mit der in dieser beschlossenen Würde betrachtet wird, kann dies bereits eine Vorentscheidung über den theologischen Ansatz bedeuten. Die Anthropologie lässt sich aber auch von der Christologie (s. o.) oder

theologischer Ort der Anthropologie

von der Sündenlehre (s. u.) her entfalten, was den Menschen in einem jeweils anderen Licht erscheinen lässt. Selbstverständlich schließen die Betrachtungsperspektiven einander nicht aus, aber es lassen sich hier sehr wohl allein schon durch die scheinbar nur formale Zuordnung zu einem bestimmten Lehrstück deutliche theologische Akzente setzen.

Ursünde als Gegenstand der Dogmatik

3. *Sündenlehre.* Die Sündenlehre – seltener spricht man von Hamartiologie (< gr. *hamartia* „Sünde") – wird wie die Anthropologie nicht immer als ein eigenes Lehrstück behandelt. Insofern die Schöpfung, wie wir sie erleben, nach christlicher Auffassung von der Sünde quasi infiziert ist, kann die Sündenlehre auch in die Schöpfungslehre aufgenommen werden. Theologisch ist freilich die grundlegende Unterscheidung zwischen Schöpfung und Sünde, welche in der heilsgeschichtlichen Abfolge von Schöpfung und Sündenfall zum Ausdruck kommt und in den biblischen Schöpfungsberichten erzählerisch verarbeitet wird, zu wahren. Sünde ist, was nach Gottes Willen in seiner Schöpfung keinen Platz hat. Während individuelle Verfehlungen und soziale Missstände eher Sache der Ethik sind, interessiert sich die Dogmatik für die Wurzel des Übels – ein grundsätzliches, unhintergehbares Gefälle, das ohne Widerstand zum Bösen hinführte und das die Tradition als Ur- oder Erbsünde bezeichnete. Um der Sünde keine ungebührliche Bedeutung zukommen zu lassen – als positiver Glaubensgegenstand kommt sie z. B. im Apostolikum gar nicht vor –, kann sie auch als bereits durch Christus überwundene Sünde im Rahmen der Soteriologie angesprochen werden.

Begründung des Heils in Kreuz und Auferstehung

4. *Soteriologie.* Eine ausgeführte Soteriologie, die Lehre vom durch Christus bewirkten Heil (< gr. *soteria* „Heil, Rettung"), findet sich im zweiten Artikel des Apostolikums nicht. Doch schon am Beginn des zweiten Artikels wird Jesus Christus nicht nur als Gottes eingeborener Sohn, sondern zugleich als „unser Herr" bezeichnet. Dass Jesus Christus den Tod „uns" zugute *(pro nobis)* erlitten hat, wird erst im dritten Artikel mit der „Vergebung der Sünden" ausdrücklich benannt, steht aber unausgesprochen hinter der starken Betonung von Kreuz und Auf-

erstehung. Nach dem Bekenntnis zur wunderbaren Geburt Jesu schweigt das Apostolikum von seinem Leben sowie vom gesamten Inhalt seiner Verkündigung und geht unmittelbar zu Leiden, Sterben und Auferstehung über: „geboren von der Jungfrau Maria, gelitten unter Pontius Pilatus, gekreuzigt, gestorben und begraben…" Der Glaube, der bekannt wird, konzentriert sich auf das Lebensende, ohne dass der Grund dafür genannt würde. Christi Stellung als Herr der an ihn Glaubenden wird durch sein Für-uns-Sein, das sich in Kreuz und Auferstehung zeigt, begründet.

In der evangelischen Dogmatik ist das christologische Interesse an Christi Person besonders eng mit dem soteriologischen Interesse an seinem Heilswerk verbunden. Luthers Weggefährte Philipp Melanchthon prägt die Formel: Christus erkennen heißt seine Wohltaten zu erkennen *(Christum cognoscere est eius beneficia cognoscere)*. Die Frage, wer Christus ist, wird damit beantwortet, was er für uns getan hat. Christus ist Retter und Heiland (gr. *soter*) der an ihn Glaubenden, die durch den Glauben an ihn gerechtfertigt worden, mit ihm als Sünder gestorben und als neue Menschen auferstanden sind (Röm 6,4ff). Spekulationen über Christi göttliches Wesen treten dahinter zurück bzw. sind überhaupt erst aus seinem Heilswerk abzuleiten.

Verhältnis von Soteriologie und Christologie

5. *Ekklesiologie.* Die Kirche (gr. *ekklesia*) ist das entscheidende Werk des Heiligen Geistes, der den Glauben an Christus in den Herzen der Menschen und die Gemeinschaft der Glaubenden untereinander stiftet (Apg 2,1ff). Sie erinnert sich zu Pfingsten an ihre Geburtsstunde in der Ausgießung des Heiligen Geistes. So wie Pfingsten inhaltlich und zeitlich (50 Tage nach Ostern) auf Karfreitag und Ostern bezogen ist, hat auch die Ekklesiologie ihren Sachgrund in der Soteriologie. Den engen Bezug zwischen Ekklesiologie und Christologie bzw. Soteriologie bringen die beiden klassischen Kennzeichen der Kirche *(notae ecclesiae)* nach reformatorischer Lehre zum Ausdruck: die Predigt des Evangeliums und die rechte Verwaltung der Sakramente. Damit den Menschen das Heilswerk Christi zugute kommen kann, ist der Glaube an Christus notwendig, der wiederum aus

Kirche als Werk des Heiligen Geistes

der Predigt des Evangeliums, der guten Nachricht von Christus, kommt (Röm 10,17). Die Sakramente sind gewissermaßen eine versinnlichte Form dieser Predigt (s. u. zur Sakramentenlehre).

Sozialität des christlichen Glaubens

Die Kirche ist der Ort, an dem das Wort Christi gehört, ihm geglaubt und zwischen den Glaubenden eine Gemeinschaft gelebt wird – das Apostolikum spricht von einer Gemeinschaft der „Heiligen", d. h. derjenigen, die sich durch ihren Glauben von der Welt unterscheiden. Die Ekklesiologie handelt daher von der Sozialität des christlichen Glaubens, seiner Kraft zur Gemeinschaftsbildung. Wie die Theologie, so verändert sich auch die soziale Gestalt, in der christlicher Glaube gelebt wird. Die Ekklesiologie hat daher stets aufs Neue über die dem Glauben angemessenen Gemeinschaftsformen nachzudenken und gegenwärtige Gestalten von Kirche an diesem Maßstab zu prüfen.

ökumenische Offenheit

Die katholische Theologie erkennt wahre Kirche nur dort an, wo deren Amtsträger ihre Autorität über die Jahrhunderte hinweg in ununterbrochener Folge auf die Apostel und letztlich Jesus selbst zurückführen können (apostolische Sukzession). Die evangelische Kirche ist für sie daher keine Kirche im eigentlichen Sinne. Für die evangelische Ekklesiologie hingegen ist die amtskirchliche Gestalt von geringerer Bedeutung. Die Bindung der Kirche allein an Wort und Sakrament erlaubt eine ökumenische Offenheit gegenüber verschiedenen Formen von Kirche und lässt Kirche sogar dort entdecken, wo die Bezeichnung Kirche gar nicht ausdrücklich verwendet wird.

Sakramente als besondere Gestalt des Wortes

6. *Sakramentenlehre.* Die Sakramentenlehre befasst sich mit den „heiligen Zeichen" (< lat. *sacer* „heilig"), die das Heilsgeschehen sinnlich veranschaulichen. Nach evangelischem Verständnis sind dies Taufe und Abendmahl. Aus arbeitstechnischen Gründen behandeln evangelische Dogmatiken die Sakramentenlehre oft als ein eigenes Lehrstück, obwohl die Sakramente zu den *notae ecclesiae* (s. o., Nr. 5) und somit der Sache nach in einen ekklesiologischen Zusammenhang gehören. Das Sakrament der Taufe fällt sogar mit der Aufnahme in die Kirche zusammen. Die Sakramente stehen nicht als ein Zweites neben dem Wort als erster *nota ecclesiae*, sondern sind eine besondere Gestalt des Wortes. Der Kirchenvater Augustin prägt die Formel: „Das Wort

tritt zum Element [also zu Wasser, Brot und Wein; F.S.] hinzu und wird zum Sakrament" *(verbum accedit ad elementum et fit sacramentum).* Wie zum Wort, das gepredigt wird, gehört daher auch zum Wort, das sich an sinnliche Elemente bindet, der Glaube wesentlich hinzu, damit es wirken kann. Die evangelische Dogmatik betont den Zusammenhang zwischen Sakrament und Glaube herkömmlich stärker als die katholische Lehre, die dem Vollzug der sakramentalen Handlungen und den sakramentalen Elementen (z. B. der geweihten Abendmahls-Hostie) selber eine entscheidende Bedeutung beimisst.

Die katholische Kirche kennt neben Taufe und Abendmahl noch fünf weitere Sakramente: Beichte – die Luther anfangs noch gelten ließ –, Priesterweihe, Krankensalbung, Ehe und Firmung. Die Sakramentenlehre mit den dahinterstehenden ekklesiologischen Unterschieden stellt in der Gegenwart vor die schwierigsten Herausforderungen im Verhältnis der christlichen Konfessionen zueinander – mit konkreten Auswirkungen für das ökumenische Miteinander vor Ort, z. B. bei konfessionsübergreifenden Eheschließungen. *(sieben katholische Sakramente)*

Mehr noch als die von der evangelischen Kirche nicht anerkannten Sakramente ist das Abendmahl, das im katholischen Sprachgebrauch Eucharistie heißt, Gegenstand scharfer Auseinandersetzungen, die zugleich auf ekklesiologische Streitpunkte verweisen. Nach katholischer Auffassung kann das Abendmahl nur innerhalb der kirchlichen Gemeinschaft mit den Bischöfen und dem Papst von einem geweihten Priester gültig ausgeteilt werden. Diese Voraussetzung liegt in der evangelischen Kirche nicht vor, sodass dort nach katholischem Verständnis keine echte Eucharistie gefeiert wird. Damit zusammen hängen tiefgreifende Unterschiede in der Deutung dessen, was beim Abendmahl geschieht (reale oder mehr symbolische Wandlung in Leib und Blut Christi?). Das Abendmahl ist daher weniger das Symbol einer kirchenübergreifenden Gemeinschaft, als das es viele Christen in Anspruch nehmen möchten, als eine systematisch-theologische Herausforderung ersten Ranges. Erst nach deren Bewältigung kann der Weg zum gemeinsamen Abendmahl frei werden. *(kirchentrennende Abendmahlslehre)*

7. Eschatologie. Das Apostolikum schließt mit dem Bekenntnis zur Auferstehung der Toten und zum ewigen Leben. Diese „letzten Dinge" (gr. *eschata*), mit denen sich die Eschatologie befasst, werden im Apostolischen Glaubensbekenntnis freilich schon vorher am Ende des zweiten Artikels angesprochen. Dort wird bekannt, dass Jesus Christus einst wiederkommen wird, um die Lebenden und die Toten zu richten – man spricht auch vom „zweiten Advent". Diese doppelte Perspektive bindet die allgemeine Zukunftserwartung der Glaubenden aufs Engste an die Zukunft Christi. Für die Glaubenden steht am Ende kein anonymer Richter, dessen Urteil ungewiss ist, sondern ihr Erlöser, der sein bereits erfolgtes Urteil über die gerechtfertigten Sünder bestätigen und deren Erlösung vollenden wird.

Die Vorstellung vom Jüngsten Gericht hat über Jahrhunderte bis heute die menschliche Fantasie gefesselt und nicht nur in der Theologie, sondern auch in Kunst und Literatur manche volkstümlichen Ausschmückungen hervorgebracht, die kritisch zu prüfen sind. Im Gegenzug haben solche massiven Endzeiterwartungen in besonderem Maße die aufgeklärte Kritik auf sich gezogen, die sich seit dem 19. Jahrhundert auch weite Teile der evangelischen Theologie zu eigen machten. Die Eschatologie geriet an den Rand der Dogmatik, wurde schamvoll versteckt oder kunstvoll umgedeutet. Jesu eigene Hoffnung auf das kommende Reich Gottes wurde ganz ins Innere des Menschen verlegt. Das Kommen des Reiches Gottes fiel mit dem Kommen des Glaubens in jedem Menschen zusammen („präsentische", gegenwärtige Eschatologie). Das spätere 20. Jahrhundert hat dann wieder größeres Interesse an der Zukunftsdimension des christlichen Glaubens und damit auch an der Eschatologie gefunden. Theologen wie Jürgen Moltmann stellten sich der Aufgabe, eine „Theologie der Hoffnung" zu entwickeln, die nicht mit einer billigen Vertröstung auf ein paradiesisch ausgemaltes Jenseits verwechselt werden kann.

Kontrollfragen:

1. Welche zehn Lehrstücke der Dogmatik wurden vorgestellt?
2. In welchem Zusammenhang stehen der trinitarische und der heilsgeschichtliche Aufriss der Dogmatik?

Kontrollfragen

Da Studienanfänger gewöhnlich mit dichten, abstrakten Definitionen wenig anzufangen wissen, sollten stattdessen in der vorstehenden Übersicht einige zentrale Fragen in das jeweilige Lehrstück einführen und einen Eindruck vom Gegenstand sowie den aktuellen Herausforderungen der dogmatischen Teilbereiche vermitteln. Dasselbe soll nun auch für die Theologische Ethik versucht werden, deren Untergliederung freilich weniger durch feste Konventionen bestimmt ist als diejenige der Dogmatik.

Überleitung zur Theologischen Ethik

6. Theologische Ethik

allgemeine und angewandte Ethik

Eine Untergliederung, nach der in teilweise unterschiedlicher Begrifflichkeit die meisten theologisch-ethischen Gesamtdarstellungen und Lehrbücher aufgebaut sind, ist diejenige zwischen allgemeiner und angewandter Ethik. Die erste befasst sich mit ethischen Grundsatzfragen, die zweite mit konkreten Problemen in den verschiedenen Bereichen des Lebens und der Gesellschaft.

6.1 Allgemeine Ethik

1. Ethische Konsequenzen theologischer Lehrstücke. Statt von allgemeiner Ethik spricht man auch von ethischer Grundlegung oder Prinzipienlehre. Eine der wichtigsten allgemeinethischen Fragen ist diejenige nach dem Geltungsanspruch der theologischen Ethik und ihrem Verhältnis zur nicht-theologischen Ethik, denn neben speziellen Bereichsethiken in Medizin, Wirtschaftswissenschaft usw. (s. Kap. 6.2) gibt es ein ähnlich umfassendes Fach Ethik auch innerhalb der Philosophie, z. T. unter den Bezeichnungen Praktische Philosophie oder Moralphilosophie. Gilt für Christen ungeachtet ihrer besonderen Glaubensweise und der *dogmatischen* Glaubensinhalte, die diese verarbeiten, dieselbe vernünftige allgemeine *Ethik* wie für alle anderen Menschen, sodass eine besondere theologische Ethik eigentlich überflüssig ist? Oder gibt es im Gegenteil eine christliche Ethik, die sich deutlich von allen anderen Ethiken unterscheidet, weil Christen aufgrund der Offenbarung des Willens Gottes das richtige Handeln besser als andere erkennen können? Zwischen den Extrempositionen, die durch die beiden Fragen angedeutet wurden, gibt es zahlreiche Vermittlungsversuche.

Schon manche Reformatoren wie Philipp Melanchthon lehrten neben der Ethik, die von Anfang an in den Gesamtdarstellungen christlicher Lehre enthalten war (s. Kap. 7), auch eine nicht-theologische Ethik. Diese bezog ihre Überzeugungskraft aus vernünftigen Gründen, ohne sich auf explizite Gebote Gottes zu beziehen. Derselbe Melanchthon, der mit seinen *Loci communes rerum theologicarum* (Grundwahrheiten der Theologie, Erstfassung 1521, Endfassung 1559) die erste zusammenhängende Gesamtdarstellung evangelischer Lehre, welche grundlegende Fragen der Ethik in theologischer Perspektive einschloss, geschaffen hatte, kommentierte auch die bedeutendste Ethik der antiken Philosophie, die *Nikomachische Ethik* des Aristoteles und verfasste davon ausgehend Lehrbücher philosophischer Ethik. Für Melanchthon stellte sich das Verhältnis von theologischer und nicht-theologischer Ethik so dar, dass sich die philosophische Ethik lediglich auf die Beurteilung äußerer Handlungen erstreckte, während der innere Gehorsam gegenüber Gott allein innerhalb der Theologie zu entfalten war. Eine doppelte Behandlung der Ethik als philosophische Disziplin und als christliche Sittenlehre findet sich später z. B. auch bei Friedrich Schleiermacher.

Geltungsanspruch der theologischen Ethik

Das Gegenstück zur grundlegenden Verhältnisbestimmung von theologischer und nicht-theologischer Ethik, das ebenfalls in keiner Grundlegung der theologischen Ethik fehlt, ist die Bestimmung des Verhältnisses der theologischen Ethik zur Dogmatik. Neben der grundsätzlichen Verhältnisbestimmung, auf die weiter unten in Kap. 7 gesondert einzugehen ist, werden in vielen theologischen Prinzipienlehren bestimmte dogmatische Lehrstücke im engeren Sinne wie z. B. die Sündenlehre oder die Rechtfertigungslehre auf ihre ethische Bedeutung hin befragt. Dadurch wird die allgemeine Verhältnisbestimmung konkreter und nicht nur für den Studienanfänger meist auch verständlicher. Ist die Sünde eine rein innerliche Größe, die mit dem äußeren Handeln nichts zu tun hat? Oder lassen sich bestimmte Handlungen oder Institutionen als „sündig" einstufen und kritisieren? Führt die für das evangelische Selbstverständnis entscheidende Lehre von der unbedingten Rechtfertigung des Sünders notwendig dazu, dass der Christ auf ethische Bemühungen verzichtet, sich auf die geistliche Pflege seiner innerlichen

ethische Bedeutung dogmatischer Lehrstücke

Frömmigkeit beschränken und allenfalls die schlimmsten Sündenfolgen ohne positives ethisches Ziel eindämmen kann (sog. Quietismus, < lat. *quies* „ruhig")? Oder kann er nach Belieben sündigen, weil ihm die Sünde dank Christus nicht mehr schade (sog. Libertinismus, < lat. *liber* „frei")? Beide Schlussfolgerungen wurden bereits in neutestamentlicher Zeit gezogen und von Paulus kritisiert (1 Kor 6,12; 10,23; 11,21f).

Vergleichbare Fragen stellen sich im Blick auf das zentrale biblische Gebot der Nächstenliebe: Handelt es sich bei der Nächstenliebe mehr um eine allgemeine Einstellung gegenüber den Mitmenschen, die sich im konkreten Fall mit verschiedenen Handlungsmöglichkeiten verbinden kann? Die christliche Ethik droht dann unberechenbar zu werden (sog. Dezisionismus, unableitbare Entscheidung von Fall zu Fall, < lat. *decisio* „Entscheidung"). Oder stellt das Gebot der Nächstenliebe ein Grundprinzip christlicher Ethik dar, das auf alle konkreten ethischen Entscheidungen anzuwenden ist? Der Anspruch des Nächsten geht jedoch nach dem Neuen Testament immer über die klar umgrenzte Forderung eines Gebotes oder Prinzips hinaus und soll zur Kritik vorgefundener Verhaltensregeln anhalten.

Gebot der Nächstenliebe

Neben verschiedenen theologischen Lehrstücken nimmt die theologische Ethik viele Fragestellungen und begriffliche Unterscheidungen der philosophischen Ethik auf und bedenkt sie von ihren eigenen Voraussetzungen her, die sich je nach Standpunkt mehr oder weniger von den nicht-theologischen Voraussetzungen unterscheiden. Einige von ihnen sollen im Folgenden vorgestellt werden.

Orientierung der Moral an hergebrachten Verhaltensweisen

2. *Ethik und Moral.* Ursprünglich sind die Begriffe Ethik und Moral gleichbedeutend. Während Ethik aus dem Griechischen abgeleitet wurde (< gr. *ethos* „Sitte"), stammt Moral aus dem Lateinischen (< lat. *mos* „Sitte"). Inzwischen haben sich jedoch die Bedeutungen auseinanderentwickelt. Moral bezeichnet demnach meist, was „man" tut, also hergebrachte Verhaltensweisen, für deren Befolgung man sich nicht rechtfertigen muss. Es entspricht der Moral, einem offenkundig Hilfsbedürftigen beizustehen. Was moralisch ist, kann in verschiedenen Zeiten, Gruppen, Kulturen und Institutionen unterschiedlich sein. Unter Ethik

versteht man demgegenüber die distanzierte, wissenschaftliche Betrachtung des jeweiligen Handelns, die über dessen Grund, Mittel, Ziel und Folgen nachdenkt.

Die Handlungsethik unterscheidet man v. a. nach einem an allgemeinen Handlungsprinzipien und Geboten ausgerichteten *deontologischen* Ethikansatz (< gr. *deon* „das Nötige") – man spricht auch von einer Pflichtenethik – und einem an den konkreten Handlungsfolgen ausgerichteten *konsequentialistischen* Ethikansatz (< lat. *consequentia* „Folge"). Letzteren bezeichnet man teilweise auch als *teleologisch* (< gr. *telos* „Ziel"), doch verbindet man mit diesem Begriff meist einen dritten ethischen Haupttypus, der nicht bei den Handlungen, sondern beim „Guten" ansetzt, auf das Menschen und Dinge angelegt sind. Eine solche *Tugendethik* interessiert vornehmlich der gute, d. h. tugendhafte Charakter, in dem Denken, Wille und Empfinden zusammenkommen und der dem Menschen das Verfolgen des sittlich Guten ermöglicht – losgelöst von Prinzipien oder Folgen seines Handelns.

Haupttypen der Ethik

Die christliche Ethik wurde herkömmlich in einen Gegensatz zum konsequentialistischen Ansatz gestellt und in die Nähe der deontologischen Ethik Kants oder der antiken Tugendethik (Platon, Aristoteles) gerückt. So bezeichnete Max Weber (1864–1920), der Mitbegründer der modernen Soziologie, die Ethik des Christentums als Gesinnungsethik, der zufolge der Christ allein darauf bedacht sei, „Gutes" zu tun, den Erfolg seiner „guten" Handlung aber allein Gott anheimstelle. In bester Gesinnung hält er sich z. B. stets an das Verbot zu lügen, obwohl die Verweigerung einer Lüge einem Verfolgten durchaus schaden könnte. Der Christ dürfte dann Weber zufolge lediglich hoffen, dass Gott die üblen Folgen der prinzipiell guten bzw. tugendhaften, d. h. wahren Auskunft abwende. Er selber würde aber in jedem Fall ein reines Gewissen besitzen, sich ethisch richtig verhalten zu haben.

christliche Ethik als Gesinnungsethik?

Der angeblich typisch christlichen Gesinnungsethik stellte Weber die Verantwortungsethik gegenüber, die Verantwortung für die konkreten Folgen übernimmt. Verantwortungsethisch lässt sich selbst eine normativ zweifelhafte Handlung rechtfer-

Verantwortungsethik

tigen, wenn sie eine ethisch erstrebenswerte Folge hervorbringt. Wer sich im Sinne Webers ethisch verhalten will, würde ohne zu zögern lügen, wenn daraus eine ethisch wünschenswerte Folge hervorginge – etwa dass ein Unschuldiger vor seinen Verfolgern geschützt würde. Die theologische Ethik akzeptiert die Bestimmung als reine Gesinnungsethik in Abgrenzung von einer Verantwortungsethik längst nicht mehr. Inzwischen finden sich zahlreiche Vertreter einer *theologischen* Verantwortungsethik, die oft im Anschluss an das wegweisende *Prinzip Verantwortung* (1979) des Philosophen Hans Jonas (1903–1993) versuchen, eine Folgenabwägung in Verantwortung vor Gott und den Menschen mit theologisch begründeten Werten und Normen zu verbinden. Denn auch hinsichtlich der Folgen einer Handlung ist eine normative Abwägung notwendig, *welchen* Folgen der Vorzug zu geben ist.

normative Ethik als Moralkritik

Gemeinsam ist den genannten Ethikansätzen, dass sie sich nicht damit zufriedengeben, dass etwas der allgemeinen Moral entspricht. Eine solche *normative* Ethik ist daher immer auch Moralkritik, mag auch fraglich sein, welche Bewertungsmaßstäbe zugrunde gelegt werden: der Wert, den eine Handlung in sich hat, die realen Folgen, zu denen sie führt, oder der Charakter, dem sie entspringt. Eine rein deskriptive (beschreibende) oder empirische (aus der Erfahrung gewonnene) „Ethik", die lediglich die geltende Moral einer Zeit, Gruppe, Institution oder Kultur begrifflich erfasste, würde hinter dieser Aufgabe, der sich der breite Strom sowohl philosophischer als auch theologischer Ethik verpflichtet weiß, zurückbleiben. Die besondere Wertschätzung, welche die Ethik in der Gegenwart genießt, lässt sich gerade darauf zurückführen, dass vorfindliche Lebensweisen und Institutionen nicht mehr selbstverständlich und unkritisch übernommen werden. Der Ethiker ist also weniger Buchhalter des Bestehenden als Pfadfinder, der nicht auf die ausgetretenen Wege der Moral festgelegt ist, sondern angesichts einer Vielzahl möglicher Handlungs- und Lebensweisen nach Orientierung sucht.

Selbst wenn formal ein deskriptiver Ansatz verfolgt wird, kann dieser normativ wirken. Nach Friedrich Schleiermacher beschreibt die theologische Ethik diejenigen Handlungsweisen, die aus der christlichen Frömmigkeit hervorgehen. Indem die theologische Ethik aber beschreibt, was *werden* muss, weil das christliche Bewusstsein von der Erlösung durch Christus bestimmt wird, formuliert sie zugleich einen normativen Anspruch an die Gestaltung des individuellen und des gemeinschaftlichen Lebens. Eine solche ethische Beschreibung fordert insofern zugleich alle Angehörigen der christlichen Kirche auf, mit ihrem Handeln am beschriebenen Werde-Prozess teilzunehmen.

normative Wirkung formal deskriptiver Ethik

3. *Individualethik und Sozialethik.* In der philosophischen Tradition befasste sich Ethik vorrangig mit dem Einzelnen, dem Individuum. Schon bei Aristoteles war jedoch neben dieser Individualethik ein weiteres Verständnis von Ethik ausgeprägt, das auch die Sozialethik einschloss. Letztere bezieht die gesellschaftliche und politische Dimension des Handelns ein. Die Ergänzung der Individualethik durch die Sozialethik nimmt ernst, dass sich das menschliche Handeln nicht in einem quasi luftleeren Raum vollzieht, sondern von gesellschaftlichen Strukturen beeinflusst wird. Die Entscheidung für oder gegen einen Schwangerschaftsabbruch z. B. ist nicht isoliert als die Entscheidung einer einzelnen Frau oder eines einzelnen Paares zu betrachten, sondern wird auch von gesellschaftlichen Einstellungen gegenüber Kindern und – bei entsprechender vorgeburtlicher Diagnose – Menschen mit Behinderungen, von gesetzlichen Regelungen (z. B. Strafandrohungen) oder von finanziellen Unterstützungsmöglichkeiten beeinflusst. Sozialethik ist daher Sozial*strukturen*ethik, welche die gesellschaftlichen Strukturen daraufhin bewertet, ob sie „gutes" Handeln fördern oder behindern.

Einzelner und soziale Strukturen

Die Frage, welchen Handlungsspielraum der Einzelne gegenüber den ihn prägenden Strukturen seines näheren und weiteren Umfelds besitzt, verweist über ethische Einzelfragen hinaus auf ein bestimmtes Menschenbild. Dabei ist nicht nur die Bestimmung des Verhältnisses von Individuum und Gesellschaft, sondern auch die Möglichkeit und Reichweite menschlicher Freiheit und Selbstbestimmung gegenüber den natürlichen Anlagen und der Sozialisation von ethisch entscheidender Bedeutung. Manche theologische Ethiker betrachten daher die Anthropologie, die Lehre vom Menschen, als ethisches Grundlagenfach.

ethische Bedeutung der Anthropologie

Die Anthropologie stellt in jedem Fall eine wichtige Verbindung zwischen theologischer Ethik und Dogmatik (s. Kap. 5.2, Nr. 2) dar.

Personalethik Gelegentlich wird als weitere Unterteilung neben Individual- und Sozialethik die Personalethik hinzugenommen. Diese befasst sich mit dem Menschen als „Person" in seiner Beziehung zu anderen. Diese an sich sinnvolle Betrachtung lässt sich allerdings auch in die Individualethik einbeziehen, wenn diese das Individuum nicht streng für sich, sondern als Beziehungswesen wahrnimmt. Die Individualethik untersucht so verstanden nicht nur die Verantwortung des Menschen für sich selbst, sondern auch für seine Mitmenschen.

Trennung von Individualethik und Sozialethik? Strittig ist die Frage, ob in der Individualethik andere Handlungsorientierungen gelten sollen als in der Sozialethik. Eine breite Tradition der theologischen Ethik begrenzt die Nächstenliebe strikt auf die Beziehungen zwischen Einzelpersonen. Demgegenüber kam in den 1960er-Jahren im Zusammenhang der ökumenischen Bewegung das Schlagwort einer „Liebe durch Strukturen" auf. Die Nächstenliebe sei keine bloße Stimmung des Gefühls, sondern verbinde sich individualethisch mit einer bestimmten Ausrichtung des Handelns etwa zugunsten Armer und sozial Benachteiligter. Diese ethische Tendenz lasse sich auf die Sozialethik übertragen, bis hin zu einer „Theologie der Revolution", die seit Ende der 1960er-Jahre angeregt vom US-Amerikaner Richard Shaull (1919–2002) auch in Europa einflussreich war (H.-D. Wendland, J. Moltmann u. a.). Auch abgesehen von solchen radikalen Folgerungen wird die dem Luthertum zugeschriebene Trennung der persönlichen Moral von der Amtsmoral, die im öffentlichen Raum zu gelten habe, teilweise scharf kritisiert. Schon Dietrich Bonhoeffer forderte eine ganzheitliche „Nachfolge" (Lk 9,57ff), welche auch vor politischen Konsequenzen nicht zurückschreckt.

Moraltheologie als katholischer Begriff *4. Evangelische Ethik und katholische Moraltheologie.* Der Begriff Moraltheologie, den zunächst auch evangelische Theologen gebrauchten, wurde immer mehr zu einer katholischen Besonderheit. In der katholischen Theologie gilt die Moraltheologie als eigenes Fach *neben* der Dogmatik und den anderen theologischen Disziplinen, während die Zusammenfassung als Systematische Theologie typisch evangelisch ist. Der Unterschied hängt mit dem anderen Ursprung zusammen: Die Moraltheologie ist nicht aus den Darstellungen christlicher Lehre, sondern seit dem frühen 17. Jahrhundert als praktisch-theologische Disziplin aus der katholischen Beichtpraxis hervorgegangen. Für die Beichte war eine moralische Bewertung einzelner Handlungen und deren Einordnung (Kasuistik < lat. *casus* „Fall") unerlässlich. Damit ist anders als bei dem Begriff Ethik, der auch nichttheologisch verwendet wird, in der katholischen Theologie der spezifisch theologische Standpunkt begrifflich festgeschrieben. Da dieser Begriff in der evangelischen Theologie ungebräuchlich ist, erlaubt seine Verwendung selbst Studienanfängern einen sicheren Schluss auf die konfessionelle Identität eines Theologen. Wer von Moraltheologie spricht, ist in aller Regel katholisch. Der Umkehrschluss ist jedoch weniger zuverlässig, insofern sich auch katholische Moraltheologen zunehmend als theologische Ethiker bezeichnen.

Heute unterscheiden sich evangelische Ethik und katholische Moraltheologie nicht mehr so grundsätzlich wie früher. Beide befassen sich ungeachtet ihres konfessionellen Profils häufig mit denselben Themen und verwenden teilweise dieselben Argumente. In der Bewertung aktueller Problemstellungen gehen die Stellungnahmen in der akademischen Diskussion oft quer zu den Konfessionen. Prinzipielle Differenzen ergeben sich allerdings, wenn ein Moraltheologe ethische Vorgaben des päpstlichen Lehramts für verbindlich hält und bestimmte Fragen der freien, ergebnisoffenen Erörterung entzogen werden.

Verhältnis zur evangelischen Ethik

6.2 Angewandte Ethik

Die angewandte Ethik heißt auch materiale Ethik oder Bereichsethik, seltener spezielle Ethik, Entfaltung oder Konkretionen. Die drei erstgenannten Begriffe werden im Rahmen dieser Einführung ohne programmatischen Hintersinn nebeneinander gebraucht. Mitunter wird die angewandte Ethik noch einmal in Individual- und Sozialethik unterteilt (s. Kap. 6.1). Teilweise

begriffliche Alternativen

dient „Sozialethik" gar als Ersatzbegriff für „angewandte Ethik", weil die drängenden Fragen der Gegenwart sozialer Natur seien (U.H.J. Körtner, M. Honecker), doch werden dann auch individualethische Fragen des Handelns in den jeweiligen sozialen Strukturen mitbedacht.

Vorbehalte gegen den Begriff „angewandte Ethik"

Der Begriff „angewandte Ethik" wurde von dem weit verbreiteten englischen Begriff *applied ethics* abgeleitet und eignet sich daher gut zur Verständigung in einem internationalen Gesprächshorizont. Er wird jedoch von manchen (nicht nur) theologischen Ethikern gemieden, weil er die Vorstellung erweckt, als gäbe es allgemeingültige ethische Prinzipien, die man auf konkrete ethische Problemstellungen lediglich „anwenden" müsste. Die Ethik würde dann ihren Ausgangspunkt im Abstrakten und Allgemeinen nehmen und in verschiedenen gedanklichen Schritten immer konkreter werden, bis die Lösung eines bestimmten Falles erreicht wäre (Top-Down-Ansatz, „von oben nach unten"). Man fürchtet, dass bei einer bloßen „Anwendung" die konkrete Situation mit ihren einzelnen, mitunter gegenläufigen Merkmalen aus dem Blick gerät. Umgekehrt stehen Situationsethiker, die von der genauen Wahrnehmung und Analyse der konkreten Situation ausgehen möchten (Bottom-Up-Ansatz, „vom Boden [engl. *bottom*] nach oben"), vor der Schwierigkeit, dass sich aus der Situation selbst keine normativen Maßstäbe erheben lassen, wie diese zu gestalten ist. Die ethische Tradition nennt es einen „naturalistischen Fehlschluss", aus einem Sein ein Sollen ableiten zu wollen.

Bereichsethik

Eine weitere Alternative stellt schließlich der Begriff Bereichsethik dar. Er wird z. T. synonym mit „angewandte Ethik" gebraucht, kann allerdings auch speziell für einen Bottom-Up-Ansatz stehen. Neutral gebraucht drückt er aus, dass es hier nicht mehr um allgemeine Fragen geht, sondern um konkrete individual- und sozialethische Entscheidungen in einem besonderen Bereich des Lebens bzw. der Gesellschaft.

lutherische Dreiständelehre

Die Untergliederung der materialen Ethik in verschiedene Bereiche kann an die reformatorische Soziallehre anknüpfen. Martin Luther entwickelte eine Dreiständelehre, mit der er einer breiten antiken und mittelalterlichen Tradition folgte. Ihre wesentlichen Züge finden sich auch bei anderen Reformatoren. Die Dreiteilung selbst lässt sich schon bei Platon und v. a. Aristoteles finden. In christlicher Umformung des antiken Ansatzes war die Ethik, die Luther im akademischen Lehrbetrieb vorfand, dreigeteilt in Haushalts-Ethik *(Ethica oeconomica)*, Politische Ethik *(Ethica politica)* und Ethik des mönchischen Lebens *(Ethica monastica)*. Luthers Dreiständelehre nahm diese Untergliederung grundsätzlich auf, lehnte aber die Heraushebung des mönchischen Standes zugunsten des allgemeinen Priestertums aller Glaubenden (1 Petr 2,9) ab. Den dritten Stand neben Haus *(oeconomia)* und Gemeinwesen *(politia)* bildete daher bei Luther statt einer bestimmten kirchlichen Gruppe die allgemeine Kirche *(ecclesia)*. Die drei Stände bezeichneten drei grundsätzlich gleich wertvolle und notwendige Bereiche des menschlichen Lebens. Sie umfassten für Luther die gesamte Wirklichkeit von alltäglichen Verrichtungen bis zu wissenschaftlichen Hochleistungen und politisch weitreichenden Entscheidungen. Jedem Christen wurde nach Luthers bis heute als typisch protestantisch geltendem Berufsethos sein Stand durch gewissenhaftes Handeln nach dessen weltlichen Maßgaben (z. B. durch eine gute handwerkliche Arbeit zum Nutzen des Nächsten) im gefüllten Sinn des Wortes zu seinem „Beruf", in den ihn Gott selber „berufen" habe (vgl. Sir 11,20; 1 Kor 7,20). Wie den Mönch seine Berufung aus der Welt herausgerufen hatte, stellte der alltägliche Beruf nun jeden Christen an einen bestimmten Platz in der Welt. Durch den alle Stände verbindenden Stand der christlichen Liebe richtete sich der jeweilige Beruf statt auf herausragende Frömmigkeitsleistungen auf das Wohl des Nächsten. Die drei Stände Ehe und Familie (1), Staat (2) und Kirche (3) bildeten bis ins 20. Jahrhundert hinein die klassische Untergliederung der materialethischen Teile evangelischer Ethiken. Als solche sollen sie im Folgenden vorgestellt werden, bevor im Anschluss auf verschiedene Erweiterungen in neuerer Zeit einzugehen ist.

1. Ehe und Familie. Zum „Haus" gehörten in der Reformationszeit neben der Familie im engeren Sinne auch weitere Mitglieder wie v. a. das Gesinde. Die alltägliche Erfüllung des vierten Gebotes im Ehren der Eltern (Ex 20,12) stellte für Luther einen

lutherische Hausordnung

weltlichen Gottesdienst dar. Für das Kind gelte dies nicht anders als für eine Stallmagd oder einen anderen weltlichen Beruf im Verhältnis zu den jeweiligen Vorgesetzten. Umgekehrt galt Luther auch die Kindererziehung als verantwortungsvoller Beruf der Eltern und insbesondere der Mutter. Nach Luthers Auffassung entsprachen Unterordnung und Gehorsam der von Gott gesetzten Ordnung, die dem natürlichen Streben der Welt fremd sei. Im Gehorsam seien alle Tugenden und guten Werke beschlossen.

Wertewandel in der Eheethik

Leuchtete diese Werthaltung noch bis weit ins 20. Jahrhundert hinein allgemein ein, so traten v. a. seit der zweiten Hälfte des 20. Jahrhunderts verstärkt Freiheitswerte an die Stelle der alten Gehorsamswerte. In der *Eheethik* setzte sich die Gleichberechtigung der Ehepartner allmählich durch. Im Zusammenhang mit dem gesellschaftlichen Umbruch seit Ende der 1960er-Jahre wurde die schöpfungsmäßige Gleichheit von Mann und Frau (Gen 1,27) von der evangelischen Ethik allgemein anerkannt. Da die evangelische Ethik die Ehe nicht wie der Katholizismus als ein Sakrament versteht (s. Kap. 5.2, Nr. 6), sondern als weltliche Institution auf der Grundlage personaler Gemeinschaft, fällt es ihr leichter, den Ausweg der Ehescheidung zu akzeptieren, wenn diese Grundlage nicht mehr vorhanden ist. So konnte die evangelische Kirche der Ersetzung des Verschuldens- durch das Zerrüttungsprinzip in der Eherechtsreform 1977 zustimmen.

Familienethik

Auch in der *Familienethik* fand eine Abkehr von autoritären Denkmustern statt, wenngleich sich hier aufgrund der unbestrittenen Erziehungsbedürftigkeit des Kindes die hergebrachten Beziehungsmuster als zählebiger erwiesen.

neue Fragen der Sexualethik

Einen großen Teil der Aufmerksamkeit ziehen seit einigen Jahrzehnten Fragen der *Sexualethik* auf sich. Im Blick auf Empfängnisverhütung und Schwangerschaftsunterbrechung nimmt die evangelische Ethik eine abwägendere Haltung ein als die katholische Ethik. Während gleichgeschlechtliche Partnerschaften herkömmlich ohne eingehende Erörterung im Anschluss an biblische Vorbehalte durchweg abgelehnt wurden, haben die Betonung der Menschenwürde zusammen mit neuen wissenschaftlichen Einsichten zu einer gleichgeschlechtlichen Veranlagung zu vorsichtigeren Urteilen bis hin zur Anerkennung als Lebensform neben der Ehe geführt. Freilich stellen sich auch dann schwierige Folgeprobleme wie z. B. die Adoption von Kindern in gleichgeschlechtlichen Lebensgemeinschaften.

Bereichsübergreifend fasst die aus dem angesprochenen gesellschaftlichen Wandel hervorgegangene *Feministische Ethik* Forschungsansätze zusammen, welche der ethischen Bedeutung der Geschlechterdifferenz in unterschiedlichen Bereichsethiken nachgehen. Im Entstehen begriffen sind *altersspezifische Ansätze* im Blick auf Kinder und alte Menschen (Kinderethik, gerontologische Ethik).

Geschlechts- und lebensalterspezifische Ethik

2. *Staat.* Wie in der Ehe- und Familienethik hat auch in der *Politischen Ethik* aufgrund des angedeuteten Wertewandels von Gehorsams- zu Freiheitswerten eine erhebliche Veränderung stattgefunden. Bis ins 20. Jahrhundert hinein wurde ein sprichwörtlich gewordener „lutherischer Untertanengeist" gepflegt und aus der Sicht der Obrigkeit als Stellvertreter und Werkzeug Gottes (Röm 13,1ff) begründet. Ein klassisches Thema der Politischen Ethik, das bis heute aktuell geblieben ist, ist etwa die Frage, ob und unter welchen Bedingungen es einen gerechten Krieg geben kann.

Wertewandel in der Politischen Ethik

Nach dem Ersten Weltkrieg wurde vielfach das *Volk* zur Leitkategorie der evangelischen Ethik und dem Staat übergeordnet. Während Gott das Volk neben Ehe und Familie selber geschaffen habe, sei der Staat zu deren Pflege erst durch die menschliche Geschichte entstanden und entsprechend veränderbar (E. Hirsch). Die Auflehnung deutscher Minderheiten in ihren Staaten und – mit einem Verständnis des Volkes als rassischer Einheit – sogar die Ausgrenzung von Minderheiten ließen sich als Treue gegenüber Volk und Rasse als Schöpfungen Gottes ethisch rechtfertigen.

Volk und Staat

Nach der Katastrophe des nationalsozialistischen Führerstaates fand man theologische Anknüpfungspunkte für eine demokratische Staatsform im Gedanken der Gottebenbildlichkeit jedes Menschen, der sich mit der allgemeinen Menschenwürde verbinden ließ. Letztere stellt die Grundlage (Art. 1 Grundgesetz) des demokratischen Rechtsstaates dar, sodass Politische

Neubesinnung auf demokratische Werte

Ethik heute zu einem wesentlichen Teil als *Rechtsethik* betrieben wird. Das Volk wurde aus der Verbindung mit der Rasse herausgelöst und in die demokratische Rechtsordnung eingebunden (Demokratie < gr. *demos* „Volk", *kratein* „herrschen"). In theologischer Perspektive wird rechtsethisch nach einer eigenen Begründung der Menschenrechte und nach dem Verhältnis von menschlichem Recht und göttlicher Gerechtigkeit gefragt. Für Konflikte mit dem Staat, die im Gewissen des Einzelnen begründet sind – etwa bei der Verweigerung des Militärdienstes oder bei der Anerkennung eines Widerstandsrechts gegenüber einem ungerechten Staat –, bringt die evangelische Ethik heute größeres Verständnis auf als früher, als einseitig die Gehorsamspflicht gegenüber der Obrigkeit betont wurde.

Verhältnis von Kirche und Staat als Thema der Sozialethik

3. Kirche. Das Kirchenrecht ist an evangelisch-theologischen Fakultäten im Unterschied zu katholisch-theologischen Fakultäten kaum mit spezialisierten Lehrstühlen vertreten. Daher werden konkrete Fragen nach dem Verhältnis von Kirche und Staat zusammen mit solchen nach der gesellschaftlichen Stellung der Kirche über die dogmatischen Grundsatzfragen der Ekklesiologie hinaus und diese aufnehmend in der evangelischen Theologie, v. a. in der Sozialethik behandelt.

geistlicher Grund der Kirche

Für Luther befand sich der geistliche Stand in keinem unmittelbaren Verhältnis zu Gott als die weltlichen Stände. Die Kirche unterscheide sich von den anderen Ständen dadurch, dass ihre Amtsträger anders als Eltern und Obrigkeit statt durch weltliche Macht allein durch ihre Verkündigung des Wortes Gottes Einfluss nehmen können. Dieser geistliche Grund der evangelischen Kirche ist durch ihre große Staatsnähe, die von nachreformatorischer Zeit bis zur Trennung von Kirche und Staat in der Weimarer Republik seit 1918 andauerte und nach 1933 unter nationalsozialistischem Vorzeichen erneuert wurde, oft in Vergessenheit geraten.

Verhältnis der Kirche zum Staat als sozialethisches Grundproblem

Das reformatorische Kirchenverständnis ist auch hinsichtlich der Stellung der Kirche in der pluralistischen Gesellschaft der Gegenwart von Belang, wenn sich z. B. hinsichtlich des Religionsunterrichts an öffentlichen Schulen, der theologischen Fakultäten oder der Militärseelsorge Fragen nach der Beibehaltung der herkömmlichen Stellung der Großkirchen gegenüber anderen Religionsgemeinschaften stellen. Da sich die Kirche dem Wort verdankt (*creatura verbi* „Geschöpf des Wortes"), muss sie vom Staat die Freiheit zur Verkündigung und öffentlicher Wirksamkeit im weiteren Sinne fordern, aber keine Privilegien einer Staatskirche. Bis heute wird ein Interesse des Staates an einer starken Stellung der Kirchen im Anschluss an den Verfassungsrechtler Ernst-Wolfgang Böckenförde (geb. 1930) damit begründet, dass der freiheitliche, säkularisierte Staat von Voraussetzungen lebe, die er selber nicht geschaffen habe und nicht garantieren könne (s. Kap. 3.3). Der Raum der Freiheit, den er gewähre, müsse ohne äußeren staatlichen Zwang von innen her, also aus der Gesellschaft selbst, positiv ausgefüllt werden. Für die Begründung solcher staatstragenden Werte, die nicht vom Staat selber vorgeschrieben werden können, wurden besonders die Kirchen in Anspruch genommen. Inzwischen ist die Gesellschaft durch das Nachlassen religiös-kirchlicher Bindungen und das Anwachsen des Bevölkerungsanteils von Angehörigen anderer Religionen, insbesondere des Islams, aber viel uneinheitlicher geworden. Daher stellt sich die Aufgabe, das hergebrachte Staatskirchenrecht, das eine Sonderstellung der Kirchen begründet, in ein umfassenderes Religionsrecht, das auf der Grundlage individueller Religionsfreiheit dem Nebeneinander unterschiedlicher religiös-kultureller Prägungen gerecht wird, zu überführen.

4. *Wirtschaft.* Seit der Wende zum 20. Jahrhundert wurde die klassische Dreiteilung in Ehe/Familie, Staat und Kirche oft um die Wirtschaft als vierten Bereich ergänzt. Dieser vierte Bereich findet sich unter verschiedenen Bezeichnungen wie Kulturgesellschaft oder Arbeit z. B. in den wirkungsvollen Entwürfen Wilhelm Herrmanns (1846–1922, Ethik 1901) oder Dietrich Bonhoeffers (1906–1945, Ethik vf. 1940/43, ersch. 1949). Die Verbindung von Wirtschaft und Kultur mag von unserem heutigen Sprachgebrauch her befremdlich scheinen. Kultur ist in diesem Zusammenhang stets als Gegenbegriff zu Natur zu verstehen (< lat. *cultura* „Bearbeitung"): Als Kulturwesen schafft der Mensch durch seine Arbeit etwas über die natürlichen Vorgaben hinaus, indem er diese verarbeitet und bewirtschaftet. In theolo-

Wirtschaft als Kultur

gischer Deutung folgt er damit seinem Auftrag, die ihm von Gott anvertraute Schöpfung zu bebauen und zu bewahren (Gen 2,15). Dazu sind in ethischer Sicht Freiheit und Verantwortung erforderlich, womit bestimmte Formen wirtschaftlicher Ausbeutung unvereinbar sind.

Entwicklung der Wirtschaftsethik

Beklagte man seit dem 19. Jahrhundert zunächst v. a. den Sittenverfall und die kirchliche Entwurzelung der Arbeiterschaft, zu denen die Anforderungen der modernen Industriegesellschaft führten (die sog. „soziale Frage"), so gerieten im 20. Jahrhundert zunehmend die widerstreitenden markt- und planwirtschaftlichen Ordnungsmodelle der Wirtschaft in den Blick der Sozialethik. Bis heute wegweisend ist die Wirtschaftsethik, die der Schweizer Ethiker Arthur Rich (1910–1992) als Ertrag langjähriger Forschungen vorlegte. Nach einer allgemeinen Grundlegung der Ethik im ersten Band (1984) entfaltet der zweite, materialethische Band (1990) verschiedene Maximen zu den wirtschaftsethischen Grundfragen – was und wieviel auf welche Weise und für wen produziert werden soll.

wirtschaftsethische Maximenbildung

Unter Maximen verstand Rich Handlungsregeln, die auf einer mittleren Ebene liegen zwischen abstrakten, allgemeinen Werten, die keine echte Orientierung für konkrete Fragen vermitteln, und konkreten Entscheidungen, die nicht ohne genaue Kenntnis der Einzelsituation getroffen werden können. In den Maximen werde jeweils das Menschengerechte, dessen Kriterien Rich aus Glaube, Liebe und Hoffnung (1 Kor 13,13) gewann, mit dem Sachgerechten, das ohne theologisch-ethische Bevormundung aus den Zwecken der Wirtschaft selbst zu erheben sei, vermittelt. Rich wandte sich damit sowohl gegen Ethiker, die ohne Kenntnis ökonomischer Zusammenhänge der Wirtschaft bestimmte Verhaltensweisen und Strukturen vorschreiben, als auch gegen Vertreter der Wirtschaft, die alle Entscheidungen allein nach ökonomischen Gesichtspunkten treffen. Da in die Maximen konkrete Sachurteile eingehen, die von der jeweiligen Situation abhängen, sind sie grundsätzlich veränderlich und keine unumstößlichen Gebote. Nach seinem vorläufigen Abschluss muss der Vorgang der Maximenbildung sogleich wieder von Neuem einsetzen, um mit den Veränderungen Schritt zu halten. Vor solche neuen Herausforderungen stellt in neuerer Zeit vor allem die zunehmende Globalisierung, auf deren Probleme Richs Wirtschaftsethik am Ende lediglich vorausblicken konnte („weltwirtschaftliche Marktregulierung als noch zu lösendes Problem").

5. *Bioethik.* Neben der Wirtschaftsethik findet gegenwärtig in der angewandten Ethik v. a. die Bioethik besondere Aufmerksamkeit. Den wichtigsten Teilbereich der Bioethik (gr. *bios* „Leben") stellt die Medizinethik dar. Teilweise ersetzt dieser Begriff sogar den Oberbegriff, v. a. wenn man Bioethik von der engl. Entsprechung *bioethics* mit einer bestimmten ethischen Richtung (dem angelsächsischen, strikt konsequentialistischen Utilitarismus) verbindet und daher meidet. Als neutraler Begriff verstanden, umfasst Bioethik über die Medizinethik hinaus einige weitere Teilgebiete, die man aber auch als eigenständige Bereichsethiken auffassen kann. Dazu gehören die *Tierethik* und die *Ökologische Ethik*, die sich mit den Wechselwirkungen zwischen menschlichem Handeln und Umwelt befasst.

Begriff Bioethik

Die Bioethik steht stellvertretend für die Entstehung neuer Themenfelder der angewandten Ethik, die sich dem rasant wachsenden wissenschaftlichen und technischen Fortschritt verdankt. Vor allem an den Grenzen des Lebens, bei Geburt und Tod, stellen sich neue ethische Fragen, die früheren Zeiten noch völlig unbekannt waren. Daher kann nicht auf vorgegebene Verantwortungsmaßstäbe zurückgegriffen werden, sondern die ethischen Werte selber und ihre jeweilige Gewichtung sind vom Menschen zu verantworten. Veranschaulichen lässt sich die typische Zwiespältigkeit der neuen Errungenschaften anhand der vorgeburtlichen Diagnostik, einem Brennpunkt der aktuellen medizinethischen Debatte. Auf der einen Seite tragen bildgebende Verfahren (Ultraschall) zur Intensivierung der persönlichen Bindungen zwischen Eltern und Fetus bei. Der Fetus wird zu einem frühen Zeitpunkt, noch vor allen spürbaren Lebensäußerungen, als schützens- und liebenswertes menschliches Wesen wahrgenommen. Auf der anderen Seite können schon durch Routineuntersuchungen Fehlbildungen erkannt werden, die früher erst bei der Geburt bemerkt worden wären. In manchen

Zwiespältigkeit des medizinischen Fortschritts: Beispiel Lebensbeginn

Fällen kommt ein früher Befund dem Wohl des ungeborenen Kindes durch eine Therapie oder die vorzeitige Einleitung der Geburt zugute. In den meisten Fällen stellt die Diagnose einer Schädigung oder Entwicklungsverzögerung jedoch lediglich vor die Wahl, die Schwangerschaft in dem Wissen fortzusetzen, ein behindertes Kind auszutragen, oder die Schwangerschaft abzubrechen. Die ethischen Grundfragen, wann das Menschsein beginnt, wodurch es sich auszeichnet und welche Schutzrechte ungeborenem Leben zukommen, stellen sich noch in etlichen anderen Zusammenhängen wie z. B. der Forschung an embryonalen Stammzellen.

Beispiel Lebensende

Am Lebensende geht es in der Auseinandersetzung um passive und aktive Sterbehilfe, assistierten Suizid, Patientenverfügungen usw. in ethischer Sicht um die Wahrung menschlicher Selbstbestimmung in Abgrenzung vom anmaßenden Versuch der Beherrschung von Leben und Tod, aber auch von der ökonomischen Fremdbestimmung durch den Kostendruck aufwändiger Pflege und Therapie. Auch theologische Deutungen des menschlichen Lebenssinns und des Todes fließen in das ethische Urteil mit ein. Vom christlichen Verständnis des Lebens als Geschenk Gottes und der von Gott gegebenen Würde her sind sowohl eine Verlängerung des Lebens um jeden Preis als auch eine achtlose und eigenmächtige Beendigung des Lebens problematisch.

Wissenschafts- und Technikethik

6. *Weitere Bereichsethiken.* Die Themenfelder der materialen Ethik hängen ähnlich eng miteinander zusammen wie diejenigen der materialen Dogmatik. So befassen sich *Wissenschaftsethik* oder *Technikethik* in allgemeinem Zuschnitt mit vielen ethischen Problemen, die sich in besonderer Zuspitzung auch in der Bioethik finden. Die Biowissenschaften sind zu Leitwissenschaften geworden, in denen sich die Grundsatzfrage nach einer Verortung des Selbstverständnisses zwischen zweckfreier Forschung, die ihren Sinn in sich selbst hat, und der Übernahme wissenschaftlicher Verantwortung in einem gesellschaftlichen Zusammenhang ebenso stellt wie in anderen Wissenschaften. Darüber hinaus sind an die wissenschaftliche Arbeit selbst ethische Maßstäbe wie Sorgfalt und Schutz des geistigen Eigentums

anzulegen. Der zwiespältigen Wirkung, die der technische Fortschritt in der Medizin hervorgebracht hat, geht die Technikethik auch in anderen Bereichen nach. Mit der Wahrnehmung der hochtechnisierten Arbeitswelt schlägt sie eine Brücke zur Wirtschaftsethik.

Auch die *Sportethik* vereint sowohl wirtschaftsethische als auch bioethische Aspekte. Der Breitensport ist oft noch zweckfreies Spiel, dient dem Erhalt der Gesundheit oder sozialen Zwecken. Hingegen ist der Leistungs- und Spitzensport längst zu einem bedeutenden Wirtschaftsfaktor geworden. Ethische Fragen nach dem Schutz vor wirtschaftlicher Ausbeutung stellen sich nicht weniger als in hergebrachten Feldern menschlicher Arbeit – nicht zuletzt im Blick auf Kinder, denen schon früh um des sportlichen Erfolgs willen körperliche und seelische Belastungen zugemutet werden. Die Dopingproblematik führt in die bioethische Problematik der Leistungssteigerung durch moderne High-Tech-Medizin hinein. Ferner ist hier der ethische Wert der Fairness genauso in Anschlag zu bringen wie beim weniger spektakulären Foulspiel, das im Breitensport genauso vorkommt wie im Leistungs- und Spitzensport.

Sportethik

Wie der Sport drohen auch die Medien primär unter wirtschaftlichen Gesichtspunkten betrachtet zu werden. Ethisch fragwürdige Fernsehsendungen, welche die Menschenwürde verletzen, werden produziert, wenn sie hohe Einschaltquoten versprechen. Die *Medienethik* hat solche problematischen Entwicklungen kritisch zu verfolgen und das Spannungsverhältnis von Unterhaltung und Information zu bedenken. Gegenläufig zur angesprochenen Tendenz ist aber auch die Erhebung der Medien zur „vierten Gewalt im Staat" neben Gesetzgebung, Gerichtsbarkeit und vollziehender Gewalt, deren Kontrolle überhaupt erst ein funktionierendes Staatswesen ermögliche, rechtsethisch zu prüfen. Ethische Kriterien für die journalistische Arbeit wie gründliche Recherche und ausgewogene Darstellung sind zu entwickeln. Auch die mediale Werbung, die mit religiösen und anderen Tabubrüchen Aufmerksamkeit erregen will oder sich umgekehrt um einer unterschwelligen Wirkung willen in vermeintlichen Informations- und Unterhaltungssendung

Medienethik

versteckt, wirft immer wieder ethische Fragen auf. Wichtige Impulse für eine theologische Medienethik gehen vom praktisch-theologischen Teilbereich der Christlichen Publizistik aus.

Ethik der Freizeit

Einen besonderen Bereich stellt schließlich die *Freizeit* dar. Diese verdankt sich als ein Massenphänomen erst der Verringerung der Arbeitszeit und der Sozialgesetzgebung seit Ende des 19. Jahrhunderts. Noch Wilhelm Herrmann konnte die „Muße" lediglich deshalb ethisch rechtfertigen, weil sie als Erholung den Menschen für die sittlich gebotene Arbeit wiederherstelle. Demgegenüber sehen gegenwärtig viele Menschen ihren Lebenssinn gerade außerhalb ihrer Arbeit. Statt jedoch in einer Unterbrechung des Alltags die Ruhe zu finden, die nach biblischem Zeugnis Gott selber seiner Schöpfung eingestiftet hat, wird die Freizeit heute von Konsumzwängen und fremdbestimmten Verhaltensmustern geprägt. Diese werden von den Medien vermittelt oder verstärkt und engen den Einzelnen mitunter nicht weniger ein als die Lohnarbeit.

theologische Forderung nach Sachkompetenz

Theologischen Ethiken, die in den konkreten Fragestellungen der Ethik der Erörterung der jeweiligen Sachargumente einen breiten Raum geben, wird leicht vorgeworfen, zugunsten einer außertheologischen Anschlussfähigkeit ihr theologisches Profil aufzugeben. Allerdings kann gerade das Zurücktreten theologischer Gründe in der angewandten Ethik zugunsten der sorgfältigen Abwägung von Sachargumenten mit gewichtigen theologischen Argumenten gestützt werden. Nach Luthers Unterscheidung zwischen den beiden Regimenten sind geistliche Dinge geistlich zu beurteilen und zu behandeln, weltliche Dinge hingegen weltlich mithilfe der zu diesem Zweck geschaffenen Vernunft. Von daher konzentriert sich z. B. die Ethik Dietz Langes (geb. 1933) ganz auf die theologische Grundlegung der Ethik und verzichtet überhaupt auf einen materialethischen Teil. Ausschlaggebend für die Beschränkung auf eine allgemeine theologische Ethik ist dort keine Geringschätzung der angewandten Ethik, sondern im Gegenteil der Respekt vor der Sachkompetenz, die für sie nötig ist. Arthur Rich zog aus einer ähnlichen Wertschätzung von Sachkompetenz die Konsequenz, sich nach einer allgemeinen Grundlegung theologischer Ethik, auf der eine Vielzahl von Bereichsethiken aufbauen könnte, im speziellen Teil allein auf die Wirtschaftsethik zu beschränken (s. o.), die er erst nach Jahrzehnte dauernden Spezialstudien zusammenfassend darstellte.

Kontrollfragen:

1. Worin unterscheiden sich die allgemeine und die angewandte Ethik?
2. Vor welches Problem stellt der Begriff „angewandte Ethik"?
3. Welche klassischen und welche neuen Bereichsethiken gibt es?

Kontrollfragen

7. Das Verhältnis von Dogmatik und Ethik

Dogmatik und Ethik als Hauptdisziplinen der Systematischen Theologie

Die Bestimmung des Verhältnisses der Systematischen Theologie als ganzer zu ihren Teildisziplinen wiederholt gewissermaßen in kleinerem Maßstab die Frage der Theologischen Enzyklopädie nach dem Verhältnis der theologischen Hauptdisziplinen zueinander und zur Theologie als übergeordnetem Ganzen und gemeinsamer Aufgabe (s. Kap. 1.2). Wie die fünf Hauptdisziplinen der Evangelischen Theologie heute im Wesentlichen feststehen, so wird grundsätzlich weithin akzeptiert, dass die Systematische Theologie die beiden Teildisziplinen Dogmatik und Ethik umfasst. Diese Untergliederung spiegelt sich auch institutionell wider: Wo es an theologischen Fakultäten mindestens zwei systematisch-theologische Lehrstühle gibt, hat in der Regel einer seinen Schwerpunkt in der Dogmatik und ein anderer seinen Schwerpunkt in der Ethik. Zusammengefasst geht es in der Dogmatik (< gr. *dogma* „Meinung, Lehrsatz") um die zentralen Inhalte und in der Theologischen Ethik (< gr. *ethos* „Sitte") um die Handlungsorientierungen, die aus dem christlichen Glauben erwachsen.

Ursprüngliche Einheit von Dogmatik und Ethik

Die Ausdifferenzierung der Systematischen Theologie in Dogmatik und Ethik erfolgte in der evangelischen Theologie erst seit dem 17. Jahrhundert. Vorher enthielt etwa die wichtigste theologische Gesamtdarstellung des Mittelalters, die *Summa theologica* Thomas von Aquins, auch breite ethische Darlegungen. In den Katechismen Martin Luthers und anderen reformatorischen Werken, welche den Grundbestand evangelischer Lehre zusammenfassten, wie z. B. in der *Institutio religionis christianae* (Unterricht in der christlichen Religion) von Johannes Calvin (1509–1564) – meist kurz *Institutio* genannt – oder in Philipp Melanchthons *Loci communes* stehen unbefangen Abschnitte nebeneinander, die man heute auf Dogmatik und Ethik verteilen würde (z. B. die Auslegungen des Apostolischen Glaubensbekenntnisses und des Dekalogs). Im *Compendium locorum theologicorum* (1610) von Leonhard Hutter (1563–1616), einer über lange Zeit maßgeblichen Zusammenfassung lutherischer Lehre, wurden nach der Kirche im weiteren Sinne auch die beiden anderen Stände des politischen Gemeinwesens und der Ehe behandelt. Die Ekklesiologie wurde also zur Schnittstelle, um die nach heutigem Begriff „ethische" Dreiständelehre in den heilsgeschichtlichen Aufriss der „Dogmatik" einzubeziehen.

Die theologische Ethik kam also nicht später zur Dogmatik hinzu, sondern die Dogmatik, die man heute kennt, entstand selber erst mit der Herauslösung der Ethik aus der einheitlichen Darstellung der christlichen Lehre. Der Begriff Dogmatik setzt schon terminologisch die Ethik neben sich voraus. Vor der Unterscheidung von Dogmatik und Ethik sprach man von lehrmäßiger, positiver oder auch schon systematischer Theologie *(theologia didactica, positiva, systematica)*. Als erster, der die Theologische Ethik gesondert behandelt hat, gilt der Helmstedter Theologe Georg Calixt (1586–1656), der im Jahr 1634 sein Werk *Epitome theologiae moralis* (Grundriss der Moraltheologie) veröffentlichte. Seither unterschied man zwischen einer theoretischen und einer praktischen Theologie. Später, am Ende des 18. Jahrhunderts, bürgerte sich die Unterscheidung zwischen Glaubenslehre und Sittenlehre ein. Friedrich Schleiermacher vereinte beide unter den Oberbegriff der dogmatischen, also lehrmäßigen Theologie. „Dogmatische Theologie" gebrauchte er also im selben Sinn, wie heute der Oberbegriff „Systematische Theologie" üblich ist.

Unterscheidung von Dogmatik und Ethik

Innerhalb der neueren Theologiegeschichte stehen Dogmatik und Ethik häufig in einem Konkurrenzverhältnis. Schleiermacher hingegen lehnte innerhalb der Systematischen (bzw. „dogmatischen") Theologie die Überordnung einer Teildisziplin über die andere entschieden ab. Wenngleich es de facto häufiger vorkomme, dass die Sittenlehre (unsere „Ethik") in die Glaubenslehre (unsere „Dogmatik") integriert werde, lasse sich von der Sache her genauso auch umgekehrt die Glaubenslehre in die Sittenlehre integrieren. Wünschenswert sei, dass in der Theo-

Friedrich Schleiermacher

logie immer wieder einmal auch eine ungeteilte Behandlung vorkomme, wie sie noch in der Reformationszeit üblich war. Schleiermacher selber hat diesbezüglich allerdings kein Vorbild geboten, insofern er Dogmatik und Ethik getrennt behandelte. Anders als manche Theologen nach ihm sah er beide jedoch an derselben Aufgabe einer Wirklichkeitsdeutung vom christlichen Glauben her arbeiten.

Überwindung der Trennung von Dogmatik und Ethik

Verwirklicht findet sich Schleiermachers Intention dem Anspruch nach in der Systematischen Theologie Paul Tillichs, der die theologische Ethik in die Einheit des Systems zurücknehmen, also eine gesonderte Behandlung überflüssig machen wollte. Unbenommen der zahlreichen Anregungen, die Tillichs Werk auch in ethischer Perspektive bietet, blieben allerdings ethische Probleme im engeren Sinne in seiner Systematischen Theologie ausgespart. Andere Versuche, an die reformatorische Einheit von Dogmatik und Ethik anzuknüpfen, führten de facto zu einem Nebeneinander beider Teildisziplinen. Die Gesamtdarstellungen von Martin Kähler (1835–1912) und Emanuel Hirsch (1888–1972) griffen beide auf den Oberbegriff „christliche Lehre" zurück, dem sie Dogmatik und Ethik in jeweils eigenen Abschnitten unterordneten. In neuerer Zeit folgte Dietrich Korsch (geb. 1949) in seinem *Grundriss der Dogmatik* (2000) dem Kleinen Katechismus Martin Luthers und bezog daher in Anknüpfung an den Dekalog und seine Auslegung durch Luther auch ethische Grundlagenfragen mit ein.

Ethik als Anhang der Dogmatik

Diejenigen, die den von Schleiermacher zuerst genannten Weg einer Integration der Ethik in die Dogmatik wählen, vertreten häufig die Auffassung, dass die dogmatische Perspektive sachlich Vorrang vor der ethischen besitzt. Sie behandeln dann zwar als Dogmatiker auch ethische Themen, aber die Ethik wird anders als bei den in den letzten Abschnitten genannten Theologen zu einem Anhang der Dogmatik, der für die Gestalt des Ganzen keine tragende Bedeutung hat. In allen Teilen der *Kirchlichen Dogmatik* Karl Barths beispielsweise gibt es am Ende eigene ethische Kapitel, jedoch keinen in sich geschlossenen ethischen Teilband. Für einen Oberbegriff „Systematische Theologie", der mit der Dogmatik noch etwas anderes zusammenfassen würde, hatte Barth keine Verwendung. Auch Rudolf Bultmann, ein weiterer in der zweiten Hälfte des 20. Jahrhunderts maßgeblicher Theologe, stellte aufgrund seiner Konzentration auf das „Kerygma" (gr. für „Botschaft"), das den Menschen existenziell treffende Evangelium, die Ethik im herkömmlichen Sinne an den Rand der Theologie.

Die umgekehrte Tendenz einer Vorrangstellung der Ethik und Zurückdrängung der Dogmatik ist in der akademischen Theologie seltener anzutreffen als in der Lebenswelt, in der das Christentum oft trotz Ablehnung seiner Glaubensinhalte wegen seiner ethischen Bedeutung für die Gesellschaft geschätzt wird. In der Theologie behandelte Richard Rothe (1799–1867) in seinem Hauptwerk *Theologische Ethik* (1845–48) auch traditionell dogmatische Themen wie Gotteslehre, Schöpfung und Christologie als Voraussetzungen einer breit angelegten Güter-, Tugend- und Pflichtenlehre, also einer Ethik im engeren Sinne. Trutz Rendtorffs (geb. 1931) „ethische Theologie" behielt das gegenwarts- und zukunftsorientierte Kerngeschäft der Systematischen Theologie der Ethik vor, während Dogmatik die Rückwendung zu einem vorneuzeitlichen Theologieverständnis bedeute. **Vorrang der Ethik vor der Dogmatik**

Manchen theologischen Ethikern liegt an einer schärferen methodischen Abgrenzung der Ethik zur Dogmatik, sodass das gemeinsame Dach der Systematischen Theologie an Bedeutung verliert und die institutionelle Verselbstständigung der Ethik bis hin zu eigenen Einrichtungen und Modulen in einzelnen Studiengängen gefördert wird. Die systematisch-theologische Anbindung von Dogmatik und Ethik bleibt formal bestehen, doch sehen sich solche theologischen Ethiker als Systematische Theologen allenfalls, wenn sie über die *Voraussetzungen* theologischer Ethik nachdenken, nicht aber in den allgemeinethischen Erörterungen ethischer Methoden und Begriffe oder in der Arbeit an materialen ethischen Fragestellungen. Indem so die Ethik mehr als beziehungsreiches Gegenüber denn als Bestandteil der Systematischen Theologie gesehen wird, soll vermieden werden, die Theologische Ethik als bloßes Anwendungsfeld dogmatischer Sätze erscheinen zu lassen. **Ethik im Gegenüber zur Systematischen Theologie**

Das Verhältnis von Dogmatik und Ethik

Argumentation statt ethischer Anwendung dogmatischer Aussagen

Eine dogmatische Prägung ethischer Urteile in konkreten Entscheidungssituationen des Einzelnen und der Gesellschaft erscheint heute oft problematisch. Bei manchen Äußerungen aus der Zeit nach 1945, die sich bewusst in die Tradition der Bekennenden Kirche stellten und bestimmte kirchliche oder gesellschaftliche Entwicklungen mit dogmatischen Argumenten vom christlichen Glauben her kritisierten, erschien schon wenige Jahre später problematisch, welche Unbedingtheit des theologischen Urteils sie in Anspruch genommen hatten. So hielten in Deutschland viele z. B. die Wiederbewaffnung der 1950er-Jahre und die atomare Nachrüstung und Abschreckung in den 1980er-Jahren für unvereinbar mit dem christlichen Glauben. Die Besonderheit theologischer Ethik liegt jedoch nicht in der Eindeutigkeit prophetischer Rede (s. Kap. 2.2.2), die alle nichttheologische Ethik prinzipiell überbietet. Auch die theologische Ethik kann nicht auf fehlbare Sachargumentation verzichten.

Strittigkeit dogmatischer und ethischer Einsichten

Wenn die deutliche Unterscheidung der Ethik von der Dogmatik auf diese Einsicht abzielt, muss allerdings der Eindruck vermieden werden, als ob die Dogmatik anders als die Ethik auf unhinterfragbare Lehrsätze zurückgreifen könne. Dogmatische Aussagen über das Handeln Gottes in Schöpfung, Erlösung usw. sind nicht weniger strittig und auf die fehlbare Suche nach der jeweils besseren Einsicht angewiesen als ethische Aussagen über das vom Menschen vor Gott zu verantwortende Handeln. So lässt sich das „Ein-Weg-Denken", das aus der Dogmatik ethische Urteile ableitet, auch durch ein Verhältnis „reziproker Implikation" (wechselseitiger Angewiesenheit, H. E. Tödt) überwinden, das die gemeinsame Wurzel von Dogmatik und Ethik in der Begegnung mit der sowohl für das Erkennen als auch für das Handeln strittigen Weltwirklichkeit ausmacht.

Kontrollfragen:

Kontrollfragen

1. Worin unterscheidet sich Barths Bestimmung des Verhältnisses von Dogmatik und Ethik von derjenigen Schleiermachers?
2. Was spricht gegen eine Ableitung ethischer Urteile aus dogmatischen Sätzen?

8. Fundamentaltheologie

Manche Theologen wie Hermann Fischer in seiner zu Beginn des Buches zitierten Zusammenfassung unterteilen die Systematische Theologie lediglich in die beiden Teildisziplinen Dogmatik und Ethik. Andere wie K. Barth bzw. R. Rothe setzen sie gar mit Dogmatik *oder* Ethik gleich (s. Kap. 7). Eine weitere Gruppe Systematischer Theologen behandelt allerdings Grundlagenfragen, welche die Bedingungen, die Probleme und den wissenschaftlichen Status theologischer Erkenntnis betreffen, in einem eigenen, auf die dogmatischen und ethischen Inhalte im engeren Sinn hinführenden Teilbereich. Für solche vorausgeschickten Klärungen haben sich Begriffe wie Prolegomena (gr. „das vorher zu Sagende", Prinzipienlehre (< lat. *principium* „Anfang") oder v. a. Fundamentaltheologie (< lat. *fundamentum*) eingebürgert. Auch die Begründung von Aufgabe und Gestalt der Theologie insgesamt in der Theologischen Enzyklopädie (s. Kap. 1.2) gehört in diesen Zusammenhang. Die sachliche Bedeutung „einleitender" Fragen darf keinesfalls unterschätzt werden, wenngleich die umgekehrte Gefahr einer zeitweilig vorherrschenden Zurückdrängung der materialen Dogmatik und Ethik ebenfalls abzuwehren ist.

Fundamentaltheologie / Prinzipienlehre / Prolegomena

Die Stellung der Fundamentaltheologie in der Systematischen Theologie ist mit derjenigen der Einleitungswissenschaften in den exegetischen Fächern vergleichbar. Die Einleitung ins Alte oder Neue Testament darf ebenfalls nicht mit einer Einführung für Anfänger verwechselt werden, sondern will auf höchstem wissenschaftlichem Niveau Fragen nach Verfasserschaft, Datierung, literarischer Gestalt und Einheitlichkeit der biblischen Bücher klären. Dennoch wird eine exegetische Einführung zu einem erheblichen Teil Einleitungsfragen behandeln und allenfalls exemplarisch in die Einzelexegese biblischer Textstellen oder gar Bücher eintreten können.

Vergleich mit exegetischer Einleitungswissenschaft

katholische und evangelische Fundamentaltheologie

Der Begriff Fundamentaltheologie wurde aus der katholischen Theologie übernommen und hat sich inzwischen auch in der deutschsprachigen evangelischen Theologie durchgesetzt. Das erste evangelische Lehrbuch mit diesem Titel von Wilfried Joest erschien 1974. Manche sehen den Begriff noch durch die katholischen Versuche des 19. Jahrhunderts belastet, in dieser Disziplin die Wahrheit des Christentums in seiner römisch-katholischen Ausprägung scheinbar objektiv-rational zu beweisen. Die neue Idee einer gemeinsamen *ökumenischen* Fundamentaltheologie, auf welcher dann unterschiedliche konfessionelle Theologien aufbauen könnten, stellt vor die Frage, ob der Unterschied zwischen katholischem und evangelischem Glauben nicht selber fundamentaltheologischer Art ist, sodass man nicht hinter ihn zurückgelangen kann (G. Ebeling). Die Möglichkeiten konfessioneller Übereinstimmung sind bei den fundamentaltheologischen Themen nicht anders als in Dogmatik und Ethik jeweils unterschiedlich und auch von einem evangelischen Standpunkt aus in möglichst großer ökumenischer Offenheit zu erforschen.

Prolegomena als Teil der Dogmatik

Wo man eine evangelische Fundamentaltheologie akzeptiert hat, gilt diese meist nicht wie in der katholischen Tradition als eigene Disziplin, sondern als systematisch-theologische Teildisziplin. Fundamentaltheologie lässt sich anders als Prolegomena (zur Dogmatik) als Grundlegung von Dogmatik *und* Ethik verstehen. Umgekehrt ist der Begriff allerdings für diejenigen unbrauchbar, die Dogmatik oder Ethik allein bereits für das Ganze der Systematischen Theologie halten und daher wie Karl Barth „fundamentaltheologische" Fragen in den Aufriss des betreffenden Faches einbauen. So wollten Barth und seine Schule im Zuge ihrer Abwehr einer natürlichen Theologie (s. Kap. 2.1.1) unbedingt den Eindruck vermeiden, als ließen sich *vor* den eigentlichen Glaubensinhalten quasi neutral von außen die Voraussetzungen der Theologie bestimmen. Die Vor-Bemerkungen (Pro-Legomena) seien selber schon Bestandteil der Dogmatik und ließen sich nur vom Standpunkt des christlichen Glaubens angemessen treffen. Die genannten Einwände richten sich freilich mehr gegen bestimmte Inhalte der Prolegomena wie v. a. eine allgemeine Religionstheorie als gegen die formale Entscheidung, der thematischen Entfaltung einige für das Ganze grundlegende Bemerkungen vorauszuschicken. So enthält der I. Band von Barths *Kirchlicher Dogmatik* vor der Gotteslehre (II. Bd.), Schöpfungslehre (III. Bd.) und Versöhnungslehre (IV. Bd.) Prolegomena in Form einer Lehre vom Wort Gottes mit Ausführungen zur Offenbarung, zur Heiligen Schrift und zur Verkündigung der Kirche.

Allerdings sprechen auch weniger programmatische Gründe als bei Karl Barth dafür, die Fundamentaltheologie stärker an die Dogmatik anzubinden. So hielt Wilfried Härle (geb. 1941) anders als Barth an der Zweiteilung der Systematischen Theologie in Dogmatik und Ethik fest, die beide unterschiedliche Aufgaben in einem an sich unteilbaren Gesamtzusammenhang übernehmen. Eine Dreiteilung mit einer im Rahmen der Systematischen Theologie selbstständigen Fundamentaltheologie lehnte Härle jedoch ab, weil sonst die methodischen Grundfragen aus der Dogmatik hinausverlagert würden. Daher fügte er der herkömmlichen Verbindung von trinitarischem und heilsgeschichtlichem Gliederungsprinzip der Dogmatik das methodisch-inhaltliche als drittes Gliederungsprinzip hinzu. Die fundamentaltheologischen („methodischen") Fragen lassen sich damit von den materialdogmatischen („inhaltlichen") Fragen unterscheiden und zugleich *innerhalb* der Dogmatik eng auf diese beziehen. Analog sind innerhalb der Ethik Grundsatzfragen in der allgemeinen Ethik verankert, die sich sowohl innerethisch mit der angewandten Ethik also auch außerethisch mit der Fundamentaltheologie bzw. dem „methodischen" Teil der Dogmatik verbinden lassen. Die allgemeine theologische Ethik kann an bestimmte Inhalte der Fundamentaltheologie anknüpfen und diese auf ihre ethischen Konsequenzen hin bedenken. So erhält die fundamentaltheologische Frage nach dem Verhältnis von allgemeiner Offenbarung Gottes, die in gewissen Grenzen von der natürlichen Vernunft wahrgenommen werden könne, und Gottes spezieller Offenbarung in Jesus Christus in der theologischen Ethik eine besondere Zuspitzung in der Frage nach ihrer Geltung für alle Menschen oder nur für Christen (s. Kap. 6.1). Gegner der Einbeziehung in die Dogmatik wenden ein, dass die umfassende Klärung der betreffenden Fragen nur in einer selbst-

Fundamentaltheologie als dogmatische Methodenklärung?

ständigen, auch institutionell spezialisierten (Teil-)Disziplin erfolgen könne (M. Petzoldt).

Themen der Fundamentaltheologie

Das klassische fundamentaltheologische Thema, das in den Lehrbüchern der evangelischen Tradition den weitaus größten Raum einnahm, war die Lehre von der Schrift, die für alle folgenden Lehrsätze grundlegend war. Heute wird die nach wie vor zentrale Frage nach dem Schriftprinzip weniger dominant von anderen Fragen eingerahmt, wie sich z. B. in den Prolegomena der *Dogmatik des christlichen Glaubens* (1979) von Gerhard Ebeling zeigen lässt. Diese gliedern sich in die vier Teile: (1) Aufgabe der Dogmatik, mit Abgrenzungen zur Philosophie und zur Religionswissenschaft sowie einer enzyklopädischen Verhältnisbestimmung zu den anderen theologischen Fächern, (2) Quellen der Dogmatik, mit einer herausgehobenen Behandlung des Schriftprinzips, (3) Methode der Dogmatik, mit der Bestimmung dogmatischer Aussagen als Glaubensaussagen, sowie (4) Aufbau der Dogmatik, mit einer Erläuterung der Gründe für die gewählte Reihenfolge und Untergliederung. In neueren Entwürfen ist darüber hinaus die Reflexion der sprachlichen Verfasstheit des Glaubens und der Theologie von zentraler Bedeutung.

Fundamentaltheologie für Anfänger

Eine genauere Vermittlung inhaltlicher Eindrücke der behandelten Gegenstände ist an dieser Stelle weitgehend überflüssig. Wie unschwer zu erkennen ist, stellt das vorliegende Buch als ganzes gewissermaßen eine „Fundamentaltheologie für Anfänger" dar. Die fundamentaltheologischen Themen Schrift und Tradition, Glaube, Offenbarung und Vernunft, Wissenschaftlichkeit der Theologie usw. werden hier freilich, wie eingangs erläutert (s. Kap. 1.1), nicht mit dem Ziel erörtert, im Gespräch mit der Forschung einen eigenen fundamentaltheologischen Entwurf vorzulegen und wissenschaftlich zu entfalten. Die Einführung will vielmehr Studienanfängern einen möglichst einfachen Zugang zur Systematischen Theologie zu eröffnen.

Kontrollfragen:

Kontrollfragen

1. Was ist das „Fundamentale" an der Fundamentaltheologie?
2. Welche Argumente sprechen für, welche gegen eine weitere systematisch-theologische Teildisziplin neben Dogmatik und Ethik?

9. Die Wahrnehmung anderer Religionen

Im Pluralismus der Gegenwart gewinnt die Frage nach dem Verhältnis des Christentums zu anderen Religionen und Weltanschauungen zunehmend an Gewicht. Bis ins 20. Jahrhundert hinein war die Apologetik (< gr. *apologein* „antworten, sich verteidigen") die theologische Unterdisziplin, in der die Außenbeziehungen des Christentums zu anderen Religionen, aber auch zu nicht-religiösen Weltanschauungen wie dem Materialismus, dem Darwinismus oder dem Nationalsozialismus bedacht und deren Infragestellungen des Glaubens abgewehrt wurden. Friedrich Schleiermacher stellte der Apologetik im Rahmen der philosophischen Theologie, die er gewissermaßen als gesamttheologische Fundamentaltheologie allen anderen theologischen Disziplinen vorordnete, die Aufgabe, das Wesen des Christentums in Abgrenzung zu anderen Religionsgemeinschaften zu bestimmen. Wie viele Systematische Theologen des 19. Jahrhunderts stellte Martin Kähler sie in seiner *Wissenschaft der christlichen Lehre* der Dogmatik und der Ethik voran. Im Laufe des 20. Jahrhunderts wurde Apologetik jedoch zunehmend – in der wörtlichen Bedeutung als „Kunst des Antwortens" (Paul Tillich) verstanden – zur Aufgabe der Systematischen Theologie insgesamt und verschwand als eigene Teildisziplin. In besonderer Weise verfolgt die Fundamentaltheologie bzw. Prinzipienlehre, wo sie als eigene Teildisziplin existiert, bei der Klärung von Voraussetzungen und Grundlagen der Systematischen Theologie bzw. Dogmatik neben der Selbstvergewisserung zugleich ein apologetisches Interesse.

Apologetik

Auf institutioneller Ebene findet sich in der Systematischen Theologie gelegentlich als weitere Schwerpunktbezeichnung „Religionsphilosophie". Diese wird in Deutschland meist mit der Dogmatik, in anderen Ländern aber auch mit der Ethik ver-

konstruktive und rezeptive Religionsphilosophie

bunden. Im Rahmen der Theologie übernimmt Religionsphilosophie entweder insgesamt die Aufgabe der Grundlagenklärung, von der in Kap. 8 die Rede war, oder wird in die Fundamentaltheologie bzw. dogmatische Prinzipienlehre eingegliedert. Religionsphilosophische Erörterungen verbinden sich oft mit religionswissenschaftlichen Einsichten, die sich konkreter auf bestimmte Formen und Lehren einzelner Religionen beziehen. Sie vollzieht dann den Schritt von konstruktiver Religionsphilosophie, die aufgrund eigenen Nachdenkens Aussagen über Religion, Gott usw. „konstruiert", zur rezeptiven Religionsphilosophie, die Lebensäußerungen der Religionen aufnimmt (< lat. *recipi* „aufnehmen"). Die Frage nach der Möglichkeit vernünftiger Gotteserkenntnis und dem Verhältnis zu anderen Religionen verweist auf die bereits angesprochene Unterscheidung von natürlicher Offenbarung und Christus-Offenbarung (s. Kap. 2.1.1).

Christentum – eine Religion?

Um die Frage nach dem Verhältnis zu „anderen" Religionen überhaupt sinnvoll stellen und das Christentum in einem allgemeinen Bezugsrahmen religionsphilosophisch bzw. religionswissenschaftlich betrachten zu können, muss es selber als Religion gelten. Dies ist weniger selbstverständlich, als es zunächst scheinen mag. Karl Barth unterschied scharf zwischen dem allein auf die Christus-Offenbarung ausgerichteten Glauben und der menschengemachten Religion. Letztere betrachtete er als „Unglaube" und hielt sie daher nicht für einen Gegenstand der Theologie. Auch das Christentum nahm Barth, sofern es Religion sei, von seiner Kritik nicht aus. Die christliche Religion sei den anderen Religionen vergleichbar, doch sei ein solcher Vergleich theologisch bedeutungslos.

Christentum – die höchstentwickelte Religion?

Ernst Troeltsch, der Systematiker der Religionsgeschichtlichen Schule (s. Kap. 10), ersetzte Schleiermachers philosophische *Theologie* durch eine scheinbar unparteiische *religionswissenschaftliche* Grundlegung der historischen und praktischen Theologie. Ohne echte Begegnung mit anderen Religionen führte ihn ein Religionsvergleich anhand einiger typischer Merkmale zu der Einsicht, dass es sich beim Christentum um die am höchsten entwickelte Religion handle. Lediglich beim Ausschluss der Möglichkeit, dass sich eine andere Religion künftig noch höher entwickeln könnte, spiele der christliche Glaube, für den dies unvorstellbar sei, eine Rolle.

Durch die sog. Globalisierung seit Ende des 20. Jahrhunderts sind sich die Weltreligionen so nahe gerückt, dass die Gesellschaften der westlichen Welt ihre einheitliche Prägung durch das Christentum verloren haben und eine Verständigung zwischen verschiedenen Religionen unausweichlich ist. Für ein echtes interreligiöses Gespräch sind Abwertungen anderer Religionen zugunsten des eigenen Glaubens einerseits wenig hilfreich. Andererseits kann der Verzicht auf den christlichen Standpunkt keine Lösung sein. Er kann zumal das Gespräch mit Vertretern anderer Religionen durchaus erschweren, insofern diese kein Verständnis für religiöse Gleichgültigkeit aufbringen. Weiterführend erscheint vor diesem Hintergrund etwa der Versuch Hans-Martin Barths, statt eines scheinbar neutralen Religionsvergleichs vor oder neben der Entfaltung der christlichen Lehre die Wahrnehmung der Religionen in die materiale systematisch-theologische Arbeit selbst hineinzunehmen. In seiner Dogmatik (^{1}2001) wird bei jedem Lehrstück gefragt, welche Haltung die anderen Weltreligionen dazu einnehmen. Ihre Anregungen sollen den christlichen Standpunkt bereichern und klären helfen.

Notwendigkeit interreligiösen Gesprächs

Dabei zeigt sich freilich die Schwierigkeit, dass verschiedene christliche Lehrstücke in anderen Religionen nicht vorkommen oder einen anderen Stellenwert besitzen. So trägt beispielsweise ein inhaltlicher Vergleich zwischen Jesus und Mohammed wenig aus, wenn nicht zugleich bedacht wird, dass sich Jesus durch seine entscheidende Bedeutung für den Glauben grundlegend von der Stellung Mohammeds im Islam unterscheidet, insofern Mohammed als Prophet hinter seine Botschaft zurücktritt. Der unterschiedliche Status erschwert das gegenseitige Verständnis im christlich-islamischen Gespräch. Ein Moslem würde die Unterstellung, er glaube an Mohammed und sei „Mohammedaner" – so eine alte christlich-abendländische Fehlbezeichnung – entrüstet zurückweisen. Will man systematisch im Islam etwas der Stellung Jesu Christi im Christentum Vergleichbares ausmachen, muss man statt des kurzschlüssigen Verweises auf Mohammed auf den Koran schauen. Dieser ist für den Islam die grundle-

Grundsatzprobleme interreligiöser Verständigung

gende Offenbarung. Wer etwas von Gott wissen will, muss nach islamischem Glauben den Koran lesen, während er nach christlichem Glauben Anteil am Heilshandeln Jesu Christi gewinnen sollte. Von diesem anderen Status her lassen sich Schwierigkeiten besser verstehen, wenn Moslems vom Koran her die Bibel betrachten. Als Offenbarung Gottes hat der arabische Wortlaut des Korans eine enorme Bedeutung, die eigentlich keine theologisch gültige Übersetzung zulässt, während das Vorhandensein von vier Evangelien, die mit z. T. erheblichen Abweichungen das Leben, Sterben und Auferstehen Jesu bezeugen, auf einen Moslem befremdlich wirkt. Neben solchen inhaltlichen Unterschieden ist – auf einer noch grundsätzlicheren Ebene betrachtet – die Lehre selbst, die im Christentum eng mit dem ursprünglichen Glaubensakt verbunden ist (s. Kap. 2.1.4), insbesondere für die östlichen Religionen des Buddhismus und Hinduismus von erheblich geringerer Bedeutung.

Theologie der Religionen

Geht es bei der Wahrnehmung anderer Religionen im Sinne H.-M. Barths und verwandter Positionen noch um die Bereicherung einer eindeutig christlichen Dogmatik im interreligiösen Gespräch, so bemüht sich eine „Theologie der Religionen" von einem christlichen Standpunkt ausgehend um eine Wahrnehmung der Religionen insgesamt, die auch vom Standpunkt anderer Religionen aus geteilt werden kann (J. Hick, R. Panikkar u. a.).

Bedeutung der Ethik für das interreligiöse Gespräch

Aber auch ohne gemeinsame Wahrheitsperspektive wäre schon viel gewonnen, wenn in der stetigen, selbstkritischen Überprüfung der eigenen Haltung auf verborgene Vorurteile der ethische Wert der Wahrhaftigkeit im Umgang miteinander zur Geltung käme. Die möglichst unverstellte Wahrnehmung des anderen und gemeinsame ethische Leitlinien, die etwa das vom katholischen Theologen Hans Küng angestoßene Projekt Weltethos anstrebt, sind für ein friedliches Zusammenleben unverzichtbar. Deshalb sollen weitergehende Bemühungen nicht unterbleiben. Die interreligiöse Zusammenarbeit unter ethischem Vorzeichen ist jedoch als eine Rückfallposition unverzichtbar, die selbst nach einem Scheitern religionsverbindender Konzepte gültig bleibt und vor allem auch für diejenigen Verbindlichkeit beansprucht, die sich von ihrem religiösen Selbstverständnis her einem interreligiösen Dialog über Glaubensinhalte von vornherein verweigern. Während das Gespräch mit nicht-religiösen Ansätzen in den allgemeinen Teilen der theologischen Ethik bereits fest verankert ist, wird der ethischen Wahrnehmung anderer Religionen in Zukunft zweifellos eine wachsende Bedeutung zukommen.

Kontrollfragen:

1. Worin besteht der Unterschied zwischen der Apologetik alten Zuschnitts und dem interreligiösen Gespräch in der Gegenwart?
2. Auf welche Ziele kann sich die Wahrnehmung anderer Religionen richten?

Kontrollfragen

10. Neuere Theologiegeschichte

10.1 Die neuere Theologiegeschichte als Teil der Systematischen Theologie

systematisch-theologische Funktion der neueren Theologiegeschichte

Vor dem Hintergrund der Unterteilung der Evangelischen Theologie in die klassischen fünf Hauptdisziplinen (s. Kap. 1.2) und der Betonung der Gegenwartsbezogenheit der Systematischen Theologie (s. Kap. 2.2) könnte man die neuere Theologiegeschichte auf den ersten Blick (allein) der Kirchengeschichte zuordnen. Dass Entwürfe der neueren Theologiegeschichte seit dem 19. Jahrhundert in der Systematischen Theologie keine geringere Beachtung erfahren als die für den christlichen Glauben grundlegenden Überlieferungen, liegt an der besonderen Funktion, die sie erfüllen. Ihre Bedeutung besteht weniger in einer zuverlässigen Vermittlung der Inhalte des christlichen Glaubens. Im Gegenteil sind gerade neuere theologische Texte oft besonders umstritten, während die nicht weniger heftigen Auseinandersetzungen, in denen z. B. die biblischen Texte entstanden, durch das inzwischen gewährte kanonische Ansehen zumindest verdeckt werden. Die Bedeutung der neueren Theologiegeschichte für die Systematische Theologie liegt in der Hilfe für die Verantwortung der grundlegenden Inhalte und Handlungsorientierungen des christlichen Glaubens in der gegenwärtigen Situation. Bei den Darstellungen der neueren Theologiegeschichte, die bedeutende Systematische Theologen wie Karl Barth, Helmut Thielicke oder Wolfhart Pannenberg (geb. 1928) verfasst haben, handelt es sich weniger um didaktisch motivierte Überblicke für Studienfänger. Die Darstellung und Kritik der Entwürfe der neueren Theologie erfolgt vielmehr vom eigenen theologischen Standpunkt aus und verfolgt nicht anders als das dogmatische oder ethische Kerngeschäft ein gegenwartsorientiertes Erkenntnisinteresse. Indem die Entwürfe der neueren Theologiegeschichte dabei helfen, den

christlichen Glauben in der Gegenwart zu verantworten, dienen
sie mittelbar auch der Bestimmung der Inhalte und Handlungsorientierungen selbst.

Dass die *neuere* Theologiegeschichte eine besondere Hilfe
sein kann, die Inhalte und Handlungsorientierungen des christlichen Glaubens in der gegenwärtigen Situation zu verantworten,
ergibt sich daraus, dass die „Gegenwart" in diesem Zusammenhang nicht nur das einzelne Jahr oder gar den Tag meint, wann
diese Verantwortung erfolgt, sondern auch größere Zeiträume
umfassen kann. Viele grundlegende Fragen sowohl der Dogmatik als auch der Ethik sind seit vielen Jahrzehnten aktuell und
werden es auf absehbare Zeit auch bleiben. Dennoch sind diese
Fragen nicht zeitlos, sondern verdanken sich einer bestimmten
geistigen „Gesamtlage", wie sie der Erlanger Dogmatiker Franz
Hermann Reinhold von Frank (1827–1894) genannt hat. Diese
Gesamtlage müsse man kennen, um sich in der theologischen
und kirchlichen Landschaft der Gegenwart zurechtzufinden. Sie
ändert sich, insofern sich z. B. einschneidende Ereignisse wie der
Erste Weltkrieg auch in der Theologie auswirken.

notwendige Kenntnis der Gesamtlage

Dennoch behält die Gesamtlage über größere Zeiträume
hinweg eine gewisse Geschlossenheit und einen inneren Zusammenhang, sodass später erneut an frühere Lösungsversu-
che angeknüpft werden kann und *heutige* Positionen ihren Ursprung in der jüngeren Vergangenheit haben. Das gemeinsame
Problembewusstsein – so Wolfhart Pannenberg im Rückgriff auf
Frank – verbindet gegenwärtige Positionen der Systematischen
Theologie bei aller methodischen und inhaltlichen Uneinigkeit
mit der Theologiegeschichte seit dem 19. Jahrhundert. Im Blick
auf bestimmte, grundlegende Fragen der Verantwortung von Inhalten und Handlungsorientierungen des christlichen Glaubens
sind demnach manche Theologen des 19. Jahrhunderts nach wie
vor „gegenwärtig", weil sich die Situation diesbezüglich seitdem
nicht wesentlich geändert hat, während dieselben Autoren im
Blick auf andere Fragen längst „vergangen" sind und in der Gegenwart keine Orientierung und Hilfe mehr bieten können.

*„Gegen-
wärtigkeit" der
neueren
Theologie-
geschichte*

Die Theologiegeschichte der letzten, auf die Gegenwart zu-
laufenden Jahrhunderte ist innerhalb der Kirchengeschichte tra-

institutionelle Verortung

ditionell eher randständig. Eine Zweiteilung, die an den meisten theologischen Fakultäten anzutreffen ist, ordnet einem kirchengeschichtlichen Lehrstuhl den Schwerpunkt Alte Kirche und dem anderen die gesamte mittlere und neuere Kirchengeschichte mit dem Schwerpunkt auf der Reformationsgeschichte zu. Zudem dominiert oft die Betrachtung von kirchlichen Ereignissen und Personen über die Theologiegeschichte, während die Systematische Theologie den umgekehrten Interessenschwerpunkt hat. Die klassischen dogmengeschichtlichen Lehrbücher zeichnen meist nur die theologische Entwicklung von der Alten Kirche bis zum Reformationszeitalter nach. Auch aus diesen institutionellen Gründen kann die besondere Bedeutung der neueren Theologiegeschichte nur zum Tragen kommen, wenn die Systematische Theologie selber entsprechende Forschungen betreibt. Sie befasst sich mit Positionen der neueren Theologiegeschichte einerseits bei der Bearbeitung einzelner dogmatischer und ethischer Sachfragen, andererseits aber auch in eigenen theologiegeschichtlichen Lehrveranstaltungen und Lehrbüchern. Vereinzelt gibt es sogar eigene Lehrstühle für Systematische Theologie mit dem Schwerpunkt Neuere Theologiegeschichte (Kiel, München).

10.2 Orientierungsmarken der neueren Theologiegeschichte

exemplarische Orientierung

Im Folgenden soll in einigen Orientierungsmarken angedeutet werden, was inhaltlich die theologisch-kirchliche Gesamtlage zusammenhält. Es handelt sich auf den Punkt gebracht um die gemeinsame Herausforderung durch das geistesgeschichtliche Ereignis der Moderne, der sich spätestens seit dem 19. Jahrhundert alle Entwürfe der evangelischen Theologie, ob liberal oder konservativ, ob zustimmend oder ablehnend, ausdrücklich oder indirekt stellen müssen. Die folgende Auswahl ist wie die Auswahl in den dogmatischen und ethischen Teilgebieten (Kap. 5 u. 6) exemplarisch zu verstehen. Sie vermittelt keinen theologiegeschichtlichen Überblick, der eine viel größere Fülle von Namen und theologischen Schulen nennen müsste, sondern eine erste Orientierung über die Grundrichtungen der neueren Entwicklung.

Ein wesentliches Merkmal der Moderne lässt sich in ihrem kritischen Bewusstsein ausmachen, das sich in der Aufklärungsepoche des 18. Jahrhunderts angebahnt hat und im 19. Jahrhundert zur Entfaltung gelangt ist. Im 18. Jahrhundert schufen Forscher wie Hermann Samuel Reimarus (1694–1768), Johann David Michaelis (1717–1791) oder Johann Salomo Semler (1725–1791) die Grundlage für die historisch-kritische Betrachtung der christlichen Tradition und insbesondere der Bibel. Der entscheidende Einschnitt lässt sich darin erblicken, dass historisches und dogmatisches Denken nunmehr auseinandertraten. Der christliche Glaube wurde durch Zweifel an verschiedenen grundlegenden Überlieferungen infrage gestellt.

kritisches Bewusstsein der Moderne

Das Aufeinandertreffen von altem und neuem Denken lässt sich am sog. Fragmentenstreit, den der Dichter und Philosoph Gotthold Ephraim Lessing entfachte, aufzeigen (s. Kap. 2.2.1). Als Bibliothekar von Wolfenbüttel veröffentlichte er Fragmente aus einem Werk des verstorbenen Orientalisten H. S. Reimarus. Darin gab Reimarus für verschiedene Wunder der Bibel wie z. B. den Durchzug der Israeliten durchs Rote Meer oder die Auferstehung Jesu natürliche, vernünftige Erklärungen und bestritt deren Wunderhaftigkeit. Lessing selbst identifizierte sich nicht mit den Ausführungen Reimarus', sondern wollte v. a. eine öffentliche Diskussion über die betreffenden Inhalte anstoßen. Er vertrat freilich die Auffassung, dass der christliche Glaube von solcher Kritik nicht erschüttert werden könne und die Kritiker toleriert werden könnten.

öffentliche Religionskritik und Wahrheitssuche

Eben dies machte ihm sein schärfster Gegner im Fragmentenstreit, der lutherisch-orthodoxe Hamburgische Hauptpastor Johann Melchior Goeze, zum Vorwurf. Ihm zufolge gefährde die öffentliche Mitteilung vernünftiger Kritik an zentralen Glaubensinhalten die Grundlagen des Christentums und indirekt auch des christlichen Staates, sodass die staatliche Zensur einschreiten müsse. Insofern Goeze die Unantastbarkeit christlicher Glaubenslehren vertrat und von der Einheitlichkeit der Glaubensüberzeugungen ausging, zeigte sich bei ihm ein vormodernes Verständnis von Theologie, dem das „gegenwärtige"

Zensurmaßnahmen von Kirche und Staat

Problembewusstsein der Moderne noch fehlte. Lessing hingegen hätte sich, wenn ihn Gott zwischen der Wahrheit selbst und dem ewig irrenden Trieb der Wahrheitssuche wählen ließe, für letzteren entschieden. Er begründete diese Wahl damit, dass die reine Wahrheit nur Gott allein zustehe.

Mündigkeit des Menschen

Diese neue Verantwortung des Menschen selber für die Suche nach der Wahrheit, die er nicht länger als vorgefertigte, für alle gleich gültige Inhalte aus den Händen anerkannter Autoritäten wie der Kirche empfangen wollte, war ein wesentlicher Einschnitt, den die Aufklärungsepoche bewirkte. Der Philosoph Immanuel Kant beantwortete die Frage, was Aufklärung sei, mit der berühmten Formulierung, sie sei der Ausgang des Menschen aus seiner selbst verschuldeten Unmündigkeit. Der Mensch müsse lernen, seinen Verstand ohne einen Vormund zu gebrauchen. Eine solche Bevormundung kam nicht zuletzt von der mit dem Staat eng verbundenen Kirche, die der Theologie nur die Aufgabe gelassen hatte, feststehende Wahrheiten zu verstehen, nicht aber selber nach Wahrheit zu suchen. Was Geltung beanspruchen wollte, musste kritischen Anfragen standhalten.

„Postulat" statt Beweis Gottes

Kant widerlegte die geläufige Annahme, man könne die Existenz Gottes allein mithilfe der Vernunft beweisen. Der jüdische Philosoph Moses Mendelssohn (1728–1786) nannte ihn den „Alleszermalmer", da die *Kritik der reinen Vernunft* (1781) – Kants bedeutendstes Werk – selbstverständliche metaphysische, also über die Natur hinausreichende Annahmen infrage stellte. Dabei verstand sich Kant mit der überwiegenden Mehrheit der Aufklärer zumindest in Deutschland als gläubiger Christ. Die praktische Vernunft, das menschliche Handeln nach vernünftigen Prinzipien, könne nicht ohne Gott und die Unsterblichkeit der Seele auskommen, da sonst nicht einleuchtend gemacht könnte, warum man sich überhaupt ethisch verhalten solle. Sie blieben aber für Kant bloße „Postulate" (Forderungen), die nicht vernünftig bewiesen werden können, und als solche aus der rationalen Weltsicht ausgeschlossen.

Auch bedeutende Strömungen innerhalb der evangelischen Theologie des 18. und 19. Jahrhunderts wie v. a. die *Neologie* (< gr. *neos* „neu"; Semler, Michaelis, J. J. Spalding) oder der noch weiter gehende theologische *Rationalismus* (C. F. Bahrdt, J.A.L. Wegscheider, H.E.G. Paulus) öffneten sich aufgeklärtem Denken. Die natürliche Vernunft schien zum Maß aller Dinge zu werden. Christliche Lehrstücke, die in Spannung zur Vernunft zu stehen schienen, wurden entweder harmonisiert – also vernünftig umgedeutet – oder aufgegeben. Zunehmend stellte sich jedoch die Alternative, entweder nur noch oberflächlich an der Beziehung zum Christentum festzuhalten, oder sich in einer Fundamentalopposition auf eine übernatürliche Offenbarung (sog. Supranaturalismus, „über [lat. *supra*] der Natur") zu berufen und den allumfassenden Geltungsanspruch der Vernunft dadurch abzuwehren. Im 19. Jahrhundert verschärfte sich diese Alternative durch bahnbrechende Entdeckungen in den Naturwissenschaften mit entsprechenden technischen Anwendungen (industrielle Revolution), die den Selbstbestimmungsanspruch des Menschen sinnfällig vor Augen führten, und durch die Breitenwirkung eines wissenschaftlich begründeten Atheismus (Ludwig Feuerbach, Karl Marx u. a.).

übernatürliche Offenbarung oder allumfassende Geltung der Vernunft?

Friedrich Schleiermacher drückte die Zuspitzung zu Beginn des 19. Jahrhunderts in seiner Frage aus, ob sich denn der Knoten der Geschichte in der Weise auflösen solle, dass die Wissenschaft mit dem Unglauben gehe und das Christentum mit der Barbarei. Bereits an der Schwelle zum 19. Jahrhundert wandte er sich im Jahr 1799 mit seinen *Reden über die Religion* an die „Gebildeten unter ihren Verächtern". Er löste die Religion aus der Bindung sowohl an das Wissen als auch an die Moral und wies ihr eine eigene „Provinz" im Menschen zu. Jeder Mensch besitze grundsätzlich eine religiöse Anlage, die wie andere Anlagen auch mehr oder weniger zur Entfaltung kommen könne. Religion stehe nicht in Konkurrenz zu wissenschaftlichen Versuchen der Welterklärung, sondern richte sich über die erforschbaren Einzeldinge hinaus auf das Ganze. Sie sei als „Sinn und Geschmack für das Unendliche" unabhängig von bestimmten Kirchenlehren überall dort vorhanden, wo ein übergreifender Zusammenhang des Einzelnen erfahren werde. So vermittelt die Religion Schleiermacher zufolge dem Menschen den Sinn seiner Erkenntnisse und letztlich seiner selbst. Viele Verächter der Religion seien da-

Eigenständigkeit der Religion

her in Wahrheit religiöser als ihre Gegner, welche die Religion zu Unrecht für wissenschaftlich unhaltbare Annahmen oder für eine bestimmte Moral beanspruchten.

Gefühl der schlechthinnigen Abhängigkeit

Schleiermacher wehrte die Gefährdung der Religion durch die von der Religion emanzipierte Wissenschaft ab, ohne den aufgeklärten Ausweg der Auflösung in Moral zu beschreiten. Indem er auf dieser Grundlage die Dogmatik und Ethik neu konzipierte (*Glaubenslehre* 1821/22, Endfassung 1830/31, *Christliche Sittenlehre* postum 1843), wurde Schleiermacher zum Begründer der modernen Theologie. Während der Mensch in allen Lebensfragen stets zugleich mehr oder weniger frei und abhängig sei, könne er die Grundvoraussetzung des Daseins selbst nicht im Geringsten beeinflussen und sei in dieser Hinsicht „schlechthin" abhängig. Aus diesem religiösen Ur-Gefühl der schlechthinnigen Abhängigkeit leitete Schleiermacher alle Glaubensinhalte ab. So wurde Gott als „Woher" unserer schlechthinnigen Abhängigkeit – traditionell gesprochen: als unser Schöpfer – betrachtet. Wie Gott an sich, unabhängig vom menschlichen Gefühl ist, sei für die Dogmatik unzugänglich.

Vermittlungstheologie

Auf Schleiermachers bleibende Bedeutung für die Ausrichtung ihrer fünf Disziplinen wurde bereits hingewiesen (s. Kap. 1.2). Seinen Anregungen folgte im 19. Jahrhundert die sog. *Vermittlungstheologie* (A. Twesten, I. A. Dorner, R. Rothe). Diese wollte wie Schleiermacher keinen Gegensatz zwischen Christentum und Moderne bzw. Glauben und Wissen zulassen und bemühte sich um Abgrenzung nach beiden Seiten: gegenüber einem vormodernen Konfessionalismus einerseits und einer rationalen Preisgabe bzw. philosophischen Aushöhlung christlicher Glaubenswahrheiten andererseits.

Ritschl-Schule: Theologie und Geschichte

In der zweiten Hälfte des 19. Jahrhunderts wandte sich das allgemeine und auch das theologische Interesse der Geschichte zu. Leitend wurden nun Albrecht Ritschl (1822–1889) und seine Schule. Auf der Grundlage von Bibel und Tradition bemühte sich Ritschl um eine Interpretation von Rechtfertigung und Versöhnung, die dem geistigen und kulturellen Niveau der Gegenwart gerecht wurde. Zwei Punkte waren für die sog. *Ritschl-Schule*, deren Vertreter man mit z. T. kritischem Unterton auch als *Kulturprotestanten* oder *Liberale Theologen* bezeichnet, kennzeichnend: 1. Gegenüber allen philosophischen Spekulationen galt eine prinzipielle Wertschätzung der geschichtlichen Überlieferung, die eine breite historische Forschung anregte. 2. Man pflegte einen konstruktiv-kritischen Umgang mit der theologischen Tradition hinsichtlich deren Geltung und Interpretation für die Gegenwart. Als wichtige Systematische Theologen der Ritschl-Schule sind v. a. Wilhelm Herrmann (1846–1922), Julius Kaftan (1848–1926), Ferdinand Kattenbusch (1851–1935) und Martin Rade (1857–1940) zu nennen.

Der wohl einflussreichste Ritschl-Schüler jedoch war der Kirchengeschichtler Adolf von Harnack. Als Pendant zu Schleiermachers *Reden über Religion* von 1799, das die Fortdauer von Grundmotiven Schleiermachers unter veränderten geistesgeschichtlichen und theologischen Rahmenbedingungen zeigt, erschien 100 Jahre später Harnacks Schrift *Das Wesen des Christentums*. Diese Druckfassung von Vorlesungen aus dem Wintersemester 1899/1900 fand eine enorme Verbreitung in Theologie und Kirche. Dass das systematisch-theologische Kerngeschäft der Verantwortung des christlichen Glaubens in der Gegenwart von einem Kirchengeschichtler erledigt wurde, ergab sich aus der weit gespannten Aufgabe, die Harnack der Kirchengeschichte zuwies. Die Aufgabe des Historikers bestand ihm zufolge darin, das unveränderliche Wesen des Christentums von den zeitgeschichtlichen Zügen zu befreien. Das Wesen erkannte Harnack im schlichten Evangelium Jesu vom Vater, dem der Mensch vertrauen dürfe, und vom unendlichen Wert der Menschenseele. Da auch der Mensch selber trotz alles wissenschaftlich-technischen Fortschritts in seiner inneren Verfassung und in seinen Grundbeziehungen zur Außenwelt immer derselbe bleibe, könne ihm auch das unveränderliche Evangelium Jesu über die Zeiten hinweg weiterhin gelten.

Wesen des Christentums

Die Versöhnung von moderner Kultur und Christentum hatte in Harnack einen Höhepunkt erreicht. Die aus der Ritschl-Schule hervorgegangene *Religionsgeschichtliche Schule*, deren bedeutendster Systematischer Theologe Ernst Troeltsch war, rückte stärker die Fremdheit des Urchristentums in den Mittel-

religionsgeschichtliche Schule

133

punkt. Religiöse Einflüsse der antiken Umwelt wurden festgestellt und das Christentum als eine Religion unter anderen betrachtet. Auch in anderen Religionen seien echte Offenbarung und Erlösung anzutreffen. Da das Christentum nur den relativen Höhepunkt der unabgeschlossenen Religionsgeschichte bilde, forderte Troeltsch statt des Festhaltens an einem ursprünglichen Wesen des Christentums eine Weiterentwicklung des Bewährten unter den Bedingungen der Moderne und rechnete mit einer fortschreitenden Offenbarung (s. Kap. 2.1.4).

Lutherrenaissance

Unter dem Eindruck der Erschütterung durch die katastrophalen Folgen des Ersten Weltkriegs entstanden nach 1918 neue theologische Bewegungen, deren wichtigste die Dialektische Theologie und die sog. *Lutherrenaissance* darstellen. Letztere leitete der Harnack-Schüler Karl Holl (1866–1926) ein. Dieser verstand ausgehend vom Rechtfertigungserlebnis des jungen Luther das Christentum als eine innerliche „Gewissensreligion". Im Gespräch mit der zeitgenössischen Philosophie wurde die existenzielle Erfahrung in den Mittelpunkt gerückt. Wichtige Vertreter waren daneben z. B. Paul Althaus (1888–1966), Emanuel Hirsch (1888–1972) oder Rudolf Hermann (1887–1962). Die beiden erstgenannten gerieten nach 1933 in eine bedenkliche Nähe zum Nationalsozialismus. Das Erlebnis der eigenen Volkszugehörigkeit erhielt eine religiöse Bedeutung als Stimme des göttlichen Gesetzes und als Vor- bzw. Rahmenbedingung der Rechtfertigung im Glauben.

Dialektische Theologie

Einen anderen Weg schlug die zweite Aufbruchsbewegung nach dem Ersten Weltkrieg ein, die *Dialektische Theologie*. Als wichtigste Vertreter der ersten Generation sind Karl Barth, Rudolf Bultmann, Emil Brunner (1889–1966) und Friedrich Gogarten (1887–1967) zu nennen. Auch Barth war Schüler Harnacks gewesen. Nach dem Ersten Weltkrieg, den der Schweizer Barth als Versagen seiner patriotisch gestimmten liberalen Lehrer empfunden hatte, forderte er jedoch einen entschiedenen Bruch mit dem gesamten Theologieverständnis seit Schleiermacher. Als akademischer Lehrer in Deutschland und der Schweiz sowie durch seine umfangreiche *Kirchliche Dogmatik*, die trotz ihrer 13 Teilbände (1932–1967) Fragment geblieben ist, erlangte er in der evangelischen Theologie des 20. Jahrhunderts eine herausragende Bedeutung, die im Rückblick derjenigen Schleiermachers für das 19. Jahrhundert vergleichbar ist. Barths Bruch mit der theologischen Linie seit Schleiermacher bedeutete jedoch keine Rückkehr zur vormodernen Orthodoxie, wie ihm z. T. unterstellt wurde.

Barths Theologie konzentrierte sich zumindest in ihrer Frühzeit auf das Wort Gottes. Dieses schlage wie ein Meteor aus einer anderen Welt im Hier und Heute ein. Gott und Mensch, die Schleiermacher im menschlichen Gefühl der schlechthinnigen Abhängigkeit und Harnack im schlichten Vertrauen zum „Vater" eng aufeinander bezogen hatte, rückte Barth so weit wie möglich auseinander. Das Wort Gottes habe nichts mit unserer menschlichen Kultur zu tun. Wirkungsvoll brachte Barth diese Auffassung in einem Kommentar zum Römerbrief zum Ausdruck, der in seiner grundlegend umgearbeiteten zweiten Auflage von 1922 ungeachtet seiner exegetischen Form als eines der bedeutendsten systematisch-theologischen Werke der neueren Zeit gilt.

Bruch mit der Liberalen Theologie

Dermaßen herausgefordert, richtete Harnack 1923 an Barth die Frage, wie denn die Kultur vor Atheismus und die Theologie vor Barbarei geschützt werden könnten, wenn Gott all das schlechthin nicht sein soll, was die moderne Theologie und Kultur über ihn ausgesagt haben. In seiner Antwort bestritt Barth, dass die Ablehnung des theologischen Ansatzes des 19. Jahrhunderts zugleich eine Verachtung der wissenschaftlichen Theologie bedeuten müsse. Er drehte den Vorwurf vielmehr dahingehend um, dass diese ältere Theologie sich von ihrem durch die Reformation gestellten Thema entfernt habe, indem sie statt von Gott vom Menschen handle. Inhalt der Theologie könne allein das Handeln Gottes selbst sein. Dem Handeln Gottes gegenüber ist der Mensch primär nicht erkennendes oder wissendes Subjekt, sondern passives Objekt. Über dieses Handeln Gottes lasse sich nur in dem Wissen sprechen, dass dieses Handeln Gottes nie objektiv zu erfassen und zu beschreiben ist. Die Wissenschaftlichkeit der Theologie, also die Angemessenheit ihrer Methode ihrem Gegenstand gegenüber, bestand für Barth im Festhalten daran, dass ihr scheinbares Objekt, also

Auseinandersetzung Harnack – Barth

Gott, immer wieder Subjekt werden muss, damit theologische Aussagen überhaupt möglich sind. Die Aufgabe der Theologie identifizierte er in für seinen Lehrer unerhörter Weise mit der Aufgabe der Predigt.

Spaltungen der Dialektischen Theologie

An dieser Grundorientierung hielt Barth trotz bedeutsamer Verschiebungen in seiner theologischen Entwicklung fest. Etliche seiner Mitstreiter sah er jedoch von dem gemeinsamen Ausgangspunkt abrücken und Anleihen bei der überwunden geglaubten Theologie des 19. Jahrhunderts machen. Schon in den 1930er-Jahren führten solche Vorwürfe zum Bruch Barths mit Gogarten und Brunner. Nach 1945 wurden v. a. die Schulen Barths und Bultmanns als konkurrierende Richtungen verstanden (s. Kap. 11.1).

relatives Recht der Rede vom Menschen

Rudolf Bultmanns systematisch-theologisch bedeutsame Schriften sind zu einem großen Teil in der vierbändigen Sammlung *Glauben und Verstehen* zugänglich. Aber auch viele seiner neutestamentlichen Schriften wirkten unmittelbar in die Systematische Theologie hinein. Seine Auslegung des Johannesevangeliums (1941) etwa verwandte Begriffe, die im Gespräch mit dem Existenzphilosophen Martin Heidegger (1889–1976; Hauptwerk *Sein und Zeit* 1927), das Bultmanns gesamtes Werk prägte, entstanden waren. So spiegelte sie über die historischen Analysen hinaus in hohem Maße die gegenwärtige Problemlage wider. Ähnlich wie Barth vertrat Bultmann die Auffassung, dass die Theologie selber ein Akt des Glaubens und ihr Gegenstand Gott radikal vom Menschen unterschieden sei. Über Barth hinaus betonte Bultmann jedoch das relative Recht der Anthropologie, insofern der Mensch, um von Gott zu reden, gar nicht anders könne, als von sich selbst zu reden. Die „existenziale" Interpretation der Bibel müsse daher stets den Bezug zur Existenz des modernen Menschen, d. h. seiner Unsicherheit und Sinnsuche, aufzeigen.

Entmythologisierung

Dieses Anliegen führte zum Programm der Entmythologisierung, das – von Bultmann bereits 1942 formuliert – nach Kriegsende bis in die 1960er-Jahre hinein für heftige innerkirchliche Auseinandersetzungen sorgte. Das antike Weltbild der Bibel sei heute überholt. Die auf die menschliche Existenz bezogenen Fragen und Antworten, welche v. a. das Neue Testament enthalte, seien jedoch weiterhin gültig und für die Gegenwart von ihrer mythischen Einkleidung z. B. in Wundererzählungen zu befreien. Unter veränderten theologischen Voraussetzungen gelangte Bultmann damit in die Nähe Harnacks, dessen *Wesen des Christentums* er nicht ohne Grund neu herausgab.

Die Bedeutung des christlichen Glaubens für die menschliche Existenz betonte auch Paul Tillich. Seine Wurzeln lagen allerdings nicht in der Dialektischen Theologie, sondern im *Religiösen Sozialismus*. Dessen Vertreter wie die Schweizer Pfarrer Leonhard Ragaz (1868–1945) und Hermann Kutter (1863–1931) behaupteten vom Reich-Gottes-Gedanken her eine weitgehende Übereinstimmung zwischen den Zielen des Christentums und der Sozialdemokratie. Beide seien auf die Überwindung des sozialen Elends und der bürgerlich-kapitalistischen Gesellschaft gerichtet. Auch Barth war zunächst religiöser Sozialist gewesen. Tillich lag freilich von Anfang an mehr an einer theoretischen Durchdringung als an Aktionsprogrammen zugunsten der Arbeiterschaft. Aufgrund seiner Sympathien für den Sozialismus wurde Tillich vom NS-Regime als einer der ersten nicht-jüdischen Professoren bereits im April 1933 amtsenthoben. Er verlor seine Frankfurter Professur und wanderte in die USA aus, wo er auch nach 1945 blieb.

Religiöser Sozialismus

Dort traten die Motive des Religiösen Sozialismus ohne förmlichen Bruch zurück. Tillich schrieb auf Englisch seine dreibändige *Systematic Theology* (1951–63, dt. 1955–66). In Anknüpfung an Schleiermachers Formel der schlechthinnigen Abhängigkeit bestimmte Tillich darin Gott als „das, was uns unbedingt angeht". Unbedingt angehen könne uns Gott nur, wenn er über unser Sein und Nicht-Sein entscheide. Gott sei daher nicht irgendein Seiendes, das anderes Seiendes nur durch gesteigerte Eigenschaften überrage. Vielmehr hielt Tillich Gott für das Sein-Selbst, in welchem alles einzelne Seiende seinen Grund habe. Der Mensch habe am Sein-Selbst Anteil, insofern er existiere, sei aber zugleich Gott entfremdet, insofern seine Existenz lediglich endlich sei. Jesus Christus bringe die Erlösung als Neues Sein unter den Bedingungen der Existenz.

Tillichs Systematische Theologie

verspätete Wirkung Tillichs

Tillichs betonte Anknüpfung an allgemeine, nicht spezifisch christliche Begriffe steht in Kontrast zur tiefen Kluft, welche die Dialektischen Theologen zwischen Gott und der Welt ausmachten. Wie kaum ein anderer theologischer Entwurf des 20. Jahrhunderts lässt sich seine Systematische Theologie der Kirchlichen Dogmatik Barths als gleichgewichtige Alternative zur Seite stellen. Die Wirkung Tillichs wurde im deutschsprachigen Raum freilich durch das Exil behindert. Eine theologische „Schule", die sein Anliegen fortführte, hat Tillich im Unterschied zu Barth und Bultmann nicht gebildet. Erst verspätet gewinnt sein Ansatz seit einigen Jahrzehnten zunehmend an Einfluss.

Bonhoeffers theologische Entwicklung

Noch einschneidender waren Leben, Werk und Wirkung Dietrich Bonhoeffers von der Verfolgung durch den Nationalsozialismus betroffen. In den 1930er-Jahren wurde der Berliner Privatdozent für Systematische Theologie zunehmend von der Theologie Karl Barths beeinflusst. Die NS-Herrschaft, deren entschiedener Gegner Bonhoeffer von Anfang an war, beendete seine akademische Laufbahn in Deutschland. Anders als Tillich schlug Bonhoeffer die Möglichkeit, in die USA auszuwandern aus, und beschritt stattdessen nach der Leitung eines illegalen Predigerseminars der Bekennenden Kirche den Weg in den politischen Widerstand. Nach seiner Inhaftierung im Jahr 1943 war ihm zunächst eine intensive theologische Arbeit möglich. Die theologischen Briefe, die er aus der Untersuchungshaft schrieb, wurden 1951 unter dem Titel *Widerstand und Ergebung* veröffentlicht. Trotz oder vielleicht gerade wegen ihrer fragmentarischen Gestalt, die z. T. weite Interpretationsspielräume ließ, begründeten gerade diese Briefe die nachhaltige theologische Wirkung Bonhoeffers, die bis heute fortdauert. Sie bezeugen, wie sich Bonhoeffer von einem strikten Barthianismus abwandte und nach einer theologischen Verarbeitung der Zusammenarbeit von Christen und Nicht-Christen im Widerstand gegen Hitler suchte. Bonhoeffer wandte sich nun wieder seinen liberalen Wurzeln zu und näherte sich in gewisser Weise dem Anliegen Bultmanns, wenn er ein Jahr vor seiner Hinrichtung die Aufgabe einer nichtreligiösen Interpretation biblischer Begriffe stellte und die Anerkennung der Mündigkeit der modernen Welt forderte.

Im 20. Jahrhundert hat sich auch die katholische Theologie über eine vordergründige Apologetik hinaus zunehmend an der Bearbeitung der modernen Problemlage beteiligt. Ihre Forschungsergebnisse haben insofern erheblich an Bedeutung für die evangelische Theologie gewonnen und umgekehrt. Die Trinitätslehre des katholischen Theologen Karl Rahner (1904–1984), der sich u. a. eingehend mit Kant und Heidegger auseinandersetzte, steht in der evangelischen Dogmatik in hohem Ansehen; eine der luzidesten Darstellungen der Rechtfertigungslehre Karl Barths stammt von dem katholischen Theologen Hans Küng (geb. 1928). An dessen „Projekt Weltethos" wiederum beteiligen sich zahlreiche evangelische Theologen. Die Perspektive der neueren Theologiegeschichte wird zunehmend ökumenischer, wenngleich das jeweilige konfessionelle Profil auf absehbare Zeit deutlich erkennbar bleiben dürfte.

katholische Theologie

Um weiterhin Gehör zu finden und nicht in eine gesellschaftliche Nische abgedrängt zu werden, mussten Kirche und Theologie seit dem 18. Jahrhundert lernen, auf die Herausforderungen der Moderne nicht mit einem verschärften autoritären Gestus zu reagieren, sondern sich argumentativ auf sie einzulassen. Eine wörtliche Rezitation von Bibel und Bekenntnisschriften konnte keinen Beitrag zur deren Bewältigung leisten. Vielmehr bemühen sich methodisch heterogene Entwürfe der Theologie des 19., 20. und 21. Jahrhunderts, aus der grundlegenden Orientierung durch Bibel und Bekenntnisschriften Konsequenzen für die gemeinsame Problemlage zu ziehen. Im voranstehenden theologiegeschichtlichen Abriss begegneten immer wieder systematisch-theologische Grundentscheidungen, die auch noch in der gegenwärtigen Fachdiskussion verhandelt werden. Friedrich Schleiermacher z. B. betonte die Subjektivität des Glaubens, während Karl Barth den objektiven Glaubensgrund herausstellte. In dieser typischen Polarität bewegen sich die theologischen Optionen der Verhältnisbestimmung von subjektivem Glauben und objektiven Glaubensinhalten (s. Kap. 2.1.4) bis heute. Die dogmatische Grundfrage nach dem rechten Verständnis des Glaubens als des zentralen Bezugspunkts der Dogmatik stellt sich im Widerspiel der beiden Ansätze in aller Deutlichkeit. Der

Rückblick und Ausblick

Kampf um die Wissenschaftlichkeit der Theologie zeigte sich in der „Liberalen Theologie" Adolf von Harnacks, die Öffnung zu einer Wahrnehmung anderer Religionen in der Dogmatik der sog. Religionsgeschichtlichen Schule bei Ernst Troeltsch. Eine enge Bezugnahme zur Philosophie als Inbegriff außertheologischer Gesprächsfähigkeit prägte die Theologie Paul Tillichs usw. Inwiefern die neuere Theologiegeschichte in die Gegenwart hineinreicht, wird auch im folgenden Schlusskapitel deutlich werden, das die Situation „nach" Barth und Bultmann sowie Tendenzen der systematisch-theologischen Entwicklung erörtert.

Kontrollfragen:

Kontrollfragen

1. Warum ist die neuere Theologiegeschichte ein Teil der Systematischen Theologie?
2. Worin besteht der grundlegende Unterschied in den theologischen Ansätzen F. Schleiermachers und K. Barths?

11. Ausblick: Tendenzen der Systematischen Theologie der Gegenwart

11.1 Die Offenheit der Systematischen Theologie nach Barth und Bultmann

In den Jahrzehnten nach Ende des Zweiten Weltkriegs war die Evangelische Theologie durch eine relativ feste Lagerbildung bestimmt. Zahlreiche theologische Autobiografien geben davon ein anschauliches Zeugnis. Vorherrschend war die Dialektische Theologie, deren weniger belastende Haltung im Nationalsozialismus von Vorteil war. Für Karl Barth war das Bekenntnis in Abgrenzung zur nationalsozialistischen Ideologie und zu deren Aneignung im Raum der Kirche durch die „Deutschen Christen" geradezu ein theologisches Qualitätsmerkmal. Er verweigerte daher nach 1945 trotz massiver Vorbehalte die Verurteilung der Theologie Rudolf Bultmanns, der im Unterschied zu anderen Weggefährten wie Friedrich Gogarten von Anfang an die Lehre der Deutschen Christen abgelehnt hatte. Die beiden theologischen „Schulen" Karl Barths und Rudolf Bultmanns besetzten nach 1945 viele aus politischen und sonstigen Gründen frei werdende Lehrstühle. Daneben orientierte sich eine dritte, weniger geschlossene Gruppe als Ausläufer der Lutherrenaissance an der Theologie Luthers (Paul Althaus, Werner Elert, Rudolf Hermann). Selbstverständlich gab es aber auch etliche Fachvertreter, die sich keiner der drei genannten Gruppen zuordnen ließen. Weiterhin handelte es sich bei den Gruppen nicht um monolithische Blöcke, sondern um personale Netzwerke, die sich jeweils mit erheblicher Bandbreite innerhalb einer gemeinsamen theologischen Grundrichtung gebildet hatten.

theologische Lagerbildung nach 1945

Ausblick: Tendenzen der Systematischen Theologie der Gegenwart

Offenbarung als Geschichte – Anzeichen einer Öffnung

Im Rückblick lässt sich als ein markantes Anzeichen für eine anstehende Öffnung der theologischen Lager bewerten, dass im Jahr 1961 eine kleine Gruppe jüngerer Theologen mit einer Programmschrift an die Öffentlichkeit trat, die zentrale Voraussetzungen der Dialektischen Theologie in einer breit angelegten Perspektive grundlegend infrage stellte. Unter dem Titel „Offenbarung als Geschichte" erlebte das gemeinsame, exegetische und systematisch-theologische Beiträge umfassende Werk von vier damals noch recht unbekannten Theologen – für ein Beiheft der wissenschaftlich-theologischen Zeitschrift *Kerygma und Dogma* sehr ungewöhnlich – fünf Auflagen. Neben dem Alttestamentler Rolf Rendtorff (geb. 1925), später Professor in Heidelberg, und dem Neutestamentler Ulrich Wilckens (geb. 1928), später Professor in Hamburg und Bischof der Nordelbischen Kirche, waren als Systematische Theologen Trutz Rendtorff, ein Bruder Rolf Rendtorffs, und v. a. Wolfhart Pannenberg für die programmatische Ausrichtung verantwortlich. Beide lehrten später gemeinsam in München Dogmatik (Pannenberg) und Ethik (Rendtorff).

geschichtstheologische Perspektive

Bereits der Titel brachte die theologische Provokation auf den Punkt: Offenbarung wurde nicht *in* der Geschichte oder gar in einem Jenseits der Geschichte gesucht, sondern *als* Geschichte mit Gottes Geschichtshandeln von der Geschichte Israels bis zur Offenbarung in Jesus Christus identifiziert. Gott und Welt wurden in dieser geschichtstheologischen Perspektive wieder näher zusammengerückt. In gewisser Weise wurde der Faden wieder aufgenommen, der von Schleiermacher bis zum sogenannten Kulturprotestantismus geführt hatte und der von der Dialektischen Theologie als untheologisch fallen gelassen worden war.

Wolfhart Pannenberg

Insofern nach Pannenberg Offenbarung nicht am Anfang, sondern am Ende der offenbarenden Geschichte stattfindet, erhielt die Konzeption einen stark eschatologischen Zug (zur Eschatologie s. Kap. 5.2, Nr. 7). Das zeitgenössische Judentum erwartete am Ende der Geschichte die allgemeine Auferstehung. Deren Vorwegnahme in der Auferstehung Jesu zeige, dass die (Offenbarungs-)Geschichte schon vor bzw. unabhängig von dem Aufhören der chronologischen Zeitenfolge an ihr Ende gelangt sei. Darin erblickte Pannenberg die universale und absolute Bedeutung der Christusoffenbarung: Die Zeiten nach Christus können nichts wesentlich Neues mehr bringen, sondern nur noch – mit einem charakteristischen Begriff – die bereits erfolgte „Prolepse" (Vorwegnahme) des Endes chronologisch einholen. Pannenbergs dreibändige Systematische Theologie (1988–93), welche die 1961 gelegten Linien auf alle theologischen Lehrstücke auszog, stellt einen der bedeutendsten Gesamtentwürfe der Ära nach Barth und Bultmann dar. Wegen der Zielgerichtetheit der Geschichte auf Christus hin distanzierte sich Rolf Rendtorff, der zu einem Pionier des christlich-jüdischen Dialogs wurde, später von dem gemeinsamen Frühwerk *Offenbarung als Geschichte*.

Auf andere Weise war auch ein weiterer bedeutender Neuansatz der 1960er-Jahre eschatologisch ausgerichtet. Jürgen Moltmann, der aus dem weiteren Umfeld der Barth-Schule kam, veröffentlichte 1964 seine *Theologie der Hoffnung*. Obwohl Pannenberg und er, wie Moltmann rückblickend bemerkte, eine Zeitlang als „eschatologische Zwillinge" zu Konferenzen eingeladen wurden, bestanden grundlegende Unterschiede, die auch das persönliche Verhältnis beider Theologen überschatteten. Nach Pannenberg ist die Geschichte mit der Prolepse der Auferstehung eigentlich schon an ihr Ziel gelangt. Hingegen gibt das Christusgeschehen Moltmann zufolge der offenen Geschichte eine bestimmte Richtung, in der sich das Recht Gottes durchsetzt. Die Hoffnung zielt auf geschichtliche Veränderungen, die aus dem Widerspruch gegen „gottlose", d. h. nicht dem Willen Gottes entsprechende Verhältnisse erwachsen. Moltmanns *Theologie der Hoffnung* ist als eine christliche Antwort auf das *Prinzip Hoffnung* (1954/59) des marxistischen Philosophen Ernst Bloch (1885–1977) wesentlich Politische Theologie und hat mit kaum zu überschätzender internationa-

Jürgen Moltmann

ler Wirkung z. B. die lateinamerikanische Befreiungstheologie beeinflusst. Es ging Moltmann um die christliche Freiheit, die noch nicht fertige Welt aus der Auferstehungshoffnung heraus zu gestalten. Trotz eines unterschiedlichen theologischen Hintergrunds traf sich sein Anliegen in mancherlei Hinsicht mit demjenigen Dorothee Sölles (1929–2003), welche die Politische Theologie in der evangelischen Kirche popularisierte und polarisierend gewirkt hat.

offene Form des theologischen Werks Moltmanns

Die Offenheit, die Moltmanns Theologie kennzeichnet, prägt auch die Form seines theologischen Werks. Statt eines geschlossenen systematisch-theologischen Entwurfs schrieb Moltmann seit 1980 eine lose Folge von Büchern zu verschiedenen Lehrstücken der Dogmatik, die er ohne übergreifenden Gestaltungswillen als „Systematische Beiträge zur Theologie" zusammenfasste. Er betrachtete sie als „vorläufige Endfiguren einer fortwährenden Arbeit" und war sich der Gebundenheit des eigenen Standpunkts an den gesellschaftlichen Kontext sowie an eigene Erfahrungen und theologische Prägungen bewusst. Ein „System" erwecke aufgrund seiner geschlossenen Struktur mit feinsten, miteinander zusammenhängenden Untergliederungen den Eindruck universaler Zuständigkeit und eines unanfechtbaren Urteilsspruchs. An deren Stelle wollte Moltmann einen experimentellen Denkstil und einen antiautoritären Mitteilungsstil setzen, die zur Teilnahme am systematisch-theologischen Gespräch und zum selbstständigen Denken einladen.

Abkehr vom System

Moltmanns Vorbehalte gegenüber dem umfassenden „System" scheinen typisch für die gegenwärtige Systematische Theologie. Ein so breit ausgreifendes Unternehmen wie Karl Barths *Kirchliche Dogmatik*, die trotz ihrer 13 umfangreichen Bände (1932–1967) Fragment geblieben ist – abgebrochen inmitten des vierten von fünf geplanten Hauptteilen –, ist seitdem nicht mehr gewagt worden. Selbst Pannenbergs *drei*bändiges Werk stellt eine der wenigen Ausnahmen dar, zu denen daneben v. a. die ebenfalls dreibändige *Dogmatik des christ-*

lichen Glaubens (¹1979) von Gerhard Ebeling zu rechnen ist. Während vom 17. bis zum 19. Jahrhundert unbefangen dogmatische und ethische „Systeme" veröffentlicht wurden (z. B. A. Calov, *Systema locorum theologicorum* [System theologischer Lehrstücke], 12 Bde., 1655–77; F.H.R. Frank, *System der christlichen Gewissheit*, 1870–73; ders., *System der christlichen Sittlichkeit*, 1884–87), dominieren heute einbändige, oft recht schmale „Dogmatiken" und „Ethiken". Zudem präsentieren diese sich häufig als Grundinformationen, Grundkurse oder Lehrbücher mit der didaktischen Absicht einer neutralen Zusammenfassung verbreiteter Auffassungen, statt diese vom eigenen Standpunkt her zu beurteilen und selber bestimmte Lösungen hinsichtlich der aufgeworfenen Fragen anzubieten. *De facto* lässt sich eine wertende Positionierung selbstverständlich nie vermeiden (s. Kap. 1.1).

Das heute in der Systematischen Theologie vorherrschende Verfahren, über eine kritische Durchsicht der theologischen Quellen und neuerer Entwürfe zu eigenen Ergebnissen zu gelangen, lässt sich mit H.-M. Barth als hermeneutischer Ansatz von einem analytischen Vorgehen unterscheiden, bei dem die Darstellung einem eigenen Gedankengang folgt, der sich selbstverständlich vor den theologischen Quellen auszuweisen hat. Bedeutende Beispiele für Letzteres sind die Glaubenslehre Schleiermachers und die Systematische Theologie Tillichs. Doch gerade Tillich, der einen der letzten umfassenden Entwürfe Systematischer Theologie vorgelegt hat (3 Bde., 1951–63), hat so deutlich wie kaum ein anderer den Geltungsanspruch des Systems relativiert. Die Systematische Theologie könne heute keine umfassende Behandlung *aller* tatsächlich vorhandenen oder auch nur denkbaren Probleme mehr bieten, wie sie im Mittelalter Thomas von Aquin in seiner berühmten *Summa theologiae* (Summe der Theologie, 1266–73) erreicht hatte. Sie könne sich aber auch nicht einfach auf die essayistische Erörterung zusammenhangloser Einzelfragen beschränken, sondern konzentriere sich auf eine Auswahl von Proble-

System zwischen Summa und Essay

men, die sich in der jeweiligen Gegenwart aufdrängen. Tillich stellte die Systematische Theologie daher zwischen die Summa einerseits und den Essay andererseits.

systematischer Anspruch bei der Behandlung von Einzelfragen

Wie lässt sich vor diesem Hintergrund der eingangs dieses Buches mit Hermann Fischer formulierte systematisch-theologische Anspruch einlösen, den christlichen Glauben „als klares und gegliedertes Ganzes" zu entfalten? Das Ganze scheint in dieser Perspektive weniger ein fertig formuliertes Lehrgebäude als ein Horizont zu sein, in dem und auf den hin theologische Einzelfragen erörtert werden. Natürlich ist es unumgänglich, in Seminar-, Examens- oder selbst Doktorarbeiten systematisch-theologische Einzelfragen zu behandeln. Systematische Minimalforderung muss dabei sein, dass diese Erörterungen einen plausiblen Zusammenhang aufweisen, also weder verschiedene Stellungnahmen zum Thema perlenartig aneinanderreihen, noch mit bloßen Behauptungen einer argumentativen Auseinandersetzung ausweichen.

Horizont eines übergreifenden Ganzen

„Essayistisch" im Sinne Tillichs würde ein Themenausschnitt darüber hinaus, wenn er eine Einzelfrage isolieren würde und eine unreflektierte Spannung zu anderen Inhalten des christlichen Glaubens erkennen ließe. Jedes dogmatische Lehrstück eröffnet in gewisser Weise einen Zugang zum Ganzen des christlichen Glaubens. Wie in Kap. 5.1 dargelegt, wäre z. B. die Erörterung eines Themas der Gotteslehre, die an keiner Stelle einen wie auch immer gearteten christologischen Bezug herstellte, schwerlich als systematisch-theologisch zu betrachten. In der Ethik kann z. B. die Bestimmung der Reichweite menschlicher Selbstbestimmung in einer medizinethischen Einzelfrage Konsequenzen für Probleme auf weit entfernten Gebieten haben: Man kann nicht ohne gute Gründe dem Menschen im einen Fall eine weitreichende Eigenverantwortung zugestehen und ihm im anderen Fall die demütige Hinnahme eines gottgegebenen Geschicks abverlangen. Wenngleich z. B. beim Verfassen von Seminararbeiten oder Klausuren das Ganze der Dogmatik bzw. Ethik nicht ausgeführt werden kann, sollte ein Bewusstsein dafür vorhanden sein und entsprechend deutlich gemacht werden, dass die Erörterung einer systematisch-theologischen Einzelfrage zwar sinnvoll abgegrenzt werden soll, aber nicht isoliert werden darf.

Kontrollfrage:
Welche Vorbehalte gegenüber einem theologischen „System" lassen sich heute vorbringen?

Kontrollfrage

11.2 Die gegenwärtige Pluralisierung der Systematischen Theologie

In der Gegenwart hat eine Pluralisierung der Systematischen Theologie stattgefunden, die keine vorherrschende Leitperspektive mehr erkennen lässt. Der breite, lagerübergreifende Grundkonsens der Nachkriegsjahrzehnte, dass die Theologie vom ihr vorausliegenden Wort Gottes ausgerichtet wird, erscheint aufgekündigt. Diese Pluralisierung verdankt sich wesentlich dem bereits in Kap. 11.1 angedeuteten Umstand, dass Positionen, die für lange Zeit aus der systematisch-theologischen Debatte ausgeschieden waren, wieder verstärkt Beachtung fanden, ohne jedoch zu allgemeiner Geltung zu gelangen.

gegenwärtige Pluralisierung der Systematischen Theologie

Trutz Rendtorff, der neben Pannenberg zweite systematisch-theologische Autor der Programmschrift *Offenbarung als Geschichte*, gab der Systematischen Theologie über seine zweibändige Ethik (^{1}1980–81) und andere Werke hinaus wichtige Impulse, indem er maßgeblich an der Gründung der Ernst-Troeltsch-Gesellschaft im Jahr 1981 beteiligt war, die seither neben den Werken Troeltschs auch diejenigen anderer Theologen aus dem weiteren Umkreis des sogenannten Kulturprotestantismus hinsichtlich ihrer Relevanz für gegenwärtige Fragestellungen untersucht. T. Rendtorff ist auch einer der vier Hauptherausgeber der Kritischen Ausgabe sämtlicher Schriften Ernst Troeltschs, die seit 1995 erscheint und ebenfalls das wiedererwachte Interesse an den scheinbar überwundenen Gegenspielern der Dialektischen Theologie widerspiegelt.

neues Interesse an Troeltsch

Ausblick: Tendenzen der Systematischen Theologie der Gegenwart

neues Interesse an Schleiermacher

In den Zusammenhang einer theologischen Neuorientierung nach Barth und Bultmann gehört auch das zwei Jahrzehnte ältere Großprojekt einer Kritischen Gesamtausgabe der Schriften und des Nachlasses Friedrich Schleiermachers, das der Kieler Theologe Hans-Joachim Birkner (1931–1991) zusammen mit Gerhard Ebeling, Hermann Fischer und dem Philosophen Heinz Kimmerle (geb. 1930) im Jahr 1975 initiierte. Ein halbes Jahrhundert zuvor war ein solches Vorhaben gescheitert. Erst das neu erwachte Interesse an Schleiermacher gab ihm eine realistische Perspektive. Das bis heute längst noch nicht abgeschlossene Unternehmen, das zwei Schleiermacher-Forschungsstellen an den Universitäten Kiel (gegr. 1968) und Berlin (gegr. 1979) koordinieren, wird von interdisziplinären wissenschaftlichen Bemühungen um das weit gespannte Werk Schleiermachers begleitet, die 1996 in die Gründung einer Schleiermacher-Gesellschaft mündeten. Schon allein die Beteiligung Ebelings ist bezeichnend für die gewandelte Lage, insofern er Schüler Bonhoeffers in dessen Predigerseminar der Bekennenden Kirche war, später der Bultmann-Schule nahe stand und sich einen Namen als einer der profiliertesten Luther-Forscher der Nachkriegszeit gemacht hatte. Nunmehr entdeckte er neben bleibenden Unterschieden auch enge Beziehungen zwischen Luther und Schleiermacher.

Eberhard Jüngel

Eberhard Jüngel (geb. 1934) hingegen, Ebelings Nachfolger sowohl in Zürich als auch später in Tübingen, der die Systematische Theologie nach Barth und Bultmann neben Ebeling, Pannenberg und Moltmann sowie wenigen jüngeren Theologen wohl am nachhaltigsten geprägt hat, behielt eine deutliche Distanz zu Schleiermacher und stand auch der Politischen Theologie Moltmanns reserviert gegenüber. Aber auch in Jüngels theologischer Biografie zeigt sich auf andere Weise die angesprochene Überwindung der Lagergrenzen. Über seinen Lehrer Ernst Fuchs (1903–1983) gelangte er in die Nähe Rudolf Bultmanns. Dann jedoch widmete sich Jüngel von allen Genannten am intensivsten der Theologie Karl Barths, indem er u. a. eine Monografie zu dessen Gotteslehre (Gottes Sein ist im Werden, 1965) und einen eigenen Band mit Barth-Studien (1982) veröffentlichte, dessen englische Übersetzung (1986) im Titel bezeichnenderweise vom theologischen Vermächtnis („*theological legacy*") Barths sprach. Er bezeichnete Barth als seinen großen Lehrer, von dem er gelernt habe, Gott vom Ereignis seiner Offenbarung her zu denken. Daneben machte sich bei ihm, vermittelt von Ebeling, zunehmend eine starke Prägung durch die Theologie Luthers bemerkbar.

Bezeichnend für die theologische Pluralisierung war, dass Ende der 1990er-Jahre auch zur Erforschung der Werke derjenigen, die lange Zeit die Normalform der Theologie repräsentiert hatten und daher keine *besondere* Aufmerksamkeit nötig zu haben schienen, eigene Gesellschaften gegründet wurden: 1997 entstand die Karl-Barth-Gesellschaft und ein Jahr darauf 1998 die Rudolf-Bultmann-Gesellschaft für Hermeneutische Theologie; Bonhoeffer- und Tillich-Gesellschaften gab es mit zunächst weniger wissenschaftlichen Ausrichtungen schon länger. Die seit 1971 erscheinende Gesamtausgabe der Werke Karl Barths besitzt ähnlich monumentale Ausmaße wie diejenige Schleiermachers. So kann keine Rede davon sein, dass die neue Lebendigkeit der Theologie des 19. und frühen 20. Jahrhunderts zu einem schwindenden Interesse an der Theologie der Jahrhundertmitte geführt hätte – z. B. warb die Jahrestagung 2009 der Bultmann-Gesellschaft für ihren Namensgeber ausdrücklich als „Theologen der Gegenwart".

bleibendes Interesse an Barth und Bultmann

Pluralisierung bedeutet, dass statt der Vorherrschaft *einer* Richtung mit Tendenz zur Verdrängung aller anderen nunmehr verschiedene Richtungen *nebeneinander* stehen. Insofern ist die Gesellschafts-Bildung und die mit ihr einhergehende plurale Organisation (systematisch-)theologischer Forschung in Kongressen und Publikationen typisch für die gegenwärtige Situation. Eine wissenschaftliche Gesellschaft hat eine andere Funktion als das informelle Netzwerk einer auch durch persönliche Bindungen zusammengehaltenen „Schule".

„Schule" vs. „Gesellschaft"

Die wissenschaftliche Distanz erlaubt es nicht ohne Weiteres, einem Mitglied die Befürwortung bestimmter Inhalte, die sich mit dem jeweiligen Namensgeber der Gesellschaft verbinden, zuzuschreiben. Ferner kann man natürlich auch verschiedenen Gesellschaften beitreten. Dennoch kann es für Studienanfänger aufschlussreich sein, sich z. B. auf der Homepage eines Dozenten über dessen Mitgliedschaft(en) zu informieren, die zumindest eine gewisse Tendenz erkennen lassen können.

Pluralität der Interpretationen

Die Pluralisierung reicht freilich weiter und tiefer als nur bis zum Nebeneinander bestimmter Richtungen. Sie greift vielmehr auf die Interpretation der Klassiker der neueren Theologie über. Nicht ob diesem oder jenen Theologen zu folgen ist, sondern wie ein bestimmter Theologe zu verstehen ist, wird oft zur wichtigeren Fragen und mit dem zeitlichen Abstand immer vielfältiger beantwortet. So ist z. B. die innere Pluralität der heutigen Versuche, Barths Denken für die Gegenwart fruchtbar zu machen, beträchtlich. Schon 1975 gab Trutz Rendtorff unter dem Titel „Die Realisierung der Freiheit" Beiträge zur Kritik der Theologie Karl Barths heraus, in denen man Barth gegenläufig zu vorherrschenden Lesarten als dezidiert neuzeitlichen Theologen zu verstehen versuchte. Heute werden noch darüber hinaus von dem nordamerikanischen Systematischen Theologen Bruce L. McCormack (geb. 1952), dem Leiter des Center for Barth Studies in Princeton, und anderen jüngeren Barth-Forschern starke Verbindungslinien der Dialektischen Theologie zur scheinbar radikal abgelehnten Liberalen Theologie aufgezeigt. Unter der Fragestellung „What Has Basel to Do with Berlin?" – den wichtigsten Wirkungsstätten Barths und Schleiermachers – entdeckte McCormack Kontinuitäten, wo herkömmlich, auch nach dem Selbstverständnis Barths, nur unüberwindbar scheinende Spannungen und Gegensätze gesehen worden waren.

Die doppelte Pluralität der Wahl der Bezugspunkte in der neueren Theologiegeschichte einerseits und des Zugangs zu den jeweiligen Traditionen andererseits zeigte sich auch, als die Sektion Systematische Theologie der richtungsübergreifenden Gesellschaft für Wissenschaftliche Theologie vor Kurzem einige Fachvertreter sowohl mit dogmatischem also auch mit ethischem Schwerpunkt um grundlegende Beiträge zur gegenwärtigen Lage der eigenen Disziplin bat. Man nimmt sich die Freiheit, nach Verbindungslinien zwischen Traditionen, die herkömmlich als unvereinbar galten, zu suchen und auf diese Weise neue theologische Optionen zu entdecken. So geht beispielsweise Friederike Nüssel (geb. 1961), Professorin für Systematische Theologie in Heidelberg, vom heilsgeschichtlichen Schema der altlutherischen Schuldogmatik aus und versucht den Schwierigkeiten, die das heute bereitet, durch den Rückgriff auf Schleiermacher zu begegnen. Am Ende stehen tastende Versuche, das Fazit in einen innovativen Aufriss der materialen Dogmatik münden zu lassen, der – einem von ihm selber nicht umgesetzten Vorschlag Schleiermachers folgend – mit der Christologie als dem heute weithin unbekannten Entstehungszusammenhang von Glaube und Kirche einsetzt und von daher die heilsgeschichtlichen Themenbestände in einen neuen Zusammenhang integriert. In den weiteren Beiträgen begegnen sich Troeltsch und Ebeling (A. v. Scheliha), Thomas v. Aquin, Luther und Kant (N. Slenczka), Luther und Schleiermacher (D. Lange) und manche andere nebeneinander als jeweils zentrale Bezugspunkte.

freie Hinwendung zum Alten auf der Suche nach Neuem

Ist die gegenwärtige Pluralität nur ein Krisen- und Verfallsphänomen, das zu überwinden ist? Diese Frage lässt sich nicht neutral beantworten. Vielmehr kann erst die Zukunft zeigen, ob ein neuer systematisch-theologischer Grundkonsens wie in der relativ homogenen Situation der Nachkriegsjahrzehnte erreicht wird oder ob sich die Pluralität selber als eigene, positive Gestalt des christlichen Glaubens und der ihn entfaltenden Theologie bewährt. Die unabweisbare Notwendigkeit, eine *eigene* Position zu begründen statt sich scheinbar Selbst-

Pluralität – Übergang oder neue Form?

verständliches anzueignen, macht das Studium der Systematischen Theologie heute jedenfalls schwieriger, aber zugleich auch reizvoller als noch vor wenigen Jahrzehnten.

Kontrollfragen:

Kontrollfragen

1. Was ist unter der Pluralisierung der Systematischen Theologie zu verstehen?
2. Warum wäre eine innere Beziehung zwischen F. Schleiermacher und K. Barth so erstaunlich?

12. Arbeits- und Hilfsmittel zur Systematischen Theologie

zu Kap. 1

Ebeling, Gerhard: Studium der Theologie. Eine enzyklopädische Orientierung, Tübingen ²1977 (UTB 446)
Knappe, gut lesbare Entfaltung „aus einem Guss" (190 S.) von einem führenden Theologen der Nachkriegszeit.

Fischer, Hermann: Systematische Theologie, s. Literatur zu Kap. 10

Schleiermacher, Friedrich: Kurze Darstellung des theologischen Studiums zum Behuf einleitender Vorlesungen (1811/1830), Berlin 2002
Klassiker, auf den alle neueren Darstellungen Bezug nehmen.

Stock, Konrad: Die Theorie der christlichen Gewissheit. Eine enzyklopädische Orientierung, Tübingen 2005
Wichtigste neuere theologische Enzyklopädie; Verf. ist Prof. i. R. in Bonn (*1941).

zu Kap. 2

Anselm, Reiner: *Fides quaerens intellectum*. Die Bedeutung theologischer Reflexion für den christlichen Glauben und das christliche Leben, in: Görge K. Hasselhoff, Michael Meyer-Blanck (Hg.): Religion und Rationalität, Würzburg 2008, S. 253–266
Knappe, aktuelle Darstellung des Göttinger Systematikers (*1965).

Barth, Karl: Dogmatik im Grundriß, Zürich ¹1947, ⁸1998, S. 16–38
Zu Beginn seines Grundrisses in Form einer Auslegung des Apostolischen Glaubensbekenntnisses entfaltet Barth drei zentrale Aspekte des Glaubens.

Honecker, Martin: Glaube als Grund christlicher Theologie, Stuttgart 2005
Gut lesbares Buch des Bonner Systematikers (*1934), das einen Überblick vermittelt und extreme Positionen meidet.

zu Kap. 3

Die Bekenntnisschriften der evangelisch-lutherischen Kirche, Göttingen ¹²1998 (meist abgekürzt BSLK)
Maßgebliche lateinisch-deutsche Ausgabe mit historischen Einleitungen und wissenschaftlichen Kommentaren; seit 1930 immer wieder neu aufgelegt und auf den neuesten Forschungsstand gebracht.

Lauster, Jörg: Zwischen Entzauberung und Remythisierung. Zum Verhältnis von Bibel und Dogma, Leipzig 2008
Knappe Zusammenfassung der einschlägigen Habilitationsschrift des Marburger Systematikers (*1966) aus dem Jahr 2004 auf 106 S.

Nüssel, Friederike / Dorothea Sattler: Einführung in die ökumenische Theologie, Darmstadt 2008
Gemeinsame Darstellung konfessioneller Grundfragen durch eine evangelische (Nüssel) und eine katholische (Sattler) Dogmatikerin (Heidelberg / Münster; beide *1961) auf 162 S.

Plasger, Georg / Matthias Freudenberg (Hgg.), Reformierte Bekenntnisschriften. Eine Auswahl von den Anfängen bis zur Gegenwart, Göttingen 2004
Studienausgabe mit den wichtigsten reformierten Bekenntnisschriften vom 16. Jahrhundert bis zur Barmer Theologischen Erklärung in modernisiertem Deutsch.

Unser Glaube: Die Bekenntnisschriften der evangelisch-lutherischen Kirche. Ausgabe für die Gemeinde, bearbeitet von Horst Georg Pöhlmann, Gütersloh ⁵2004
Vollständige Texte in moderner Übersetzung mit allgemeinverständlichen Erläuterungen und einer Lese- und Benutzungshilfe.

Wenz, Gunter: Theologie der Bekenntnisschriften der evangelisch-lutherischen Kirche. Eine historische und systematische Einführung in das Konkordienbuch, 2 Bde., Berlin 1996/97
Standardwerk des Münchner Systematikers (*1949).

zu Kap. 4

Kühn, Ulrich: Die Theologie im Konzert der Wissenschaften, Stuttgart 2000
Eingängiger Vortrag des Leipziger Systematikers (*1932), der als repräsentativ für die aktuelle Sicht gelten kann (16 S.).

Mittelstraß, Jürgen / Ernstpeter Maurer / Kristian Fechtner: Art. Wissenschaft / Wissenschaftsgeschichte / Wissenschaftstheorie, in: Theologische Realenzyklopädie, Bd. 36 (2004), S. 184–216
Guter Überblick aus den Perspektiven von Philosophie, Systematischer und Praktischer Theologie.

Rieger, Hans-Martin: Theologie als Funktion der Kirche. Eine systematisch-theologische Untersuchung zum Verhältnis von Theologie und Kirche in der Moderne, Berlin 2007
Neueste Monografie zum Thema mit breitem Überblick über verschiedene Positionen; Verf. ist Privatdozent in Jena (*1966).

zu Kap. 5

a. Gesamtdarstellungen

Barth, Hans-Martin: Dogmatik. Evangelischer Glaube im Kontext der Weltreligionen, Gütersloh ³2008
Die Dogmatik des Marburger Systematikers (*1939) berücksichtigt erstmals bei allen Lehrstücken jeweils nach einer Zusammenfassung des Forschungsstands durchgängig die Positionen der anderen Weltreligionen (872 S.).

Barth, Karl: Die Kirchliche Dogmatik, 4 Bde. in 13 Teilbdn., 1. Aufl. Zürich 1932–1967, + 1 Registerbd. Zürich 1970
Wohl bedeutendstes evangelisch-theologisches Werk des 20. Jahrhunderts. Eine Studienausgabe (Zürich 1986–93) teilt die Kirchliche Dogmatik in 30 handlichere und preiswertere Paperback-Bde. und übersetzt im Anhang jeweils die fremdsprachigen Wendungen.

Ebeling, Gerhard: Dogmatik des christlichen Glaubens, Bde. I–III, Tübingen ¹1979, ³1987–93
Bedeutende lutherische Dogmatik der Ära „nach" Barth und Bultmann.

Härle, Wilfried: Dogmatik, Berlin ³2007
Umfassende Darstellung des Heidelberger Systematikers (*1941), die sowohl eine Stofffülle präsentiert als auch eine deutlich umrissene eigene Position entwickelt (723 S.).

Korsch, Dietrich: Dogmatik im Grundriß. Eine Einführung in die christliche Deutung menschlichen Lebens mit Gott, Tübingen 2000 (UTB 2155)
Angelehnt an Luthers Katechismen interpretiert der Marburger Systematiker (*1949) Dekalog, Apostolisches Glaubensbekenntnis, Vaterunser und Sakramente unter den innovativen Leitkategorien Glauben, Leben, Deuten, Bitten, Empfangen und Verstehen (293 S.).

Pannenberg, Wolfhart: Systematische Theologie, Bde. I–III, Göttingen 1988–93
Gesamtentwurf eines der bedeutendsten Systematiker der Gegenwart (*1928).

Ratschow, Carl Heinz (Hg.): Handbuch Systematischer Theologie, 18 Bde. (davon 12 erschienen) Gütersloh 1979–(1996)
In Monografien von meist mehreren 100 Seiten stellen namhafte Systematiker (Oswald Bayer, Christian Link, Ulrich Kühn, Walter Sparn u. a.) zentrale dogmatische Themen wie Jesus Christus, Mensch, Sünde, Kirche, Sakramente u. a. dar, indem in jeweils drei Teilen die reformatorische Tradition, die wichtigsten Theologen des 20. Jahrhunderts und ein gegenwartsorientiertes Fazit geboten werden.

Schleiermacher, Friedrich: Der christliche Glaube nach den Grundsätzen der Evangelischen Kirche im Zusammenhange dargestellt (1830/31), ND d. 7. Aufl. 1960, Berlin 1999
Grundtext der Systematischen Theologie, der in den letzten Jahrzehnten wieder zunehmend an Bedeutung gewonnen hat.

Tillich, Paul: Systematische Theologie, Bde. I–III, Berlin ¹1956–66, ND 1987
Einer der bedeutendsten Gesamtentwürfe des 20. Jahrhunderts mit großer internationaler Ausstrahlung (engl. Orig. 1951–63).

b. Einführungen und Grundrisse

Deuser, Hermann: Kleine Einführung in die systematische Theologie, Stuttgart 1999
Schmaler Reclam-Band, der dennoch alle wichtigen Lehrstücke der Dogmatik aus Sicht des Frankfurter Systematikers (*1946) umreißt (203 S.).

Frey, Christofer: Repetitorium der Dogmatik für Studierende der Theologie, Waltrop ⁷2000
Komprimiertes Grundwissen, mit vielen Schaubildern und Tabellen (374 S.).

Leonhardt, Rochus: Grundinformation Dogmatik. Ein Lehr- und Arbeitsbuch für das Studium der Theologie, Göttingen ³2008 (UTB 2214)
Übersichtliche Präsentation der verschiedenen dogmatischen Lehrstücke unter didaktischen Gesichtspunkten mit ausführlichen Textzitaten (496 S.).

Schneider-Flume, Gunda: Grundkurs Dogmatik. Nachdenken über Gottes Geschichte, Göttingen ²2008 (UTB 2564)
Die Leipziger Systematikerin (*1941) stellt in 17 §§ die klassischen dogmatischen Lehrstücke mit eingefügten biblischen Meditationen dar (414 S.).

zu Kap. 6

a. Gesamtdarstellungen

Fischer, Johannes: Theologische Ethik. Grundwissen und Orientierung, Stuttgart 2002
Der Zürcher Ethiker (*1947) arbeitet das eigene Profil theologischer Ethik heraus, integriert im letzten Drittel aber auch nicht-theologische Formen ethischen Denkens und bezieht bereichsethische Konkretionen (Bioethik, Rechtsethik, Politische Ethik, Wissenschaftsethik) ein (320 S.).

Körtner, Ulrich H.J.: Evangelische Sozialethik. Grundlagen und Themenfelder, Göttingen ²2008 (UTB 2107)
Der Wiener Systematiker (*1957) stellt im ersten Teil die Grundlagen evangelischer Ethik und im zweiten Teil anhand exemplarischer Fragestellungen die verschiedenen Bereichsethiken dar (406 S.).

Lange, Dietz: Ethik in evangelischer Perspektive. Grundfragen christlicher Lebenspraxis, Göttingen ²2002 (UTB 2293)

Klassischer Entwurf der neueren lutherischen Ethik, in dem der Göttinger Systematiker (*1933) nach einer ausführlichen Geschichte der neueren theologischen Ethik ethische Grundlagenfragen systematisch entfaltet (551 S.).

Ulrich, Hans Günter: Wie Geschöpfe leben. Konturen evangelischer Ethik, Münster ²2007
Der Entwurf des Erlanger Ethikers (*1942) betont die Eigen- und Widerständigkeit der theologischen Ethik (760 S.).

b. Einführungen

Andersen, Svend: Einführung in die Ethik, Berlin ²2005
Der dänische Systematiker (*1948) stellt die theologische Ethik in enger Bezugnahme zur philosophischen Ethik dar (352 S.).

Fischer, Johannes u. a.: Grundkurs Ethik. Grundbegriffe philosophischer und theologischer Ethik, Stuttgart 2007
Auf 418 S. werden in 14 Lektionen Grundbegriffe und Methoden theologischer, aber auch philosophischer Ethik dargestellt sowie jeweils mit Kontrollfragen und praktischen Übungsaufgaben versehen.

Frey, Christofer / Peter Dabrock / Stephanie Knauf: Repetitorium der Ethik für Studierende der Theologie, Waltrop ³1997
Komprimiertes Grundwissen, mit vielen Schaubildern und Tabellen (279 S.).

Grotefeld, Stefan (Hg.): Quellentexte theologischer Ethik. Von der Alten Kirche bis zur Gegenwart, Stuttgart 2006
142 Textauszüge mit jeweils knappen Einleitungen ermöglichen auf 493 S. einen Überblick über die ethische Entwicklung aus (ggf. übersetzten) Primärtexten, etwa die Hälfte aus dem 19./20. Jahrhundert.

Honecker, Martin: Einführung in die Theologische Ethik, Berlin 1990
Informativer Überblick über die theologisch-ethischen Grundfragen (423 S.), zurückhaltend hinsichtlich der eigenen Positionierung

Lienemann, Wolfgang: Grundinformation Theologische Ethik, Göttingen 2008 (UTB 3138)
Neuste Einführung in Grundfragen der allgemeinen und der theologischen Ethik ohne angewandte Ethik (319 S.) durch den Berner Ethiker (*1944).

Müller, Wolfgang Erich: Argumentationsmodelle der Ethik. Positionen philosophischer, katholischer und evangelischer Ethik, Stuttgart 2003
Aus Sicht eines evangelischen Theologen (*1947) werden anhand je eines repräsentativen Vertreters 34 Ansätze philosophischer, katholischer und evangelischer Ethik aller Epochen vorgestellt sowie katholische Moraltheologie und Sozialehre zusammenfassend charakterisiert (288 S.).

c. Angewandte Ethik / Bereichsethiken

Honecker, Martin: Grundriß der Sozialethik, Berlin 1995
Im Sachstand z. T. schon veraltete, doch bis heute alternativlose Gesamtdarstellung der materialen Ethik aus theologischer Perspektive (790 S.).

Huber, Wolfgang: Gerechtigkeit und Recht. Grundlinien christlicher Rechtsethik, 3. Aufl., Gütersloh 2006
*Aktuellste theologische Rechtsethik des früheren EKD-Ratsvorsitzenden und Heidelberger Prof. f. Sozialethik (*1942).*

Jähnichen, Traugott: Wirtschaftsethik. Konstellationen – Verantwortungsebenen – Handlungsfelder, Stuttgart 2008
*Aktuellste theologische Wirtschaftsethik; Verf. ist Prof. f. Sozialethik in Bochum (*1959).*

Kreß, Hartmut: Medizinische Ethik. Gesundheitsschutz – Selbstbestimmungsrechte – heutige Wertkonflikte, 2. Aufl., Stuttgart 2009
*Aktuellste theologische Medizinethik; Verf. ist Prof. f. Ethik in Bonn (*1954).*

Nida-Rümelin, Julian (Hg.): Angewandte Ethik. Die Bereichsethiken und ihre theoretische Fundierung. Ein Handbuch, 2. Aufl., Stuttgart 2005
Standardwerk mit Darstellungen der verschiedenen Bereichsethiken durch führende nicht-theologische Ethiker (933 S.).

zu Kap. 7

Birkner, Hans-Joachim: Das Verhältnis von Dogmatik und Ethik, in: Anselm Hertz u. a. (Hg.): Handbuch christliche Ethik, Bd. 1, NA Freiburg i. Br. 1993, S. 281–296
Informativer Überblick über unterschiedliche Verhältnisbestimmungen.

Tödt, Heinz-Eduard: Zum Verhältnis von Dogmatik und theologischer Ethik, in: ders.: Perspektiven theologischer Ethik, München 1988, S. 12–20
Verhältnisbestimmung, die Dogmatik und Ethik gleichberechtigt in Beziehung setzt.

zu Kap. 8

Joest, Wilfried: Fundamentaltheologie. Theologische Grundlagen- und Methodenprobleme, 3. Aufl., Stuttgart 1988
Klassiker: erstes evangelisches Lehrbuch der Fundamentaltheologie.

Petzoldt, Matthias (Hg.): Evangelische Fundamentaltheologie in der Diskussion, Leipzig 2004
Überblick über unterschiedliche Versuche, Fundamentaltheologie in der evangelischen Theologie zu etablieren.

zu Kap. 9

Danz, Christian: Einführung in die Theologie der Religionen, Münster 2005
Informative Einführung des Wiener Systematikers (*1962) auf 272 S.

Küng, Hans: Projekt Weltethos, 10. Aufl., München 2006
Einflussreiche Programmschrift des katholischen Theologen (*1928) zur Begründung eines gemeinsamen Ethos der Weltreligionen.

Kuschel, Karl-Josef (Hg.): Christentum und nichtchristliche Religionen. Theologische Modelle im 20. Jahrhundert, Darmstadt 1994
Sammlung kurzer Texte der wichtigsten neueren Theologen (Troeltsch, Barth, Tillich, Pannenberg u. a.).

Lipner, Julius J.: Art. Theologie II/5.4. Theologie der Religionen, in: Theologische Realenzyklopädie, Bd. 33 (2002), S. 317–323
Solide Erstinformation über die Bandbreite unterschiedlicher Zugänge.

zu Kap. 10

Barth, Karl: Die protestantische Theologie im 19. Jahrhundert. Ihre Vorgeschichte und ihre Geschichte, 6. Aufl., Zürich 1994
Klassiker: Die Theologie des 19. Jahrhunderts (sowie ihre Vorgeschichte im 18. Jahrhundert und wichtige Philosophen wie Hegel oder Feuerbach) gut lesbar mit deutlichen Bewertungen aus der Perspektive Barths.

Fischer, Hermann: Systematische Theologie. Konzeptionen und Probleme im 20. Jahrhundert, Stuttgart 1996 (Urban-Taschenbücher 426)
Knapper, informativer Überblick, der einsetzt, wo Barth aufhört (254 S.); erweiterte Fassung unter dem Titel Protestantische Theologie im 20. Jahrhundert, Stuttgart 2002 (390 S.).

Lessing, Eckhard: Geschichte der deutschsprachigen evangelischen Theologie von Albrecht Ritschl bis zur Gegenwart, Bd. 1 1871–1918, Bd. 2 1918–1945, Bd. 3 1945–1965, Göttingen 2000–2009
Standardwerk der neueren Theologiegeschichtsschreibung, das auch die Ethik berücksichtigt.

Pannenberg, Wolfhart: Problemgeschichte der neueren Theologie in Deutschland. Von Schleiermacher bis zu Barth und Tillich, Göttingen 1997 (UTB 1979)
Geschichte der neueren Theologie aus Sicht Pannenbergs, die viele Einzelpositionen einbezieht (366 S.); Korrektiv zur Sichtweise Barths.

zu Kap. 11

Deuser, Hermann / Dietrich Korsch (Hgg.): Systematische Theologie heute. Zur Selbstverständigung einer Disziplin, Gütersloh 2004
Bestandsaufnahme in Beiträgen von acht Dogmatikern und Ethikern vornehmlich der jüngeren Generation sowie Außenwahrnehmung durch drei Philosophen der Gegenwart.

Weiterführende Literatur

Henning, Christian / Karsten Lehmkühler (Hgg.): Systematische
  Theologie der Gegenwart in Selbstdarstellungen, Tübingen 1998
  19 bedeutende Dogmatiker und Ethiker der Jahrgänge 1929–1941 stellen ihre zentralen theologischen Einsichten im Zusammenhang ihrer Biografie dar; lebensnahe Einführung in die systematisch-theologische Diskussionslage, leider schon etwas veraltet.

Jüngel, Eberhard: Gott als Geheimnis der Welt. Zur Begründung der
  Theologie des Gekreuzigten im Streit zwischen Theismus und
  Atheismus, 7. Aufl., Tübingen 2001
  Hauptwerk eines der wichtigsten Systematiker der Gegenwart (*1934).

Moltmann, Jürgen: Theologie der Hoffnung. Untersuchungen
  zur Begründung und zu den Konsequenzen einer christlichen
  Eschatologie, 14. Aufl., München 2005

Ders.: Der gekreuzigte Gott. Das Kreuz Christi als Grund und Kritik
  christlicher Theologie, 7. Aufl., München 2002
  Die beiden bahnbrechenden Frühwerke des Tübinger Systematikers (*1926).

Sauter, Gerhard: Systematische Theologie im Übergang, in:
  Verkündigung und Forschung 50 (2005), S. 88–112
  Breiter Überblick über die neuere Entwicklung der Systematischen Theologie auf knappstem Raum mit deutlichen Wertungen aus Sicht des Bonner Dogmatikers (*1935).

GÜTERSLOHER
VERLAGSHAUS

G

Gütersloher Verlagshaus. Dem Leben vertrauen

MODULE DER THEOLOGIE

Band 1

Peter Mommer

Altes Testament

Gütersloher Verlagshaus

Bibliografische Information der Deutschen Nationalbibliothek

Die Deutsche Nationalbibliothek verzeichnet diese Publikation in der Deutschen Nationalbibliografie; detaillierte bibliografische Daten sind im Internet über http://dnb.d-nb.de abrufbar.

Mix
Produktgruppe aus vorbildlich
bewirtschafteten Wäldern, kontrollierten
Herkünften und Recyclingholz oder -fasern
www.fsc.org Zert.-Nr. SGS-COC-004278
© 1996 Forest Stewardship Council

Verlagsgruppe Random House FSC-DEU-0100
Das für diese Buch verwendete FSC-zertifizierte Papier *Munken Premium* liefert Artic Paper Munkedals AB, Schweden.

© für diese Ausgabe: Gütersloher Verlagshaus

Konzeption und Realisierung:
© 2009 Palmedia Publishing Services GmbH, Berlin

Dieses Werk einschließlich aller seiner Teile ist urheberrechtlich geschützt. Jede Verwertung außerhalb der engen Grenzen des Urheberrechts ist ohne Zustimmung von Palmedia unzulässig und strafbar. Das gilt insbesondere für Vervielfältigungen, Übersetzungen, Mikroverfilmungen und die Einspeicherung und Verarbeitung in elektronischen Systemen.

Umschlaggestaltung: Init GmbH, Bielefeld
Druck und Bindung: Těšinská Tiskárna, a.S., Český Těšin
Printed in Czech Republic
ISBN: 978-3-579-08081-9

www.gtvh.de

Inhalt

Vorwort 7

1. **Die Welt des Alten Testaments** 9
   - 1.1 Begegnungen mit dem Alten Testament 9
   - 1.2 Die wissenschaftliche Annäherung an das Alte Testament 17
   - 1.3 Welt und Umwelt des Alten Testaments 27
   - 1.4 Geschichte Israels 33
   - 1.5 Der biblische Text 55

2. **Die Entstehung der einzelnen Bücher des Alten Testaments** 67
   - 2.1 Pentateuch 67
   - 2.2 Propheten 81
   - 2.3 Schriften 114

3. **Grundgedanken zu einer Theologie des Alten Testaments** 139
   - 3.1 Vielfalt und Einheit des Alten Testaments 139
   - 3.2 Das Erste Gebot als Schlüssel zum Verstehen des Alten Testaments 140
   - 3.3 Altes und Neues Testament 144
   - 3.4 Zum Stand der alttestamentlichen Forschung 145

4. **Arbeits- und Hilfsmittel zum Alten Testament** 149
   - 4.1 Allgemeine Literatur zum Alten Testament 149
   - 4.2 Literatur zu den einzelnen Abschnitten dieses Buches 150

Vorwort

Die Ruhr-Universität Bochum war eine der ersten in Deutschland, die ihre Studiengänge (vor allem im Lehramt) auf das neue BA-Modell umgestellt hat. Dabei haben wir nicht einfach alte Veranstaltungsformen umgewidmet, sondern nach neuen Formen gesucht, die dem Ziel der BA-Ausbildung – Vermittlung von grundlegendem Fachwissen bei gleichzeitiger Konzentration auf wesentliche Inhalte – entsprechen sollten. So liegt es nahe, für dieses Studienmodell auch eine spezifische Literatur bereitzustellen. Gerne bin ich darum dem Wunsch nachgekommen, die Fachdisziplin Altes Testament in dieser Reihe vorzustellen.

Dass ein solches Buch bei den Fachkolleginnen und Fachkollegen wegen der Kürze der Darstellung und der fehlenden Diskussion auch das eine oder andere Stirnrunzeln hervorrufen wird, weiß ich natürlich. Aber hier geht es darum, gleichsam eine Schneise durch das Dickicht der gegenwärtigen Forschung zu schlagen. Dabei ist klar, dass man jede getroffene Entscheidung für die eine oder andere Meinung auch anders treffen könnte. So ist die Arbeit an einem solchen Buch mit hoher Verantwortung verbunden sowohl vor den Leserinnen und Lesern wie vor dem Gegenstand selbst. Wenn es gelingen sollte, Studierende und andere Interessierte neugierig gemacht zu haben auf das Alte Testament und das Abenteuer seiner Erforschung, wäre das wichtigste Ziel erreicht.

Widmen möchte ich das Buch meinen Töchtern Kathrin und Karolin, die gelegentlich bemerken: „Immer sitzt du an deinem Schreibtisch." Ich hoffe, ich kann ihnen einmal vermitteln, dass Vieles von dem, was mir hier durch den Kopf geht, ganz viel mit ihnen zu tun hat.

Bochum, Ostern 2009   Peter Mommer

1. Die Welt des Alten Testaments

1.1 Begegnungen mit dem Alten Testament

1. Warum beschäftigen wir uns mit dem Alten Testament?

Wie kommt es zu dem Begriff Altes Testament? Testament ist die lateinische Wiedergabe des griechischen Wortes „diatheke", das eigentlich „Bund" bedeutet. Es steht für den hebräischen Ausdruck b^erit. In Jer 31,31ff. wird ein neuer Bund verheißen. Die neutestamentlichen Autoren nehmen diese Ankündigung auf und beziehen sie auf die Ereignisse um Jesus. So kommt die Rede vom neuen Bund auf, dem der dann alte Bund gegenübersteht. Von dieser Redeweise ist der Begriff auf die beiden Teile der Bibel übergegangen. So ist das Alte Testament der erste Teil der christlichen Bibel.

Begriff „Altes Testament"

Aber darüber hinaus – und zuerst – ist es mit der Bezeichnung TENAK (hebr.: Abkürzung von Thora, Nebiim [Propheten], Ketubim [Schriften]) die religiöse Grundurkunde des Judentums. Es hat darum aus Respekt vor dem Judentum und unter dem Eindruck einer 2000-jährigen spannungsvollen Geschichte zwischen Christen- und Judentum Versuche gegeben, den Begriff Altes Testament zu ersetzen. In der Hauptsache werden als Alternativen heute „Hebräische Bibel" und „Erstes Testament" verwendet. Allerdings sind beide Begriffe nicht glücklich gewählt. Die Hauptkritik am Begriff „Altes Testament" richtet sich gegen ein Verständnis von „alt" im Sinne von „überholt, nicht mehr aktuell" und theologisch gegen eine damit verbundene Abwertung des Judentums. Das trifft aber auch beim Begriff des „Ersten" zu, der sich auch im Sinn des Vergangenen deuten lässt. Nach unserem Verständnis setzt ein zweites Testament das erste außer Kraft. Nicht unproblematisch ist der Begriff der „Hebräischen Bibel", weil Hebräisch hier nicht klar definiert ist.

alternative Begriffe

Meint es die Sprache? Dann ist es ganz falsch, weil sich im Alten Testament auch aramäische Anteile finden. Oder sind damit eher die Kultur und ethnische Zugehörigkeit der Überlieferer und der heutige Gebrauch im Blick? Dann wäre es ehrlicher, von der jüdischen Bibel zu sprechen – aber auch das passt eben nicht ganz, denn dann wäre das Neue Testament (allein) die christliche Bibel, und das ist eine unsachgemäße Verkürzung.

So spricht aus meiner Sicht nichts gegen das „Alte Testament", wenn man dabei „alt" nicht mit überholt oder abständig gleichsetzt und in einen grundsätzlichen Gegensatz zum Begriff „neu" setzt. Man wird dabei auch immer die besondere Rolle des Alten Testaments im Auge haben, das eben zuerst ein Buch des Judentums und erst in zweiter Linie eines des Christentums geworden ist, vom Islam ganz zu schweigen, der sich mit dem Koran auf alttestamentliche Überlieferungen bezieht und sie in seiner eigenen Weise im Horizont einer neuen Religion auslegt.

Rolle der Bibel

Wenn wir uns mit dem Alten Testament (und der Bibel insgesamt) beschäftigen, dann tun wir das zunächst deshalb, weil dieses Buch für die christliche Religion eine entscheidende Rolle spielt. Die Bibel ist das Grunddokument der Religion, des Glaubens und der Kirche, gleich welcher Prägung. Eine intensive Auseinandersetzung mit der biblischen Überlieferung ist darum unumgänglich.

Aber auch über den engen Bereich der Religion hinaus gibt es gute Gründe, sich mit der Bibel zu befassen. Wir hören heute ständig vom christlichen Abendland und der jüdisch-christlichen Tradition, in der wir als Einzelne und als Gesellschaft stehen. Wenn in diesem Zusammenhang von jüdischer Tradition die Rede ist, geht es im Grunde um die alttestamentlichen Wurzeln oder die vom Alten Testament angestoßenen Traditionen, interpretiert im Rahmen der christlichen Religion, die unsere Kultur und unser Leben beeinflusst haben.

2. Berührungspunkte

unmittelbare Begegnungen

Meine erste Begegnung mit dem AT liegt lange Jahre zurück. Als Kind wurde ich gelegentlich von meinen Großeltern und Eltern mit dem Elterngebot konfrontiert: „Du sollst Vater und Mutter ehren ..." Sie taten das nicht, weil sie besonders religiös geprägt waren. Die Kenntnis der Gebote gehörte in dieser Zeit – noch – zum kulturellen Allgemeingut, wie vieles andere auch. Auch in der Gegenwart ist das AT präsent, häufig ohne dass wir es bemerken. Wer denkt beim „Sündenbock" schon an ein Ritual, das nach Lev 16 am Versöhnungstag zelebriert wird, wo ein Bock, symbolisch mit den Sünden des Volkes beladen, „in die Wüste geschickt" wird. Oder wer weiß schon, dass das Unheil kündende „Menetekel" aus dem Danielbuch stammt, der Regenbogen als Hoffnungszeichen aus der Genesis oder das Friedenssymbol „Schwerter zu Pflugscharen" (die Plastik im Garten des UNO-Hauptgebäudes in New York ist ein Geschenk der damaligen UdSSR) aus dem Jesajabuch. Wenn Jesus zur Nächstenliebe aufruft mit dem berühmten Satz „Liebe deinen Nächsten wie dich selbst", zitiert er lediglich das AT (Lev 19,18). Das AT ist eben mehr als „Auge um Auge", wobei dieser Satz, der im Übrigen schon in altorientalischen Rechtssammlungen steht, Blutrache als Rechtsinstitut (!) begrenzen soll. Kaum ein anderes Wort des AT ist so sehr missgedeutet worden wie dieses bis dahin, dass man dem angeblichen Vergeltungsdogma des AT das NT als Friedensbotschaft entgegenstellt, was völlig an der Sache vorbeigeht.

Aber auch über diese vordergründige Begrifflichkeit hinaus ist unser gesellschaftliches und politisches Leben von atl. Vorstellungen geprägt. Wer einmal aufmerksam Bundestagsdebatten verfolgt, wird feststellen, wie häufig Politikerinnen und Politiker auf alttestamentliches Gedankengut Bezug nehmen – oft ohne es selbst wahrzunehmen. Unsere Vorstellungen von Achtung vor dem Leben, von Solidarität, Gerechtigkeit und Verantwortung sind im Wesentlichen atl. Ursprungs. Damit zusammen hängt das jüdisch-christliche Gottesbild, das immer noch als große Klammer auch unserer Gesellschaft dient und das darum in Form des Gottesbezugs in der Einleitung unseres Grundgesetzes vor allem anderen steht („Im Bewusstsein seiner Verantwortung vor Gott und den Menschen ...") Und wenn wir heute eine 7-Tage-Woche haben mit entsprechenden Ruhephasen, verdanken wir das letztlich dem AT.

Gesellschaft

Eine mindestens ebenso große Rolle spielt die biblische Überlieferung – und damit auch das AT – für die Kunst. Malerei und Bildhauerei, Musik und Literatur sind bis in die Gegenwart hinein oft von religiösen Motiven beeinflusst – und sei es, dass sich Kunst heute kritisch mit religiösen Traditionen auseinandersetzt.

Religion und Kirche

Von der Religion selbst war bisher noch keine Rede. Es ist evident, dass die biblische Überlieferung in diesem Bereich die stärkste Prägung hinterlassen hat; das gilt auch und gerade für das AT. Auch wenn viele Kirchen in Kreuzform gebaut sind – in ihrem Zentrum steht ein Altar, der atl. Ursprungs ist. Kein Gottesdienst, der mit Sündenbekenntnis, Lobpreis und Fürbitte nicht atl. Formen aufnimmt, von Formeln wie „Halleluja" ganz zu schweigen. Wie viele Generationen haben nicht wenigstens die Zehn Gebote und den 23. Psalm („Der Herr ist mein Hirte ...") auswendig gelernt und dabei Wesentliches über den Gott des AT und sein Verhältnis zu den Menschen gelernt. Bei wie vielen Taufen werden Worte des Beistands gesprochen wie Jes 43,1 („Fürchte dich nicht ...") oder Psalm 91,11 („Denn er hat seinen Engeln befohlen ...). Und wie oft ist an Gräbern die Rede davon, „dass mein Erlöser lebt" (Hi 19,25). Die christlichen Gesangbücher sind voll von atl. Anspielungen. Allein auf diesem Hintergrund ergeben sich die Notwendigkeit und auch der Reiz, sich mit dem AT zu beschäftigen.

3. Das Problem der Offenbarung

Bibel als „Wort Gottes"

Ist von der Bibel die Rede, wird alternativ auch vom „Wort Gottes" gesprochen. Dahinter steht die Idee, dass die Bibel in noch genauer zu bestimmender Weise auf die Offenbarung des göttlichen Willens zurückgeht. Diese Vorstellung knüpft an das AT an, nach dessen Erzählungen Gott sich auf unterschiedliche Weise Menschen offenbart. Mit dem Ende der Prophetie ist auch diese „direkte" Offenbarung an ihr Ende gekommen. An ihre Stelle tritt die Schrift. Eine besondere Rolle spielt die Bibel dabei in den reformatorischen Kirchen. Hier kommen zwei Dinge zusammen. Zum einen ist das die Epoche des Humanismus, in der ein besonderes Interesse an alten Quellen erwacht („ad fontes" [lat.] = „[zurück] zu den Quellen"). Auf der anderen Seite tritt die Bibel in ein Vakuum ein, das die nun fehlende kirchliche bzw. päpstliche Lehrautorität hinterlässt. Allein die Bibel wird für diese Kirchen (anders etwa als im Katholizismus, wo kirchliche Tradition und Lehre eine große Rolle spielen) der Maßstab kirchlichen und persönlichen Handelns. Dazu kommt das Gemeindeverständnis, das von mündigen Gemeindegliedern ausgeht, die die Geschicke der Gemeinden selbst in die Hand nehmen und auch über die Arbeit ihrer Pfarrer urteilen sollen. Dafür ist die Bibel als Grundlage von Glaube und Handeln unverzichtbar.

Um die Autorität der Bibel zu stärken, verfestigte sich im 17. Jh. n. Chr. die Inspirationslehre (lat.: spiritus = Geist). Man unterscheidet Real-, Personal- und Verbalinspiration. Bei der Realinspiration hat Gott das Thema (lat.: res = Sache) vorgegeben, der jeweilige Autor entfaltet das entsprechend. Die Personalinspiration geht von geistbegabten Verfassern aus, die ihre eigenen Themen entwickeln. Die Verbalinspiration schließlich sieht in den Verfassern nur Schreiber des Wort für Wort von Gott vorgegebenen Texts.

Inspiration

Wenn heute in konservativen christlichen Kreisen die Bibel als Wort Gottes angesehen wird, steht dahinter oft die letzte Vorstellung, die aber in immer neue Widersprüche führt. Denn die Idee scheitert schon an der Fülle von Übersetzungen und differierenden alten Quellentexten – eine wirkliche Originalhandschrift haben wir nicht –, von ganz offensichtlichen Brüchen, Widersprüchen und sachlichen Fehlern in den Texten einmal ganz zu schweigen. Aber auch wenn man sich von dieser Vorstellung allein auf dem Hintergrund des biblischen Befundes selbst verabschieden muss, so bleibt die Idee der Bibel als Wort Gottes doch wahr. Allerdings ist sie zu verstehen in dem Sinn, dass sich in ihr das Wort Gottes offenbart, es ist nicht damit identisch. Die Bibel zeugt von den Offenbarungen Gottes in der Welt, ist damit aber nicht identisch und eben Menschenwort.

Damit ist der Weg frei für eine Bibelkritik, wie sie seit der Aufklärung (18. Jh. n. Chr.) betrieben wird. Das Wort Kritik ist dabei im Sinne von „Unterscheidung" (griech.: krino = unterscheiden) zu verstehen. Die moderne Bibelkritik steht damit in

Bibelkritik

der Tradition Luthers, der sehr wohl Unterschiede bei der Interpretation biblischer Texte machte und eine innere Bibelkritik einforderte. Für ihn war das Gottes Wort, „was Christum treibet", will sagen, was Evangelium, also gute Botschaft war. Mit diesem Kriterium konnte Luther für ihn wichtige von unwichtigen Passagen unterscheiden und manche Überlieferung auch für bedenklich oder gar obsolet erklären. Dennoch hält er an der Bibel als alleinigem Maßstab fest – an ihr sollen sich alle Lebensäußerungen der Kirche und der einzelnen Gläubigen messen lassen müssen. Das gilt vor allem in Bezug auf das Problem der außerbiblischen Offenbarungen – oder was manche dafür halten oder ausgeben. Kurz gesagt: Jeder kann sich hinstellen und sich auf göttliche Offenbarung bzw. Inspiration berufen (und wer sich die überaus bunte religiöse Welt anschaut, weiß, wovon die Rede ist). Es braucht ein Kriterium, um „die Geister zu unterscheiden". Dieses Kriterium war und ist in den protestantischen Kirchen die Bibel – darum wird um ihr rechtes Verständnis gerungen.

4. Die Funktion der Bibel in der christlichen Kirche

Nach dem Augsburger Bekenntnis von 1530 gehört zu den Kennzeichen der Kirche die „rechte Predigt des Evangeliums". Beide Begriffe darf man nicht zu eng fassen. Mit Evangelium ist hier die „gute Botschaft", d. h. die (Heils-)Kundgebung Gottes in der Bibel schlechthin gemeint und nicht nur der Inhalt der vier Evangelien. Und Predigt meint die Auslegung und Weitergabe dieser Botschaft überhaupt. Es geht also, grob gesagt, um die rechte Weitergabe der biblischen Botschaft unter den Bedingungen der jeweiligen Gegenwart, die zwar nicht den Inhalt, wohl aber die Art und Weise der Weitergabe beeinflusst.

Gottesdienst   Das beginnt beim Gottesdienst und gottesdienstlichen Handlungen. Hier spielen atl. Überlieferungen bei der Gestaltung des Raumes und in der Liturgie eine wesentliche Rolle. Der Predigt selbst liegen neben ntl. auch atl. Texte zugrunde. Zweck der Predigt ist die Vergewisserung des Glaubens sowie die ethische Orientierung der Gemeinde. Dies geschieht in der Regel auf dem Hintergrund der biblischen Überlieferung. Dieser spezifische Hintergrund und der liturgische Rahmen unterscheiden die Predigt von jeder anderen Redeform.

Neben dem Gottesdienst ist der Unterricht zu nennen. Egal ob in Kirche oder Schule, es geht neben der Information über religiöse Inhalte zentral um Persönlichkeitsbildung auf dem Hintergrund jüdisch-christlicher Tradition, um Auseinandersetzung mit dieser Tradition, um die Einübung eigener Formen des Glaubens sowie um Sinnfindung und Sinndeutung und damit um die Bewältigung der Gegenwart und des eigenen Lebens im Kontext des eigenen Glaubens. Das ist ohne Rückgriff auf die biblische Überlieferung im christlichen Raum nicht denkbar.

Unterricht

Und schließlich geht es um das kirchenleitende, gesellschaftliche und politische Reden und Handeln von Kirche. Bei der Frage, wie eine Kirche verfasst sein soll, welche Regeln in ihr gelten, wofür sie sich engagieren soll oder wogegen sie ihre Stimme erhebt, immer kommen biblische Inhalte mit ins Spiel. Sowohl bei dogmatischen als auch bei ethischen Fragen ist der Rückgriff auf die biblische Überlieferung unverzichtbar. Und das gilt auch bei Fragen, die in den biblischen Texten zunächst gar nicht im Blickfeld sind. Von Kernenergie, pränataler Diagnostik, Apparatemedizin mit der Möglichkeit der Lebensverlängerung, Klimawandel oder Artenschutz sprechen die Texte nicht. Und doch wird in der kirchlichen – und z. T. auch der politischen – Diskussion auf biblische Texte zurückgegriffen, um die eigene Position mit ihrer Hilfe zu stützen. Allerdings geht das meist nicht unmittelbar, sondern bedarf einer systematischen Aufarbeitung durch andere theologische Disziplinen. Und es bedarf der wissenschaftlichen Beschäftigung mit der Bibel selbst – hier dem AT –, die im Folgenden kurz skizziert werden soll.

Kirche und Gesellschaft

5. Die Bibel als Zeugnis einer fremden Welt

Zwischen uns und der Entstehung der atl. Texte liegt ein Zeitraum von 2000 bis 3000 Jahren. Älteste schriftliche Zeugnisse, die Eingang in die Bibel gefunden haben, stammen möglicherweise aus dem 11. Jh. v. Chr. (das Deboralied Ri 5, heute gelegentlich angezweifelt), der jüngste Text ist das Danielbuch, das um 165 v.

geschichtlicher Abstand

Chr. entstanden ist. Hinter den ältesten Schriftzeugnissen steht mitunter eine mündliche Überlieferung, die noch einmal einige hundert Jahre älter sein kann. Damit stehen wir vor dem, was die Historiker den „garstigen Graben der Geschichte" nennen. Es versteht sich fast von selbst, dass sich ein direkter Zugriff auf die Texte ohne wissenschaftliche Aufarbeitung verbietet, zumindest dann, wenn die biblische Überlieferung als Argumentationshintergrund für allgemeine kirchliche oder theologische Aussagen dienen soll – der persönliche Gebrauch, etwa als Zuspruch in schwierigen Lebenssituationen, als Trost oder auch als Anfrage an mein Leben bleibt davon zunächst einmal unberührt.

kultureller Abstand, Sprache und Weltbild

Aber nicht nur der zeitliche Abstand macht Probleme. Mit dem AT treten wir ein in einen völlig anderen Kulturraum und eine völlig andere geistesgeschichtliche Situation als die unsere in Westeuropa im 21. Jh. n. Chr. Das antike Israel hat Anteil an der vorderorientalischen Kultur des 2. und 1. Jahrtausend v. Chr. Zwar liegt Israel am Rand der großen Kultur- und Wirtschaftszentren, doch ist es davon nicht unberührt geblieben. So erzählt die Genesis in der Weise vorstaatlicher Gesellschaften vom engen Zusammenhang der vorderorientalischen Völker in Form einer Familiengeschichte. Zur gemeinsamen, wenn auch lokal immer etwas verschiedenen Kultur gehört auch die gemeinsame Sprache bzw. die gemeinsamen Wurzeln, hier das Semitische. Das biblische Hebräisch ist ein nordwestsemitischer Dialekt und eng verbunden mit den Sprachen der Umwelt. In ihnen spiegeln sich gemeinsames Denken und Empfinden wider. So ist Leben in dieser Zeit nicht als autark denkbar; stets spielen die Gottheiten eine Rolle, die das Leben der Menschen unterschiedlich beeinflussen. Gleichzeitig empfinden sich die Menschen stark von der Natur und hier besonders dem Wechsel der Jahreszeiten abhängig. So bilden die religiösen Systeme oft die Naturkreisläufe ab. Das Wirklichkeitsverständnis und die Wahrnehmung der Welt sind deutlich anders als heute. Es ist eher synthetisch und komplex. Für uns unvereinbare Vorstellungen können die Menschen des Vorderen Orients dieser Zeit ohne Probleme nebeneinander stehen lassen. Was uns mit unserer deduzierenden Logik und unserem analytischen, technisch orientierten Weltbild nicht erklärbar ist, macht diesen Menschen keine Probleme, sondern ist für sie lediglich Ausdruck eines Perspektivwechsels und komplettiert ihr Weltbild.

Als die atl. Überlieferungen erzählt und aufgeschrieben wurden, hat an die Bibel und an uns noch keiner gedacht. Es waren, wenn auch gehobene, Gebrauchstexte, die zunächst für den unmittelbaren Gebrauch und allenfalls für eine begrenzte, überschaubare Nachwelt verfasst wurden. Mit der Verbreitung des Traditionsstroms und der Verfestigung zu religiösen Dokumenten haben sie ihren Charakter teilweise verändert. Wir stehen vor der Aufgabe, sie zunächst in ihrer Eigenart wahrzunehmen.

Fragen:

1. Welche Kontakte haben Sie zum Alten Testament?
2. Inwiefern ist die Bibel unverzichtbar für die christliche Religion?
3. Wo gibt es Probleme beim Zugriff auf die Bibel bzw. das Alte Testament?

Fragen

1.2 Die wissenschaftliche Annäherung an das Alte Testament

1. Die historisch-kritische Methode

Nach dem bisher Gesagten ist deutlich, dass es zur sachgemäßen Interpretation der biblischen Texte einer Methodik bedarf, die für alle an der Auslegung Beteiligten wissenschaftlich verantwortet und nachvollziehbar sein muss. Vor allem von Deutschland aus hat sich im Zuge der Aufklärung die sogenannte historisch-kritische Methode herausgebildet. Dabei handelt es sich um eine Methodik, die nicht zuerst im Horizont der biblischen Texte entwickelt wurde, sondern aus dem Bereich der Geschichtswissenschaft und der allgemeinen Philologie stammt. Da die Bibel als historisch-theologisches Dokument ebenfalls den historischen Quellen zuzurechnen ist, kann die Methode ohne Weiteres auf diese Texte übertragen werden. Dabei darf allerdings nicht übersehen werden, dass es sich bei der Bibel nicht nur und auch nicht

historisch-kritische Methode

vorrangig um ein historisches Dokument handelt, sondern um ein theologisches. Mit anderen Worten: Man wird bei der Interpretation der Texte die Methodik behutsam anwenden müssen. Dabei gilt ein wesentlicher Grundsatz: Die Texte müssen die Fragen stellen, nicht die Ausleger. Was das bedeutet, soll im folgenden kurzen Durchgang durch die einzelnen Fragestellungen an Beispielen gezeigt werden.

Textkritik Wer häufiger den Gottesdienst besucht, wird in der Eingangsliturgie eine auffällige Beobachtung machen. Da heißt es einmal: „Ehre sei Gott in der Höhe und den Menschen ein Wohlgefallen", ein anderes Mal „... bei den Menschen seines Wohlgefallens." Diese Differenz geht nicht zurück auf die persönliche Vorliebe der Pfarrerin oder auf verschiedene Übersetzungen, sondern hat ihren Grund in der Textüberlieferung selbst. Wir stehen vor der Situation, dass wir nicht den „Urtext" haben, sondern über eine Vielzahl antiker und mittelalterlicher Texte verfügen, die im Detail z. T. voneinander abweichen. Die Textkritik versucht mit der Methode der allgemeinen Philologie die vermutete ursprüngliche Fassung – d. h. in diesem Fall in der Regel die Fassung, die bei der Kanonisierung vorlag – zu rekonstruieren. Dabei lässt sich zwar keine absolute Sicherheit, wohl aber ein hoher Grad an Wahrscheinlichkeit erreichen. Gründe für abweichende Textfassungen können bewusster oder unbewusster Natur sein. So wurden bis zur Erfindung des Buchdrucks Texte durch Abschreiben kopiert. Dabei schleichen sich oft selbst bei genauester Kontrolle Fehler ein, die dann weitergetragen werden. Dazu kommt, dass viele Texte in einem schlechten äußeren Zustand sind. Zu den beabsichtigten Veränderungen gehören sachliche oder dogmatische vermeintliche „Verbesserungen" einiger für die Überlieferer schwer verstehbarer oder anstößiger Texte.

Literarkritik Ist diese Aufgabe erledigt, ergibt sich mitunter ein immer noch unbefriedigendes Bild. Liest man z. B. die Sintfluterzählung Gen 6–9, fällt auch dem ungeübten Leser auf, dass es hier von Widersprüchen und Doppelungen nur so wimmelt. Diesem Befund, der in vielen Texten zu beobachten ist, wendet sich die Literarkritik zu. Zunächst geht es um die Wahrnehmung von Doppelungen, Widersprüchen und Brüchen. Ist der Befund positiv, stellt sich die Frage nach der Entstehungsgeschichte der Texte. Im Fall von Gen 6–9 geht man allgemein davon aus, dass der uns heute vorliegende Text aus verschiedenen Quellen durch einen Dritten, einen Redaktor, zusammengefügt worden ist. Dass dabei kein glatter Text entstanden ist, spricht nicht gegen diese Vermutung. Man muss an dieser Stelle die Geisteswelt des Alten Orients berücksichtigen. Wo wir heute analytisch an ein Problem herangehen, dachten die Menschen des Alten Orients synthetisch. Die ganze Wahrheit einer Sache ergab sich erst durch die Einbeziehung möglichst vieler Fakten bzw. Sichtweisen, auch wenn am Ende nach unserem Verständnis Widersprüchliches zusammenkommt. Darüber hinaus kennt der Alte Orient nicht die Idee des geistigen Eigentums, sodass die Verwendung älterer Überlieferungen in einem eigenen neuen Zusammenhang kein Problem darstellte.

Nun lassen sich so nicht alle Probleme lösen. Versucht man zum Beispiel den Text Gen 32,23–32, der viele Merkwürdigkeiten enthält, unter literarkritischen Gesichtspunkten zu verstehen, stößt man schnell an eine Grenze. Egal, welchen Aspekt man literarkritisch auszuscheiden versucht, es bleibt immer ein Torso übrig, und am Ende ist die Unklarheit größer als vorher. An dieser Stelle kommt die Frage nach der mündlichen Überlieferung ins Spiel. Wir können davon ausgehen, dass im Alten Orient vieles zunächst mündlich überliefert wurde – und das über einen langen Zeitraum von durchaus mehreren Jahrhunderten. Dabei waren solche mündlichen Überlieferungen nicht den Veränderungen unterworfen, die wir für heutige Verhältnisse beobachten können. In einer Kultur, die weniger schrieb als erzählte, kommt der mündlichen Tradition ein großes Gewicht zu. Geht man unter diesem Gesichtspunkt an Gen 32,23–32 heran, wird die Erzählung transparent. So lässt sich gut erkennen, wie aus einer vermutlich vorisraelitischen Sage von der Gefährlichkeit der Flussüberquerung eine israelitische Geschichte vom Kampf des Erzvaters Jakob mit seinem Gott geworden ist – anders ist das Gottesbild, wonach der Gott des AT als mehr oder weniger erfolgreicher Ringkämpfer auftritt, kaum zu erklären. Die Überlieferungskritik berücksichtigt auch die Tatsache der Aufnahme

Überlieferungskritik

altorientalischen Gedankenguts in die israelitische Geschichte und Religion sowie die Tatsache, dass einige Überlieferungen von Natur aus zunächst mündlicher Natur waren, wie etwa einzelne Weisheitssprüche oder die ursprünglichen Worte der Propheten.

Formkritik Die bisherigen Arbeitsschritte dienten der Nachzeichnung der Entstehungsgeschichte eines Texts von einer möglichen mündlichen Tradition hin zur heutigen Endgestalt. Die Formkritik hingegen betrachtet den Endtext – und ggf. seine festgestellten Vorstufen – als Ganzes. Sie beruht auf der Beobachtung, dass Form und Inhalt eines Textes in der Regel korrespondieren, dass also eine bestimmte Form einen bestimmten Inhalt transportiert. Ein klassisches Beispiel aus unserer Zeit ist die Todesanzeige in der Tageszeitung. Der Inhalt versteht sich angesichts der klaren Form von selbst. Ähnlich ist es z. B. beim Märchen: Erzählungen, die mit „Es war einmal ..." beginnen und von unbestimmten Personen handeln, die weder Ort noch Zeit konkret benennen, wird niemand für einen historischen Bericht halten, sondern für das, was sie wirklich sind – Märchen, die unterhalten wollen und für eine bestimmte Moral werben. Der „Sitz im Leben" ist hier also eindeutig und ergibt sich aus Form und Inhalt.

Für die Welt des AT ist der Formzwang eher noch größer als bei der Gegenwartsliteratur. Psalmen, Weisheitssprüche, Gerichtsworte der Propheten, aber auch die Erzählungen der Genesis folgen bestimmten formalen Regeln, die Rückschlüsse auf ihre Verwendung und damit ihre sachgerechte Interpretation zulassen.

Besonders deutlich wird der Sachverhalt da, wo außerbiblische Quellen dem selben Formzwang folgen wie die biblischen Texte. So folgt ein Rechtssatz wie z. B. Ex 22,4 exakt der Form des Codex Hammurabi, der wohl wichtigsten Rechtssammlung des Alten Orients aus dem 17. Jh. v. Chr. in Babylonien. Form und Inhalt zeigen deutlich den Sitz im Leben. Es geht um allgemeine Rechtsprechung ohne spezifisch religiösen Hintergrund. Gleichzeitig erlaubt der Inhalt Rückschlüsse auf die Entstehungszeit und den sozialgeschichtlichen Hintergrund der damaligen Gesellschaft.

Eindrucksvoll ist der Beitrag der Formgeschichte bei den Erzeltern-Erzählungen in Gen 12–36. Aufgrund bestimmter sich wiederholender Merkmale sind sie mehrheitlich als ätiologische Sagen (aitios [griech.] = Grund, Ursache) zu kennzeichnen. Viele von ihnen enden mit der Bemerkung „... deshalb ist das so bis auf den heutigen Tag." Diese Geschichten wollen von sich aus also nicht als historische Tatsachenberichte gelesen werden. Es geht vielmehr um die Erklärung bestimmter Gegebenheiten oder Bräuche der Zeit des Erzählers. Wohl haben sie einen – oft verborgenen – historischen Kern; es wäre aber verfehlt, die einzelnen Erzählzüge historisch ausdeuten zu wollen.

Dass die Bibel sich selbst auslegt (so eine Bemerkung Martin Luthers) wird in keinem Arbeitsschritt so deutlich wie in der Traditionskritik. Häufig ist zu beobachten, dass die Verfasser geprägte Redewendungen bis hin zu komplexen geprägten Vorstellungen zitieren und in den Dienst ihrer eigenen Aussage stellen. Ein schönes Beispiel ist die theologische Einleitung des Dekalogs (= 10 Gebote, griech.: deka = 10, logos = Wort) in Ex 20,2. Gott stellt sich vor als derjenige, „... der ich dich aus Ägyptenland, aus der Knechtschaft, geführt habe." Für jeden Israeliten, der das las, war sofort klar, was damit gemeint war: Es geht um die große Rettungstat Gottes an seinem Volk, die Befreiung von der Sklaverei in Ägypten. Dieses Ereignis wird historisch wie theologisch zur Geburtsstunde Israels und begründet das besondere Gottesverhältnis Israels. Wenn im Dekalog darauf Bezug genommen wird, dann ist den ursprünglichen Lesern sofort bewusst, dass die folgenden Gebote weniger Forderung Gottes gegen sein Volk sind, sondern eher eine natürliche Folge dieser grundlegenden Tat. Wer Gott in dieser Weise als Befreier empfunden hat wird – automatisch – keinen anderen Gott haben, den Namen Gottes nicht missbrauchen, nicht töten usw. Die Traditionsgeschichte bemüht sich darum, solche Traditionen in den Texten aufzuspüren, ihren Ursprung zu bestimmen und ihre Funktion im vorliegenden Textzusammenhang deutlich zu machen. Das gilt innerhalb der atl. Literatur, die immerhin einen Zeitraum von ca. 1000 Jahren umfasst, dann aber natürlich auch für den Zusammenhang von AT und NT.

Traditionskritik

Redaktions-kritik

Der letzte Arbeitsschritt der klassischen Exegese, die Redaktionskritik, ist das synthetische Gegenstück zur analytischen Literarkritik. Dort ging es darum, offensichtliche Widersprüche, Brüche oder Doppelungen herauszuarbeiten. Die Redaktionskritik geht den umgekehrten Weg: Sie nimmt das Ergebnis der Literarkritik – und ggf. der Überlieferungskritik – auf und beschreibt die Entwicklung des Texts bis hin zur vorliegenden Endgestalt. Dabei bleibt es aber nicht bei der reinen Beschreibung des Redaktionsvorgangs, sondern es geht darum, die Veränderungen der Aussageabsicht und den jeweiligen historischen Ort der Redaktoren deutlich werden zu lassen. So sehen wir z. B. heute, dass die Prophetenbücher in aller Regel über einen Zeitraum von mehreren hundert Jahren gewachsen sind. Fragte man früher allein nach der ursprünglichen Botschaft des prophetischen Individuums, so ist heute das Buch als Ganzes – in der Form, wie wir es vorliegen haben – von besonderem Interesse. Worum es geht, kann man z. B. am Amosbuch und seinen verschiedenen Wachstumsstufen gut erkennen. Amos war als Prophet mit einer unbedingten Gerichtsbotschaft um das Jahr 760 v. Chr. ursprünglich in das Nordreich Israel gesandt worden. Als das Buch dann nach dem Untergang Israels nach Juda kam, wurde es von dortigen Theologen überarbeitet und auf die Situation in Juda hin aktualisiert. Man könnte sagen, es wurde ausgelegt, ein Vorgang, der in jeder Predigt ähnlich geschieht, nur dass wir die Bibel nicht fortschreiben. In der Zeit des Exils im 6. Jh. v. Chr. tragen Spätere, die sogenannten Deuteronomisten, ihre theologischen Gedanken ein, indem sie aus der ursprünglichen unbedingten Gerichtsansage des Amos eine Umkehrpredigt machen – für die Zeit des 6. Jh. theologisch überlebensnotwendig. Die Redaktionskritik versucht das nachzuzeichnen und die verschiedenen Aussagehorizonte herauszuarbeiten.

Gesamtinterpretation

Am Ende der exegetischen Einzelschritte steht die Gesamtinterpretation eines Textabschnitts. Dabei werden die Ergebnisse der einzelnen Arbeitsschritte zusammengefasst und zueinander in Beziehung gesetzt, sodass sich ein Gesamtbild der Entstehungsgeschichte des Texts ergibt. Gleichzeitig geht es um seine zentralen theologischen Aussagen im Kontext seines historischen Horizontes. Der Ausleger wird hier also quasi zum Anwalt des Texts bzw. der hinter ihm stehenden Überlieferer, Tradenten, Verfasser, Redaktoren etc. Damit ist aber zugleich die Grenze der historisch-kritischen Methode beschrieben, die vor allem im 20. Jh. zu anhaltender Kritik und zu Modifizierungen geführt hat. Diese Methode wird einen Text eben immer nur in seinem historischen Kontext auslegen können. Damit ist der wissenschaftlichen Neugierde und Redlichkeit zugleich Genüge getan; ob und wie der Text aber in unsere Gegenwart hinein spricht und wie sich Überlieferung und Gegenwart zueinander verhalten, ist damit noch nicht gesagt, kurz: die eigentliche theologische Arbeit beginnt jetzt erst.

2. Erweiterte Fragestellungen

Teils aus dem eben beschriebenen Mangel der historisch-kritischen Methode, teils aus veränderten gesellschaftlichen Bedingungen unserer Zeit heraus haben sich in der zweiten Hälfte des 20. Jh. alternative Zugangs- bzw. Frageweisen zu den biblischen Texten ergeben, die kurz skizziert werden sollen. Allen neueren Fragestellungen geht es weniger um die historische Dimension, sondern um ein gesellschaftlich-ideologisches Gegenwartsproblem. Auch wenn bisweilen behauptet wird, diese Fragestellungen wollten nicht alternativ, sondern komplementär zur historisch-kritischen Methode verstanden sein, so war doch in ihren Anfängen an einen Ersatz dieser Methode gedacht. Mit einigem Abstand und der Weiterentwicklung dieser Fragestellungen ist heute eher daran zu denken, sie in die historisch-kritische Exegese zu integrieren bzw. deren Fragerichtung zu flankieren, um so zu einem der Gegenwart adäquaten Ergebnis zu gelangen.

veränderte Fragerichtung

Anders als bei der historisch-kritischen Exegese, die sich verschiedener historischer und philologischer Methoden bedient, steht bei den alternativen Zugangsweisen eine bestimmte Fragestellung im Vordergrund. Eine spezielle Methodik ist nicht immer klar auszumachen. Hinzu kommt die besondere Interessenlage der Forscher. Einerseits geht es darum, in den biblischen Texten eine neue, bis dahin nicht (genügend) beachtete Dimension wahrzunehmen. Andererseits zielen diese neuen Zugangs-

Methodik

wege aber auch auf eine aus diesen Beobachtungen geforderte Veränderung von Kirche und Gesellschaft.

sozialgeschichtliche Exegese

Das zeigt sich besonders deutlich an der ältesten dieser neuen Fragestellungen, der sozialgeschichtlichen Exegese, deren Hintergrund die vor allem in Lateinamerika entstandene Befreiungstheologie bildet. Einerseits wird versucht, die gesellschaftlichen, sozialen und ökonomischen Hintergründe der biblischen Texte zu erhellen, um so zu einem realistischen Bild der damaligen Lebensverhältnisse zu gelangen, was wiederum dem Verstehen der biblischen Aussagen hilft. Andererseits zielt die Fragestellung aber bei vielen ihrer Vertreter auf verändertes soziales und politisches Verhalten in der Gegenwart. Wie bei allen exegetischen Arbeitsweisen liegt auch hier die Gefahr darin, dass die Art der Fragestellung das Ergebnis mit beeinflusst (der sogenannte „hermeneutische Zirkel" (Hermeneutik: griech. = Lehre vom Verstehen).

feministische Exegese

Das gilt auch für die feministische Exegese. Über Jahrhunderte hinweg waren Kirche und Theologie männlich dominiert. Das hatte auch Auswirkungen darauf, wie biblische Texte rezipiert und Kirchen organisiert wurden. Seit den 1970er-Jahren wurden in der Folge der feministischen Bewegung vor allem in Westeuropa und Nordamerika deren Anliegen in die Kirche und damit auch in die Bibelauslegung getragen. Auch hier galt es zunächst, die Rolle von Frauen in biblischen Texten (genauer) wahrzunehmen und exegetisch-theologisch zu berücksichtigen. Darüber hinaus wurden weibliche Elemente überhaupt deutlicher herausgestellt. Dadurch ergab sich ein anderer Blick auch auf die alttestamentliche Religion, besonders deutlich etwa beim Gottesbild. Bei vielen Vertreterinnen dieser Richtung stand und steht eine Veränderung des gesellschaftlichen Bewusstseins – z. T. mit einem Fokus auf die Kirche –, der Rollenbilder und des Rollenverhaltens im Zentrum des Interesses.

tiefenpsychologische Exegese

Nach vereinzelten Versuchen im 20. Jh. hat vor allem der Theologe und Psychotherapeut Eugen Drewermann in den 1980er-Jahren versucht, eine tiefenpsychologisch begründete Auslegung biblischer Texte zu etablieren. Drewermann stützt sich dabei (fast ausschließlich) auf die Thesen des Psychoanalytikers C.G. Jung. Bei ihm spielt das kollektive Unterbewusste in Form der sogenannten Archetypen eine zentrale Rolle. Danach gibt es gewisse unterbewusste Grundkonstanten, die für Menschen zu allen Zeiten und an allen Orten bestimmend sind. Diese sieht Drewermann auch in den biblischen Texten gegenwärtig. Seine Bibelauslegung bringt zum Teil faszinierende Ergebnisse, die vor allem im Bereich von Predigt und Seelsorge eine Rolle spielen können. Allerdings bleibt der geschichtliche Horizont völlig unberücksichtigt, was angesichts des Jungschen Modells auch nicht anders zu erwarten ist. Ob man damit vor allem alttestamentlichen Texten mit ihrer ausdrücklichen Geschichtsbezogenheit gerecht wird, ist zu bezweifeln. Außerdem bleibt der spezifisch religiöse Gehalt der Texte oft blass. Inzwischen ist man aber auch hier weitergekommen. So werden die Ergebnisse der traditionellen Exegese stärker berücksichtigt. Auch die einseitige Ausrichtung an C.G. Jung hat sich nicht durchgesetzt, sodass die (tiefen–)psychologische Exegese heute im Dialog mit der historisch-kritischen Exegese interessante Aspekte der biblischen Texte zur Sprache bringt. Was sie nicht leisten kann, ist ein Psychogramm der biblischen Personen zu erstellen. Die biblischen Autoren waren – sofern sie überhaupt historisch verwertbare Informationen liefern – am Seelenleben ihrer Figuren nicht interessiert.

Als Ergebnis der neueren Forschung bleibt festzuhalten, dass die historisch-kritische Exegese in der Lage ist, neue Fragestellungen zu integrieren. Wo das gelingt, führt es in der Regel zu einer erweiterten Sicht und zu einem tieferen Verständnis der biblischen Überlieferung und erhöht ihre Sprachfähigkeit in unserer Gegenwart.

3. *Alternative Zugangswege*

Anders als bei den eben skizzierten Fragestellungen handelt es sich hier um Alternativen zur historisch-kritischen Exegese, die sich in diese nicht integrieren lassen. Ihnen ist gemeinsam ein zunehmendes Unbehagen gegenüber der historisch-kritischen Exegese, die in ihren Auswüchsen ja tatsächlich manchmal zu einer Atomisierung der Texte geführt hat, welche deren inneren

Zusammenhang und theologischen Gehalt eher verdunkelt als erhellt.

sprachwissenschaftlicher Zugang

Zu nennen ist hier zunächst die literaturwissenschaftliche bzw. linguistische Exegese. Dieser Zugang will die biblischen Texte mit den Methoden der modernen Sprachwissenschaft untersuchen. Arbeiten aus dieser Schule sind oft sehr umfangreich und für den in diesem Wissenschaftszweig Ungeübten schwer zu lesen. Die Ergebnisse sind gemessen am Aufwand oft relativ schmal. Insgesamt kann man fragen, ob Texte, die in einem völlig anderen sozio-kulturellen und sprachlichen Umfeld entstanden sind, mit Methoden angemessen erfasst werden können, die für neuzeitliche Texte in modernen, westlichen Sprachen entwickelt wurden.

synchrone Zugangswege

Auch die letzte hier zu nennende Gruppe von neuen Auslegungsmethoden versucht, die biblischen Texte als Einheit wahrzunehmen und zu verstehen. Es geht um Begriffe wie holistische Exegese, synchrone Exegese, „close reading" oder auch „canonical approach". Auch wenn sich diese Methoden im Detail unterscheiden, so sind sie sich darin einig, dass wir den biblischen Text heute in eben der vorliegenden Gestalt vor uns haben und dass uns genau dieser Textbestand zu interessieren hat. Auch wenn der dahinter stehende Wachstumsprozess nicht unbedingt geleugnet wird, so wird ihm aber eine Bedeutung für heutiges Verstehen weitgehend abgesprochen. Richtig an dieser Sichtweise ist, dass die Endgestalt der Texte in ihrem kanonischen Zusammenhang einen Sinn hat und die Texte in eben dieser Endgestalt nicht Zufallsprodukte sind, sondern in dieser Form auf bewusste Gestaltung zurückgehen – die historisch-kritische Exegese hat das oft vernachlässigt. Allerdings lässt sich nicht jeder Bruch und jeder Widerspruch auf diesem Weg erklären bzw. aushalten. So muss auch ein ganzheitlicher Zugangsweg an einigen Stellen Kompromisse machen oder aber bestimmte Probleme in den Texten ausblenden. Es bleibt zu wünschen, dass sich die eher diachrone historisch-kritische Exegese und die synchrone Betrachtungsweise einander annähern, um die biblische Überlieferung in all ihren Facetten für jede neue Epoche theologisch fruchtbar zu machen.

Fragen:

1. Was nötigt zur wissenschaftlichen Beschäftigung mit dem Alten Testament?
2. Können Sie Vorzüge und Nachteile der historisch-kritischen Exegese benennen?
3. Welche Alternativen zur historisch-kritischen Exegese gibt es; welches sind deren Vorzüge und Probleme?

Fragen

1.3 Welt und Umwelt des Alten Testaments

1. Das Land „Israel"

Auf der Landkarte des Vorderen Orients nimmt Israel nur wenig Raum ein. Es bildet gemeinsam mit dem im Norden anschließenden Syrien bzw. den Aramäerstaaten der Antike eine relativ schmale Landbrücke zwischen Ägypten im Süden und dem Reich der Hethiter im Norden (Anatolien) bzw. den Reichen Mesopotamiens (griech.: mesos = Mitte, potamos = Strom, gemeint sind Euphrat und Tigris) im Nordosten. Es ist somit Teil des sog. fruchtbaren Halbmondes, einem sichelförmigen zusammenhängenden Gebiet diesseits der großen Wüsten. Begrenzt wird das Land nach Westen hin durch das Mittelmeer, das hier allerdings kaum Möglichkeiten für natürliche Häfen bietet. Nach Osten ist das Land begrenzt durch den tiefen Einschnitt des Jordangrabens, einer Fortsetzung des afrikanischen Grabenbruchs. Auch wenn im 1. Jahrtausend v. Chr. einzelne israelitische Stämme auf der ostjordanischen Hochebene lebten, so bildet der Jordan doch die wesentliche Grenze. In der Nord-Süd-Erstreckung nennt das AT die Städte Dan im Norden und Beerseba im Süden als Grenzpunkte. Damit dürfte für eine längere Periode der Geschichte Israels die Ausdehnung richtig beschrieben sein.

geografische Ausdehnung Israels

Dieses so beschriebene Gebiet war für die vorderorientalischen Großmächte nur strategisch, kaum aber wirtschaftlich oder kulturell interessant. Zwei große antike Handels- und Militärstraßen führen an seinen Rändern entlang. Die Straße am Meer (via maris) führt von Ägypten kommend durch die Küstenebene, überquert bei Megiddo das Karmelgebirge und geht

Infrastruktur und Topografie

weiter über Damaskus und Palmyra ins Zweistromland. Auf der anderen Seite führt der „Königsweg" ebenfalls von Ägypten kommend über Kadesch an der äußersten Südgrenze auf die ostjordanische Hochebene und von dort ebenfalls weiter über Damaskus und Palmyra nach Mesopotamien. Das israelitische Kernland wird von beiden großen Wegen nicht berührt; lediglich Stichstraßen führen von der via maris ins israelitische Bergland. Dieses Bergland steigt von der Küstenebene kommend langsam an und fällt zum Jordangraben nach Osten steil ab. Die wesentlichen Siedlungsgebiete Israels und seine lokalen Zentren wie etwa Sichem, Bethel oder Silo liegen im Bergland, das in vorisraelitischer Zeit eher dünn besiedelt war. Die wenigen fruchtbaren Ebenen um Betschean, Jericho oder Jesreel sowie die Küstenebene waren zunächst von anderen Völkern besiedelt, ebenso wie die spätere Hauptstadt Jerusalem, die vorisraelitisch keine besondere Rolle spielte.

Wirtschaft Das Land mit seinen Verkehrswegen war für die Großmächte, vor allem Ägypten, als Aufmarschgebiet und als Pufferzone interessant. Wirtschaftlich aber spielte es keine besondere Rolle. Bodenschätze fehlen, und abgesehen von den Ebenen war die Landwirtschaft nicht sonderlich ertragreich. Vor allem Getreide, Wein und Öl werden erwirtschaftet. Zum Teil musste dazu das Bergland gerodet und terrassiert werden, um genügend Fläche für die Ernährung der Bevölkerung zu erhalten. Dazu kommt die Abhängigkeit vom Regen, der sich von Westen kommend an den Steigungen abregnet und das Bergland deutlich weniger versorgt. Wenn im AT öfter vom „Land wo Milch und Honig fließen" die Rede ist, so ist das die Perspektive von Nomaden oder Halbnomaden, die am Rande des Kulturlandes oder in den angrenzenden Wüstengebieten leben – für die Ägypter oder die Bewohner Mesopotamiens stellte sich das anders dar. Da mit dem Handel in der Regel auch der Kulturaustausch betrieben wird, müssen wir davon ausgehen, dass auch hier kein so intensiver Austausch stattfand wie etwa zwischen den Großreichen, wenngleich man auf der anderen Seite diesen Austausch auch nicht völlig leugnen kann.

2. Kanaan – Israel – Juda – Palästina

In der alttestamentlichen Literatur zeigt sich hinsichtlich der Bezeichnung des Landes eine gewisse Uneinheitlichkeit. Dieses Problem zieht sich bis in die Sekundärliteratur hinein fort, sodass es nötig ist, die Begrifflichkeit grundsätzlich zu klären. Hinzu kommt, dass das Problem der unterschiedlichen Bezeichnungen bis in die Gegenwart von politischer Bedeutung bzw. Brisanz ist. In der ungeklärten Situation zwischen Israel und den Palästinensern macht es einen erheblichen Unterschied, wie man welchen Teil des Landes gerade benennt. Da dieses Problem – zumindest sprachlich – seine Ursachen im alttestamentlichen Text hat, sei kurz darauf eingegangen.

Kanaan beschreibt in den Quellen einen Landstrich zwischen dem Mittelmeer und dem Jordangraben. Nach Süden hin wird er durch Ägypten begrenzt, seine nördliche Ausdehnung reicht etwa bis Byblos. Dieses Gebiet gehörte im 2. Jahrtausend v. Chr. in die ägyptische Einflusssphäre. Im AT wird mit Kanaan das Land bezeichnet, das die Israeliten später besiedeln. Wichtiger wird die Benennung der alteingesessenen Bevölkerung als Kanaanäer. Dabei handelt es sich mehr um einen Sammelbegriff für all diejenigen Menschen, die weiter im Lande wohnen und nicht israelitischen Ursprungs sind; der Begriff wird auch ausgeweitet und bezieht u. a. die Phönizier mit ein. Vor allem im religiösen Bereich spielt die Abgrenzung gegenüber den Kanaanäern eine Rolle.

Kanaan

Äußerst wechselvoll ist der Gebrauch des Namens Israel. Erstmals taucht er auf einer Stele des ägyptischen Pharaos Merneptah im Jahr 1209 v. Chr. auf und bezeichnet eine Gruppe von Menschen – nicht etwa ein Land oder einen Staat. In der Richterzeit (1200–1000 v. Chr.) scheint Israel die Selbstbezeichnung eines Stämmeverbandes zu sein, der im Wesentlichen das Gebiet nördlich von Jerusalem bewohnt. Der Name geht mit dem Königtum über auf den jetzt entstehenden Staat. Nach der Auflösung der Personalunion und der Abtrennung Judas verbleibt der Name beim Nordreich. Nach dem Untergang 722 v. Chr. kann er auch für das Südreich Juda gebraucht werden, wird aber mehr

Israel

für eine ideelle Größe als „Volk Israel" mit der Konnotation einer religiösen Gemeinschaft benutzt. In der persischen und späteren Zeit wird auch der Begriff Samaria für das Nordreich gebraucht. Samaria war lange die Hauptstadt des Nordens und taucht ntl. bei dem bis heute sprichwörtlichen Samariter (eigentlich: Samaritaner) auf.

Juda Juda ist zunächst der Name des größten Stammes des südlichen Teils des ehemaligen Kanaan. Vor der Zusammenführung unter David führt das südliche Königreich diesen Namen. Nach der Trennung nimmt es diesen Namen wieder an. Er überdauert die Geschichte des Königtums, und in nachexilischer Zeit gibt es eine vom Norden unabhängige Provinz „Jehud" im persischen Großreich. Jehud bzw. Juda oder Judäa existiert unter wechselnder Herrschaft und mit unterschiedlicher Ausdehnung bis in die römische Zeit. Nach der Niederschlagung des Bar-Kochba-Aufstands 135 n. Chr. benennen die Römer die Provinz um in Syrien-Palästina, sicher nicht ohne Kenntnis der israelitischen Geschichtsschreibung, in der die Philister zu den Feinden Israels schlechthin stilisiert wurden.

Der Name Juda lebt heute vor allem in der Bezeichnung der Juden fort und deutet die Schwierigkeit an, die darin steckt. Denn hier ist jeweils zu fragen, ob der ethnische oder der religiöse Aspekt im Vordergrund stehen. Wer heute diese Begriffe gebraucht, muss sich über die jeweils spezifische Verwendung klar werden. Das gilt auch für den nächsten Begriff.

Palästina Palästina bzw. Philistäa bezeichnet zunächst einen Landstrich an der südlichen Küste nördlich der ägyptischen Grenze, wo sich die Philister, ein Teil der sogenannten Seevölkerbewegung, im 12. Jh. v. Chr. mit mehr oder weniger erzwungener Duldung der Ägypter niedergelassen hatten. Nach anfänglich harten Auseinandersetzungen mit Israel spielen sie im weiteren Verlauf der gemeinsamen Geschichte keine größere Rolle mehr. Erst unter römischer Besatzung tritt der Name wieder in den Vordergrund. Die heutigen Palästinenser haben ethnologisch-geschichtlich mit den aus der Ägäis stammenden Philistern der Bibel bis auf den Namen nichts gemein.

3. Der Vordere Orient im 2. und 1. Jahrtausend v. Chr.

Als Israel auf der Weltbühne erscheint, ist die uns bekannte Geschichte des Vorderen Orients bereits mehrere hundert bis tausend Jahre alt. Dabei ist die religiöse (und politische) Bedeutung, die Israel in der Zukunft spielen wird, während des 1. Jahrtausends v. Chr. noch nicht zu erahnen. Aufgrund der geopolitischen Lage und der politischen, wirtschaftlichen und kulturellen Struktur der syro-phönizischen Landbrücke sind Kanaan und später Israel für die vorderorientalischen Großmächte nur von peripherer Bedeutung.

Die Machtzentren des Vorderen Orients finden sich im 2. Jahrtausend v. Chr. in Ägypten, Mesopotamien und im Hethiterreich. Das Verhältnis dieser Mächte zueinander bestimmt die Geschichte im Wesentlichen. Ägypten tritt Anfang des 3. Jahrtausends v. Chr. in das Rampenlicht durch die Zusammenführung von Ober- und Unterägypten. Das 3. Jahrtausend ist die klassische Epoche des Landes am Nil. In dieser Zeit entwickeln sich die Hieroglyphenschrift, eine differenzierte öffentliche Verwaltung und die Theologie, wobei der Aspekt der Weisheit (in Gestalt der Göttin Maat) eine besondere Rolle spielt. Es entstehen Monumentalbauten wie die Pyramiden, und die Schriftkultur erlebt eine Blüte, deren Zeugnisse bis heute Museumsbesucher und Forscher gleichermaßen beeindrucken. Auch wenn die Geschichte Ägyptens nicht einlinig verläuft und es immer wieder Krisenzeiten gegeben hat (die sog. Zwischenzeiten zwischen dem Alten, Mittleren und Neuen Reich), so hat sich die ägyptische Vorherrschaft im westlichen Teil des Vorderen Orients weitgehend behauptet. Erst während der sog. Spätzeit, dem 1. Jahrtausend v. Chr., ist sie deutlich abgeschwächt.

Ägypten

Dass Ägypten zu solch frühen und hohen Kulturleistungen fähig war, hat viel mit dem Klima und der Vegetation des Landes zu tun. Ägypten, das in der Antike und heute nur zu etwa vier Prozent der Gesamtfläche urbar ist, verdankt seinen Reichtum dem Nil. Die jährlichen Überschwemmungen machten das Land am Fluss sowie im Delta besonders fruchtbar.

Ähnlich begünstigt von der Natur war auch das Zweistromland, das sich allerdings politisch deutlich uneinheitlicher dar-

Mesopotamien

stellt als Ägypten. Hier kämpfen teils Stadtstaaten, teils Territorialstaaten um die jeweilige Vorherrschaft. Nachdem im 3. Jahrtausend v. Chr. vor allem die Reiche von Sumer und Akkad im Vordergrund stehen, sind es im 2. und 1. Jahrtausend v. Chr. Assyrien im Norden und Babylonien im Süden. Beide Reiche wechseln sich in der Vorherrschaft ab. Der Norden ist fruchtbar durch ausreichend Regen, im Süden organisiert der Staat die Kanalbauwirtschaft, von der u. a. einschlägige Gesetze des Codex Hamurabi zeugen, eines der bedeutendsten Gesetzeswerke der Antike, mit dem Hamurabi, einer der berühmtesten Könige Babyloniens, das Recht in seinem neu entstehenden Großreich zu vereinheitlichen suchte. Spuren des Codex Hamurabi finden sich auch in den Gesetzeswerken des AT (Ex 21–23).

Nach einer wechselvollen Geschichte wird die babylonische Herrschaft 539 v. Chr. durch den persischen König Kyros beendet. Die Perser wiederum werden 333 v. Chr. (Schlacht bei Issos) von den Griechen in Gestalt Alexanders des Großen besiegt – das Zeitalter des Hellenismus beginnt.

Auch die Bewohner Mesopotamiens haben wie die Ägypter bereits im 3. Jahrtausend v. Chr. eine frühe Hochkultur entwickelt. Dazu gehört die sumerische Schrift, die in ihrer frühen Form dem Ägyptischen gleicht. Das spätere Akkadisch, eine Keilschrift mit Silbenzeichen, wird für lange Zeit im Vorderen Orient die maßgebliche internationale Sprache. Erst später wird sie durch das Aramäische verdrängt. Aramäisch hat gegenüber dem Akkadischen den entscheidenden Vorteil, dass es sich um eine Buchstabenschrift handelt; sie geht letzten Endes auf die Phönizier zurück. Auch in Mesopotamien entwickelt sich früh eine öffentliche Verwaltung und ein differenziertes religiöses System, das wie in Ägypten deutlich polytheistisch (Existenz mehrerer Götter und Göttinnen mit bestimmten „Ressorts") orientiert ist. Die Babylonier beschäftigen sich vor allem mit Zukunftsdeutung, besonders mit Sterndeutung (einer Mischung aus Astrologie und Astronomie), sodass der Begriff „Sterndeuter" zum Begriff für Babylonier schlechthin wird.

Hethiter Das Reich der Hethiter in der heutigen Osttürkei, die im Gegensatz zu Ägyptern und den Bewohnern Mesopotamiens indogermanischen Ursprungs sind, hat seine Blütezeit im 2. Jahrtausend v. Chr. In dieser Epoche sind die Hethiter zeitweise Ägypten mindestens ebenbürtig. Rätselhaft ist das plötzliche Ende ihrer Herrschaft um 1200 v. Chr., das mit dem Auftreten der Seevölker (aus der Ägäis stammend) in Verbindung gebracht wird.

Zwischen Israel und dem Vorderen Orient hat es einen stärkeren Kulturaustausch gegeben, als man zunächst vermuten möchte. Viele biblische Überlieferungen sind von den religiösen Vorstellungen der Umwelt beeinflusst, allerdings nicht ohne in die spezifische Theologie Israels umgearbeitet worden zu sein. Das ging in der Forschungsgeschichte so weit, dass man die Umwelteinflüsse höher einschätzte als die Eigenleistung der israelitischen Theologie. Ausführlich diskutiert wurde das im sogenannten „Bibel-Babel-Streit" am Ende des 19. Jh. n. Chr. Nachdem unsere Kenntnis auch der Umwelt Israels heute besser ist als vor 100 Jahren, wird das Verhältnis von Israel und seiner Umwelt deutlich differenzierter gesehen.

Fragen:

1. Verschaffen Sie sich anhand einer Landkarte (etwa aus der Bibel) einen Überblick über die Geografie Israels.
2. Welche Gedanken verbinden Sie mit den Begriffen Israel, Juda und Palästina?
3. Versuchen Sie, anhand einer Karte des Vorderen Orients die Situation dieser Region in der Antike und in der Gegenwart zu überblicken.

Fragen

1.4 Geschichte Israels

1. Das Alte Testament als Geschichtsquelle

Das AT ist (k)ein Geschichtsbuch. Dieser Satz stimmt so und so, und er stimmt auch nicht. Zunächst einmal kann man feststellen, dass sich die Theologie Israels und hier besonders das Gottesbild und damit zusammenhängend das Bewusstsein für geschichtliche Prozesse weitgehend von den Glaubensvorstellungen der direkten Umwelt unterscheidet. So waren etwa die Götter Kanaans eng mit dem Jahreslauf der Natur, mit dem Wechsel der

Geschichte und Religion

Jahreszeiten, mit Saat, Ernte und Brache verbunden. Die religiösen Feste waren agrarisch geprägt, alles war auf die Wiederkehr des Gleichen abgestellt. Baal, der spätere Hauptgott, stirbt und ersteht mit dem Wechsel der Jahreszeiten. Als Israel in diese Kultur eintritt, übernimmt es zwar die bäuerlichen kanaanäischen Feste, verbindet sie aber mit Ereignissen aus der eigenen Geschichte. Grob könnte man sagen: Die Vorstellungen der Umwelt sind zyklisch angelegt, die Israels linear. Von Anfang an ist der Gott Israels einer, der sein Volk durch die Geschichte begleitet. Sein wesentliches Kennzeichen ist sein Handeln im Fortgang der Geschichte. Dazu passt, dass Israel auf Mythologie weitgehend verzichtet – dort wo sie in der Umwelt vorgefunden und aufgenommen wird, wird sie in einen geschichtlichen Prozess hinein umgearbeitet. So ergibt sich ein geschichtlicher Verlauf von der Schöpfung, die den Anfang der Geschichte Gottes mit den Menschen markiert, bis hin zu einem Ende, das wiederum Gott setzen wird. Gedanken wie ewiges Leben oder Himmelreich sind dem AT zunächst fern.

Konsequenterweise lesen sich weite Teile des AT darum wie eine Geschichtserzählung – beginnend mit der Genesis bis hin zum 2. Königebuch und weiter über Esra und Nehemia bis zur Chronik, was dem Selbstverständnis Israels entspricht. Dazu passt auch, dass die prophetische Überlieferung konsequent geschichtlich verankert wird.

Wahrheitsfrage Fraglich ist nun, ob und wenn ja inwieweit die Geschichtsdarstellung des AT für die Rekonstruktion des tatsächlichen Geschichtsverlaufs herangezogen werden kann. Die Antwort darauf ist oft bestimmt von sehr persönlichen Faktoren. Vor allem in religiös konservativen Kreisen wird die Frage nach der „Wahrheit" der Bibel gerne mit der Frage nach der historischen Zuverlässigkeit der Texte verknüpft, bisweilen sogar in eins gesetzt. Die Frage „Ist das wahr?" wird verkürzt verstanden als Frage danach, ob etwas tatsächlich genau so passiert ist. Damit geht man aber am Selbstverständnis der Überlieferungen des alten Israel völlig vorbei. Wenn im AT Geschichte erzählt wird, geschieht das immer mit den Augen des glaubenden Betrachters – es ist immer gedeutete Geschichte. Dazu kommt, dass der gesamte

Vordere Orient ein anderes Wirklichkeitsverständnis hatte als wir es heute haben. Außerdem existierte Geschichtsschreibung im modernen Sinn noch nicht. Auch aus dem oben unter 1.2 Gesagten wird damit klar: Das AT ist als Geschichtsquelle durchaus ernst zu nehmen. Für weite Strecken der Geschichte Israels ist es sogar unsere einzige Quelle. Allerdings muss man die Texte in ihrer jeweiligen Eigenart ernst nehmen. Der historische Wert einer ätiologischen Sage etwa ist anders zu veranschlagen als der einer Listenüberlieferung, wie sie in die Königebücher eingebaut worden ist.

Damit steht man vor einem weiteren Problem. Die wissenschaftliche Exegese ein und desselben Texts führt häufig zu unterschiedlichen Ergebnissen auch hinsichtlich der historischen Verwertbarkeit. Bei eher skeptischen Exegeten hat sich darum ein Trend zum Minimalismus durchgesetzt – den Texten wird nur eine sehr geringe historische Kompetenz zugeschrieben. Das umso weniger, je weiter man in die Früh- oder Vorgeschichte Israels kommt. **Quellenbeurteilung**

Nun darf man aber nicht übersehen, dass historische Urteile grundsätzlich nur Wahrscheinlichkeitsurteile sind. Bei der Auswertung von Quellen bleibt immer ein „Restrisiko", das je nach Textart und Alter der Quelle unterschiedlich ist und das man entsprechend einkalkulieren muss. Wenn man sich dessen bewusst ist und die Texte nicht überstrapaziert, den gewonnenen Ergebnissen nicht die Last absoluter Gültigkeit aufbürdet und Hypothesen als eben solche nutzt, spricht aus meiner Sicht nichts gegen den Versuch, aus den Texten und unter Hinzuziehung anderer Quellen ein Bild der Geschichte Israels zu entwickeln, das helfen kann, das AT besser zu verstehen – nicht mehr, aber auch nicht weniger.

2. Zum Verhältnis von biblischem Text, außerbiblischen Quellen und Archäologie

Sowohl von den erwähnten Skeptikern als auch von konservativen Kreisen wird gerne auf die Ergebnisse der Archäologie zurückgegriffen, entweder um die „Wahrheit" des biblischen Texts mit externen Mitteln (external evidence) zu beweisen oder um **Archäologie** dessen Aussagen durch solche Ergebnisse zu ersetzen. Dass beides gleichermaßen möglich ist, sollte einen nachdenklich machen.

Methoden der biblischen Archäologie

Biblische Archäologie als eigene Disziplin gibt es seit etwas mehr als 150 Jahren. Dabei unterscheiden sich die Methoden nicht von denen der klassischen Archäologie, wohl aber das erkenntnisleitende Interesse. Denn hier war anders als dort die Bibel ein ständiger Begleiter und gab gewissermaßen die Aufgabe vor. Die Methodik hat sich analog zur klassischen Archäologie weiterentwickelt. Neben dem Survey, einer Begehung an der Oberfläche von auffälligen Formationen mit dem Ziel, Keramik- oder Münzfunde zu machen, gibt es die Grabung, wobei hier die Stratigrafie eine entscheidende Rolle spielt. In früheren Zeiten räumte man Siedlungsschicht für Siedlungsschicht von oben her ab und zerstörte sie dabei. Heute macht man zunächst Schnitte, um die einzelnen Schichten in ihrer historischen Abfolge aufzunehmen und zu klassifizieren.

Im Vergleich zu Mesopotamien oder Ägypten ist die archäologische Arbeit in Israel deutlich weniger ergiebig. Das liegt im Wesentlichen an der weniger ausgeprägten Kultur des antiken Israel. Es gibt hier kaum Monumentalbauten und nur sehr wenige schriftliche Hinterlassenschaften. Was zutage gefördert wird, sind in der Hauptsache Siedlungen mit ihren Einrichtungen wie Stadtmauern, Toranlagen und einfachen Heiligtümern. So lässt sich das soziale Leben einigermaßen gut rekonstruieren und illustrieren. Die Rekonstruktion der Geschichte hingegen bereitet größere Schwierigkeiten. Hier gibt es vor allem Streit um die Frage der Deutung einzelner Schichten sowie die genaue Interpretation des Objekts. Denn anders, als man sich das zunächst vorstellt, ist die Archäologie eher den Geisteswissenschaften als den Naturwissenschaften zuzurechnen. Alles, was in der Erde gefunden wird, bedarf der Interpretation. Ein bekanntes Beispiel sind die Ausgrabungen in Megiddo. Hier hatte man bei Gebäuderesten vermutet, es handele sich um die Pferdeställe, die König Salomo nach dem Bericht in 1 Kön 9,10ff. hatte bauen lassen. Später hat man diese Deutung vehement bestritten, die Gebäude später datiert und als Vorratshäuser interpretiert. Wirklich entschieden ist die Sache nicht. Ein ähnliches Beispiel bietet Jericho. Nach dem biblischen Bericht soll Jericho von den Israeliten bei der Landnahme (ca. 1200 v. Chr.) zerstört worden sein. Konservative Ausgräber fanden das bestätigt. Die entsprechende Ortslage wies tatsächlich Spuren einer gewaltsamen Zerstörung auf. Die berühmte englische Archäologin Kathleen Kenyon hat dann später die entsprechenden Zerstörungsschichten deutlich älter datiert – Jericho war demnach längst zerstört, als die Israeliten ins Land kamen.

Man sieht: Archäologische Zeugnisse sprechen nicht für sich, sondern bedürfen der Interpretation. Daran ändern auch die naturwissenschaftlichen Methoden wie etwa die C-14 Methode zur Datierung nichts, da sie in diesem Bereich zu ungenau sind. Es kommt darauf an, archäologische Erkenntnisse mit den exegetisch bearbeiteten biblischen Texten ins Gespräch zu bringen, ohne aus dogmatischen Gründen der einen oder anderen Seite grundsätzlich ein Prä einzuräumen.

Das gilt ähnlich auch für außerbiblische Quellen, die für den Bereich Israel eher spärlich vorliegen. Ein Beispiel kann helfen, das Verhältnis von biblischem Text und außerbiblischer Quelle richtig zu bestimmen. 701 v. Chr. wird Jerusalem vom assyrischen Heer belagert. Ausnahmsweise liegen für dieses Ereignis sowohl ein biblischer Bericht (2 Kön 18–20; Jes 36–39) als auch eine assyrische Darstellung vor. Es handelt sich um den sog. Taylor-Zylinder, benannt nach seinem Entdecker. Der 6-seitige Tonzylinder befindet sich heute im Britischen Museum. Auf ihm findet sich eine assyrische Inschrift in akkadischer Keilschrift über die Belagerung Jerusalems. Der assyrische König Sanherib rühmt sich seiner Taten: Er habe den König Hiskija in Jerusalem eingeschlossen wie einen Vogel im Käfig und sei erst nach sehr hohen Tributzahlungen wieder abgezogen. Der biblische Bericht erzählt ebenfalls von der Belagerung und dem schließlichen Abzug der Assyrer – von Tributzahlungen ist hier nicht die Rede. Stattdessen wird der Abzug auf die Hilfe Gottes zurückgeführt, der die Assyrer mit einer schlimmen Krankheit geschlagen habe. Im Kern, der Belagerung Jerusalems, sind sich beide Quellen also einig, aber der Grund für den assyrischen Rückzug wird un-

außerbiblische Quellen

terschiedlich angegeben. Auf den ersten Blick wird man der assyrischen Darstellung Glauben schenken. Immerhin handelt es sich um ein offizielles Dokument. Dagegen klingt die Darstellung Jesajas legendenhaft mit der rätselhaften Krankheit auf Gottes Einwirken hin. Kennt man jedoch die assyrische Kriegspraxis, fällt auf, dass die Assyrer Jerusalem nicht erobert haben, wie das sonst völlig normal gewesen wäre. Auch Tributzahlungen hätten sie im Normalfall nicht davon abgehalten. Die historische Wahrheit scheint also zwischen den beiden Quellen zu liegen. Offensichtlich konnten die Assyrer Jerusalem zu diesem Zeitpunkt nicht erobern. Dass die biblische Überlieferung die Rettung in höchster Not Gott zuschreibt, ist ein Zeugnis des Glaubens – historisch ist das nicht zu verifizieren. Aber auch richtig ist: Es gab Probleme im assyrischen Heer, die dazu führten, dass man mehr oder weniger unverrichteter Dinge wieder abzog. Wenn die assyrische Quelle das als einen Triumph darstellt und die Probleme verschweigt, so liegt das daran, dass auch dieser Text tendenziös ist – es handelt sich um eine öffentlich ausgestellte Votivgabe für den Tempel, und da wird der assyrische König seine Taten im entsprechenden Licht darstellen.

Was zeigt dieses Beispiel? Auch außerbiblische Quellen wollen historisch sauber interpretiert sein. Es besteht kein Anlass, ihnen ein Prä einzuräumen vor den biblischen Texten. Hier wie bei archäologischen Zeugnissen gilt, dass erst die sorgfältige Aufarbeitung der einzelnen Elemente sowie deren Zusammenspiel zu einem einigermaßen wahrscheinlichen Bild des Geschichtsverlaufs führen.

3. Probleme der Chronologie Israels

Datierungssystem

Beim aufmerksamen Lesen des biblischen Texts hat es den Anschein, als stelle die Chronologie der Ereignisse kein Problem dar. Das AT ist durchzogen von einem sorgfältig aufgespannten Netz von Datierungen, und noch heute lehnt sich die jüdische Zeitrechnung an dieses System an. Bei genauem Hinsehen ergeben sich jedoch nicht unerhebliche Probleme. Das die gesamten Erzähltexte umspannende Gerüst geht erst auf Autoren der Exils- und Nachexilszeit zurück (ab dem 6. Jh.v. Chr.) und wirkt mit seinen runden Angaben äußerst konstruiert. Anders sieht das für die Königszeit aus. Hier gibt es ältere Quellen, die in den Königebüchern verarbeitet wurden und die eine relativ exakte Datierung bieten. Allerdings handelt es sich um eine relative Chronologie – es wird festgehalten, wie lange ein König regiert hat und in welchem Regierungsjahr eines anderen Königs er an die Macht kam (vgl. z. B. 1 Kön 15,1). Diese relative Chronologie lässt sich aber mit Hilfe außerbiblischer Quellen, vor allem aus Mesopotamien, in eine absolute Chronologie und damit letztlich in unser Zeitschema umrechnen. Da vor allem die Babylonier exakte astronomische Beobachtungen festgehalten haben, ist dies – wenn auch mit entsprechendem Aufwand – möglich. Somit liegen für die Zeit ab etwa 1000 v. Chr. relativ verlässliche Zahlen vor.

Allerdings finden sich in der Sekundärliteratur dennoch leichte Abweichungen im Bereich von einigen Jahrzehnten. Endgültige Klarheit lässt sich hier wohl auch nicht herstellen. Dem stehen Probleme des altorientalischen Datierungssystems entgegen. So werden dort Anfangs- und Todesjahre der Könige voll gerechnet; es gab Regentschaften und unübersichtliche Verhältnisse bei gewaltsamen Umstürzen. Damit bleibt auf die Länge der Zeit gesehen eine gewisse Variationsbreite. Im Folgenden wird weitgehend auf das von Begrich und Jepsen erarbeitete chronologische Modell zurückgegriffen.

Probleme der Datierung

4. Geschichte Israels im Überblick

Das AT bietet in den Büchern Genesis bis 2 Kön und weiter in Esra und Nehemia eine fortlaufende Darstellung der Geschichte von der Schöpfung bis hin zum babylonischen Exil und später in die persische Periode. Nach dem oben Gesagten ist deutlich, dass die Darstellung konstruiert ist. Das gilt vor allem für den Pentateuch mit seiner Abfolge von Urgeschichte (Gen 1–11), den Erzelternerzählungen (Gen 12–36), der Josephsgeschichte (Gen 37–50) und schließlich der Erzählung vom Aufenthalt in Ägypten über den Exodus bis zur Eroberung des Ostjordanlandes (Ex bis Num). Was wie ein konsequenter Geschichtsverlauf anmutet, ist das Ergebnis einer langen Überlieferungs- und Li-

Quellen der Geschichte Israels

teraturgeschichte. Die einzelnen Überlieferungen repräsentieren verschiedene Elemente ein und desselben Vorgangs, nämlich der Landnahme der Israeliten in unterschiedlichen Phasen der Geschichte und in unterschiedlichen Teilen des Landes.

Voraussetzungen Dass sich die Geschichte teils als Familiengeschichte darstellt, ist für vorstaatliche und vorliterarische Gesellschaften nicht ungewöhnlich. Bei genauer Betrachtung wird in der Genesis der gesamte vorderorientalische Raum beschrieben, besiedelt durch mehr oder weniger nahe Verwandte der Erzeltern. Israel drückt damit seine ethnische Zugehörigkeit zur semitischen Bevölkerung des Vorderen Orients aus, was sachlich korrekt ist. Historisch und literarisch sichereren Boden betreten wir erst mit der Königszeit. Der folgende kurze Durchgang durch die Geschichte Israels setzt die Ergebnisse der wissenschaftlichen Exegese voraus, ohne das jeweils neu zu thematisieren.

Kanaan Bei aller Verschiedenheit der biblischen Texte sind sich die Autoren in einem Punkt einig: Israel ist in Kanaan fremd; es gehört nicht zur autochthonen (griech.: selbst zum Land gehörenden) Bevölkerung. Über die Situation vor der Landnahme sind wir relativ gut informiert. Vom religiösen Leben geben die Texte aus Ugarit, einer Stadt weiter im Norden, Zypern gegenüber, Auskunft. Über die politischen Verhältnisse informieren die sogenannten Amarna-Briefe. Es handelt sich um die Korrespondenz zwischen dem ägyptischen Hof und den kanaanäischen Stadtstaaten um die Mitte des 14. Jh. v. Chr. zur Zeit des Pharaos Amenophis IV. (= Echnaton). Die Briefe sind auf etwa handflächengroße Tontafeln in akkadischer Keilschrift geschrieben. Aus ihnen ergibt sich folgendes Bild: Ägypten hat offiziell die Oberhoheit über die syro-phönizische Landbrücke. Im Land selbst existieren in den geografisch günstigen Lagen in den Ebenen und den besser zugänglichen Teilen der Bergregion einzelne kleinere Stadtstaaten mit einem Stadtfürsten an der Spitze. Einen Flächenstaat gibt es nicht. Zwar versuchen einzelne Fürsten, ihren Herrschaftsbereich auszuweiten, stoßen dabei aber schnell auf Widerstand. Die ägyptische Herrschaft ist eher locker; die Stadtfürsten sind in dieser Zeit im Wesentlichen auf sich selbst gestellt.

Bemerkenswert ist die Erwähnung der Habiru (auch: Hapiru) in den Amarnabriefen. Die Stadtfürsten bitten den Pharao um Hilfe gegen diese von außen kommenden Elemente, die z. T. ihre Herrschaft bedrohen. Die etymologische Nähe zwischen Habiru und Hebräern (hebr.: Ivrim) ist evident. Haben wir hier also erste Spuren des späteren Israel vor uns? Interessant ist, dass diese Habiru im gesamten Vorderen Orient auftauchen. Es handelt sich bei ihnen nicht etwa um ein Volk, sondern um eine Gruppe von Menschen, die soziologisch zu klassifizieren ist. Die Habiru sind eine Art „Outlaws", Menschen, die aus dem sozialen Gefüge ihrer jeweiligen Gesellschaft – wohl meist aus wirtschaftlichen Gründen – herausgefallen sind. Das ist für die damalige Zeit, in der nur die Gemeinschaft Sicherheit und Schutz bietet, ein ernstes Problem. Die Habiru suchen nun andere Existenzmöglichkeiten. Sie verdingen sich als Lohnarbeiter oder auch als Söldner. Je nach Größe der Bewegung können sie dabei vor allem für kleinere Stadtstaaten existenzbedrohend werden. Wenn die Israeliten sich später auch als Hebräer bezeichnen, nehmen sie den Begriff auf und deuten an, dass die Existenz Israels zumindest teilweise mit den Habiru in Zusammenhang steht.

Habiru

„Ein umherziehender Aramäer war mein Vater" (Dtn 26,5), so beschreibt Israel in einem alten Glaubensbekenntnis sein historisches Selbstbewusstsein und meint damit Jakob, der als Vater der zwölf Söhne (= zwölf Stämme) als Stammvater Israels gilt. Zweierlei ist daraus zu schließen: Israel weiß darum, dass es nicht zur autochthonen Bevölkerung gehört, sondern erst später in dieses Land gekommen ist. Und es sieht diese Besiedlung im Zuge einer vorderorientalischen Völkerwanderungsbewegung, der sogenannten aramäischen Wanderung in der 2. Hälfte des 2. Jahrtausends v. Chr. Zur Besiedlung Kanaans durch Israel haben sich in der Forschungsgeschichte verschiedene Theorien gebildet.

Landnahme

Nach dem Eroberungsmodell (conquest-Theorie), das vor allem im amerikanischen Bereich weite Zustimmung gefunden hat und von W.F. Albright entwickelt wurde, haben die israelitischen Stämme das Land im 13. Jh. v. Chr. kriegerisch erobert. Dabei bezieht sich Albright vor allem auf das Josuabuch mit

Eroberungsmodell Albrights

seinen Kriegsgeschichten sowie die Zeugnisse der Archäologie. Allerdings gibt es gegen dieses Modell erhebliche Bedenken. Die archäologisch nachgewiesenen Zerstörungen biblischer Ortslagen werden gegenwärtig z. T. anders datiert. Für die Zerstörungen mit anschließendem Kulturabbruch bzw. -einbruch können andere Gruppen (Ägypten, Philister, Kannaan) verantwortlich sein, dazu kommen mögliche natürliche Ursachen wie Feuer. Die Texte des Josuabuches werden von Albright und seinen Nachfolgern nicht ausreichend wissenschaftlich ausgelegt. So finden sich gerade hier viele ätiologische Sagen. Und schließlich beschreiben die Eroberungsgeschichten nur einen relativ engen geografischen Raum, in etwa das Gebiet des späteren Stammes Benjamin.

territorialgeschichtliches Modell von Alt und Noth

Weitaus stärker hat das territorialgeschichtliche Modell von A. Alt und M. Noth gewirkt. Alt geht davon aus, dass die Israeliten – etwa in Sippengröße, die Stämme bilden sich erst später – als Halbnomaden im Zuge des Weidewechsels langsam in das Land eingesickert sind. Die Siedlungsgeschichte des Landes bietet dafür einen guten Anhalt. Die kanaanäischen Stadtstaaten fanden sich konzentriert im Norden von der Küste (Akko) durch die Jesreelebene bis Betschean und im Süden von Aschdod über die Schefela bis hinauf nach Jerusalem, sodass sich etwa zwei Querriegel von befestigten Städten bilden. Das Land dazwischen war dünn besiedelt. In diesen Gegenden lassen sich zwischen dem 14. und 12. Jh. v. Chr. fremde Elemente nieder und gründen einfache Siedlungen. Es entsteht ein im Wesentlichen friedliches Nebeneinander zwischen kanaanäischen Städten und israelitischer Landbevölkerung. Das ist das Bild, wie es etwa die Geschichten der Genesis zeigen und wie es als halbnomadisches Leben bis ins 19. Jh. n. Chr. beobachtet werden konnte. Das Bild wird z. T. bestätigt durch die Archäologie, die für diese Periode entsprechende Neuansiedlungen mit deutlich einfacherer Kultur als in den kanaanäischen Städten feststellen kann.

Revolutionsmodell von Mendenhall und Gottwald

Auf G.E. Mendenhall und N.K. Gottwald geht das Revolutionsmodell zurück. Hier spielen vor allem Theoriebildungen aus den Humanwissenschaften eine Rolle. Anders als in den beiden vorgenannten Modellen kommt Israel hier nicht von außen. Seine Entstehung verdankt es danach einer Aufstandsbewegung verarmter kanaanäischer Schichten, die durch den stärker werdenden Gegensatz zwischen Land- und Stadtbevölkerung verursacht wird. Ausgelöst wird die Revolte durch das Eintreffen einer aus Ägypten geflohenen Gruppe, die den Gott Jahwe auf ihrer Flucht kennengelernt hat. Die Habiru lassen sich in dieses Modell ohne Weiteres integrieren. Allerdings steht der biblische Text fast durchgehend dagegen. Denn hier ist stets die Rede davon, dass Israel eben gerade nicht kanaanäischen Ursprungs ist, und von den beschriebenen Konflikten ist ebenfalls keine Rede.

Eine Variante dieses Modells ist das von N.P. Lemche entwickelte Evolutionsmodell. Anders als Mendenhall, den Lemche stark kritisiert, sieht er eine friedliche Entwicklung innerhalb der kanaanäischen Bevölkerung, eine Sezession innerhalb der Stadtbevölkerung, bei der sich Menschen vor allem aus wirtschaftlichen Gründen aus den Städten aufmachen und neue Siedlungen im Lande gründen. Auch dieses Modell verzichtet auf die biblischen Texte als Quellen und benutzt fast ausschließlich die Archäologie und andere außerbiblische Befunde. Es unterliegt damit derselben Kritik wie das Revolutionsmodell, das Lemche ersetzen wollte.

Evolutionsmodelle von Lemche

Keines der vorgestellten Modelle kann gegenwärtig alleinige Geltung beanspruchen. Angesichts der Quellenlage und vor allem mit Blick auf die Geografie Kanaans, die eine einheitliche Entstehung Israels als eher unwahrscheinlich erscheinen lässt, war die Landnahme ein differenzierter Prozess, der für die unterschiedlichen Landesteile unterschiedlich verlief. Dabei kommt dem territorialgeschichtlichen Modell Alts eine gewisse Vorrangstellung zu. In den dünner besiedelten Teilen Galiläas, des zentralen Berglands sowie des Negev entstehen im 12. Jh. v. Chr. neue Siedlungen mit einfacher Kultur. Etwa gleichzeitig entstehen die ostjordanischen Staaten Ammon, Moab und Edom im Zuge einer Wanderungsbewegung aus dem Osten. Daneben muss aber auch – im geringeren Umfang – mit sozialen Verwerfungen innerhalb Kanaans gerechnet werden. Hier spielen die Habiru eine entscheidende Rolle, denn die alternative (Selbst-)Bezeichnung Hebräer für Israel kommt nicht von ungefähr. Auch der Stammesspruch über Issachar (Gen 49,14f.) deutet in diese Richtung.

Exodus Besondere Beachtung verdient die sogenannte Ägyptengruppe. Aus verwertbaren Nachrichten des Exodusbuches sowie aus ägyptischen Quellen lässt sich relativ sicher rekonstruieren, dass es eine protoisraelitische Gruppe gegeben hat, die in Ägypten Zuflucht suchte und sich später dem ägyptischen Druck der Fronarbeit durch Flucht entzog. Für diese Ereignisse kommt die Regierungszeit von Ramses II. (Mitte 13. Jh. v. Chr.) in Frage. Diese Gruppe dürfte auch – unter Führung des Mose – für die Verbreitung des Jahweglaubens im späteren Israel verantwortlich sein. Die Auswertung einschlägiger Texte (Gen 4; Ex 18f.; Ri 5) legt nahe, dass diese Gruppe den Gott Jahwe im Gebiet Edom/Midian östlich des Golfes von Akaba kennengelernt hat. Jahwe wird von ihnen für die Rettung und Begleitung durch die Wüste verantwortlich gemacht. Diese Erfahrungen bringen diese Menschen in das Gebiet Kanaans mit, wo sie auf Elemente stoßen, die wie sie selbst fremd im Land sind. Zu dieser fremden Bevölkerung passt der fremde Gott, und so verbreitet sich der Jahweglaube unter den neuen Bevölkerungselementen, bis er im 10. Jh. v. Chr. zum Staatskult avanciert. Im Zuge dieser letzten Einwanderungswelle sind auch kriegerische Eroberungen denkbar, die jedoch im begrenzten Raum des späteren Stammes Benjamin stattgefunden haben.

Richterzeit Auch für die Konsolidierungsphase nach der Landnahme, der sogenannten Richterzeit, ist man auf Hypothesen angewiesen. Das grundsätzliche Problem ist zu erklären, wie sich aus den eingewanderten heterogenen Bevölkerungselementen innerhalb von 200 Jahren eine so feste Größe bildete, die um 1000 v. Chr. einen Staat schuf. Am Anfang dieser Epoche steht die Stele des Pharaos Merenptah mit dem Bericht über einen Feldzug aus dem Jahr 1209 v. Chr., auf der Israel erstmalig inschriftlich erwähnt wird, und zwar als eine Gruppe von Menschen. Interessanterweise nennt sich diese Gruppe Israel – der Name setzt sich zusammen aus einer Verbalform unklarer Bedeutung sowie dem Namen des kanaanäischen Gottes El. Offensichtlich handelt es sich bei dieser Gruppe noch nicht um Jahweverehrer. Weiter muss man von der Landnahme herkommend annehmen, dass sich die Stämme erst im Kulturland aufgrund gemeinsamer Siedlungsgebiete gebildet haben. Diese Stämme führen dann weitgehend ein Eigenleben, wie die Geschichten des Richterbuches belegen. Dort wird stets von Einzelaktionen berichtet – mit Ausnahme der Deboraschlacht (Ri 4f.), auch wenn hier aus einer späteren Perspektive meist von „ganz Israel" die Rede ist.

Es stellt sich also die Frage nach dem einigenden Band. Man wird dafür zwei Elemente in Betracht ziehen müssen. Zunächst einmal ist es die gemeinsame Erfahrung des Fremdseins in Kanaan und das Gegenüber zu den Städten, was vor allem in den Geschichten der Genesis theologisch verarbeitet wird. Zum zweiten ist es der Jahweglaube, der ein starker Motor für ein wie auch immer geartetes Einheitsbewusstsein darstellte. Der Glaube an diesen Gott passt vorzüglich zu den Lebenserfahrungen seiner Verehrer. Denn auch dieser Gott ist fremd in Kanaan, und seine Verheißung besteht in Nachkommenschaft und Landbesitz – beides überlebensnotwendig für die Neuankömmlinge.

Diese Überlegungen haben M. Noth 1930 zu seiner These einer altisraelitischen Amphiktyonie (griech: Gruppe von Umwohnenden) geführt. Noth verglich darin das Israel der Richterzeit mit altgriechischen und italischen vorstaatlichen Gesellschaften. In ihnen gibt es Sechser- oder Zwölfergruppen von Stämmen, die sich monatlich abwechselnd um die Pflege eines gemeinsamen Heiligtums mit gemeinsamen Regeln zusammenfinden. Ein Vorläufer der späteren Zwölfergruppe wäre eine 6er-Gruppe von El-Verehrern gewesen, eben Israel. Die These hat lange Zeit das Bild des vorstaatlichen Israel bestimmt, bis sie unter der Last immer neuer Folgehypothesen zusammengebrochen ist. Das Hauptproblem für Israel ist das Fehlen eines Zentralheiligtums, das erst später mit dem Jerusalemer Tempel entsteht. Dagegen erklärt sie treffend das Festhalten an der Zwölfzahl der Stämme, obwohl exakt diese Zahl von Stämmen historisch kaum je nebeneinander existiert hat.

Amphiktyonie

Ende des 20. Jh. hat man versucht, das Problem mehr von der (ethno-)soziologischen Seite anzugehen. Anhand von Vergleichen mit vorstaatlichen Gesellschaften Afrikas kam die The-

segmentäre Gesellschaft

se auf, das vorstaatliche Israel sei eine segmentäre Gesellschaft. Dabei spielt vor allem das Element der fehlenden, mit entsprechenden Machtmitteln ausgestatteten Zentralinstanz (also einem König o. ä.) eine Rolle, wohingegen das religiöse Element kaum zum Tragen kommt.

Richter Israels   Beide Modelle haben einen gewissen Wahrheitswert. Die Amphiktyonie kann die wesentliche Rolle der Religion bei der Entstehung Israels sowie die (fiktive) Zwölfzahl der Stämme erklären, die segmentäre Gesellschaft beschreibt das tatsächliche gesellschaftliche und politische Leben zutreffend. Mit beiden Thesen kompatibel ist die Figur des „Richters Israels". In Ri 10,1–7; 12,7–15 wird eine Reihe von Männern genannt, die „Israel richteten". Auch darüber hat es in der Forschung viele Diskussionen gegeben. Man wird der Lösung nahekommen, wenn man die Aussagen dieser vermutlich sehr alten Liste wörtlich nimmt: Es handelt sich um Richter, die sich jedoch nicht um juristische Einzelfälle, sondern um Angelegenheiten mit übergeordneter Bedeutung und Problemfälle zwischen den Stämmen gekümmert haben dürften. Der letzte in der Reihe der Richter war Samuel (1 Sam 7,15–17; 25,1). Von diesen in der Literatur „kleinen Richtern" genannten Personen sind die sogenannten „großen Richter" zu unterscheiden. Bei ihnen handelt es sich um charismatische Heerführer, die im Auftrag und in Abhängigkeit von Jahwe zeitlich und lokal begrenzte Abwehrschlachten führten und danach ins Zivilleben zurückkehrten. In der Literatur ist die Rede vom Jahwekrieg (früher auch heiliger Krieg), der nach bestimmten Regeln abläuft und dessen eigentlicher Kriegsherr Gott selbst ist. Die Übertragung des Begriffs Richter auf diese Gruppe ist durch Jephtah veranlasst, der zunächst großer Richter und später kleiner Richter war.

Saul   Die Institution des Jahwekrieges eignete sich für temporäre Bedrohungen. Im 11. Jh. v. Chr. war dem im Entstehen begriffenen Israel mit den Philistern aber ein Gegner erwachsen, dem so nicht beizukommen war. Die Philister gehörten zur Seevölkerbewegung, einer Wanderungsbewegung aus der Ägäis. Sie setzten sich (mit Duldung Ägyptens) an der Küste fest und drangen – militärisch gut ausgerüstet – sukzessive ins Bergland vor, wo sie auf die israelitischen Stämme treffen. Der so entstandene Dauerkonflikt verlangt seitens der Israeliten neue Maßnahmen. Unter dem philistäischen Druck entstand kurz vor 1000 v. Chr. das Königtum, das unter Saul noch recht einfache Formen zeigt und maximal als Heerkönigtum beschrieben werden kann. Saul wird, vermutlich aufgrund von Erfahrungen an anderer Stelle, vom Volk zum König ausgerufen (1 Sam 11). Samuel war daran nicht beteiligt – die diesbezüglichen Überlieferungen dienen der nachträglichen Legitimation (1 Sam 8–10). Saul ist ein Übergangskandidat. Er steht mit einem Bein noch in der Richterzeit und versucht mit den Mitteln dieser Zeit, die neuen Probleme zu lösen. Seine Hofhaltung ist äußerst bescheiden, die wichtigsten Posten sind mit Verwandten besetzt, eine staatliche Organisation fehlt weitgehend. Vermutlich hat Saul nur kurz regiert. Es kommt bald zur Entscheidungsschlacht zwischen dem israelitischen Heerbann und den Philistern, bei der Saul und drei seiner Söhne getötet werden.

Dass die Idee des Königtums sich in dieser kurzen Zeit bereits verfestigt hatte, zeigt sich daran, dass der verbliebene Sohn Sauls Ischbaal nun König wird, allerdings nur über den Norden. Der Süden unter Führung Judas wählt sich David als König und schließt mit ihm einen Vertrag – eine Art konstitutioneller Monarchie also (2 Sam 2). David war als Krieger und Musiker an Sauls Hof gekommen, vor allem um den vermutlich psychisch kranken Saul (1 Sam 16,14 spricht von einem „bösen Geist") zu beruhigen. Aufgrund seines persönlichen Charismas machte David schnell Karriere. Er wurde in der Militärführung unentbehrlich, heiratete eine Tochter Sauls und war mit dessen ältestem Sohn Jonathan eng befreundet. Sauls Misstrauen gegenüber David dürfte z. T. berechtigt gewesen sein. David floh schließlich vor Saul und führte mit seiner persönlichen Söldnertruppe eine Habiru-Existenz, wobei er sich auch von den Philistern anheuern ließ.

Sieben Jahre später kommt Ischbaal unter unklaren Umständen zu Tode und David wird von den Ältesten des Nordens auch die dortige Königswürde angetragen (2 Sam 5). Unter Davids Regierungszeit (bis 960 v. Chr.) erlebt Israel eine erste Blüte. Die

David

Großreiche des Vorderen Orients befinden sich in einer Schwächeperiode, die David nutzen kann, um das Territorium zu vergrößern. David geht daran, den Staat zu organisieren. Durch seine persönliche Söldnertruppe lässt er Jerusalem erobern. Wenn später von der „Stadt Davids" die Rede ist, so ist das wörtlich zu verstehen. Jerusalem, zwischen Nord und Süd gelegen, wird zur Hauptstadt des neuen Reiches. Das helle Bild, das die Tradition von David zeichnet und das letztlich zur Idee des Messias führt, hat allerdings auch dunkle Seiten. David war bei seinem Weg an die Macht nicht zimperlich und hat seine und Israels Interessen oft genug gewaltsam durchgesetzt. Zu seinen Schwächen gehört auch die fehlgeschlagene Familienpolitik – die ältesten drei Söhne Davids scheiden aus der Thronfolge aufgrund von Aufständen und persönlichen Auseinandersetzungen aus. Sein vierter Sohn Salomo wird schließlich sein Nachfolger, und auch das nur durch die Intervention bzw. Intrige seiner Mutter Batseba, des Jerusalemer Priesters Zadok sowie Benajas, der Davids Söldnertruppe führte, die allesamt für eine Abwendung von den alten israelitischen Traditionen stehen.

Salomo Zwar sichert auch Salomo seine Macht zu Beginn durch gewaltsame Aktionen, doch mit ihm besteigt ein neuer Typ Herrscher den Thron. Salomo orientiert sich politisch nach innen; sein Interesse gilt dem Ausbau des Staates. Dazu zählt eine effektive Verwaltung mit einem funktionierenden Abgaben- und Frondienstwesen. Das notwendige Personal wird u. a. nach ägyptischem Vorbild ausgebildet – es fehlt in dieser Zeit an Menschen, die lesen und schreiben können. Mit der Schrift verbreitet sich die allgemein vorderorientalische Weisheit, eine Geisteshaltung zur Bewältigung sowohl praktischer als auch (abgeschwächt) theoretischer Probleme. Salomo unterhält internationale Beziehungen, und der Tempel, den er in Jerusalem errichten lässt, wird nach syrischem Vorbild von ausländischen Handwerkern erbaut. Das Tempelpersonal stammt z. T. aus der noch vorhandenen kanaanäischen Bevölkerung. Es ist eine Phase der Konsolidierung des Staates, die Salomo Ruhm nicht nur als beispielhafter Weiser, sondern auch als wohlhabender König einbringt. Die kulturellen Fortschritte im Inneren haben ihr Ge-

genbild in der Vernachlässigung der Außenpolitik, sodass das von David mit militärischer Gewalt geschaffene Reich an seinen Rändern bereits zu bröckeln beginnt.

Nach dem Tod Salomos 926 v. Chr. bricht ein schon lange schwelender Konflikt zwischen Nord- und Südstämmen offen auf. Der Norden fühlt sich – wohl zu Recht – bei der Abgabenlast und beim Frondienst benachteiligt. Die Verhandlungen der Vertreter des Nordens mit Salomos Sohn Rehabeam enden in einem Eklat (1 Kön 12). Der Norden trennt sich daraufhin vom Süden, löst die Personalunion auf und wählt mit Jerobeam, einem früheren Verwaltungsbeamten Salomos, einen eigenen König. Fortan existieren auf dem Gebiet Israels zwei selbstständige Staaten, deren Grenze einige Kilometer nördlich von Jerusalem verläuft. Im Norden kommt es immer wieder zu Versuchen von Dynastiebildungen. Das Herrschaftssystem erweist sich aber als eher instabil. Die Geschichte weiß von häufigen, teilweise blutigen Machtwechseln. Im Süden, der den Namen Juda führt, bleibt bis 587 v. Chr. der Thron in der Hand der Familie Davids.

926–722 v. Chr.

Für Jerobeam gibt es ein grundsätzliches Problem. Zwar hängen die religiösen Traditionen Israels im Wesentlichen am Norden, doch war mit dem Tempel in Jerusalem ein neues religiöses Zentrum (mit der alten Lade im Allerheiligsten) entstanden. Um dem etwas entgegenzusetzen, lässt Jerobeam die alten Heiligtümer von Bethel und Dan ausbauen und jeweils ein goldenes Stierbild aufstellen, das die Gegenwart Jahwes repräsentieren soll. Dabei greift er auf ältere Traditionen des Jahweglaubens zurück. Diese Maßnahme wird von Späteren als der religiöse Sündenfall schlechthin betrachtet.

goldenes Stierbild

In der Folgezeit wird die Politik bestimmt von der Tatsache, dass mit Israel und Juda nun zwei Kleinstaaten der vorderorientalischen Staatenwelt gegenüberstehen. Mitte des 9. Jh. v. Chr. führt der israelitische König Ahab eine Koalition von Kleinstaaten in einen Feldzug gegen die expandierenden Assyrer. Ahabs Nachfolger wird durch Jehu getötet, womit sich die Innen- und Außenpolitik Israels grundlegend ändert. War Ahab, der zur Omri-Dynastie gehörte, auf Ausgleich auch mit den kanaanäischen Bevölkerungsschichten und deren Religion bedacht,

assyrische Expansion

verfolgen Jehu und seine Nachfolger entgegengesetzte Ziele. Die Interessengemeinschaft mit den Aramäern zerbricht und Israel gerät unter aramäischem Druck fast an den Rand seiner Existenz. Der Druck lässt nach, als die Assyrer im 8. Jh. v. Chr. erstarken und ihrerseits die Aramäer unter Druck setzen. In Israel kommt es zu einer letzten Blütezeit unter Jerobeam II. Diese wird durch die immer weiter expandierenden Assyrer 733 v. Chr. vorläufig, schließlich 722. v. Chr. endgültig beendet. Israel wird in das assyrische Großreich eingegliedert, größere Teile der Bevölkerung werden deportiert und verlieren sich auf immer in den Weiten des assyrischen Reiches. Sie werden durch fremde Elemente ersetzt, sodass eine Mischbevölkerung entsteht. Die Nachwirkungen dieser Maßnahme reichen weit in die Geschichte des Judentums. Die Samaritaner (also Nordreichbewohner, nach der Hauptstadt Samaria) gelten den übrigen Juden als nicht gleichwertig. Daneben gibt es eine größere Flüchtlingsbewegung in den Süden, bei der auch die theologischen Traditionen des Nordens und die bis dahin existierende Literatur in das Südreich Juda gelangen.

722–587 v. Chr. Bis in das letzte Drittel des 8. Jh. v. Chr. war Juda von den Vorstößen aus dem Norden weitgehend verschont geblieben. Außer gelegentlichen Grenzstreitigkeiten mit Israel blieb es hier ruhig. Im Zusammenhang des Untergangs Israels wird Juda erstmals in den Konflikt hineingezogen. 733 v. Chr. versucht eine Koalition von Israel und Damaskus Juda in diese Koalition hineinzuzwingen. Juda ruft Assur – unnötigerweise – zu Hilfe und kann die Bedrohung schließlich abwenden (der sog. syrisch–ephraimitische Krieg). Juda muss aber mit anderen Kleinstaaten die assyrische Oberhoheit anerkennen. Wie später noch öfter, versucht der judäische König Hiskia, die Gelegenheit eines Thronwechsels in Assyrien zu nutzen, um sich von dessen Umklammerung zu befreien. 701 v. Chr. wird Jerusalem vom assyrischen Heer belagert, aber nach Zahlung eines schweren Tributs nicht eingenommen. Für den Jahweglauben war dies ein einschneidendes Ereignis – die Idee der Uneinnehmbarkeit des Zion, des Tempelberges mit dem Tempel als Wohnsitz Gottes bekommt einen deutlichen Aufschwung; die Zionstheologie verfestigt sich. Hiskias Nachfolger Manasse akzeptiert die assyrische Oberhoheit und Juda erlebt eine ruhige, wirtschaftlich erfolgreiche Periode.

Die Regierungszeit Josias fällt mit dem Untergang Assyriens und dem Erstarken Babyloniens zusammen. So nutzt Josia die Gunst der Stunde zu umfangreichen Reformen – im Zentrum steht die Zentralisierung des Kultes in Jerusalem und die Abschaffung der Heiligtümer auf dem Land – und zur Loslösung von Assur. Dennoch unternimmt er einen Versuch, das in den letzten Zügen liegende Assyrische Reich zu unterstützen, um ein Kräftegleichgewicht im Vorderen Orient zu erhalten. Der Versuch scheitert und 612 v. Chr. wird die assyrische Hauptstadt Ninive erobert. Von nun an übernehmen die Neubabylonier die Herrschaft und treten damit das Erbe Assurs an.

Josia

Nach einer kurzen Konsolidierungsphase, die unter anderem Juda nutzt, um seine Selbstständigkeit zurückzugewinnen, unternehmen die Babylonier unter Nebukadnezar einen Feldzug nach Syrien-Palästina. 598 v. Chr. wird Jerusalem zum ersten Mal erobert. Teile der Oberschicht werden deportiert, und mit Zedekia setzen die Babylonier einen König von ihren Gnaden ein. Etwa zehn Jahre später beteiligt sich Zedekia gegen den ausdrücklichen Rat des Propheten Jeremia an einem Aufstand gegen Babylon. So kommt es im Jahr 587 v. Chr. zur endgültigen Eroberung und Zerstörung Jerusalems und damit auch des Tempels. Größere Teile der Bevölkerung werden deportiert, Zedekia wird drakonisch bestraft: Seine Söhne werden vor seinen Augen getötet; er selbst wird geblendet und nach Babylonien verschleppt. Das Land Juda wird verwüstet. Damit ist das Ende der Staatlichkeit für Israel/Juda (in der Antike) gekommen. Die verheißene „ewige Herrschaft" der Davidfamilie (2 Sam 7) verliert ihren realen Haftpunkt und lebt fortan in messianischen Ideen weiter.

Nebukadnezar

Dass es Israel gelungen ist, seine kulturelle und religiöse Identität angesichts der totalen Katastrophe zu bewahren, hängt u. a. mit der babylonischen Deportationspraxis zusammen. Anders als die Assyrer siedelten die Babylonier die Israeliten in zusammenhängenden Gebieten an und gestatteten ihnen ein religiöses Eigenleben sowie die Teilnahme am babylonischen Wirt-

587–538 v. Chr.

schaftsleben. So ist es schließlich die Exilsgemeinde, die Israels Identität sichert durch die Bewahrung der Tradition (Sabbat und Beschneidung) und die Interpretation des Erlebten und Erlittenen im Kontext der bisherigen Theologie vor allem der Propheten. Das Exil wird nicht als Niederlage Gottes, sondern als seine Strafe für Israel verstanden – damit einher geht die Erkenntnis, dass dieser Gott nicht nur Herr über Israel, sondern über die ganze Welt ist. Er kann sich selbst der Babylonier bedienen, um seinen Willen durchzusetzen. Gottes Schöpfungshandeln rückt erstmals ins Zentrum des Nachdenkens. Damit entstehen aber zwangsläufig monotheistische Vorstellungen und Israels Religion tritt in eine ganz neue Dimension ein.

538–333 v. Chr.

Die Herrschaft Babylons währt nicht lange. 539 v. Chr. wird die Hauptstadt Babylon von den Persern unter Führung ihres Königs Kyros mehr oder weniger friedlich eingenommen. Damit endet auch offiziell das Exil. 538 erlässt Kyros ein Edikt, das den Exilierten die Rückkehr nach Israel ermöglicht. Allerdings wird von dieser Möglichkeit nur zögerlich Gebrauch gemacht. Denn einerseits ging es den Menschen in Babylonien vor allem wirtschaftlich nicht schlecht, andererseits war die Situation in Israel/Juda deprimierend. Dem Land fehlte die innere Führung, es mangelte an Spezialisten wie Handwerkern. Zudem war es Gegnern wie Edom hilflos ausgeliefert. Die Besitzverhältnisse waren weitgehend ungeklärt. So galt für viele eine Rückkehr als unattraktiv und es bedurfte intensiver Werbung, um das Land neu zu besiedeln und voranzubringen.

Judentum in der persischen Periode

Anders als noch vor Jahren wird der persischen Periode heute große Aufmerksamkeit gewidmet. Dies geschieht insoweit zu Recht, als diese Zeit die für die Entwicklung des Judentums und die Entstehung des AT prägende Epoche gewesen ist. Viele Bücher des AT erhalten in dieser Zeit ihre (endgültige) Form, und der Kanonisierungsprozess ist initiiert, wenn nicht in vollem Gang. Die Voraussetzung dafür war eine funktionierende (religiöse) Infrastruktur. Dass eine solche Struktur in Israel existierte, verdankte das Land zu einem guten Teil der persischen Regierung. Anders als ihre Vorgänger unterstützten und förderten die Perser die kulturelle, religiöse und z. T. auch administrative Selbstständigkeit der von ihnen eroberten Gebiete. So wird der Jerusalemer Tempel auf ausdrückliche Anordnung der persischen Regierung unter Mühen und keineswegs mit der zu erwartenden Begeisterung seitens der Judäer wieder aufgebaut und 515 v. Chr. eingeweiht. Bei der Einrichtung einer lokalen öffentlichen Verwaltung greifen die Perser auf das Tempelpersonal zurück – es entsteht eine Organisationsform, die bis in die Zeit des Neuen Testaments Bestand haben sollte. Religiöse und (in Teilen) politische Macht liegen in einer Hand. So bildet sich das heraus, was wir später Judentum nennen. Neben den Opferfeiern am Tempel gibt es in Anlehnung an babylonische Verhältnisse nach und nach Synagogengottesdienste als Wortgottesdienste ohne Opfer.

Um die wirtschaftlichen und sozialen Verhältnisse im immer noch zerstörten Land voranzubringen, wird von den Persern im 5. Jh. v. Chr. zunächst Nehemia als Statthalter nach Jerusalem entsandt. Er lässt die Stadt wieder befestigen – gegen den Widerstand der zuständigen Provinzregierung in Samaria, das in einem ständigen Konkurrenzverhältnis zu Jerusalem stand. Weiter führt er Landreformen, Umsiedlungen und Schuldenerlasse durch. Zu Beginn des 4. Jh. v. Chr. kommt Esra in persischem Auftrag nach Jerusalem. Er soll das „Gesetz des Himmelsgottes" (Esr 7) in Geltung setzen: ein jüdisches Gesetz, hinter dem der Pentateuch oder wohl eher Teile davon vermutet werden. Esra geht es vor allem um die Konsolidierung der judäischen Gesellschaft im Inneren. Dazu gehört spiegelbildlich eine Abgrenzung nach außen, wie sie Teile des Gesetzes fordern. So kommt es u. a. zur Auflösung von Mischehen. Damit ist der Weg für die kommenden Jahrhunderte vorgezeichnet. Israel ist mehr religiöse als politische Gemeinschaft. Wo sie politisch agiert, wird sie von Theologen vertreten und geleitet. Gab es anfänglich noch Bestrebungen, einen Vertreter der Davidfamilie politisch zu installieren (Serubbabel), so ist im Laufe der Zeit davon keine Rede mehr.

Esra, Nehemia

Mit dem berühmten Datum 333 v. Chr. ändert sich im Vorderen Orient die Großwetterlage. Die Perser werden von Alexander dem Großen geschlagen, die Griechen und damit ihre

333 v. Chr.–
135 n. Chr.

spezifische Form der Kultur erobern den Vorderen Orient und es kommt zur politischen und kulturellen Erscheinungsform des Hellenismus – eine Durchdringung vorderorientalischer Traditionen mit griechischer Kultur. Nach Alexanders Tod zerfällt das Herrschaftsgebiet in drei Teile. Juda gehört während des 3. Jh. v. Chr. in den Einflussbereich der Ptolemäer, die von Ägypten aus regieren. Über diese Periode ist relativ wenig bekannt. Wahrscheinlich in diese Zeit fällt allerdings die endgültige Trennung der samaritanischen Gemeinde von Jerusalem. Sie errichten auf dem Berg Garizim ein eigenes Heiligtum und erkennen nur den Pentateuch als Heilige Schrift an. Dieser Tempel wird 128 v. Chr. zerstört.

Makkabäer

Ab 198 v. Chr. kommt Juda ohne eigenes Zutun unter die Herrschaft der Seleukiden, die von Syrien aus regieren. Es entsteht eine differenzierte Situation. Die Jerusalemer Oberschicht und damit auch die Priester freunden sich mit der griechischen Herrschaft und vor allem der Kultur an. Im einfachen Volk jedoch stoßen die Griechen auf Widerstand. Es entstehen religiöse Bewegungen wie die Chasidim (Frommen), aus denen später die Pharisäer hervorgehen. Unter Antiochos IV. Epiphanes (175–164 v. Chr.) kommt es zur Eskalation des Konflikts zwischen Jerusalem und den Seleukiden, der für das Judentum existenzbedrohend wurde. Antiochos plündert den Tempel, entweiht ihn und verbietet de facto die jüdische Religionsausübung. Der Widerstand gegen ihn wird organisiert von der Priesterfamilie der Hasmonäer, besser bekannt als Makkabäer nach ihrem bekanntesten Anführer Judas Makkabi (der Hammer). Es gelingt, die Seleukiden zurückzuschlagen und Jerusalem zu befreien. 164 v. Chr. wird der Tempel neu geweiht, das Danielbuch reflektiert diese Ereignisse.

römische Herrschaft über Juda

Im Laufe der Zeit entwickeln sich die Hasmonäer, die alle wichtigen Ämter besetzen, selbst zu Gewaltherrschern. Kurz nach 100 v. Chr. ernennt sich einer ihrer Vertreter selbst zum König – Juda hat für kurze Zeit seine Selbstständigkeit zurück. Die hasmonäische Herrschaft zerbricht an inneren Kämpfen und schließlich am Auftauchen der Römer 63 v. Chr. Als bekanntester Herrscher jener Zeit regiert Herodes 37–4 v. Chr. von

Roms Gnaden innerhalb der römischen Provinz Syria. Obwohl er sich nach außen traditionell gab und vor allem den Tempel großartig ausbauen ließ, fand er beim Volk wenig Ansehen. Bekannt ist seine Gewalttätigkeit, die auch vor Verwandten nicht Halt machte. Nach 44 n. Chr. wird das judäische Gebiet komplett von römischen Prokuratoren verwaltet, die ihrer Aufgabe nur schlecht nachkommen und oft willkürlich herrschen. Die Spannungen im Land verschärfen sich, und ab 66 v. Chr. kommt es zu offenen Aufständen gegen die römische Besatzung. Diese Bewegung wird 70 n. Chr. von Vespasian und Titus endgültig niedergeschlagen. Jerusalem wird erobert und komplett zerstört, ebenso der Tempel. Damit verlor das Judentum sein religiöses und geistiges Zentrum.

Simon Bar-Kochba führte 132–135 n. Chr. einen neuen, letzten Aufstand gegen Rom an. Auch dieser wurde gewaltsam niedergeschlagen. Jerusalem wird jetzt in eine römische Siedlung mit dem Namen Aelia Capitolina umgewandelt, den Juden wird das Betreten bei Todesstrafe verboten, die Provinz wird in Philistäa (!) umbenannt. Damit verliert das Judentum für viele Jahrhunderte endgültig seine Heimat, bis sich schließlich im 20. Jh. n. Chr. auf diesem Boden ein neuer Staat Israel gründet.

Fragen:

1. Welche Probleme stehen einer Rekonstruktion der Geschichte Israels entgegen?
2. Welche Quellen stehen für die Rekonstruktion der Geschichte Israels zur Verfügung?
3. Können Sie die Geschichte Israels in ihre wesentlichen Epochen einteilen?

Fragen

1.5 Der biblische Text

1. Die Entstehung des hebräischen Kanons

In regelmäßigen Abständen geistern Berichte durch die Medien über vermeintlich neu entdeckte oder angeblich unter Verschluss gehaltene religiöse Schriften aus der Entstehungszeit der Bibel, die die Grundfesten der Kirche – gemeint ist meist die katholische – erschüttern sollen und zu einer völligen Umorientierung des Christentums führen müssten. Für die Fachleute sind solche Meldungen wenig aufregend. In der Tat gibt es eine Fülle von (teils wichtigem) Material aus dem Umfeld der Entstehung der Bibel – hier vor allem dem NT –, das den Sprung unter die biblischen Bücher nicht geschafft hat. Das Problem verschärft sich noch einmal, wenn man protestantische und katholische Bibelausgaben vergleicht. Zum einen finden sich in der katholischen Bibel mehr Bücher als in der protestantischen, zum anderen variiert die Anordnung der Bücher, und z. T. gibt es Verschiebungen innerhalb einzelner Bücher wie etwa der Psalmen oder Jeremia. Damit stehen wir vor der grundsätzlichen Frage: Wodurch wird eine Schrift zur „Heiligen Schrift"? Und warum finden sich genau diese Bücher in der Bibel, andere hingegen nicht?

Kanon   Die Fragen sind nicht leicht zu beantworten. Es geht um die Entstehung des Kanons. Kanon ist ein Fremdwort griechischen Ursprungs und bezeichnet zunächst einen Rohrstab, wird dann übertragen auch für Maßstab, Richtschnur benutzt und dient heute u. a. als Bezeichnung für die Sammlung der biblischen Bücher.

Dass es zu genau dieser Sammlung von Schriften kam, hat Gründe, die auf verschiedenen Ebenen zu suchen sind. Hier spielen geschichtliche Entwicklungen, besondere Zeitumstände und die Entwicklung der Theologie und des Glaubens gleichermaßen eine Rolle. Ob und inwieweit der Kanon auf göttliche Inspiration zurückzuführen ist, lässt sich geschichtlich nicht erheben – diese Frage bleibt dem Glauben vorbehalten (s. auch 1.1.3). Wir können zunächst einmal davon ausgehen, dass die heutigen biblischen Bücher nicht als solche konzipiert wurden. In den meisten Fällen handelt es sich um Gelegenheitsliteratur, wenn auch qualitativ hochstehende. Nur einige Schriften wie etwa die Psalmen dürften von vornherein für den religiösen Gebrauch geschrieben und zusammengestellt worden sein.

Aufbau der hebräischen Bibel   Die Geschichte des Kanons lässt sich mit einiger Verlässlichkeit in Grundzügen nachzeichnen. Im Hebräischen heißt der Kanon auch Tenak – ein Kunstwort, das sich aus den Anfangsbuchstaben der drei Hauptteile zusammensetzt: Thora (urspr. Weisung) = fünf Bücher Mose, Nebiim (hebr.: Propheten), unterteilt in vordere (Jos, Ri, 1–2 Sam, 1–2 Kön) und hintere Propheten (Jes, Jer, Ez, 12-Propheten-Buch); Ketubim (hebr.: Schriften = Ps, Hi, Spr, Ruth, Hohl, Koh, Klgl, Esther, Dan, Esr, Neh, 1–2 Chr). Auch wenn sich in den drei Kanonteilen Schriften unterschiedlichen Alters finden, so dürfte die Entwicklung hin zur heutigen Schrift in drei Stufen erfolgt sein.

Zuerst galt die Thora als verbindlich. Wie es im Einzelnen dazu kam, lässt sich nur vermuten. Hier spielt ganz sicher die theologische Evidenz der Schriften selbst eine Rolle. Denn ihren Rang haben die Bücher nicht durch staatliche oder religiöse Autoritäten bekommen, sondern durch ihr Ansehen in der (Religions-)Gemeinschaft. Der Prozess hin zur Heiligen Schrift ist also ein allmählicher und beruht eher auf der inneren Autorität der Schrift selbst.

Thora

Für die Akzeptanz der Thora (wissenschaftlich auch Pentateuch [griech.: = 5 Gefäße]) lässt sich der Zeitrahmen relativ gut bestimmen. Der jüngste Teil der Thora ist erst in der Exilszeit entstanden, also nicht vor dem Ende des 6. Jh. v. Chr. Spätestens um 300 v. Chr. scheint die Thora aber allgemein akzeptiert zu sein. Dafür spricht die Existenz des sogenannten samaritanischen Pentateuchs. Etwa um 300 v. Chr. trennt sich eine kleinere Gruppe innerhalb des Judentums, eben die Gemeinde von Samaria, von Jerusalem ab. Diese bis heute existierende Gruppe hat immer nur die Thora als Heilige Schrift anerkannt. Die allgemeine Anerkennung muss also zwischen diesen beiden zeitlichen Grenzpunkten erfolgt sein. Dazu kommt eine weitere Beobachtung. Esra wird Anfang des 4. Jh. v. Chr. von der persischen Regierung beauftragt, in Israel das „Gesetz des Himmelsgottes" (Esr 7) in Geltung zu setzen. Man hat gerne angenommen, dass sich dahinter der Pentateuch oder zumindest Teile davon verbergen. Auch wenn sich diese These nicht beweisen lässt, hat sie doch eine gewisse Wahrscheinlichkeit für sich, sodass sich das Bild von der Anerkennung des Pentateuch in dieser Periode verfestigt.

Der zweite Teil des hebräischen Kanons, die Propheten, stabilisiert sich im Laufe des 2. Jh. v. Chr. Im Buch Jesus Sirach (um

Nebiim

180 v. Chr.), das selbst keinen Eingang in den hebräischen Kanon gefunden hat, wird eine Dreiteilung des AT vorausgesetzt (Sir 44–49), wobei der Prophetenteil in dieser Zeit als abgeschlossen gilt. Das zeigt auch die Zuordnung des Danielbuchs zum 3. Kanonteil, den Schriften. Das Danielbuch, das zumindest zum Teil prophetischen Inhalt hat, lässt sich in seiner Entstehung um 165 v. Chr. relativ sicher datieren. Das Buch findet keinen Platz mehr im 2. Teil, dessen Umfang in dieser Zeit wohl schon feststand.

Ketubim   Schwieriger abzugrenzen ist der Abschluss des 3. Kanonteils, der Schriften. Vorausgesetzt wird seine Existenz bereits im Vorwort des Sirachbuches um 130 v. Chr. Allerdings lässt sich sein Umfang nur ungenau bestimmen, und mindestens bis zum Ende des 1. Jh. n. Chr. war nicht entschieden, ob Bücher wie Daniel, Kohelet oder das Hohelied zu den Heiligen Schriften gezählt werden sollten oder nicht. Bei diesen Büchern stand der Inhalt, der sich z. T. deutlich von der traditionellen Theologie unterscheidet, gegen eine solche Aufnahme.

Nach einer lange Zeit gängigen These des 19. Jh. fand die endgültige Festlegung des Kanons auf einer Synode jüdischer Schriftgelehrter in Jamnia (Jabne) um 100 n. Chr. in bewusster Abgrenzung gegen das neu entstandene Christentum sowie unterschiedliche jüdische Bewegungen statt. So sehr man sich einen solchen Fixpunkt für eine endgültige Festlegung wünscht – historisch belegen lässt sich diese Synode nicht. Richtig an der These dürfte sein, dass der hebräische Kanon am Ende des 1. Jh. n. Chr. weitgehend feststand und akzeptiert war und dass dabei auch die Abgrenzung gegenüber auseinanderdriftenden religiösen Gruppierungen (zu denen hier auch das Christentum gehört) eine Rolle gespielt hat, ohne dass damit wie früher Schuldzuweisungen in die eine oder andere Richtung angebracht sind.

hebräische Kodizes   Der so festgestellte hebräische Text, der sich auch z. T. in den Texten von Qumran widerspiegelt, wird in den folgenden Jahrhunderten durch die sogenannten Masoreten, jüdische schriftgelehrte Theologen, bearbeitet und mit äußerster Sorgfalt überliefert. Auch wenn die ältesten kompletten hebräischen Bibelhandschriften erst aus dem 10. Jh. n. Chr. stammen (Kodex von Aleppo), können wir davon ausgehen, dass der vorliegende Text relativ nahe an der Textfassung der Kanonisierungsepoche liegt. Im internationalen Wissenschaftsbetrieb wird heute der Text des Kodex Leningradensis aus dem Jahr 1008 n. Chr. benutzt, der in Form der Biblia Hebraica Stuttgartensia gedruckt und wissenschaftlich bearbeitet vorliegt.

2. Ältere Übersetzungen

Bereits während der Entstehungszeit des AT werden die bis dahin existierenden Schriften in andere Sprachen übersetzt. Diese Übersetzungen werden vor allem aus zwei Gründen notwendig. Zum einen kommt spätestens mit der persischen Vorherrschaft im Vorderen Orient das Hebräische als Alltagssprache außer Gebrauch. An seine Stelle tritt das Aramäische in Gestalt des sogenannten Reichsaramäisch. Hebräisch bleibt vor allem den biblischen Texten und in diesem Zusammenhang den Theologen (Priestern und Schriftgelehrten, später Rabbinen) vorbehalten. Zum anderen kommt eine geschichtliche Entwicklung zum Tragen, die im babylonischen Exil (6. Jh. v. Chr.) ihren Ausgangspunkt hat. Seit dieser Zeit kommt es vermehrt dazu, dass Israeliten/Juden außerhalb Israels leben – zunächst in Babylonien und den Israel angrenzenden Länder, später auch im gesamten Mittelmeerraum bis hin nach Rom und Spanien.

Die ersten antiken Übersetzungen des hebräischen Texts **Targum** sind die Targumim. In den neu entstehenden Synagogengottesdiensten der nachexilischen Zeit werden die hebräisch verlesenen Texte zunächst mündlich ins Aramäische übersetzt, damit die Zuhörer dem Gottesdienst folgen können. Hieraus entwickelt sich sukzessive die Targumliteratur, die damit eine frühe Texttradition repräsentiert.

Neben einigen frühen Übersetzungen in weitere semitische **Septuaginta** oder teilsemitische Sprachen aus dem Umkreis Israels (z. B. Syrisch und Koptisch) kommt unter den antiken Übersetzungen der Septuaginta die weitaus größte Bedeutung zu (griech. = 70, deshalb als Abkürzung oft LXX). Der Name erklärt sich aus einer alten Legende über ihre Entstehung. Danach sollen zunächst 72, schließlich 70 jüdische Gelehrte den hebräischen Text unabhängig voneinander, aber trotzdem exakt gleichlautend in Alexandria ins Griechische übersetzt haben. Tatsächlich stellt sich der Übersetzungsprozess komplexer dar, als es die fromme Legende erklärt. Richtig an ihr könnte der Entstehungsort sein. Die Übersetzung ist aber eher in einem längeren Prozess entstanden, an dem verschiedene Hände beteiligt waren. So wie der hebräische Text lässt auch die LXX Wachstumsstufen erkennen.

Wurde die LXX früher als Texttyp vom Wert her nicht sehr hoch eingeschätzt, findet sie gegenwärtig starke Beachtung, und nicht wenige Forscher meinen, dahinter einen z. T. älteren hebräischen Texttyp zu erkennen. Die LXX hat sich schnell verbreitet, was mit der Tatsache zusammenhängt, dass die griechische Kultur den gesamten Vorderen Orient und den Mittelmeerraum durchdrungen hatte. So kommt es, dass das frühe Christentum in dem Moment, als es den Boden Palästinas verlässt und sich im Mittelmeerraum ausbreitet, die LXX und nicht den hebräischen Text der Bibel zur Grundlage der eigenen Religion macht. Im Judentum, das die LXX hervorgebracht hatte, trug diese Tatsache mit zur Distanzierung von dieser Übersetzung bei. So ging man daran, neue griechische Übersetzungen zu fertigen, die u. a. in der sogenannten Hexapla (ein Nebeneinander von sechs Übersetzungen) des Kirchenvaters Origenes bezeugt sind.

Anordnungsprinzip der Septuaginta
Da vor allem der 3. Kanonteil während des Übersetzungsprozesses der LXX noch nicht festgelegt war, finden sich in der LXX mehr Bücher als im hebräischen Kanon. Einige dieser Bücher liegen nur Griechisch vor und haben keine hebräischen Vorlagen. Auch folgt die LXX einem anderen Anordnungsprinzip – es ist historisch-sachlich orientiert. So findet sich das Buch Ruth z. B. im hebräischen Kanon bei den fünf Megillot (hebr. = Festrollen) unter den Schriften, in der LXX wird Ruth wegen seines Inhalts (es geht u. a. um einen Vorfahren Davids) vor das 1. Samuelbuch gestellt. Ähnlich ist es mit den Klageliedern. Da sie in der Tradition dem Propheten Jeremia zugeschrieben werden, finden sie sich in der LXX direkt im Anschluss an das Buch Jeremia.

Vulgata
Die LXX wird für die christliche Kirche zur Grundlage aller weiteren Übersetzungen. Nach mehreren lateinischen Übersetzungen einzelner Schriften oder Bibelteile entsteht Ende des 4. Jh.

n. Chr. auf der Grundlage der LXX die Vulgata. Für diese in der katholischen Kirche bis heute maßgeblichen Übersetzung ins Lateinische ist der Kirchenvater Hieronymus verantwortlich, der diese Arbeit in Palästina, genauer in Bethlehem in Angriff genommen hat. Der Begriff Vulgata (lat. = Allgemeine) zeugt von ihrer Funktion und ihrem Rang innerhalb der westlichen Kirche. Ihre Existenz verdankt sie der Gewichtsverlagerung innerhalb der antiken Kirche hin in den Westen, nach Rom, eine Entwicklung, die spätestens mit Konstantin Mitte des 4. Jh. ihren wesentlichen Impuls bekam.

Die Vulgata bestimmte die christliche Kirche und Theologie bis ins ausgehende Mittelalter. Das ändert sich erst mit der Reformationszeit, die geistesgeschichtlich mit dem etwas älteren Humanismus einhergeht. In dieser Epoche kommt ein besonderes Interesse an antiken Quellen und der Philologie auf. Das Kirchenmodell der Reformation ist u. a. bestimmt durch die Idee des mündigen Christen, der als Maßstab seines Glaubens und Handelns allein auf die Bibel (sola scriptura) gewiesen ist. Dazu ist es aber nötig, ihn mit dieser Bibel direkt in Kontakt zu bringen. Die Bibel füllt in dieser Zeit die Lücke, die durch den Wegfall der kirchlichen Autorität in Gestalt der Papstkirche entsteht. So war es zwangsläufig, dass Luther und seine Mitarbeiter Übersetzungen in die Landessprache forderten und selbst anfertigten. Dabei hat für den deutschsprachigen Raum Luthers Übersetzung eine überragende Bedeutung gewonnen. Zwar gab es auch vor Luther Übersetzungen ins Deutsche – sie haben jedoch, mit Ausnahme der Zürcher Bibel im reformierten Bereich, nicht annähernd die Bedeutung der Lutherübersetzung erlangt und sind bald in Vergessenheit geraten.

Vulgata und Reformation

Während Luther das NT innerhalb von wenigen Wochen auf der Wartburg allein übersetzt hat, ist die Übersetzung des AT eine Gemeinschaftsarbeit Luthers und seiner Wittenberger Kollegen, die einen längeren Zeitraum beansprucht hat. Dabei nutzt Luther das Deutsch der kursächsischen Kanzlei, das sich durch die Lutherbibel in ganz Deutschland verbreitet und so zum „Hochdeutsch" wird. Der bis dahin völlig disparate deutsche Sprachraum erhält so eine Einheitssprache.

das AT in der Lutherbibel

Das Besondere der Übersetzung in der Zeit des Humanismus ist, dass Luther sich nicht – wie bisher – auf LXX und Vulgata bezieht, sondern direkt aus dem Hebräischen (unter Benutzung der älteren Versionen) übersetzt. So entsteht mit der Lutherbibel ein Mischwerk: Luther benutzt den hebräischen Kanon und erkennt nur dessen Bücher als verbindlich an, verwendet aber das Anordnungsprinzip von LXX und Vulgata. Die in LXX und Vulgata überschüssigen Bücher nennt er Apokryphen (griech. = Verborgene), denen er durchaus einen gewissen Wert beimisst, sie aber der Heiligen Schrift als nicht gleichwertig ansieht.

3. Moderne Übersetzungen

Was ist eine gute Übersetzung? Eine oft gegebene Antwort lautet: Diejenige, die den Urtext originalgetreu wiedergibt. Aber stimmt das? Bedenkt man die verschiedenen Verwendungsmöglichkeiten, so wird schnell klar, dass eine Übersetzung, die sich sehr eng an den Urtext anlehnt, nicht unbedingt für den Schulunterricht geeignet sein muss. Umgekehrt wird eine gut lesbare Ausgabe in heutigem Deutsch nicht unbedingt geeignet sein für Studierende, die ohne hebräische Sprachkenntnisse sich dennoch dem hebräischen Original möglichst annähern möchten.

Übersetzen ist stets ein kommunikativer Prozess. Dabei stehen sich die Ausgangssprache – über die wir mehr oder weniger gut Bescheid wissen – und die Zielsprache gegenüber. Die Kunst des Übersetzens liegt darin, beide Pole angemessen zu berücksichtigen und in Beziehung zu setzen. Hinzu kommt im Bereich der Zielsprache das Problem der Zielgruppe und der spezifischen Verwendung – Deutsch ist hier nicht gleich Deutsch.

konkordante Übersetzung

Grundsätzlich kann man drei Typen von Übersetzungen unterscheiden. Der erste Typ, die konkordante Übersetzung, ist sehr nahe an der Ausgangssprache ausgerichtet. Hierbei wird versucht, möglichst im Verhältnis 1:1 zu übersetzen, für jedes Wort der Ausgangssprache eine Entsprechung in der Zielsprache zu nutzen und die syntaktischen Strukturen so weit wie möglich zu erhalten. Der Vorteil liegt in der möglichst exakten Abbildung der Ausgangssprache, die damit auch für diejenigen, die sie nicht beherrschen, ein Stück weit transparent wird. Das geht aber klar zulasten der Zielsprache.

Diese kommt beim zweiten Typ, der philologischen Übersetzung, stärker in den Blick, wenngleich auch hier die Ausgangssprache starke Beachtung findet. Anders als beim ersten Typ wird hier allerdings nicht versucht, die Ausgangssprache zu „imitieren". Stattdessen werden stärker Sinnzusammenhänge beachtet und als komplexe Formen in die Zielsprache übertragen.

philologische Übersetzung

Der dritte Typ, die kommunikative Übersetzung, versucht demgegenüber vor allem den Sinn im Ausgangstext zu erfassen, um diesen dann in die Zielsprache zu übertragen. Dabei geht es weniger um die Abbildung der Syntax oder die philologisch exakte Wiedergabe bestimmter Begriffe als um die Verständlichkeit des ursprünglich Gemeinten.

kommunikative Übersetzung

Von den modernen Übersetzungen kommt der Lutherbibel zweifelsohne der höchste Rang zu. Dabei gehört Luther – auch wenn man es anders vermuten würde – zum Typ der kommunikativen Übersetzung. Er hat das selbst im „Sendbrief vom Dolmetschen" mit dem bekannten Ausdruck „dem Volk aufs Maul schauen" deutlich formuliert. Luther hat sich um den Sinn der ursprünglichen Aussagen mit den wissenschaftlichen Methoden seiner Zeit bemüht, sie dann aber oft in großer Freiheit gegenüber der Ausgangssprache in ein für seine Zeit allgemein verständliches Deutsch gebracht. So lässt sich der hebräische Text oft nur annäherungsweise wiedererkennen, der Sinn aber ist meist treffend wiedergegeben. Wenn der Luthertext heute vor allem von jüngeren Menschen nur schwer verstanden wird, liegt das am Prinzip der verschiedenen Revisionen der Lutherbibel. Bei ihnen stand die Erhaltung der sprachschöpfenden Kraft Luthers im Vordergrund – man sollte Luther wiedererkennen können. Das führt gegenwärtig teilweise zu Verständnisproblemen, hat aber auch seine Berechtigung. Denn die Lutherbibel hat über die Jahrhunderte einen eigenen Wert entwickelt, der fast losgelöst von ihrem Ursprung zu veranschlagen ist, auch wenn das ein wenig irrational klingt. Ein Blick in die Alltagskultur erklärt, worum es geht. Wenn in Fernsehserien oder Filmen Bibeltexte

Lutherbibel

in Spielszenen zitiert werden, so ist es überwiegend der Luthertext, selbst wenn Szenen aus dem Leben der anglikanischen oder sogar der katholischen Kirche dargestellt werden! Neben der oft selbstverständlichen Verwendung im Gottesdienst – hier eignet sie sich wegen ihrer poetischen Kraft besonders gut – ist die Lutherbibel zum allgemeinen Kulturgut des deutschen Sprachraums geworden.

Zürcher Bibel Mit der neuen Revision der Zürcher Bibel liegt heute eine gut lesbare Alternative aus dem Bereich der reformierten Tradition vor, die stärker als Luther dem Urtext verpflichtet ist und eher dem philologischen Typ zuzurechnen ist.

Elberfelder Bibel Noch näher am hebräischen Original orientiert ist die sogenannte Elberfelder Bibel, die erstmals Mitte des 19. Jh. in freikirchlichen Kreisen aus dem besonderen Interesse an der biblischen Überlieferung und ihrem Studium heraus entstand und heute in revidierter Fassung von 1985 vorliegt. Die Bibel wird gerne von Studierenden benutzt, die damit einen Text vorliegen haben, der die Originalsprache relativ gut abbildet.

Gute Nachricht Einem eher evangelikalen Frömmigkeitstyp zuzurechnende Übersetzung ist die „Gute Nachricht", ein Unternehmen, das seinen Ursprung im Amerikanischen hat („Good News for Modern Man"). Es handelt sich um einen eindeutig kommunikativen Typ, der in Deutsch erstmals 1982 erschien und für einige Aufregung sorgte. Das vor allem deshalb, weil hier z. T. schon ein neuer Typ vorliegt, den man mit dem Stichwort „dogmatisch" beschreiben kann. Die Gute Nachricht zeichnet sich im NT dadurch aus, dass sie eine dezidierte Jesusfrömmigkeit propagiert, die so im ursprünglichen Text nicht angelegt ist. Die ökumenisch verantwortete Revision von 1997 hat auf die deutliche und z. T. auch berechtigte Kritik reagiert; so ist die Gute Nachricht heute auch – mit Abstrichen – für den Unterricht zu gebrauchen, zumal sie sich um eine „moderne" Sprache bemüht und so die Hemmschwelle gegenüber biblischen Texten herabsetzen kann.

Einheitsübersetzung Mit der „Einheitsübersetzung" liegt seit den 1970er-Jahren endlich eine kirchlich approbierte katholische deutschsprachige Bibel vor. Zwar suggeriert der Begriff Einheit eine ökumenische Fassung – das stimmt hier auch für die Psalmen und das NT.

Einheit bezeichnet in diesem Fall aber die einheitliche Fassung für alle deutschsprachigen katholischen Gemeinden, etwas, das es in diesem Bereich aus kirchlich-dogmatischen Gründen bisher nicht gab. Die Einheitsübersetzung, die sich stark an LXX und vor allem Vulgata orientiert, ist zwischen dem philologischen und kommunikativen Typ anzusiedeln. Sie ist – von Exegeten erarbeitet – einerseits nahe am Urtext, bemüht sich andererseits aber um Gegenwartssprache, wobei die Sachlichkeit den Vorzug vor der Poesie bekommen hat. Eine Neubearbeitung findet gegenwärtig ohne protestantische Beteiligung statt, da von katholischer Seite dogmatische Gesichtspunkte mit eingebracht werden, die eine weitere Beteiligung unmöglich machen.

Dogmatische Gesichtspunkte stehen auch bei der letzten hier zu besprechenden Übersetzung im Vordergrund, der „Bibel in gerechter Sprache". Diese aus dem Umkreis des Ev. Kirchentags heraus entstandene Gemeinschaftsarbeit verschiedener Exegetinnen und Exegeten ist darum bemüht, Anstöße aus dem Weg zu räumen, die nach Meinung der Beteiligten der biblische Text in den vorliegenden Übersetzungen unnötig aufbaut. Es geht um Geschlechtergerechtigkeit, soziale Gerechtigkeit sowie Gerechtigkeit gegenüber dem Judentum. Diese Übersetzung wird von den einen so hoch gelobt, wie sie von den anderen abgelehnt wird. Für eine notwendige differenzierte Betrachtung fehlt hier der Raum. Diese Differenzierung wäre schon deshalb nötig, weil die von verschiedenen Händen stammenden Übersetzungen der einzelnen Bücher von sehr unterschiedlicher Qualität sind. Außerdem fehlt z. T. die Feinabstimmung zwischen den einzelnen Büchern, sodass die innerbiblische Kohärenz oft nicht mehr zu erkennen ist. Schwerer wiegt allerdings, dass die dogmatischen Entscheidungen – zu denen man zunächst einmal stehen kann, wie man will – die Übersetzungen stark beeinflussen und so auch Anstöße des Texts tilgen, die diesen gerade auszeichnen – biblische Überlieferungen dienen eben nicht nur der Bestätigung eigener Meinungen und Befindlichkeiten, sondern sind immer auch kritisches Korrektiv des eigenen Glaubens!

Bibel in gerechter Sprache

Dieser kurze Durchgang durch gegenwärtig viel benutzte Bibelausgaben zeigt, dass es nicht die eine allgemeingültige Übersetzung geben kann. Vielmehr ist für eine wirkliche Auseinandersetzung mit dem Text nötig, Übersetzungen auch kritisch zu sehen und zu vergleichen, sofern man keinen direkten Zugriff auf die Originalsprache hat. Darum ist es auch schwierig, eindeutige Empfehlungen für oder gegen eine Übersetzung zu geben. Es kommt im Wesentlichen auf den Verwendungszweck an.

Fragen:

Fragen
1. Wodurch wird eine Schrift zu einem biblischen Buch?
2. Können Sie den Weg vom hebräischen Text zur Lutherbibel nachzeichnen?
3. Was bedeutet Übersetzen – was ist für Sie eine gute Übersetzung?

2. Die Entstehung der einzelnen Bücher des Alten Testaments

Für das Verständnis der nachfolgenden Abschnitte ist es sinnvoll, den biblischen Text in einer guten deutschen Übersetzung parallel zu lesen und sich den Aufbau des jeweiligen Buches mittels einer „Bibelkunde" zu erschließen.

2.1 Pentateuch

1. Einführung

Das AT wird eröffnet durch die fünf Mosebücher, die nur im deutschen Sprachraum so bezeichnet werden. Die hebräisch-jüdische Tradition redet von der Thora (hebr. = Weisung), die Wissenschaft vom Pentateuch (griech.: penta = fünf; teuchos = Gefäß). Die Bücher heißen hier (und in fremdsprachigen modernen Übersetzungen) Genesis, Exodus, Levitikus, Numeri, Deuteronomium und folgen darin der LXX. In der hebräischen Bibel lauten die Namen wie die jeweiligen Buchanfänge: bᵉreschit, schᵉmot, wajjiqra, bammidbar und debarim.

Umfang des Pentateuch

Gegenwärtig wird kaum ein Bereich des AT so kontrovers diskutiert wie die vermutete Entstehung des Pentateuch. Das hängt mit der Entwicklung der atl. Wissenschaft, konkret der Exegese zusammen, hat aber auch damit zu tun, dass man gerade in diesem Bereich stärker als in anderen auf Hypothesen angewiesen ist. Ich werde im Folgenden die im 20. Jh. n. Chr. vorherrschende Sichtweise darstellen und im Anschluss gegenwärtige Anfragen an diese traditionelle Sichtweise formulieren.

Der Pentateuch erzählt die Geschichte von der Schöpfung über die Erwählung Abrahams, die Geschichte der Erzeltern, Israels Aufenthalt in und die Errettung aus Ägypten, der Wanderung durch die Wüste und die Gottesbegegnung am Sinai bis zur

Mose als Verfasser?

Eroberung des Ostjordanlandes. Der Tradition nach geht diese Erzählung auf Mose als Verfasser zurück, wie etwa bei Josephus oder Philo von Alexandrien im 1. Jh. n. Chr. zu lesen ist. Allerdings gibt es hier bereits erste Problemanzeigen. Beide gehen davon aus, dass die Notizen vom Tod des Mose in Dtn 34 nur visionär geschrieben sein können; später wird angenommen, die Verse stammten von Josua. Im Mittelalter und während der Reformationszeit kommen weitere Beobachtungen hinzu. So weist der jüdische Gelehrte Ibn Esra aufgrund von Gen 36,31 und Dtn 1,1 darauf hin, dass der Pentateuch im Westjordanland – und damit eindeutig nach dem Tod des Mose – geschrieben worden sein muss. In der Folgezeit verstärken sich die Zweifel an der Verfasserschaft des Mose, ohne dass es zu einem wirklichen Durchbruch kommt. Dieser gelingt erst mit der Aufklärung im 18. Jh. und der verstärkten Wahrnehmung von Textunebenheiten.

2. Die neuere Urkundenhypothese

ältere Urkundenhypothese

Anfang des 18. Jh. bemerkte der Hildesheimer Pfarrer B. Witter, dass sich in den beiden Schöpfungsgeschichten Gen 1,1–2,4a und 2,4b–3 unterschiedliche Bezeichnungen für Gott finden, nämlich in der ersten Geschichte „Jahwe" (= Name des israelitischen Gottes – in der älteren Sekundärliteratur „Jehova" aufgrund eines Missverständnisses der hebräischen Tradition) und in der zweiten „Elohim" (hebr. = Gott). Ganz ähnliche Beobachtungen machte unabhängig davon der Leibarzt Ludwigs XV. Jean Astruc. Beide nahmen an, dass Mose hier zwei unterschiedliche Quellen verarbeitet hätte. Während Witters Arbeit unbeachtet blieb, wurde die Arbeit Astrucs von G. Eichhorn in seiner „Einleitung in das Alte Testament" (1780ff.) aufgenommen und fortgeführt. Nach ihm ist der Textbestand aus zwei Quellen durch einen späteren Redaktor zusammengefügt worden – die sogenannte ältere Urkundenhypothese.

Fragmentenhypothese und Ergänzungshypothese

Bevor die neuere Urkundenhypothese Gestalt gewann, gab es zwei weitere gewichtige Hypothesen, welche die neuere Urkundenhypothese mit bestimmt haben. Unter besonderer Berücksichtigung der Gesetzestexte sowie des Deuteronomiums, die sich nur schwer den Quellen zuordnen lassen, entstand die

Fragmentenhypothese. A. Geddes und J.S. Vater meinten um 1800 herum feststellen zu können, dass der Pentateuch nicht aus durchlaufenden Quellen, sondern aus einzelnen Überlieferungsblöcken zusammengestellt worden sei. Kern des Ganzen sei das Deuteronomium. Als eine Kombination beider Hypothesen entwickelten H. Ewald und F. Bleek (neben frühen Arbeiten von W.M.L. de Wette) die Ergänzungshypothese. Danach wäre eine durchlaufende Erzählquelle mit der Gottesbezeichnung Elohim durch einzelne Fragmente ergänzt worden.

Zunächst nur für die Genesis wurde die neuere Urkundenhypothese entwickelt. H. Hupfeld entdeckte 1853, dass es innerhalb der Elohim-Schicht so große Diskrepanzen gibt, dass man höchstwahrscheinlich mit zwei unterschiedlichen Elohim-Quellen rechnen muss. De Wette konnte 1854 darüber hinaus deutlich machen, dass das Deuteronomium eine eigenständige Größe ist und nur die letzten Verse von Dtn 34 zu den alten Quellen gehören. Die Datierung der Quellen, die bis dahin noch offen war, wurde vor allem von J. Wellhausen (1878ff., darüber hinaus von K.H. Graf und A. Kuenen) in einer Form festgelegt, die allgemeine Anerkennung fand. Danach entstand der Jahwist (J) um 950 v. Chr. in der salomonischen Zeit, der Elohist (E) um 800 v. Chr., das Deuteronomium im 7. Jh. v. Chr. und die zweite Elohim-Quelle, jetzt Priesterschrift genannt (P), um 550 v. Chr. Hatte Hupfeld zunächst die Priesterschrift wegen ihrer scheinbar präzisen Angaben für die älteste Quelle gehalten, so konnte Wellhausen in seinen berühmten „Prolegomena zur Geschichte Israels" (1883 in 2. Auflage) nachweisen, dass die vorexilischen Propheten die gesetzlichen Bestimmungen der Priesterschrift noch nicht kennen und sie daher jünger als die Propheten und damit auch als die übrigen Quellen sein muss.

neuere Urkundenhypothese

3. Die Quellenschriften

Nach der neueren Urkundenhypothese ist der Jahwist die älteste Quellenschrift des Pentateuch. Er wird seit Wellhausen in der Mitte des 10. Jh. v. Chr., d. h. in der Zeit Salomos, der ersten größeren kulturellen Blütezeit Israels, angesetzt. Aufgrund seiner vielen Bezüge zum Süden wird die Entstehung von J in Juda

Jahwist

vermutet. Als Kriterium für die Abgrenzung der J-Texte gilt vor allem der durchgehende Gebrauch des Jahwe-Namens. Daneben wird J meist via negationis bestimmt – E- und P-Texte sind klarer abzugrenzen (s. u.). J zeichnet sich durch eine ausgesprochen theologische Darstellung aus. Bei ihm stehen „Menschheitsfragen" im Vordergrund: Gott in seinem Verhältnis zum Menschen, der Mensch in seiner von Gott getrennten Existenz, die Sünde als trennendes Element, menschliches Leben unter den Bedingungen „jenseits von Eden" als der Erde verhaftet. Über allem steht das Thema des göttlichen Segens. Im Zentrum steht Gen 12,1–3. Von hier aus verfolgt J das Thema durch alle Gefährdungen hindurch bis zum Ende seiner Erzählung. Dabei spielt das Volk Israel eine besondere Rolle, aber auch die Völkerwelt erhält (vermittelt durch Israel) Anteil an diesem Segen.

Das Gottesbild des Jahwisten unterscheidet sich deutlich von den späteren. Für J trägt Jahwe ein menschliches Gesicht – man kann ihm im Garten begegnen (Gen 3,8) und als Schöpfer ist er wie ein Töpfer tätig (Gen 2,4bff.). Dahinter steht einerseits sicher eine frühe Vorstellung Gottes, die so später nicht mehr akzeptiert ist (man denke etwa an das Bilderverbot), aber im Vorderen Orient durchaus Vorbilder findet, andererseits zeigt sich darin auch die besondere Zuwendung Gottes zum Menschen. Der Mensch – hier besonders in der Gestalt der Erzeltern – wird realistisch und d. h. mit allen Stärken und Schwächen gezeichnet. In all seinen Lebensbezügen ist er der Erde, von der er stammt, verhaftet, gleichzeitig aber auch in allem, was er tut, auf Gott bezogen und ihm verantwortlich.

Bei seiner Darstellung hat J häufig auf vorhandenes Material zurückgegriffen. Dabei wird es sich eher um mündliche Traditionen als um schriftliche Quellen gehandelt haben, wie die neueste Urkundenhypothese annahm (danach hätten J zwei schriftliche Quellen vorgelegen). J hat dieses Material geordnet, verschriftlicht und in den Horizont seiner Theologie hinein umgearbeitet. Dazu gehört auch eine bewusste Entmythologisierung. J ist somit weniger Redaktor als vielmehr Autor.

Elohist Ob es sich beim Elohisten um eine Quelle oder lediglich um eine redaktionelle Bearbeitungsschicht des Jahwisten handelt ist heftig umstritten. Das liegt zum einen am späten Einsetzen von E (meist wird Gen 20 vermutet) und damit dem Fehlen einer eigenen Urgeschichte (im Gegensatz zu J und P), zum anderen am relativ schmalen Textbestand dieser Schicht. Der durchgehende Gebrauch von Elohim, eine klar erkennbare eigene Theologie sowie eine Reihe von Doppelüberlieferungen sprechen m. E. für die Existenz einer Quelle neben J – die Akten sind hier aber noch nicht geschlossen.

Da in E vor allem das Heiligtum von Bethel eine große Rolle spielt und sich auch sonst Traditionen des Nordens finden, ist eine Entstehung im Nordreich Israel wahrscheinlich. Meist wird E um 800 v. Chr. herum angesetzt, gelegentlich wird er auch später, in die Zeit nach dem Untergang Israels 722 v. Chr. datiert. Für die klassische Datierung der neueren Urkundenhypothese spricht eine gewisse Nähe der theologischen Vorstellungen des Elohisten zu den Propheten Elia und Hosea (zwischen 850 und 750 v. Chr.).

Das Gottesbild des Elohisten unterscheidet sich signifikant von dem des Jahwisten. Gott wird nicht mit Namen genannt, und selbst da, wo E den Namen einführt (Ex 3,14), bleibt er letztlich unerklärbar. Das weist hin auf ein deutlich distanzierteres Verhältnis zwischen Gott und Mensch. Gott zeigt sich dem Menschen nicht direkt, sondern durch Boten oder durch Träume. Charakteristisch ist die doppelte Anrufung (z. B. Ex 3,4) sowie die bestätigende Antwort des Menschen "Hier bin ich". Anders als J sieht E hinter den teilweise verschlungenen Lebenswegen seiner Protagonisten Gott als letztendlich handelnd am Werk – das „entschuldigt" den Menschen auch bei vordergründigem Fehlverhalten. Das vermittelte Weltbild erinnert an weisheitliches Denken, und so wird E gerne im Bereich der israelitischen Weisheit verortet. Dazu passt auch das Element der Gottesfurcht: Gehorsam gegenüber dem Willen Gottes, begründet im Glauben an Gott, der sich auch und gerade in schwierigen Situationen bewährt.

Das Deuteronomium bildet in seiner jetzigen Form die Klammer zwischen dem Tetrateuch (griech.: vier) und dem DtrG (s. u., 2.2). Seit de Wette (1805) ist unbestritten, dass es nicht zu den Pentateuchquellen gehört, sondern eine Größe eigener Art ist. Es

Deuteronomium

ist komplett als Rede des Mose gestaltet, wodurch der Eindruck einer bloßen Wiederholung des Stoffs zu vermeiden versucht wird. Die Gliederung des Buches spiegelt dessen Entstehungsgeschichte wider. Im Zentrum steht das dtn. Gesetz Dtn 12–26. Einen ersten Rahmen bildet die sogenannte dtn. Redaktion in Dtn (5)6–11 und 27f. Einen zweiten, dtr. Rahmen bilden die Kapitel 1–3(4) und 29ff. Dieser dtr. Rahmen verbindet das Dtn mit dem DtrG.

Urdeuteronomium

Die Entstehung des sogenannten Urdeuteronomiums (12–26) wird meist mit der josianischen Reform (2 Kön 22f.) in Zusammenhang gebracht. Das dort im Tempel von Jerusalem bei Bauarbeiten gefundene, bis dahin unbekannte Dokument wird mit dem Grundbestand von Dtn 12–26 identifiziert. Auch wenn zwischen der daraufhin von Josia durchgeführten Kultreform und Dtn 12–26 gewisse Unausgeglichenheiten bestehen und die Historizität des Grundbestands von 2 Kön 22f. gelegentlich angezweifelt wird, ist der Zusammenhang doch evident. Das Urdtn stammt vermutlich aus dem Nordreich. Es weist eine deutliche Nähe zur Theologie Hoseas auf. Das Königsgesetz von Dtn 17 ist eher auf nordisraelitischem Hintergrund verstehbar und auch das Prophetengesetz zeigt eine Nähe zu israelitischer prophetischer Tradition. Hinzu kommt, dass das Zentralisationsgesetz in Dtn 12 keinen Ort nennt – die spätere Identifikation mit Jerusalem ist zeitbedingt und wohl nicht von Anfang an beabsichtigt.

Die Theologie des Dtn lässt sich in einer einfachen Formel zusammenfassen: ein Gott – ein Volk – ein Heiligtum. Im Zentrum steht die freie Erwählung Israels durch Gott (Dtn 7). Die Beziehung zwischen beiden ist einzigartig und gründet allein in der Liebe Gottes zu Israel. Die Konsequenz daraus ist die unbedingte Gewiesenheit Israels auf eben diesen Gott, wie es im „Schᵉma Israel" (Dtn 6,4; „Höre, Israel"), dem Glaubensbekenntnis des Judentums, unübertroffen ausgedrückt wird. Der Verehrung des einen Gottes entspricht die Zentralisation des Kultes an einem Ort; sie stellt die Einheit des Glaubens sicher. Aus der Erwählung folgt weiter eine besondere soziale Verantwortung. Israel wird als Volk von Brüdern (und Schwestern) angesprochen, das darum zu unbedingter Solidarität untereinander aufgefordert ist. Diese Solidarität schließt z. T. auch Außenstehende mit ein. Dieser besonderen Ausrichtung entspricht der Stil des Dtn. Die Gesetze werden oft predigtartig vorgetragen und eingeschärft.

Über den Umfang der Priesterschrift besteht seit Mitte des 19. Jh. n. Chr. weitgehende Einigkeit. Das liegt vor allem an der klaren Formsprache, die sich gut aus dem übrigen Bestand des Pentateuch ausgliedern lässt. P zeigt ein besonderes Interesse an Zahlen, Daten und Fakten, bietet eine exakt erscheinende Chronologie und ebensolche Genealogien. Der Stil ist eher berichtend als erzählend – man vergleiche etwa Gen 1 mit Gen 2! Dazu kommt ein spezifisches Vokabular. Höchstwahrscheinlich ist zwischen einer Grundschicht P^G und einer Bearbeitung P^S zu unterscheiden. Die zweite Schicht bietet vor allem Gesetzestexte und Kultvorschriften.

Priesterschrift

Die Grundschicht wird in der Regel in der Mitte des 6. Jh. v. Chr. datiert. Als Entstehungsort kommt am ehesten Babylonien in Frage. Der Schöpfungsbericht von Gen 1 setzt sich u. a. aktiv mit babylonischer Theologie auseinander. Außerdem zeigt P ein besonderes Interesse an Sabbat und Beschneidung, beides religiöse Lebensäußerungen, die auch im Exil lebbar waren. Dies und das besondere Interesse am Kult hat dazu geführt, priesterliche Kreise als Verfasser anzunehmen.

Für P ist Gott einerseits transzendent (lat.: grenzüberschreitend, im Sinne von jenseitig) und allmächtig, andererseits aber auch vor allem Israel in besonderer Weise zugewandt. Das kommt zum Ausdruck in der Vorstellung vom Bund Gottes mit seinem Volk. Dieser Bund ist eine einseitige Verpflichtungserklärung Gottes zugunsten seines Volkes: Ihr Inhalt ist die Verheißung von Landbesitz und Nachkommen. Zeichen dieses Bundes seitens des Menschen stellt die Beschneidung dar (vgl. die für P besonders wichtigen Kapitel Gen 17 und 23). Vor dem Bund Gottes mit Israel gibt es einen Bund mit allen Menschen. Am Ende der Sintflut verpflichtet sich Gott, eine solche Katastrophe nicht mehr heraufzuführen. Zeichen dieses Bundes ist der Regenbogen.

P hat ein klares Geschichtskonzept und teilt die Geschichte in Perioden ein, die durch eine jeweils besondere Weise der

Gottesoffenbarung gekennzeichnet sind. Dabei achtet P darauf, dass die geschichtliche Darstellung in sich schlüssig ist, was bei J und E nicht durchgehend der Fall ist. Besonders nachhaltig gewirkt hat die priesterschriftliche Vorstellung vom Menschen als Ebenbild Gottes (Gen 1,26). Dabei geht es nicht um bildhafte Vorstellungen (man denke nur an die Erschaffung als „männlich und weiblich"), sondern um den Auftrag des Menschen an der Schöpfung und die Teilhabe an der Macht und Verantwortung Gottes für sein Schöpfungswerk. Da auch P den Menschen als fehlerhaft (oder sündhaft) ansieht, kommt dem Kult als Ort der Reinigung von Sünden bzw. der Vermeidung der Sünde durch klare Regeln ein besonderes Gewicht zu.

Redaktion Wie muss man sich nun das Zusammenwachsen der Quellenschriften vorstellen? Zunächst wurden vermutlich J und E verbunden, wobei J in der Regel den Vorzug erhält, wenn – wie zu vermuten ist – Parallelüberlieferungen vorlagen. Dieses Werk (auch Jehowist genannt) wurde später in P eingearbeitet, die als neue Grundlage diente. Die Unterschiedenheit von JE und P führt dazu, dass von beiden Werken relativ viel erhalten geblieben ist. Unsicher ist, ob Dtn bzw. sein Grundbestand vor der Verbindung mit P zu JE gestoßen ist, oder ob das Dtn erst nach der Redaktion von JEP in dieses Werk eingearbeitet wurde. Sicher ist, dass eine dtr. Endredaktion Pentateuch (bzw. den Tetrateuch) und DtrG mit Dtn als Scharnier verbunden hat.

4. Anfragen an die neuere Urkundenhypothese

Spätestens seit den 1970er-Jahren ist die neuere Urkundenhypothese infrage gestellt worden. Das hängt zusammen mit einer grundsätzlichen Trendwende in der alttestamentlichen Wissenschaft, die von hier aus auch andere Bereiche des AT erfasst hat. Dazu gehört die Abwendung von der Überlieferungs- und Literarkritik hin zu einer verstärkten Anwendung der Redaktionskritik. Mit der veränderten Fragestellung änderten sich die Ergebnisse. Damit ging eine Tendenz zur Spätdatierung der biblischen Texte einher, wobei die einen näher an die griechische Kultur rücken, die anderen näher an das Judentum. Beides ist den Vertretern dieser Spätdatierung durchaus nicht unsympathisch, denn es lässt das AT insgesamt in einem anderen Licht erscheinen. Im Folgenden sollen die m. E. wichtigsten Anfragen an das klassische Modell kurz skizziert werden.

Bereits oben bei der Darstellung des Elohisten wurden dessen Grundprobleme aufgezeigt. Unbestritten ist, dass es im Pentateuch Bestandteile gibt, die klassisch einer elohistischen Quelle zugerechnet werden. Fraglich ist aber, ob es sich dabei um eine eigenständige, von J unabhängige Quelle mit einer eigenen, durchgehenden Geschichtsdarstellung handelt, oder ob es sich bei E lediglich um eine redaktionelle Bearbeitung eines vorliegenden J-Stoffes handelt. Ging der Trend längere Zeit in diese Richtung, gibt es gegenwärtig wieder mehr Stimmen, die für E als eine von J unabhängige Quelle plädieren. Am theologischen Profil ändert der Ausgang der Diskussion nicht allzu viel. Lediglich die Frage nach der Entstehung des Pentateuch überhaupt wird davon im Kern berührt.

Eigenständigkeit des Elohisten?

Entscheidender sind die Fragen, die sich um den Jahwisten ranken. Hier steht man dem Problem der sicheren Feststellung des Textbestands (eine Feststellung via negationis ist immer problematisch) und vor allem dem der Datierung gegenüber. Schon die klassische Datierung hat Schwierigkeiten, wirklich gesicherte Argumente beizubringen. So ist man hier in der Hauptsache auf allgemeine kulturgeschichtliche Einschätzungen angewiesen. Anhänger einer Spätdatierung (nachexilisch) halten die Salomozeit für noch nicht reif für ein solch komplexes theologisches Werk. Und in der Tat zeigt J für diese frühe Zeit, in der in Israel erstmals mit einer Schriftkultur zu rechnen ist, eine enorme geistige Schaffenskraft. Immerhin entwickelt er einen Spannungsbogen von der Weltschöpfung (!) bis hin zur Erfüllung der Landverheißung. Vor allem die Urgeschichte macht die frühe Datierung problematisch – ist einem Theologen der Salomozeit ein solch weiter Horizont zuzutrauen, zumal das Thema „Schöpfung" danach für Jahrhunderte nicht mehr vorkommt? Diesem Problem hat man mit der Herauslösung der Urgeschichte und der Vermutung ihrer Selbstständigkeit zu begegnen versucht;

Alter von J

durchgesetzt hat sich diese Sichtweise nicht. Die Argumente sind weitgehend ausgetauscht; neuere, weiterführende Gesichtspunkte sind nicht in Sicht. Die Entscheidung über das Alter von J wird aus den Texten selbst heraus kaum zu beantworten sein.

dtr. Redaktion

Mit dem Methodenwechsel kommt es auch zu einem vermehrten Interesse an der Endgestalt der Texte und ihrer redaktionellen Bearbeitungsstufen. Hier wird verstärkt mit dtr. Bearbeitungen älterer Textbestände gerechnet, bis dahin, dass man die dtr. Bewegung für hauptverantwortlich hält, wenn es um Pentateuch (und Prophetie) geht. Davon ist auch die neuere Urkundenhypothese erfasst worden. So werden viele Texte, die man früher für elohistisch hielt, einer dtr. Redaktion zugeschrieben. Darüber hinaus wird gegenwärtig der Anteil der dtr. Bearbeitung am Pentateuch überhaupt relativ hoch eingeschätzt. Gesichert ist eine solche Redaktion im Dtn (2. Rahmen, s.o.) sowie bei der Zusammenarbeitung von Pentateuch und DtrG. Insgesamt ist in der Forschung einiges in Bewegung – ein endgültiges Ergebnis ist noch nicht erreicht.

Hexateuch

Schon immer problematisch war die sichere Feststellung des Endes der alten Pentateuchquellen. Sie brechen mit Ausnahme einiger Verse in Dtn 34, die der Verklammerung dienen, mit dem Buch Numeri ab, sodass man eigentlich von einem Tetrateuch sprechen müsste. Aber ist das sinnvoll? Die Quellen schaffen einen Spannungsbogen von der Landverheißung an die Erzeltern bis zur Erfüllung dieser Verheißung, ohne wirklich davon zu erzählen. Die Darstellung endet im Ostjordanland mit dem Tod des Mose „jenseits des Jordan". Das gelobte (= versprochene) Land ist noch nicht erreicht, die endgültige Erfüllung der Verheißung steht noch aus. Deswegen wurde schon vermutet, die Pentateuchquellen reichten ins Buch Josua hinein, das von der Landnahme im westjordanischen Stammland Israels erzählt (Hexateuch; hexa: griech. = sechs) – gesichert ist die Existenz der Quellen im Buch Josua bis heute jedoch keineswegs. Andere sind noch weiter gegangen bis hin zum 2. Königebuch (Enneateuch; ennea: griech. = neun). Wieder andere vermuten, dass eine früher existierende Landnahmeerzählung zugunsten der dtr. Darstellung im Josuabuch bei der Vereinigung weggefallen sei. Interessanterweise werden diese älteren Thesen heute im Zusammenhang einer vermuteten dtr. Gesamtkomposition wieder neu bedacht.

Als letztes sei hier der Versuch genannt, den Pentateuchstoff konsequent überlieferungsgeschichtlich unter Verzicht auf durchlaufende Quellen zu erklären. Dieser Versuch hat seinen Ursprung in einer grundsätzlichen Skepsis gegenüber der Literarkritik. Es wurde vermutet, dass hinter dem Pentateuch in der Hauptsache mündliche Überlieferungen, teilweise in Blöcken zusammengefasst, liegen. Damit wird u. a. ein Modell Noths aufgenommen, der stärker verschiedene Überlieferungsblöcke in den Blick nahm (Urgeschichte, Vätererzählungen, Exodus, u. a.) auf Kosten eines durchlaufenden Erzählfadens. Richtig an diesem Modell ist, dass bereits bei J bestimmte Überlieferungskomplexe klar abgegrenzt erscheinen und dahinter oft mündliche Vorstufen zu erkennen sind. Genauso richtig ist, dass die einzelnen Überlieferungselemente je unterschiedliche historische Situationen widerspiegeln, die zunächst keine fortlaufende Geschichte repräsentieren. Ob man für ihre Zusammenführung aber auf die Quellen verzichten kann, sei angefragt.

Überlieferungsgeschichte des Pentateuch

Die gegenwärtige Forschungssituation ist von großer Unübersichtlichkeit und dem Mangel an klaren, eindeutigen Kriterien geprägt. Allen neueren Anfragen gemein ist der Trend zur Spätdatierung und die Annahme einer weitreichenden Redaktionsarbeit. Allerdings beziehen sich die kritischen Anfragen an das klassische Modell immer nur auf einen Teilbereich. Dort wirken sie manchmal schlüssig. Es fehlt gegenwärtig aber an einem umfassenden, allgemein akzeptierten Konkurrenzmodell zur neueren Urkundenhypothese, das in der Lage wäre, die Entstehung des Pentateuch mit all seinen Auffälligkeiten so umfassend innerhalb eines Modells mit wenigen hypothetischen Annahmen zu erklären, wie es die neuere Urkundenhypothese kann – oder einst konnte.

5. Einzelne Überlieferungen

Bei den Erzählungen über die Erzeltern in Gen 12–36 handelt es sich in der Regel um Einzelüberlieferungen, meist in Form der

ätiologische Sage

ätiologischen Sage. Sie wollen erklären, warum bestimmte Dinge in der Zeit des Erzählens so sind wie sie vorgefunden werden. Ein schönes Beispiel dafür ist die Erzählung von Jakobs Traum in Bethel Gen 28,10–22. Die Geschichte erklärt, wie es dazu kommt, dass das ehemalige El-Heiligtum (Bethel = Haus Els) nun ein Jahweheiligtum ist. Außerdem erklärt sie die Einrichtung der Zehntabgabe an den Tempel. Solche ätiologische Sagen sind in erster Linie „story", die an der Erklärung der Gegenwart interessiert sind, nicht aber „history". Für die Rekonstruktion der Geschichte der Väterzeit sind sie nur bedingt bis gar nicht geeignet. Diese Einzelüberlieferungen wurden wahrscheinlich schon im mündlichen, vorstaatlichen Stadium in sogenannten Sagenkränzen zusammengefasst und vermitteln in dieser Form den Eindruck einer Kontinuität. Tatsächlich spiegelt sich in ihnen das Leben sehr unterschiedlicher Menschen in unterschiedlichen Siedlungsgebieten zu unterschiedlichen Zeiten wider.

Josephs-geschichte

Von ganz anderer Art als diese Sagenkränze ist die Josephsgeschichte Gen 37–50 (ohne Kap. 38, das zu 12–36 gehört). Hier wird mit Gen 37 ein Spannungsbogen aufgebaut, der erst in Gen 50 sein Ende findet. Es handelt sich um eine kunstvoll gestaltete Erzählung, die gerne als Novelle charakterisiert wird. Die Kapitel werden der israelitischen Weisheitsliteratur zugerechnet: Joseph wird als beispielhafter Weiser dargestellt, sowohl in seinem persönlichen Verhalten (nach der „Läuterung" im Gefängnis Gen 39) als auch in seinem späteren Amt, wo er die Kunst des Regierens geradezu meisterhaft ausübt. Es gibt noch einen weiteren Beleg für weisheitliches Denken: In Gen 37–50 wird Gott auffallend selten erwähnt. Trotzdem ist er der souveräne Lenker der Geschichte, wie Joseph in Gen 50,20, dem theologischen Ziel der Geschichte, feststellt.

Kontrovers diskutiert wird die Quellenfrage. Einerseits gibt es in Gen 37 und 39 eine Reihe von Doppelüberlieferungen, die kaum anders zu erklären sind, als dass der Text auf zwei Quellen aufbaut. Andererseits handelt es sich um eine ansonsten komplexe und von Widersprüchen und Doppelungen freie Erzählung mit einem klaren theologischen Profil, die nicht ohne Weiteres einer der Quellen eindeutig zugerechnet werden kann. Die Frage muss möglicherweise offen bleiben.

Eine besondere Rolle für das Leben Israels wie des heutigen Judentums spielen die Rechtsüberlieferungen des Pentateuch. Sie nehmen breiten Raum ein (fast durchgehend von Ex 20 – Lev 26, dazu Dtn 12–26), und der Begriff Thora, der ursprünglich „Weisung" bedeutet, wird später im Sinne von „Gesetz" verstanden. Dieser Bedeutung entspricht die literarische Situation: Auch wenn es sich um Überlieferungen verschiedener Zeit und Herkunft handelt, stellt die Redaktion sie alle in den Zusammenhang der Sinaioffenbarung, der zentralen Offenbarung und Willenskundgebung Gottes seinem Volk gegenüber. Hierdurch bekommen sie ihr besonderes Gewicht: Sämtliche gesetzlichen Bestimmungen gelten der Überlieferung nach als von Gott selbst gesetzt. Damit steht das AT in der Tradition des Vorderen Orients, wonach der jeweilige Gott als Geber und Wahrer des Rechts gesehen wird, wobei in der Regel der König mit der Wahrnehmung dieser besonderen Aufgabe von Gott betraut wird (so z. B. in der Einleitung des Codex Hamurabi).

Rechtstexte

An der Spitze der Rechtstexte steht der Dekalog. Alle folgenden Bestimmungen werden quasi als Ausführungen dazu angesehen. Der Dekalog selbst eignet sich nicht zur Rechtsprechung. Hier werden allgemeine Normen und Werte im Verhältnis zwischen Gott und Mensch sowie für den zwischenmenschlichen Bereich formuliert. Der Dekalog hat eine längere Wachstumsphase hinter sich. Dafür sprechen die doppelte Überlieferung in Ex 20 und Dtn 5 mit einigen Variationen, die formal uneinheitliche Gestaltung in Bezug auf Ge- und Verbote sowie deren Länge und Begründung. Je nach Zählweise liegen zwischen neun und elf „Gebote" vor. In seinem literarischen Kontext in Ex 20 ist er deutlich sekundär. Der Dekalog ist somit eher eine nachträgliche Zusammenfassung der wichtigsten Rechtsgrundsätze, die dann an den Anfang der Rechtsüberlieferung gestellt wurde.

Dekalog

Dem Dekalog folgt in Ex 21–23 das sogenannte Bundesbuch. In ihm gibt es eine Reihe von Rechtssätzen, die der alltäglichen Rechtspraxis entstammen. Es handelt sich um „wenn –dann"-

Bundesbuch

Bestimmungen, die sich in dieser Form auch in altorientalischen Gesetzessammlungen wie etwa im babylonischen Codex Hamurabi finden. Dieses kasuistisch genannte Recht (lat.: casus = Fall) diente der Rechtsprechung in alltäglichen Konfliktfällen und ist weder spezifisch religiös noch in besonderer Weise mit Israel verbunden. Daneben gibt es im Bundesbuch, das vermutlich aus vorstaatlicher Zeit stammt (es fehlt jeder Bezug auf den Staat und seine Organe), einige andere Reihen von Rechtssätzen, die eher allgemeine Regeln formulieren, ohne auf den Einzelfall Bezug zu nehmen und die sich darum schlecht bis gar nicht zur Rechtsprechung im engeren Sinn eigneten (früher unter dem Sammelbegriff „apodiktisch" [lat. = unbedingt] zusammengefasst, z. B. Ex 22,27ff.).

Kultrecht Breiten Raum nehmen die Kultvorschriften der Priesterschrift ein. Sie regeln das religiös-kultische Leben und sind oft jünger (z. B. Opferthora in Lev 1–7; Reinheitsthora in Lev 11–15). Besondere Bedeutung kommt dem Heiligkeitsgesetz (Lev 17–26) zu, das seinen Namen einer Bestimmung aus Lev 19,2 verdankt. In ihm sind profane und kultische Regeln aus verschiedenen Bereichen gesammelt und unter das Thema der „Heiligkeit" des Gottesvolkes gestellt. Das Heiligkeitsgesetz gibt als Ziel aller Bestimmungen die besondere Reinheit des Gottesvolkes an, die seiner hervorgehobenen Stellung vor Gott entspricht.

Fragen:

Fragen
1. Verschaffen Sie sich einen bibelkundlichen Überblick über den Pentateuch.
2. Können Sie die neuere Urkundenhypothese beschreiben – auf welche Probleme versucht sie zu antworten?
3. Wo liegen die heutigen Probleme der Pentateuchüberlieferung?

2.2 Propheten

1. Prophetie im Alten Testament

Unser Wort Prophet geht auf das griechische Verb „prophämi" zurück, das eher „öffentlich verkündigen" als „vorhersagen, wahrsagen" bedeutet. Der dazu gehörende hebräische Begriff „Nabi" ist vermutlich eine Passivbildung und bedeutet soviel wie der „Berufene". Unter diesem Begriff werden in der Spätzeit des AT alle möglichen Erscheinungsformen paranormaler Fähigkeiten zusammengefasst. In den älteren Texten tritt uns ein differenziertes Bild entgegen. Ein früher Typ ist der „Seher" (hebr.: chosäh). Dazu gehört etwa der Nichtisraelit Bileam oder auch Samuel in 1 Sam 9,1–10,16. Religionsgeschichtlich handelt es sich dabei um eine Art Mantiker (griech.: manteuo = bewirken). Das sind also hellsichtige Menschen mit besonderen Fähigkeiten, Dinge oder Situationen zu sehen, die anderen verborgen bleiben. Ein schönes Beispiel sind die verlorenen Eselinnen in 1 Sam 9,1ff. In 1 Sam 19,18–24 wird Samuel einem anderen prophetischen Typus zugerechnet, den Gruppenpropheten. Prominentestes Beispiel für diesen Typ ist Elisa. Es handelt sich bei den Gruppen vermutlich um zeitweise zusammentretende Gemeinschaften, die u. a. ekstatische Übungen veranstalten. In der frühen Königszeit treten Propheten im Umkreis des Hofes auf. Sie nehmen hier so etwas wie eine Beraterfunktion wahr. Da Leben in dieser Zeit nicht ohne religiösen Bezug möglich ist, spielen religiöse Funktionsträger im Umfeld des Hofes eine große Rolle. Ähnlich treten die Berufspropheten auf, die Ratsuchenden an den Tempeln Auskünfte erteilen und vor allem Fürbitte leisten. Wie die Bezeichnung schon verrät, müssen diese Propheten von ihrer Tätigkeit leben, was zu Problemen im Blick auf ihre Unabhängigkeit führen kann.

Von all diesen Typen sind die Schriftpropheten zu unterscheiden. Bei ihnen handelt es sich um unabhängige Persönlichkeiten, die sich in ihrer subjektiven Wahrnehmung – etwas anderes ist uns nicht überliefert – als von Gott unmittelbar berufen erleben (vgl. z. B. Am 7,14). Kennzeichnend für sie ist, dass sie den Auftrag Gottes in der Regel nur widerwillig akzeptieren und

Etymologie des Wortes „Prophet"

Schriftprophetie

unter seiner Ausführung leiden. Oft treten diese Propheten den Herrschenden und auch dem Volk als Ganzem kritisch gegenüber – leben konnten sie von dieser Tätigkeit, anders als die Berufspropheten, nicht. Gewisse Vorbilder für diese kritische Prophetie finden sich bei den Propheten in Mari, einem Stadtstaat auf dem Gebiet des heutigen Syrien, im 18. Jh. v. Chr.

Nebiim In der Phase der Kanonisierung wurden alle prophetischen Überlieferungen zusammengefasst und in vordere und hintere Propheten eingeteilt. Die vorderen Propheten umfassen die Bücher Jos bis 2 Kön, in denen häufig prophetische Gestalten auftreten und die Handlung bestimmen. Bei den hinteren Propheten handelt es sich um eigenständige Prophetenbücher. Durchgesetzt haben sich auch die Begriffe Vorschriftprophetie und Schriftprophetie. Die Schriftprophetie lässt sich grob in drei Phasen einteilen. Vorexilisch ist ihre Verkündigung von der Gerichtsansage bestimmt. In der Exilszeit begegnet uns im Wesentlichen Heilsprophetie. Die nachexilische Phase zeigt dann beide Phänomene nebeneinander.

Die Schriftpropheten beziehen sich mit ihrer Botschaft unmittelbar auf die geschichtlichen Ereignisse. Sie sind weniger Wahrsager oder Ratgeber als vielmehr Interpreten der Geschichte und Verkünder des Gotteswillens. Meist wird angenommen, dass sie die Grundzüge ihrer Aussagen als von Gott selbst empfangen erlebt haben – die Gründe für die Zukunftsansage formulieren die Propheten selbst auf dem Hintergrund einer gründlichen Beobachtung der sozialen, religiösen und politischen Verhältnisse ihrer Zeit. Sehr schön lässt sich das bei Amos beobachten. In mehreren Visionen erfährt er von Gott, dass das Gottesgericht kommt und unausweichlich ist (Am 7; 8). Die Begründungen dafür entwickelt Amos selbst auf dem Hintergrund der religiösen Traditionen Israels, die er mit seiner Gegenwart in Kontrast setzt.

Struktur eines Prophetenbuches Am Anfang eines Prophetenbuches stehen in der Regel mündliche Äußerungen des Propheten. Entweder er selbst oder seine Anhänger bzw. Schüler sammeln sie und stellen sie zu ersten kleineren Einheiten zusammen. Später werden diese Einheiten redaktionell verbunden. Dabei wird die prophetische

Botschaft oft fortgeschrieben, interpretiert und auf die jeweilige neue geschichtliche Situation hin ausgelegt. Am Ende steht jedenfalls ein Buch, das durch mehrere Hände gegangen und dabei gewachsen ist. Dieses will natürlich auch als Ganzes wahrgenommen und nicht nur danach befragt werden, was denn „echt" im Sinne von ursprünglich an ihm sei. So interessant diese Frage auch ist, da sie anders als die anonymen Redaktionen das Bild einer prophetischen Persönlichkeit entstehen lässt, so verkürzt sie doch die Botschaft der prophetischen Bücher insgesamt. Dass die Bücher als Ganzes gesehen und interpretiert werden wollen, zeigt auch das häufig anzutreffende Aufbauschema: Unheil für Israel – (Unheil für fremde Völker) – Heil für Israel, das sogenannte drei- bzw. zweigliedrige eschatologische (griech.: Eschaton = Ende) Schema.

Die Propheten bedienen sich bei ihrem Auftreten oft geprägter Formen, die aus anderen Zusammenhängen entlehnt sind und der Verdeutlichung ihrer Botschaft dienen. Das gilt vor allem für kürzere Sentenzen und kleinere Einheiten. Die Zukunftsansage als Gerichtswort ist in der Regel mit einer Begründung versehen. Ihre Form ist in gewissen Grenzen variabel. Eindeutig erkennbar ist der Weheruf, so etwa Jes 5,8ff. („Wehe denen, die ... tun"). In der Anrede – im Hebräischen partizipial formuliert – steckt gleichzeitig die Anklage. Der Weheruf stammt wahrscheinlich aus der Totenklage. Eindeutig in diesen Kontext gehört das Leichenlied (etwa Am 5,2). Daneben finden sich Disputationsworte und Mahnworte. Zur Beglaubigung ihrer Botschaft bedienen sich die Propheten der aus dem profanen Bereich stammenden Botenspruchformel „So spricht der Herr" (abgewandelt: „Spruch des Herrn"). Mit dieser Formel wird eine Situation hergestellt, in der für die Adressaten der Auftraggeber selbst spricht.

prophetische Redeform

Unter den größeren Einheiten sind die Visionsschilderungen zu nennen, die meist in Form eines Ich-Berichts formuliert sind. Neben den Ich-Berichten gibt es bei einigen Propheten umfangreiche Fremd-Berichte, die vermutlich auf die Schüler der Propheten zurückgehen, wobei die prophetischen Zeichenhandlungen besonders hervorzuheben sind (s. u. zu Jeremia).

Dass es bei der Bekanntgabe des Gotteswillens an die Propheten nicht nur um das reine Hören geht, belegt die Einleitungsformel „Das Wort des Herrn geschah zu mir ...". Dieses Geschehen ist wörtlich zu nehmen. Die Propheten hören nicht nur, sondern sie nehmen Gott mit ihrer gesamten Existenz und mit allen Sinnen wahr.

2. Das deuteronomistische Geschichtswerk – Die Bücher Josua, Richter, Samuel, Könige

Grundthese und Theologie des Dtr

1943 veröffentlichte Martin Noth ein Buch mit dem unscheinbaren Titel „Überlieferungsgeschichtliche Studien". Darin entwickelte er u. a. die These von der Existenz des Deuteronomistischen Geschichtswerks (= DtrG). Die Bücher Josua, Richter, Samuel und Könige, in denen die Geschichte Israels von der Landnahme bis zum Ende des Staates Juda 587 v. Chr. dargestellt wird, bilden danach ein einheitliches literarisches Werk; die Trennung in einzelne Bücher ist demgegenüber sekundär. Der Verfasser des DtrG, der nach Noth zur Exilszeit in Israel, möglicherweise in Mizpa lebte, bedient sich umfangreichen Quellenmaterials. Dieses wird von ihm verbunden und mit redaktionellen Kommentaren sowie längeren Überleitungen, oft in Form von Reden, versehen. Vor allem in diesen Partien tritt die Theologie des Dtr zutage. Sie ist orientiert an den theologischen Grundaussagen des Deuteronomium (daher die Bezeichnung „deuteronomistisch"), das nach Noth ursprünglich nicht zum Pentateuch gehörte (dazu siehe dort), sondern die Einleitung zum DtrG bildete. Vor allem die Alleinverehrung Jahwes (Dtn 6) und die Zentralisation des Kultes (Dtn 12) stehen im Zentrum dieser Theologie. Sie werden zu Hauptkriterien bei der Beurteilung der Geschichte Israels. Und genau darum geht es, Noth zufolge, dem Verfasser: Das DtrG verfolgt die Absicht, die Katastrophe Israels und Judas theologisch als Folge der fortschreitenden Verschuldung des Volkes gegenüber Jahwe darzustellen. Es will so eine Begründung für die Katastrophe geben und damit zur Bewältigung dieser tiefgreifenden Krise beitragen. Hinter diesem Geschichtsverständnis steht neben dem Dtn auch die prophetische Überlieferung der Gerichtsprophetie (s. u.).

Unklar ist, ob das DtrG Raum für Hoffnung lässt. Angedeutet wird eine mögliche Zukunft jenseits des Gerichts durch das Ende in 2 Kön 25. Dort wird als Letztes von der Begnadigung des judäischen Königs Jojachin durch die Babylonier erzählt. Darüber hinaus ist es schwer vorstellbar, dass in dieser Zeit ein solch großes Unternehmen wie das DtrG allein zum Zweck der Vergangenheitsbewältigung geschrieben sein soll. Und schließlich: Steckt nicht in jeder Vergangenheitsbewältigung auch ein Impuls für die Neugestaltung einer – besseren – Zukunft?

Etwas unscharf ist die Rolle des Dtr in literarischer Hinsicht. Handelt es sich bei ihm um einen Autor im eigentlichen Sinn oder ist er viel mehr Redaktor, der vorgegebenes Material zusammenfügt? Angesichts der pointierten theologischen Vorstellungen liegt es nahe, trotz des vielen Quellenmaterials die gestalterische Kraft in den Vordergrund zu stellen.

Ob und wie weit das DtrG als Geschichtsquelle taugt, ist heftig umstritten. Dabei geht es einmal um die Frage nach dem Alter der jeweiligen Quellen, die unterschiedlich beantwortet wird. Und zum anderen geht es um die Frage, was und wie viel letztendlich auf das Konto des Deuteronomisten geht. Hier ist saubere exegetische Arbeit dringend angezeigt.

Noths These hat sich im Grundsatz bis heute durchgesetzt. Sie hat allerdings verschiedene Modifikationen erfahren und wird gelegentlich auch komplett in Frage gestellt. So hat Frank M. Cross die These einer zweistufigen Redaktion („Blockmodell") aufgestellt. Die ältere Schicht habe bis 2 Kön 17 gereicht, die nachfolgende Darstellung der Geschichte Judas gehe dagegen auf eine zweite dtr. Bearbeitung zurück. Cross' These hat sich nur bei wenigen Forschern durchgesetzt. Die wichtigste Weiterentwicklung der Entdeckung Noths ist das sogenannte „Göttinger Modell". Der Göttinger Alttestamentler Rudolf Smend beobachtete zunächst im Richterbuch Spannungen innerhalb der von Noth für deuteronomistisch gehaltenen Texte. Er entwickelte daraus die These einer sekundären dtr. Bearbeitung, die vor allem an der Beobachtung des Gesetzes interessiert war. Die Schicht nannte er DtrN (N = Nomist), die dtr. Grundschicht DtrH (H = Historiker). Sein Schüler Timo Veijola hat diese Beobachtungen

Weiterführung von Noths These

aufgenommen und weitergeführt. Ein weiterer Schüler Smends, Walter Dietrich, hat dann eine dritte redaktionelle Schicht herausgearbeitet, die er wegen der prophetische Überlieferungen DtrP (P = Prophet) nannte. So entstand ein dreistufiges Modell. Das grundlegende Werk stammt von DtrH, der vor allem den Geschichtsverlauf darstellt. Diese Grundlage wird von den beiden anderen Dtr entsprechend redaktionell bearbeitet.

Forschungslage Dieses Modell hat vielfache Beachtung gefunden und galt bald als unumstößlich. Nachdem einmal die Tür zur Arbeit an der Grundthese Noths aufgetan war, gab es in der Folgezeit Versuche, die dtr. Texte noch weiter zu differenzieren. Dabei ist eine Tendenz festzustellen, wonach immer weniger altes Material verarbeitet worden sein soll und der Redaktionsprozess immer differenzierter und die einzelnen Redaktionsstufen immer später datiert werden. Darüber hinaus werden heute dtr. Einflüsse auf weitere Texte des AT, vor allem auf den Pentateuch und die Propheten, angenommen, sodass man fast von einem Pan-Deuteronomismus sprechen kann. So hat sich eine Situation ergeben, in der die ursprünglichen Kriterien kaum noch handhabbar sind und der Eindruck einer gewissen Willkür entstanden ist bis dahin, dass auch die Grundthese Noths aufgegeben wird. Auf der anderen Seite kehrt man z. T. auch wieder zum Ausgangspunkt zurück. Natürlich wird man kaum, wie Noth das annahm, von einem einzigen Deuteronomisten in einem begrenzten Zeitfenster ausgehen können. Eher ist zu denken an eine dtr. Schule, die aber in der Exilszeit anzusetzen sein wird. Die auffällige Nennung von Mizpa könnte auf den Entstehungsort hindeuten. Hier war das Zentrum des exilischen Israel. Dass dem Werk auch spätere, nachdtr. Zusätze zugewachsen sind, lässt sich kaum bestreiten. Fraglich ist aber, ob man solche Zusätze immer genau theologisch klassifizieren und datieren kann. So bleibt m. E. die Ausgangsthese Noths in modifizierter Form als Arbeitshypothese bei der Auslegung der betreffenden Texte in Geltung.

Josua Die Kapitel 1–12 des Buches Josua erzählen von der Landnahme der Israeliten. Bei genauerem Hinsehen zeigt sich aber, dass die Geschichten im Wesentlichen im Gebiet des späteren Stammes Benjamin spielen. Vermutlich liegen in diesen Kapiteln einzelne ätiologische Erzählungen vor, die von der teilweise kriegerischen Eroberung dieses Landesteils erzählen. Ob es unter diesen Erzählungen bereits vordtr. Verbindungen gab, ist umstritten und lässt sich in der Tat nicht sicher sagen. Allerdings ist es auch unwahrscheinlich, dass solche Erzählungen mehrere Jahrhunderte hindurch als kleine Einheiten unabhängig voneinander existiert haben und tradiert worden sind.

Sichereres Terrain betritt man mit den Kapiteln 13–22. Hier wird summarisch die Landverteilung unter den Stämmen festgehalten. Diese fiktive, listenartige Überlieferung geht vermutlich auf aus der Königszeit stammende Listen zurück, nämlich auf eine Grenzbeschreibung der westjordanischen Stämme sowie auf eine judäische Ortsliste. Beide Listen sind erst durch die Dtr an ihren heutigen Platz gekommen.

Mit Jos 23–24 schließen die Dtr die Zeit der Landnahme ab. Ob die beiden Kapitel auf verschiedene dtr. Hände zurückgehen oder ob hinter Jos 24 ältere Überlieferungen stehen, ist umstritten. Sicher ist, dass die Dtr eine Epoche als abgeschlossen betrachten und mit Jos 24,15 das Motto für die Folgezeit vorgeben.

Auch dem Richterbuch liegen unterschiedliche Überlieferungen zugrunde. Gleich zu Anfang findet sich das sog. „negative Besitzverzeichnis", eine Liste von Städten, die die Israeliten zunächst nicht erobern konnten. Galt die Liste in der Forschung lange als sehr alt, wird dieses hohe Alter heute gelegentlich – eher zu Unrecht – bestritten. Nach einer dtr. Einleitung der Richterzeit (2,6–3,6) werden verschiedene Geschichten über die Selbstbehauptung der Stämme bzw. Stämmekoalitionen in der kanaanäischen Umwelt zwischen 1200–1000 v. Chr. erzählt. Diese „Richtergeschichten" lagen vermutlich bereits vordtr. als Zusammenhang vor. Eine sehr alte Überlieferung dürfte die Liste der sogenannten „kleinen Richter" in 10,1-5; 12,7-15 sein. Da Jephta sowohl zu den Amtsträgern dieser Liste als auch zu den charismatischen Heerführern der Richterzeit gehörte, wurde der Begriff Richter (hebr.: Schophet) von den Männern der Liste auf die Helden der Erzählungen übertragen.

Richter

Schwieriger einzuordnen sind die Überlieferungen des zweiten Teils des Buches. So erzählen die Simson-Geschichten (13–16) teilweise Skurriles; eine zeitliche Einordnung fällt schwer. Besser lässt sich die Überlieferung von der missglückten Landnahme des Stammes Dan (17–18) verorten. Hier scheint eher altes Material verarbeitet. Dunkel bleibt der Hintergrund der Kap. 19–21, die von M. Noth zur Stützung seiner Amphiktyonie-Hypothese herangezogen wurden, heute jedoch eher für jung gehalten werden. Auch wenn das Richterbuch später von den Samuelbüchern abgetrennt wurde, reicht die dtr. Darstellung der Richterzeit bis 1 Sam 7 bzw. 1 Sam 12.

Samuel Mit den Samuelbüchern kommen wir in den Bereich der Königszeit. Hier wird die Quellenlage sicherer, denn mit dem Königtum beginnt auch die schriftliche Phase der Überlieferung Israels. In 1 Sam 1–3 bedienen sich die Dtr für ihre Darstellung der Jugendgeschichte Samuels, gefolgt von der sogenannten Ladeerzählung in 1 Sam 4–6; 2 Sam 6, die über das wechselvolle Schicksal der Lade, des alten transportablen Kriegsheiligtums erzählt. Gelegentlich wird die Zugehörigkeit von 2 Sam 6 zur Ladeerzählung bestritten.

Die königsfreundlichen Abschnitte in 1 Sam 7–12 gehen vermutlich auf eine ältere Sammlung von Saulerzählungen zurück. Die königskritischen Partien in diesen Kapiteln werden meist den Dtr zugeordnet. Auch in 1 Sam 13–15 haben die Dtr Überlieferungen von Sauls Königtum verarbeitet. Möglicherweise liegen hier alte Erzählungen von einer Gegnerschaft Samuels und Sauls vor. Immerhin scheint Samuel als letzter Richter (1 Sam 7,15–17; 25,1 waren vermutlich die letzten Elemente der Richterliste aus Ri 10; 12) kaum ein Interesse an der Errichtung eines Königtums als Konkurrenz zur vorstaatlichen Ordnung gehabt zu haben. 1 Sam 12, die Abschiedsrede Samuels, ist dtr. gestaltet. Hier setzen die Dtr den Schlusspunkt der Richterzeit.

Mit 1 Sam 16–2 Sam 6 und 2 Sam 9–1 Kön 2 (der Anfang ist hier umstritten; 2 Sam 21–24 bieten einige Nachträge) liegen zwei große Erzählzusammenhänge vor. Es handelt sich um die „Aufstiegsgeschichte Davids" und die „Thronfolgeerzählung". Auch wenn in der Forschung gelegentlich das Alter der Erzählungen angezweifelt wird, dürften sie doch eher in die Salomozeit als in eine spätere Periode gehören. Diskutiert wird auch die Intention beider Werke. Da beide Erzählungen nicht mit Kritik an ihren Helden sparen, wird immer wieder erwogen, sie eher königskritisch einzustufen und nicht, wie mehrheitlich vertreten, pro-davidisch bzw. pro-salomonisch. Es zeichnet die biblische Überlieferung generell aus, dass sie auch bei insgesamt positiven Darstellungen keinen verklärten Blick für die Wirklichkeit bietet. Sie stellt Menschen vielmehr so dar, wie sie tatsächlich sind – mit ihren Fehlern und Schwächen. Dies wird bei David, in dessen Person der Ausgangspunkt der späteren Messiaserwartung liegt (2 Sam 7), besonders deutlich.

Die Königebücher werden eröffnet durch die Geschichte Salomos in 1 Kön 3–11. Diese erzählt von der Herrschaft Salomos und stellt ihn vor allem als weisen König heraus, wobei sich Weisheit hier u. a. auf die Kunst des Regierens bezieht. Die Geschichte dürfte aus dem Umfeld des Königshofes stammen. Ein Höhepunkt der Darstellung ist die Einweihung des salomonischen Tempels. Die Dtr kommentieren dieses Ereignis in dem von ihnen formulierten Tempelweihgebet (1 Kön 8), wobei kultische Handlungen im Detail für sie weder hier noch an anderer Stelle von Interesse sind. Für die weitere Darstellung benutzen die Dtr dann die „Tagebücher der Könige von Israel und Juda" sowie eine entsprechende synchronistische Chronologie.

Könige

In der Überlieferung spielen Propheten eine große Rolle, so vor allem Elia und Elisa, deren Geschichten einen breiten Raum einnehmen und die theologisch mit dem Elohisten (s. o.) sowie mit dem etwas späteren Propheten Hosea verwandt sind. In den Elia-Geschichten geht es vor allem um die Verteidigung des Jahweglaubens gegen kanaanäische Einflüsse, wie sie in dieser Zeit vom regierenden Haus Omri in Israel zugelassen und teilweise gefördert werden. Elisa als Haupt einer Prophetengruppe ist dagegen eher als Wundertäter interessant, der sich aber auch aktiv in die Politik einmischt.

Elia und Elisa

In den Königebüchern haben die Dtr ihre Spuren vor allem in den Einleitungen und Schlussbemerkungen zu den einzelnen Königen hinterlassen. Sie verteilen „Noten". Dabei ist das Kriterium stets die Frage der „reinen" Jahweverehrung. Ein Prüfstein ist für sie die sogenannte „Sünde Jerobeams". Jerobeam I. hatte

dtr. Redaktion

in Bethel und Dan je ein goldenes Stierbild als Thron für den unsichtbar vorgestellten Gott Jahwe aufstellen lassen (1 Kön 12). Den späteren Dtr galt diese Maßnahme – die Stierbilder hatten sich im Bewusstsein der Gläubigen z. T. verselbstständigt – als Abfall vom 1. Gebot und widersprach zentralen Glaubensvorstellungen. So wurden sämtliche Könige des Nordreichs und z. T. auch Judas entsprechend negativ beurteilt. Eine Spitzenposition nimmt dabei der israelitische König Ahab ein. Dessen militärische und politische Erfolge werden verschwiegen; statt dessen wird seine Religionspolitik, die auf Ausgleich zwischen Kanaan und Israel zielte, deutlich kritisiert (2 Kön 16,29–33). Insgesamt sind die Dtr bei ihrer Darstellung der Königszeit mehr an einer theologischen Deutung als am tatsächlichen Geschichtsverlauf interessiert.

Periodisierung Unabhängig davon, wie die Entstehungsgeschichte des DtrG im Einzelnen vor sich gegangen ist, ergibt sich eine relativ klare Struktur und theologische Grundausrichtung. Mit Jos 23 und 24 kommt die Landnahme an ihr Ende. Die Zeit gilt den Dtr als relativ unbelastet. Ähnlich urteilt auch Hosea, dem die Dtr theologisch nahe stehen. In Ri 2,6–3,6 entwickeln sie ihre Sicht der Richterzeit, der Zeit der Konsolidierung im Land. Es ist eine Zeit von wiederholtem Abfall und Hinwendung zu Jahwe nach gleichem Schema: Abfall von Gott – Auslieferung an die Feinde – Hilferuf zu Gott – Entsendung eines Retters – 40-jährige Ruhezeit. Diese Periode, in der Israel letztendlich ganz auf Jahwes Hilfe setzt, ist mit der Errichtung des Königtums zu Ende. Das Königtum wird nach Dtr von Jahwe zwar zugestanden, aber eben nur als zweitbeste Lösung. Grundsätzlich offenbart sich hierin ein Vertrauensverlust des Volkes in die Hilfe Jahwes. Dennoch bietet auch das Königtum eine Chance: Wenn König und Volk sich zu Jahwe halten, steht ihnen eine sichere Zukunft bevor (1 Sam 12). Aber genau das Gegenteil ist der Fall. Die Dtr beschreiben die Königszeit als Zeit eines stetigen Abfalls. Zwar gibt es retardierende Momente (Hiskia, Josia), aber die Katastrophe ist nicht mehr aufzuhalten. Sie gilt den Dtr als selbstverschuldet (2 Kön 17), wobei sie die Ankündigungen der Gerichtspropheten aufnehmen und verarbeiten.

3. Jesaja

Es gehört zu den ältesten und am meisten gesicherten Erkenntnissen der atl. Wissenschaft, dass das Buch Jesaja aus drei ursprünglich selbstständigen Teilen besteht, von denen nur der erste Teil (Jes 1–39) mit dem Propheten Jesaja in Zusammenhang steht. Die Kap. 40–55 sowie 56–66 wurden erst später an diesen ersten Teil angefügt. Dabei ging ihre Überschrift verloren, sofern es je eine namentliche Zuweisung zu einem Propheten gegeben hat. So werden die beiden Teile in der Forschung als Deutero- (griech.: zwei) und Tritojesaja (griech.: drei) bezeichnet.

Die Abgrenzung von Jes 40ff. erfolgte bereits Ende des 18.Jh. n. Chr. Die Gründe dafür sind offensichtlich. Das alte Jesajabuch endet mit einem geschichtlichen Nachtrag (36–39), der eine Parallele in 2 Kön 18–20 hat. 40,1 ist dagegen ein völliger Neuanfang. In den ersten Versen findet sich eine Art Berufungsbericht des Propheten. Der Ton ist deutlich anders. In 1–39 herrscht das Gerichtswort vor, das man in 40–55 vergeblich sucht. Stattdessen ist gleich zu Anfang von Trost die Rede, und diese Heilsbotschaft zieht sich wie ein roter Faden durch das Buch. Deutlich anders ist auch die geschichtliche Situation. In 1–39 sind die Assyrer die Gegner Israels, in 40–55 ist es Babylonien. Und schließlich kennt das Buch den Perserkönig Kyros, der sogar als „Gesalbter Gottes" bezeichnet wird. Das alles weist klar in die Exilszeit, in der dieser ansonsten unbekannte Prophet lebt. Unter literarischen Gesichtspunkten bilden die Kap. 40 und 55 den Rahmen des Buches. In ihnen geht es um die Wirksamkeit des Gotteswortes.

Seit dem Ende des 19. Jh. n. Chr. werden außerdem die Kap. 56–66 von Deuterojesaja abgetrennt und als eigenständige Größe betrachtet. Anders als dort findet sich hier eine Mischung aus Heils- und Gerichtsworten. Die historische Situation ist noch einmal verändert – das Buch weist in die nachexilische Zeit und hier nach Juda und nicht ins babylonische Exil. Dass beide Schriften an das Buch Jesaja angefügt wurden und nun mit der Autorität Jesajas verbunden sind, hat seine Gründe. Denn die drei Teile zeigen bei allen Differenzen auch Gemeinsamkeiten. So spielt der souveräne Gott als „Heiliger Israels" eine entschei-

Abgrenzung von Jesaja 40ff.

dende Rolle, und der Zion hat für alle Teile eine große Bedeutung. Auch ziehen sich Themen wie „Heil" und „Gerechtigkeit" durch alle Teile.

Protojesaja Im Blick auf die Entstehung von Protojesaja lässt sich relativ sicher sagen, dass die sogenannte Jesajaapokalypse 24–27 sowie die Heilsworte in 33–35 relativ spät zugefügt wurden, ebenso wie der geschichtliche Anhang in 36–39, der 2 Kön 18–20 entlehnt ist. Auch bei den Fremdvölkersprüchen in 13–23 geht man eher von jüngeren Verhältnissen aus, allerdings dürften sich hier auch originale Jesajaworte finden. Problematischer stellt sich für die Forschung der Rest dar. Je nachdem werden mehr oder weniger Anteile in 1–12; 28–32 Jesaja selbst zugeschrieben. Das gilt vor allem für die sogenannte Denkschrift in 6,1–9,6, die den Kern der jesajanischen Botschaft bildet, und den assyrischen Zyklus 28–32. Jedoch dürften auch andere Teile in 1–12 auf Jesaja zurückgehen, so vor allem das Weinberglied 5,1–7 und größere Teile von Kap. 1 und 2–4; 5,8ff. Im Einzelnen ist die Frage nach der Authentizität nicht immer eindeutig zu klären. Je nach Vorgehensweise und genereller exegetischer Ausrichtung ergeben sich unterschiedliche Antworten.

Person des Propheten Vorausgesetzt die Kap. 1–12 enthalten viel zeitgenössisches Gut, sind wir über die Person des Propheten relativ gut unterrichtet. Er tritt auf zwischen 736 und 701 v. Chr. Der Beginn seines Wirkens ist nicht unumstritten – hier stehen Probleme der Chronologie im Hintergrund. 701 v. Chr. ist das letzte sicher datierbare Auftreten. Er ist damit ein Zeitgenosse Michas, der ebenfalls in Juda auftritt, allerdings auf dem Land. Jesaja wirkt in Jerusalem; er scheint zur Oberschicht der Stadt zu gehören, da er direkten Zugang zum Königshof hat und über eine entsprechende Bildung verfügt. Er ist verheiratet mit einer „Prophetin", die anders als er selbst dem Berufsprophetentum zuzurechnen sein wird. Zwei Kinder sind erwähnt, die beide Symbolnamen tragen und in die Botschaft ihres Vaters eingebunden sind. Stellt man die lange Wirksamkeit dem Umfang der Überlieferung gegenüber, wird schnell klar, dass kaum alles, was Jesaja gesagt und getan hat, überliefert ist. Seine Wirksamkeit lässt sich in vier Perioden einteilen: 1. Die Zeit vor 733 v. Chr., der ersten Eroberung des Nordreichs, die sogenannte Frühzeitverkündigung; 2. Der sogenannte syrisch-ephraimitische Krieg (733); 3. Die Zeit verschiedener Aufstände gegen Assur zwischen 713 und 711; 4. Belagerung Jerusalems (701).

Jesaja mischt sich – wie auch andere Propheten – mit deutlichen Worten und im Bewusstsein seiner Berufung durch Jahwe in die aktuelle Politik ein. Dabei bringt er seine Beobachtungen der Tagespolitik mit der entsprechenden Gotteserkenntnis zusammen. Im sogenannten syrisch-ephraimitischen Krieg rät er dem König, nichts zu unternehmen und auf die Hilfe Jahwes zu vertrauen. Ahas folgt dem nicht, sondern ruft Assur zur Hilfe, ein verhängnisvoller Irrtum. Später rät Jesaja in ähnlicher Weise dem König Hiskia ab, sich an Aufständen gegen Assur zu beteiligen und dabei auf ausländische Hilfe, vor allem auf Ägypten, zu hoffen. Beiden Ratschlägen liegt sowohl das Vertrauen auf Gott als auch eine richtige Einschätzung der tatsächlichen politischen Verhältnisse zugrunde. In beiden Fällen geht sein Rat ins Leere – die Erfolglosigkeit wird später theologisch als „Verstockung" der Könige durch Gott selbst gedeutet.

Botschaft Jesajas

Ähnlich wie Micha und vor ihm Amos kritisiert Jesaja die sozialen Missstände seiner Zeit. Vor allem richtet er sich gegen die Konzentration der wirtschaftlichen Macht in den Händen weniger bei gleichzeitig steigender Armut für weite Teile der Bevölkerung, eine Entwicklung, die das 8. Jh. v. Chr. kennzeichnet. Fehlendes soziales Bewusstsein kontrastiert Jesaja mit der Gottesdienstfrömmigkeit und übt so grundsätzliche Kritik am Kult. Zur Frömmigkeit gehört bei Jesaja unbedingt entsprechendes Sozialverhalten. Dabei ist Frömmigkeit für ihn vor allem Vertrauen in Gott; das ist schließlich auch sein Kritikpunkt im politischen Bereich. Letztlich ist der falsche Glaube, dem es an Vertrauen mangelt und der gleichzeitig zu selbstgewiss ist, Grund für sämtliche Verfehlungen in allen Bereichen menschlichen Lebens; ähnlich betont es später Luther. So steht für Jesaja die Souveränität Gottes im Vordergrund, die sich im Begriff der „Heiligkeit" ausdrückt. In der Berufungsvision in Kap. 6 wurde sie für ihn erfahrbar, hat ihn angetrieben und danach nicht mehr losgelassen.

Deuterojesaja   Anders als Protojesaja lässt sich Deuterojesaja schlecht oder gar nicht gliedern. Allenfalls kann man zwischen 40–48 und 49–55 unterscheiden. Nur im ersten Teil ist von Kyros und Babylon die Rede; der zweite Teil hingegen steht ganz unter dem Thema der Heilswende und der Rückkehr nach Jerusalem. Klar erkennbar ist ein Rahmen in 40,1–11 und 55,6–13, in dem es um die Wirksamkeit des Gotteswortes geht. Dass es in Dtjes sekundäres Material gibt, ist unbestritten. Lediglich der Umfang steht zur Diskussion. Sicher scheint die Götzenpolemik später zu sein, ebenso wie der wiederholte Ruf zur Umkehr. Teilweise wurde angenommen, nur in 40–48 sei dtjes Gut vorhanden. Durchgesetzt hat sich diese Vermutung nicht. Dagegen wird man die Gottesknechtslieder (s. u.) ebenso wie den Rahmen vermutlich einer späteren Schicht zuweisen dürfen.

Entstehungszeit   Die Grundschicht des Buches ist im babylonischen Exil entstanden, in der Zeit zwischen 550–540 v. Chr. Dtjes weiß von den Anfangserfolgen des persischen Königs Kyros. Allerdings scheint die Eroberung Babylons 539 v. Chr. noch auszustehen. Denn Dtjes rechnet mit einer gewaltsamen Eroberung und Zerstörung Babylons. Das ist aber nicht geschehen. Die Stadt ist von der Bevölkerung übergeben und deshalb nicht zerstört worden. Da die Exilierten die Adressaten der Grundbotschaft sind, ist mit einer Entstehung in diesem Milieu zu rechnen.

Abgesehen von dieser relativ sicheren Datierung ist über die hinter dem Siglum Dtjes stehende Person kaum etwas bekannt. Es handelt sich um einen Propheten, der in der Tradition Jesajas steht und im Exil auftritt. Sollten die Gottesknechtslieder das Schicksal des Propheten im Blick haben, wird das Bild etwas schärfer.

Botschaft von Dtjes   So wenig wir über die Person Dtjes wissen, so bedeutsam ist seine Botschaft (vor allem auch für das Christentum) geworden. Er wird mitunter als der „Evangelist des Alten Testaments" bezeichnet. Und in der Tat findet sich bei Dtjes wie sonst nirgends eine durchgehende Heilsbotschaft für Israel. Zur Begründung des kommenden Heils setzt Dtjes nicht mehr auf die Erfahrungen aus der Geschichte Israels, sondern auf die Schöpfung. Die geschichtlichen Erfahrungen sind spätestens mit dem Exil brüchig geworden. So bedarf es einer neuen Begründung für Gottes Heilshandeln. Darum ist Gott bei Dtjes nicht mehr vorrangig der in der Geschichte Handelnde und Erfahrbare, sondern vor allem der Schöpfer (z. B. 43,1). So sehr Dtjes Gottes Heilshandeln mit der Schöpfung begründet, so sehr sind seine Erwartungen wieder geschichtlicher Natur: Kyros gilt als der „Gesalbte" (= Messias) Gottes, die Davidverheißung gilt dem Volk. Dtjes erwartet einen neuen Exodus unter der Führung Gottes. Kyros und die Völker werden zu Werkzeugen des Gottes Israels, durch die er seinen Heilsplan verwirklicht.

Voraussetzung für dieses Denken ist ein Novum in der Theologie Israels. Gott ist nicht länger der partikulare Gott Israels, sondern als Schöpfer Herr über die ganze Welt und ihre Völker. Dieser Schritt weg von der Monolatrie (= Alleinverehrung; monos: griech. = allein; latreuo: griech. = dienen) hin zum Monotheismus ist gleichsam der Quantensprung der israelitischen Theologie, wenn nicht der Religionsgeschichte überhaupt. War der Monotheismus durch den bisherigen Glauben vorbereitet, so wird er jetzt in der Krise Israels zum Schlüssel für das Tor in die Zukunft.

Monotheismus als Novum in der Theologie Israels

Mit seiner Botschaft ist Dtjes anscheinend auch auf Widerstand gestoßen. So finden sich Disputationsworte, die eine Auseinandersetzung mit Kritikern widerspiegeln. In diesen Zusammenhang gehören die Gerichtsreden zwischen Jahwe und den Völkern (z. B. 41,1–5) sowie zwischen Jahwe und Israel (z. B. 43,22–28).

Besondere Beachtung verdienen die Gottesknechtslieder in 42,1–4; 49,1–6; 50,4–9; 52,13–53,12. Sie erzählen von der Erwählung des „Knechts" durch Gott, von seiner Präsentation, seinem Auftrag, seinen Problemen und schließlich seinem stellvertretenden Leiden. Das letzte Lied ist zum Vorbild der Passionserzählungen des NT und gleichzeitig zu ihrem Deutungsschlüssel – so zuerst in der Theologie des Paulus – geworden.

Gottesknechtslieder

Das besondere Problem liegt in der Deutung der Lieder, konkret in der Frage: Wer ist der Gottesknecht? Vier Modelle haben sich herausgebildet. 1. Der Knecht ist eine herausragende Person der Geschichte wie etwa Jeremia oder Mose: Dafür fehlen aber jegliche Anhaltspunkte in den Liedern selbst. 2. Die messianische Deutung: Sicher ist manches in den Liedern in einem eschatologischen Kontext zu deuten. Allerdings fehlt der Begriff des Messias völlig, und die Leidenserfahrung passt eher nicht zum Bild des Messias, wie es das AT sonst vermittelt. 3. Die kollektive Deutung: Der Knecht wird mit Israel identifiziert. Diese Deutung legt sich vom Buch her nahe, da hier öfter von Israel als Knecht Jahwes die Rede ist. Auch 49,3 könnte in diese Richtung deuten. Allerdings hat der Knecht in den Liedern sonst einen Auftrag an Israel und 49,3 ist bereits textkritisch problematisch. 4. Die autobiografische Deutung: Diese Interpretation hat – trotz einiger Probleme, die auch bei diesem Modell bleiben – die größte Wahrscheinlichkeit für sich und wird mehrheitlich vertreten. Der Knecht scheint eine eindeutig prophetische Gestalt zu sein, die allerdings immer wieder über sich hinausweist, vor allem im stellvertretenden Leiden und dem Auftrag an der „Welt". Vorausgesetzt ist bei dieser Deutung, dass das letzte Lied von den Schülern des Propheten stammt und 49,3 literarkritisch sekundär ist.

Dass Dtjes mit seiner Heilsbotschaft auf Widerstand bei den eigenen Leuten gestoßen sein soll, erscheint zunächst merkwürdig. Man darf dabei aber nicht die Tiefe der Erschütterung durch den Verlust der Heimat und der religiösen und ideologischen Grundlagen des Lebens außer Acht lassen. Und mit zunehmender Dauer des Exils kommt als zweite Ursache eine Entwicklung hinzu, mit der sich auch noch spätere Propheten auseinandersetzen mussten: Ein größerer Teil der Exilierten hatte sich in Babylonien eingerichtet und war an einer Rückkehr in das verwüstete und politisch unsichere Israel gar nicht mehr interessiert. Der jüdischen Diaspora ging es wirtschaftlich deutlich besser als den im Land Verbliebenen. Auch diese Entwicklung spiegeln die Auseinandersetzungen Dtjes mit seinen Hörern wider (z. B. 55,1–5).

Tritojesaja Die bibelkundlich kaum angemessen zu gliedernde Teilsammlung unterscheidet sich von den ersten beiden Teilen des Jesajabuches deutlich. So steht hinter den Kap. 56–66 wahrscheinlich keine einzelne prophetische Persönlichkeit. Allenfalls für den Kern des Buches in Kap. 60–62 kann das vermutet werden. Um dieses Kapitel herum legen sich insgesamt drei konzentrische Kreise. Damit handelt es sich um eine äußerst planvolle Gestaltung, die in jedem Fall rein literarischen Ursprungs ist. Dazu kommt, dass Tritojesaja sich auf die beiden ersten Teile des Buches sowie die vorangehende Prophetie allgemein bezieht und diese zum Teil auslegt. Der Kern in 60–62 ist höchstwahrscheinlich im nachexilischen Juda vor der Erneuerung Jerusalems durch Nehemia entstanden. Der Rest ist später; vermutlich kommt man hier in die hellenistische Zeit hinein.

Anders als bei Dtjes finden sich bei Tritojes neben Heilsankündigungen auch wieder Gerichtsworte. Die Verfasser setzen sich mit der Lebenssituation der nachexilischen Zeit auseinander. Hier gilt es, neben der Verkündigung einer heilvollen Zukunft jenseits des ergangenen Gerichts auf Fehlentwicklungen hinzuweisen, die auch in dieser Zeit des Neuanfangs nicht ausbleiben. So spielt die Sozialkritik erneut eine Rolle und die Kritik an der Verehrung fremder Götter wird erneut zum Thema prophetischer Kritik. In der Frage des Verhältnisses Israels zu den Völkern können sich die Theologen, die Jes 56–66 geschrieben haben, eine Einbindung der Völker in das Heilshandeln des Gottes Israels vorstellen.

Botschaft von Tritojes

4. Jeremia

Jeremia ist das zweitlängste Prophetenbuch und orientiert sich nur an einer einzelnen prophetischen Gestalt. Allerdings ist bereits der Textbestand unsicher. Neben der masoretischen Fassung, die den protestantischen Bibelübersetzungen zugrunde liegt, existiert eine deutlich veränderte LXX-Fassung, für die es auch hebräische Belege in Qumran gibt. Der LXX-Text ist erheblich kürzer, und vor allem die Fremdvölkersprüche in Kap. 45–51 sind anders angeordnet (hinter Kap. 38). Heftig umstritten ist, welche der beiden Fassungen ursprünglich ist. Die LXX-Variante bietet das bekannte dreigliedrige eschatologische Schema. Spricht das für die Authentizität oder handelt es sich um eine bewusste nachträgliche Korrektur? Beides ist gleichermaßen denkbar und ohne neue Textfunde (die eher nicht zu erwarten sind) nicht zu entscheiden.

Textbestand

Das Buch hat in beiden Fassungen einen längeren Wachstumsprozess hinter sich. Dieser spiegelt sich in dem disparaten Material wider. In der Forschungsgeschichte werden unterschiedliche Quellenmodelle diskutiert, wobei sich gegenwärtig ein Redaktionsmodell mehr oder weniger durchgesetzt hat. Danach liegen dem Buch Worte Jeremias und ein größerer Zusammenhang von Fremdberichten (Baruch-Biografie) zugrunde. Eine den Dtr nahestehende Redaktion, hier meist als D bezeichnet, hat dann daraus das vorliegende Buch geformt. Ob dazu bereits die Fremdvölkersprüche (45–51) zählten, mag dahingestellt bleiben.

Konfessionen Jeremias Wichtiger ist die Frage, ob die sogenannten „Konfessionen Jeremias" (in Kap. 11; 15; 17; 18; 20) auf den Propheten zurückgehen und zum ursprünglichen Gut gehören oder später zugefügte, fremde „Psalmen" sind. Diese Meinung wird gelegentlich vertreten wegen der formalen Zugehörigkeit zur Gattung der „Klagelieder des Einzelnen". Aber wenn diese Gattung weit verbreitet war, warum sollte ein gebildeter Prophet, wie man ihn bei Jeremia unterstellen darf, sich nicht einer solchen Gattung bedienen? Wäre das nicht gerade sinnvoll, wenn man sich allgemein Gehör verschaffen will?

zur Person Jeremias Jeremia entstammt dem ländlichen Priestertum; seine Heimat Anatot liegt wenig nördlich von Jerusalem. Er tritt vermutlich ab 627 v. Chr. als Prophet in Jerusalem auf. Gelegentlich wird der Beginn seines Wirkens später angesetzt, da die josianische Reform von 622 v. Chr. im Buch nicht erwähnt wird. Die Spur Jeremias verliert sich in Ägypten, wohin er von Aufständischen nach der Eroberung Jerusalems 587 v. Chr. verschleppt wird. Jeremia hat also die Phase des Untergangs Judas mit erlebt und prophetisch begleitet. Dabei wird er zwischenzeitlich aufgrund seiner Botschaft gefangen genommen und mit dem Tod bedroht. Er hat mit Baruch eine Art Sekretär um sich, der seine Worte aufzeichnet (Kap. 36) und der z. T. für die Fremdberichte verantwortlich gemacht wird.

Auch Jeremias Verkündigung wird in vier Perioden eingeteilt: In eine erste Phase 627–609 (Tod Josias) fallen die Kap. 1–6 und die Heilsankündigungen für den Norden in Kap. 30f. In die

Regierungszeit Jojakims (bis 598 v. Chr.) fallen die Kap. 7–20. Die Regierung Zedekias bis zum endgültigen Ende Judas bestimmen die Kap. 23; 24; 27–29; 37–39. Nach 587 v. Chr. spielen die Kap. 40–44.

Jeremia ist im Wesentlichen Gerichtsprophet und steht mit seiner Botschaft in der Tradition der Propheten Elia und Hosea. Er hat damit auch eine Affinität zur dtr. Theologie – und umgekehrt. Die Dtr entwickeln ihre Theologie auch auf dem Hintergrund der Botschaft Jeremias, der für einige von ihnen noch Zeitgenosse war. Es kommt nicht von ungefähr, dass dtr. Kreise gerade dieses Prophetenbuch so stark beeinflusst bzw. erst geschaffen haben. Dabei unterscheidet sich die dtr. Redaktion in einem Punkt grundlegend von der Botschaft Jeremias. Der Prophet sagt Juda im Auftrag Gottes den Untergang an. Das Gericht wird – ähnlich Amos – als unwiderruflich angesehen. Erst die dtr. Redaktion macht aus dieser unbedingten Gerichtsansage einen Ruf zur Umkehr. In den dtr. Partien sieht es so aus, als habe das Volk noch die Wahl, Gott zu folgen und das Unheil abzuwenden. Ganz ähnlich ist die theologische Grundstimmung in Jos – 2 Kön.

dtr. Redaktion

Im Zentrum der Kritik Jeremias stehen der Abfall von Jahwe und die Hinwendung zu anderen Göttern, verbunden mit entsprechender Kultkritik. Besonders deutlich wendet er sich gegen eine rein formale Heilssicherheit, die sich auf die Gegenwart Gottes im Jerusalemer Tempel beruft (Zionstheologie) und allein deshalb kein Unheil fürchtet (vgl. Ps 46). Mit der Gewissheit des Gerichts hängt Jeremias kritische politische Haltung zusammen. Er empfiehlt, sich den Babyloniern zu unterwerfen und dies als Strafe Gottes anzunehmen. Nach der ersten Eroberung 598 v. Chr. rät er den Exilierten sogar, für Babylonien zu beten (Kap. 29), sich mit der Situation zu arrangieren und auf längere Zeit einzurichten.

Botschaft Jeremias

Ein ständiger Kritikpunkt sind für Jeremia die in seinen Augen falschen Propheten, wohl Berufspropheten, die aufgrund wirtschaftlicher Abhängigkeit nicht wirklich unabhängig sind und bei denen er keine Unmittelbarkeit zu Jahwe sieht – anders als bei sich selbst. Sie neigen dazu, dem Volk und den Regierenden nach dem Mund zu reden, was Jeremia als Missbrauch des Amtes ansieht.

Diese Haltung hat Jeremia vor allem in der politisch angespannten letzten Phase des Königtums massive Feindschaft eingetragen. So kommt es, dass er sich mehrfach über seine prophetische Existenz bitter beklagt. Er muss ohne Freunde und Familie leben und zeitweise um sein Leben fürchten. Diese Situation ist für ihn durch die Inanspruchnahme Gottes verursacht, der er nicht ausweichen kann (20,7). Sie beschwert sein Leben erheblich und er trägt sein Schicksal Gott klagend vor – darin ist er Hiob nicht unähnlich. Solches Leiden unter dem Auftrag Gottes ist durchaus als Kennzeichen echter Prophetie im AT zu verstehen.

Zeichenhandlungen

Zur Verdeutlichung seiner Botschaft benutzt Jeremia öfter das Stilmittel der Zeichenhandlung, so z. B. in Kap. 19. Diese Zeichenhandlungen sind nicht als magische Handlungen zu verstehen. Das Zerbrechen des Tonkrugs vor den Augen einiger Volksvertreter hat nicht die Funktion, das Gericht in Gang zu setzen. Die Zeichenhandlung dient lediglich der Verstärkung des gesprochenen Wortes, man würde heute sagen, die in Worte gefasste Botschaft wird visualisiert oder medial verstärkt.

Gerade in Bezug auf Jahwes Gerichtshandeln betont Jeremia dessen Souveränität. So kann Jahwe sich auch der fremden Völker bedienen (Kap. 29). In seiner Theologie kommt Jeremia damit u. a. Deuterojesaja nahe und bereitet so das Klima vor, in dem die Idee des Monotheismus entsteht – die letzte logische Konsequenz des Glaubens und Denkens Jeremias wie anderer Propheten.

5. Ezechiel

Aufbau des Buches

Das Buch Ezechiel – gelegentlich auch Hesekiel; der hebräische Name ist schwer in westliche Sprachen zu übertragen – zeigt sich klar strukturiert. Kap. 1–39 weisen das dreigliedrige eschatologische Schema fast in Reinkultur auf. In Kap. 1–24 finden sich weitgehend Gerichtsworte an Israel. In Kap. 25–32 folgen im Wesentlichen Gerichtsworte an fremde Völker, denen wiederum in Kap. 33–39 Heilsworte für Israel folgen. Und auch die formal eigenständige Vision des neuen Jerusalem in Kap. 40–48 könnte man den Heilsworten in 33–39 zurechnen.

Diese klare Struktur sowie die einheitliche Sprachform weisen auf eine sehr bewusste literarische Gestaltung hin. Diese wird in der Forschungsgeschichte unterschiedlich erklärt. Am wahrscheinlichsten ist, dass ursprüngliche Prophetenworte durch Schüler gesammelt und weiter fortgeschrieben wurden. Dabei ist umstritten, welche und wie viele Einheiten dem Propheten selbst und welche der Redaktion zuzuschreiben sind. Wegen des relativ einheitlichen Stils fällt eine Entscheidung im Einzelfall hier besonders schwer. Da das Buch eine relativ einheitliche Botschaft vermittelt, ist die Frage nach der ursprünglichen Stimme des Propheten (der ipsissima vox) im Unterschied zu seinen Schülern und Interpreten theologisch gesehen eher zweitrangig.

Bedeutsamer wird diese Frage bei der Rekonstruktion der „Biografie" des Propheten, soweit sie für seine Botschaft von Bedeutung ist. Unter der Voraussetzung, dass die entsprechenden Angaben vertrauenswürdig sind, ergibt sich folgendes Bild: Ezechiel wirkte zwischen 593 und 571 v. Chr. Er ist Priester oder stammt aus einer priesterlichen Familie. Er wird 598 v. Chr. mit den ersten Deportierten nach Babylon verschleppt, wo er in einem Ort namens Tel-Aviv lebt. Während seines Exils stirbt seine Frau. Ihr Tod steht für ihn im Zusammenhang seiner Botschaft, wie auch bei anderen Propheten die Familie und die persönliche Lebenssituation in die Verkündigung einbezogen wurden (vgl. etwa Jesaja, Jeremia oder Hosea). Mit der endgültigen Eroberung und Zerstörung Jerusalems 587 v. Chr. wandelt sich seine Gerichtsbotschaft in eine Heilsankündigung – einmal mehr ein Beleg dafür, dass die Propheten mit ihren Äußerungen auf die jeweilige politische Situation sensibel reagieren.

Biografie Ezechiels

Das Buch ist durchzogen von einer Reihe ausführlicher und komplexer Visionsschilderungen, so etwa die Berufungsvision 1–3 mit den vier Gestalten (Mensch, Löwe, Stier, Adler), die im frühen Christentum zu den Symbolen der Evangelisten werden, oder die Schau des neuen Jerusalem in 40–48. Teilweise zeigen diese Schilderungen Elemente der späteren Apokalyptik. Von besonderer Bedeutung ist die Vision von der Erweckung der

Visionen

Totengebeine in Kap. 37, eine im AT ganz seltene Vorstellung. Zur Verdeutlichung seiner Botschaft bedient sich Ezechiel einer Reihe von teils skurril anmutenden Zeichenhandlungen. Hinzu kommen ausführliche Bildreden, die ebenfalls fremd wirken.

Dies alles hat den Philosophen und Psychiater Karl Jaspers dazu bewogen, Ezechiel eine psychische Erkrankung zu attestieren. Dabei übersah er allerdings, dass Ezechiel hier konsequent prophetische Gattungen im Dienst seiner Botschaft verwendet. Weniger auffällig wirken die ausgedehnten Geschichtsrückblicke sowie die insgesamt formelhafte und an priesterliche Ausdrucksweisen erinnernde Sprache, wie z. B. die häufige Verwendung der „Erkenntnisformel" („Ihr werdet erkennen/damit ihr erkennt, dass ich Jahwe bin").

Botschaft Ezechiels

Die Kap. 1–24 werden von der Gerichtsbotschaft bestimmt. In ihnen kündigt der Prophet den Untergang Judas und Jerusalems an als Strafe Jahwes vor allem für den Abfall bzw. die Verehrung fremder Götter. Daneben finden sich auch sozialkritische Äußerungen und eine kritische Haltung vor allem gegenüber der Außenpolitik des letzten judäischen Königs Zedekia. Der König wird – wie auch sonst im Vorderen Orient – als Hirte angesprochen, der von Gott den Auftrag hat, sein Volk zu weiden; diesem Auftrag werden die Könige nicht gerecht.

Mit der Katastrophe Jerusalems 587 v. Chr. ändert sich die prophetische Botschaft radikal. Jetzt, jenseits des ergangenen Gerichts, kann Ezechiel dem Volk Heil verkündigen – ähnlich wie Deuterojesaja. Dazu gehört vor allem die Rückkehr der Exilierten nach Jerusalem. In diesen Zusammenhang gehört die Vision der Auferweckung der Totengebeine in Ez 37. War im Gerichtsteil Ez 8–11 Jahwes Herrlichkeit aus Jerusalem ausgezogen, so kehrt sie in Kap. 40–48 nach Jerusalem zurück. Ähnlich kann Deuterojesaja von der Rückkehr Jahwes nach Jerusalem reden (Jes 40) im Zusammenhang eines „neuen Exodus". Als Heimat der Herrlichkeit Gottes überbietet das Bild Jerusalems in Kap. 40–48 alles bisher Dagewesene und beeinflusst auch neutestamentliche und christliche Vorstellungen („das himmlische Jerusalem").

Anders als bei seinen Vorgängern zeigt sich bei Ezechiel ein Trend zur Individualisierung. Nicht mehr Israel als Volk ist das Gegenüber Jahwes, sondern der einzelne Mensch. Das gilt vor allem im Hinblick auf die ethische Verantwortlichkeit und das persönliche Schicksal. Galt bis dahin ein Generationen übergreifender Zusammenhang von Schuld und Strafe (vgl. z.B. Ex 20,5f.), so sieht Ezechiel jeden Einzelnen neu in die Verantwortung gestellt (Ez 18).

6. Das Zwölfprophetenbuch

Der Begriff „Zwölfprophetenbuch" (griech.: Dodekapropheton, lat.: Prophetae Minores = Kleine Propheten, so erstmals bei Augustin) belegt, dass in der biblischen Tradition die folgenden zwölf Prophetenbücher als eine einheitliche Größe verstanden wurden (so bereits Sir 49,10 und entsprechend in der masoretischen Tradition, die den zwölf Büchern eine einzige Abschlussbemerkung, die sog. Schlussmasora, zuweist [anders allerdings im Codex Leningradensis]). So wird gegenwärtig der Entstehungsgeschichte des gesamten Buches erhöhte Aufmerksamkeit gewidmet und nach übergreifenden redaktionellen Bearbeitungen gefragt. Das Anordnungsprinzip des hebräischen Texts scheint, anders als das der LXX, chronologisch orientiert zu sein. In einer ersten Gruppe erscheinen die (tatsächlich oder fiktiv) aus dem 8. Jh. stammenden Propheten Hosea, Joel, Amos, Obadja, Jona, Micha. Es folgen mit Nahum, Habakuk und Zephania die Propheten des 7. Jh. v. Chr. und den Abschluss bilden die nachexilischen Propheten Haggai, Sacharja und Maleachi. Bei der Einordnung von Joel und Obadja spielten möglicherweise inhaltliche Gründe (Bezüge zu Amos) und nicht die Chronologie die entscheidende Rolle. Dass es um eine bewusste Gesamtkomposition geht, zeigt das Ende des Buches. Hier wurden mit Sacharja, Deutero- und Tritosacharja sowie Maleachi aus vier Schriften zwei gemacht, um eine Zwölfzahl zu erreichen, wohl in Anlehnung an die zwölf Stämme Israels.

Aufbau

Hosea ist das längste unter den Büchern der Zwölf Propheten. Deutlich erkennbar ist eine judäische Redaktion, welche die

Hosea

Botschaft Hoseas, die nach 722 v. Chr. in den Süden gelangt, entsprechend aktualisiert hat. Einige wenige Verse gehen auf exilisch-nachexilische Bearbeitungen zurück. Insgesamt lässt sich innerhalb des Buches wegen seiner Komplexität – eine Gliederung fällt schwer – nicht viel sekundäres Gut sicher ausmachen.

Hosea tritt im Nordreich ab ca. 750 v. Chr. auf. Der Untergang Israels 722 v. Chr. spiegelt sich aber noch nicht wider, wohl aber der sogenannte syrisch-ephraimitische Krieg, sodass Hosea bis etwa 725 v. Chr. gewirkt haben dürfte. Auch wenn in Kap. 1–3 einiges über seine Familie berichtet wird, wissen wir insgesamt doch wenig über ihn. Er steht mit seiner Botschaft in der Tradition Elias und des Elohisten. Da er auch sonst auf Geschichtstraditionen wie die Erzväter-, Exodus- und Wüstentradition zurückgreift, gehört er sicher zur gebildeten Oberschicht.

Das Thema Hoseas wird in der Erzählung über seine Familie in Kap. 1–3 bereits angezeigt. Hosea ist Gerichtsprophet. Seine Kinder tragen Symbolnamen, nur deshalb werden sie hier erwähnt – ähnlich den Kindern Jesajas (Jes 8). Sie heißen „Jesreel", „Lo-Ruhama" und „Lo-Ammi". Der erste Name zielt auf die Blutschuld des regierenden Königshauses in Jesreel im Zusammenhang eines gewaltsamen Umsturzes (2 Kön 9). Die beiden anderen Namen bedeuten „Kein Erbarmen" und „Nicht mein Volk". Damit sagt Hosea Israel das endgültige Gericht Gottes an.

Auch die Begründung für das Gericht ist in seiner Familie symbolisiert. Seine Frau Gomer wird als „Hure" bezeichnet. Zwei Deutungen werden diskutiert: Mit dem Begriff könnte eine Frau bezeichnet werden, die an kanaanäischen Fruchtbarkeitskulten teilnahm (etwa sexuelle Initiationsriten). Es könnte aber auch im Sinne von „Ehebruch" verstanden werden, der dann symbolisch für den Bruch des Verhältnisses zwischen Volk und Jahwe steht. Hosea sieht diesen Bruch in der Hinwendung der Bevölkerung zu kanaanäischen Kulten bzw. in der Pervertierung des Jahwekultes, so z. B. im Zusammenhang der goldenen Stierbilder in Bethel und Dan (Hos 8), die für Hosea einen Verstoß gegen das Bilderverbot darstellen. Beide Deutungen laufen auf die Abwendung vom reinen Jahweglauben hinaus, den Hosea für die Zeit des Exodus und der Wüstenwanderung reklamiert.

Letztlich steht für Hosea die Missachtung des ersten Gebots im Zentrum der Kritik. Dafür trägt u. a. das Königtum Verantwortung, das Hosea ebenfalls scharf angreift; hinzu kommt die Kritik der sozialen und politischen Verhältnisse seiner Zeit. Als Konsequenz dieser Vergehen kündigt Jahwe den Bund mit Israel auf. Allerdings lässt Hosea – anders als andere – einen, wenn auch kleinen, Raum für Hoffnung. Auch wenn die meisten Heilsworte auf eine spätere Redaktion zurückgehen, so kann Hosea am Ende doch von Gottes Liebe zu Israel reden, die allein Israel retten könne (11,8).

Das Joelbuch ist deutlich zweigeteilt. Im ersten Teil 1,1–2,17 wird die Klage laut über Dürre und eine Heuschreckenplage. Der zweite Teil 2,18–4,21 gibt die Antwort Jahwes auf diese Klage wieder. Sicher ist, dass die Verse 4,4–8 sekundär sind, denn sie sind anders als der Rest in Prosa gehalten.

Joel

Eine prophetische Gestalt ist hinter den Texten nicht auszumachen. Das liegt daran, dass sich das Buch als konsequente Interpretation früherer Prophetie wie auch einiger erzählender Texte präsentiert. Dabei steht der „Tag Jahwes", eine eschatologische Vorstellung schon der vorexilischen Zeit, im Zentrum. Nach Am 5,18 erwartete Israel diesen Tag als die Zeit universellen Heils. Amos wie auch andere setzen sich damit kritisch auseinander. Für das Joelbuch ist dieser Tag bereits im Anbruch begriffen. Er kann, auch hierin die ältere Prophetie und Tradition zusammenfassend, sowohl Heil als auch Gericht für Israel bedeuten. Vorher wird Jahwe seinen Geist über alle Angehörigen des Gottesvolkes ausgießen – die fremden Völker bleiben außen vor. Das Buch ist nachexilisch entstanden. Da Jerusalem als wieder befestigt angesehen wird, kommt man in die Zeit nach Nehemia, also etwa 400 v. Chr. Dabei ist Jerusalem als Entstehungsort wahrscheinlich.

Das Buch Amos ist unter den Zwölf Propheten in vieler Hinsicht bemerkenswert. So lässt sich an ihm deutlich der Weg von der ursprünglichen Botschaft des Amos bis hin zum fertigen Buch nachzeichnen. Am Anfang stehen die Visionsberichte in Kap. 7f. Sie werden von Schülern des Amos mit einzelnen Worten aus den Kap. 1–6 verbunden. Eine erste Redaktion erfolgt,

Amos

als die Überlieferung nach 722 v. Chr. in den Süden gelangt – die Worte des Amos gegen Israel werden auf Juda hin aktualisiert. Eine dtr. Redaktion fügt ihre Vorstellung von Prophetie im Sinne der Umkehrpredigt hinzu und schließlich werden nachexilisch Heilsworte in 9,7ff. angefügt.

Amos ist der älteste der Schriftpropheten. Wenn die Angaben in 1,1 stimmen, tritt er um 760 v. Chr. im Nordreich auf, genauer am Reichsheiligtum von Bethel und möglicherweise auch in der Hauptstadt Samaria. Er selbst stammt aus Tekoa in Juda, südlich von Jerusalem. Er betont, dass er nicht zu den Propheten des klassischen Typs gehört, sondern von Jahwe aus seinem Berufsalltag heraus berufen wurde. Er ist Rinderhirt und Maulbeerfeigenzüchter und gehört eher zur wohlhabenden Bevölkerung. Aus den Völkersprüchen wird man auf eine gewisse Bildung schließen dürfen. Amos tritt vermutlich nur wenige Wochen lang als Prophet auf – er stößt mit seiner Botschaft in Bethel schnell auf Widerstand und wird des Landes verwiesen.

Die Visionen in Kap. 7f. sind der Schlüssel zum Verständnis des Amos wie der vorexilischen Schriftprophetie überhaupt. In den ersten beiden parallel gebauten Visionen sieht Amos Jahwe, der daran geht, Israel zu vernichten. Ein Grund dafür wird nicht genannt. Amos tritt Gott fürbittend entgegen und kann das Unheil vorläufig abwenden. In den beiden folgenden Visionen gelingt ihm das nicht mehr. Am 8,2 kündigt das beschlossene Gericht als unabwendbar an. Diese Erkenntnis wird für Amos zum Motor; er kann sich Jahwe nicht mehr entziehen (3,3–8).

Da die Visionen den Grund für das kommende Unheil nur sehr pauschal in Israels Verfehlung sehen (8,2), begründet Amos das Handeln Gottes mit eigenen Worten. Er tut dies auf dem Hintergrund der religiösen und rechtlichen Traditionen Israels. Dabei nimmt die Kritik der sozialen Missstände breiten Raum ein, wozu Rechtsbeugung, Ausbeutung, Ausnutzen von Abhängigkeiten im sexuellen Bereich und ein luxuriöses Leben auf Kosten der Armen gehören. Dazu kommt eine damit verbundene Kritik am Kult, den Amos eng mit konkretem Handeln im Alltag verknüpft sieht. Der Israel-Spruch in den Völkersprüchen kritisiert die Erwählungsgewissheit, die sich auch in der Erwartung des „Tages Jahwes" (5,18) ausdrückt.

Meist wird angenommen, dass Amos das unbedingte Gericht Jahwes ansagt und keinen Raum für Hoffnung lässt. Allerdings passen dazu die beiden Mahnworte in 5,4.14f. nicht so recht. Man hat versucht, die Worte aus dem Grundbestand auszusondern und späteren Überarbeitungen zuzuweisen. Allerdings gilt zu bedenken, dass Amos einerseits Rettung nur für einen Rest jenseits des kommenden Gerichts annimmt. Andererseits bleibt trotz der Unbedingtheit des Gerichts doch auch immer Hoffnung auf eine Veränderung der Verhältnisse. Steckt nicht in jeder Kritik, wie endgültig sie auch formuliert sein mag, die Hoffnung auf eine Veränderung zum Besseren?

Obadja ist mit 21 Versen das kürzeste Prophetenbuch. Dennoch ist auch hier mit sekundärem Wachstum zu rechnen. In der Regel werden die V. 2–15 weitgehend Obadja zugeschrieben; V. 19–21 sind redaktionell. Der verbleibende Rest wird unterschiedlich beurteilt. Falls hinter den V. 2–15 eine prophetische Persönlichkeit steht – der Name Obadja (hebr. = Knecht Jahwes) könnte auch eine künstliche Bildung sein –, tritt er nach dem Untergang Jerusalems bis etwa zur Mitte des 6. Jh. v. Chr. in Juda auf. In dieser Zeit hatte die verbliebene Bevölkerung unter edomitischen Übergriffen schwer zu leiden. Die Edomiter, östliche Nachbarn Judas, lebten über Jahrhunderte in Feindschaft zu Juda und sahen mit der babylonischen Eroberung die Chance gekommen, die Verhältnisse in ihrem Sinn zu regeln. Obadja sagt Edom daraufhin das Gerichts Jahwes an, ebenso wie in V. 16ff. – er selbst oder ein Späterer – den Fremdvölkern überhaupt. Die redaktionellen V. 19–21 reden von der Wiederherstellung des Königtums Jahwes. Bemerkenswert ist, dass Obadja die Intervention zur Vergeltung Gott vorbehält und menschlichem Wirken entzieht.

Obadja

Anders als alle anderen Prophetenbücher enthält das Buch Jona keine Prophetensprüche, sondern ist als Erzählung gestaltet. Diese wird gerne als Novelle charakterisiert. Sie ist damit den Büchern Esther und Ruth ähnlich oder auch der Josephs-

Jona

geschichte. Der „Held" der Geschichte hat seinen Namen von einem ansonsten wenig bekannten Propheten aus 2 Kön 14,25. Das Buch, das von manchen als sekundär angewachsen gesehen wird, präsentiert sich mit seiner fiktiven Geschichte als relativ einheitlich. Jona flieht vor Gottes Auftrag übers Meer, wird aber von ihm durch einen Sturm eingeholt. Ein großer Fisch verschlingt ihn – ein Motiv ähnlich der griechischen Mythologie – und Jona betet in seinem Bauch einen Psalm (der weitgehend für sekundär gehalten wird – andererseits passt er auch zum Buch, das ja als Ganzes fiktiv ist). Seine Predigt in Ninive fällt denkbar kurz aus, ist aber umso wirkungsvoller. Die Bewohner der Hauptstadt des assyrischen Weltreichs bekehren sich zum Gott Israels und bekennen ihre Sünden – und Gott erweist sich gnädig, sehr zum Missfallen Jonas.

Es handelt sich hier um eine Lehrerzählung aus nachexilischer Zeit, die das Thema der Güte und Barmherzigkeit Gottes herausstellt, der so ganz anders handelt als sein Prophet es sich wünscht.

Aber es gibt noch ein zweites Thema, das bei genauem Hinsehen Aufmerksamkeit erregt. Es ist die besondere Haltung des Erzählers zu den Fremden. So unternehmen die fremden Matrosen alles, um Jona auf dem Meer zu retten. Sie werden als fromme Menschen geschildert. Die Assyrer, geschichtlich die ärgsten Feinde Israels, bekehren sich zu dessen Gott und bereuen, vom Geringsten bis zum König. Sie alle tragen sehr sympathische Züge. Jona, der Vertreter der israelitischen Religion hingegen, flieht vor dem Auftrag Gottes. Er verleugnet zunächst seinen Auftraggeber, zeigt wenig Engagement und fühlt sich am Ende von Gottes Barmherzigkeit geradezu persönlich angegriffen. Man wird nicht fehlgehen, das Jonabuch auch auf diesem Hintergrund zu interpretieren. In den Auseinandersetzungen der nachexilischen Zeit über das richtige Verhältnis Israels zu den Völkern setzt das Jonabuch einen Kontrapunkt zu einer Theologie, wie sie etwa vom ChrG oder im Estherbuch vertreten wird.

Micha In der Forschung besteht Einigkeit darüber, dass nur die Kap. 1–3 im Wesentlichen auf Micha selbst zurückgehen. Allenfalls bei den Gerichtsworten in 6,1–7,7 könnte man noch an michanischen Ursprung denken. Das Buch ist in zwei große Abschnitte eingeteilt, die jeweils das zweigliedrige eschatologische Schema zeigen. Den Unheilsankündigungen in 1-3 folgen die Heilsworte in 4-5 mit der messianischen Ankündigung in 5,1-5. Den Unheilsankündigungen in 6,1-7,7 folgen mit 7,7-20 wiederum Heilsweissagungen. Gelegentlich wird an eine Dreiteilung gedacht. In diesem Fall schließen die sekundären Heilsworte in 2,12f. einen ersten Teil ab, und 3-5 würden Teil 2 bilden. Das Aufbauschema zeigt, dass das Buch sorgfältig literarisch angelegt ist.

Micha ist ein Zeitgenosse Jesajas. Er tritt zwischen 740 und 700 v. Chr. auf, wobei auch an eine kürze Periode seines Auftretens gedacht wird. In diesem Fall würden sich die Worte in 1,10-16 auf frühere assyrische Feldzüge beziehen. Anders als Jesaja stammt Micha vom Land, genauer aus Moreschet, einem Ort in der Schefela, und gehört vermutlich zur dortigen Oberschicht. So kann Micha Jerusalem den Untergang ansagen. Er ist als Vertreter der Landbevölkerung nicht so stark von der Zionstheologie beeinflusst wie der Städter Jesaja.

In der Begründung des kommenden Unheils gibt es zwischen beiden allerdings Parallelen. Auch Micha prangert die Konzentration von Grundbesitz in den Händen Weniger an. Sie kann für ihn nur auf unrechte Weise zustande kommen kann, auch wenn das kodifizierte Recht aufseiten der Besitzenden zu stehen scheint. Besonders scharf greift er die Oberschicht und die Funktionsträger Judas an, namentlich die königlichen Beamten, Priester und Propheten. Ähnlich wie später Jeremia in seiner Tempelrede, wendet sich Micha gegen eine falsche Heilsgewissheit, die allein aus der Anwesenheit Gottes im Tempel seinen Beistand für die Zukunft folgert, unabhängig vom religiösen und ethischen Verhalten im Einzelnen. Jer 26,18f. nimmt auf Michas Gerichtsankündigung Bezug. Der Hinweis auf die Verkündigung Michas – hier haben wir einen Beleg dafür, dass solche Prophetie in gewissen Kreisen tradiert wurde – rettet Jeremia, der ähnlich urteilt, das Leben.

Das Buch Nahum ist zweigeteilt. Der erste Teil 1,1-2,13 ist bestimmt durch einen Hymnus, der die Macht Jahwes besingt.

Nahum

Zum Teil wird hier die Form des Akrostichons verwendet. Dieser Teil wird in der Regel als sekundär betrachtet, anders als der zweite Teil 2,4–3,19. Diese Verse stehen im Zentrum des Buches und haben die Ankündigung des Untergangs der assyrischen Hauptstadt Ninive zum Inhalt. Die Gestaltung der Verse lässt vermuten, dass es sich bei ihnen um tatsächliche Zukunftserwartung handelt. Nahum wäre demnach in jedem Fall vor 612 v. Chr., der Zerstörung Ninives, aufgetreten. Vorausgesetzt ist dagegen die Zerstörung der ägyptischen Hauptstadt Theben durch die Assyrer 663 v. Chr. Die Weissagungen Nahums haben sich im Wesentlichen erfüllt – sie gaben Israel damit auch in nachexilischer Zeit Hoffnung, die durch den einleitenden Hymnus verstärkt wird.

Habakuk Das zweite Prophetenbuch des 7. Jh. v. Chr. beschäftigt sich nicht mehr mit den Assyrern, die inzwischen ihre Macht eingebüßt haben, sondern mit den Babyloniern. Dabei gibt es im Buch Habakuk einige Ungereimtheiten. Im ersten Teil übt der Prophet umfassende Sozialkritik gegen Juda. Als Reaktion Gottes wird sein Strafgericht mit den Babyloniern als Werkzeug erwartet. Im zweiten Teil finden sich Drohworte gegen eben diese Babylonier. Es gibt die Vermutung, dass es hier zu einer nachträglichen Bearbeitung gekommen ist, die Worte sich also ursprünglich gegen Juda richteten und erst nachträglich auf Babylon umgedeutet wurden. Vermutlich später ist auch die Theophanieschilderung (= Gotteserscheinung; griech.: phaino = erscheinen) in Kap. 3.

Habakuk tritt nach dem Untergang Ninives, aber noch vor der ersten Eroberung Jerusalems durch die Babylonier auf, also etwa um 600 v. Chr. Er könnte wegen seiner Nähe zu kultischen Formen zu den Kultpropheten am Tempel gehört haben. Übergreifend steht bei ihm die Frage nach der Gerechtigkeit Gottes im Verhältnis zu einer als ungerecht empfundenen Gegenwart im Mittelpunkt des Interesses.

Zephania Zephania ist das dritte prophetische Buch des 7. Jh. v. Chr. Es zeigt in seinem Aufbau das dreigliedrige eschatologische Schema. Der erste Teil ist bestimmt von Gerichtsworten gegen Juda. Zephania übt sowohl Sozial- als auch Kultkritik. Als Folge der Verfehlungen Judas kündigt er den „Tag Jahwes" als Gerichtstag an (ähnlich Am 5). Im zweiten Teil finden sich – wie bei diesem schematischen Aufbau üblich – Gerichtsworte gegen fremde Völker. Die Heilsworte für Israel und die fremden Völker (!) im dritten Teil werden allgemein für nachexilisch gehalten, u. a. auch wegen der Aussagen zum „Rest", einer theologischen Denkfigur, die aus nachexilischer Zeit stammt und das Strafgericht Gottes voraussetzt.

Zephania ist während der Regierungszeit Josias (639–609 v. Chr.) aufgetreten. Da er den Fremdgötterkult kritisiert und weitere Hinweise fehlen, rechnet man mit einem Auftreten vor der josianischen Reform (622 v. Chr.). Er scheint die Verhältnisse in Jerusalem gut zu kennen und dürfte hier gewirkt haben. Anders als Nahum und Habakuk wendet sich die Gerichtsbotschaft Zephanias allein gegen das eigene Volk.

In den zwei Kapiteln des Buches Haggai finden sich vier Themenkreise mit Worten, die auf den Propheten selbst zurückgehen. Diese Worte sind jeweils mit einem sekundären Rahmen aus späterer Zeit versehen.

Haggai

Haggai ist der erste Prophet der nachexilischen Periode. Stimmen die Angaben im Buch, so tritt er wenige Monate im Jahr 520 v. Chr. in Jerusalem auf. In dieser Zeit ermahnt und ermuntert er das Volk, den Hohepriester Josua sowie den aus dem Davidgeschlecht stammenden persischen Kommissar Serubbabel zum Wiederaufbau des Tempels, der von den Persern nicht nur erlaubt war, sondern auch gefördert wurde. Für Haggai steht der Tempelneubau in unmittelbarem Zusammenhang mit dem wirtschaftlichen und sozialen Wohlergehen des Volkes, wobei dem Tempelbau der Vorrang zukommt. Serubbabel kündigt er ein kommendes Königtum mit messianischen Zügen an – dies hat sich nicht erfüllt. Unklar ist die Deutung des „unreinen Volkes", das nicht am Tempelbau beteiligt sein soll. Geht es hier grundsätzlich um Israel oder zielen diese Worte auf die samaritanische Bevölkerung, die dem nachexilischen Juda als nicht rein jüdisch und somit „unrein" galt?

Ähnlich wie das Jesajabuch ist auch das Buch Sacharja dreigeteilt. Mit dem Propheten Sacharja stehen nur die Kap. 1–8 in Zusammenhang; im Zentrum dieser Kapitel stehen die Visions-

Sacharja

schilderungen als Ich-Bericht. Demgegenüber enthalten die Kap. 9–14 Worte, die in 9–11 in Poesie, in 12–14 dagegen prosaisch gestaltet sind. Diese Teile beginnen jeweils mit der Überschrift „Spruch – Wort Jahwes". Sie haben keinen Bezug zu dem Propheten und zeigen einen deutlich späteren zeitgeschichtlichen Hintergrund.

Sacharja 1–8 Wie bei Haggai sind auch die Worte Sacharjas mit einem sekundären Rahmen umgeben. Innerhalb der Visionen ist die vierte Vision über den Hohenpriester Josua vermutlich sekundär; es fehlt der übliche Deuteengel, die sonst einheitliche Form ist durchbrochen.

Sacharja ist vermutlich Priester und tritt in den Jahren 520–518 v. Chr. in Jerusalem auf und ist damit ein Zeitgenosse Haggais. Sein Thema ist – ähnlich Haggai – der Wiederaufbau des Tempels, darüber hinaus aber auch die Wiederherstellung der judäischen Gesellschaft. In seinen Visionen, die die spätere Apokalyptik vorbereiten, geht es um die Erneuerung des Gottesvolkes. Insgesamt sieht Sacharja eine Heilszeit für Juda und die Völker. Dazu gehören die Reinigung des Volkes und die Verbreitung des Gotteswortes. Im Zentrum der Visionen steht die Vorstellung der künftigen Herrschaft. Hier sieht Sacharja eine Doppelspitze. Neben dem Hohenpriester Josua steht der Statthalter Serubbabel, der aus dem Davidgeschlecht stammt, als politisches Oberhaupt des Volkes. Beide werden als „Gesalbte" (Messias) angesehen. Für Sacharja läuft die künftige Organisation Judas also auf eine Gewaltenteilung hinaus, was sich in der weiteren Geschichte so nur zum Teil bewahrheitet hat.

Sacharja 9–14 Bei Sach 9–11 und 12–14 handelt es sich jeweils um eine Fortschreibung des ursprünglichen Bestands mit veränderter Akzentsetzung, wobei beide Einheiten in sich nicht einheitlich sind. Es ist mit einer sukzessiven Entstehung zu rechnen. Besonders wichtig sind die messianischen Vorstellungen dieser kleinen Einheiten geworden. Sach 9,9f. erwartet den Messias als Friedenskönig, der auf einem Esel in Jerusalem einreitet – die christlichen Evangelien nehmen diesen Text auf und bringen ihn mit Jesus in Zusammenhang. Das Bild des Messias, eines eschatologischen Königs aus dem Haus Davids, bekommt damit eine neue

Ausrichtung. In 12–14 wird der leidende Gottesknecht aus Jes 53 messianisch interpretiert. Auch diese Vorstellung wird im NT aufgenommen zur Interpretation von Wirken und Person Jesu.

Das Buch Maleachi beschließt das Zwölfprophetenbuch und den Kanonteil „Propheten" überhaupt. Auf die Endredaktion gehen die Verse 3,22–24 zurück; möglicherweise gehören auch 3,13–21 einer gegenüber Maleachi späteren Bearbeitung an. Der Grundbestand des Buches besteht aus sechs Disputationsworten, die gleichförmig gestaltet sind. Ob diese Worte auf einen realen Propheten namens Maleachi zurückgehen (hebr. = „mein Bote", was nicht unbedingt ein gebräuchlicher Name ist) oder ob es sich hier um eine anonyme Fortschreibung wie in Sach 9–14 handelt, ist umstritten und letztendlich nicht zu klären.

Maleachi

Die Disputationsworte beschäftigen sich mit der Situation des nachexilischen Juda und stellen Gerichtsworte und Heilsankündigungen nebeneinander – ein oft zu beobachtendes Phänomen der nachexilischen Zeit. Maleachi ruft zum Vertrauen in Jahwes Verheißungen auf, mahnt aber gleichzeitig die Einhaltung der Gebote an. Damit liegt Maleachi auf der Linie der späteren Interpretation der Gerichtsprophetie, die Heil oder Unheil für die Zukunft abhängig macht vom jeweiligen ethischen Verhalten.

Fragen:

1. Können Sie die wichtigsten Propheten zeitlich ungefähr einordnen?
2. Was stellen Sie sich unter einem Propheten vor?
3. Versuchen Sie, das Verhältnis von Geschichte/Politik und Prophetie zu beschreiben.

Fragen

2.3 Schriften

1. Hebräische Poesie

biblisches Hebräisch

Das biblische Hebräisch gehört zur Sprachfamilie der semitischen Sprachen, genauer gesagt zum nordwestsemitischen Zweig dieser Gruppe. Es ist eigentlich die „Sprache Kanaans". Bei der sukzessiven Besiedlung des Landes wurde die Sprache der alteingesessenen Bewohner übernommen. So folgt das biblische Hebräisch, das als Umgangssprache nach dem Exil nach und nach außer Gebrauch kam, auch im Bereich der Poesie dem Vorderen Orient. In den erzählenden Texten des Alten Testaments gibt es eine Reihe Hinweise auf israelitische Lieddichtungen, Gesang und Instrumentalmusik. Neben dem Psalter finden sich Psalmen auch in Erzählungen. Hebräische Poesie zeichnet sich gegenüber unserer Sprache durch das fast völlige Fehlen von Reimen aller Art aus. Stattdessen herrscht das Stilmittel des parallelismus membrorum (lat.: Parallelität der Glieder) vor. Dabei werden in der Regel zwei Sätze zusammengebunden und aufeinander bezogen, wobei das Verhältnis der beiden Teile unterschiedlich sein kann. Die einzelnen Satzteile entsprechen einander. Im Wesentlichen gibt es folgende Ausprägungen:

Formen
- *Synonymer p.m.* – In beiden Teilen der Einheit wird dieselbe Aussage mit variierenden Ausdrücken gemacht: „Wasche mich rein von meiner Missetat, und reinige mich von meiner Sünde". (Ps 51,4)
- *Antithetischer p.m.* – Die Aussagen beider Teile stehen im Gegensatz zueinander: „Denn der Herr kennt den Weg der Gerechten, aber der Gottlosen Weg vergeht". (Ps 1,6)
- *Synthetischer p.m.* – Der zweite Teil führt den ersten weiter: „Der Herr ist meines Lebens Kraft; vor wem sollte mir grauen?" (Ps 27,1b)
- *Parabolischer p.m.* – Eine Hälfte der Einheit bietet ein Bild, das die Aussage unterstützt und erklärt: „So fern der Morgen ist vom Abend, lässt er unsere Übertretungen von uns sein." (Ps 103,12)
- *Klimaktischer p.m.* – Der zweite Teil führt den ersten Teil weiter und steigert ihn: „Bringet dar dem Herrn, ihr

Himmlischen, bringet dar dem Herrn Ehre und Stärke! Bringet dar dem Herrn die Ehre seines Namens, betet an den Herrn in heiligem Schmuck! (Ps 29,1f.)

Gelegentlich finden sich am Ende von Strophen Kehrverse wie etwa in Ps 46,8.12. Eine besondere Form der Dichtung sind Lieder, bei denen einzelne Verse oder Strophen mit dem jeweils nächsten Buchstaben des Alphabets beginnen, ein sogenanntes Akrostichon (Ps 9f; 111f; 145; Nah 1; Klgl 1–4). Bis heute unklar ist das metrische System der Lieder. Sicher existiert ein solches, aber ob es alternierend oder akzentuierend funktioniert, ist nicht sicher zu sagen. Beim alternierenden System wechseln sich betonte und unbetonte Silben ab, beim akzentuierenden System folgen betonte und mehrere unbetonte Silben aufeinander.

2. Psalmen

Der Psalter gehört im Christentum zu den meist verwendeten Büchern des AT. Vor allem die Psalmen, die ein individuelles Geschick – wenn auch in exemplarischer Form – besingen, spielen auch und gerade in der christlichen Frömmigkeit und im christlichen Kult eine große und unverzichtbare Rolle – und dabei ist nicht nur an „Der Herr ist mein Hirte ..." (Ps 23) gedacht!

Die sekundäre und eher künstliche Einteilung des Psalters in fünf Bücher (1–41/42–72/73–89/90–106/107–150) wurde wohl analog zum Pentateuch vorgenommen. Die einzelnen Bücher enden in den jeweils letzten Psalmen der Gruppe mit einer Schlussdoxologie (griech.: Lobpreis), was auf eine planvolle Gestaltung des gesamten Buches hindeutet. Die Psalmen 1 und 2 wurden dem Psalter sukzessive vorangestellt. Ps 2 besingt den eschatologisch (griech.: endzeitlich) gedeuteten König, Ps 1 stellt das gesamte Buch unter das Lob dessen, der mit seinem Leben den heiligen Schriften folgt und so als weise lebt.

Entstehung des Psalters

Innerhalb des Psalters finden sich – noch gut erkennbar – Teilsammlungen, die zeigen, wie dieses Buch nach und nach aus kleineren Sammlungen gewachsen ist. Das betrifft zunächst die sogenannten Davidpsalmen in 3–42 und 51–72. Der zweite Teil des Davidpsalters gehört gleichzeitig zu einer besonderen Gruppe, dem elohistischen Psalter. Die Bezeichnung verdankt

Teilsammlungen innerhalb des Psalters

sich dem Gebrauch der Gottesbezeichnung Elohim (hebr.: Gott). Innerhalb dieser Sammlung gibt es in Ps 42–49 die Korachpsalmen, in 50.73–83 die Asaphpsalmen. Beide Bezeichnungen gehen zurück auf Gruppen von Kultpersonal am Jerusalemer Tempel. Die teilweisen Überschneidungen und Verschachtelungen deuten auf einen längeren komplexen Entstehungsprozess des Psalters hin. Weiter finden sich im hinteren Teil des Buches u. a. eine Sammlung von Wallfahrtsliedern (Ps 120–134) sowie die sogenannten Jahwe-Königs-Psalmen in Ps 93–99. Die Psalmen sind von recht unterschiedlicher Länge; der längste Ps 119 hat 176 Verse, der kürzeste Ps 117 nur 2.

Die LXX und die von ihr beeinflussten Übersetzungen haben z. T. eine andere Zählung. So sind dort Ps 9 und 10 (sachlich korrekt) und Ps 114 und 115 zusammengefasst, die Ps 116 und 147 hingegen in jeweils zwei Psalmen aufgeteilt.

Entstehungszeit Der Psalter als Buch ist in jedem Fall nachexilischen Ursprungs und dort eher jünger als älter. Das gilt nicht unbedingt für jeden einzelnen Psalm, wobei über die genaue Datierung wenig Sicheres gesagt werden kann. Es liegt in der Natur der Sache, dass Lieder meist keinen konkreten historischen Hintergrund bieten. So ist ihre Erforschung im Wesentlichen auf traditionsgeschichtliche Beobachtungen angewiesen: Ab welcher Zeit sind bestimmte geprägte Vorstellungen möglich? Wo haben sie Parallelen in sicher datierbaren Texten? Die Überschriften der Psalmen helfen wenig weiter. Sie sind, was die Verfasserangabe anlangt, durchweg sekundär. Zurechnungen zu David (möglicherweise meint die hebräische Konstruktion mit der Präposition „l" auch nicht den Verfasser, sondern den Adressaten des Liedes) oder Mose sind historisch nicht verwertbar. Einzig Ps 137 („An den Wasserbächen Babels saßen wir und weinten") lässt sich historisch sicher verorten.

Psalmengattungen Einen Meilenstein in der Interpretation der Psalmen stellt H. Gunkels Beobachtung verschiedener Psalmengattungen dar. Für das Vorliegen einer Gattung nennt er drei Kriterien: 1. ein ähnliches Gedankengut, 2. eine annähernd gleiche literarische Form und 3. ein gemeinsamer Sitz im Leben, d. h. derselbe Kontext der Verwendung der Lieder. Für die Psalmen spielt als Sitz im Leben natürlich der Kult am Tempel die Hauptrolle. Daneben darf aber nicht übersehen werden, dass es eine Reihe von Liedern gibt, die nicht unbedingt in den Rahmen einer wie auch immer gestalteten Liturgie gehören, sondern die sehr persönlichen Charakter haben und individuell gebetet worden sind. Dennoch sind wohl alle Psalmen in den Kreisen des weisheitlich-religiösen „Establishments" entstanden. Allein hier gab es die entsprechenden Fähigkeiten zu solcher Dichtkunst und ihrer schriftlichen Fixierung.

Gunkel unterscheidet zwei Haupttypen von Psalmen, die sich im Grunde auch in unseren Gottesdienstliturgien wiederfinden, den Hymnus und die Klage. Ein gleichsam einfaches wie klares Beispiel für den Hymnus ist das sehr alte Mirjamlied Ex 15,21: „Lasst uns dem Herrn singen, denn er hat eine herrliche Tat getan: Ross und Mann hat er ins Meer gestürzt." Der Hymnus beginnt mit der Aufforderung zum Lob Gottes, dem öfter Attribute beigegeben sind. Es folgt mit hebr. „ki" (= „denn" oder auch bekräftigendes „ja") die Begründung für das Lob, die gleichzeitig seinen Hauptteil und wesentlichen Inhalt darstellt. In der weiteren Forschung ist diese Beobachtung Gunkels teils kritisiert, teils weitergeführt worden. Vor allem im Hinblick auf den Inhalt des Hymnus wird zwischen geschichtlichen Ereignissen (wie in Ex 15,21) und eher grundsätzlichen Aussagen über das „Wesen" Gottes differenziert, das sich im hebräischen Denken eher durch seine (wenn auch wiederkehrenden) Taten ausdrückt (z. B. Ps 113). Etwas unsicher ist die Zuordnung des Dankliedes (z. B. Jona 2,3–10), das durchaus hymnische Elemente aufweist, sich aber nicht ganz in die Formensprache des Hymnus einfügt. Das Danklied lässt sich gut im Zusammenhang von Dankopfern vorstellen.

Hymnus

Lob und Dank steht die Klage diametral gegenüber. Hier ist grundsätzlich zwischen dem Klagelied des Einzelnen und des Volkes zu unterscheiden. Beispiele für Letzteres finden sich u. a. in den Klageliedern. Das Klagelied des Einzelnen zeigt einen klaren Aufbau: Anrufung – Klage (über Gott, eigenes Schicksal, Feinde) – Bitte (entsprechend der Klage) – Vertrauensbekenntnis – Lobgelübde. Ein besonderes Problem stellt die Erhörungsgewissheit

Klage

am Ende der Psalmen dar. Wie ist das zu verstehen? Eine weit verbreitete Erklärung ist, dass zwischen Klage und Vertrauensäußerung ein priesterliches Heilsorakel gesprochen wurde – dem Beter wurde die Hilfe Gottes zugesprochen. Zwar ist in den Psalmen selbst davon keine Rede, doch finden sich solche Heilsorakel etwa bei Deuterojesaja (z. B. Jes 43,1). Das Fehlen dieser Orakel in den Psalmen hat zu einer anderen möglichen Deutung geführt. Danach richtet sich die Erhörungsgewissheit auf die Zukunft; sie ist Ausdruck des Vertrauens in die Hilfe Gottes. Dazu würde das Gelübde am Ende gut passen. Problematisch ist allerdings die in der Erhörungsgewissheit verwendete Vergangenheitsform des Verbs. Das Klagelied des Einzelnen kann man sich am Tempel, gut aber auch im privaten Rahmen und im Bereich persönlicher Frömmigkeit vorstellen. Vor allem die Themen Krankheit und Tod sowie andere Schicksalsschläge eignen sich gut für solche sehr persönlichen Formen der Klage.

übrige Psalmengruppen Nicht ganz in das Gunkelsche Schema passen einige andere Psalmengruppen, die zwar durch ihren gemeinsamen Inhalt, nicht aber durch eine gemeinsame strenge Form zusammengehalten werden. Dazu gehören etwa die Vertrauenslieder wie Ps 23 und 27, die Weisheitspsalmen (Ps 1; 19,8–15; 37; 49; 73; 119), in denen die Weisheit besungen wird, die Königspsalmen (etwa Ps 2 (!); 21; 72; 101), die den König in der Nähe Gottes sehen, die Jahwe-Königs-Psalmen (Ps 93–99), die das Königtum Jahwes besingen, die Zionspsalmen (Ps 46; 48; 76), die vorisraelitisch-kanaanäisches Gedankengut aufnehmen und die Wallfahrtslieder (Ps 120–134).

Der Sitz im Leben dieser Gruppen hängt jeweils von ihren spezifischen Inhalten ab. Bis auf die Vertrauenslieder und die Weisheitspsalmen dürften diese Gruppen ihren „Sitz im Leben", d. h. ihre Anwendung im Kult gefunden haben, wobei auch dem König kultische Funktion zukam. Eine ganze Reihe kultischer Psalmen zeigt einen kanaanäischen oder vorderorientalischen Hintergrund, wobei hier wie an anderen Stellen des AT stets zu bedenken ist, dass die israelitische Theologie das übernommene Gedankengut den eigenen theologischen Vorstellungen angepasst hat.

3. Weisheit

Mit den Büchern Hiob, Sprüche und Kohelet kommen wir in den Bereich der altisraelitischen Weisheit. Andere Beispiele für weisheitliches Denken finden sich etwa in der Josephsgeschichte, in den Psalmen und z. T. auch bei den Propheten.

Anders als die griechische Philosophie zielt die Weisheit, die ein allgemein-vorderorientalisches Phänomen ist, auf Lebenspraxis. Es geht der Weisheit darum, die Ordnung der Welt zu erkennen, um sich dann dieser Ordnung gemäß zu verhalten. Wem das gelingt, der wird glücklich und erfolgreich leben. Dabei ist vorausgesetzt, dass es eine solche Ordnung gibt. In Israel, wo (offiziell) nur der eine Gott Jahwe verehrt wird, ist dieser selbstverständlich auch der Stifter der Weltordnung. In diesen Kontext gehört die Vorstellung vom Tun-Ergehen-Zusammenhang oder auch der schicksalwirkenden Tatsphäre. Kurz gesagt: Eine Tat fällt grundsätzlich auf den Täter zurück, sei sie gut oder böse. Je nachdem, wie weit die Religion in den Bereich der Weisheit hineinreicht, wird dieser Zusammenhang entweder als einmal gesetzter Automatismus gesehen oder man rechnet mit dem direkten Eingreifen des souveränen Gottes. In der israelitischen Variante der Weisheit wird zunehmend Gottes Souveränität betont und von einem weitergehenden Automatismus abgesehen.

Jahwe als Stifter der Weltordnung

Ähnlich verhält es sich in Ägypten. Hier ist die Göttin Maat als personifizierte Weisheit – ihr Hieroglyphenzeichen ist eine Schreibfeder – für diesen Bereich als „Ressortgöttin" zuständig. Aber anders als in Israel spielt sie eine große Rolle im Zusammenhang des Totengerichts, wo das Herz des Verstorbenen (der Sitz auch des Denkens und Wollens) gegen die Maat aufgewogen wird.

Göttin Maat

Die Weisheit ist also ein internationales Phänomen und findet sich in den verschiedenen Kulturen und Religionen des Vorderen Orients nur mit leichten spezifischen Variationen. Im Grunde geht es darum, sich die vorfindliche Welt zu erschließen, um sich mit Erfolg in ihr zurechtzufinden. Alle Fertigkeiten in diesem Zusammenhang dienen der praktischen Lebensführung. So gehören zu den Weisen u. a. die Handwerker, die bestimmte

Fertigkeiten beherrschen, die Klagefrauen, die sich auf die Totenklage verstehen oder die Mitarbeiter der Verwaltung – hier spielt die Fähigkeit des Schreibens eine große Rolle. Und es gehört der Bereich von Erziehung und Ausbildung dazu, wobei hier der private Bereich im Vordergrund steht.

Formen Weisheitliches Gedankengut wird vor allem in zwei Grundformen überliefert. Zum einen gibt es die sogenannte Listenweisheit. Es werden Listen aller möglichen Naturphänomene angefertigt mit dem Ziel, die Welt durch solche Kategorisierung überschaubar und handhabbar zu machen. Zum anderen gibt es die Lebensweisheit, die auf ethisches Verhalten in allen Lebensbezügen zielt. Zur Darstellung der Lebensweisheit werden verschiedene mündliche und literarische Gattungen benutzt. Dazu einige Beispiele:

- *Mahnwort:* „Rühme dich nicht des morgigen Tages; denn du weißt nicht, was der Tag bringt." (Spr 27,1)
- *Sprichwort:* „Wer eine Grube gräbt, der kann selbst hineinfallen, und wer eine Mauer einreißt, den kann eine Schlange beißen." (Koh 10,8)
- *Komparativer Tob-Spruch:* (tob: hebr.: gut, hier: besser): „Denn ein lebender Hund ist besser als ein toter Löwe." (Koh 9,4)
- *Vergleichswort:* „Ein Fauler wendet sich im Bett, wie die Tür in der Angel." (Spr 26,14)
- *Zahlenspruch:* „Drei sind mir zu wundersam, und vier verstehe ich nicht: des Adlers Weg am Himmel, der Schlange Weg auf dem Felsen, des Schiffes Weg mitten im Meer und des Mannes Weg beim Weibe." (Spr 30,18f.)

4. Hiob

Thema des Buches Das Hiobbuch gehört zu den Schriften des AT, die am weitesten in unsere Kultur – auch über den Bereich der Religion hinaus – hineingewirkt haben. Das liegt am Thema des Buches, das durch alle literarischen Schichten hindurch konsequent verfolgt wird: der sogenannten Theodizeefrage. Dabei geht es um die allgemein menschliche Frage, warum Menschen Leid erfahren, zugespitzt, warum gerade Menschen, die „unschuldig" sind, die, wie wir sagen, nichts getan haben, anständig, immer nett, hilfsbereit usw. sind, ein schlimmes Schicksal erleiden. Dahinter steht auch bei uns die Idee des Tun-Ergehen-Zusammenhangs, auch wenn wir das so nicht ausdrücken würden und das Problem nicht einmal mehr im Horizont von Theologie und persönlichem Glauben zu verarbeiten suchen. Für manche Menschen ist diese Erfahrung geradezu ein Beweis dafür, dass kein Gott existiert. Neu ist das Problem nicht. Bereits die Menschen im Vorderen Orient lange vor Israel haben diese Fragen gestellt, und die israelitische Weisheit hat sie aufgenommen. Man spricht in diesem Zusammenhang von der Krise der Weisheit, einer Situation, in der der Glaube an den Tun-Ergehen-Zusammenhang und damit an einen nach menschlichen Maßstäben „gerechten" Gott zu zerbrechen droht angesichts schwieriger Lebenssituationen. Das Hiobbuch gibt auf die Grundfrage verschiedene Antworten. Das liegt daran, dass das Buch einen längeren Wachstumsprozess durchlaufen hat, der sich in der bibelkundlichen Übersicht widerspiegelt.

Der älteste Teil des Buches ist die Rahmenerzählung (1f.; 42,7–17). Hiob ist danach ein untadeliger Frommer, dem ein entsprechender Erfolg zuteil wird. Aber nach und nach verliert er alles, was er hat. Trotz dieser Anfechtungen bleibt Hiob standhaft und wird Ende von Gott dafür „belohnt", indem er alles reichlich erstattet bekommt. Der Kern dieser Erzählung ist vermutlich alt, ihre jetzige Fassung aber wohl nachexilisch. Es wird diskutiert, inwieweit die Himmelsszenen mit der Figur des Satan ursprünglich sind. Tatsächlich ist die Vorstellungswelt eher jünger und der Satan – ein Ankläger (das hebräische Wort Satan meint eigentlich zunächst einen Widersacher und nicht ein quasi göttliches Wesen als negativen Gegenpart) – taucht sonst nicht auf. Allerdings bleibt die Rahmenerzählung nach Herauslösen der Himmelsszenen bruchstückhaft, denn in ihnen wird der Grund für Hiobs Schicksal gegeben. Ohne sie bleibt die Sache auf der literarischen Ebene völlig unverständlich. Dieser Teil des Buches ist in Prosa gehalten. Alle übrigen Teile sind poetisch und gegenüber der Rahmenerzählung jünger. In den Kap. 3–27 bleibt der 3. Redegang unvollendet. Hier ist möglicherweise etwas ausgefallen oder wurde unvollständig ergänzt. Auf den Dialog mit

Aufbau

den Freunden folgten ursprünglich die Kap. 29–31, in denen Hiob nun Gott selbst seine Klage vorträgt. Daran schloss sich die Antwort Gottes in zwei Redegängen in 38,1–42,6 an. Auch im Blick auf die zweite Gottesrede werden gelegentlich spätere Zusätze vermutet – zwingend ist das nicht. Mit Sicherheit später eingefügt wurden das Weisheitsgedicht in Kap. 28, das dem Menschen die Einsicht in die göttliche Weisheit grundsätzlich abspricht, sowie die Elihureden in Kap. 32–37. Diese Reden kommen an dieser Stelle viel zu spät und Elihu taucht im übrigen Buch nicht mehr auf. Dazu kommt die eigenwillige Deutung des Leidens durch Elihu als Maßnahme göttlicher Pädagogik zur Disziplinierung des Menschen. Das Buch ist zwischen 500 und 200 v. Chr. entstanden; das um 180 v. Chr. entstandene Buch Jesus Sirach kennt es bereits.

Rahmenerzählung

Welche Antwort auf die Grundfrage nach dem Leiden geben die einzelnen Überlieferungstraditionen? Betrachtet man die Rahmenerzählung genauer, so fällt auf, dass sie die Frage nach der Ursache des Leidens eigentlich nicht beantwortet. Hiobs Leiden hat seinen Grund in einer Vereinbarung zwischen Gott und dem Satan, der Hiobs Glauben anzweifelt und ihn mit Genehmigung Gottes immer tiefer in die Krise führt. Abgesehen von diesem künstlichen Element ist die Erzählung an der Frage nach der Ursache nicht wirklich interessiert. Stattdessen rückt etwas anderes ins Zentrum. Es geht um den Glauben in Form von Vertrauen und Treue zu Gott und seine Bewährung. Selbst Hiobs Frau fordert ihn auf, diesen Glauben aufzugeben (2,9). Doch Hiob bleibt fest und wird am Ende belohnt. Der Erzähler wirbt dafür, in Krisensituationen ähnlich standhaft zu bleiben und zu hoffen. Die Frage, ob sich Glauben lohnt, wird nicht kurzfristig in jeder krisenhaften Situation neu entschieden, sondern ist eine Frage des gesamten Lebensentwurfs. Bemerkenswert dabei ist das Gottesbild. In 2,10 erklärt Hiob: „Haben wir Gutes empfangen von Gott und sollten das Böse nicht auch annehmen?" Er wirbt damit für einen Glauben, der Gottes Souveränität anerkennt und gleichzeitig diesem Gott uneingeschränkt vertraut.

Hiob im Dialog

Anders sieht die Sache im poetischen Teil aus. Im Gespräch mit seinen Freunden (3–27) wird die Gültigkeit des Tun-Ergehen-Zusammenhangs mit zunehmender Schärfe diskutiert: Hiob beteuert seine Unschuld, während die Freunde vermuten, dass Hiob Schuld auf sich geladen haben muss, ansonsten bräche die weisheitliche Ordnung auseinander. Damit vertritt der Dialogteil die traditionelle Weisheit. Wenn der Tun-Ergehen-Zusammenhang auch hier durch gegenteilige menschliche Erfahrung in Frage steht, so wird die Antwort darauf doch eher traditionell gegeben im Sinn einer vorliegenden verborgenen Schuld oder gar einer Art „Erbsünde", wonach kein Mensch vor Gott „gerecht" ist.

Gegen die Auffassung der Freunde opponiert Hiob schließlich, indem er sich mit seiner Klage an Gott selbst wendet (29–31). Das Problem des nicht aufgehenden Tun-Ergehen-Zusammenhangs wird in Gott selbst zurückverlagert. Hiob ruft den gerechten Gott gegen den ungerechten Gott an. Damit stehen diese Kapitel theologisch der Rahmenerzählung erstaunlich nahe. Denn hier wie dort wird von einem komplexen Gottesbild ausgegangen und Hilfe jenseits des Tun-Ergehen-Zusammenhangs und seines Automatismus von Gott selbst erhofft. **Hiobs Klage**

In den ursprünglich direkt folgenden beiden Gottesreden (38,1–42,6) nimmt Gott Hiobs Klagen auf und antwortet ihm. Er verweist vor allem auf sein Schöpfungshandeln und fragt Hiob nach dessen Beteiligung daran. So formuliert Gott den unendlichen qualitativen Unterschied zwischen Gott und Mensch als Antwort auf Hiobs Klage. Damit wird Hiob in gewisser Weise das Recht auf eine solche Klage abgesprochen. Zumindest aber wird deutlich, dass der Mensch mit seiner Frage nach dem „Warum" des Leidens nicht durchdringen kann. So kommt das Hiobbuch schließlich als Ganzes zu dem Schluss, dass das menschliche Fragen zu keinem Ergebnis führt. Allerdings bleibt zu bedenken, dass Hiob mit seiner Klage nicht allein bleibt. Immerhin nimmt Gott die Klage an und antwortet, auch wenn die Antwort nicht befriedigt. Vielleicht muss man an dieser Stelle den Blick weg von den Gottesreden hin zur Gesamtkomposition lenken. Es dürfte kein Zufall und nicht nur literarisch begründet sein, dass das Buch mit dem zweiten Teil der Rahmenerzählung endet, in der Hiob für sein Festhalten am Glauben „belohnt" wird. Mit der **Gottesreden**

Klage vor Gott und Gottes Annahme des Klagenden ist das AT an seine Grenze gekommen. Das NT geht an diesem Punkt einen entscheidenden Schritt weiter mit der Vorstellung des stellvertretenden und mitleidenden Gottes. Menschliche Leiderfahrung wird so in einem völlig neuen Horizont gedeutet. Das komplexe Gottesbild des Hiobbuches hat diese Haltung mit vorbereitet.

5. Sprüche

Das Sprüchebuch setzt sich aus unterschiedlichen Teilsammlungen verschiedener Herkunft zusammen. Es wird in seiner Endfassung Salomo zugeschrieben, den die Tradition als exemplarischen Weisen herausstellt (vgl. etwa 1 Kön 3,12; 5,12) und der auch für andere weisheitliche Schriften als Verfasser vorausgesetzt wird (s. u.). Dass das in diesem Fall nicht stimmen kann, zeigen Überschriften wie z. B. die „Sprüche der Männer Hiskias".

Spr 1–9   Das Buch wird eröffnet durch die jüngste Sammlung in Kap. 1–9. Anders als beim Rest des Buches handelt es sich hier nicht um eine Sammlung von einzelnen Sprüchen, sondern um längere Lehrreden. In ihnen wird die „Furcht Jahwes" als Anfang aller Weisheit herausgestellt (1,7) und dem ganzen Buch als Motto vorangestellt. Bemerkenswert ist die Personifizierung der Weisheit als Frau (8f.) und vor allem die Darstellung als erstes Schöpfungswerk, das gleichsam wie ein Kind vor Gott spielt (8). Eine solche Aussage ist vorexilisch kaum denkbar. Die Weisheit hat sich hier fast in Form einer Hypostase (griech.: Erscheinungsform) Gottes verselbstständigt, ähnlich etwa dem „Namen Gottes", der in manchen Texten ein Eigenleben zu führen scheint (vgl. etwa Dtn 12,11). In jedem Fall belegen solche Aussagen den hohen Stellenwert der Weisheit in den Verfasserkreisen und in der israelitischen Gesellschaft überhaupt.

Spr 10,1–22,16   Die älteste Sammlung des Buches liegt mit 10,1–22,16 vor. Es handelt sich um einzelne Sprüche, die jeweils in kleineren thematischen Einheiten zusammengefasst sind. Möglicherweise war die Sammlung zweigeteilt. Im ersten Teil herrschen Sprüche über das individuelle Leben in eher agrarischen Strukturen vor, im zweiten Teil kreisen die Sprüche um den Bereich der öffentlichen Verwaltung mit einem eher städtischen Hintergrund. Sie dienten vermutlich der Ausbildung der königlichen Administration. Die Teilsammlung wird bereits vorexilisch, etwa im 8. Jh. v. Chr. zusammengefasst worden sein.

Beachtenswert ist die Sammlung 22,17–24,22. Zu diesen Sprüchen liegt eine ägyptische Parallele aus dem 12. Jh. v. Chr. vor, die „Lehre des Amenemope". Es besteht ein direkter Bezug zwischen diesen beiden Überlieferungen, ohne dass Israel die ägyptische Weisheitslehre ungeprüft übernommen hätte. Die Tatsache, dass eine solche Übernahme überhaupt möglich war, zeigt, dass die Weisheit tatsächlich ein internationales Phänomen und keineswegs an eine bestimmte Religion gebunden war. Zwar bringen die unterschiedlichen Religionen ihr Spezifikum mit ein, im Grundsatz bleibt die weisheitliche Denkweise aber unangetastet. Nicht umsonst war es etwa den israelitischen Königen – vor allem in der Anfangsphase des Staates – möglich, ihre Führungskräfte in der Verwaltung in Ägypten oder mit ägyptischer Hilfe ausbilden zu lassen. {Spr 22,17–24,22}

In den Kap. 25–29 finden sich die „Sprüche der Männer Hiskias". Die Sammlung gleicht der salomonischen Sammlung, und es spricht nichts dagegen, die Angaben über die Sammler und Tradenten ernst zu nehmen. Die Texte entstanden demnach in der Zeit um 700 v. Chr. in höfischen Kreisen Jerusalems. {Spr 25–29}

Nachexilischen Ursprungs sind die beiden letzten Kapitel 30 und 31. In Kap. 30 wird die Weisheit als göttlich inspiriert und damit als theologisch durchgeformt gesehen, ähnlich wie in Kap. 1–9. Die Idee der personifizierten Weisheit tritt in Kap. 31 wieder auf, was ebenfalls eine späte Entstehungszeit nahelegt. {Spr 30f.}

Aus welchem gesellschaftlichen Kontext stammen die Weisheitssprüche? Diese Frage wird man differenziert beantworten müssen nach den behandelten Themen. So haben nicht wenige Sprüche ihren Ursprung im Lehrbetrieb der königlichen Verwaltung, wo befähigte Menschen zu Schreibern ausgebildet wurden. Ihre Existenz ist notwendig für die öffentliche Verwaltung und damit letztlich für das Funktionieren des Staates. Dabei geht es aber nicht nur um das Erlernen technischer Fähigkeiten, sondern gleichzeitig um eine bestimmte Ethik des Herrschens. Die Weisheit zeigt hier einen deutlichen Bezug zur Religion. Denn {gesellschaftlicher Hintergrund} das Königtum mit seinen praktischen Folgen ist ohne Rückbezug auf den jeweiligen Gott im Vorderen Orient nicht denkbar.

Andere Sprüche, die sich mit dem Alltagsleben oder der Erziehung der Kinder allgemein beschäftigen, haben ihren Ursprung eher in der Familie bzw. der Sippe, sodass man hier von „Sippenweisheit" spricht. Für die größeren, schriftlichen Sammlungen dürften in jedem Fall aber weisheitliche Kreise im Umfeld des Hofes verantwortlich sein, denn nur hier gab es die notwendigen Ressourcen.

6. Die fünf Megillot

Feste Die im hebräischen Text zu einer kleinen Sammlung zusammengefügten Bücher finden sich in der LXX, der Vulgata und in den modernen Übersetzungen an unterschiedlichen Stellen. Sie sind dort nach vermeintlich sachlichen oder chronologischen Gesichtspunkten eingeordnet. Die fünf Megillot (hebr.: [Fest-] Rollen) werden im Judentum zu verschiedenen Festen gelesen. Bereits in atl. Zeit waren Ester dem Purimfest und die Klagelieder dem Gedenktag der Zerstörung Jerusalems zugeordnet. Im Mittelalter folgte die Verbindung von Hohelied und Passa, Ruth und dem Wochenfest (hebr.: Sch‘wuot) sowie Kohelet und dem Laubhüttenfest (hebr.: Sukkot).

Ruth Das Buch Ruth erzählt von Noomi und ihrer Familie, die wegen einer Hungersnot von Israel nach Moab auswandert. Dort heiraten ihre Söhne, die bald darauf sterben. Die moabitische Schwiegertochter Ruth begleitet Noomi zurück nach Israel, wo sie sich um ihre Schwiegermutter kümmert und durch ihre Heirat mit Boas, einem Verwandten Noomis, den Familienbesitz und auch das Fortbestehen der Familie sichert. Nach dem Stammbaum am Ende des Buches wird sie zur Urgroßmutter Davids. Diesem Umstand verdankt das Buch seine Position in LXX und Vulgata nach dem Richterbuch und vor dem 1. Samuelbuch.

Sicher ist, dass die Genealogie (= Stammbaum) in 4,18–22 sekundär angefügt wurde. Das Buch selbst wirkt relativ einheitlich. Lediglich die Entstehungszeit steht in Frage. War man früher geneigt, wegen des Lokalkolorits und der Beschreibung alter

Rechtsbräuche das Buch vorexilisch anzusetzen, hält man heute eher die nachexilische Zeit für wahrscheinlich; eine genauere Einordnung scheint kaum möglich. Für eine späte Entstehungszeit spricht vor allem die kunstvolle Gestaltung der Erzählung, die meist als Novelle charakterisiert wird und damit der Josefsgeschichte gleicht.

Auch gehört eines der Themen des Buches in diesen Bereich. Die Moabiterin Ruth wird in jeder Hinsicht positiv gezeichnet. Das gilt hinsichtlich ihres Verhaltens gegenüber der israelitischen Schwiegermutter sowie im Hinblick auf die Einhaltung alter israelitischer Bräuche und Rechtstraditionen. Ähnlich positiv wird das Verhalten von Fremden im nachexilischen Jonabuch herausgestellt. Schließlich wird Ruth zur Urgroßmutter Davids, womit der moabitische Hintergrund der Davidfamilie, der historisch gesichert erscheint, erklärt und positiv herausgestellt wird, zumal das Dtn (23,4f.) eine ablehnende Haltung Moab gegenüber vertritt. Hinter dem Verlauf der Ereignisse wird Jahwe als letztendlich verantwortlich gesehen – eine theologische Haltung, wie sie vor allem in der traditionellen Weisheit beheimatet ist.

Besondere Beachtung verdient der Rechtsbrauch der „Lösung". Dabei handelt es sich um eine Art Vorkaufsrecht (und -pflicht) des nächsten Verwandten eines Verstorbenen, um dessen Besitz für die Familie zu erhalten. Dahinter steht die Idee der Nahala, des „Erbteils". Danach hat Israel das Land von Jahwe nur verliehen bekommen. Es ist daher unverkäuflich und muss im Besitz der Familie bleiben. Kombiniert mit dem Vorkaufsrecht ist hier die sog. „Leviratsehe" (Dtn 25,5–10), wonach der nächste Verwandte eines Verstorbenen verpflichtet ist, dessen Witwe zu heiraten. Das erste aus einer solchen Verbindung hervorgehende Kind gilt als Nachkomme des Verstorbenen. Der Begriff des „Lösers" (hebr. = Goel) taucht bei Hiob in einem anderen Kontext wieder auf (Hi 19,25) und wird von Luther als „Erlöser" übersetzt. Er zeigt damit an, dass sich der ursprünglich juristische Begriff in einen Theologischen gewandelt hat.

Das Hohelied (hebr.: Schir Haschschirim = Lied der Lieder) war in seiner Zugehörigkeit zum Kanon lange umstritten. Dass es schließlich doch dauerhafte Aufnahme fand, verdankt es ei-

Hohelied

nerseits seiner fiktiven Zuschreibung zum König Salomo, der als beispielhafter Weiser galt, wozu auch das Dichten von Sprüchen und Liedern gehörte (vgl. 1 Kön 5,12f.). Wichtiger aber war die Deutung des Inhalts. Dabei handelt es sich ursprünglich um verschiedene Liebeslieder ohne religiösen Bezug. In den einzelnen Liedern wird das Verhältnis von Mann und Frau im Blick auf Liebe und Erotik besungen. Möglicherweise wurden diese Lieder im Zusammenhang von Hochzeitsfeiern vorgetragen. Im biblischen Kontext wurden sie dann allegorisch als Bilder für das Verhältnis von Jahwe und Israel gedeutet. Dafür gab es in der älteren Literatur durchaus Anknüpfungspunkte, so etwa bei den Propheten (z. B. Hosea) oder auch im Dtn, das die Liebe Gottes zu seinem Volk thematisiert (vgl. etwa Dtn 7,7). Die christliche Kirche veränderte den Deutungshorizont und sah das Verhältnis von Christus zu seiner Kirche vorabgebildet. Beide Deutungen sind ein wenig gezwungen und werden heute theologisch nicht mehr vertreten, ebenso wie die Vermutung, es könne sich bei den Liedern um Chiffren für eine Götterhochzeit handeln. Stattdessen tritt die ursprüngliche Bedeutung und Funktion der Liebeslieder in den Vordergrund – dabei wird auch die aktive und positive Rolle der Frau hervorgehoben und die Dichtung im Bereich der Schöpfungstheologie (und gegen eine angebliche oder tatsächliche Leibfeindlichkeit der Religion) stärker akzentuiert.

Über die Entstehungszeit lässt sich wenig Sicheres sagen. Einzelne Lieder können durchaus alt sein, wenngleich Sprache und Dichtkunst eher an eine spätere Zeit denken lassen. Der Stil und einige Hinweise in den Liedern lassen an Jerusalem als Entstehungsort denken. Die Sammlung selbst ist in jedem Fall nachexilisch anzusetzen, wie auch die späte Aufnahme in den Kanon belegt.

Kohelet

Das Buch Kohelet ist eines der interessantesten und problematischsten Bücher des AT. Das beginnt bereits bei der Überschrift. Kohelet ist ein feminines Partizip, das möglicherweise ein Amt in einer Gemeindeversammlung (hebr.: Qahal) bezeichnet. Aus den Andeutungen im Buch selbst hat man in der Tradition auf Salomo als Verfasser geschlossen, was in keinem Fall stimmen kann. Die LXX bietet den Titel „Ecclesiastes", was Luther

– nicht unzutreffend – mit „Prediger (Salomo)" übersetzt hat. Die Zuschreibung zu Salomo war es u. a., die dem Buch einen Platz im Kanon gesichert hat. Dazu beigetragen haben auch zwei Nachträge am Ende des Buches. In 12,9–11 wird Kohelet, möglicherweise von einem Schüler, der den Stoff zusammengestellt hat, als Weisheitslehrer charakterisiert. Der zweite Nachtrag in 12,12–14 sieht ihn darüber hinaus im Rahmen der traditionellen Weisheit. Von hier aus erfolgte auch eine Überarbeitung des gesamten Buches, die entgegen der Intention Kohelets die ältere, orthodoxe Weisheit zur Geltung bringen will und so dessen eigenwillige Theologie einebnet.

Kohelet setzt sich am deutlichsten von allen alttestamentlichen Schriften mit der traditionellen Weisheitslehre auseinander. Er beobachtet, dass der Tun-Ergehen-Zusammenhang so nicht mehr aufrecht zu erhalten ist. Zu deutlich ist für ihn das Schicksal des Menschen nicht durch sein Tun beeinflusst, weder im Guten noch im Bösen. So hat der Fromme bzw. der Gerechte oder Weise keinen Vorzug vor dem Frevler, dem Gottlosen o. ä. Welchen Schluss zieht er daraus? Für Kohelet ist die Ordnung der Welt nicht erkennbar, ebenso wenig wie Gott selbst. Kohelet zweifelt nicht an der Existenz Gottes oder der Ordnung, wohl aber daran, dass Gott oder sein Handeln für den Menschen erkennbar wären. Daraus zieht er die Konsequenz, dass es für den Menschen am besten ist, das Leben so anzunehmen wie es ist, sich am Guten zu freuen und Schlechtes auszuhalten. Da Kohelet kein Leben nach dem Tod kennt, gibt es auch keinen Ausgleich im Jenseits – der Mensch ist ganz auf seine Gegenwart gewiesen. Trotzdem oder gerade deshalb hält Kohelet am Glauben fest – die Gottesfurcht spielt eine zentrale Rolle. Daraus resultiert letztendlich auch ein entsprechendes ethisches Verhalten.

Die Sprache des Buches, das sich schlecht gliedern lässt, ist relativ jung, und auch die Thematik wie ihre Verarbeitung deuten auf Berührungen mit griechischer Philosophie hin. Kohelet wird darum etwa im 3. Jh. v. Chr. entstanden sein.

Die Klagelieder (hebr.: ekah = „ach!"; griech.: Threni = Tränen) werden in der Tradition dem Propheten Jeremia zugeschrieben und darum in LXX und Vulgata an das Buch Jeremia

Klagelieder

angeschlossen. Richtig daran ist, dass die Lieder im 6. Jh. v. Chr., genauer in der Exilszeit, entstanden sind und sich ausführliche Klagen auch bei Jeremia finden. Allerdings kann diese Zuweisung nicht stimmen. Die Form der Lieder weist auf unterschiedliche Verfasser hin, und der Inhalt bedenkt die Zerstörung Jerusalems und das Exil nach 587 v. Chr., eine Zeit, in der Jeremias Wirksamkeit beendet ist.

Es handelt sich um eine Sammlung von fünf eigenständigen Liedern, die der Form des Klageliedes bzw. der Leichenklage folgen. Die ersten vier Lieder (= Kapitel) sind in je 22 Strophen gegliedert, die jeweils mit dem folgenden Buchstaben des Alphabets beginnen, ein sogenanntes Akrostichon (griech. = gleicher Versanfang). Das fünfte Lied besteht aus 22 Versen mit gleicher Form. In den Kapiteln 1, 2, 4 und 5 herrscht das Klagelied des Volkes vor, Kapitel 3 ist ein Klagelied eines Einzelnen. Vorgetragen wurden die Lieder bei Fasten- und Klagefeiern in der Exilszeit, in denen das Schicksal Judas und Jerusalems im Lande selbst beklagt wurde.

Theologisch stehen die Klagelieder dem DtrG (s. o. 2.1.2), das aus derselben Zeit stammt, nahe. In ihnen beklagen die Menschen ihr Schicksal, nehmen es aber aus der Hand Gottes an. Sie sehen darin die (verdiente) Strafe Gottes, wie sie die Gerichtspropheten immer wieder angekündigt hatten. Allerdings bleibt auch Raum für Hoffnung. So wird der strafende Gott um Hilfe und Rettung jenseits des Gerichts angerufen (3,31). Hier wie in anderer exilischer und nachexilischer Literatur zeigt sich ein Wesenszug israelitischen Glaubens: Gott wird nicht nur für das Gute reklamiert, sondern das Gottesbild und der Glaube sind komplexer. Gutes wie Böses wird aus seiner Hand angenommen. Für einen Dualismus ist (noch) kein Raum.

Ester Das Buch erzählt vom Schicksal der Jüdin Ester und ihres Volkes in der Umgebung des persischen Hofes in Susa zur Zeit des Königs Xerxes I (485–465 v. Chr.). Nachdem er seine Frau verstoßen hat, wählt sich der König Ester als neue Königin. Ihr gelingt es, einen Anschlag Hamans, eines hohen amalekitischen Beamten am persischen Hof, auf die jüdische Bevölkerung im persischen Reich zu vereiteln. Der Vernichtungsplan fällt auf Haman und seine Sympathisanten zurück. Esters Onkel Mordechai, der Haman widerstanden hatte, wird der Zweite im Staat und die Juden feiern das Purimfest aus Dankbarkeit für ihre Rettung. Das Esterbuch ist als Novelle, evtl. auch als historischer Roman zu klassifizieren. Es zeugt von gewisser Kenntnis persischer Gepflogenheiten, ist aber wegen vielerlei Ungereimtheiten kaum historisch. Die Verfolgungssituation passt nicht in die persische Zeit, wohl aber in die hellenistische Periode. So dürfte das Buch im 3./2. Jh. v. Chr. in der östlichen Diaspora entstanden sein.

Theologisch ist das Buch zwiespältig, was zu immer neuen Diskussionen über seine Kanonizität bis in die Reformationszeit hinein geführt hat. Einerseits erzählt es vom vorbildlichen Verhalten der jüdischen Protagonisten in nicht-jüdischer Umwelt. Mordechai bleibt fest in seinem Glauben, und Ester lässt nichts unversucht, ihr Volk zu retten. Die Beachtung des 1. Gebots steht im Vordergrund. Andererseits spielt der Vergeltungsgedanke, verbunden mit der Idee der Überlegenheit des eigenen Volkes, im zweiten Teil eine bestimmende Rolle, wie sie in der Rache der Juden an ihren ehemaligen Verfolgern zum Ausdruck kommt. Insgesamt zeugt das Buch vom verborgenen Handeln Gottes in der Geschichte, der sein Volk letztendlich führt und schützt. Direkt erwähnt wird Gott jedoch nicht.

Das Purimfest, dessen Festlegende das Buch durch seinen Schluss wird, ist dem Stoff vermutlich vorgegeben, ohne dass die genauen Hintergründe dieses Festes erhellt werden könnten. Wahrscheinlich wird auch hier ein jahreszeitliches Fest mit der Geschichte verknüpft und so neu orientiert. In den östlichen Raum deuten die Namen Mordechai (≈ Marduk) und Ester (≈ Ischtar). Alles Weitere wäre Spekulation.

7. Daniel

Das Danielbuch ist deutlich zweigeteilt. In den Kap. 1–6 finden sich mehrere Geschichten über Daniel (und seine Freunde) in der 3. Person. Diese Geschichten spielen in der Übergangszeit vom neubabylonischen zum persischen Reich (Mitte 6. Jh. v. Chr.). Die Kap. 7–12 bieten Visionen und Zukunftserwartungen. Bemerkenswert ist, dass die Kap. 2,4b–7,28 in Aramäisch geschrieben

Entstehung des Danielbuches

und die Kap. 2 und 7 weitgehend parallel gestaltet sind. Daraus ergibt sich für die Entstehung des Buches folgendes Bild: Die Kap. 1–6 entstanden vermutlich zuerst und waren Aramäisch geschrieben. Dahinter steht eine ältere Tradition über einen beispielhaften Weisen namens Daniel (die Danielfigur begegnet im Alten Orient und in Ez 14,14.20; 28,3). Später angefügt wurden die Kap. 7, das Kap. 2 aufnimmt und aktualisiert, sowie Kap. 8–12. Im Zuge dieses Wachstums wurden Kap. 1,1–2,4a ins Hebräische übersetzt. Der erste Teil wird mit deutlichem Abstand zum 6. Jh. v. Chr. entstanden sein, denn die historischen Angaben der Kap. 1–6 sind ungenau und teilweise falsch; dennoch zeigen sie eine gewisse Kenntnis der Verhältnisse. Die Visionen haben als letzten historischen Anhaltspunkt die Ereignisse um Antiochus IV. (s. o. 1.4.4) im Blick, also etwa das Jahr 168 v. Chr. Von der Neueinweihung des Tempels und dem Tod des Antiochus weiß der Verfasser noch nichts. Das führt in die Zeit zwischen 167–165 v. Chr. In dieser Zeit dürfte die späteste Bearbeitung bzw. Abfassung des zweiten Teils anzusetzen sein.

Stellung im Kanon

Mit diesem späten Entstehungsdatum – Daniel ist das jüngste Buch des AT – ist Daniel nicht mehr in den Prophtenkanon gekommen, der um 200 v. Chr. bereits festlag. Da der Inhalt einen teilweise prophetischen Hintergrund zeigt, wurde es in der LXX und den abhängigen Übersetzungen hinter Ezechiel und vor dem Zwölfprophetenbuch eingeordnet. In LXX und Vulgata finden sich auch insgesamt vier umfangreiche Ergänzungen (Gebet Asarjas, Gesang der drei Männer im Feuerofen, Bel und der Drache, Susanna). Der Verfasser des Buches dürfte im Kreis der schriftgelehrten Frommen, der Chassidim, zu suchen sein. Er steht in der Tradition der älteren Prophetie und der Weisheit, schafft aber mit seinem Buch eine neue Gattung, die Apokalyptik.

Apokalyptik

Das Danielbuch ist das einzige apokalyptische Buch des AT. Der Apokalyptik (griech.: apokalypto = offenbaren) geht es um die Aufdeckung des (verborgenen) Handelns Gottes in der Welt. Das betrifft sowohl die Vergangenheit wie die Zukunft. In den Erzählungen von Dan 1–6 geht es um die Treue und Glaubensfestigkeit der Protagonisten einerseits, andererseits aber auch um das Handeln Gottes an seinen Gläubigen. Dieses zeichnet sich aus vor allem durch die Bewahrung in Krisensituationen und wird so zu einem Beispiel und Anreiz für gegenwärtiges Verhalten. Daneben ist aber vor allem die erwartete Zukunft im Blick des Apokalyptikers. Diese Zukunftserwartung wird bestimmt durch die bedrückende Gegenwart. Das Danielbuch entsteht in der Zeit der Bedrückung durch Antiochus IV. im Kontext der makkabäischen Erhebung. Die Mitglieder dieser Gruppe müssen leidvoll erfahren, dass gerade ihr Einsatz für den Glauben nicht „belohnt" wird, sondern dass Menschen im Kampf für diesen Glauben und für die Freiheit der Jahweverehrung ihr Leben lassen müssen. Der alte Tun-Ergehen-Zusammenhang steht einmal mehr vor einer schweren Prüfung. Aus diesem Erleben heraus entsteht im 2. Jh. v. Chr. in Israel die Hoffnung auf die Auferstehung, verbunden mit dem Gedanken eines Endzeitgerichts und der Aufrichtung der uneingeschränkten Herrschaft Gottes. Eine zentrale Figur ist dabei der „Menschensohn". Die neutestamentlichen Vorstellungen über die Gottesherrschaft (oder die Herrschaft des Himmels, des Himmelreiches) ist von hier aus stark beeinflusst.

Geschichtsverlauf wie auch Zukunftserwartung werden in der Apokalyptik gerne in Visionen gekleidet, die nur für die Eingeweihten deutbar sind. So finden sich in Dan 2 und 7 die Visionen der aufeinander folgenden Weltreiche, deren Qualität ständig abnimmt und die in der Person Antiochus IV. ihr endgültiges Ende finden. Die vier Weltreiche, ursprünglich wohl Babylonien, Medien, Persien, Griechenland, wurden später in anderer Folge auf Rom hin gedeutet. Die Offenbarung des Johannes nimmt hier Anleihen auf. Die verschiedenen Deutungsmöglichkeiten weisen auf das Hauptproblem der apokalyptischen Literatur bis in die Gegenwart hin: Die bewusst verschlüsselte Ausdrucksweise lässt Raum für alle möglichen und vor allem unmöglichen Spekulationen. Nicht umsonst erfreut sich die apokalyptische Literatur der Bibel vor allem in (pseudo-)christlichen Randgruppen größter Beliebtheit.

Visionen

8. Chronistisches Geschichtswerk

Bestandteile In der Forschung besteht weitgehende Einigkeit darüber, dass die letzten Bücher des hebräischen Kanons, die Bücher Esra, Nehemia und die beiden Chronikbücher zusammengehören und das sogenannte Chronistische Geschichtswerk bilden. Dafür spricht eine enge sprachliche und thematische Verwandtschaft sowie die Tatsache, dass das Ende des 2. Chronikbuches mit dem Anfang des Esrabuches identisch ist. Vermutlich wurden zunächst die Bücher Esra und Nehemia in den Kanon aufgenommen. Denn in ihnen wird Neues aus der nachexilischen Periode Judas berichtet. Die Chronikbücher hingegen wiederholen im Wesentlichen den Stoff des DtrG (s. o., 2.2.2), sodass zunächst keine Notwendigkeit der Berücksichtigung vorlag. Gelegentliche von dieser Sichtweise abweichende Erklärungsmodelle haben sich in der Forschung nicht durchgesetzt. Die dort beobachteten Differenzen beider Überlieferungskomplexe dürften auf die unterschiedliche geschichtliche Thematik sowie die unterschiedliche Quellenlage zurückzuführen sein.

Entstehungszeit Als Entstehungszeit wird meist die 1. Hälfte des 4. Jh. v. Chr. angenommen, da sich keine Hinweise auf die griechische Periode (nach 333 v. Chr.) finden. Falls die Spätdatierung Esras richtig ist (s. u.), kommt als frühester Zeitpunkt der Anfang des 4. Jh. in Frage. Die Verfasser, eher eine Schule als ein Einzelner, sind im Umkreis des Jerusalemer Tempels unter der dortigen Priesterschaft oder im direkten Umfeld zu suchen, wie das besondere Interesse am Tempelkult nahelegt.

Chronik Die Chronik (hebr.: dibre hajjamim ≈ Tagebücher) [der Begriff Chronik geht auf den Kirchenvater Hieronymus zurück] wiederholt im Wesentlichen den Inhalt des DtrG mit einem genealogischen Vorbau in 1 Chr 1–9, der aus dem Pentateuch heraus entwickelt ist. Man könnte die Chronik als tertiäre Geschichtsschreibung bezeichnen. Denn bereits das DtrG bedient sich älterer Quellen, ist also selbst sekundär. Wenn im 4. Jh. v. Chr. ein solches Unternehmen in Angriff genommen wird, dann steckt dahinter eine vor allem theologisch motivierte Absicht, denn neue Quellen hat die Chronik nicht zur Verfügung, auch wenn sie selbst z. T. anderes behauptet (1 Chr 29,29; 2 Chr 16,11).

Ein wesentlicher Aspekt ergibt sich bereits aus der Anordnung und Gliederung des Materials. In der chronistischen Darstellung nehmen David (1 Chr 10–29) und Salomo (2 Chr 1–11) breitesten Raum ein – die übrige Geschichte vor und nach diesen Königen bleibt dagegen deutlich zurück. Dazu passt, dass die Chronik David idealisiert, indem sie alle problematischen Züge dieses Königs (Ehebruch mit Batseba, Absalomaufstand u. ä.) verschweigt. Ohne dass der Begriff oder die Idee des Messias in der Chronik eine Rolle spielen, wird das Bild Davids deutlich überhöht. Bei der Darstellung der Könige – es werden nur die judäischen erwähnt! – steht nicht deren politisches Wirken sondern ihre Bedeutung für den Tempelkult im Vordergrund. Diese Tendenz beginnt bei David und wird bei Salomo stark herausgestellt. Überhaupt zeigt die Chronik starkes Interesse am Jerusalemer Tempel und seinem Opferkult. In diesen Kontext gehört letztlich auch eine weitere Intention, die Abgrenzung gegenüber Fremden. Diese gilt hinsichtlich der samaritanischen Gemeinschaft, verstärkt aber gegenüber allen Nichtisraeliten. Betont wird von den Chronisten der Tun-Ergehen-Zusammenhang, der für sie ungebrochen in Geltung zu sein scheint. Das geht so weit, dass sie ihre Geschichtsdarstellung dieser Ideologie unterordnen und sie an diese anpassen. So wird etwa dem König Manasse, der im 7. Jh. v. Chr. eine sehr lange Zeit regiert hat und im DtrG negativ beurteilt wird, eine Bekehrung zugeschrieben. So erklärt sich für die Chronisten die lange Regierungszeit, die sonst nicht vorstellbar wäre. Insgesamt gibt die Chronik damit ein gutes Bild der religiösen und politischen Zustände der Perserzeit. Tempelkult und Thorafrömmigkeit stehen im Mittelpunkt des Interesses. Die Politik tritt dahinter deutlich zurück, die persische Herrschaft wird akzeptiert und für eigene politische Ambitionen bleibt bewusst wenig Raum.

Theologie der Chronik

Die Bücher Esra und Nehemia erzählen von der jüngeren Vergangenheit der chronistischen Erzähler. Beginnend im 6. Jh. v. Chr. geht es um die Heimkehr aus dem Exil, den Wiederaufbau des Jerusalemer Tempels, der Stadt und ihrer Befestigungsanlagen sowie zentral um die Neugestaltung und Konsolidierung der Jerusalemer Gemeinde. Anders als in der Chronik

Esra/ Nehemia

greifen die Verfasser hier auf ältere Quellen zurück. Dazu gehört vor allem die „Geschichte Nehemias" (s. u.), die im Stil eines Ich-Berichts von seinem Auftrag in Jerusalem berichtet. Diese Ich-Form sowie die wiederkehrenden Gebetsformeln weisen die Überlieferung als eigenständig aus. Es handelt sich dabei um eine Art Rechenschaftsbericht Nehemias. Analog dazu hat man in Esra 7–10; Neh 8(–10) eine Geschichte Esras (s. u.) vermutet, die teilweise ebenfalls als Ich-Bericht stilisiert ist. Allerdings ist die Überlieferung weit weniger einheitlich und nicht so klar vom chronistischen Stil zu unterscheiden, sodass man eher davon ausgeht, dass die Chronisten für diese Texte verantwortlich sind und sie in Anlehnung an die Nehemiageschichte verfasst haben. Denkbar wäre allenfalls, dass sich älteres Material in Esra 7,12ff. und 8,1–11 findet. Auf eine ältere Quelle dürfte die Chronik Jerusalems in Esra 4,6–6,15 zurückgehen. Dieser Abschnitt ist in Aramäisch verfasst und enthält in 6,3–5 das Tempelbauedikt des Kyros.

Zeitumstände Nach der biblischen Darstellung wird der Priester Esra von Artaxerxes nach Jerusalem entsandt, um dort das „Gesetz des Himmelsgottes" in Geltung zu setzen. Es entspricht persischem Brauch, den eroberten Völkern ihr eigenes Recht zu belassen. Fraglich ist, ob und wenn ja welche biblische Überlieferung dahinter steht. In der Forschung hat man die Frage zwischen dem Pentateuch als Ganzem und dem Kern des dtn Gesetzes (Dtn 12–26) als extremen Eckpunkten diskutiert. Genaueres wird kaum herauszufinden sein. Sicher ist, dass Esra im Zuge dieser Maßnahme gegen kultische Missstände und in diesem Zusammenhang auch gegen Mischehen vorgeht – ein Beitrag zur Abgrenzung des Gottesvolkes von seiner Umwelt.

Nehemia, der ebenfalls von der persischen Verwaltung entsandt wird, ist eher politisch tätig. Zwischen 445–433 v. Chr. sorgt er für den Wiederaufbau der Befestigung Jerusalems. Dabei kommt es zu Konflikten mit der persischen Verwaltung in Samaria, zu dessen Einflussbereich Jerusalem zunächst gehörte. Juda wird schließlich aus deren Verwaltung heraus gelöst und zu einer eigenständigen Provinz mit Nehemia als Statthalter. Umstritten ist, ob die im biblischen Text erkennbare Reihenfolge Esra

– Nehemia korrekt ist, oder ob Nehemia vor Esra wirkte. Sachlich spricht einiges für diese Vermutung, denn das Wirken Esras setzt die politischen Maßnahmen Nehemias voraus. Das Problem lässt sich relativ einfach dadurch lösen, dass man annimmt, Esra sei nicht von Artaxerxes I. (regierte 465–424 v. Chr.), sondern von Artaxerxes II. (regierte 404–359/8 v. Chr.) beauftragt worden, was dem biblischen Text nicht entgegensteht. Damit wäre Esra statt im Jahr 458 im Jahr 398 v. Chr. nach Jerusalem gesandt worden.

Wie auch immer – Esra und Nehemia sind maßgeblich am inneren und äußeren Aufbau Judas und Jerusalems beteiligt und somit mitverantwortlich für die Erscheinungsform des Judentums als Kultgemeinschaft, das unter fremder politischer Herrschaft mit teilweise eigenen politischen Befugnissen ausgestattet ist, wie es uns zur Zeit des NT entgegentritt.

Fragen:

1. Kennen Sie die Bücher, die zu den „Schriften" gehören, und ihren wesentlichen Inhalt?
2. Können Sie die israelitische Weisheit charakterisieren?
3. Können Sie Psalmen nach ihren wesentlichen Gattungen unterscheiden?
4. Welche Unterschiede bestehen zwischen dem DtrG und dem ChrG?

Fragen

3. Grundgedanken zu einer Theologie des Alten Testaments

3.1 Vielfalt und Einheit des Alten Testaments

Es ist die Aufgabe einer Theologie des AT, die Vorstellungen über Gott, die Lebensäußerungen der Religion und das besondere Verhältnis zwischen Gott und Mensch und die Folgerungen daraus, wie sie im AT dargestellt werden, systematisch aufzuarbeiten und in einen Gesamtzusammenhang zu stellen. Nach dem, was bisher über die Entstehung des AT gesagt wurde, ist das nicht unproblematisch. Denn das AT ist vielstimmig. Das liegt an dem Entstehungszeitraum von ca. 1000 Jahren (ohne die Phase der mündlichen Tradition) und hat zu tun mit den unterschiedlichen Tradentengruppen und ihrem jeweils verschiedenen sozio-kulturellen und religiösen Lebenshintergrund.

Aufgabe einer Theologie des AT

Eines der großen theologischen Werke des 20. Jh., die „Theologie des Alten Testaments" von Gerhard von Rad, geht darum konsequent den Weg der Differenzierung – die unterschiedlichen Bücher des AT werden je für sich dargestellt, ohne nach einem verbindenden Element zu fragen. Neuere Entwürfe versuchen dagegen wieder eine systematische Darstellung, durchaus unter Berücksichtigung des Wachstumsprozesses der Schriften und unter Aufnahme der Forschungsergebnisse der letzten Jahrzehnte. Ein bewusster Gegenentwurf liegt mit der „Religionsgeschichte des Alten Testaments" von Rainer Albertz vor. Er will angesichts der beschriebenen Schwierigkeiten und mit Blick darauf, dass das AT für einen christlichen Theologen zunächst einmal ein fremdes Buch ist (dazu weiter unten), die Geschichte der atl. Religion quasi von außen in ihren Veränderungsprozessen beschreiben.

Theologie und Religionsgeschichte

Bei der Suche nach dem inneren Zusammenhalt des AT hat sich u. a. das Erste Gebot als mögliches Zentrum atl. Vorstellun-

Mitte des AT?

gen herausgebildet. Wenn man mit dem Begriff „Mitte" vorsichtig umgeht und ihn nicht zu starr handhabt, erscheint mir das ein gangbarer Weg, wesentliche Inhalte der alttestamentlichen Religion auch im Kontext des Christentums zu verstehen und für die eigene Religion und den Glauben fruchtbar zu machen. Allerdings darf bei allen theologischen Äußerungen nicht übersehen werden, dass wir es beim AT mit dem Spiegel der offiziellen Religion zu tun haben. Teilweise durch die Texte hindurchschimmernde Praktiken und vor allem archäologische Funde zeigen, dass die von den Menschen gelebte Religion durchaus andere Formen und Vorstellungen kannte – das ist bis heute nicht anders.

3.2 Das Erste Gebot als Schlüssel zum Verstehen des Alten Testaments

„Ich bin Jahwe, dein Gott, der ich dich aus Ägypten, aus der Knechtschaft, geführt habe. Du sollst keine anderen Götter neben mir haben." (Ex 20,2f.; Dtn 5,6f.)

Jahwe und Vätergötter

Dieser allgemein als Erstes Gebot bekannte Text besteht aus zwei ursprünglich selbstständigen Teilen. „Ich bin Jahwe, ... geführt habe" ist eine Selbstvorstellung und bildet eine Art Präambel für den gesamten Dekalog. Das eigentliche Erste Gebot (genau genommen ein Verbot) ist nur der Satz „Du sollst keine anderen Götter neben mir haben." Bereits die Präambel ist bemerkenswert, denn hier stellt sich ein bis dahin offensichtlich unbekannter Gott dem Volk Israel vor. Ähnlich ist das in Ex 3f., wo Gott sich Mose als bis dahin Unbekannter mit seinem Namen vorstellt. Auch wenn die Namenserklärung in Ex 3,14f. ein wenig schief wirkt, so liegt sie darin richtig, dass der Name Jahwe mit der vermutlich aramäischen Wurzel hwh = „geschehen, wirksam sein" zusammenhängt. Es gibt in der alttestamentlichen Literatur deutliche Hinweise, dass Israel seinen Gott im Zusammenhang des Exodus kennengelernt hat. Der Gott Jahwe scheint mit den Midianitern bzw. Kenitern und einem Gebiet östlich des Golfs von Elat/Akaba in Verbindung zu stehen. Von dort gelangt er mit seiner (neuen) Trägergruppe nach Israel. Hier trifft die Ägyptengruppe auf Bevölkerungselemente, die nicht diesen Gott, sondern Sippengötter verehrten, die sogenannten Vätergötter. Diese Götter hängen eng mit ihren Trägergruppen (Sippen) zusammen, sind namenlos und stehen für Nachkommen- und Landverheißung. Benannt werden sie als „Gott Abrahams" usw. oder „Gott meines/deines Vaters". Diese Vätergötter werden später mit Jahwe identifiziert, der ganz ähnliche Züge trägt. Jahwe wird so über einige hundert Jahre hinweg zum Gott des neu entstehenden Israel, wobei auch Wesenszüge der kanaanäischen Gottheiten, vor allem des Gottes El (Isra-el!), adaptiert werden.

Die Alleinverehrung innerhalb einer Sippe überträgt sich auf Israel als Ganzes – es kommt zur Religionsform der Monolatrie (griech.: monos = allein; latreuo = dienen) oder des Henotheismus (griech.: hen = eins). Dabei wird die Existenz anderer Götter nicht geleugnet. Allerdings besteht für die Verehrer der Anspruch der Alleinverehrung, es besteht ein exklusives Verhältnis zwischen Jahwe und Israel.   Monolatrie

Damit ist der Monotheismus vorbereitet, der sich in der Exilszeit herausbildet. Israel macht in dieser Zeit einen religiösen Quantensprung. Anstatt auf dem Hintergrund der Katastrophe der Zerstörung und des Exils an Jahwe zu verzweifeln und sich anderen Göttern zuzuwenden, interpretiert Israel die Katastrophe als Strafe des eigenen Gottes – angekündigt durch die Propheten –, der sich der fremden Völker als Hilfe bedient und so zum Gott der ganzen Welt wird. Der Monotheismus unterscheidet Israel von jetzt ab von seiner Umwelt und führt in der Folgezeit immer wieder zu schweren Konflikten. Denn das religiöse Systems Israels ist mit den polytheistischen Systemen der Umwelt nicht kompatibel. Und diese waren in Gestalt fremder politischer Mächte nur teilweise bereit, Israel und seiner Religion einen Sonderstatus zuzugestehen.   Monotheismus

Im zweiten Teil der Präambel, „der ich dich aus Ägypten, aus der Knechtschaft geführt habe" wird Gott näher qualifiziert. Hier wird Grundsätzliches über das atl. Gottesverständnis ausgesagt. Anders als in unserem westlichen, durch griechische und römische Philosophie geprägten Kulturkreis, wird der Gott Israels nicht über das definiert, was er ist, sondern über das, was   „Wesen" Gottes er tut. Das Wesen Gottes ist an seinem Handeln zu erkennen, und das ist immer (direkt oder indirekt) Handeln am Menschen. Die Frage, was Gott „an sich" ist, kommt dem altisraelitischen Menschen überhaupt nicht in den Sinn. Dazu passt auch die Erklärung des Namens! Ganz ähnlich wird Luther später Gottes Wesen erklären und ist dabei sicher atl. beeinflusst.

Geschichtsbezug

Eng damit zusammen hängt der Geschichtsbezug. So fehlen in der religiösen Literatur Israels sowohl Mythen als auch Bezüge der Gottheit zum Kreislauf der Natur. Bereits die Schöpfungsgeschichten, z. T. aus der Umwelt adaptiert, verzichten auf mythisches Material und binden Gott in ein Zeitschema ein. Von nun an begleitet Gott die Menschheit – und dann das Volk Israels – durch die Geschichte. Die Propheten sehen Gott eng mit geschichtlichen Ereignissen verbunden, und selbst da, wo Endzeitgedanken aufkommen, ist an ein Ende der Geschichte gedacht.

Bedeutung des Exodus

Mit dem Exodus wird das besondere Verhältnis Gottes zu Israel und umgekehrt begründet. Zwar gibt es schon vorher entsprechende Verheißungen wie etwa Gen 12,1–3, aber erst mit dieser Heilstat wird Jahwe zum Gott des ganzen Volkes. Der Exodus wird von da an zum grundlegenden Heilsereignis der Geschichte und damit des Glaubens Israels. Die Befreiung aus der Sklaverei und die Errettung am Schilfmeer (Ex 15,21) begründen das besondere Gottesverhältnis, das durch Zuspruch und Anspruch gekennzeichnet ist – von der christlichen Dogmatik herkommend könnte man auch sagen von Evangelium und Gesetz.

Evangelium und Gesetz

Es gehört zu den schwierigsten und am häufigsten diskutierten Grundproblemen der Glaubenslehre, des praktischen Lebens und auch des Verhältnisses von Christen- und Judentum, wie sich die Heilstat Gottes, also Zuspruch oder Evangelium, und das Gesetz, also der Anspruch Gottes gegen uns, zueinander verhalten. Es ist Luthers alte Frage nach dem „gnädigen Gott" oder der „Rechtfertigung des Sünders". Von der Präambel des Dekalogs her kommend, die in diesem Fall repräsentativ für das AT steht, ist die Frage klar zu beantworten: Jedem Anspruch Gottes gegen den Menschen geht seine Heilstat voraus. Gott tritt sozusagen in Vorleistung. Bevor das Volk eine „Leistung" im Sinne von Gehorsam o. Ä. erbringt, handelt Gott souverän und ohne Bedingung. Den Geboten und allen folgenden gesetzlichen Bestimmungen geht Gottes Tat voraus. Man könnte die einzelnen Gebote darum etwa so übersetzen: „Ich bin Jahwe, dein Gott, der ich dich ... – darum sollst du". Ganz ähnlich ist das beim „Sch^{e}ma Israel", dem Glaubensbekenntnis Israels (Dtn 6,4ff.): „Jahwe ist unser Gott, Jahwe ist einer – darum wirst du Jahwe, deinen Gott lieben ..." Gottes Zuspruch auf der einen Seite ist mit dem Anspruch auf der anderen Seite verknüpft, allerdings im Sinne einer freiwilligen, aus eigener Überzeugung gewonnenen inneren Zustimmung und Befolgung der Gebote. Das AT wirbt geradezu um solche Zustimmung, da es nicht um blinden Gehorsam gegenüber unverständlichen Regeln geht, sondern um solche, die das Zusammenleben zwischen Menschen erleichtern sollen und jedem einzelnen eine Lebensmöglichkeit eröffnen. Es sind Schutzbestimmungen eigenen und fremden Lebens, besonders gut ablesbar an den Zehn Geboten. Die Reihe der Gebote beginnt mit dem Gebot „Du sollst keine anderen Götter neben mir haben." Das Ge- bzw. Verbot stammt aus der Zeit der Monolatrie, hat dann aber universalen Charakter bekommen.

Hier ist das grundsätzliche Verhältnis zwischen Gott und Mensch ganz im Sinn des eben Beschriebenen geregelt. In einer klassisch gewordenen Formulierung erklärt Luther, was ein Gott ist: „Das, wovon man alles Gute erwartet." Hier liegen Zuspruch und Anspruch in einem. Wenn die Gebote zunächst das Gottesverhältnis regeln, entsprechen sie damit dem theologischen Grundgedanken des AT und auch des NT. Der Mensch ist zuerst an Gott gewiesen – das Verhältnis von Gott und Mensch ist konstitutiv für unser Leben. Wenn dieses Verhältnis in Ordnung ist, wenn es hier biblisch gesprochen „Schalom" gibt, fällt der Rest leicht. Menschliches Leben ist umso freier und entlasteter, wenn das Gottesverhältnis, vom Menschen her gesehen der Glaube, von Vertrauen in Gott bestimmt ist. Dieses Vertrauen impliziert auch und gerade die Möglichkeit des Scheiterns und der Verfehlung, denen Gott mit „Gnade" und „Erbarmen" begegnet. Institutionell werden diese Beziehungen im Kult geregelt, dem darum im AT große Aufmerksamkeit zuteil wird.

Gott und Mensch

3.3 Altes und Neues Testament

Verhältnis von AT und NT

Nach den bisherigen Überlegungen ist klar, dass das Verhältnis von AT und NT nicht durch Gegensatzpaare wie „Gesetz und Evangelium", „Auge um Auge" und „Liebe deinen Nächsten" oder „Verheißung und Erfüllung" zu beschreiben ist, wie es im allgemeinen Bewusstsein oft noch vorherrschend ist. Beide Teile der christlichen Bibel zeugen gleichermaßen vom Zuspruch und Anspruch Gottes. Das Liebesgebot selbst stammt aus dem AT (Lev 19,18); Jesus zitiert es im Zusammenhang der Frage nach dem „größten Gebot" zusammen mit dem Ersten Gebot als sogenanntes Doppelgebot der Liebe (Mt 22,34–40; Mk 12,28–32; Lk 10,25–28), wodurch AT und NT eng zusammenrücken. Und auch das Schema Verheißung und Erfüllung passt so nicht auf die beiden Bibelteile. Zunächst einmal muss man feststellen, dass die messianische Erwartung nur ein Aspekt der breiten atl. Überlieferung ist. Auf der anderen Seite weist auch das NT noch über sich hinaus und kennt eine Zukunftserwartung jenseits der eigenen Gegenwart – formuliert in der Hoffnung der Wiederkunft Christi.

Ist Jesus der Messias?

Und schließlich: Ob Jesus der Messias (= Christus) ist, erschließt sich nur dem Glauben – es lässt sich weder historisch noch theologisch beweisen. Ein Blick in die ntl. Zeitgeschichte genügt, um sich das schnell klarzumachen. Zunächst einmal waren die messianischen Erwartungen der Zeitgenossen Jesu durchaus verschieden. Sie reichten vom Friedenskönig bis hin zum gewaltsamen Befreier von römischer Unterdrückung. Es sind z. T. diese unterschiedlichen Erwartungen, denen Jesus unter anderem zum Opfer gefallen ist. Für die Mehrzahl der Menschen zur Zeit Jesu war er – auch und gerade auf dem Hintergrund seines gewaltsamen Todes – nicht der Messias. Damit stehen wir vor einem Grundproblem, das das AT selbst aufgibt und das sich nicht in der Messiasfrage erschöpft. Verkürzt gesagt: Das AT hat zwei Ausgänge. Je nachdem welchen Zug der alttestamentlichen Überlieferung man stärker betont, ist das Judentum oder eben das Christentum seine natürliche Fortsetzung. Auch im Blick auf das Judentum gilt zu bedenken, dass es, weder in der Zeit Jesu noch in der Gegenwart, nicht mit dem AT oder der israelitischen Religion des 1. Jahrtausends v. Chr. identisch ist. Für das Judentum kommt zum AT der Talmud als Auslegung und Weiterführung, ähnlich wie für das Christentum das NT. Für den organischen Zusammenhang von NT und AT spricht auch die Person Jesu. Jesus selbst ist Jude. Er sieht im Gott des AT seinen „Vater"; die atl. Überlieferungen sind für ihn bindend, mit ihnen setzt er sich teils kreativ auseinander. Das aus den Überlieferungen des AT lebende Judentum ist seine religiöse Heimat. Das gilt auch für die ersten „Christen". Das AT ist ihre Bibel, der Psalter ihr Gebetbuch. Die Ereignisse um Jesus versuchen sie (und ihre Theologen) konsequent aus dem AT heraus zu deuten und zu verstehen. Dabei gehen sie einen anderen Weg als der größere Teil des Judentums ihrer Zeit, stehen aber ebenso wie dieser auf dem Boden der atl. Tradition. So berufen sich am Ende beide, Judentum wie Christentum, mit gleichem Recht oder Unrecht auf das AT. Bei aller Verschiedenheit sind sie sich aber darin einig, dass sie den kommenden Gott und seine Herrschaft erwarten, die unter den Bedingungen menschlicher Existenz immer nur „wie durch einen Spiegel" zu erkennen ist. Und einig sind sie sich darin, dass solches Warten nicht passiv sein kann. Auch wenn AT wie NT eine klare Trennlinie zwischen Gott und Mensch ziehen, so ist für beide der Mensch doch berufen, auf die Gottesherrschaft zuzugehen und seinen Lebensraum aktiv mitzugestalten. Von den Spielregeln für eine solche Gestaltung zeugen AT wie NT in sehr ähnlicher Weise.

3.4 Zum Stand der alttestamentlichen Forschung

Unter den fünf theologischen Hauptdisziplinen kam der atl. Forschung nach 1945 die Spitzenstellung zu. Das hatte unterschiedliche Gründe. Den NS-Machthabern mit ihrer arisch orientierten Ideologie war das biblisch begründete Christentum, aber speziell das AT ein Dorn im Auge. Die („jüdische") atl. Überlieferung passte nicht zum Plan einer Germanisierung des Christentums. So formierte sich hier unter den bekennenden Christen entsprechend starker Widerstand zur „Rettung" des AT.

Rehabilitierung der atl. Forschung nach 1945

wichtige Forscher nach 1945

Mit Albrecht Alt, Martin Noth, Gerhard von Rad, Otto Eißfeldt, Hans Walter Wolff, um nur einige wenige zu nennen, hatte die Fachdisziplin herausragende Wissenschaftler, die auch als Persönlichkeiten wahrgenommen wurden. Die Forschungssituation stellte sich relativ einheitlich und überschaubar dar. Das Bild der Geschichte Israels wurde bestimmt von Martin Noths Amphiktyoniehypothese – seine „Geschichte Israels" (ab 1950) war das Lehrbuch dazu. Die Theologie war bestimmt von Gerhard von Rads Entwurf (ab 1960), der die Ergebnisse der Geschichte und Exegese konsequent verarbeitete. Als Einleitung galt Eißfeldts umfangreiches Werk lange als Standard. Natürlich gab es immer auch Abweichungen vom Mainstream – sie konnten sich aber allesamt nicht durchsetzen.

unübersichtliche Situation des Fachs

Aufgrund der „übersichtlichen" Forschungslage und der seinerzeit plausiblen Ergebnisse wirkte die atl. Forschung auf die übrigen Disziplinen ein. Das ist heute völlig anders. Die atl. Disziplin hat nicht nur ihre Vorrangstellung eingebüßt, sie wird darüber hinaus kaum noch von den übrigen Fächern rezipiert. Der Grund liegt hauptsächlich in der gegenwärtig völlig unübersichtlichen Situation des Fachs. Gab es seinerzeit mit den Klassikern vielleicht eine gewisse Engführung, so sind wir heute von halbwegs geschlossenen und plausiblen Erklärungsmodellen weit entfernt.

Der Erosionsprozess begann mit der Demontage des Nothschen Amphiktyoniemodells, initiiert vor allem durch Georg Fohrer. Parallel dazu änderte sich die exegetische Fragestellung weg von der Überlieferungs- und Literarkritik hin zur Redaktions- und Tendenzkritik. Im Bereich der Prophetie nahm man verstärkt redaktionelle Anteile wahr, so etwa Otto Kaiser mit seinem Jesajakommentar (5. Aufl., 1981). Damit änderte sich gleichzeitig ein hermeneutischer Grundsatz. Galt bis dahin, dass man den biblischen Text zunächst einmal für „echt" hielt und Veränderungen beweisen musste, wurde das ins Gegenteil verkehrt: Jetzt lag die Beweislast bei denen, die die Originalität behaupteten. (Ob das methodisch überhaupt möglich ist, sei hier kritisch angefragt!) So gibt es gegenwärtig kaum noch eine Übereinkunft über exegetische Kriterien und deren Wertigkeit.

Damit war der Weg geebnet für eine konsequente Spätdatierung und damit zusammenhängend für eine verstärkte Beachtung der nachexilischen Periode und der sog. Spätschriften des AT, die bis dahin eher ein Schattendasein in der Forschung geführt hatten. Das AT wird damit insgesamt entweder näher an die griechische Kultur herangeführt, oder seine Verankerung im (nachexilischen) Judentum wird stärker betont – in beiden Fällen wird das AT zunehmend aus seinem altorientalischen Kontext herausgelöst. Dabei geht es auch um ideologische Fragen.

Die redaktionskritisch orientierte Exegese erfasste auch das DtrG und den Pentateuch. Die einstmals relativ geschlossenen Erklärungsmodelle für deren Entstehung werden mehr und mehr aufgegeben zugunsten einer immer komplexer vorgestellten redaktionellen Fortschreibung, die immer mehr einzelne Überlieferungselemente in den Blick nimmt, aber kaum ein geschlossenes Modell hervorbringt, worunter die Anschlussfähigkeit der atl. Forschung erheblich leidet. Alte „Schulen" haben sich aufgelöst und eine neue „Schulbildung" ist nicht in Sicht.

Allenfalls stehen sich gegenwärtig zwei Blöcke gegenüber. Die eine, eben beschriebene Gruppe von Forschern arbeitet im Rahmen der historisch-kritischen Exegese, wenn auch mit z. T. radikalen Fragestellungen und Antworten. Die andere Gruppe fragt dagegen stärker nach dem (verloren gegangenen) Gegenwartsbezug der atl. Überlieferung. Hier überwiegt ein hermeneutisch-theologisches Interesse, das nicht selten auch (gesellschafts-)politisch motiviert ist. Dieser Gruppe, die sich keineswegs einheitlich darstellt, geht es um die Relevanz des AT für die Theologie überhaupt, aber nicht weniger um Kirche und Gesellschaft. Sie versucht so, dem größten Mangel der „traditionellen" Exegese entgegenzuwirken. Dabei besteht aber nicht selten die Gefahr, dass das erkenntnisleitende Interesse die Texte überlagert.

Zu den kirchen- und gesellschaftspolitisch motivierten Ansätzen gehören die sozialgeschichtliche und die feministische Exegese. In beiden Fällen folgt die exegetisch-theologische Neuausrichtung einer allgemein veränderten Fragestellung bezogen auf bestimmte gesellschaftliche Gruppen (mit einer gewissen

zwei wissenschaftliche „Schulen"

zeitlichen Verzögerung). Beide Fragestellungen sind nach anfänglichen Irritationen heute durchaus in den theologischen Diskurs integriert und werden von ernst zu nehmenden Forscherinnen und Forschern bearbeitet.

Eher nicht politisch motiviert sind die Ansätze einer ganzheitlichen Exegese (canonical approach, close reading, synchrone Exegese u. a.), die vor allem im angelsächsischen Bereich entwickelt wurde und zunehmend Beachtung findet. Tendenziell stärker wird auch die Einbeziehung der Wirkungsgeschichte des atl. Texts, bis dahin, dass sie das Verständnis der Texte dominiert. Der neue große Kommentar des Herder Verlags (HThK) zielt u. a. darauf ab. Von einer anderen Theoriebildung her nimmt die literaturwissenschaftliche Exegese die Bibel in den Blick. Hier steht die Verbindung von modernen Erkenntnissen aus dem Bereich der Linguistik mit den alten Texten der Bibel auf dem Programm mit dem Ziel, die Texte neu zum Sprechen zu bringen.

Rat für das Studium des Alten Testaments

Die skizzierte Forschungslage macht es Studierenden heute ungleich schwerer als früher, das Alte Testament wissenschaftlich zu durchdringen – zumal die Zahl der theologischen Veröffentlichungen in den letzten Jahren explosionsartig angestiegen ist und klare theologische Konturen weitgehend fehlen. Daher kann der Rat gegenwärtig nur lauten: Bilden Sie sich Ihr eigenes Urteil auf einer möglichst breiten Basis von Meinungen. Aber vor allem: Setzen Sie sich selbst intensiv mit den Texten auseinander und folgen Sie nicht vorschnell tatsächlichen oder angeblichen „Autoritäten". Wo immer sich die Gelegenheit bietet, treten Sie mit Ihren Dozentinnen und Dozenten in einen Dialog – und befragen Sie deren Antworten, statt nur Fragen zu beantworten. Auch wenn es heute keine „einfachen" Antworten mehr gibt – das AT mit seinem komplexen Überlieferungsprozess, in dem sich das ebenso komplexe Menschen-, Welt- und Gottesverständnis widerspiegelt, ist nicht von Ungefähr zur Grundlage für Judentum, Christentum und (mit Einschränkungen) Islam geworden. Es lohnt, sich immer wieder neu damit auseinanderzusetzen.

4. Arbeits- und Hilfsmittel zum Alten Testament

4.1 Allgemeine Literatur zum Alten Testament

1. Lexika

Allgemeine Lexika mit alttestamentlichen Beiträgen

Biographisch-Bibliographisches Kirchenlexikon (BBKL), Nordhausen, 1990ff.
  Bietet u. a. solide Artikel zu biblischen Personen

Evangelisches Kirchenlexikon (EKL), Göttingen ³1986ff.
  Auch hier solide Artikel, allerdings teilweise sehr knapp

Lexikon für Theologie und Kirche (LThK), Freiburg ³1993ff.
  Das große katholische Lexikon mit soliden Artikeln zu biblischen Themen

Die Religion in Geschichte und Gegenwart (RGG), Tübingen ⁴1998ff.
  Neuauflage des großen wiss. Lexikons des Protestantismus mit (teils kurzen) Beiträgen zu biblischen Themen

Theologische Realenzyklopädie (TRE), Berlin 1977ff.
  Das große protestantische Lexikon mit Beiträgen zu biblischen Themen (meist in Aufsatzform), ausführliche Literaturangaben

Spezielle Lexika zum Alten (und Neuen) Testament

Anchor Bible Dictionary (ABD), New York 1992
  Führendes englischsprachiges Lexikon auf dem neuesten Stand

Biblisch-Historisches Handwörterbuch (BHH), Göttingen 1962ff.
  Umfassendes Wörterbuch biblischer Realien, archäologisch nicht mehr ganz up to date

Biblisches Reallexikon, HAT I.1 (BRL), Tübingen ²1977
  Vor allem archäol. und topografisch ausgerichtetes Wörterbuch

Neues Bibel Lexikon (NBL), Zürich/Düsseldorf 1991ff. (!)
  Das gegenwärtig aktuellste wiss. Wörterbuch biblischer Realien

Das wissenschaftliche Bibellexikon im Internet (WiBiLex), 2004ff.
  [www.wibilex.de]

Neustes Wörterbuch im Internet, wird ständig aktualisiert, schneller Zugriff, verlässlich

2. Wörterbücher

Es handelt sich um Wörterbücher zum hebräischen Text, die aber teils mit Umschrift arbeiten und wichtige exegetische Informationen bieten.

Clines, D. J. A.: The Dictionary of Classical Hebrew (DCH), Sheffield 1993ff.
Englischsprachiges Wörterbuch teilweise mit Konkordanzcharakter

Gesenius, W.: Hebräisches und Aramäisches Wörterbuch über das Alte Testament, Berlin [17]1962
Bisher das Standardwörterbuch der Hebraistik, stellenweise aber veraltet

Ders.: Hebräisches und Aramäisches Wörterbuch über das Alte Testament, neu bearbeitet von R. Meyer u. H. Donner, Berlin [18]1987ff.
Umfassende Neubearbeitung des Gesenius, noch nicht ganz fertig

Köhler, L./W. Baumgartner: Hebräisches und Aramäisches Lexikon zum Alten Testament (HAL), Leiden [3]1967ff.
Alternative zum Gesenius, liegt komplett vor, ausführlich, verlässlich und übersichtlich

Wörterbücher mit Lexikoncharakter, die nur Begriffe in Auswahl bieten

Theologisches Handwörterbuch zum Alten Testament (THAT), München [6]2004

Theologisches Wörterbuch zum Alten Testament (ThWAT), Stuttgart 1973ff.
Beide Wörterbücher sind auch ohne Hebräischkenntnisse zu verwenden (Umschrift), ThWAT ist neuer und ausführlicher, THAT dafür kompakter.

4.2 Literatur zu den einzelnen Abschnitten dieses Buches

zu 1.1 Begegnungen mit dem Alten Testament

Auslegungsgeschichte

Grätz, S./B. U. Schipper (Hgg.): Alttestamentliche Wissenschaft in Selbstdarstellungen, UTB 2920, Göttingen 2007
Hochinteressante Selbstvorstellungen verschiedener Alttestamentler, forschungsgeschichtlich sehr informativ

Kraus, H.-J.: Geschichte der historisch-kritischen Erforschung des Alten Testaments, Neukirchen-Vluyn [4]1988
Klassiker der Forschungsgeschichte

Reventlow, H. Graf: Epochen der Bibelauslegung, München 1990–2001
Sehr ausführliche Darstellung der Auslegungsgeschichte durch die gesamte Kirchen- und Theologiegeschichte hindurch.

Sæbø, M. (Hg.): Hebrew Bible/Old Testament. The History of its Interpretation, Göttingen 1996/2000
Neuere, informative Darstellung der Forschungsgeschichte in Englisch.

Smend, R.: Deutsche Alttestamentler in drei Jahrhunderten, Göttingen 1989
Verbindung von Biografie und Theologiegeschichte, auch unterhaltsam.

Smend, R.: Das Alte Testament im Protestantismus, GKTG 3, Neukirchen-Vluyn 1995
Beleuchtet die wechselvolle Rolle des AT in der Geschichte der Ev. Theologie, ebenfalls theologiegeschichtlich interessant

Wirkungsgeschichte

Bocian, M.: Lexikon der biblischen Personen. Mit ihrem Fortleben in Judentum, Christentum, Islam, Dichtung, Musik und Kunst, KTA 460, Stuttgart ²2004

Ebach, J./R. Faber (Hgg.): Bibel und Literatur, München ²1998

Knauer, B (Hg.): Das Buch und die Bücher. Beiträge zum Verhältnis von Bibel, Religion und Literatur, Würzburg 1997

Schwebel, H. (Hg.): Die Bibel in der Kunst, Stuttgart 1993–1996
Alle hier genannten Werke beleuchten die Rolle der Bibel in der Kulturgeschichte, besonders interessant für die Wirkungsgeschichte der Bibel außerhalb der Religion.

zu 1.2 Die wissenschaftliche Annäherung an das Alte Testament

Methodenbücher

Kreuzer, S. u.a.: Proseminar I. Altes Testament. Ein Arbeitsbuch, Stuttgart ²2005
Aus meiner Sicht das brauchbarste (Standard-)Werk für die Exegese (unter Einbeziehung neuerer Fragestellungen und der Archäologie)

Oeming, M.: Biblische Hermeneutik. Eine Einführung, Darmstadt ²2007
Sehr guter Überblick über die Zugangswege zur Bibel (kein Methodenbuch im eigentlichen Sinn)

Steck, O. H.: Exegese des Alten Testaments. Leitfaden der Methodik, Neukirchen-Vluyn ¹⁴1999
Lange Zeit das Standardwerk für Exegese, in den höheren Auflagen etwas unübersichtlich geworden

Utzschneider, H./S. A. Nitsche: Arbeitsbuch literaturwissenschaftliche Bibelauslegung. Eine Methodenlehre zur Exegese des Alten Testaments, Gütersloh ²2005

> *Wie der Titel andeutet, ein Methodenbuch, das vor allem die literaturwissenschaftliche Betrachtungsweise betont*

Zu alternativen Zugangswegen

Kessler, R.: Sozialgeschichte des alten Israel. Eine Einführung, Darmstadt 2006
> *Sehr guter neuer Überblick über die Sozialgeschichte Israels*

Luz, U. (Hg.): Zankapfel Bibel. Eine Bibel – viele Zugänge, Zürich ⁴2003
> *Informativer Überblick über die verschiedenen Zugangswege zur Bibel*

Preuß, H. D.: Linguistik – Literaturwissenschaft – Altes Testament, VF 27 (1982) 2–28
> *Forschungsüberblick zum Thema*

Rebell, W.: Psychologisches Grundwissen. Ein Handbuch für Theologinnen und Theologen, Neukirchen-Vluyn 2008, 234–258
> *Kurzer, kenntnisreicher Überblick über die psychologische Exegese (auch insgesamt lesenswert)*

Schottroff, L./M.-T. Wacker: Kompendium feministische Bibelauslegung, Gütersloh ²1999
> *Umfassende Darstellung der feministischen Exegese*

Welten, P.: Ansätze sozialgeschichtlicher Betrachtungsweise des Alten Testaments im 20. Jahrhundert, BThZ 6 (1989) 207–221
> *Forschungsüberblick zur sozialgeschichtlichen Exegese*

zu 1.3 Welt und Umwelt des Alten Testaments

Geschichte und Religionsgeschichte des Vorderen Orients

Hutter, M.: Religionen in der Umwelt des Alten Testaments I. Babylonier, Syrer, Perser, KStTh 4,1, Stuttgart 1996
> *Guter Überblick über die Umweltreligionen*

Knauf, E.A.: Die Umwelt des Alten Testaments, NSK.AT 29, Stuttgart 1994
> *Gesamtdarstellung der Umwelt des AT in kompakter Form*

Niehr, H.: Religionen in Israels Umwelt. Eine Einführung in die nordwestsemitischen Religionen Syrien-Palästinas, NEB.AT Erg.Bd 5, Würzburg 1998
> *Religionsgeschichte der unmittelbaren Umwelt Israels*

Noth, M.: Die Welt des Alten Testaments. Eine Einführung, Berlin ⁴1962 = Freiburg 1992
> *Ein Klassiker, allerdings auf dem Stand der 1960er-Jahre*

Veenhof, K. R.: Geschichte des Alten Orients bis zur Zeit Alexanders des Großen, GAT 11, Göttingen 2001
> *Guter, kompakter Überblick über die Geschichte des Vorderen Orients*

Zwickel, W.: Die Welt des Alten und Neuen Testaments. Ein Sach- und Arbeitsbuch, Stuttgart 1997
Informativer Überblick über die Umwelt der Bibel, gut zugänglich

Quellen

Beyerlin, W. (Hg.): Religionsgeschichtliches Textbuch zum Alten Testament, GAT 1, Göttingen ²1985
Übersetzung der wichtigsten Texte zur Religionsgeschichte des Vorderen Orients

Galling, K.: Textbuch zur Geschichte Israels (TGI), Tübingen ³1979
Kleine, aber wichtige Auswahl von Quellen der Umwelt zur Geschichte Israels

Janowski, B./G. Wilhelm (Hg.): Texte aus der Umwelt des Alten Testaments. Neue Folge Bd. 1 (TUAT NF), Gütersloh 2004
Neubearbeitung, s.u.

Kaiser, O. u. a. (Hg.), Texte aus der Umwelt des Alten Testaments (TUAT) Gütersloh 1982ff.
Wichtigste, umfangreiche Quellensammlung zur Umwelt in Übersetzung, berücksichtigt alle Lebensbereiche

Landeskunde

Aharoni, Y.: Das Land der Bibel. Eine historische Geographie, Neukirchen-Vluyn 1984
Guter Überblick über die Landeskunde Israels

Keel, O. u. a.: Orte und Landschaften der Bibel. Ein Handbuch und Studienreiseführer zum Heiligen Land (OLB), Zürich 1982ff.
Sowohl historisch als auch auf die Gegenwart bezogenes umfangreiches Werk über Geografie und Landeskunde

Zwickel, W., Einführung in die biblische Landes- und Altertumskunde, Darmstadt 2002
Kompakter Überblick über die Lebensbedingungen des antiken Israel

Karten

Aharoni, Y./Avi-Yonah, M., Der Bibelatlas. Die Geschichte des Heiligen Landes 3000 Jahre vor Christus bis 200 Jahre nach Christus, Hamburg 1982
Informative Sammlung von Karten zu einzelnen Ereignissen der biblischen Geschichte, mitunter etwas historisierend

Calwer Bibelatlas, bearb. v. W. Zwickel, Stuttgart 2000
Gut zugängliche Sammlung der wichtigsten Karten

Tübinger Bibelatlas. Auf der Grundlage des Tübinger Atlas des Vorderen Orients (TAVO), hg. v. S. Mittmann/G. Schmitt, Stuttgart 2001

Wissenschaftliches Großprojekt, umfangreichste Sammlung von Kartenmaterial auf hohem Niveau

zu 1.4 Geschichte Israels

Archäologie

Finkelstein, I.: The Archaeology oft he Israelite Settlement, Jerusalem 1988
Viel gelesenes Werk zur archäol. Situation im Zusammenhang der Landnahme

Fritz, V.: Einführung in die biblische Archäologie, Darmstadt ²1993
Kurzes Standardwerk zur biblischen Archäologie

Kuhnen, H.-P.: Palästina in griechisch-römischer Zeit, Handbuch der Archäologie, Vorderasien 2.2, München 1990
Wissenschaftlich präzises Nachschlagewerk zur Archäologie der nachexilischen Zeit

Mazar, A.: Archaeology in the Land of the Bible 10.000–586 B.C., New York 1990
Überblick über die archäologische Forschung für die angegebene Zeit

Pritchard, J.B.: The Ancient Near East in Pictures. Relating to the Old Testament, Princeton ²1969
Standardwerk mit reichhaltiger Bebilderung

Stern, E. u. a. (Hg.): The New Encyclopedia of Archiological Excavations in the Holy Land (NEAEHL), Jerusalem 1993
Das Standardlexikon zur biblischen Archäologie

Vieweger, D.: Archäologie der biblischen Welt, UTB 2394, Göttingen 2003
Gut lesbare, kenntnisreiche und umfassende Einführung in das Thema

Weippert, H.: Palästina in vorhellenistischer Zeit, Handbuch der Archäologie, Vorderasien 2,1, München 1988
Wissenschaftlich präzises Nachschlagewerk zur Archäologie

Geschichte Israels

Clauss, M.: Das alte Israel. Geschichte, Gesellschaft, Kultur, München 1999
Kompakte Darstellung der Geschichte Israels von einem Althistoriker

Donner, H.: Geschichte des Volkes Israel und seiner Nachbarn in Grundzügen, GAT 4, Göttingen ³2000/2001
Ausführliches, viel benutztes Standardwerk zur Geschichte Israels

Gunneweg, A. H. J.: Geschichte Israels. Von den Anfängen bis Bar Kochba und von Theodor Herzl bis zur Gegenwart, ThW 2, Stuttgart ⁶1989

Gut lesbare, nicht zu lange Darstellung der Geschichte mit einem Nachtrag zur Geschichte des modernen Israel

Herrmann, S.: Geschichte Israels in alttestamentlicher Zeit, München ²1980
Gut lesbarer Klassiker, auf dem Stand der 1970er-Jahre

Kinet, D.: Geschichte Israels, NEB.AT Erg.Bd. 2, Würzburg 2001
Neuere, kürzere Darstellung der Geschichte

Maier, J.: Zwischen den Testamenten. Geschichte und Religion in der Zeit des zweiten Tempels, NEB.AT Erg.Bd. 3, Würzburg 1990
Informatives Werk über eine sonst nicht sehr stark beachtete Epoche

Noth, M.: Geschichte Israels, Göttingen ¹⁰1986
In gewisser Weise Noths Vermächtnis, lange ein Klassiker, der seine Forschung zusammenfasst

Sasse, M.: Geschichte Israels in der Zeit des Zweiten Tempels. Historische Ereignisse, Archäologie, Sozialgeschichte, Religions- und Geistesgeschichte, Neukirchen-Vluyn 2004
Umfassende Darstellung des Lebens Israels in der nachexilischen Zeit

Thiel, W.: Geschichte Israels: Schmidt, W.H./Thiel, W./Hanhart, R., Altes Testament, Grundkurs Theologie 1, UB 421, Stuttgart 1989, 89–140
Gut lesbare, kenntnisreiche und kompakte Zusammenfassung der Geschichte Israels

zu 1.5 Der biblische Text

Hebräische Textausgaben

The Aleppo Codex, hg. v. M. H. Goshen-Gottstein, Jerusalem 1976ff.
Liegt noch nicht komplett vor; Alternative zur BHS (andere Textgrundlage)

Biblia Hebraica Stuttgartensia, hg. v. K. Elliger/W. Rudolph, Stuttgart ⁵1997 (BHS)
BHS ist die weltweit benutzte, wissenschaftliche Textausgabe des AT

Biblia Hebraica Quinta, hg. v. A. Schenker u. a., Stuttgart 2004ff.
Geplante Neubearbeitung der BHS

Andere antike Texte und Übersetzungen

The Bible in Aramaic. Based on Old Manuscripts and Printed Texts, hg. v. A. Sperber, Leiden 1992ff.

Biblia Sacra iuxta Vulgatam versionem, hg. v. R. Weber, Stuttgart ⁴1994

Discoveries in the Judean Desert, Oxford 1955ff. (DJD)

Septuaginta. Id est Vetus Testamentum graece iuxta LXX interpretes, hg. v. A. Rahlfs, Stuttgart 1971⁹

Septuaginta. Vetus Testamentum graecum auctoritate academiae scientiarum Gottingensis editum, Göttingen 1931ff.

Abegg, M./P. Flint/E. Ulrich: The Dead Sea Scrolls Bible, Edinburgh 1999
Allesamt wissenschaftliche (Standard-)Textausgaben

Deutsche Bibeln

Die Bibel. Nach der Übersetzung Martin Luthers, revidierte Fassung, Stuttgart 1984

Die Heilige Schrift des Alten und Neuen Testaments, Zürich 2006

Elberfelder Bibel, revidierte Fassung, Wuppertal 1985

Die Gute Nachricht, revidierte Fassung, Stuttgart 1997

Bibel in gerechter Sprache, Gütersloh ³2007

Neue Jerusalemer Bibel. Einheitsübersetzung mit dem Kommentar der Jerusalemer Bibel, hg. v. A. Deissler/U. Schütz, Freiburg ¹³2005
Zu den einzelnen Übersetzungen vgl. im Buch unter 1.5

Konkordanzen

Even-Shoshan, E.: A New Concodance of the Bible, Jerusalem 1993 (= 1990) [hebr.]

Lisowsky, G./L. Rost: Konkordanz zum Hebräischen Alten Testament, bearb. v. Rüger, H.P., Stuttgart ³1993 [hebr.]
Wissenschaftliche Standardwerke zur Erschließung des hebräischen Texts

Große Konkordanz zur Lutherbibel, Stuttgart ³1993
Informativ, wenn man mit dem deutschen Text arbeitet

Computerprogramme zur Erschließung des biblischen Texts

Bible Works 7.0 on CD-ROM, Silver Mountain Software, 2003

Bible Works 6 on CD-ROM, Bible Works, LLC, 2003

Stuttgarter Elektronische Studienbibel (SESB), Stuttgart 2004
Vor allem die Konkordanzfunktion ist wichtig. Die Software ermöglicht auch Suche nach komplexen Strukturen.

zu 2. Die Bücher des Alten Testaments

Zu exegetischen Einzelproblemen gibt es inzwischen eine unüberschaubare Zahl von Publikationen. Hier eine Auswahl zu einzelnen Büchern zu treffen, ist gegenwärtig unmöglich. Speziallliteratur zu Einzelfragen bzw. zu einem Buch als Ganzem erschließen sich gut über die sogenannten „Einleitungen" oder über Kommentare zum jeweiligen Buch. In den

Kommentaren wird jeweils ein Buch bzw. ein größerer Teilabschnitt vers- und abschnittweise besprochen. Außerdem werden Fragen von Aufbau und Entstehung des Buches behandelt. Die wichtigsten (deutsch- und englischsprachigen) Kommentarreihen sind unten genannt.

Bibelkunden

Augustin, M./J. Kegler: Bibelkunde des Alten Testaments. Ein Arbeitsbuch, Gütersloh ²2000
Ausführliches Arbeitsbuch

Oeming, M.: Bibelkunde Altes Testament. Ein Arbeitsbuch zur Information, Repetition und Präparation, Stuttgart 1995
Nützliches Hilfsmittel zur Erschließung der Texte

Rösel, M.: Bibelkunde des Alten Testaments. Die kanonischen und apokryphen Schriften, Neukirchen-Vluyn ⁴2004
Knappe, gute Übersicht, teilweise mit Einleitungscharakter

Preuß, H. D.: Bibelkunde des Alten und Neuen Testaments. 1 Altes Testament, Heidelberg ³1985
Lange Zeit der Klassiker unter den Bibelkunden, immer noch informativ

Einführungen

Hann, M.: Die Bibel, KulturKompakt, Paderborn 2005

Lang, B.: Die Bibel. Eine kritische Einführung, UTB 1594, Paderborn ²1994

Levin, C.: Das Alte Testament, C.H. Beck Wissen 2160, München ²2003
Alle genannten Werke bieten eine knappe Einführung in die biblische Literatur.

Einleitungen

Boecker, H. J. u. a.: Altes Testament, Neukirchen-Vluyn ⁵1996
Viel gelesenes Buch mit thematischen Schwerpunkten

Fohrer, G.: Einleitung in das Alte Testament, Heidelberg ¹²1979
Klassische Einleitung, repräsentiert den damaligen Forschungsstand

Gertz, J. C. u. a.: Grundinformation Altes Testament, Göttingen 2006
Sehr informatives Buch über alle Bereiche alttestamentlichen Forschung auf neuerem Stand

Kaiser, O.: Einleitung in das Alte Testament, Gütersloh ⁵1984
Ein Klassiker, in den 1980er-Jahren auf dem neuesten Stand der Forschung

Kaiser, O.: Grundriß der Einleitung in die kanonischen und deuterokanonischen Schriften des Alten Testaments, Gütersloh 1992–1994

Stärker benutzerorientiert als die Einleitung, dazu sind Apokryphen berücksichtigt

Schmid, K.: Literaturgeschichte des Alten Testaments. Eine Einführung, Darmstadt 2008
Berücksichtigt neuesten Forschungsstand

Schmidt, W. H.: Einführung in das Alte Testament, Berlin ⁵1995
Lange ein gut lesbarer, auch allgemein verständlicher Klassiker

Schmitt, H.-C.: Arbeitsbuch zum Alten Testament, Göttingen 2005
Informative, gut lesbare neuere Übersicht über den Stand der Forschung

Smend, R.: Die Entstehung des Alten Testaments, ThW 1, Stuttgart ⁵1995
Knappe, informative Einführung in die Entstehung des AT

Zenger, E. u. a.: Einleitung in das Alte Testament, KStTh 1,1, Stuttgart, ⁵2004
Viel gelesenes Werk verschiedener Verfasser mit oft neuen Sichtweisen zur Entstehung des AT

Kommentarreihen

Das Alte Testament Deutsch (ATD), Göttingen
Gut lesbar, neure Bände auf heutigem Stand, (auch) allgemein verständlich; teilweise Klassiker

The Anchor Bible (AB), Garden City
Englischsprachiger Standardkommentar

Biblischer Kommentar. Altes Testament (BK), Neukirchen-Vluyn
Groß angelegter wissenschaftlicher Kommentar

Handbuch zum Alten Testament (HAT), Tübingen
Wissenschaftlicher Kommentar in relativ knapper Form, neue Bände informativ

Herders Theologischer Kommentar zum Alten Testament (HThK), Freiburg
Neuer, groß angelegter wissenschaftlicher Kommentar mit Einbeziehung der Wirkungsgeschichte

The International Critical Commentary on the Old Testament (ICC), Edinburgh
Vor allem philologisch orientierter englischer Kommentar

Kommentar zum Alten Testament (KAT), Gütersloh
Wissenschaftlicher, gut nutzbarer Kommentar (Reihe ausgelaufen)

Die Neue Echter Bibel: Kommentar zum Alten Testament (NEB.AT), Würzburg
Allgemeinverständlicher Kommentar, ausgehend vom Text der Einheitsübersetzung

Neuer Stuttgarter Kommentar – Altes Testament (NSK.AT), Stuttgart

Allgemeinverständlicher, gut zugänglicher Kommentar
Old Testament Library (OTL), London
Das englische Pendant zum ATD (teilweise Überschneidungen)
Word Biblical Commentary (WBC), Waco, Texas
Amerikanischer Standardkommentar, teilweise etwas biblizistisch
Zürcher Bibelkommentar zum Alten Testament (ZBK.AT), Zürich
Parallelwerk zum ATD; vor allem die neueren Bände sind sehr informativ

zu 3. Theologie des Alten Testaments

Hermeneutik

Dohmen, C.: Vom Umgang mit dem Alten Testament, NSK.AT 27, Stuttgart 1995
Hermeneutik des AT im katholischen Kontext

Dohmen, C./G. Stemberger: Hermeneutik der Jüdischen Bibel und des Alten Testaments, KStTh 1,2, Stuttgart 1996
Wie im Titel angedeutet, geht es u. a. um das AT im christlichen und jüdischen Kontext.

Gunneweg, A. H. J.: Vom Verstehen des Alten Testaments. Eine Hermeneutik, GAT 5, Göttingen ²1988
Früher klassisches Lehrbuch zum Thema

Oeming, M.: Biblische Hermeneutik. Eine Einführung, Darmstadt ²2007
Gut lesbare, neuere Übersicht zum Thema

Theologie/Religionsgeschichte

Albertz, R.: Religionsgeschichte Israels in alttestamentlicher Zeit, GAT 8, Göttingen ²1996/1997
Bewusster Gegenentwurf zu einer klassischen Theologie des AT

Childs, B. S.: Die Theologie der einen Bibel, Freiburg 1994/1996 (= Darmstadt 2003)
Hier steht die biblische Theologie (Zusammenhang von AT und NT) im Vordergrund.

Gunneweg, A. H. J.: Biblische Theologie des Alten Testaments: eine Religionsgeschichte Israels in biblisch-theologischer Sicht, Stuttgart 1993
Ansatz, der über die klassische Theologie des AT hinausgeht

Hartenstein, F.: Religionsgeschichte Israels – ein Überblick über die Forschung seit 1990: VF 48 (2003) 2–28

Jeremias, J.,:Neue Entwürfe zu einer „Theologie des Alten Testaments": Janowski, B. (Hg.), Theologie und Exegese des Alten Testaments/der Hebräischen Bibel, SBS 200, Stuttgart 2005, 125–158

Kaiser, O.: Der Gott des Alten Testaments. Wesen und Wirken.
Theologie des Alten Testaments, Göttingen, 1993-2003
Systematisch orientierte Theologie mit einem weiten Horizont

Otto, E.: Theologische Ethik des Alten Testaments, ThW 3,2, Stuttgart 1994
Zusammenfassende, systematische Darstellung ethischer Themen

Preuß, H. D.: Theologie des Alten Testaments, Stuttgart 1991/1992
Klassisches Lehrbuch, systematisch nach Themen geordnet

von Rad, G.: Theologie des Alten Testaments, München ^{10}1992/^{10}1993
Der Klassiker der 2. Hälfte des 20. Jahrhunderts, immer noch sehr lesenswert

Rendtorff, R.: Theologie des Alten Testaments. Ein kanonischer Entwurf, Neukirchen-Vluyn, 1999/2001

Reventlow, H. Graf: Hauptprobleme der alttestamentlichen Theologie im 20. Jahrhundert, EdF 173, Darmstadt 1982
Knapper forschungsgeschichtlicher Überblick

Reventlow, H. Graf, Hauptprobleme der Biblischen Theologie im 20. Jahrhundert, EdF 203, Darmstadt 1983
Forschungsüberblick zum Thema biblische Theologie

Schmidt, W. H.: Alttestamentlicher Glaube, Neukirchen-Vluyn, 2004
Viel gelesenes Lehrbuch, geschichtlich-systematisch orientiert

Schreiner, J.: Theologie des Alten Testaments, NEB.AT Erg.Bd. 1, Würzburg 1995
Neuere Darstellung der Theologie des AT aus katholischer Sicht

Zimmerli, W.: Grundriß der alttestamentlichen Theologie, ThW 3,1, Stuttgart ^{7}1999
Viel benutztes, knappes, aber gut lesbares Lehrbuch

Gütersloher Verlagshaus. Dem Leben vertrauen

MODULE DER THEOLOGIE

Band 3

Klaus Fitschen
Kirchengeschichte

Gütersloher Verlagshaus

Bibliografische Information der Deutschen Nationalbibliothek

Die Deutsche Nationalbibliothek verzeichnet diese Publikation in der Deutschen Nationalbibliografie; detaillierte bibliografische Daten sind im Internet über http://dnb.d-nb.de abrufbar.

Mix
Produktgruppe aus vorbildlich
bewirtschafteten Wäldern, kontrollierten
Herkünften und Recyclingholz oder -fasern
www.fsc.org Zert.-Nr. SGS-COC-004278
© 1996 Forest Stewardship Council

Verlagsgruppe Random House FSC-DEU-0100
Das für dieses Buch verwendete FSC-zertifizierte Papier *Munken Premium* liefert Artic Paper Munkedals AB, Schweden.

© für diese Ausgabe: Gütersloher Verlagshaus

Konzeption und Realisierung:
© 2009 Palmedia Publishing Services GmbH, Berlin

Dieses Werk einschließlich aller seiner Teile ist urheberrechtlich geschützt. Jede Verwertung außerhalb der engen Grenzen des Urheberrechts ist ohne Zustimmung von Palmedia unzulässig und strafbar. Das gilt insbesondere für Vervielfältigungen, Übersetzungen, Mikroverfilmungen und die Einspeicherung und Verarbeitung in elektronischen Systemen.

Umschlaggestaltung: Init GmbH, Bielefeld
Druck und Bindung: Těšinská Tiskárna, a.S., Český Těšin
Printed in Czech Republic
ISBN: 978-3-579-08083-3

www.gtvh.de

Inhalt

Vorwort 7

1. **Die Methodik und der Gegenstand der Kirchengeschichtsschreibung** 11
   1.1 Die Kirchengeschichte als historische und als theologische Disziplin 11
   1.2 Der Gegenstand der Kirchengeschichte 16

2. **Das Antike Christentum** 21
   2.1 Die Anfänge der christlichen Literatur und Theologie 21
   2.2 Die ersten großen Theologen und die Anfänge der Trinitätslehre 26
   2.3 Die Inkulturation des Christentums in die spätantike Gesellschaft 30
   2.4 Die Fixierung der Trinitätslehre und der Zweinaturenlehre 36
   2.5 Augustinus 44

3. **Das Mittelalter** 47
   3.1 Die Christianisierung der Germanen 47
   3.2 Das Werden des christlichen Europas 51
   3.3 Byzanz und der christliche Orient 58
   3.4 Die Scholastik 65
   3.5 Die spätmittelalterlichen Kirchenreformversuche und ihr Scheitern 68

4. **Die Reformation und ihre Folgen** 73
   4.1 Martin Luther 73
   4.2 Die Ausbreitung der Reformation in Europa 79

	4.3	Das konfessionelle Zeitalter 83
	4.4	Altprotestantische Orthodoxie, Pietismus und Aufklärung 89
5.		**Die Neuzeit 95**
	5.1	Das Staatskirchentum 95
	5.2	Die Entflechtung von Staat und Kirche 98
	5.3	Theologische und kirchliche Entwicklungen im 19. Jahrhundert 105
	5.4	Der Katholizismus 111
6.		**Die Kirchliche Zeitgeschichte 117**
	6.1	Die Kirchen in der Weimarer Republik 117
	6.2	Der Kirchenkampf 123
	6.3	Die Kirchen in beiden Teilen Deutschlands 131
	6.4	Neue Herausforderungen in den 1960er- und 1970er-Jahren 137
	6.5	Die kirchlichen Verhältnissse in der DDR und die Wende 141
	6.6	Die Ökumenische Bewegung 144
7.		**Arbeits- und Hilfsmittel zur Erschließung der Kirchengeschichte 149**

Vorwort

Wer keinen Gefallen findet am Studium der Geschichte, ist eine grobe Sau („Ist einer eine grobe Sau qui non delectatur cognitione historiarum"), sagte Philipp Melanchthon, jener Humanist und Freund Martin Luthers, der sich in der Reformation als einer der Ersten mit Kirchengeschichte befasste. Durch die Kenntnis der Geschichte – und nicht nur der Kirchengeschichte im engeren Sinne – wird man demnach umfassend belehrt. Den mit der Verweigerung solcher Belehrung verbundenen Verweis Melanchthons macht sich der Autor dieses Buches gern zu eigen.

Für die Reformation war die Kenntnis der Geschichte wichtig, um den eigenen Standort zu klären, die Behauptungen der Gegenseite historisch zu widerlegen und an die nach eigenem Verständnis wahren Traditionen anzuknüpfen. Die „altgläubige" und dann bald katholisch zu nennende Gegenseite sah das für ihre Position nicht anders. Kirchengeschichte, das lässt sich daraus lernen, ist ein Beitrag zur theologischen Identitätsfindung, mag sie je nach christlicher Konfession anders ausfallen. Sie ist damit längst nicht mehr konfessioneller Strittigkeit unterworfen, sondern Teil eines alle theologischen Disziplinen umfassenden Selbstverständigungsprozesses, der je nach Konfession zu unterschiedlichen Nuancierungen führt. Protestanten brauchen keinen Papst, aber es wäre Ausfluss oben verworfener Grobheit, nichts von den Päpsten wissen zu wollen.

Christliche Konfessionen, das Christentum und Religionen überhaupt sind nicht zeit- und ortlos, sondern ihre aktuelle Gestalt ist das Ergebnis historischer Entwicklungen. Dieses Faktum gehört seit dem 19. Jahrhundert zum Selbstverständnis vor allem der evangelischen Theologie, und es erleichtert die Teilhabe an heutigen Debatten um Pluralismus und Toleranz ungemein. Anders als mancher anderen Religion ist der Sachverhalt der eigenen historischen Werdung der christlichen Religion und Theologie also bewusst, und er wird selbstkritisch reflektiert. Die Theologie als wissenschaftliche Selbstreflexion und Darstellung des Christentums ist darum ohne die Disziplin Kirchengeschichte unvollständig. Wer Kirchengeschichte nicht ebenso eifrig studiert wie Exegese, Systematische oder Praktische Theologie, steht hilflos vor der Frage, warum das Christentum und die Kirche als seine soziale Gestalt heute so und nicht anders aussehen. Die fraglos zutreffende Behauptung, Christentum und Kirche hätten mit der Bibel zu tun, ist unvollständig und waghalsig, wenn man den Raum der Geschichte seit der Werdung der Bibel nicht füllen kann.

Die Stimmungslage unter Studierenden scheint eine andere zu sein: Braucht man das? Muss man das auch noch wissen? Und reicht es nicht aus, Theologiegeschichte in einem engen Sinne zu studieren und die weltlichen Rahmenbedingungen mitsamt all den Kaisern und Königen, Revolutionen und Parlamenten wegzulassen? Andererseits bekunden viele Studierende Interesse an geschichtlichen Zusammenhängen und verbuchen manchen „Aha-Effekt". Der schulische Geschichtsunterricht ist, so scheint es, keine verlässliche Grundlage, auf den die Kirchengeschichte aufbauen könnte. Die Kirchengeschichte hat sich aber ohnehin nie als bloße Nabelschau verstanden, sondern das Christentum in Wechselwirkung mit Kultur, Gesellschaft und Politik seiner jeweiligen Zeit und seines jeweiligen Ortes beschrieben. Die Geschichte des Christentums ist nicht zu verstehen ohne die Geschichte seiner Existenz in je nach Ort und Zeit unterschiedlichen Kulturen. Wer sehenden Auges durch die Welt geht, nicht nur Kirchen, sondern auch Museen besucht, wer der europäischen und mancher außereuropäischen Kultur nachspürt, wer sich für aktuelle Debatten um Religion und Kirche interessiert, muss wissen und erklären, was das Christentum ist und also, wie es wurde. Ziel ist nicht auf die vergangenen großen Zeiten zu pochen, sondern Ziel ist kulturelles Verstehen und die Erlangung von Deutungskompetenz.

Auffällig ist die Zurückhaltung vieler Studierender gegenüber der Kirchlichen Zeitgeschichte, also der Kirchengeschichte nach 1918, 1933 oder 1945. Diese Zeit ist für viele genauso weit weg wie die Zeit Karls des Großen oder die der antiken Kirchenväter. Dabei prägt diese neueste Epoche das Denken und Handeln vieler Zeitgenossen und bestimmt vor allem den Standort von Religion und Kirche in Staat und Gesellschaft. Außerdem ist diese Zeit immer wieder strittig: Welche Rolle spielten die

Kirchen in der nationalsozialistischen und in der sozialistischen Diktatur? Die Deutungshoheit darüber anderen zu überlassen, hat unmittelbare Folgen für die aktuelle Wahrnehmung von Kirche und Religion – ohne dass die Kirchengeschichte die sinnlose Aufgabe übernehmen würde, Schuld und Versagen zu verschweigen.

Ohne das Studium der Kirchengeschichte können Theologinnen und Theologen ihren Standort folglich nicht bestimmen. In einer auch religiös immer pluraleren und immer säkulareren Gesellschaft ist dies aber unabdingbar notwendig. Die Alternative dazu ist eine weltfremde theologische Gemütlichkeit, die in den aktuellen Debatten stumm bleibt. Strittige Themen – beispielhaft seien nur der Religionsunterricht und die Frage des Verhältnisses von Staat und Kirche überhaupt benannt – lassen sich aus christlicher Sicht solide nur unter Kenntnis der Kirchengeschichte ansprechen. Kirchengeschichte ist nicht rückwärtsgewandt, sondern ein entscheidender Beitrag zur Zukunftsfähigkeit von Religion und Kirche in der Moderne.

Dieses Buch ist das Zwischenergebnis eigener Erfahrungen in der akademischen Lehre, gerade vor dem Hintergrund der Modularisierung des Studiums. Eine der Fragen, die sich beim Schreiben stellte, war die, was eigentlich die „eiserne Ration" angehender Theologen auf Berufsfeldern in Schule, Kirche und andernorts sein müsste. Im Studium bleibt wenig „hängen", und manches scheint nach Absolvierung der Modulprüfung schon wieder vergessen. Dieses Buch soll darum ein Beitrag zur Nachhaltigkeit des Wissenserwerbs sein. Auch wenn dabei nicht das Auswendiglernen von Namen und Zahlen das primäre Ziel ist, sondern das Verstehen, bleibt doch die Gewinnung von Sachkenntnis ein wesentliches Anliegen. Tröstlich mag sein, dass in der Kirchengeschichte vieles nicht umstritten und diskutabel ist, sondern lebenslang gilt, mögen auch immer wieder neue Sichtweisen hinzukommen.

Beim Schreiben galt es einen Kompromiss zu finden zwischen Verständlichkeit und Präsentation des Materials. An dieser Stelle danke ich meiner studentischen Hilfskraft, Frau Larissa Jäger, für ihre kritische Begleitung bei der Entstehung und Redaktion des Textes, die weit mehr umfasste als bloßes Korrekturlesen.

Juni 2009 *Klaus Fitschen*

1. Die Methodik und der Gegenstand der Kirchengeschichtsschreibung

Nur auf den ersten Blick versteht es sich von selbst, was die Kirchengeschichte tut. Ereignisse scheint sie zu sammeln und zu ordnen und diejenigen, die sie studieren, mit dem unlösbaren Problem zu konfrontieren, was nun das Wichtige und das Unwichtige darunter sei. Dieses Buch ist nur ein Versuch unter vielen, dieses Problem zu lösen. Es wird Ereignisse, die der Autor für wichtig hält, darstellen und in Zusammenhänge bringen, die seiner Perspektive entsprechen. Dass Kirchengeschichte das ist, was man daraus macht, ist die skeptische Folgerung daraus. Andererseits wird es in der Kirchengeschichte erst da spannend, wo Ereignisse herausgearbeitet, verknüpft und unter bestimmten Perspektiven gedeutet werden. Geschichte bleibt darum strittig, und dies gilt nicht nur für zeitnahe Ereignisse, sondern auch für die Deutung längst vergangener Ereigniskomplexe wie Kreuzzüge und selbst die Reformation.

Vorbemerkung

Umso wichtiger ist es, sich beim Lehren und beim Lernen der Kirchengeschichte Rechenschaft über die eigene Perspektive abzulegen und ein Höchstmaß an methodischer und arbeitstechnischer Sorgfalt zu wahren. Deshalb sind eingangs Reflexionen über den wissenschaftsorganisatorischen Standort der Disziplin, ihre Geschichte und ihre Methoden, ihren Gegenstand und die scheinbar selbstverständliche Epochengliederung ihrer Materie anzustellen.

Notwendige Reflexionen

1.1 Die Kirchengeschichte als historische und als theologische Disziplin

Eine immer wieder gestellte Grundfrage ist, ob die Kirchengeschichte „nur" eine historische, ja gar eine „profanhistorische" Disziplin sei oder zugleich eine theologische. Die Antwort lautet:

Verortung

Sie ist beides. Der Grund dafür liegt in ihrer eigenen Geschichte und in ihrer Methodik.

1. Das Verhältnis zur Allgemeinen Geschichte

keine Sondergeschichte

Die „Allgemeine Geschichte" ist jenes Bündel von Teildisziplinen, das nicht eigentlich Kirchengeschichte ist, und doch sind diese Teildisziplinen – zu ihnen gehören beispielsweise die Sozial-, Politik- und Rechtsgeschichte – eng mit der Kirchengeschichte verflochten. Die Allgemeine Geschichte ist also nicht, wie sie immer noch gerne genannt wird, „Profangeschichte", die sich demnach mit etwas Unheiligem befassen müsste, sondern sie ist Teil eines Geflechtes, zu dem auch die Kirchengeschichte gehört. Das Christentum war von Anfang an eine Religion hoher Inkulturations¬- und Weltveränderungskraft: Kirche und Staat, Religion und Gesellschaft, christliche und bürgerliche Existenz standen in einer engen Wechselwirkung zueinander. Themen und Fragestellungen der Kirchengeschichte und der Allgemeinen Geschichte überlagern sich darum immer wieder. Dies entspricht der bis in die Neuzeit hineinreichenden Tradition des Faches, das ursprünglich in die Philosophischen Fakultäten gehörte und somit eine Teildisziplin der Geschichtswissenschaft war.

2. Die Geschichte der Disziplin Kirchengeschichte

Eusebius

Das Christentum hat durch das Alte Testament von Anfang an einen Impuls für eine historisch bestimmte Selbstwahrnehmung bekommen, ist doch das Alte Testament über weite Strecken ein geschichtstheologisches Werk. Innerhalb des Neuen Testaments ist die Apostelgeschichte das wesentliche Zeugnis für ein Interesse an der eigenen Geschichte, die man zur Identitätsfindung heranzog. Im Laufe des 2. und 3. Jahrhunderts bemühte man sich darum, die christliche Tradition zu sichern, sei es durch Bischofslisten oder historische Aufzeichnungen. Diese gingen dann zum Teil in den eigentlichen Grundstein der Kirchengeschichtsschreibung ein: Eusebius von Caesarea (um 265–339) begann am Ende des 3. Jahrhunderts seine „Kirchengeschichte" und schrieb sie fort, als sich mit der Konstantinischen Wende (siehe 2.3.2) die Rahmenbedingungen für das Christentum änderten: Nun wurde das Christentum nicht mehr verfolgt, sondern mit den traditionellen Religionen gleichberechtigt. Eusebius' Werk war das Vorbild und der Anknüpfungspunkt für andere. Dies galt auch für die von ihm verfasste Weltchronik, die die Kirchengeschichte eingebettet sah in einen größeren historischen Zusammenhang.

Die mittelalterliche Kirchengeschichtsschreibung im lateinischen Westen, im byzantinischen Osten und im Orient entwickelte eine große Vielfalt von Geschichtsdarstellungen, die von nüchtern-annalistischen bis zu theologisch-heilsgeschichtlichen Modellen reichte. Einen Neuansatz erforderte die Reformation, da die Identitätsfindung auf historischem Wege nun in konfessioneller Prägung erfolgte. Katholiken und Protestanten suchten nach einer Begründung der eigenen Existenz in der Geschichte. Hierbei spielten theologische und kirchenorganisatorische Fragen eine Rolle – das Alter des Papsttums war eine davon. Mit dem 18. Jahrhundert begann die Geschichte der Kirchengeschichtsschreibung im modernen Sinne. Zunehmend wurde diese von konfessionalistischen wie überhaupt von theologischen Vorgaben entlastet. Quer zur konfessionellen Selbstvergewisserung stand Gottfried Arnold (1666–1714) mit seiner Unparteiischen Kirchen- und Ketzerhistorie: Nicht die großen Konfessionen waren die Repräsentanten des wahren Christentums, sondern die an den Rand gedrängten Abweichler, die er in den Pietisten seiner Zeit wiederfand.

konfessionelle Selbstvergewisserung

In der Neuzeit verabschiedete man sich von heilsgeschichtlichen Modellen und wählte die „pragmatische" Methode, wie sie Johann Lorenz Mosheim (1693–1755) entwickelte: Nicht Gott und der Teufel ringen in der Kirchengeschichte miteinander, sondern Menschen mit konkurrierenden Überzeugungen. Damit stellte sich die Frage, ob Gott überhaupt Wirkung auf die Geschichte und ob diese wiederum ein Ziel habe. In den folgenden Jahrhunderten konnte die Antwort auf diese Frage ebenso euphorisch wie skeptisch ausfallen, je nachdem, welche Ereignisse betont wurden.

Mosheim

Im 19. Jahrhundert partizipierte die Kirchengeschichte am „Historismus", also am Bewusstsein, alles sei historisch ge-

Harnack

worden und habe sich im Verlauf der Geschichte entwickelt. Das galt nun auch für die Geschichte der christlichen Lehren, die Dogmengeschichte, die damit in ein kritisches Licht geriet. Adolf von Harnack (1851–1930, siehe 5.3.3) verfasste eine umfängliche Darstellung, um das Gewordensein der christlichen „Dogmen" zu erweisen und dazu beizutragen, die ursprüngliche Botschaft Jesu wieder herauszuarbeiten. Auf katholischer Seite hatten es kritische Aufbrüche schwerer. Sie wurden von kirchlichen Vorgaben und dem Programm erstickt, die zeitlose Identität des Katholizismus mit seinen Ursprüngen zu erweisen. Erst im 20. Jahrhundert emanzipierte sich die katholische Kirchengeschichtsschreibung davon.

Theologie Seither bewährte sich die im 19. Jahrhundert abgeschlossene Integration der Kirchengeschichte in die Theologischen Fakultäten, da das Fach eben nicht nur eine historische, sondern auch eine theologische Spezialdisziplin ist, die intensiv an innertheologischen Diskursen partizipiert und diese mit eigenen Fragestellungen und Themen bereichert. Der Grund für die Eingliederung der Kirchengeschichte in die Theologischen Fakultäten war eben nicht ihre Methodik, sondern ihr Gegenstand: die Geschichte der Kirche, die zunehmend als Teilsegment der Gesellschaft wahrgenommen wurde, um dessen Geschichte sich die Theologie zu kümmern hatte. Diese Eingliederung war selbstverständlich möglich, da an den Theologischen Fakultäten immer Theologie- und Kirchengeschichte getrieben worden war und die innertheologischen Fächergrenzen bis weit ins 19. Jahrhundert und zum Teil noch bis ins 20. Jahrhundert hinein fließend waren. Exegeten, Dogmatiker und Praktische Theologen konnten auch Kirchenhistoriker sein, und für Friedrich Schleiermacher (1768–1834, siehe 5.3.3) gehörte die Kirchengeschichte selbstverständlich zur Enzyklopädie der Theologie dazu.

Patristik Am Ende des 19. Jahrhunderts waren große Teile der Theologie vom zeittypischen Interesse an geschichtlichen Fragen ergriffen, das sich in anderen theologischen Fächern als „Religionsgeschichtliche Schule" bemerkbar machte. Der enorme Erkenntniszuwachs auf historischem Gebiet trug zusätzlich zur

Profilierung der unterschiedlichen historischen Disziplinen bei, und die Kirchengeschichte, vor allem die „Patristik", also die Wissenschaft vom Antiken Christentum, hatte damit zu tun, durch historische und philologische Forschungen neue Quellen auszuwerten. Sie bewies damit eine hohe Anschlussfähigkeit über die Fakultätsgrenzen hinweg.

Strittig wurde diese Anschlussfähigkeit nach dem Ersten Weltkrieg. Die Dialektische Theologie eines Karl Barth (1886–1968, siehe 6.1.3) trug dazu bei. Barths Ansicht, die Kirchengeschichte sei eine „unentbehrliche Hilfswissenschaft", wurde häufig so gelesen, als stehe das „un" gar nicht da. Voll zur Wirkung kam die von Barth repräsentierte Stimmung im Kirchenkampf des Dritten Reiches: Nun wollten sich manche, der Bekennenden Kirche nahe stehenden Theologen unter dem Eindruck der nationalsozialistischen Kirchenpolitik auf das konzentrieren, was sie als das Ureigenste der Theologie ansahen, nämlich auf Bibel und Bekenntnis. Die Kirchengeschichte sollte hierbei tatsächlich die Funktion einer Hilfswissenschaft haben. Widerspruch blieb schon in den 1930er-Jahren nicht aus, doch fand sich die Kirchengeschichte nach 1945 in einer Diskussionslage wieder, in der sie auf ihre Bedeutung als theologische Disziplin hin befragt wurde, wobei es vor allem Systematische Theologen waren, die die Kirchengeschichte in eine Enzyklopädie der Theologie einordneten.

Barth

Ein Neuaufbruch, der eigentlich die Anknüpfung an Entwicklungen war, die nach 1918 infrage gestellt worden waren, fand nach dem Zweiten Weltkrieg statt. Dazu trugen internationale Vernetzungen bei, aber auch die Etablierung der Kirchlichen Zeitgeschichte, die zunehmend kritisch auf den „Kirchenkampf" blickte und sich interdisziplinär öffnete. In allen Epochen der Kirchengeschichte zeigte sich überdeutlich, dass eine Verengung der Perspektive wenig hilfreich war und die alte Tugend nicht die schlechteste war, nämlich die Geschichte der Kirche oder des Christentums mehrdimensional wahrzunehmen. Dazu aber war ein Dialog mit der Allgemeinen Geschichte unumgänglich. Ein wichtiges Beispiel dafür ist die Erforschung der „Konfessionalisierung" nach der Reformation: Was bisher

Perspektivenerweiterung

Reformation und Gegenreformation hieß, wurde nun wahrgenommen als komplexer Prozess der Ausbildung konfessioneller Identitäten in der Frühen Neuzeit, bei dem die Rechts-, Kunst-, Sozial- und Politikgeschichte eine ebenso große Rolle wie die Kirchengeschichte spielte.

3. Die Methodik der Kirchengeschichte

Methoden

Die Kirchengeschichte ist schon ihrer eigenen Geschichte nach sowohl eine historische wie auch eine theologische Disziplin. Sie steht immer vor der Aufgabe, sich auf beiden Feldern bewähren zu müssen. In methodischer Hinsicht ist sie darum den allgemeinen historischen Standards verpflichtet, und das ist auch nicht ungewöhnlich: Kirchengeschichte wurde seit Eusebius von Caesarea immer auf der Höhe der Zeit geschrieben. Erst mit der Verselbstständigung der Disziplin und der Zuordnung zur Theologie in der Neuzeit kam die Frage auf, ob sie denn als theologische Disziplin tauglich sei. Beantworten lässt sich diese Frage nur mit Blick auf den Gegenstand der Kirchengeschichte, nicht mit Blick auf ihre Methodik, die keine andere ist als die in der Allgemeinen Geschichtswissenschaft gebräuchliche. Die Analyse von Inschriften und Urkunden, der Umgang mit Quellen, sozial- und kulturgeschichtliche Fragestellungen gehören ebenso dazu wie der methodisch abgesicherte Umgang mit Zeitzeugen.

Kontrollfragen:

Kontrollfragen

1. Warum lassen sich Kirchengeschichte und Allgemeine Geschichte nicht trennen?
2. Nennen Sie mindestens drei Kirchenhistoriker und charakterisieren Sie deren Beitrag zur Methodik der Kirchengeschichte.

1.2 Der Gegenstand der Kirchengeschichte

Eusebius' Geschichtsbild

Für Eusebius von Caesarea wie für viele seiner Nachfolger war klar, was der Gegenstand einer Kirchengeschichte sein musste: die wahre Kirche nämlich, die von Ketzerei und Verfolgungen unbeirrt ihren Weg ging und schließlich gegen alle Widrigkeiten den Sieg davontrug. Daraus ergab sich für ihn auch eine erste Epochengliederung, die durch die Konstantinische Wende (siehe 2.3.2) hergestellt wurde: Kaiser Konstantin (272–337) war es, mit dem eine neue Zeit begann, in der die Kirchengeschichte zur Vollendung kommen würde.

1. Kirchengeschichte als Christentumsgeschichte

Anders als Eusebius kann man sich heute nicht mehr sicher sein, dass der Gegenstand der Kirchengeschichte die Kirche sei. Die konfessionelle Entwicklung, die seit dem 19. Jahrhundert unter den Bedingungen moderner Religionsfreiheit noch komplexer geworden ist, und damit zusammenhängend das Interesse an den Verlierern, den Ketzern also, hat das Konzept des Eusebius und vieler seiner Nachfolger zweifelhaft werden lassen. Der Optimismus des späten 19. und frühen 20. Jahrhunderts, der Protestantismus werde seinen globalen, ökumenischen Siegeszug bald vollenden, ist dahin, die Eindeutigkeit konfessioneller Identitäten infrage gestellt und die Kirche als Institution reicht auch im Blick auf den Katholizismus unter den Bedingungen der Moderne als Bezugsrahmen für die Beschreibung christlicher Religiosität nicht mehr aus.

Kirche

Spätestens seit der Aufklärung hat sich die Perspektive der Kirchengeschichtsschreibung auf einen weiteren Horizont von Konfessionen eingestellt. Die moderne Rede von einer Christentumsgeschichte oder gar einer christlichen Religionsgeschichte ist die Folge davon, und die katholisch-protestantische Ökumene hat das Ihre dazu beigetragen. Ambitionierte Projekte wie die von Bernd Moeller und Raymund Kottje nach dem II. Vatikanischen Konzil herausgegebene „Ökumenische Kirchengeschichte" hatten zwar ihre Grenzen, waren aber als Versuch zu lesen, einander Rechenschaft über konfessionell verschiedene Sichtweisen zu geben. Ein anderer Strang ist die Erweiterung der Dogmengeschichte zu einer Theologiegeschichte in dem Sinne, dass auch Lehrentwicklungen zur Sprache kommen, die bisher Teil einer Ketzergeschichte waren. Somit ist die Darstellung einer Kirchengeschichte in einem weiten Horizont, einer Christentumsgeschichte eben, ein bleibendes Anliegen. Dafür stehen

konfessions-
übergreifende
Ansätze

auch neuere Handbücher, unter denen neben der neu konzipierten Ökumenischen Kirchengeschichte auch die umfängliche und aus dem Französischen übersetzte Geschichte des Christentums zu nennen ist.

konfessionelle Profilierung

Unschwer lässt sich erkennen, dass Vorlesungen und Lehrveranstaltungen nach wie vor von konfessionellen Sichtweisen bestimmt sind, die den Gegenstand der Kirchengeschichte perspektivisch zuschneiden. In diesem Buch ist das nicht anders. Solches Vorgehen hat pragmatische Hintergründe und ließe sich auch als Arbeitsteilung verstehen: Die Geschichten der großen Konfessionen sind so komplex, dass sie aus bestimmten Perspektiven erzählt werden müssen. Protestantische Kirchenhistoriker werden der Geschichte des Papsttums im 19. Jahrhundert weniger Bedeutung beimessen als katholische, die wiederum der Entwicklung des protestantischen Landeskirchentums weniger Raum geben müssen. Dass man unterdessen viel voneinander gelernt hat, bezeugen gemeinsame Tagungen und Publikationen, an denen häufig Allgemeinhistoriker beteiligt sind. Manche Verkürzung ergibt sich nicht nur aus der Sache, sondern auch aus den Anforderungen akademischer Lehre, die die knappe Ressource Zeit nutzen muss.

Besonderheit des Gegenstandes

Der Gegenstand der Kirchengeschichte ist ein besonderer. Von hier aus erweist sich die Zugehörigkeit der Kirchengeschichte zur Theologie, geht es doch um die Geschichte der Kirche als Sozialgestalt des christlichen Glaubens und um die Geschichte der christlichen Lehrbildung. Gewiss werden Themen aus diesem Bereich auch von Allgemeinhistorikern bearbeitet, doch bringt eine spezifisch theologische Schulung eine höhere Fachkompetenz mit sich, da kirchenhistorische Quellen sich oftmals nur voll erschließen, wenn theologische Argumentationsfiguren oder biblische Anspielungen entschlüsselt werden können. Gänzlich kann sich die Kirchengeschichte auch nicht von der Frage entlasten, ob es nicht doch so etwas wie Heilsgeschichte oder ein Ziel der Geschichte gäbe. Reflexionen darüber müssen jedoch klar von der historischen Arbeit getrennt werden. Die Geschichte sehr unterschiedlicher Bewertungen historischer Ereignisse mahnt zur Zurückhaltung. Dies gilt beispielsweise für die Gestalt Kaiser Konstantins (siehe 2.3.2), aber auch für theologische Grundentscheidungen, die zwischen den Konfessionen strittig sind.

2. Das Problem der Epochengliederung

Eusebius hatte darin Recht, dass mit Konstantin eine neue Zeit begann, auch wenn der Kaiser nicht die Heilsgestalt war, als die Eusebius ihn verherrlichte. Später haben andere Faktoren dazu geführt, dass die erste Epoche der Kirchengeschichte weiter ausgezogen wurde, bis ins 5. Jahrhundert hinein nämlich, als die grundlegenden theologischen Entscheidungen zur Trinitätslehre und zur Lehre von der Person Jesu Christi zum Abschluss gekommen waren. Zeitgenossen haben dies aber kaum als epochale Zäsur wahrgenommen. Das Geschichtsbewusstsein der Menschen des Frühmittelalters im Westen und der Zeitgenossen des frühen Byzanz im Osten war ungebrochen. Sie waren weiterhin Römer und als Römer auch Christen. Die Gliederung der Geschichte und Kirchengeschichte in Epochen ist demnach schon ein Bestandteil kirchen- und allgemeinhistorischer Methodik. Zusammenhänge können aus unterschiedlichen Perspektiven beschrieben und Brüche markiert werden. Für Protestanten galt seit der Reformation, dass zwischen dem Antiken Christentum und der Wiederentdeckung des Evangeliums durch Martin Luther (1483–1546, siehe 4.1) ein tiefer Graben klaffte, in dessen Finsternis das Papsttum und die Scholastik (siehe 3.4) als Zerrbild wahrer Theologie zu Hause waren. Der Begriff „Mittelalter" entsprang dieser Beschreibung. Ganz anders sah es aus katholischer Perspektive aus, in der die Kirchengeschichte ungebrochen verlief, allenfalls gestört durch die Reformation und andere Abweichler.

konfessionelles Epochenbewusstsein

Der Gliederung der Kirchengeschichte in Epochen ist demnach nur begrenzt zu trauen. Dass irgendwann in der Spätzeit der neutestamentlichen Schriften, also im 2. Jahrhundert, die Zeit des Antiken Christentums beginnt, versteht sich von selbst. Wann diese Epoche aber endet, ist eine offene Frage: Eusebius hatte die Konstantinische Wende im Sinn, Spätere die Zeit wegweisender Lehrentscheidungen. Viele Linien wie das Mönch-

Antike/ Mittelalter

tum, die kirchliche Ämterstruktur und die Theologie eines Augustinus weisen aber trotz des Zerfalls des Römischen Imperiums im Westen weiter in die Zeit des Frühmittelalters, und für das östliche Christentum ist das Aufkommen des Islams ohnehin bedeutsamer. Wann das Mittelalter beginnt, ist ähnlich schwer zu beantworten, denn auch hier gibt es gleitende Übergänge.

Mittelalter/ Reformation

Aus protestantischer Perspektive markiert die Reformation fraglos den tiefsten Einschnitt. Auch wenn man sich von der Metaphorik des „finsteren Mittelalters" verabschiedet, sind doch die Umbrüche in Theologie, Frömmigkeit, Kirchenstruktur und Kultur unübersehbar. Wo die Reformation sich nicht durchsetzte, provozierte sie immerhin katholische Reformversuche. Alles das gehört zur „Konfessionalisierung". Gerade aber unter Betrachtung verschiedener historischer Dimensionen erscheint das Verhältnis von Mittelalter und Reformation wesentlich dichter, und der Erfolg Luthers und anderer erklärt sich dann aus den Reformtendenzen, die im 15. Jahrhundert deutlich sichtbar werden.

Reformation/ Neuzeit

Strittig muss auf jeden Fall der Beginn der Neuzeit bleiben. Luther selbst ist als Begründer der modernen Gewissensfreiheit dafür in Anspruch genommen worden. Schwer fällt hier schon die Suche nach kirchengeschichtlichen Daten im engeren Sinne: Man kann Entwicklungen wie den Pietismus und die Aufklärung für den Beginn der Neuzeit in Anspruch nehmen, doch gehört ebenso die Festschreibung konfessioneller Pluralität im Westfälischen Frieden dazu.

Ranke

Theoretische Reflexionen sind aber bodenlos ohne Kenntnis der Materie. Auch wenn der Optimismus Leopolds von Ranke (1795–1886), man könne sagen, „wie es eigentlich gewesen" längst Geschichte ist, ist doch der Erwerb soliden Wissens die Grundlage historischer Urteilsfähigkeit.

Kontrollfragen:

Kontrollfragen

1. Was ist der Gegenstand der Kirchengeschichtsschreibung?
2. Beschreiben Sie das Problem der Epochengliederung.

2. Das Antike Christentum

Während der Begriff „Alte Kirche" die Ehrwürdigkeit dieser Zeit beschreibt und der Begriff „Patristik" sich dem Worte nach auf die Kirchenväter beziehen soll, ist „Antikes Christentum" ein programmatischer Begriff, der die Inkulturation des Christentums in der antiken Welt betonen soll. Das Christentum wird in dieser Perspektive beschrieben als Bestandteil, nicht als Gegenteil der antiken Kultur und Geisteswelt. Auch die klassische „Patristik" umfasste aber mehr als eine Literaturgeschichte der christlichen Antike; vielmehr widmete sie sich einer umfassenden Sichtweise der Sozial-, Institutionen-, Theologie- und Frömmigkeitsgeschichte der ersten fünf Jahrhunderte des Christentums.

Antikes Christentum

2.1 Die Anfänge der christlichen Literatur und Theologie

Die dem Christentum eigene hohe literarische Produktivität brachte Texte mit autoritativem Anspruch hervor, die nicht mehr Eingang in den neutestamentlichen Kanon fanden: Zusätzliche Evangelien, Apokalypsen und Apostelbriefe wurden verfasst, die unter anderem die Kindheit Jesu und seine Geburtsumstände, aber auch das Bild Marias ausmalten. Zum anderen entstanden Texte, die den Anspruch auf apostolische Autorschaft aufgaben und mit denen im 2. Jahrhundert die christliche Literaturgeschichte im eigentlichen Sinne beginnt.

Nachneutestamentliches

1. Die Apostolischen Väter

Der Begriff „Apostolische Väter" ist nicht antik, sondern wurde von dem französischen Gelehrten Jean-Baptiste Cotelier (1629–1686) auf eine Gruppe von Schriften angewendet, die seiner Meinung nach aus der Zeit der Apostel stammten. Tatsächlich aber haben diese Texte untereinander keinen Zusammenhang, sondern ganz unterschiedliche Entstehungsbedingungen und

Uneinheitlichkeit

auch Inhalte. Für die Zeit des 2. Jahrhunderts, vor allem für dessen erste Hälfte, sind sie unverzichtbare Quellen, ohne dass sie ein geschlossenes Bild bieten könnten.

Ignatius von Antiochia Von großem Wert ist eine Sammlung von sieben Briefen, die von Ignatius, dem Bischof der syrischen Metropole Antiochia (heute Antakya) verfasst worden sind und die meistens in das frühe 2. Jahrhundert datiert werden. Auffällig ist aber, dass Ignatius eine Ordnung der kirchlichen Ämter zum Programm erhebt, die erst lange nach ihm zur Norm werden sollte. Ignatius selbst ist geprägt von einem bischöflichen Amtsbewusstsein, in dem er sich als „Gottesträger" tituliert und das von der Erwartung genährt wird, in Rom, wohin er von Soldaten verschleppt wird, das Martyrium zu erleiden. Diese hochgespannte Erwartung lässt ihn neben der Art, in der er seine Briefe schreibt – sie richten sich an Gemeinden auf seinem Weg – wie einen zweiten Paulus erscheinen. Wie die Briefe des Paulus, so wurden auch die des Ignatius später um weitere Schreiben ergänzt. Das Amtsbewusstsein des Ignatius ist klar hierarchisch: Unter dem Bischof rangieren die Presbyter, also die Priester. Eine eigene Gruppe bilden die Diakone, die nicht einfach den Presbytern unterstellt sind, sondern dem Bischof nahe stehen. Nicht nur zur Konstituierung einer Hierarchie aber ist das Bischofsamt bedeutsam: Vielmehr garantiert es die Einheit der Gemeinde, denn „wo der Bischof ist, da ist die Kirche". Deutlich ist, dass Ignatius seinen Anspruch gegen den anderer stellt, die für ihn Abweichler und Ketzer sind und die ihre eigenen Gottesdienste feiern. Indem er zugleich den Begriff „katholische Kirche" prägt, findet sich bei ihm die schon bei Paulus angelegte Vorstellung, „Kirche" (ekklesia) sei mehr als die Ortsgemeinde.

Didache Mögen die Ignatius-Briefe das persönliche Programm eines Einzelnen formulieren, so enthält die „Didache", dem Titel nach die „Lehre der 12 Apostel", konkrete Hinweise auf das kirchliche Leben des 2. Jahrhunderts. Allerdings sind weder Herkunft noch Entstehungszeit des Textes genau einzugrenzen. Im Zentrum steht die Taufe, die als Ziel einer ethischen Grundentscheidung angesehen wird, wobei es vor allem um die spezifisch christliche Begründung rechten Handelns geht: Der Mensch kann den Weg des Todes oder des Lebens gehen – der des Lebens läuft auf die Taufe zu. Für den Vollzug der Taufe werden nachhaltig geltende Regeln gegeben: Sie soll mit fließendem, kann aber auch mit stehendem Wasser vollzogen werden, und dies dreimal. Damit dürfte am ehesten ein Übergießen des Täuflings gemeint sein. Auch die Didache verrät einiges über die Ämterordnung, vor allem darüber, dass auch Frauen, nämlich Witwen reiferen Alters, an die kirchliche Hierarchie angegliedert sind: Sie werden für ihre private Fürbitte besoldet.

Wie vielfältig die den „Apostolischen Vätern" zugerechneten Schriften sind, zeigt der „Hirt des Hermas", eine Sammlung von visionären Texten, die um das Jahr 140 in Rom entstanden ist. Hermas ist der Name des Autors, der „Hirt" ist eine Offenbarergestalt. Bemerkenswert ist das sozialgeschichtliche Kolorit: Hermas ist ein freigelassener Sklave, der gegen die Reichen in der Gemeinde polemisiert. Interessant ist auch, dass Hermas nichts von einer Ämterhierarchie in der römischen Gemeinde weiß und ein individuelles, charismatisches Christentum repräsentiert. Hirt des Hermas

Einige Jahrzehnte vor dem „Hirten des Hermas", um das Jahr 100, entstand in Rom ein Brief, der später als I. Clemensbrief dem römischen Bischof Clemens zugeschrieben, aber von den römischen Presbytern gemeinsam verfasst wurde, jenem Kollegium also, in dem der Bischof zu dieser Zeit noch erster unter gleichen war. Das Schreiben ist gerichtet an die Leitung der Gemeinde in Korinth. Somit ist es ein erstes Zeugnis dafür, dass sich die römische Gemeinde ungefragt in die Angelegenheiten anderer Gemeinden einmischte. Anlass dieser Intervention war ein Konflikt unter den Presbytern in Korinth, in dessen Folge die einen die anderen für abgesetzt erklärt hatten. Die römische Reaktion ist ein Appell an Ordnungsvorstellungen, bei denen die kirchlichen Ämter als Teil der kosmischen, von Gott verbürgten Ordnung angesehen werden. Von besonderem Wert ist der I. Clemensbrief, weil er das erste Zeugnis für die Verehrung des Petrus und Paulus in Rom ist. I. Clemensbrief

Gar nicht im Zusammenhang mit dem „I. Clemensbrief" steht ein Text, der als „II. Clemensbrief" gezählt wurde, der gar II. Clemensbrief kein Brief ist und der seines Inhaltes wegen gerne die älteste christliche Predigt genannt wurde.

Barnabasbrief Nicht als generelle Stellungnahme, sondern als radikale Position zu lesen ist der um 130 geschriebene „Barnabasbrief": Er beinhaltet eine scharfe Ablehnung des Judentums, dies aber aus theologischen Gründen: Da die Juden die neue Offenbarung in Jesus Christus nicht akzeptieren, können sie auch ihre heiligen Schriften – im christlichen Verständnis das Alte Testament – nicht verstehen.

2. Die Apologeten

Apologetik Aus der Sicht heidnischer Polemik waren Christen „Atheisten", da sie nicht die richtigen Götter verehrten, und zudem Gestalten von zweifelhaftem Ruf. Auch ohne diese Überspitzungen waren Christen genötigt, sich mit der Skepsis der Nichtchristen auseinanderzusetzen. Mit dem 2. Jahrhundert beginnt die Blüte der Apologetik, also der literarischen Verteidigung des Christentums. Ob die apologetischen Schriften wirklich von Nichtchristen gelesen wurden oder ob sie eher der christlichen Selbstvergewisserung dienten, ist schwer zu gewichten, doch sprechen viele Argumentationslinien für den Versuch, sich anderen verständlich zu machen.

Hauptthemen In der Apologetik ist eine ethische und eine philosophisch-theologische Linie zu unterscheiden: So wird das Christentum als die bessere Ethik dargestellt, der gegenüber das Handeln der Nichtchristen als verwerflich disqualifiziert wird. In theologischer Hinsicht fällt auf, dass auf biblische Zitate und Anspielungen oft verzichtet und das Christentum als die bessere Philosophie dargestellt wird. Ein tragendes Motiv ist die Vorstellung des „Logos", des Offenbarungsmittlers, der als Schöpfungswort wirkte, der dann aus den Propheten, aber auch aus den antiken Philosophen sprach und der endlich in Jesus Christus vollends Gestalt gewann.

Apologeten Unter den Apologeten sind Justin (gest. um 160) mit seiner Apologie, Tertullian (gest. um 220) mit seinem „Apologeticum" und Origenes (um 185 – um 254) mit „Contra Celsum" die bedeutendsten. Justin verteidigte das Christentum nicht nur gegen heidnische Vorwürfe, sondern in seinem „Dialog mit dem Juden Trypho" auch gegen jüdische Anfragen. Am Ende des fiktiven Dialogs zeigt sich der jüdische Gesprächspartner erwartungsgemäß von den christlichen Argumenten überzeugt.

3. Die Auseinandersetzung mit Abweichlern

Schon die frühesten christlichen Schriften spiegeln Auseinandersetzungen mit Vertretern von Anschauungen wieder, die als „häretisch", also ketzerisch qualifiziert wurden. Da es vor der Konstantinischen Wende keine staatlichen Zwangsmaßnahmen gegen Abweichler gab, blieben die Auseinandersetzungen literarisch (wobei die Gegenposition meistens nur fragmentarisch belegt ist) oder wurden durch Ausschluss aus der Gemeinde manifest. So ist davon auszugehen, dass es an manchen Orten mehrere christliche Gemeinden gab; diesen Eindruck vermittelt schon Ignatius von Antiochia.

Art der Auseinandersetzung

Die anfangs wichtigsten unter den „Ketzern" waren diejenigen, die bestritten, Jesus Christus sei wirklich Mensch geworden, und die behaupteten, er habe als Gesandter Gottes nur zum Schein einen menschlichen Leib gehabt. Dem griechischen Wort „scheinen" (dokein) nach waren dies die „Doketisten". Als viel größere Gefahr wurden bald jene angesehen, die als „Gnostiker" nicht nur den Doketismus vertraten, sondern Jesus Christus zum Mittler einer göttlichen Offenbarung umprägten, der man durch Selbst-, Gottes- und Welterkenntnis, durch „Gnosis" nämlich, teilhaftig werden könne. Das massive Auftreten der Gnosis, die sich offensichtlich als vollendetes Christentum verstand, rief als ersten literarischen Bestreiter Irenaeus (gest. um 200), den Bischof von Lyon, auf den Plan. Irenaeus verfasste um 180 eine umfängliche Widerlegung der gnostischen Lehren, wobei er diese ausführlich zu Wort kommen ließ. Namentlich bekannte Urheber gnostischer Lehren waren unter anderen Valentinus und Basilides (beide gest. um 160).

Gnosis

Irenaeus stützte seine inhaltliche Auseinandersetzung durch ein Argument, das in der Auseinandersetzung mit Häretikern immer wieder eine große Rolle spielen sollte: Entscheidend für Wahrheitsansprüche war die rechte Tradition, die wiederum

Glaubensregel

durch die kirchlichen Amtsträger verbürgt wurde. Das Traditionsargument wurde somit personalisiert: Die Bischöfe konnten der Liste ihrer Vorgänger nachgehen und dabei womöglich sogar in „apostolischer Sukzession" stehen, nämlich die Gründung ihrer Gemeinde bis auf einen Apostel zurückführen – das prominenteste Beispiel dafür ist Rom, und Irenaeus kennt auch die dortige Bischofsliste. Gestalt gewann die von den Bischöfen verwaltete und fortgeschriebene Tradition in der „Glaubensregel" (Regula fidei), die von Ort zu Ort etwas unterschiedlich war und den späteren Glaubensbekenntnissen ähnelte. Da die Glaubensregel in der Hand der Bischöfe lag, wurde auch ihre Stellung gestärkt.

Kontrollfragen:

Kontrollfragen

1. Nennen Sie Autoren, die zu den „Apostolischen Vätern" gerechnet werden und charakterisieren Sie einen ausführlicher.
2. Was steht im Zentrum antiker christlicher Apologetik und wer sind ihre Hauptvertreter?
3. Welches Argument wird in der Auseinandersetzung mit „Ketzern" immer wieder verwendet?

2.2 Die ersten großen Theologen und die Anfänge der Trinitätslehre

Umbrüche

Die Theologie des Antiken Christentums formierte sich erst allmählich. Namen wie Justin und Irenaeus markieren zwar schon Autoren umfänglicherer Werke, doch haben sich diese noch nicht programmatisch mit den dogmengeschichtlich bedeutsamen Themen der Theologie befasst. Dies änderte sich entscheidend am Ende des 2. Jahrhunderts und dann im 3. Jahrhundert, als die Trinitätslehre zum zentralen Problem wurde. Das Verhältnis von Vater, Sohn und Heiligem Geist, zuvor zumeist recht unreflektiert gesehen, wurde nun von ambitionierten Theologen in ein System – einstweilen eher in konkurrierende Systeme – gebracht. Entschieden wurde diese Systemkonkurrenz erst im „Arianischen Streit" im 4. Jahrhundert (siehe 2.4.1.).

1. Tertullian

Tertullian, kein Kleriker, sondern ein christlicher Intellektueller in Karthago (nahe dem heutigen Tunis), war der erste in Latein schreibende Theologe. In Lyon, dessen Gemeinde enge Verbindungen nach Kleinasien hatte, und in Rom sprach und schrieb man in der christlichen Gemeinde Griechisch. Je mehr sich das Christentum in Nordafrika und überhaupt im Westen des Römischen Reiches etablierte, desto drängender wurde seine Übersetzung in die lateinische Sprachwelt. So entstanden aus praktischen Notwendigkeiten heraus Übersetzungen des griechischen Bibeltextes ins Lateinische, die in Unterscheidung von der späteren von Hieronymus (347–419) begonnenen „Vulgata"-Übersetzung „altlateinisch" (Vetus Latina) genannt werden.

Lateinische Bibel

Tertullian hinterließ ein bemerkenswertes literarisches Œuvre, das aus einer Vielzahl von praxisbezogenen und apologetischen Werken besteht, aber auch aus Schriften gegen Häretiker, denen gegenüber er seine Theologie profilierte. Wie Irenaeus, so stellte auch er Argumente gegen die Gnostiker zusammen. Viel wichtiger als diese Kontrahenten sind zwei weitere Gruppen. Zum einen sind dies die Anhänger Markions (ca. 85 – ca. 160): Dieser war um 140 Mitglied der römischen Gemeinde geworden, aber bald wieder aus ihr ausgeschlossen worden. Markion sah zwischen dem Neuen und dem Alten Testament keinen Zusammenhang. Der gnädige Gott, nämlich der Vater Jesu Christi, war nicht identisch mit dem zürnenden, richtenden Gott des Alten Testaments. Was im Neuen Testament auf das Alte Testament zurückverwies, ging nach Markions Ansicht auf „judaistische" Fälschungen zurück. Tertullians Anliegen war es nun, die inneren Zusammenhänge der beiden Teile der christlichen Bibel zu erweisen.

Markion

Von nachhaltiger Bedeutung war Tertullians Auseinandersetzung mit einer anderen Gruppierung, die in streng monotheistischer Tendenz die Einheit, die „Monarchie" Gottes hervorhob. Ihr Führer war ein gewisser Praxeas. Die „Monarchianer" kann man auch als „Modalisten" bezeichnen, da sie die drei trinitarischen Personen Vater, Sohn und Heiligen Geist nur als

Modalisten

unterschiedliche äußere Erscheinungsweisen (modi) des einen Gottes ansahen. Wie für Irenaeus, so war auch für Tertullian die in der „Regula fidei" niedergelegte Tradition ein schlagendes Argument.

Trinitätslehre Tertullians

Mit seinem gegen den „Monarchianer" oder „Modalisten" Praxeas gerichteten Werk schuf Tertullian im lateinischen Westen die Grundlagen der Trinitätslehre. Gegen die Einschmelzung der drei göttlichen Personen stellte er die Lehre von ihrer unterschiedlichen Funktion im Verlauf der Heilsgeschichte. Gott wurde so beschrieben als ein Wesen (una substantia) in drei Personen, wobei es vor allem um Gott den Vater und Jesus Christus ging – der Heilige Geist kam erst im 4. Jahrhundert als eigenständiges Thema in den Blick. Auch wenn Tertullian die drei göttlichen Personen durch ihre substanzielle Einheit prinzipiell als gleichrangig ansah, hatte sein Modell doch eine Tendenz zur graduellen Unterordnung des Sohnes unter den Vater.

2. Origenes

Clemens von Alexandria

In Alexandria war Origenes nicht der erste Theologe, der in einem produktiven Dialog mit der antiken Bildungswelt stand. Um das Jahr 200 hatte Clemens von Alexandria (um 150 – um 220) ein theologisches Programm entworfen, mit dem den Nichtchristen das Christentum näher gebracht werden sollte. Christus bzw. der mit ihm identifizierte ewige Logos wurde dabei als Lehrer und Erzieher stilisiert, der die Menschen über die Stufen eines allgemeinen Verständnisses in die Tiefendimensionen des christlichen Glaubens führte.

Trinitätslehre

Origenes entwickelte aus der Synthese von antiker Philosophie und christlicher Tradition ein theologisches System, das in Teilen später strittig wurde, obwohl man ihn weithin rezipierte. Origenes lebte in Alexandria, wo er als freier theologischer Lehrer, also ähnlich wie Tertullian nicht als Kleriker, tätig war. Seinem Ortsbischof wurde er als prominenter Theologe lästig, sodass er Alexandria verlassen musste. In Caesarea in Palästina fand er eine neue Heimat, und hier schuf er eines seiner Hauptwerke, die „Hexapla", eine Revision der Septuaginta, also der griechischen Übersetzung des Alten Testaments. Origenes war ebenso wie Clemens an der Dialogfähigkeit des Christentums gelegen. So bemühte er sich einerseits literarisch um die Widerlegung heidnischer Vorwürfe, andererseits aber knüpfte er an mittel- und neuplatonische Denkweisen an. Aus der damit verbundenen Vorstellung einer Hierarchie alles Seienden entwickelte er eine tendenzielle Unterordnung des Sohnes unter den Vater und des Heiligen Geistes unter den Sohn. Der Sohn (Logos) ist wie bei Justin „zweiter Gott"; der Heilige Geist ist noch stärker als der Logos von Gott dem Vater abgesetzt. Unter dem Heiligen Geist rangieren Geistwesen, von denen einige von Gott abgefallen sind. Damit verbindet sich die Vorstellung der Freiheit aller Geistwesen, sich auf Gott zu oder von ihm wegzubewegen, und damit der Gedanke einer Allversöhnung, also der Erlösung aller Seelen.

In seinem dogmatischen Hauptwerk, „De Principiis", stellte Origenes seine Theologie dar. Formal berief auch er sich dabei auf die Tradition, die es aber zu entfalten gelte. In De Principiis legte er zudem Rechenschaft über seine exegetische Methode ab: Der Bibeltext hat nicht nur einen wörtlichen, „fleischlichen" Sinn, sondern auch höhere, geistliche Verstehensebenen, da er sich nicht menschlicher Weisheit, sondern göttlicher Eingebung verdankt. Dementsprechend lässt sich der Text auch „geistlich" interpretieren, also in einem übertragenen, allegorischen Sinn. Origenes gab damit der Bibelauslegung ganz neue Möglichkeiten, wobei er sich schon an der Methodik des jüdischen Theologen Philo (um 15 v. Chr. – um 45) orientieren konnte. Nicht mehr nur typologische Entsprechungen wie Eva/Maria oder Adam/Christus waren nun möglich. Vielmehr konnte beispielsweise die Arche als Kirche, die Braut des Hohenliedes als Seele und der Auszug aus Ägypten als Flucht aus der Sünde gedeutet werden.

Allegorese

Kontrollfragen:

1. Wie beschreibt Tertullian die Trinitätslehre?
2. Welche Auslegungsmethode entwickelte Origenes?

Kontrollfragen

2.3 Die Inkulturation des Christentums in die spätantike Gesellschaft

Sozialgeschichte — Das Christentum war von vornherein nicht nur eine Religion der Unterschichten. Dieses falsche Bild ist auf der Grundlage heidnischer Vorwürfe und der Sozialromantik späterer Zeiten entstanden.

1. Inkulturation und Integration vor der Konstantinischen Wende

Logosvorstellung — Die gesellschaftliche Integration des Christentums auf vielen Ebenen ist um die Mitte des 3. Jahrhunderts deutlich erkennbar. In geistiger Hinsicht bot die von den Mittel- und Neuplatonikern, aber auch von den Stoikern geteilte Logos-Vorstellung einen Anknüpfungspunkt: Christlich gesehen war der Logos das Wort Gottes, das in Jesus Christus Mensch geworden war, und auch bei Platonikern und Stoikern hieß der Offenbarungsmittler Logos.

Cyprian — Von Anfang an wurde aus christlicher Sicht die Loyalität gegenüber dem Staat betont: Christen beten für den Kaiser, sie beten aber den Kaiser nicht an. Ein wichtiger Zeuge für eine starke Verankerung des Christentums in der spätantiken Gesellschaft ist Bischof Cyprian von Karthago (gest. 258), der ein Opfer der Verfolgung unter Kaiser Valerian wurde. Cyprian stammte selbst aus der städtischen Oberschicht, die zunehmend Zugriff auf kirchliche Leitungsämter hatte.

Verfolgungen — Schon vor der Konstantinischen Wende verstand sich das Christentum als integraler Bestandteil der antiken Gesellschaft – das einzige Gebiet, auf dem diese Integration verweigert wurde, war das der Religion. Dabei ist zu berücksichtigen, dass in vielen Bereichen des öffentlichen Lebens Religion eine große Rolle spielte. Christen führten keine Untergrundexistenz: Ihre Gemeindeleiter und Versammlungsräume waren bekannt. So stammt die älteste erhaltene Kirche aus der ersten Hälfte des 3. Jahrhunderts: Es handelt sich um ein umgebautes Wohnhaus, dessen Reste in Dura-Europos am Euphrat gefunden wurden. Erst im 3. Jahrhundert erlangten die Christenverfolgungen die Dimensionen, die in der Wahrnehmung der Nachwelt auch die früheren regionalen oder lokalen Pogrome hatten. So fand ein umfassender Zugriff des römischen Staates auf die Christen erst

249–251 durch Kaiser Decius, dann unter Kaiser Valerian und zu Beginn des 4. Jahrhunderts durch Kaiser Diokletian statt. Wenn Cyprian berichtet, viele Christen hätten das heidnische Opfer in der Verfolgung geleistet, spricht dies dafür, dass man die Bereitschaft zum Martyrium unter Christen nicht generell voraussetzen konnte und das Christsein sich bis dahin als selbstverständliches Merkmal bürgerlicher Existenz etabliert hatte.

2. Die Konstantinische und die Theodosianische Wende

Kaiser Konstantin, der 312 nach jahrelangen Kämpfen die Herrschaft über den Westteil des Reiches errungen hatte, favorisierte das Christentum. Ob er selbst in vollem dogmatischem Sinne Christ war, spielt dabei keine Rolle, denn er agierte als Kaiser, nicht als Privatmann. In dem christlichen Gott konnte er einen Förderer seiner Herrschaft sehen, und die Kirche war als Institution zu guten Zwecken nutzbar. Keineswegs aber machte Konstantin das Christentum von vornherein zur Staatsreligion, auch wenn sein größter Lobredner, der Kirchenhistoriker Eusebius von Caesarea, dies so darstellt. Vielmehr agierte der Kaiser vorsichtig, denn immerhin waren die Eliten und die Bevölkerung zu überwältigenden Teilen keine Christen. Andererseits stiftete er Kirchen wie die Grabeskirche in Jerusalem und verhalf dem Christentum damit zu einer ganz neuen Sichtbarkeit.

Religionspolitik

Dass Konstantin sich berufen sah, die Dinge der Kirche zu guten allgemeinen Zwecken zu ordnen, zeigte sich spätestens 325 bei seiner Intervention in den „Arianischen Streit" (siehe 2.4.1.). Schon bald nach der Errungung der Herrschaft über den Westteil des Reiches hatte Konstantin das Problem einer Kirchenspaltung in Nordafrika in den Griff zu bekommen versucht: Hier hatten sich Kleriker, die nach ihrem ersten Repräsentanten Donatus „Donatisten" genannt wurden, gegen andere gestellt, denen sie vorwarfen, in der vorhergehenden Verfolgung durch Kaiser Diokletian Verrat geübt zu haben. Die nordafrikanische Kirche blieb bis in die Zeit Augustinus' hinein gespalten. Konstantin erreichte nämlich gerade nicht sein Ziel, den Konflikt zu lösen. Ein Versuch dazu war im Jahre 314 die Einberufung einer Synode nach Arles, wodurch immerhin das Instrument der Synode politisch erprobt wurde.

Donatisten

Julian Dass Konstantin also Weichen in die Zukunft einer engen Beziehung von Staat und Kirche stellte, ist unübersehbar. Zugleich begann er mit einer rechtlichen Diskriminierung des Judentums. Allerdings wurde in den folgenden Jahrzehnten im „Arianischen Streit" klar, dass die Interventionen Konstantins und seiner Söhne in kirchliche Fragen Streitigkeiten noch beflügelten. Radikal Schluss damit wollte Kaiser Julian „der Abgefallene" (Apostata) machen, der das ererbte Christentum in seiner kurzen Herrschaftszeit (361–363) nochmals gegen ein philosophisch gestimmtes Heidentum eintauschte. Auch ohne seinen Tod in der Schlacht im fernen, mit seinem Zentrum im heutigen Irak liegenden Sasanidenreich wäre er mit seinen religionspolitischen Ambitionen wohl kaum zum Ziel gekommen, da die heidnische Priesterschaft nicht seine Erwartungen erfüllte, der Kirche etwas entgegenzusetzen. Allerdings war Julian zugleich ein Exponent eines immer noch massiven heidnischen Widerstandes gegen das Christentum. Julians Nachfolger knüpften wieder an die Religionspolitik Konstantins und seiner Söhne an, doch gab es auch noch Männer wie den Rhetor Libanius (314–393) und den römischen Senator Symmachus (gest. 402). Beide traten für Toleranz gegenüber der traditionellen Religion ein und hatten dabei nichts zu fürchten.

Theodosius I. Theodosius I. (der Große, 347–395) erst vollendete die Konstantinische Wende, sodass sich von einer Theodosianischen Wende sprechen ließe. Durch ihn kam der Arianische Streit zum Abschluss, und durch ihn wurde eine antiheidnische Politik forciert, ohne dass allerdings die entsprechenden Gesetze immer für bare Münze genommen werden müssen. Von Theodosius führt der Weg ins westliche Mittelalter und im Osten in den byzantinischen Einklang von Kaisertum und Kirchenführung.

3. Rückzug in eine neue Welt: Eremiten und Mönche

Anfänge Man hat die Entwicklung des Eremiten- und Klosterwesens als Reaktion auf die staatliche Förderung des Christentums, die man als „Verweltlichung" deutete, sehen wollen, doch ist die Geschichte der christlichen Askese in jedem Falle älter. Sie wurde zuerst in den Gemeinden durch regelmäßiges Fasten geübt. Schon früh gab es die geregelte Existenz als asexuell lebende Jungfrau oder Witwe; seit dem 3. Jahrhundert sind in Syrien Asketengruppen bezeugt.

Auch der erste große Eremit entwickelte seine Lebenspraxis noch vor der Konstantinischen Wende: Dies war Antonius der Große (251–356), dem Athanasius (um 295–373) mit seiner „Vita Antonii" ein interessegeleitetes Denkmal setzte, war doch Antonius in den Augen des Athanasius ein Vorkämpfer gegen den Arianismus (siehe 2.4.1) und ein treuer Gefolgsmann seines Biografen. Zweifelsohne war Antonius eine weithin bekannte Persönlichkeit, und er hatte Mühe, dem schon zu seinen Lebzeiten einsetzenden Wallfahrtstourismus zu entgehen. {Antonius}

Zur gleichen Zeit gründete ebenfalls in Ägypten Pachomius (um 292–347) die ersten Klöster, denen er feste Regeln gab. Außerdem gab es Menschen, die halb als Einsiedler und halb klösterlich lebten, indem sie sich zu Zellensiedlungen zusammenschlossen. In Kleinasien sammelte Basilius (um 330–378) die Asketen. In Syrien war die asketische Szene ungleich ungeordneter, hier gab es ungebundene Gruppen von Asketen, die für Unruhe sorgten. Im Westen lebten Männer wie Augustinus in asketischen Wohngemeinschaften zusammen, die sich aber auch wieder auflösen konnten. Ein wichtiges Phänomen der asketischen Szene waren im 4. und 5. Jahrhundert Frauen, die hier ein neues Lebensideal und Betätigungsfeld fanden. Einige stammten aus angesehenen Familien, waren gebildet und gründeten Klöster im Heiligen Land, das sich seit der Konstantinischen Wende zum Pilgerzentrum entwickelt hatte. Hierher hatte es auch Männer wie Hieronymus gezogen. {Lebensformen}

4. Kirchliches Leben

Die christliche Taufe ist religionsgeschichtlich nicht ableitbar: Sie ist kein rituelles Reinigungsbad, sondern einmalig. Am ehesten ist sie mit der von Johannes dem Täufer gepredigten und an Jesus vollzogenen Taufe vergleichbar. In christlicher Sicht ist mit der Taufe eine Vergebung der Sünden und die Verleihung des Heiligen Geistes verbunden. Das Christsein begann aber nicht erst mit der Taufe: Dieser ging eine lange, intensive Vorbereitungszeit, der Katechumenat, voraus, in dessen Verlauf die Tauf- {Taufe} bewerber belehrt wurden und während dessen man ihren Leumund prüfte. Dies schließt nicht aus, dass auch Kinder getauft wurden. Für alle Christen war durch die Taufe eine besondere Lebensführung gefordert. Danach begangene Sünden konnten kaum noch vergeben werden. Erst allmählich schuf die Einführung der Buße hier Abhilfe. Grundsätzlich lebten die Christen die bürgerliche Ethik ihrer Zeit, wenn auch mit besonderer religiöser Begründung. Allerdings war die tätige Nächstenliebe, also die Diakonie der christlichen Gemeinden etwas Besonderes. Dafür steht auch Martin von Tours (316–397), der der Legende nach seinen Mantel teilte, um einem Bettler zu helfen, und dem daraufhin im Traum Christus erschien, der ihm offenbarte, er sei dieser Bettler gewesen.

Bekenntnisse Die Täuflinge legten ursprünglich bei der Taufe kein Bekenntnis ab. Vielmehr akzeptierten sie einen ihnen vorgesprochenen, an die Glaubensregel angelehnten Text mit ihrem Ja. Erst seit dem späten 4. Jahrhundert ist ein aktives Bekennen bezeugt. Unterdessen hatte sich im Osten mit dem Bekenntnis von Nicaea-Konstantinopel (siehe 2.4.1) ein Text mit hoher Verbindlichkeit etabliert. Ihm gleich kam im Westen das „Romanum", aus dem das „Apostolische Glaubensbekenntnis" hervorging, welches der Legende nach von den Aposteln verfasst wurde.

Kirchenjahr Das christliche Leben war von Festen strukturiert: Der sonntägliche Gottesdienst, in dem die Predigt und die Eucharistie, also das Abendmahl, im Zentrum standen, gab den Rhythmus vor. Hinzu kamen alsbald die Gedenktage für Martyrien und die großen Kirchenjahresfeste, unter denen das Osterfest das älteste ist, während Weihnachten erst seit der zweiten Hälfte des 4. Jahrhunderts gefeiert wurde. Um den Termin des Osterfestes kam es am Ende des 2. Jahrhunderts zu Streitigkeiten, da die einen Ostern als christliches Passa am 14. Tag des jüdischen Mondmonats Nisan ansetzen, die anderen es als Auferstehungstag auf einen Sonntag verlegen wollten. Erst allmählich bildete sich die Regelung heraus, Ostern am ersten Sonntag nach dem ersten Vollmond nach dem Frühlingsanfang zu feiern.

Ämter Ignatius nahm in seiner Amtstheologie Entwicklungen vorweg, die sich erst im Laufe des 2. Jahrhunderts verfestigen sollten: Der Bischof wurde vom Sprecher des Presbyterkollegiums zu dessen Oberhaupt. Der Klerus schied sich von den nicht geweihten Laien, und eine Sakralisierung der Ämter des Bischofs und des Presbyters (Priesters) stellte sich nach alttestamentlichem Vorbild ein. Die Bischöfe kamen durch das Bußverfahren und die Verwaltung des Vermögens der Gemeinde in eine Schlüsselstellung, die sie nach der Konstantinischen Wende noch ausbauen konnten. Der römische Bischof musste wie die Patriarchen von Alexandria, Konstantinopel und Antiochia in dieser Zeit seine Ansprüche erst etablieren.

Von Anfang an hatten es die kirchlichen Ämter mit charismatischer Konkurrenz zu tun. Hierzu zählten wandernde Propheten, später die Asketen und um 170 die nach einem gewissen Montanus benannten „Montanisten", die sich selbst als „Neue Prophetie" bezeichneten und unter denen Prophetinnen, namentlich eine Priska und eine Maximilla, eine wichtige Funktion hatten. Sie predigten in prophetischer Ekstase das Ende der Welt und bauten eine Art Gegenkirche auf. Um 250 hatte Cyprian von Karthago damit zu tun, die Ansprüche von „Bekennern" auf Teilhabe an der Gemeindeleitung abzuweisen – allerdings hatten solche Ansprüche von Menschen, die Verfolgungen überstanden hatten, durchaus Tradition.

Charismatiker

Eine zunehmend prekäre Stellung hatten Amtsträgerinnen, die als asketisch lebende Witwen geduldet waren, aber ihren in Syrien bestehenden Status als Diakoninnen (in Parallele zu den männlichen Diakonen) allmählich verloren. Die von Frauen offensichtlich praktizierte Lehre in der Gemeinde wurde kritisiert. Dafür spricht schon die bei Tertullian zu findende Kritik an den Paulus- und Thekla-Akten: Diese gaben dem Apostel eine Apostelin bei, und auch wenn Thekla keine historische Gestalt war, wurde sie doch sehr populär.

Frauen

Kontrollfragen:

1. Ordnen Sie die großen Verfolgungen in die Geschichte des Christentums in der Antike ein.
2. Was ist die Konstantinische Wende?

Kontrollfragen

2.4 Die Fixierung der Trinitätslehre und der Zweinaturenlehre

Hauptthemen Tertullian, Origenes und andere zeugen davon, dass sich allmählich jene theologischen Fragen herausbildeten, aus deren Diskussion Definitionen zur Lehre von der Dreieinigkeit Gottes und vom Verhältnis von Gottheit und Menschheit in Jesus Christus erwuchsen – allerdings blieben gerade in Bezug auf den zweiten Komplex die Definitionen der „Zweinaturenlehre" oder „Christologie" strittig.

1. Der Arianische Streit und die Konzilien von 325 und 381

3. Jahrhundert Für die Bestimmung des Verhältnisses der drei göttlichen Personen Vater, Sohn und Heiliger Geist lagen im 3. Jahrhundert konkurrierende Modelle vor: Einander gegenüber standen sich der von Praxeas und einem gewissen Sabellius vertretene Modalismus und die von Origenes und anderen gelehrte wenigstens tendenzielle Unterordnung des Sohnes und des Geistes unter Gott den Vater. Tertullian und in seiner Folge andere westliche Theologen beschritten den zukunftsträchtigen Weg, die Einheit und die Dreiheit miteinander auszugleichen, wenn auch einstweilen ebenso mit der Tendenz einer Unterordnung. Vor der Konstantinischen Wende konnten die trinitarischen Modelle unausgeglichen nebeneinander stehen bleiben. Um 260 zeigten sich mögliche Konfliktlinien: Bischof Dionysius von Alexandria betonte die Unterordnung des Logos, sein Kollege Dionysius von Rom die Gleichordnung, und der antiochenische Bischof Paul von Samosata vertrat um 270 eine modalistische Position.

Proverbien 8,22 Einen der theologischen Kerne des Problems bildete die Interpretation eines Verses aus dem Buch der Sprüche (Proverbien). Hier heißt es in Kapitel 8,22: „Der Herr hat mich geschaffen am Anfang seiner Wege zu seinen Werken." Gesprochen wird dieser Satz von der Weisheit, doch las man den Satz mit christlichen Augen als eine Aussage des Logos, der hier als Mittler von Gottes Schöpfungswillen spreche. Strittig waren die Worte „am Anfang seiner Wege". Wer für eine Unterordnung des Logos unter den Vater eintrat, sah hier einen klaren biblischen

Beweis für seine Auffassung, denn wo es einen Anfang gibt, ist die unanfängliche Ewigkeit verlassen. Mochte der Sohn auch das vornehmste Geschöpf sein, aus dem alle anderen hervorgegangen waren: Gleichewig mit dem Schöpfer war er nicht. Auch den Vertretern einer Gleichewigkeit von Vater und Sohn aber konnte die Bibelstelle als Beleg dienen, denn der „Anfang" konnte durchaus noch zur Ewigkeit gerechnet werden. Mit der Anführung von Bibelstellen allein ließen sich solche Probleme nicht lösen, und schon Tertullian hatte ja dazu geraten, die Tradition als Maßstab heranzuziehen. Auch diese konnte aber keine Lösung bereithalten, denn das Problem war neu.

Indem der alexandrinische Presbyter Arius (um 260–336) die bei Origenes zu findende Tendenz zur Unterordnung des Logos betonte, wurde er zum Auslöser des Arianischen Streites. Unter Berufung auf die Tradition und geeignete Bibelstellen sah er sich in bester Gesellschaft, wenn er die Ewigkeit des Logos bestritt: „Es war einmal, dass er nicht war". Der Logos war Schöpfungsmittler, aber dem Schöpfer nicht gleich, sondern selbst ein Geschöpf, wenn auch ein vor allen übrigen geschaffenes. Hierin bezog sich auch Arius auf Proverbien 8,22. Mit diesen Auffassungen meinte Arius sich im Einklang mit seinem Bischof Alexander von Alexandria (gest. 328) zu befinden, der aber die von Origenes ausgehende Tendenz nicht derart radikalisieren wollte. Ihm ging der ambitionierte Presbyter Arius, der in der Großstadt Alexandria eine eigene Gemeinde leitete, zu weit, und er versuchte ihn um das Jahr 320 in die Schranken zu weisen. Nun eskalierte der Konflikt: Arius fand Anhänger wie Gegner.

Arius

Konstantin dehnte im Jahre 324 seine Herrschaft nach einem Krieg gegen den Kaiser des östlichen Reichsteils, Licinius, auf diesen Teil des Reiches aus. Hier stieß er auf die Kontroversen um Arius, die ihm wie ein nachrangiger Streit zwischen Philosophenschulen erschienen. Die von ihm erhoffte Einigung auf gutes Zureden hin kam aber nicht zustande. Konstantin versuchte den Konflikt zu lösen, indem er ein Konzil einberief, das 325 in Nicaea tagte und das später als I. Ökumenisches Konzil gezählt wurde. Den Vorsitz führte der Kaiser selbst. Arius wurde als Ketzer verurteilt. Um die Frage des Verhältnisses von Gott

Nicaea 325

dem Vater und dem Logos, dem Sohn also, zu klären, wurde auf der Grundlage älterer Formeln ein Text verabschiedet, der die Ewigkeit des Sohnes festschrieb: Er sei geboren aus dem Wesen des Vaters und eines Wesens (homoousios) mit dem Vater.

Athanasius Allerdings spielte dieser Text, das „Bekenntnis" von Nicaea, für ein Vierteljahrhundert keine Rolle mehr. Konstantin rehabilitierte Arius bald nach dem Konzil und setzte auf eine Kompromisspolitik. Im Weg war ihm dabei der seit 328 amtierende Nachfolger des Bischofs Alexanders von Alexandria, Athanasius. In den folgenden Jahrzehnten blieb Athanasius ein entschiedener Gegner der Theologie des Arius und aller derer, die er für dessen Nachfolger hielt. In seinen Augen konnte die Lehre des Arius die Erlösung des Menschen nicht garantierten, musste doch Jesus Christus dazu in vollem Sinne Gott sein. Für Konstantin und seine Nachfolger war Athanasius ein Störenfried, und so wurde er in den nächsten Jahrzehnten fünfmal ins Exil geschickt. Die Gegner des Nicaenums, die hinter dem homoousios modalistische Tendenzen vermuten konnten und darum nicht schlichtweg Arianer waren, bildeten eine starke Mittelgruppe. Eine 342 oder 343 in Serdika (Sofia) durchgeführte Synode spaltete sich in Anhänger und Gegner des Athanasius.

Parteien Neue Dynamik bekamen die Kontroversen nach dem Jahr 350. Athanasius hatte zu dieser Zeit das Nicaenische Bekenntnis mit dem „homoousios" zu propagieren begonnen. Constantius II. (317–361), einer der Söhne Konstantins, versuchte eine politische Lösung der Konflikte zu erzwingen, indem er 357 und 359 auf Synoden in Sirmium Glaubensformeln beschließen ließ, die das Nicaenische Bekenntnis und die Rede von der einen „ousia" überflüssig machen sollten. Dahinter standen Theologen, die das Verhältnis von Vater und Sohn in der Gottheit als „ähnlich" (homoios) definierten. Getragen wurde diese Definition vor allem von Anhängern der kaiserlichen Kirchenpolitik, den „Homöern". Neben den Homöern bildete sich eine noch radikalere Gruppe, die „Anhomöer", die das Verhältnis von Vater und Sohn als unähnlich bezeichneten und damit noch einmal ein radikales Unterordnungsmodell zu etablieren versuchten. Vor allem aber gab es die Erben der schon um 340 erkennbaren Mittelgruppe, die zwischen den Homoousianern und den Homöern stand. Dies waren nun die „Homoiousianer", die nicht das Verhältnis von Vater und Sohn ähnlich nannten, sondern ihr Wesen. Sie gingen also nicht den Weg der Homoousianer, da auch sie die Ausage, das Wesen von Vater und Sohn sei gleich, für modalistisch hielten.

Nachdem Constantius II. im Jahre 353 auch die Herrschaft über den Westteil des Reiches errungen hatte, wollte er dort ebenfalls Theologie und Kirche auf seine Linie einschwören. Im Westen hatte Athanasius starken Rückhalt. Hier, nämlich in Trier und Rom, hatte er seine ersten beiden Exile verbracht, hier stand man in der trinitätstheologischen Tradition Tertullians. Schließlich sollte Ambrosius von Mailand (333–397) zum Vorkämpfer gegen den arianischen Einfluss im Westen werden. Er war hier der einflussreichste Kirchenführer: Ursprünglich in staatlichen Diensten stehend, war er 374, ohne die kirchlichen Weihestufen zu durchlaufen, zum Bischof von Mailand gewählt worden, das Rom als Kaiserresidenz abgelöst hatte. Constantius II. aber erzwang die Verurteilung des Athanasius auf westlichen Synoden in Arles (353) und Mailand (355). Widerspenstige unter den westlichen Bischöfen wie Hilarius von Poitiers (um 315–367) schickte er ins Exil in den Osten, wo sie die arianische, also homöische oder anhomöische Position erst richtig kennenlernten.

Westreich

Die Politik Kaiser Constantius' II. scheiterte. 361 starb er; sein Nachfolger Julian versuchte die innerkirchlichen Konflikte für seine Politik zu nutzen. Er ließ alle verbannten Bischöfe, unter ihnen auch Athanasius, frei, um das Christentum und die Kirche zu schwächen. Athanasius aber berief eine Synode ein, die 362 in Alexandria tagte und auf der es zu einer Verständigung von Homoousianern und Homoiousianern auf der Grundlage des Nicaenischen Bekenntnisses kam. Nach Julians baldigem Tod übernahmen dann Theologen in Kleinasien die Initiative: Die drei Kappadokier Gregor von Nyssa (um 330 – nach 394), Gregor von Nazianz (329–390) und Basilius von Caesarea (329–379) entwickelten eine Trinitätslehre, die der Tertullians nicht unähnlich war: Vater, Sohn und Heiliger Geist wurden beschrieben als drei „Hypostasen" (Tertullian: Personen), die ein Wesen („ousia" – Tertullian: „substantia") waren.

Kappadokier

Konstantinopel 381 Damit lief alles auf die Regelung der Konflikte auf dem II. Ökumenischen Konzil von Konstantinopel im Jahre 381 zu. Seit 379 herrschte Kaiser Theodosius der Große über das Gesamtreich, der energisch gegen den Arianismus vorging und die Theologie der kappadokischen Theologen stützte. So wurde 381 an das Konzil von Nicaea und dessen Bekenntnis angeknüpft: Das „homoousios" wurde bestätigt. Unterdessen hatte sich ein ganz neuer Konfliktherd entwickelt. Die Stellung des Heiligen Geistes war bisher kein Problem gewesen, doch im Zuge der Tendenz, den Sohn dem Vater unterzuordnen, war der Geist immer deutlicher dem Sohn untergeordnet und seine Göttlichkeit bestritten worden. Die „Pneumatomachen", also die Bestreiter einer göttlichen Stellung des Heiligen Geistes, nannten diesen ein Werkzeug Gottes und führten dafür alttestamentliche Belege an. Zwar konnten sich auch die kappadokischen Theologen nicht dazu entschließen, den Begriff „homoousios" auf den Heiligen Geist auszudehnen, doch maßen sie diesem gleiche Verehrung wie Vater und Sohn und eine gleichberechtigte Stellung in der Trinität zu. Während das Bekenntnis von Nicaea mit dem Satz endete „Wir glauben an den Heiligen Geist", wurden nun Formulierungen ergänzt, in deren Mittelpunkt die mit Vater und Sohn gleichrangige Anbetung und Verherrlichung des Heiligen Geistes stand.

2. Der Streit um die Zweinaturenlehre und die Konzilien von 431 und 451

Apollinaris Zu der Zeit, als die Trinitätslehre auch im Osten des Reiches eine nachhaltige Definition bekam, bahnte sich schon der nächste Konflikt an. Theologen wie Athanasius hatten die Gottheit des Logos, der in Jesus Christus Mensch geworden war, gegen die Vertreter des Arianismus stark hervorgehoben. Die Menschheit Jesu Christi fand demgegenüber wenig Aufmerksamkeit. Von einem Schüler des Athanasius wurde diese alexandrinische Tendenz radikalisiert: Apollinaris von Laodicea (um 310–390) sah die Menschheit Jesu Christi nicht als eigenständig an: Christus sei der „Gott im Fleisch". Apollinaris wurde nachgesagt, er habe behauptet, Jesus habe seinen Leib vom Himmel mitgebracht.

Die Frage war nun, wie die Menschheit Jesu Christi, seine menschliche Natur, aufzufassen sei. War sie wie im älteren Doketismus nur scheinbar vorhanden oder jedenfalls zweitrangig? Dies bestritten die Gegner des Apollinaris, die in Syrien in der Umgebung von Antiochia zu Hause waren. Sie gingen davon aus, dass sich der ewige Logos nicht nur mit menschlichem Fleisch als einem Anhängsel, sondern mit einem ganzen Menschen mit Leib und Seele verbunden habe. Jesus Christus hatte also auch einen menschlichen Willen, der sich aber gehorsam dem Willen des Logos unterordnete. Vertreter dieser Position waren Theodor von Mopsuestia (um 350–428), Diodor von Tarsus (gest. 392) und vor allem Nestorius (um 380 – um 450), der Presbyter in Antiochia gewesen und 428 Bischof von Konstantinopel geworden war. Antiochener

Die alexandrinische und die antiochenisch-syrische Position prallten um 430 aufeinander. Kyrill (gest. 444), der Bischof von Alexandria, hatte von den Lehren des Nestorius Kenntnis erhalten und griff diesen scharf an: Nestorius, sein Vorwurf, spalte Jesus Christus in Gottheit und Menschheit. Kyrill betonte ihm gegenüber die „natürliche Einung" beider Naturen, übernahm Aussagen des Apollinaris und sprach von der „einen menschgewordenen Natur des Gott-Logos". Tatsächlich wurde von Nestorius und seinen Vorgängern die Einheit von Gottheit und Menschheit in der Person Jesu Christi nur schwach dargestellt – dies war der Preis für die Annahme einer vollständigen Menschheit Jesu Christi. Andererseits ließ die Position Kyrills nach der Vollständigkeit der menschlichen Natur Jesu Christi fragen. Alexandriner

Kyrill ließ Nestorius 430 auf einer Synode in Alexandria in zwölf Verfluchungen (Anathematismen) verurteilen. Diese „Zwölf Anathematismen" waren und blieben ein Schlüsseldokument für die alexandrinische Position. Der Kaiser, Theodosius II. (401–450), versuchte den Konflikt zu lösen und griff auf das bewährte Mittel eines Konzils zurück. Dieses, das später als III. Ökumenisches Konzil gezählt wurde, wurde 431 in Ephesus abgehalten. Statt zu einer Lösung führte es allerdings zu einer Verschärfung des Konflikts. Die Vertreter der beiden Parteien verwarfen sich gegenseitig. Der Kaiser erzwang eine Verurteilung des Nestorius, Ephesus 431 der fortan von der Bühne der Auseinandersetzungen verschwand. Kyrill sollte stillhalten, doch er tat alles andere als das.

Eutyches Immerhin kam es 433 noch einmal zu einem Einigungsversuch. Entscheidend beteiligt daran waren Bischof Johannes von Antiochia (gest. 441) und der Kirchenhistoriker Theodoret von Kyrrhos (393 – um 460), beide Vertreter der antiochenisch-syrischen Position. Die „Union" von 433 beinhaltete im Wesentlichen eine Annäherung der Syrer an Kyrill, sie hatte aber keine langfristige Bedeutung. Die Streitigkeiten eskalierten wieder, als sich am Ende der 40er-Jahre in Konstantinopel der Mönch Eutyches (um 380 – um 450) zu Wort meldete, der meinte, Kyrill dahingehend verstehen zu können, dass die zwei Naturen von Göttlichkeit und Menschlichkeit Jesu Christi durch seine Menschwerdung zu einer verschmolzen waren. Kaiser Theodosius II. stellte sich hinter diese Auffassung und ließ sie 449 auf einer Synode in Ephesus bestätigen. Anwesende römische Vertreter sprachen nach ihrer Rückkehr in den Westen von einem „latrocinium", einer „Räubersynode".

Leo Die Favorisierung der Position des Eutyches hatte nicht lange Bestand: 450 starb Theodosius II., und sein Nachfolger Markian (um 390 – 457) schlug einen ganz anderen Kurs ein. Er stellte sich gegen Eutyches und wollte mit einem weiteren Konzil eine Lösung herbeiführen. Inzwischen hatte auch der Westen klar Stellung bezogen: Leo der Große (um 400–461), der Bischof von Rom, hatte seinem Amtskollegen Flavian von Konstantinopel (gest. 449) ein Lehrschreiben übersandt, in dem er die westliche Tradition darstellte: Gottheit und Menschheit sind vollständig vorhanden, sie geben einander aber in einer „Communicatio idiomatum" Anteil an ihren Eigenschaften (griechisch: idiomata) und bilden gemeinsam eine Person. So kann Christus einerseits Wunder tun und auferstehen, andererseits essen und trinken und leiden.

Chalkedon 451 451 fand das später als IV. Ökumenisches gezählte Konzil in Chalkedon auf der Konstantinopel gegenüberliegenden Seite des Bosporus statt. Eutyches wurde ebenso verurteilt wie die syrische Position. Man sah sich in einer Tradition mit dem Bekenntnis von Nicaea (gemeint war das von Konstantinopel), das man weiter auslegen wollte. Das Verhältnis von göttlicher und menschlicher Natur in Jesus Christus wurde nun mit den Begriffspaaren „unvermischt und unverwandelt" und „ungetrennt und ungeschieden" umschrieben. Diese Negativdefinitionen richteten sich gegen Eutyches auf der einen und die Syrer auf der anderen Seite.

3. Der weitere Konflikt um die Zweinaturenlehre

Mit dem Konzil von Chalkedon waren die Konflikte nicht beseitigt. In Rom und Konstantinopel konnte man zufrieden sein, doch als die Teilnehmer aus Ägypten und Palästina in ihre von der Theologie Kyrills beeinflussten Gemeinden zurückkehrten, wurden sie als Verräter und Anhänger des Nestorius beschimpft. Die Opposition gegen die Formel von Chalkedon war massiv und führte zu einer Kirchenspaltung: Während oftmals Bischöfe von Konstantinopel aus eingesetzt wurden, die Chalkedon anhingen, gab es zugleich Bischöfe, die im Geiste Kyrills lehrten. Seit dem 6. Jahrhundert galten sie als „Monophysiten", obwohl sie anders als Eutyches keine Verschmelzung der Naturen propagierten. Die oströmische und bald byzantinisch zu nennende Politik schwankte zwischen gewaltsamer Unterdrückung und Kompromissen. Langfristig etablierten sich nun „orientalisch-orthodoxe" Kirchen, von denen die koptische in Ägypten die bekannteste wurde.

„Monophysiten"

Der erste Versuch eines Kompromisses war im Jahre 482 eine „Einigungsformel", nämlich das vom Konstantinopler Patriarchen Acacius (gest. 489) konzipierte „Henotikon", mit dem sich die byzantinische Kirchenpolitik den Anhängern Kyrills annähern wollte. Die Beschlüsse von Chalkedon wurden damit faktisch außer Kraft gesetzt. Die Zeit war günstig, denn in Alexandria, wo es zwei konkurrierende Bischöfe (also ihrer Stellung nach Patriarchen) gegeben hatte, amtierte durch den Tod des anderen nur noch einer, der jetzt von beiden Parteien anerkannt werden konnte.

Henotikon

Die Verdrängung der Beschlüsse von Chalkedon durch das Henotikon war wiederum der Grund für den römischen Bischof Felix II. (gest. 492), 484 dem Patriarchen Acacius die kirchliche Gemeinschaft aufzukündigen. Dieses „Akakianische Schisma" hielt an, bis die oströmisch-byzantinische Seite 519 wieder auf

Akakianisches Schisma

eine rigide Politik gegenüber den Anhängern der Theologie Kyrills einschwenkte. Sichtbar war nun aber, dass die Kirchen im Westen, im byzantinischen Kerngebiet und in den östlichen Gebieten des Reiches auseinanderdrifteten.

„Nestorianer" In Syrien hatten sich unterdessen dramatische Entwicklungen vollzogen: Die Anhänger Kyrills gewannen hier durch die Rückendeckung der kaiserlichen Kompromisspolitik die Oberhand gegenüber den Vertretern der ursprünglichen, von Diodor, Theodor und Nestorius repräsentierten Theologie. Diese als „Nestorianer" beschimpften Christen zogen sich weiter in den Osten des Reiches zurück; die meisten von ihnen wurden dann im Sasanidenreich heimisch, das ihnen auch nicht wohlgesonnen war, aber sie nicht den Zwängen christlicher Religionspolitik unterwarf. Daraus entwickelte sich langfristig die „Apostolische Kirche des Ostens".

Kontrollfragen:

Kontrollfragen
1. Worum ging es im Arianischen Streit und wie verlief er?
2. Worum ging es im Streit um die Zweinaturenlehre und wie verlief er?

2.5 Augustinus

zeitliche Einordnung
Zur gleichen Zeit, als im Osten des Reiches die Streitigkeiten um die Zweinaturenlehre tobten, wirkte in Nordafrika der bedeutendste lateinische Theologe, Augustinus.

1. Augustinus' Weg zur Taufe

Manichäismus Augustinus wurde in der nordafrikanischen Stadt Thagaste geboren. Seine Mutter Monica war Christin, nicht aber der Vater. Augustinus war ein ambitionierter junger Intellektueller, der im Christentum einstweilen keine geistige Herausforderung fand. Diese stellten für ihn vielmehr Cicero und der Neuplatonismus dar, vor allem aber über lange Jahre der Manichäismus, der von einem guten und einem bösen Gott wusste und von ewigen Lichtfunken, die in der finsteren Materie des Leibes eingeschlossen waren. Das Böse ließ sich so mit der Existenz eines bösen Gottes und der Wirkung der bösen Materie erklären.

Nach langen Jahren brach Augustinus mit dem Manichäismus, der doch nicht hielt, was er versprach. Als er 384 als Lehrer der Rhetorik nach Mailand kam, lernte er dort Bischof Ambrosius kennen, einen Mann, der ihm imponierte und dessen an die allegorische Methode angelehnten Predigten ihm tiefere Dimensionen des Bibeltextes erschlossen. Nach intensivem Nachdenken und einer Art Bekehrungserlebnis in einem Garten, bei dem eine Bibelstelle aus dem Römerbrief eine Rolle spielte (Röm 13,13), entschloss er sich zur Taufe, die er zu Ostern 387 durch Ambrosius empfing.

„Bekehrung"

2. Grundzüge der Theologie des Augustinus

Der Theologe Augustinus lässt sich am ehesten an den Schwerpunkten einzelner von ihm verfasster Werke darstellen. Schon seine „Bekenntnisse" (Confessiones) sind ein theologisches Werk, auch wenn sie sich als Autobiografie geben und alle wesentlichen Informationen aus Augustinus' Leben vor seiner Taufe enthalten. Augustinus verfasste diese „Bekenntnisse" aber erst rund zehn Jahre nach seiner Taufe, als er Bischof von Hippo Rhegius in seiner nordafrikanischen Heimat geworden war, und sie sind somit auch als eine Art Rechenschaftsbericht zu lesen: Augustinus macht hier glaubhaft, dass er mit dem Manichäismus gebrochen hatte. Außerdem lassen die „Confessiones" zentrale Motive der Theologie ihres Autors anklingen, die später weiterentwickelt werden: Hierzu zählt die Erkenntnis der Macht der Sünde, aus der nur die Gnade Gottes retten kann, hierzu zählen aber auch Überlegungen zum Thema Zeit und Ewigkeit.

Confessiones

Zu den Werken des Augustinus, die die weitere Theologie- und Literaturgeschichte nachhaltig beeinflussten, gehört sein Werk vom „Gottesstaat" (De Civitate Dei). Mit der Abfassung begann er, nachdem die Goten im Jahre 410 Rom kurzzeitig erobert und geplündert hatten. So ist der ursprüngliche Sinn des Werkes ein apologetischer: Die Geschichtsmächtigkeit des christlichen Gottes soll gegen heidnische Vorwürfe erwiesen werden. In den folgenden Jahren – und Augustinus schrieb bis 426 an diesem Werk – änderte sich sein theologisches Anliegen. Jetzt ging es darum, den Sinn der Weltgeschichte, ihrer Anfänge, ihres wei-

De Civitate Dei

teren Verlaufs und ihres Endes, zu erhellen: Die Menschen aller Zeiten gehören zu zwei „Civitates", also „Bürgerschaften", nämlich der irdischen (Civitas terrena) oder der Gottes (Civitas Dei). Gott hatte nämlich beschlossen, die Reihen der einmal abgefallenen und für die Ewigkeit vorgesehenen Engel mit Menschen aufzufüllen. Diese sind von Gott vorherbestimmt (prädestiniert), sie sind aber nicht identifizierbar. Somit ist die Bürgerschaft Gottes auch nicht mit der Kirche identisch und ebenso wenig die irdische Bürgerschaft mit dem Römischen Reich. Anders als Theologen späterer Zeiten war Augustinus noch nicht an einer historischen Konkretion seines Modells gelegen und auch nicht an der Beantwortung der Frage, was mit den Menschen sei, die nicht für Gottes Ewigkeit vorherbestimmt seien. Vielmehr war er daran interessiert, die menschliche Sehnsucht auf jene Ewigkeit und auf die Schau Gottes in ihr auszurichten.

Sünde/ freier Wille

Mit der Zeit entwickelte sich Augustinus' Lehre von der Sünde des Menschen und der Gnade Gottes in Aufnahme der Theologie des Paulus zu einem Zentrum westlicher Theologie. Die Frage nach der Herkunft des Bösen beantwortete Augustinus nun nicht mehr im manichäischen Sinne, sondern dahingehend, dass jeder Mensch am Sündenfall Adams und Evas Anteil habe. Diese Ur- oder Erbsünde ist unausweichlich und kann vom Menschen mit seinen Willenskräften nicht überwunden werden, sondern nur durch die Gnade Gottes. Diese Auffassung profilierte Augustinus gegenüber den Anhängern des Pelagius (um 350 – nach 418). Für das Wirken der Gnade ist aber die Taufe unabdingbar. Augustinus entwickelte auch die Trinitätslehre des Westens weiter: Indem er die trinitarischen Beziehungen untereinander betonte, unterlief er die bei Tertullian zu findende Tendenz zur Unterordnung.

Kontrollfragen:

Kontrollfragen

1. Skizzieren Sie Augustinus' Lebensweg.
2. Nennen Sie Grundzüge der Theologie Augustinus'.

3. Das Mittelalter

Das Mittelalter war nicht finster und nicht nur eine Verfallszeit. Andererseits lässt sich nicht ausblenden, dass die zivilisatorische Höhe des Römischen Imperiums über Jahrhunderte nicht wieder erreicht wurde und dass – jedenfalls aus evangelischer Sicht – mit der Reformation ein tiefer und notwendiger Bruch mit mittelalterlichen Entwicklungen einherging. Insofern tut man den Erfindern des Begriffes „Mittelalter" nicht ganz unrecht, die seit dem 17. Jahrhundert in der Renaissance, im Humanismus und in der Reformation die Wiedergeburt einer verloren geglaubten Kultur sahen. Dass eine rund 1000 Jahre umfassende Zeitspanne nicht mit einem einzigen Epochenbegriff, der sie zudem noch als Zwischenzeit qualifiziert, charakterisiert werden kann, ist heute ebenso unstrittig wie die Feststellung, dass der Epochenbegriff nur für Westeuropa tauglich ist. Differenzierungen der Epoche in Früh-, Hoch- und Spätmittelalter sind allerdings auch nur eingeschränkt aussagekräftig.

Begriffsbestimmung

3.1 Die Christianisierung der Germanen

Augustinus reagierte mit seinem Werk vom „Gottesstaat" auf die Plünderung Roms durch die Westgoten: Diese waren von den Römern an der Donaugrenze angesiedelt und zu Hilfsdiensten verpflichtet worden. Sie waren durch einen eigenen Bischof, Wulfila (um 311–383), teilweise missioniert worden, wenn auch im Sinne der „arianischen", also homöischen Politik des Kaisers Constantius II. Die Annahme des Christentums war Teil eines Inkulturationsprozesses, den auch die anderen Germanenvölker erleben sollten: Romanisierung im Sinne einer Übernahme römischer Kultur und Christianisierung gingen Hand in Hand, wenn sich auch Kultur wie Religion bei den Germanen in eigener Weise weiterentwickelten. Nachhaltige Wirkung hatte die Entscheidung des

Romanisierung/Christianisierung

fränkischen Königs Chlodwig (gest. 511), sich bei seiner um 500 erfolgten Taufe dem nacharianischen Trinitätsdogma, also der orthodoxen oder „katholischen" Fassung des christlichen Glaubens zuzuwenden. Eine ähnliche Signalwirkung hatte der Übergang der nach längeren Wanderungen in Spanien ansässig gewordenen Westgoten vom arianischen zum „katholischen" Bekenntnis im Jahre 589. Die treibende Kraft dabei war König Rekkared (gest. 601), der diesen Schritt auf einem Landeskonzil in der Hauptstadt Toledo beschließen ließ. Ein Anschluss an die römische Kirche war damit noch lange nicht gegeben, vielmehr war der Bischof von Toledo das Oberhaupt der westgotisch-spanischen „Landeskirche".

1. Das Frühmittelalter: Bewahrung und Verlust

Transformation

Die Rede von einer Zeit der „Völkerwanderung", die das Römische Imperium im Westen hinwegfegte, entstammt der Gedankenwelt des 19. Jahrhunderts. Vielmehr ist die vom 5. bis zum 9. Jahrhundert anzusetzende Zeit des „Frühmittelalters" eine Epoche der Transformation, in der vieles verloren ging, vieles aber auch bewahrt und zu neuen Zwecken umgeformt wurde. So ist es nicht erstaunlich, dass die neuen Herrscher ihre römischen Vorgänger imitierten, sich rex nannten und ihre Herrschaft auf die alten römischen Eliten stützten, solange sie sie brauchten. Diese Eliten lieferten dann auch eine Geschichtsschreibung, in der sich die römische Geschichte bruchlos in die Gegenwart fortsetzte. Ein Beispiel dafür ist die Historia Francorum des Gregor von Tours (538/39–594).

Kulturverlust

Die alten Römerstädte waren Zivilisationsinseln, die Kulturträger in ihnen waren die christlichen Bischöfe. So blieb es auch beim Lateinischen als Kultur- und Kirchensprache. Zugleich waren diese Prozesse mit großen Verlusten verbunden: Das Gefüge des Weströmischen Reiches war zerstört, neue Reiche etablierten sich. Die Städte entvölkerten sich, da die Menschen nach dem Zerfall der Infrastruktur eine neue Existenzgrundlage finden mussten, sodass selbst Rom nur noch wenige Tausend Einwohner hatte. Teile der antiken Kultur und Literatur gingen verloren; davon war nicht nur die vorchristliche Literatur betroffen.

2. Karl der Große

Das in den Jahrhunderten nach Chlodwig von inneren Zerwürfnissen erschütterte Frankenreich war erst in der Mitte des 8. Jahrhunderts wieder zur Ruhe gekommen. Die Dynastie der Merowinger hatte die Herrschaft in einer schleichenden Machtübernahme an die Vorfahren Karls des Großen (747–814) abgeben müssen. Karls Vater Pippin (714–768) hatte seit 747 mit königlichem Anspruch regiert, bedurfte dafür aber noch einer sakralen Legitimation. Mit diesem Bedürfnis kam er dem Bestreben der römischen Bischöfe entgegen, ihre eigene Stellung über Italien hinaus aufzuwerten. Papst Zacharias (um 679–752) hatte Pippin schon als König anerkannt, doch kam das Bündnis erst voll zum Tragen, als Pippin Zacharias' Nachfolger, Stephan II. (gest. 757), militärische Hilfe gegen die Langobarden anbot, die inzwischen die Ostgoten und Byzantiner in Norditalien abgelöst hatten und auch gerne Rom unter ihre Kontrolle gebracht hätten. Besiegelt wurde das Bündnis durch einen Besuch Stephans II. im Frankenreich im Jahre 754: In der Königspfalz Ponthion versprach Pippin dem heiligen Petrus, also dem Papst, militärische Hilfe. Zugleich bekundete er seine Demut durch einen Kniefall und den „Stratordienst", bei dem er das Pferd des Papstes ein Stück am Zügel führte. Bei einem weiteren Treffen in Quierzy machte Pippin Versprechungen im Blick auf Gebietsübertragungen an den Papst.

König und Papst

Umgesetzt wurde das Bündnis zwischen fränkischem Königtum und Papsttum erst durch Karl den Großen: Er schlug die Langobarden, eroberte ihre Hauptstadt Pavia und nannte sich fortan Rex Francorum et Langobardorum. Karl setzte auch das Versprechen der Gebietsübertragungen um, sodass der Grundstein für den Kirchenstaat in Mittelitalien gelegt war. Die realen Schenkungen inspirierten dann das Constitutum Constantini, ein Dokument, das sie bis ins Fiktionale ausweitete und behauptete, schon Kaiser Konstantin habe Papst Silvester (gest. 335) Schenkungen gemacht, die den ganzen Westen des Reiches umfasst hätten. Diese „Konstantinische Schenkung" wurde schon von mittelalterlichen Zeitgenossen kaum ernst genommen. Karl

Konstantinische Schenkung

der Große sah den Papst durchaus in einer von ihm abhängigen Rolle. So nannte er sich Patricius Romanorum und konnte sich seit seiner Kaiserkrönung im Jahre 800 als Nachfolger der weströmischen Herrscher verstehen.

Mission Karl betrieb eine Expansionspolitik, die auf Sachsen (im heutigen Niedersachsen), aber auch auf Bayern und das östlich von Salzburg und Passau gelegene Gebiet ausgriff. Die Sachsen unterwarfen sich ebenso der Herrschaft Karls wie dem Christentum, das sie zuvor schon auf friedlichem Wege kennengelernt hatten. Während die Bayern bereits christianisiert waren, sollten vom Erzbistum Salzburg aus die Gebiete im heutigen Österreich missioniert werden.

Kirchenreform Karl stellte sich zudem die Aufgabe, die kirchlichen Verhältnisse und damit auch die des Bildungswesens und der Verwaltung auf feste Grundlagen zu stellen. 789 machte er mit seiner Admonitio generalis ein Reformprogramm verbindlich, das den Bischöfen eine wichtige Stellung zuwies: Sie sollten sich um das kirchliche Leben in ihren Diözesen kümmern, also die Gemeinden und somit auch die Priester visitieren. Ein wesentlicher Bestandteil der Kirchenreform war die Vereinheitlichung der Liturgie nach römischem Vorbild. Dass manches seit der Spätantike aus den Fugen geraten war, sah man schon in dieser Zeit, und dies betraf im kirchlichen Bereich nicht zuletzt den Text der „Vulgata", der lateinischen Bibelübersetzung also. Ohne die Hinzuziehung von Gelehrten wären solche Arbeiten nicht möglich gewesen. Darum wurden kompetente Männer an Karls Hof berufen. Zu ihnen zählte der aus England stammende Alkuin (735–804), der auf der Grundlage der antiken christlichen Traditionen theologische Arbeiten verfasste und sich um die Revision des Vulgata-Textes verdient machte. Einhard wiederum (um 770 – 840) war nicht nur Hofbaumeister, sondern auch der Biograf Karls des Großen. Diese und andere Männer trugen zur „Karolingischen Renaissance" bei, die zu einer Erneuerung der lateinischen Sprache und Literatur und zu einem Aufschwung der Architektur führte. Auch wenn nur wenige Bauten aus dieser Zeit erhalten sind, stehen sie doch für eine programmatische Anknüpfung an antike Vorbilder.

Kontrollfragen:

1. Problematisieren Sie den Begriff „Völkerwanderung".
2. Worin liegt die kirchengeschichtliche Bedeutung Karls des Großen?

Kontrollfragen

3.2 Das Werden des christlichen Europas

Die teilweise auf dem Gebiet des untergegangenen Weströmischen Reiches liegenden germanischen Staaten organisierten das Kirchenwesen in ihrem Inneren selbst. Erst das Bündnis zwischen Pippin und Stephan II. brachte den Römischen Bischof in eine Position, aus der heraus er als „Papst", also kirchliches Oberhaupt des Westens, angesehen werden konnte. Nach Leo dem Großen war es seit 590 Gregor der Große (um 540–604), der päpstliche Vollmacht zur Darstellung brachte. Gregors Einflussbereich war angesichts der politischen Fragmentierung Europas in die einzelnen Germanenreiche auf Italien beschränkt, doch versuchte er diesen insofern auszuweiten, als er Kontakte in die einzelnen Landeskirchen hinein suchte und auch Missionare nach England schickte. Die römische Liturgie erwies sich in den folgenden Jahrzehnten als erfolgreicher Exportartikel. Ein noch wesentlicherer Faktor als das Papsttum, das noch lange brauchte, um sich als europaweit anerkannte Größe zu etablieren, war das Mönchtum, das sich über alle Grenzen hinweg ausbreitete und organisierte. Durch die Mission wiederum weitete sich das christliche Europa nach Norden und Osten aus.

Papsttum

1. Das Mönchtum

Mit Ausnahme der von Pachomius gegründeten Gemeinschaft waren asketische Gruppen keine Orden im späteren Sinne eines unter einer gemeinsamen Regel stehenden Klosterverbandes. Zwar lebten die antiken monastischen Gemeinschaften nach den Maßstäben einer Regel, doch fehlte es an organisatorischer Stabilität. Dabei war das spätantike Klosterleben auch in Westeuropa recht lebendig; dafür zeugen unter anderem Gründungen durch Martin von Tours oder Johannes Cassian (um 360– um 435) in Gallien. Nachhaltiger als manche Klostergründung waren schrift-

Benedikt von Nursia

lich fixierte Klosterregeln. Zu diesen zählt die von einem unbekannten Verfasser stammende „Magisterregel" (Regula Magistri). Sie war die literarische Grundlage der bedeutendsten Mönchsregel überhaupt, denn sie wurde von Benedikt von Nursia (um 480 – um 550) überarbeitet und auf seine Anschauungen hin zugeschnitten. Obwohl für Benedikt der Gehorsam gegenüber dem Klosterabt eine große Rolle spielte, lag ihm andererseits doch daran, nicht allzu starre Vorgaben für das Klosterleben zu machen. Vielmehr galt es, das rechte Maß zu finden und die Klosterbrüder nicht zu überfordern. Das Kloster sollte eine „Schule des Herrendienstes" sein und dafür anders als das Eremitendasein ein geregeltes Leben bieten, das durch Stundengebete, aber auch durch Arbeit strukturiert sein sollte: Das Motto „Bete und arbeite" (ora et labora) wurde den Benediktinern später gerne zugeschrieben.

Benediktsregel Benedikt gründete ein einzelnes Kloster auf dem Monte Cassino. Er wäre womöglich einer der vielen vergessenen Klostergründer geworden, wenn ihm Gregor der Große nicht in einer Sammlung von Biografien – die eher Hagiografien sind – ein Denkmal gesetzt hätte. Zugleich fand die Regel Benedikts auch in anderen Klöstern Verwendung, meistens in Kombination mit anderen Vorschriften, also als „Mischregel". Erst in der Karolingischen Renaissance fand der authentische Text wieder Beachtung. Die Benediktsregel wurde nun zur Norm für das Klosterwesen im Karolingerreich und zur Grundlage für eine Klosterreform. Entscheidenden Anteil daran hatte Benedikt von Aniane (um 750–821).

Cluny Der Geist der Benediktsregel inspirierte immer wieder Reformbewegungen, wie sie durch die Cluniazenser und die Zisterzienser verkörpert werden: Das Kloster Cluny wurde 910 durch Herzog Wilhelm I. von Aquitanien (gest. 918) gegründet und direkt dem Papst unterstellt. Äbte wie Odilo (961/62–1049) und Hugo (1024–1109) prägten das Kloster, dessen Vorbild sich andere anschlossen. In Deutschland stand besonders das Kloster Hirsau unter cluniazensischem Einfluss. Durch Stiftungen wuchs der Reichtum des Mutterklosters an, sodass schließlich eine gewaltige Klosterkirche errichtet wurde. Eine wichtige

Funktion hatte Cluny wegen der Pflege des liturgischen Totengedächtnisses durch Totenmessen in der Klosterkirche. In diesem Zusammenhang steht die Einführung des Allerseelentages durch Abt Odilo. Genauso unaufhaltsam wie der Aufstieg von Cluny war dann aber auch sein Niedergang.

Unterdessen war vom burgundischen Kloster Cîteaux zu Beginn des 12. Jahrhunderts eine neue Reformbewegung ausgegangen, der sich durch Gründungen von Tochterklöstern ebenfalls ein wachsender Klosterverband anschloss. Die bedeutendste dieser Klostergründungen war die von Clairvaux im Jahre 1115. Der Gründer – Bernhard von Clairvaux (1090/91–1153) – betätigte sich als Prediger und Autor theologischer Werke, die vor allem auf das geistliche Leben bezogen waren. Die einfach gehaltenen Zisterzienserklöster lagen meistens in abgelegenen Gebieten; hierdurch sollte das benediktinische und zugleich asketische Ideal von Gebet und Arbeit besonders zur Geltung kommen.

<small>Zisterzienser</small>

Einen eigenen Weg gingen die Eremiten und Wanderprediger, die seit dem 12. Jahrhundert wie so viele asketisch gesonnene Menschen das Ideal apostolischer Armut umzusetzen versuchten. Allerdings galt die Volkspredigt auch als verdächtig: So musste sich Robert von Arbrissel (1045–1116) gegen Anklagen aus dem Klerus wehren und wurde darum zum Klostergründer. Einen Kompromiss zwischen eremitischer und klösterlicher Lebensweise, bei dem sich die Kontakte der Mönche und Nonnen auf die Gottesdienste beschränkten, stellten die Kamaldulenser mit ihrem Mutterkloster Camaldoli und die Kartäuser dar.

<small>Eremiten</small>

Viele Orden bildeten einen weiblichen Zweig aus. So gründete Clara von Assisi (1193/94–1253) die Clarissen und wurde zum Oberhaupt dieser für Frauen gedachten Variante der Franziskaner. Wie die Franziskaner wurden auch die Clarissen einer kirchlichen Normierung unterzogen. In ähnlicher Tendenz wurden die Beginen, in städtischen Wohn- und Arbeitsgemeinschaften lebende Frauen, im 13. Jahrhundert zunehmend unter kirchliche und klösterliche Kontrolle gebracht, da man ihre Lebensweise und ihre autonome Frömmigkeitspflege, die häufig mystische Züge hatte, mit großem Argwohn betrachtete. Mystikerinnen, meistens Frauen von Stand und mit einer gewissen Bildung, meldeten sich in

<small>Asketinnen</small>

den Klöstern zu Wort. Hildegard von Bingen (1098–1179) machte nicht nur durch Visionen, sondern auch durch einen regen Briefwechsel auf sich aufmerksam.

Franziskaner/Waldenser Ebenfalls ein Versuch, an apostolische Ideale anzuknüpfen, war die Gründung der Bettelorden, die seit dem 13. Jahrhundert die Zisterzienser weithin ablösten. Franz von Assisi (1181/82–1226), kein Kleriker, sondern gelernter Kaufmann, wandte sich von seinem weltlichen Leben ab und dem Ideal apostolischer Armut zu. Sein Vorbild zog andere mit, und so entstand eine Gruppierung von Laien, die sich die Volkspredigt zur Aufgabe machte. Damit geriet sie in den Verdacht der Ketzerei, von dem sich Franz nur durch die Unterstellung unter den Papst reinigen konnte. Die Franziskaner hatten hierin mehr Glück als die zeitgleichen Waldenser: Ihr aus einer in Lyon ansässigen Kaufmannsfamilie stammender Gründer, der erst später mit dem Beinamen Petrus benannte Waldes (gest. um 1210), konnte eine solche Anerkennung nicht erlangen. Aus der franziskanischen Bewegung wurde ein kirchlich anerkannter Orden, der sich innerhalb kurzer Zeit über Europa ausbreitete. In den mittelalterlichen Städten spielten die Franziskaner fortan eine wichtige Rolle bei der Volkspredigt und der Seelsorge und auch bei der Verkirchlichung der „Armutsbewegung".

Dominikaner Anders als Franziskus war der Spanier Dominikus (um 1170–1221) studierter Theologe und geweihter Priester. Anfangs tat sich Dominikus in Südfrankreich mit Predigten gegen die Albigenser, eine mit den Katharern (siehe 3.5.2) eng verwandte Ketzerbewegung, hervor. Um ihnen den Rang abzulaufen, gründete Dominikus 1215 eine Bruderschaft, die vom Papst anerkannt wurde und sich zum Dominikanerorden entwickelte. Dieser machte sich häufig durch seine Beteiligung an der Inquisition einen Namen, brachte aber auch große Gelehrte hervor und machte sich wie die Franziskaner um die Volkspredigt verdient.

2. Die Missionierung Nord- und Osteuropas

Bonifatius Das Christentum kam erst allmählich über die alten Grenzen des Römischen Imperiums hinaus. Das Gebiet östlich des Rheins und nördlich der Donau wurde im Frühmittelalter durch einzelne Missionare und auf friedlichem Wege für das Christentum gewonnen. Dabei spielten Männer aus Irland eine wichtige Rolle: Sie kamen aus Klöstern und machten es sich zur entsagungsvollen Aufgabe, in die Fremde zu gehen. Angelsächsische Missionare wiederum kamen aus einer Kirche auf den Kontinent, die sich 664 auf einer Synode in Whitby Rom unterstellt hatte – die Bemühungen Gregors des Großen hatten also Früchte getragen. Der bedeutendste unter diesen Männern war Winfried (um 675–754), der sich Bonifatius nannte und der in Thüringen und Friesland wirkte. Im Zuge der Missionsarbeit gründete Bonifatius mehrere Bischofssitze, darunter Erfurt, Würzburg, Salzburg und Passau. Vom Papst ließ er sich mit besonderen Vollmachten und dem Rang eines Erzbischofs ausstatten, wodurch er zum Oberhaupt des Kirchenwesens in den Missionsgebieten wurde.

Bis um 800 breitete sich das Christentum an die Elbe aus. **Osteuropa** Unter Karls Sohn Ludwig dem Frommen (778–840) wurde das Erzbistum Hamburg gegründet. Von hier aus sollte Ansgar (801–865) die Missionierung des Nordens vorantreiben, die aber vorläufig ohne großen Erfolg blieb. Erst um das Jahr 1000 öffneten sich Dänemark und Skandinavien dem Christentum, und im 12. Jahrhundert konnte hier eine Bistumsorganisation errichtet werden. Zugleich trieben die deutschen Herrscher die Missionierung und Kolonisierung der Slawenstämme östlich der Elbe voran: Otto der Große gründete 968 das Erzbistum Magdeburg als Missionszentrale, von dem aus weitere Bistümer errichtet wurden, darunter Merseburg, Zeitz und Meißen. Allerdings hatte auch das vorerst keinen großen Erfolg. Immerhin konnte sich das westliche Christentum etwa zur gleichen Zeit in Ungarn und Polen verankern: Der polnische Herrscher Boleslaw Chrobry (967–1025) errichtete im Zuge eines Bündnisses mit Otto III. (980–1002) im Jahre 1000 ein Erzbistum in Gnesen, der ungarische König Stephan (969–1038), der mit Hilfe Ottos III. die Krone erlangt hatte, gründete 1001 das Erzbistum Gran. Unterdessen hatte das Christentum auch Böhmen erreicht: 973 wurde Prag Bischofssitz und dem Erzbistum Mainz unterstellt. Dänische und deutsche Missionare, nicht zuletzt aber der Deutsche Orden brachten das westliche Christentum auch ins Baltikum.

Byzantinische Mission   Zugleich breitete sich von Byzanz aus das orthodoxe Christentum nach Russland aus: 988 ließ sich Großfürst Wladimir (um 960–1015), das Oberhaupt der Kiewer Rus, anlässlich seiner Hochzeit mit einer byzantinischen Prinzessin taufen. Schon im 9. Jahrhundert war der Balkan christlich geworden, wobei es um die Missionierung erhebliche Konflikte zwischen Ost- und Westkirche gegeben hatte. Die Slawenapostel Kyrill (826/27–869) und Method (um 815–885) hatten zwischen beiden Seiten lavieren können, letztlich überwog aber der byzantinische, also ostkirchliche Einfluss.

3. Kaiser und Papst

Ottonen   Konflikte zwischen den deutschen Königen und Päpsten waren unumgänglich, da die Päpste nicht nur geistliche, sondern auf der Grundlage des Kirchenstaates auch weltliche Herrscher waren, die die Machtansprüche des Kaisers in Italien begrenzen wollten. Die Könige brauchten die Päpste, um die Kaiserwürde zu erlangen, und versuchten darum, Einfluss auf die Papstwahl zu gewinnen und die Politik der Päpste durch militärische „Romzüge" zu beeinflussen. Otto dem Großen (912–973) und seinen Nachfolgern lag daran, die Kirche in den Aufbau des Reiches einzupassen. Dazu erhielten die Bischöfe eine starke Stellung als Reichsfürsten, also als weltliche Herren. Ein ähnliches Modell schien für den Umgang mit dem Papst brauchbar zu sein. Im 10. Jahrhundert gelang es den Kaisern, die Frage der Wahl ihnen genehmer Päpste dahingehend zu lösen, dass sie diese faktisch selbst einsetzten. Der prominenteste dieser „deutschen" Päpste war der Bischof Suidger von Bamberg (1005–1047), der als Clemens II. nur von 1046 bis 1047 amtierte und als einziger Papst nördlich der Alpen, im Bamberger Dom, begraben liegt.

Investiturstreit   Im 11. Jahrhundert regte sich das Selbstbewusstsein der Päpste wieder. Das römische Kardinalskollegium pochte auf sein Wahlrecht und legte diesen Anspruch 1059 im „Papstwahldekret" nieder. Die treibenden Kräfte hierbei waren die Kardinäle Humbert von Silva Candida (um 1010–1061), der 1054 beim Bruch mit der Ostkirche eine wesentliche Rolle spielte (siehe 3.3.2) und Hildebrand, der spätere Papst Gregor VII. (um

1020–1085). Gregor VII., der von 1073 bis 1085 amtierte, stellte sein Programm 1075 im Dictatus Papae vor, in dem er den Päpsten das Recht vorbehielt, Bischöfe einzusetzen und in dem er die Unterstellung der weltlichen Gewalt (des Kaisers also) unter die geistliche behauptete. Einen konkreten Hintergrund stellten Streitigkeiten um die Besetzung des Mailänder Erzbischofsstuhls dar. König Heinrich IV. (1050–1106) reagierte im Januar 1076 mit der Einberufung einer Synode nach Worms, auf der Gregor VII. zur Abdankung aufgefordert wurde, da er sich anmaße, über Kaiser und Könige zu bestimmen, die doch nicht von ihm, sondern von Gott eingesetzt würden. Der päpstliche Anspruch, allein über die Besetzung von Bistümern entscheiden zu dürfen, musste sich zum politischen Problem entwickeln: Für den deutschen König bzw. Kaiser war die Loyalität der Reichsfürsten, auch die der geistlichen, von hohem Interesse. Gregor VII. antwortete schon im Februar 1076: Eine in Rom tagende Synode erklärte Heinrich IV. für exkommuniziert und abgesetzt und enthob die Reichsfürsten ihres Gehorsamseides. Die Fürsten gaben Heinrich ein Jahr Zeit, die Sache zu klären. So kam es im Januar 1077 zum „Canossagang" Heinrichs IV.: Während Gregor VII. auf der Reise zu einem Reichstag nach Augsburg war, auf dem das weitere Vorgehen geklärt werden sollte, reiste Heinrich ihm entgegen. Auf der Burg Canossa im Apennin kam es zum Treffen: Der Kaiser leistete Buße, und der Papst hob die Exkommunikation auf. Allerdings trieb der Papst ein Doppelspiel, unterstützte er doch zugleich den Gegenkönig Rudolf von Schwaben: Er setzte Heinrich nicht wieder in sein Amt ein und krönte ihn auch nicht zum Kaiser. Erst nach jahrelangen Kämpfen erlangte Heinrich IV. die Oberhand: 1080 fiel Rudolf von Schwaben im Kampf, 1084 eroberte der König Rom und brachte auch den schon 1080 von ihm ernannten Gegenpapst Clemens III. mit, der ihn dann zum Kaiser krönte.

Der Investiturstreit wurde durch diesen Sieg Heinrichs IV. nicht gelöst: Clemens III. blieb, was er war: Gegenpapst. Die Nachfolger Gregors VII. aber hielten an ihrem Selbstbewusstsein fest, wie sich an dem Kreuzzugsaufruf des von 1088 bis 1099 amtierenden Urban II. (um 1035–1099) zeigen sollte (siehe 3.3.3).

Wormser Konkordat

Heinrich IV. wiederum wurde 1105 von seinem eigenen Sohn Heinrich V. (1085–1125) zur Abdankung gezwungen. Allerdings setzte Heinrich V. gegen alle römischen Hoffnungen den Investiturstreit fort. Er ließ 1111 sogar den Papst, nämlich den seit 1099 amtierenden Paschalis II. (gest. 1118), festnehmen und erzwang von ihm etliche Zugeständnisse bei der Bischofseinsetzung sowie die Kaiserkrönung. Schließlich wollte er die Sache aus der Welt schaffen, da sie im Reich immer wieder für Unruhe sorgte. So kam es 1122 zum „Wormser Konkordat", einem für das Deutsche Reich geltenden Kompromiss: Der Kaiser verzichtete darin auf die Beteiligung an der Verleihung der geistlichen Rechte an die Bischöfe: Bischofsring und Bischofsstab sollten vom Papst bzw. einem seiner Legaten ausgehändigt werden. Dafür sollte der Kaiser nach der Wahl den Bischof mit den weltlichen Besitztümern und Rechten ausstatten und ihm dafür ein Szepter verleihen. Weltliche und geistliche Rechte wurden damit differenziert, aber nicht separiert, denn die Kaiser sahen sich weiterhin als für geistliche Belange zuständig an.

Kontrollfragen:

Kontrollfragen
1. Nennen Sie Klöster und Orden, die sich einer Reform des Mönchtums verschrieben haben.
2. Beschreiben Sie die Christianisierung Mitteleuropas.
3. Worum ging es im Investiturstreit?

3.3 Byzanz und der christliche Orient

kulturelle Differenz
Die in römischer Tradition stehenden Reiche und Kirchen Westeuropas und das Oströmische und seit dem Ende des Weströmischen Reiches auch byzantinisch zu nennende Imperium entwickelten sich auseinander. Sprache und Kultur, kirchliche Praxis und politische sowie theologische Eigenheiten, aber auch Konflikte um die Vorherrschaft in Südosteuropa und Süditalien verhinderten die Ausbildung einer gemeinsamen Identität.

1. Das Aufkommen des Islams

christlicher Orient
Das Oströmische und in seiner Nachfolge das Byzantinische Reich umfasste große Teile des Nahen Ostens, also das heutige

Ägypten, Israel, Jordanien, Syrien, die Türkei und Teile des Iraks. Städte wie Alexandria, Jerusalem, Antiochia und Damaskus waren Vorposten der christlich-römischen Zivilisation. Östlich der Grenze befand sich das Reich der Sasaniden. Die arabischen Stämme waren im Konfliktfall willkommene Hilfstruppen, spielten aber keine eigenständige Rolle. Dies sollte sich mit dem Aufkommen des Islams um 630 radikal ändern.

Mit der Expansion des Islams endeten letzte Versuche, den in der Tradition Kyrills stehenden „monophysitischen" Christen im Orient durch Kompromisse entgegenzukommen: Im 6. Jahrhundert hatte dies Kaiser Justinian (um 482–565) im „Dreikapitelstreit" versucht, indem er auf dem V. Ökumenischen Konzil im Jahre 553 drei Vertreter des „Nestorianismus", nämlich Theodor von Mopsuestia, Theodoret von Kyrrhos und Ibas von Edessa (gest. 457) verurteilen ließ. Dies fruchtete aber ebenso wenig wie Versuche um das Jahr 630, mit der Rede von einer Energie (Monenergismus) oder einem Willen (Monotheletismus) in Christus den Anhängern der Theologie Kyrills näherzukommen. Dieser Kurs wurde auf dem VI. Ökumenischen Konzil endgültig revidiert, das 680/81 in Konstantinopel stattfand: Hier wurde beschlossen, dass in der Person Jesu Christi sehr wohl zwei Energien und zwei Willen seien. Damit wurde auch der Hauptgegner des Monotheletismus rehabilitiert, nämlich Maximus Confessor, also der „Bekenner" (580–662). Im Gegenzug wurden die Vertreter des Monotheletismus verurteilt, unter denen der römische Bischof Honorius I. (gest. 638) gewesen war. Späteren Gegnern einer absoluten Vollmacht des Papstes war die „Honoriusfrage" dann ein gerne genutzter Beleg dafür, dass auch Päpste irren können.

Monotheletismus

Die Expansion der arabischen Stämme unter Mohammed (um 570–632) und seinen Nachfolgern kam überraschend, wurde aber dadurch begünstigt, dass sich Byzantiner und Sasaniden in einem jahrzehntelangen Krieg erschöpft hatten. Dieser ging zwar 630 mit einem Sieg der Byzantiner zu Ende, doch mussten ihre Armeen schon wenige Jahre darauf die östlichen Reichsteile räumen. Die Bevölkerung dort blieb noch lange mehrheitlich christlich, damit häufig auch griechischsprachig und der er-

arabische Expansion

erbten Kultur verhaftet. Auch die arabisch-muslimische Kultur ahmte manches Römische nach, wie sich am „Felsendom" in Jerusalem erkennen lässt.

Christentum und Islam

Die Christen erlebten die Expansion des Islams häufig als Überfall, als „Razzia" auf Klöster oder Siedlungen, dann, nach der Sicherung der Herrschaft, auch als Gewährenlassen: Kirchen blieben in christlichem Besitz, gegen Zahlung von Steuern wurden Christen in relativer Ruhe gelassen. Wenn es allerdings gelegen kam, musste die Entziehung von Kirchen und ihre Umwandlung in Moscheen hingenommen werden. So wurde die Johanneskathedrale in Damaskus beschlagnahmt und zu einer Moschee umgebaut. In den folgenden Jahrhunderten wurde die Stellung der Christen immer prekärer. Dabei spielten weniger die ohnehin widersprüchlichen Aussagen des Korans zum Umgang mit ihnen eine Rolle, sondern vielmehr politische, rechtliche und soziale Benachteiligungen.

2. Die Konflikte zwischen Ost- und Westkirche

generelle Differenzen

Mit der Eroberung des christlichen Orients durch die muslimischen Araber fiel ein innerbyzantinisches Konfliktpotenzial weg. Die Frage des „Monophysitismus" hatte sich jetzt wie die des „Nestorianismus" dadurch erledigt, dass dessen Anhänger nicht mehr unter der Herrschaft des in Konstantinopel residierenden Kaisers waren. Zugleich vertieften sich die durch das Akakianische Schisma erstmals manifest gewordenen Differenzen mit dem lateinischen Christentum.

Filioque

Theologische Differenzen wurden vor allem in der Trinitätslehre wahrnehmbar, nämlich durch die Differenzen um das „Filioque": Das vom Konzil von Konstantinopel 381 verabschiedete Bekenntnis sagte über den Heiligen Geist, er gehe aus vom Vater (ex patre). Da die westliche Trinitätslehre in der Folge des Augustinus die Beziehungen der trinitarischen Personen untereinander betonte, wurde hier ergänzt: „und vom Sohn" (filioque). Dieser Zusatz war 809 für das Frankenreich normativ gemacht und 1014 in die römische Liturgie aufgenommen worden. Für das große Zerwürfnis von 1054 (s. u.) war er ein wesentliches Stichwort.

Ein anderer theologischer Differenzpunkt war das Verständnis der Bilder Jesu, der Heiligen oder Marias. Der „Bilderstreit" war ein Streit um die Zulassung und das theologische Verständnis von Ikonen (griech.: Bildern). Die Ikonenverehrung war in der östlichen Kirche keineswegs von Anfang an selbstverständlich: Das alttestamentliche Bilderverbot spielte dabei ebenso eine Rolle wie die Nähe zur heidnischen Verehrung von Götterbildern. Der byzantinische Kaiser Leon III. (um 680–741) ging radikal gegen die populärer werdende Ikonenverehrung vor und verbot sie; dem schloss sich sein Sohn Konstantin V. (718–775) an. In den folgenden jahrzehntelangen Konflikten wurden von den „Ikonoklasten" (den Bildergegnern) und den „Ikonodoulen" immer wieder christologische Argumente bemüht, war es doch eine grundsätzliche Frage, wie sich göttliche und menschliche Natur Jesu Christi bildlich darstellen lassen. 754 wurde auf einer Synode in Hiereia posthum der Mann verurteilt, der langfristig die Ikonenverehrung theologisch untermauern sollte: Johannes von Damaskus (um 650– um 750). Er stammte aus der christlichen Oberschicht des inzwischen zur Hauptstadt des arabischen Omajjadenreiches gewordenen Damaskus und stand also nicht unter dem Zugriff der byzantinischen Politik. Einen kirchenpolitischen Umschwung bewirkte Kaiserin Irene (752–803), die die Ikonenverehrung favorisierte. Sie ließ die Beschlüsse von Hiereia 787 auf einem Konzil in Nicaea revidieren. Durch dieses Konzil, das als VII. und in der Ostkirche nach der endgültigen Beilegung des Bilderstreits im Jahre 843 als letztes Ökumenisches Konzil gezählt wird, wurde die Ikonentheologie des Johannes von Damaskus festgeschrieben: Der Ikone kommt äußerliche Verehrung (proskynesis) durch Weihrauch, Kerzen und Kniefall zu, die eigentliche Anbetung (latreia) gebührt aber nur Gott. Als die Beschlüsse des Konzils im Westen bekannt wurden, waren in den lateinischen Übersetzungen beide Begriffe mit „adoratio" übersetzt worden. Karl der Große ließ darum 794 auf einer Synode in Frankfurt die Anbetung der Bilder verurteilen. Von hier aus wurde das westliche Verständnis religiöser Bilder nachhaltig beeinflusst: Sie sind nicht zu verehren, sondern haben einen pädagogischen, illustrativen Sinn.

Bilderstreit

Schisma 1054 — Die zunehmende Entfremdung, die sich auch in Konflikten um die Priesterehe oder das Fasten am Sonnabend artikulierte, erreichte ihren Höhepunkt im „Großen Schisma" von 1054, das für sich genommen aber weniger bedeutsam war als die geistige und kulturelle Ferne zwischen Ost- und Westkirche insgesamt. Das Jahr 1054 markiert eigentlich nur die Verwerfung des ambitionierten Konstantinopler Patriarchen Michael Kerullarios (um 1000–1058), der römische Praktiken wie die Verwendung ungesäuerter Brote scharf kritisiert hatte. Die Konkurrenz päpstlicher und byzantinischer Gebietsansprüche in Süditalien bildete einen nicht unwesentlichen Hintergrund für die Schärfe der Antwort, die von Humbert von Silva Candida, dem Führer einer römischen Delegation nach Konstantinopel, gegeben wurde: Er legte auf dem Altar der Hagia Sophia eine Bannbulle gegen Kerullarios nieder und verdammte byzantinische Eigenheiten wie die Priesterehe als häretisch.

3. Die Kreuzzüge und das Ende von Byzanz

byzantinische Expansion — Die heiligen Stätten in Palästina waren seit den 30er-Jahren des 7. Jahrhunderts in arabisch-muslimischem Besitz. Zwar war es den Byzantinern im 10. Jahrhundert gelungen, noch einmal Nordsyrien und somit auch Antiochia unter ihre Kontrolle zu bekommen, doch reichte ihre militärische Energie nicht, Jerusalem und das Heilige Land wieder in Besitz zu nehmen. Mit dem Sieg der von Nordosten nach Anatolien einbrechenden Seldschuken beim armenischen Mantzikert im Jahre 1071 erlosch die byzantinische Macht im östlichen Kleinasien und in Syrien, auch wenn Antiochia noch bis 1085 byzantinisch blieb.

Wallfahrtsidee — Religiöse Motive spielten bei den militärischen Auseinandersetzungen der Byzantiner mit ihren muslimischen Nachbarn keine bedeutende Rolle. Die Kreuzzugsidee war westlicher Herkunft, und sie wurde nicht nur im Heiligen Land zur Umsetzung gebracht, sondern auch bei der Verdrängung der Muslime aus Spanien oder beim Kampf gegen Ketzer und Heiden. Der Grundgedanke der Kreuzzüge war der einer bewaffneten Wallfahrt zur Mehrung des eigenen Seelenheils. Lebendig blieb dieses Anliegen in den geistlichen Ritterorden, die sich zum Schutz der Wallfahrer und zu ihrer Betreuung gründeten, also vor allem bei den Templern, den Johannitern und dem Deutschen Orden.

Zur unmittelbaren Vorgeschichte der Kreuzzüge ins Heilige Land gehören das Zerwürfnis der römischen Kirche mit dem byzantinischen Patriarchen im Jahre 1054 und die Machtprobe zwischen Heinrich IV. und Gregor VII., vor allem aber die Schlacht bei Mantzikert, durch die die Pilgerwege ins Heilige Land unsicher wurden. Der byzantinische Kaiser Alexios I. Komnenos (1048–1118) erwartete sich vom Westen – einem Konglomerat von Staaten und Herrschern – militärische Hilfe bei der Rückeroberung der seinem Reich verloren gegangenen Gebiete, nicht aber das, was dann geschah: Papst Urban II. wandelte das militärische Hilfeersuchen in ein religiös motiviertes Unternehmen. 1095 rief er in Clermont den ersten Kreuzzug aus: „Deus lo vult: Gott will es!" 1096 machte sich das Kreuzzugsheer auf den Weg. An seiner Spitze stand neben anderen Adligen Gottfried von Bouillon (1060–1100). Das geistliche Anliegen wurde durch den päpstlichen Legaten Adhemar von Le Puy vertreten, der aber 1098 starb. Das Kreuzzugsheer erreichte im gleichen Jahr Antiochia, das erobert wurde und den Byzantinern hätte zurückgegeben werden müssen. Tatsächlich aber wurde hier ein westlicher Fürst eingesetzt und die lateinische Liturgie eingeführt. 1099 fiel Jerusalem in die Hände der Kreuzfahrer. Hier wurde Gottfried von Bouillon als Herrscher eingesetzt, er lehnte aber im Gegensatz zu seinem Nachfolger Balduin von Boulogne (1058–1118) in der Stadt des Königs Christus den Königstitel ab. Auch in Jerusalem wurde nun ein lateinischer Patriarch installiert. Dass es hier byzantinisch-orthodoxe Christen und Angehörige der orientalischen Kirchen gab, spielte für die Kreuzfahrer keine Rolle.

Die weitere Geschichte der Kreuzzüge ist eine des Niedergangs. Die 1098 von Balduin von Boulogne errichtete Grafschaft Edessa kollabierte 1144, nachdem die zuvor zerstrittenen muslimischen Herrscher ihre Kräfte wieder geeint hatten. Die Folge war in Europa der Ruf zum zweiten Kreuzzug. Dabei tat sich besonders Bernhard von Clairvaux hervor. Dieses 1147 begonnene Unternehmen scheiterte; die Kreuzfahrer mussten sich 1149 geschlagen geben. Als dann auch noch Sultan Saladin (1137–1193)

Erster Kreuzzug

weitere Kreuzzüge

1187 ein großes Kreuzfahrerheer bei Hattin in Palästina vernichtend schlug und Jerusalem eroberte, konnten die letzten Reste der Kreuzfahrerstaaten nur noch durch einen dritten Kreuzzug gerettet werden. Auch er war weithin ein Fiasko, denn der deutsche Kaiser Friedrich I. Barbarossa (1122–1190) starb auf dem Marsch, und der englische König Richard Löwenherz (1157–1199) musste wegen innenpolitischer Querelen seine Teilnahme abbrechen. Lediglich die Präsenz der Kreuzritter mit Akkon als neuem Vorposten konnte gesichert werden. Hier hielten sie sich sogar noch bis 1291. Von ihren Burgen aus kontrollierten sie das Land.

Lateinisches Kaiserreich

Die endgültige Perversion des Kreuzzugsgedankens war der 1202 begonnene vierte Kreuzzug, der gar nicht mehr im Orient ankam, sondern 1204 mit der Eroberung Konstantinopels endete. Die treibende Kraft für dieses Unternehmen war die Handelsmetropole Venedig, die nach Vorherrschaft im östlichen Mittelmeerraum strebte. Die Kreuzfahrer verwüsteten Kirchen und stahlen große Mengen von Kunstwerken, von denen sich viele bis heute in Venedig befinden. Byzanz wurde nun als „Lateinisches Kaiserreich" zu einem Kreuzfahrerstaat, der politisch auf tönernen Füßen stand. Die byzantinischen Kaiser hatten sich auf ein verkleinertes Staatsgebiet mit der Hauptstadt Nicaea zurückziehen müssen, von dem aus sie das Lateinische Kaiserreich immer mehr beschneiden konnten und es schließlich 1261 von der Landkarte tilgten, sodass Konstantinopel wieder in ihrer Hand war.

Unionskonzilien

Der vierte Kreuzzug zeigte den Byzantinern, dass mit christlicher Solidarität aus dem Westen nicht zu rechnen war. So standen sie den Seldschuken und später den Osmanen fast ganz allein gegenüber. Auf einem 1274 in Lyon abgehaltenen und nach westlichem Verständnis ökumenischen Konzil wurde eine Union zwischen Ost- und Westkirche geschlossen. Der Preis dafür war die Anerkennung des „Filioque" von byzantinischer Seite. Hinter dieser Anerkennung stand aber letztlich nur der byzantinische Kaiser: Die Union wurde von der orthodoxen Geistlichkeit nicht anerkannt. Militärische Hilfe traf so oder so nicht ein. Als 1439 in Florenz nochmals eine Union geschlossen wurde, war es ohnehin zu spät: Konstantinopel, der letzte Rest des Byzantinischen Reiches, fiel 1453.

Kontrollfragen:

1. In welchen politisch-militärischen und theologiegeschichtlichen Kontext gehört das Aufkommen des Islams?
2. Welche Gründe führten zur Auseinanderentwicklung von Ost- und Westkirche?
3. Welche Bedeutung haben die Kreuzzüge im Blick auf das Verhältnis der christlichen Konfessionen zueinander?

Kontrollfragen

3.4 Die Scholastik

In der Zeit Karls des Großen konnte sich erstmals nach den Umbrüchen des Frühmittelalters an Kirchen und in Klöstern wieder eine „schulmäßige" Theologie etablieren. Allerdings verbindet sich der Begriff „Scholastik", also „Schultheologie", erst mit den Gelehrten späterer Zeiten, die sich nicht nur mit sachlichen Fragen der Theologie, sondern auch mit methodischen befassten. Das Grundanliegen, das durch die katholische Neuscholastik bis in die Gegenwart vermittelt wird, ist zu erweisen, dass Glaube und Vernunft keine Gegensätze, sondern beide auf die Erschließung der Offenbarung Gottes bezogen sind. Der Denkweise der Scholastik trat die Mystik gegenüber, so wie sie von Meister Eckhart (um 1260 – um 1328) oder auch von Hildegard von Bingen gepflegt wurde. Hier ging es um den Weg in die Innerlichkeit, um die mystische Einung mit Gott jenseits aller logischen Reflexion. Diese Mystik aber war letztlich Theologie, und sie entwickelte gedankliche Systeme.

Scholastik/ Mystik

1. Die frühen Scholastiker

Anselm von Canterbury (1033–1109) wollte Glaube und Vernunft in eine enge Beziehung bringen: Der Glaube muss verstehen, was er glaubt. Wenn Anselm sagt, er wolle „allein durch die Vernunft", also „sola ratione" arbeiten, so meint er damit eine Vernunft, die durch den Glauben und die kirchliche Lehre gebunden ist, denn Glaube wie Vernunft gehen aus der göttlichen Offenbarung hervor. In einem solchen System funktionieren auch die Gottesbeweise, die letztlich auf dem platonistischen Gedanken einer hierarchisch gestuften Wirklichkeit basieren: Wenn

Anselm

man davon ausgeht, dass über einem Gedachten immer noch etwas Größeres kommt, steht am Ende der Gottesgedanke. Prägend ist Anselm durch seine „Satisfaktionslehre" geworden, in der das Rechtsdenken eine fundamentale Rolle spielt: Gott ist durch die Sünde des Menschen ein schwerer Schaden zugefügt worden, den der Mensch nicht wiedergutmachen kann, da ihm das durch die Erbsünde verwehrt ist. Heilen kann den Schaden nur jemand, der göttlich ist. Damit die Menschen etwas davon haben, muss dieser jemand zugleich göttlich und menschlich sein. Dafür aber kommt allein der Gottmensch Jesus Christus infrage (vgl. 2.4.2).

Abaelard Pierre Abaelard (1079–1142) wollte ebenfalls Verstehen und Glauben in Einklang bringen, nicht zuletzt, um jeden, der Theologie lehrt, zu befähigen, selbst zu verstehen, was er aus der Tradition heraus lehrt. Theologische Lehre darf in der Konsequenz also nicht bloßes Nachsprechen der Tradition sein. Wie Widersprüche in der theologischen Tradition zu glätten sind, zeigte Abaelard in dem Buch „Sic et Non" („Ja und Nein").

Petrus Lombardus Eine wirklich schulbildende Scholastik entstand im 12. Jahrhundert. Aus Gesprächen zwischen Lehrern und Schülern erwuchsen die „Sentenzen", die in Sammelwerken geordnet und kommentiert wurden. Das wichtigste dieser Sammelwerke wurde von Petrus Lombardus (um 1100–1160) verfasst. Es wurde zum bedeutendsten Lehrbuch der Scholastik: Noch Martin Luther hatte in seinem Studium damit zu tun.

2. Die großen Lehrer

Universitäten Die Ausbildung der Scholastik als wissenschaftliches System war erst möglich, seit es Universitäten gab, die seit dem 13. Jahrhundert aus Kirchen- und Klosterschulen herauswuchsen. Sehr schnell kamen viele Universitäten unter den Einfluss der dynamischen Bettelorden, namentlich der Dominikaner und der Franziskaner. Daher waren die großen Theologen der Scholastik Ordensleute.

Thomas von Aquin Der erste bedeutende dominikanische Theologe war Albertus Magnus (um 1200–1280), der seit 1248 in Köln wirkte. Hier beschäftigte er sich ausführlich mit den Werken des gerade wieder von arabischen Gelehrten entdeckten Philosophen Aristoteles (384–322 v. Chr.). Thomas von Aquin (1225–1274), der bedeutendste Schüler des Albertus Magnus, verfasste mit seiner umfänglichen „Summa Theologica" ein Werk, das die Bibel und die theologische Tradition – vor allem die des Augustinus – in eine systematische Form brachte, und dies wiederum unter der Voraussetzung, dass Glaube und Wissen keine Gegensätze sind. Dementsprechend meinte auch Thomas, die Existenz Gottes auf vernünftigem Wege beweisen zu können. Gott ist für ihn das höchste Sein, das alles andere Sein bestimmt und das dessen Urgrund und Ziel ist. In einem anderen Hauptwerk, der „Summa contra Gentiles", setzte sich Thomas mit den „Heiden", den Muslimen nämlich, auseinander. Der Nachweis der Übereinstimmung von allgemein zugänglicher Vernunft und christlicher Offenbarung hat hier die Funktion, deutlich zu machen, dass das Christentum voll und ganz mit der Vernunft übereinstimmt. Thomas hatte viele seiner Grundkategorien und auch die Gewissheit einer Korrespondenz von Vernunft und Offenbarung dem von seinem Lehrer Albertus Magnus so geschätzten Aristoteles entnommen. Darin konkurrierte er mit arabischen Philosophen, also eben jenen „Heiden", denen er das Christentum als vernunftgemäß plausibel machen wollte.

Franz von Assisi machte sich nichts aus Gelehrsamkeit, und als der in Paris lehrende Alexander von Hales (um 1185–1245) 1236 in den Franziskanerorden eintrat, erregte dies Aufsehen. Alexanders Schüler Bonaventura (1217–1274) wurde dann zu einem von vornherein franziskanischen Theologen, auch wenn er weniger systematisch als sein Zeitgenosse Thomas arbeitete. Alexander ließ sich nicht so auf die Philosophie des Aristoteles ein wie Thomas, sondern blieb stärker in der platonistischen Tradition. Mehr als an „objektiver" Vernunfterkenntnis war ihm an der individuellen, mystisch geprägten Glaubenserfahrung gelegen. Bonaventura war seit 1257 Oberhaupt des Franziskanerordens und daher immer wieder mit praktischen Fragen befasst. Die thomistische Korrespondenz von Glaube und Vernunft blieb generell nicht unwidersprochen. Vor allem war es Wilhelm von Ockham (um 1285–1347), der Theologie und Philosophie stärker differenzierte: Nicht alles, was der Glaube an Wahrheit erfasst, kann auch die Vernunft erfassen.

andere Scholastiker

Das Mittelalter

Kontrollfragen

Kontrollfragen:
1. Was ist das Grundanliegen der Scholastik?
2. Welche scholastischen Theologen kennen Sie?

3.5 Die spätmittelalterlichen Kirchenreformversuche und ihr Scheitern

Motivation

Der Ruf nach Reformen in der Kirche und vor allem im Klerus wurde seit dem 12. Jahrhundert immer wieder laut. Dies konnte zu Veränderungen führen, aber auch zu Ketzervorwürfen. Eine neue Qualität hatten Reformansätze, die aus kirchenorganisatorischen Notwendigkeiten heraus geplant, aber kaum verwirklicht wurden. Verdruss am Glauben und an der Kirche war insgesamt nicht zu verzeichnen: Gerade am Vorabend der Reformation intensivierte sich die Frömmigkeitspraxis.

1. Das Papstschisma

Kaiser und Päpste

Im 12. Jahrhundert hatten sich die Päpste politischer Konflikte mit machtbewussten deutschen Kaisern wie Barbarossa sowie etlicher Gegenpäpste zu erwehren. Mit dem seit 1198 amtierenden Innozenz III. (1160–1216) kam dann ein Mann zum Zuge, der als „Stellvertreter Christi" (Vicarius Christi) die beanspruchte Machtfülle (plenitudo potestatis) des Papsttums betonte. In seine Zeit fällt der vierte Kreuzzug, aber auch das 1215 abgehaltene IV. Laterankonzil, das genauso wie die ersten drei Laterankonzilien von 1123 (nach dem Wormser Konkordat), 1139 und 1179 im päpstlichen Palast stattfand. Nach dem Tod Innozenz' III. setzten sich allerdings die Auseinandersetzungen mit den Kaisern fort. Vor allem der Staufer Friedrich II. (1194–1250) war aus päpstlicher Sicht ein dauerndes Ärgernis: Der Durchführung eines Kreuzzuges verweigerte er sich lange, und als er 1229 doch ins Heilige Land fuhr, schloss er kurzerhand einen Vertrag mit den lokalen Autoritäten, um den Zugang zu den Heiligen Stätten zu garantieren. Als der Kaiser nach Europa zurückkehrte, machte er den Päpsten den Vormachtanspruch in Italien streitig.

Bonifatius VIII.

Hundert Jahre nach Innozenz III. war es der seit 1294 amtierende Bonifatius VIII. (um 1235–1303), der sich mit kirchenpolitischen und auch politischen Ansprüchen geradezu im Geist des Investiturstreits zu Wort meldete. 1300 ließ er zum ersten Mal in Rom ein „Heiliges Jahr" feiern, in dem es besondere Ablässe gab. 1302 verkündete er in der Bulle „Unam sanctam", die weltliche Macht sei der geistlichen untergeordnet und werde auch von der geistlichen, also vom Papst, verliehen und notfalls wieder entzogen. Da die deutsche Königs- und Kaisermacht nach dem Tod Friedrichs II. stark geschwächt war, richteten sich solche Signale gegen den französischen König Philipp den Schönen (1268–1314), der der französischen Geistlichkeit eine Sondersteuer zur Finanzierung des Krieges gegen England auferlegt hatte. Die Antwort des französischen Königs war handfest: Er ließ den Papst überfallen und misshandeln.

Die Nachfolger Bonifatius' VIII. unterstellten sich der französischen Vormacht und zogen 1309 sogar nach Avignon um. 1311/12 wurde ein Konzil in Vienne inszeniert, auf dem der in Frankreich sehr bedeutsame Templerorden mit Vorwürfen überzogen und verboten wurde. Dass Papst Gregor XI. (1329–1378) 1377 wieder nach Rom übersiedelte, hatte damit zu tun, dass der Kirchenstaat von dort aus leichter zu kontrollieren und die Nähe der französischen Könige zunehmend lästig war. Als dieser Papst starb, wurde von den Kardinälen in Rom ebenso wie von den in Avignon verbliebenen ein neuer Papst gewählt, sodass es nun deren zwei gab. Papstschismen waren an sich nichts Neues; schon die Laterankonzilien von 1139 und 1179 mussten solche Spaltungen heilen. Die Etablierung eines zweiten Papstes in Avignon aber war angesichts ihrer Dauer problematischer als die bisherigen Konflikte, denn sie stellte die europäischen Mächte vor die Frage, welchem Papst sie loyal sein sollten. Dieser Missstand sollte auf politischen Druck 1409 auf einem Konzil in Pisa bereinigt werden. Ein neuer Papst wurde gewählt, doch dankten die amtierenden nicht ab, sodass es nun drei Päpste gab.

Päpste in Avignon

2. Die Reformkonzilien des 15. Jahrhunderts

Die päpstliche Macht war uneindeutig geworden, das Papstschisma hatte zu einem tiefen Riss in der Kirche geführt. Dadurch bekam auch der im 14. Jahrhundert als Theorie entstande-

Konzil von Konstanz

ne „Konziliarismus" neuen Auftrieb: Die einzige Institution, die den Zwiespalt heilen konnte, war ein Konzil. Ohne Rückendeckung durch eine weltliche Macht musste dies aber Theorie bleiben: Es war der deutsche König und spätere Kaiser Sigismund, der die Initiative ergriff. Er lud auf das Jahr 1414 zu einem Konzil nach Konstanz ein, brach also mit der Tradition der römischen Laterankonzilien, und blieb während der Beratungen auf ihm präsent. Das Konzil definierte sich als Repräsentanz der ganzen Kirche: Über dem Konzil steht nur Gott und nicht der Papst; der Papst hatte dem Konzil Gehorsam zu leisten. Zugleich wurde die Notwendigkeit einer Reform der Kirche „an Haupt und Gliedern" (capite et membris) betont. Die Heilung des Papstschismas blieb ein schwieriges Unterfangen, da die amtierenden Päpste ihr Amt nicht zur Verfügung stellten. Erst 1417 konnte mit Martin V. (1368–1431) ein neuer Papst gewählt werden, der auch eine Kirchenreform versprach. Sie sollte vor allem in einer besseren Auswahl des Hochklerus bestehen.

Wyclif Als einen unabdingbaren Bestandteil einer Kirchenreform an Haupt und Gliedern verstand man den Kampf gegen die Häresie. Ketzer gab es im Mittelalter immer wieder; zu den prominentesten zählten die im 12. Jahrhundert aufgetretenen Katharer, die ihres Dualismus wegen als neue Manichäer galten. Auf dem Konstanzer Konzil standen zwei Männer für gefährliche Ketzereien: John Wyclif (1330–1384), der in Konstanz nur noch posthum verurteilt werden konnte, hatte als geachteter Theologieprofessor in Oxford gewirkt, wurde aber 1382 aus dem Lehrkörper der Universität entfernt. Wyclifs Hauptkritik galt dem Selbstverständnis der Kirche: Für ihn war in vergröbernder Aufnahme Augustinus' die sichtbare Kirche mit ihren Institutionen und Ämtern Menschenwerk; die wahre Kirche war unsichtbar und auf Ämter nicht angewiesen. Eine solche Radikalität ist auf dem Hintergrund des großen Papstschismas nicht ganz unverständlich. Wie später Luther, so erklärte auch Wyclif die Bibel zur entscheidenden Instanz für Entscheidungen in der Lehre.

Hus Wyclifs Lehren breiteten sich über Europa aus und fanden besonders in Böhmen und an der Universität Prag eine Heimat. Einer der dortigen akademischen Lehrer war Jan Hus (um 1370–

1415), der zum Führer einer Reformbewegung in Böhmen avancierte. Der Konflikt eskalierte, als der Prager Erzbischof zu scharfen Gegenmaßnahmen griff. Zugleich kam es an der Prager Universität zu Auseinandersetzungen zwischen Deutschen und Böhmen, die zu ihrer Spaltung und zum Auszug von Studenten und Magistern – vor allem nach Leipzig – führten. Hus war kein einzelner Irrlehrer, den man übersehen konnte. So erklärt es sich, dass er von König Sigismund zum Konstanzer Konzil ein- oder vorgeladen wurde. Sigismund hatte ihm freies Geleit zugesichert und auch das Recht, sich verteidigen zu dürfen. Tatsächlich kam Hus wohlbehalten in Konstanz an, doch wurde er nach kurzer Zeit unter Hausarrest gestellt und schließlich verhaftet, verurteilt und 1415 verbrannt.

Das nächste Konzil tagte seit 1431 in Basel. Immer noch stand die Kirchenreform auf der Tagesordnung, vor allem aber die Frage, ob das Konzil seinen Anspruch, über dem Papst zu stehen, weiterhin durchsetzen könnte. Kaum war das noch von Martin V. einberufene Konzil zusammengetreten, widerrief dessen Nachfolger Eugen IV. (1383–1447) schon die Einberufung. Dies blieb vorerst ohne Folgen, doch belastete die Konkurrenz mit dem Papst die Aktionsfähigkeit des Konzils. Die Kirchenreform zielte nach wie vor auf das „Haupt", also die Päpste: Ihre Einkünfte sollten eingeschränkt werden, und sie sollten an die Beschlüsse der Konzilien gebunden sein. Das alles kam aber nicht zur Umsetzung, denn letztlich gewann Eugen IV. die Oberhand: Er erklärte 1437 das Basler Konzil für beendet. Im gleichen Jahr starb Kaiser Sigismund, der den Konzilien von Konstanz und Basel politischen Rückhalt gegeben hatte. So gelang es dem Papst, 1438 ein päpstliches Konkurrenzkonzil in Ferrara zu etablieren. In Basel tagte man noch bis 1449 weiter und wählte 1439 sogar einen Gegenpapst, doch geriet man hier immer mehr in die Isolation. Ein Teil der Teilnehmer des Basler Konzils wechselte nun die Seite und zog nach Ferrara um. 1439 wurde das Konzil von Ferrara nach Florenz verlegt, wo es 1445 zu Ende ging.

Konzil von Basel

3. Der Humanismus

Bedeutung der Antike

Der Humanismus – ein neuzeitlicher Begriff, der mit „humanitär" nichts zu tun hat – wollte die antike Tradition nicht mehr auf dem Umweg über die scholastische Lehrbildung studieren. Anfänge dazu liegen schon im 14. Jahrhundert, doch kam der Humanismus erst im 15. Jahrhundert voll zum Durchbruch und traf sich mit der Suche nach einer Kirchenreform und einer individuell verantworteten Frömmigkeit. Eine Heimat fand der Humanismus an vielen Universitäten. Das humanistische Interesse richtete sich auf das Studium vorchristlicher wie christlicher Autoren, und mit der Erfindung des Buchdrucks war es möglich, lateinische und griechische Textausgaben in größeren Auflagen zu publizieren. Das Interesse an griechischer Literatur wurde durch byzantinische Emigranten beflügelt. Das von Erasmus von Rotterdam (1469–1536) im Jahre 1516 herausgebrachte griechische Neue Testament hatte besondere Bedeutung.

Humanismus/ Reformation

Der Humanismus war nicht nur durch seine philologischen Interessen, die sich unter anderem auf den hebräischen Text des Alten Testaments richteten, in großen Teilen eine Bibelbewegung, sondern auch durch sein unmittelbares Interesse an der antiken Geisteswelt, in dessen Kontext das Neue Testament stand. Hieran konnte die Reformation anknüpfen, und viele Reformatoren hatten im Studium oder später Kontakt zum Humanismus gehabt. Allerdings schlossen sich bei Weitem nicht alle Humanisten der Reformation an: Erasmus und anderen ging der reformatorische Bruch mit der Tradition zu weit.

Kontrollfragen:

Kontrollfragen

1. Warum brach das Papstschisma auf und wie wurde es geheilt?
2. Woran scheiterte das Vorhaben einer Kirchenreform „an Haupt und Gliedern"?
3. Welche Bewegungen nahmen das reformatorische Interesse an der Bibel schon vorweg?

4. Die Reformation und ihre Folgen

Martin Luther stand auf der Schwelle vom Mittelalter zur Neuzeit. In der von ihm angestoßenen Reformation kamen Kräfte zum Durchbruch, die sich schon im Spätmittelalter formierten. Sie gewannen nun ungeheure Dynamik und trugen zur Entwicklung eines neuen Verständnisses von Kirche, Glaube und Theologie bei. Ihnen traten Kräfte entgegen, die am Traditionellen festzuhalten meinten, zugleich aber das mittelalterliche Kirchenwesen in eine neue, nun mehrkonfessionelle Zeit hinein transformierten. In Zeiten, in denen der christliche Glaube eine prägende Kraft auf Individuen und Gesellschaften ausübte, ergaben sich Konsequenzen für Politik, Kultur und Gesellschaft.

Reformation/ Spätmittelalter

4.1 Martin Luther

Mit Martin Luther beginnt die Reformation, auch wenn es zur gleichen Zeit andere gab, die ähnliche Anliegen aufnahmen, und auch wenn er an ältere Reformanliegen anknüpfen konnte.

Bedeutung Luthers

1. Luthers Weg zur Reformation

Luthers Leben verlief aufstiegsorientiert: Der Schullaufbahn folgte das Studium in Erfurt, das ihn eigentlich zum Juristen machen sollte. Das Erlebnis eines schweren Gewitters, das ihn 1505 auf freiem Feld bei Stotternheim überraschte, führte zu einer Irritation und zum Eintritt in das Erfurter Kloster der Augustinereremiten, die zu den Bettelorden gehörten. Die Priesterweihe folgte 1507. Ein Studium war dafür nicht nötig, doch schickte der Orden den als fähig erachteten jungen Bruder auf die Universität, zuerst in Erfurt, 1508 nach Wittenberg. Das für alle Studenten verbindliche Grundstudium der „Artes liberales", der „Freien Künste", die das formale und inhaltliche Rüstzeug für die Hö-

Studium

heren Studien vermittelten, hatte Luther schon in Vorbereitung seines Jurastudiums absolviert. Sein Theologiestudium schloss er 1512 mit der Doktorpromotion ab, die ihm die Lehrbefähigung verlieh. Luther hielt nun Vorlesungen über biblische Bücher, in denen hier und da schon die spätere Rechtfertigungsthematik anklang, doch blieb alles im Rahmen diskutabler Vorstellungen.

95 Thesen   Dies galt in Luthers Verständnis auch von den 95 Thesen zum Ablass, die er am 31. Oktober 1517 in Form eines Anschlages publik machte, um damit zu einer akademischen Disputation aufzufordern. Ungewöhnlich war dies nicht: Luther selbst hatte im September 1517 auf gleichem Wege Thesen zur scholastischen Theologie zur Diskussion gestellt und dabei scharf Aristoteles angegriffen, der sich zur Theologie verhalte wie die Finsternis zum Licht. Noch gründlicher griff er diese Frage im folgenden Jahr auf einer Disputation in Heidelberg auf. Mit den 95 Thesen, die sich durch Drucke verbreiteten, begann die Reformation im Sinne einer Kontroverse um die Person Luthers. Luther schickte die Thesen an den zuständigen Bischof Albrecht von Mainz, der sich nach Rom wandte, damit man den unliebsamen Kritiker mundtot mache. Die Thesen stellten den Ablass infrage und somit die Vorstellung, die Strafe für Sünden könne für sich selbst oder andere durch einen kirchlichen Erlass, einen Ablass also, verkürzt werden. Das sollte eigentlich durch besondere Frömmigkeitsleistungen geschehen, wurde nun aber durch den Kauf von Ablasszetteln verkürzt, der die Sünder zu Anteilseignern der Verdienste der Heiligen und Märtyrer machen sollte. Dadurch wurde für Luther das Wesen der Buße verfehlt, die innere Haltung und Reue sein sollte.

2. Die Grundzüge der Theologie Luthers

neue Theologie   In den Jahren seit 1517 wurde Luther als Kritiker der Scholastik bekannt, und auch – unter anderem durch eine Disputation in Leipzig im Jahre 1519 – als Kritiker des Papsttums, das sich seiner Meinung nach an die Stelle Jesu Christi gesetzt hatte. Gerade hier zeigte Luther, wie fruchtbar das Studium der Kirchenväter war, wussten die antiken Autoren doch nichts von einem Papst.

Eine neue Form der Bibelauslegung, die Christus als entscheidende Mitte hat, und ein dem Humanismus verwandtes Interesse an den Ursprüngen des Christentums kamen dabei zusammen.

Luther veröffentlichte 1520 seine Schrift „An den christlichen Adel deutscher Nation von des christlichen Standes Besserung". Er nahm die mittelalterliche Kritik am Papsttum auf, die trotz der gescheiterten Reformkonzilien lebendig geblieben war: Wenn die Kirche sich nicht selbst reformieren konnte, musste es der Adel tun, also Kaiser, Fürsten und Stadträte. Ermächtigt waren diese dadurch, dass sie durch die Taufe teilhatten am Priestertum aller Gläubigen. Mit nachhaltiger Wirkung nahm Luther die „Laien", also die Nichttheologen, in die Pflicht. *Laien*

Im gleichen Jahr 1520 brachte Luther in lateinischer Sprache seine Schrift „Von der Babylonischen Gefangenschaft der Kirche" heraus: Luther sah die Kirche gefangen unter dem Papsttum und unter den oft nur wenige Jahrhunderte zurückreichenden Traditionen. Konkret betraf dies die Festlegung auf sieben Sakramente (Taufe, Abendmahl, Buße, Firmung, Ehe, Priesterweihe, Letzte Ölung), die Luther anhand von drei Kriterien überprüfte: die Einsetzung durch Christus, eine daran gebundene Verheißung und ein sichtbares Zeichen. Taufe und Abendmahl waren dem biblischen Zeugnis nach durch Christus eingesetzt, hatten die Verheißung des ewigen Lebens und sichtbare Zeichen, also Wasser sowie Brot und Wein. Der Buße, von Luther ja hoch geschätzt, fehlte das sichtbare Zeichen. Konsequenzen hatten diese Kriterien für das Abendmahl: Wenn es seiner Einsetzung durch Christus gemäß gefeiert werden sollte, mussten die Laien nach jahrhundertelanger Verweigerung durch die Kirche auch den Abendmahlskelch erhalten. *Sakramentslehre*

Wohl 1518 kam es zu der für den theologischen Kern der Reformation entscheidenden „reformatorischen Entdeckung" Luthers. Ihm machte die Sünde mehr zu schaffen, als es in der mittelalterlichen Tradition der Fall gewesen war: Die Sünde ist für Luther eine radikale Macht, die den Menschen bestimmt. Der Mensch kann aus sich heraus nicht vor Gott bestehen und sich vor ihm rechtfertigen, sondern bedarf der Rechtfertigung durch Gott. Damit erwies Luther sich als Schüler des Paulus und des *reformatorische Entdeckung*

Augustinus. Alle Anstrengungen, sich mit guten und frommen Werken das Heil zu verdienen, sind also wertlos. Der Mensch ist durch Leben und Sterben Christi schon das, was er werden will: gut angesehen bei Gott. Was daraus folgte, machte Luther in einer weiteren Schrift aus dem Jahre 1520 deutlich, nämlich in „Von der Freiheit eines Christenmenschen". Hier unterschied er zwei Dimensionen: die des Glaubens, in der der Mensch gerechtfertigt und frei ist, und die der Liebe, in der der Mensch in sozialen Bindungen lebt und in der er Gutes tun kann.

Evangelium und Politik

Das Denken in diesen Dimensionen hatte Auswirkungen auf das Staatsverständnis. Auch hier galt es zu unterscheiden: Weder durfte die Dimension des Glaubens, der im Gewissen beheimatet ist, durch politischen Zwang beeinflusst werden, noch durften politische Ziele unter dem Vorwand, sie seien dem Evangelium gemäßer als andere, verfolgt werden. Das war für Luther „Aufruhr". Schon der Versuch, das Kirchenwesen schnell und radikal umzugestalten, wie es Andreas Bodenstein von Karlstadt (um 1480–1541) vorhatte, fiel in diese Kategorie. Aufruhr sah Luther dann auch im Bauernkrieg und insbesondere in der Person Thomas Müntzers (1488/89–1525), der im Namen des Evangeliums den Umsturz predigte. So wie also die politische Gewalt das Gewissen des Gläubigen zu achten hatte, so auch die Vertreter von Kirche und Religion die Maßstäbe der Politik. Die „Obrigkeit" war eingesetzt von Gott, um in dieser Welt Ordnung zu schaffen. Menschen durften sich nicht auf die Dimension des Glaubens zurückziehen, sondern sollten in Familie, Beruf und Amt bei der Gestaltung der Welt mitwirken. Dazu zählte auch der Soldatenberuf, durch den Ordnung garantiert und wiederhergestellt wird. Christliche Maßstäbe durften andererseits nicht aus dem öffentlichen Leben verbannt werden. Dazu sollten die Schulen beitragen, die Luther und Philipp Melanchthon (1497–1560) ein wichtiges Anliegen waren.

3. Wachstum und Festigung der Reformation

Reformation und Stadt

Die Reformation verbreitete sich durch Schriften Luthers und anderer, durch Prediger, auch durch Lieder, die die theologischen Grundanliegen popularisierten. Bei Weitem nicht überall setzte sich die Reformation durch. Stadträte oder fürstliche Verwaltungen entschieden für oder gegen ihre Einführung. Immerhin war dies auch eine Ordnungsfrage, denn die Zulassung reformatorischer Prediger konnte Unruhe erzeugen oder auch dämpfen. Das Gleiche galt für die Aufhebung von Klöstern, die Zulassung der Priesterehe, die Einführung des Abendmahlskelchs und die Integration des Klerus in die städtische Gesellschaft. Die Einführung der Reformation war immer ein Bruch, sie konnte auch entgleiten, wie die Machtergreifung radikaler Kräfte im „Täuferreich von Münster" im Jahre 1534/35 zeigte. Gerade in den Städten erreichten Konflikte um die Reformation eine hohe Dichte: Ambitionierte Prediger fielen auf, die Lesefähigkeit des Stadtbürgertums war hoch, Massen ließen sich leicht mobilisieren, und den Stadträten konnte es nur recht sein, wenn sie Kloster- und Kirchengut säkularisieren konnten und das Besetzungsrecht auf Pfarrstellen erhielten.

Im Laufe der 1520er-Jahre hatten die Entwicklungen zu politischen Auseinandersetzungen auf der Ebene des Reiches geführt: Der Kaiser blieb beim alten Glauben, die evangelisch gewordenen Fürsten und Stadträte erschienen als Störenfriede. Auf dem Reichstag zu Worms 1521 war Luther verurteilt worden, und nur die Verbringung auf die Wartburg auf Anweisung seines ihm wohlgesonnenen Landesherrn – dies war Friedrich der Weise (1463–1525) – hatte ihn gerettet. Die folgenden Monate bis zu seiner Rückkehr nach Wittenberg im Jahre 1522 nutzte Luther für die Übersetzung des Neuen Testaments – für die des Alten Testaments war erst Jahre später Zeit. Da Kaiser Karl V. (1500–1558) sich in den 20er-Jahren in Spanien aufhielt, blieb ihm ein direktes Eingreifen verwehrt. Das Wormser Edikt gegen Luther, seine Anhänger und seine Werke konnte nicht flächendeckend durchgesetzt werden, und als es 1526 auf einem Reichstag in Speyer wieder auf die Tagesordnung kam, wurde die Umsetzung in das Belieben jedes einzelnen Landesherrn gestellt. Als dann auf einem weiteren Reichstag in Speyer 1529 das Wormser Edikt doch wieder eingeschärft wurde, wehrten sich die evangelischen Fürsten und Stadtobrigkeiten mit einer „Protestation" – damit

Reformation und Reich

war der Begriff „Protestanten" in der Welt. Betont wurde ganz im evangelischen Sinne die Glaubens- und Gewissensfreiheit.

Augsburger Bekenntnis

1530 wollten die evangelischen Fürsten und Stadträte auf einem Reichstag in Augsburg ihre Position dem Kaiser verständlich machen, doch ohne Erfolg. Das „Augsburger Bekenntnis" (Confessio Augustana), maßgeblich verfasst von Philipp Melanchthon, wurde zur Grundurkunde des Luthertums. Auch wenn es in seinem ersten Teil die Gemeinsamkeiten mit der altgläubigen Position in theologischen Grundfragen betonte, blieb doch unübersehbar, dass die Differenzen fundamental waren. Die Definitionen der Rechtfertigungs- und Kirchenlehre waren nur die sichtbarsten Beispiele: Gute Werke sollen getan werden, sie sind aber nicht heilsnotwendig, die Kirche wird konstituiert durch die Auslegung des Wortes Gottes und den rechten, also einsetzungsgemäßen Gebrauch der Sakramente.

Verankerung der Reformation

Wo die Reformation mit Rückendeckung der „Obrigkeit" eingeführt war, veränderte sie das Kirchenwesen oftmals radikal. Den Pfarrern kam hohe Verantwortung zu, da sie die neue Lehre einführen und erklären mussten. Die ältere Generation hatte zumeist kein Theologiestudium durchlaufen, das jetzt erst für die evangelischen Geistlichen – noch lange aber nicht für die katholischen – verpflichtend wurde. Visitationen in den späten 1520er-Jahren zeigten in Kursachsen, dass die Pfarrer häufig überfordert waren. Luther verfasste darum 1529 den Großen Katechismus, der die reformatorische Theologie erläuterte. Ebenso wie die Pfarrer hatten nun die Laien, also die Nichttheologen, eine neue Aufgabe. Sie sollten befähigt werden, ihren Glauben selbst zu verantworten. Dazu verfasste Luther im gleichen Jahr den Kleinen Katechismus, ein Handbuch für die Hausandacht. Evangelische Frömmigkeit sollte nicht nur selbst verantwortet, sondern auch in der Hausgemeinschaft verankert sein.

Kontrollfragen:

Kontrollfragen

1. Worum ging es in den 95 Thesen?
2. Was ist die „reformatorische Entdeckung"?
3. Was ist das „Augsburger Bekenntnis"?

4.2 Die Ausbreitung der Reformation in Europa

Die Reformation hatte verschiedene Dimensionen: Dazu gehörten vor allem die Wiederentdeckung des Evangeliums von der Rechtfertigung allein aus Glauben, eine Professionalisierung der Pfarrerschaft durch ein Studium, aber auch die in der reformatorischen Bewegung liegenden Optionen auf eine Reform der Kirche und ihre Einpassung in städtische und territoriale Gemeinwesen. Diese Dimensionen konnten unter unterschiedlichen Voraussetzungen eine unterschiedliche Dynamik entfalten.

Dimensionen der Reformation

1. Die schweizerische und die oberdeutsche Reformation

Ulrich Zwingli (1484–1531) war seit 1519 Pfarrer am Großmünster in Zürich. Seine Reformation nahm ihren Ursprung beim Anliegen der Kirchenreform, und er sah Veränderungen der kirchlichen Praxis wesentlich positiver als Luther. In seiner Schrift „Von Erkiesen und Freiheit der Speisen" plädierte Zwingli 1522 für die Aufhebung der Fastengebote, aber dies war nur ein Anliegen unter mehreren. Wie in anderen Städten, so wurde auch die Reformation in Zürich durch einen Beschluss des Stadtrats durchgesetzt, der sich zuvor in zwei Disputationen über die strittigen Fragen kundig gemacht hatte. Der Rat versuchte auch, die „Bilderstürmer" im Zaum zu halten, doch setzte sich die Tendenz durch, die Heiligenbilder aus den Kirchen zu entfernen. 1528 schloss sich Bern der Reformation Zwinglis an, und bald kamen andere Orte hinzu. Als Zwingli 1531 in einer Schlacht gegen Truppen der Altgläubigen fiel, kam die Ausbreitung zum Stillstand.

Zwingli

Ein zweites Zentrum der Reformation in der Schweiz wurde Genf. Hier war Johannes Calvin (1509–1564) die treibende Kraft. Zwar führte auch die Reformation Luthers und Zwinglis zu Umgestaltungen in den städtischen Gemeinwesen, doch sollte Genf nun zum Symbol für den Idealtypus einer reformatorischen Stadtgesellschaft werden. Soziale Normen wurden stark von Vorstellungen bestimmt, die zu dieser Zeit als spezifisch christlich galten – hier liegen die Wurzeln des Puritanismus. Calvin lebte und wirkte seit 1541 in Genf, nachdem er die Stadt 1538 schon

Calvin

einmal hatte verlassen müssen. Der Anlass waren Konflikte um die „Kirchenzucht" gewesen: Calvin strebte eine strenge kirchliche Kontrolle des privaten und sozialen Lebens an, die er auch nach seiner Rückkehr erst gegen Widerstände des Rates durchsetzen konnte. In der Zeit seiner Verbannung hatte Calvin einen Grundriss der reformatorischen Lehre verfasst, den „Unterricht in der christlichen Religion", die „Institutio christianae religionis". Bei diesem später zweimal in Richtung einer Dogmatik überarbeiteten Werk handelte es sich ursprünglich um ein Gegenstück zu Luthers „Kleinem Katechismus". Zu Calvins theologischen Eigenheiten gehörte eine starke Betonung der Prädestinationslehre, mit der er ganz im Sinne des Augustinus die radikale Unabhängigkeit Gottes von menschlichen Bemühungen in seiner Entscheidung über Heil oder Unheil betonen wollte.

Oberdeutsche Zwischen lutherischen und schweizerisch-reformierten Einflüssen lagen ober-, also südwestdeutsche Städte, unter denen das zum Deutschen Reich gehörende Straßburg die bedeutendste war. Hier wurde der von Luther wie vom Humanismus geprägte Martin Bucer (1491–1551) zum führenden Reformator. Auch in Straßburg konnte sich die Reformation nur allmählich und endgültig erst durch einen Beschluss des Rates durchsetzen. 1530 legten vier oberdeutsche Städte (Lindau, Straßburg, Konstanz, Memmingen) auf dem Augsburger Reichstag ein eigenes Bekenntnis vor, die „Confessio Tetrapolitana". 1536 schlossen Bucer und die Oberdeutschen durch die „Wittenberger Konkordie" ein Bündnis mit dem lutherischen Zweig der Reformation.

2. Die theologische Entzweiung der reformatorischen Bewegung

Abendmahls- Mit dem Anschluss des oberdeutschen Zweiges der Reformation
lehre an den lutherischen war vor allem eine Parteinahme im zentralen theologischen Konflikt zwischen den reformatorischen Zweigen verbunden: Luther und Zwingli lehnten die mittelalterliche Vorstellung der „Transsubstantiation" ab, der zufolge Brot und Wein im Abendmahl äußerlich blieben, was sie sind, sich innerlich – der Substanz nach – aber in Leib und Blut verwandelten. Allerdings vertraten sie in der Interpretation des Abendmahls unterschiedliche Auffassungen, die die reformato-

rische Bewegung nachhaltig spalteten. Angesichts der Bedrängnis durch die politische Übermacht der altgläubigen Kräfte war dies irritierend, und so sah sich Landgraf Philipp von Hessen (1504–1567) veranlasst, eine Disputation in dieser Sache einzuberufen, die 1529 in Marburg abgehalten wurde. Luther nahm die Einsetzungsworte „Das ist mein Leib" wörtlich: Der Leib Christi ist im Abendmahl wirklich gegenwärtig. Diese Annahme gründet sich auf die Verheißung Jesu und hat mit philosophischen Spekulationen über eine Transsubstantiation nichts zu tun. Zwingli trieb die Ablehnung der Transsubstantiationslehre weiter. Er übersetzte das lateinische „est" mit „significat": Jesus habe bei der Einsetzung des Abendmahls nicht gemeint, das Brot und der Wein könnten wirklich sein Leib sein, sondern Brot und Wein seien Zeichen für den im Himmel bei Gott befindlichen Leib Christi. Während Luther die Zweinaturenlehre also so deutete, dass die Allgegenwart der göttlichen Natur Jesu Christi auch die Realpräsenz der menschlichen Natur im Abendmahl ermögliche, konnte Zwingli dies nicht akzeptieren. Für ihn war das Abendmahl nur eine Erinnerung an das letzte Mahl Jesu.

Das Zerwürfnis zwischen Luther und Zwingli war unheilbar, und nach dem Anschluss der Oberdeutschen an die Lutheraner blieben der lutherische und der reformierte Zweig der Reformation übrig – 1549 kam es mit dem „Consensus Tigurinus" zu einer Übereinkunft zwischen den Reformatoren in Zürich und Genf. In Deutschland etablierte sich der reformierte Zweig durch die „zweite Reformation" im späteren 16. Jahrhundert, in deren Folge lutherische Landesfürsten die reformierte Konfession annahmen. Dies betraf vor allem die Kurpfalz und Brandenburg, das spätere Preußen.

zweite Reformation

3. Die Konfessionalisierung Europas

In Frankreich blieben reformatorische, vor allem von Genf ausgehende Strömungen solange geduldet, wie der französische König Franz I. (1494–1547) sie gegen seinen Rivalen, Kaiser Karl V., nutzen konnte. Die französischen Reformierten, die dann als „Hugenotten" bekannt wurden, organisierten sich 1559 auf einer Nationalsynode, erlebten aber zugleich Unterdrückung

Frankreich

und Verfolgung, die durch das Toleranzedikt von Nantes im Jahre 1598 nur kurzzeitig gemildert wurde. Ludwig XIV. (1638–1715) besiegelte die schon längst wieder eröffnete Repression im Jahre 1685 durch ein gesetzliches Verbot, das die Protestanten zur Auswanderung, zur Konversion oder zur Selbstverleugnung zwang. Konfessionelle Toleranz brachte erst die Französische Revolution mit sich.

katholische Staaten In Spanien, Portugal und den auf italienischem Boden liegenden Staaten konnten Protestanten kaum überleben. In norditalienischen Bergtälern lebende Waldenser, die sich der Reformation anschlossen, mussten heftiger Verfolgung trotzen. Im Habsburgerreich gelang es Protestanten nur dort zu überdauern, wo sie wie in Kärnten unauffällig lebten oder wie in Ungarn und Siebenbürgen durch ältere Toleranzbestimmungen leidlich geschützt waren. Polen, wo die Reformation im Adel stark verankert war, wurde erst im Zuge der Gegenreformation zu einem katholischen Land.

England In England hatte König Heinrich VIII. (1491–1547) mit dem Papst gebrochen, um sich 1534 selbst zum Oberhaupt der Kirche von England zu machen – der unmittelbare Anlass war die Verweigerung der kirchlichen Anerkennung seiner Ehescheidung. Bis zur Durchsetzung der Reformation im theologischen Sinne war es aber noch ein längerer Weg. Erst Königin Elisabeth I. (1533–1603) etablierte gegen immer wieder aufflammende altgläubige Widerstände eine anglikanische Staatskirche, die äußerlich in vielem katholisch war, aber in den 1571 eingeführten „39 Artikeln" eine reformatorische Lehrgrundlage hatte.

Nordeuropa In Nordeuropa, dessen dominierende Größe Schweden darstellte, setzte sich die Reformation ebenfalls erst gegen Widerstände durch. Anders als in Deutschland, aber vergleichbar mit England blieb die bischöfliche Hierarchie erhalten, die zur Stütze einer lutherischen Staatskirche wurde. Der schwedische Einfluss im Ostseeraum gab dem Luthertum im Baltikum, vor allem im späteren Estland, Rückhalt. Von Dänemark ausgehender lutherischer Einfluss wiederum machte sich in den mit Dänemark verbundenen deutschen Herzogtümern Schleswig und Holstein bemerkbar. Hier wie in ganz Norddeutschland war der Reformator Johannes Bugenhagen (1485–1558) als Verfasser von Kirchenordnungen tätig.

Wo die Reformation sich durchsetzte, verband sie sich eng mit dem Staatswesen, sodass das Staatsoberhaupt – sei es ein Monarch oder der Rat einer Reichsstadt – zugleich Kirchenoberhaupt war. Nicht nur Katholiken, sondern auch protestantische Nonkonformisten hatten unter der damit verbundenen Intoleranz zu leiden. Der Kampf dieser Abweichler gegen staatskirchliche Bevormundung sollte das neuzeitliche Toleranzdenken beflügeln, wie überhaupt die Konkurrenz der Wahrheitsansprüche schon vor der Aufklärung nach ihrem Ausgleich fragen ließ. In England und den Niederlanden wurde diese Frage ungleich dringender gestellt und nach Lösungen gesucht als etwa in Deutschland.

Toleranz

Kontrollfragen:

1. Charakterisieren Sie das Wirken Zwinglis und Calvins.
2. Welche Differenz besteht zwischen der Abendmahlslehre Luthers und Zwinglis?
3. Nennen Sie ein Beispiel für die Reformation in einem europäischen Land.

Kontrollfragen

4.3 Das konfessionelle Zeitalter

Grundsätzlich ließ sich die Konkurrenz zwischen den großen Konfessionen nicht anders aushalten als durch Abgrenzung. Ein Territorium oder eine Reichsstadt nahm die Reformation an oder schloss sie aus. Dieser Prozess reichte weit bis ins 16. und noch ins 17. Jahrhundert hinein, und aus ihm gingen in der Regel konfessionell geschlossene Gebiete hervor, in denen Politik, Kultur, Recht und das weit in den öffentlichen Raum hineinreichende Wirken der Kirchen konfessionell geprägt waren.

Konfessionalisierung

1. Die konfessionellen Konflikte des 16. Jahrhunderts in Deutschland

In der ersten Hälfte des 16. Jahrhunderts schien eine Wiederannäherung oder gar eine Wiedervereinigung der Konfessionen noch greifbar zu sein. Karl V. drängte darum 1540 auf Religions-

Karl V.

gespräche zwischen altgläubigen und reformatorischen Theologen, die aber wie alle späteren Versuche dieser Art scheiterten: Reformation und Konfession waren schon längst keine bloß theologischen Themen mehr. Ein anderer Weg, der ebenfalls vom Kaiser beschritten wurde, war der der Gewalt. Anders als in Frankreich aber setzte die territoriale Zersplitterung des Deutschen Reiches dem Zugriff des Kaisers von vornherein Grenzen: Die Reformation konnte unter dem Schutz einzelner Fürsten und Stadträte gedeihen.

Augsburger Interim

Dass aus der konfessionellen Konfrontation eine politische und daraus folgend eine militärische werden könnte, war schon in den 20er-Jahren des 16. Jahrhunderts deutlich. Bündnisse formierten sich, doch kam es erst 1546 im Schmalkaldischen Krieg zum militärischen Konflikt. Nach wenigen Monaten waren die Kräfteverhältnisse klar: Die Truppen der reformatorischen Territorien waren besiegt, der Kaiser schien nun freie Hand in der Konfessionspolitik zu haben. Allerdings war auch klar, dass sich das Rad nicht mehr gänzlich und auf einmal zurückdrehen ließ. So sollte 1548 auf einem Reichstag mit dem „Augsburger Interim" eine Zwischenlösung bis zur endgültigen Regelung der Konfessionsfrage gefunden werden. Beim Laienkelch und der Priesterehe sollte es bleiben, doch sollte eine Rückorientierung auf das alte Kirchenwesen erfolgen.

Augsburger Religionsfriede

Alsbald kam wieder Bewegung in die Dinge, nämlich durch Moritz von Sachsen (1521–1553): Von seinem Vater Heinrich (1473–1541), der 1539 die Reformation aus dem nachbarlichen Kurfürstentum Sachsen importiert hatte, hatte er den evangelischen Glauben übernommen. Auf der Seite des Kaisers in den Schmalkaldischen Krieg zu ziehen, erschien ihm opportun, waren ihm dafür doch das Nachbarterritorium und dessen Kurfürstenwürde versprochen worden. Auf die Erfüllung anderer Versprechungen wartete Moritz nach dem Sieg der kaiserlichen Sache über die Truppen der protestantischen Stände vergebens, und die auf eine Rekatholisierung zielende Politik des Kaisers wollte er nicht mittragen. Unter Beteiligung Philipp Melanchthons wurde mit seiner Rückendeckung eine Variante des Augsburger Interims entwickelt, die den kaiserlichen Vorstellungen nach außen hin entgegenkommen sollte, die aber den theologischen Kern der Reformation schützen wollte, indem sie kirchliche „Äußerlichkeiten" zu „Adiaphora", also zu Unwägbarkeiten, erklärte. Moritz wechselte schließlich die Seite und brachte Karl V. durch einen geschickten Heerzug in Bedrängnis. Dadurch wurde eine gewisse konfessionspolitische Parität hergestellt, die 1552 zum „Passauer Vertrag" und 1555 zum „Augsburger Religionsfrieden" führte. Der Ausweg aus dem Dilemma sollte nun eine schiedlich-friedliche Koexistenz sein. Die Kompetenz, über die konfessionelle Prägung (religio) eines Territoriums (regio) zu entscheiden, wurde in die Hände der Fürsten gelegt: „cuius regio, eius religio". Minderheiten waren unerwünscht, durften aber immerhin, um einer Verfolgung zu entgehen, auswandern.

Schon die „zweite Reformation" brachte diesen Rechtsrahmen ins Wanken: Die reformierte Konfession war im Augsburger Religionsfrieden gar nicht vorgesehen, sondern nur die lutherische und katholische. Die konfessionellen Spannungen zwischen altgläubig und reformatorisch Gesinnten blieben ohnehin. *Reformierte*

2. Der frühneuzeitliche Katholizismus

Aus den „Altgläubigen" wurden im Zuge der Reformation alsbald Katholiken. Mit der Konfessionalisierung bildete sich eine katholische Identität aus, die auf das Mittelalter zurückgriff, Traditionen aber auf neue Herausforderungen hin transformierte und Zeitgemäßes hinzufügte. Die Reformation war nicht zuletzt eine Antwort auf länger beklagte Defizite gewesen, und die altgläubige Konfession war in einem gewissen Zugzwang. So kamen wieder Pläne für ein Konzil auf, mit dem sich auch Hoffnungen auf die Wiedervereinigung der Konfessionen verbanden. Diesen Plänen erteilte Luther 1537 mit den Schmalkaldischen Artikeln eine Absage, denn was wäre anderes zu erwarten gewesen als eine Herrschaft des Papstes. Das Konzilsprojekt war auch zwischen Kaiser und Papst strittig, da Karl V. Initiativen für eine Kirchenreform erwartete, während den Päpsten eher der Sinn nach einem Ketzergericht stand. *Konzilspläne*

1545 trat das Konzil endlich in Trient zusammen. Die Wahl des Ortes zeigte, dass der Kaiser die Verhandlungen nicht der *Konzil von Trient*

Aufsicht des Papstes überlassen wollte, denn Trient lag gerade noch auf dem Boden des Deutschen Reiches. Ob an dem Konzil protestantische Vertreter teilnehmen sollten, war strittig, und als solche erschienen, spielten sie keine Rolle. Das Konzil, das mit Unterbrechungen bis 1563 tagte, befasste sich mit den zentralen Differenzmerkmalen zwischen den Konfessionen, aus denen eine eigene Position abgeleitet wurde. Viele Themen wurden mehrmals behandelt, da die innerkatholische Meinungsbildung ihre Zeit brauchte. Die reformatorische Rechtfertigungslehre wurde verworfen: Die Gnade allein sollte ohne die menschliche Antwort im Glauben und in guten Werken nicht wirken können. Die Bibel sollte nicht in den Ursprachen, sondern in der kirchlich verbürgten lateinischen „Vulgata" studiert und auf der Grundlage der kirchlichen Tradition interpretiert werden. Die mittelalterlichen Riten wurden befestigt und damit für die Barockzeit tauglich gemacht. Die Siebenzahl der Sakramente wurde festgeschrieben, ebenso die Messopferlehre: Man ging davon aus, dass der Priester in der Eucharistie das Opfer Christi noch einmal vollziehe. In diesem Zuge erlangte das Fronleichnamsfest besondere Bedeutung: Es sollte durch Prozessionen mit der Hostie die Transsubstantiationslehre zur Darstellung bringen. Das Anliegen der Kirchenreform kam zwar zur Sprache, stand aber letztlich im Belieben des Bischofs, der nun ein Priesterseminar einrichten, die Pfarrer seines Bistums sorgfältig aussuchen und seine Gemeinden visitieren sollte. Von nachhaltiger Wirkung war die Vereinheitlichung der Gottesdienstordnung: Die tridentinische, lateinische Messe wurde nun zur Norm bis ins 20. Jahrhundert hinein.

Gegenreformation

Die „Gegenreformation" – ein Begriff, an dessen Stelle häufig die katholische Konfessionalisierung getreten ist – konnte auf den Beschlüssen von Trient aufbauen. Der von Ignatius von Loyola (1491–1556) gegründete Jesuitenorden wurde zum Hauptträger dieser Bewegung, die er vor allem in ordenseigenen Schulen verbreitete. Zur Gegenreformation gehörten auch katholische Reformbewegungen, die auf eine Besserung des Klerus und eine Intensivierung der Laienfrömmigkeit zielten. Prozessionen und Wallfahrten, Heiligen- und Sakramentsfrömmigkeit waren prägende Elemente. Im barocken Kirchenbau mit seinen Hochaltären und in der bildenden Kunst mit ihrer Darstellung von Heiligen und Kirchenlehrern kam das dahinter stehende Programm zum Ausdruck. Die Kehrseite waren Tendenzen hin zu einer Verinnerlichung, für die eine katholische Mystik und der auf die Theologie des Augustinus zurückgreifende und nach Cornelius Jansen (1585–1638) benannte „Jansenismus" stehen.

Alle diese Bewegungen fielen in die Zeit des frühneuzeitlichen Staatskirchentums, das den Papst gerne in weiter Ferne sah und sich römische Einmischungen in kirchliche Fragen verbat, die oft zugleich innenpolitische Fragen waren. Der französische „Gallikanismus" oder der österreichische „Josephinismus" setzten dem römischen Einfluss enge Grenzen.

Katholisches Staatskirchentum

3. Dreißigjähriger Krieg und Westfälischer Friede

Auslöser des Dreißigjährigen Krieges war die Wahl des protestantischen Fürsten Friedrich von der Pfalz (1596–1632) durch die böhmischen Stände im Jahre 1619. Die Wahl war der Versuch, sich der Abhängigkeit von den katholischen Kaisern – konkret Ferdinands II. (1578–1637) – zu entziehen. Dieses Aufbegehren wurde unterdrückt, ein katholisches Heer schlug den „Winterkönig" 1620 in der Schlacht am Weißen Berg in der Nähe von Prag. Die Pfalz, Friedrichs Stammland, wurde von kaiserlichen Truppen besetzt, und der Zeitpunkt schien gekommen, den Protestantismus in seine Schranken zu weisen. Der Heerführer Albrecht von Wallenstein (1583–1634) organisierte Feldzüge bis in den norddeutschen Raum hinein. Sein Hauptgegner war der dänische König Christian IV. (1577–1648), der wiederum die Möglichkeit einer Ausdehnung seiner Macht sah. Wieder schien die kaiserliche Seite den Sieg davonzutragen: 1629 zog sich der dänische König nach schweren Niederlagen in einem Sonderfrieden aus dem Kriegsgeschehen zurück.

Anfänge

Die Folge des Triumphes der katholischen Seite war das „Restitutionsedikt" von 1629: Die protestantischen Territorien sollten die alten kirchlichen Besitzverhältnisse wiederherstellen. Dies hätte die Restitution der inzwischen von evangelischen Fürsten übernommenen Bistümer wie Verden oder Meißen mit

Gustav Adolf

sich gebracht. In dieser Situation erschien jener Mann auf dem Schlachtfeld, den Protestanten als einen neuen Konstantin, Katholiken aber als Werkzeug des Antichrist ansahen: Der schwedische König Gustav Adolf II. (1594–1632) ließ seine Ambitionen an der polnischen und baltischen Ostseeküste ruhen und wandte sich dem deutschen Kriegsschauplatz zu. Sein Sieg bei Breitenfeld in der Nähe von Leipzig im Jahre 1631 brach die Vormacht der kaiserlichen Seite. Dass der König im folgenden Jahr bei Lützen, wiederum vor den Toren Leipzigs, fiel, tat dem schwedischen Engagement kaum Abbruch; die protestantische Propaganda sah nun in Gustav Adolf einen Märtyrer.

Friedensregelungen

Ein in Prag 1635 geschlossener Friede hätte das Ende der Konflikte sein können, doch war der Krieg längst ein europäischer geworden: Neben Schweden war auch Frankreich mit im Spiel, und die beiden konfessionell so unterschiedlichen Mächte standen miteinander auch noch im Bunde. Die Kämpfe flammten wieder und wieder auf, bis man 1644 in Münster und Osnabrück in Friedensverhandlungen eintrat. 1648 konnte endlich der Westfälische Doppelfriede geschlossen werden. Die Friedensverträge knüpften an den Augsburger Religionsfrieden an und bezogen nun die reformierte Konfession ein. Zum Maßstab der konfessionellen Bekenntnis- und kirchlichen Besitzverhältnisse wurde das Jahr 1624 gemacht, das vor den großen Kämpfen lag. Die Folge waren oft lange Streitigkeiten um die Wiederherstellung des damaligen Zustands. Anders als 1555 erhielten konfessionelle Minderheiten nun gewisse Schutzrechte: Private und familiäre Religionsausübung war erlaubt, allerdings nicht in Bayern und Österreich. Auf Reichsebene sollte die Parität der Konfessionen gelten: Im Reichstag konnten die protestantischen Stände bei konfessionellen Fragen nicht mehr überstimmt werden. In einigen gemischtkonfessionellen Städten – das wichtigste Beispiel war Augsburg – sollten Ämter abwechselnd besetzt werden.

Kontrollfragen:

Kontrollfragen

1. Worum ging es auf dem Konzil von Trient?
2. Was beinhaltet der Westfälische Friede?

4.4 Altprotestantische Orthodoxie, Pietismus und Aufklärung

Von den Anfängen der Reformation an gab es einen innerprotestantischen Pluralismus, der sich nicht nur in den verschiedenen Zweigen der Reformation zeigte, sondern auch an innerlutherischen und innerreformierten Differenzen. In der Frühen Neuzeit entstanden drei protestantische Strömungen, die miteinander konkurrierten und deren Vertreter sich oft auf Kosten der anderen zu profilieren versuchten.

Protestantische Strömungen

1. Die altprotestantische Orthodoxie

Schon zu Luthers Lebzeiten hatte es Streit um zentrale Fragen seiner Theologie gegeben; diese verstärkten sich nach Luthers Tod. Im Mittelpunkt stand die Frage, ob der Mensch wirklich allein aus Gottes Gnade das ewige Heil erlangen könne oder ob nicht doch seine Mitwirkung erforderlich sei. Hinzu kamen Konflikte um die Auslegung Luthers, bei denen die „Gnesiolutheraner", die „Edellutheraner" also, ihre Gegner als „Kryptocalvinisten" oder „Philippisten", nämlich als Anhänger des als zu nachgiebig erachteten Melanchthon verunglimpften.

Gnadenlehre

Für die lutherischen Fürsten, die ein einheitliches Kirchenwesen auf einheitlicher Lehrgrundlage wünschten, waren diese Konflikte ärgerlich. So drängten sie auf ein Ende der Streitigkeiten und beauftragten Theologen mit der Formulierung eines Ausgleichs. Das Ergebnis war die 1577 verabschiedete Konkordienformel, die 1580 zusammen mit anderen zentralen Schriften wie Luthers Katechismen und der „Confessio Augustana" in das Konkordienbuch aufgenommen wurde, das bis heute die maßgebliche Sammlung lutherischer Bekenntnisschriften ist. Auf reformierter Seite blieb die Bekenntnisbildung unabgeschlossen. Nachhaltige Bedeutung bekamen die von Heinrich Bullinger (1504–1575) verfassste „Confessio Helvetica Posterior", also das „Zweite Helvetische Bekenntnis" von 1566, und ebenso der „Heidelberger Katechismus" von 1563.

Bekenntnisschriften

Damit war eine Grundlage für die lutherische und die reformierte Lehrbildung geschaffen, die erst im 19. Jahrhundert „Alt-

Bibel

protestantische Orthodoxie" genannt wurde. Die Lehren der Reformatoren wurden nun systematisiert und wie im Mittelalter in großen „Summen" präsentiert. Eine Vorstufe solcher Systematisierung waren Melanchthons 1521 erstmals erschienene und wie Calvins „Institutio" später umgearbeitete „Loci communes". An der Spitze altprotestantischer Dogmatiken stand die Lehre von der Bibel, dann folgten die Trinitätslehre, die Christologie und andere Themen. Unter den Theologen dieser Richtung stehen für die Frühzeit Johann Gerhard (1582–1637) und für die Spätphase David Hollaz (1648–1713). Aus der Systematisierung der Tradition der Reformatoren entwickelten sich auch ganz neue Lehren wie die der „Verbalinspiration". Dabei ging es um die Vorstellung, dass der Bibeltext Wort für Wort von Gott selber oder dem Heiligen Geist diktiert worden war. Die Berufung auf die Bibel hatte in der Orthodoxie also einen anderen Charakter als bei Luther, dem es nicht um ein schlichtes Wörtlichnehmen ging, sondern um ein hermeneutisch reflektiertes Fragen nach der Mitte der Schrift, nach Christus und dem „Evangelium".

scientia practica

Die Altprotestantische Orthodoxie entwickelte trotz ihrer Orientierung an der Bibel ein eigenes Gedankensystem, das schon auf neue Herausforderungen antworten musste. Zu ihnen zählte der Deismus, der eine Offenbarung aus der Bibel ablehnte und die christliche Gottesvorstellung radikal infrage stellte. Die Altprotestantische Orthodoxie bekam es mit dem zu tun, was sie selbst „Atheismus" nannte. Sie wollte nun die Frömmigkeit bestärken, dies aber auf einer verbindlichen, lehrmäßigen Grundlage. Die orthodoxen Theologen beschrieben die Theologie gern als „scientia practica", als praktische Wissenschaft, da sie der Beförderung des Seelenheiles diene. Der Mensch sollte recht glauben und handeln, er sollte wissen und glauben, dass ihm das Heil durch die Rechtfertigung zugeeignet ist, aber nur wenn er das Rechte glaubt, kann er auch selig werden.

2. Der Pietismus

Arndt

Die Pietisten – ein Name, der im Sinne von „Frömmler" eigentlich ein Schimpfwort war – ziehen die Altprotestantische Orthodoxie einer Konzentration auf die Lehre, bei der die Frömmigkeitspraxis zu kurz komme. Genau diese wollte der Pietismus stärken. Er war Teil einer europaweiten Frömmigkeitsbewegung, die mit der evangelischen Eigenverantwortung des Glaubens Ernst machen wollte und der die kirchliche Vergesellschaftung der Frömmigkeit nicht genug war. Ein früher Vertreter dieser Bewegung war Johann Arndt (1555–1621), der Autor der 1605 bis 1610 veröffentlichten „Vier Bücher vom wahren Christentum". Für Arndt waren die persönliche Aneignung des Glaubens und der Ruf zur Buße zentral. Hier ist der Gedanke angelegt, dass es nicht genügt, die wahre Lehre zu kennen; sie muss auch verinnerlicht werden.

Der erste wichtige Vertreter des Pietismus in Deutschland war Philipp Jakob Spener (1635–1705). Sein Programm formulierte er in seinen „Pia Desideria, oder herzliches Verlangen nach gottgefälliger Besserung der wahren evangelischen Kirche" von 1675. Spener diagnostizierte einen Mangel an wahrem Glauben. Grundlage wahrer Frömmigkeit sollte das Bibelstudium sein. Was für Spener in der Orthodoxie nur Lehre war – nämlich die Rechtfertigung und die Umkehr des Menschen –, das sollte der Einzelne verwirklichen. Daraus wurde der Gedanke der „geistlichen Wiedergeburt", die also nicht mit der Taufe identisch war. Luthers Rede vom Priestertum aller Gläubigen sollte so neu formuliert werden. Spener ging aber nicht davon aus, dass dies allen Menschen gegeben sei. Der Pietismus zielte auf das, was man argwöhnisch „Konventikelwesen" nannte, was Spener und andere aber „ecclesiola in ecclesia" nannten, also die wahre Kirche in der Volkskirche. Neben der Förderung der Frömmigkeit war Spener eine Reform der Theologenausbildung wichtig, durch die die Frömmigkeit der Pfarrer gefördert werden sollte.

Spener

Schon bald kam es zur Konfrontation mit der Altprotestantischen Orthodoxie, zumal sich der Pietismus in Teilen radikalisierte und die Kirche als Institution ablehnte. Der pietistische Kirchenhistoriker Gottfried Arnold veröffentlichte 1699/1700 seine „Unparteiische Kirchen- und Ketzerhistorie", in der er versuchte, in ketzerischen Strömungen die wahren Frommen wiederzufinden, die aber immer von der machtgierigen Kirche verfolgt worden seien. Der Sündenfall in der Kirchengeschichte war

Arnold

für Arnold die Konstantinische Wende, die die Kirche in Abhängigkeit vom Staat gebracht habe. Arnold neigte wie Spener dazu, die Altprotestantische Orthodoxie als erstarrt abzuwerten, um den Pietismus umso heller zum Strahlen zu bringen. Für Arnold waren viele Ketzereien früherer Jahrhunderte eine Vorabbildung des zeitgenössischen Pietismus, der wie die frühen Ketzer vom Staat verfolgt wurde.

Francke   Andererseits wurde der Pietismus auch zu einer starken Kraft innerhalb der Kirche: August Hermann Francke (1663–1727) war stark von Spener geprägt. Insbesondere auf Francke aber ging das zurück, was typisch für den Pietismus wurde, nämlich das Bekehrungserlebnis. Pietisten konnten Tag und Stunde nennen, zu der sie sich zum wahren Glauben bekehrt hatten, und dies nach harten inneren Kämpfen, dem „Bußkampf". Damit verstärkte sich der pietistische Individualismus. Francke hatte in Leipzig ein pietistisches Collegium, also ein frommes Konventikel, gegründet und war deshalb, auch auf Betreiben der Theologischen Fakultät, aus der Stadt verwiesen worden. In Leipzig wie in ganz Sachsen wurde der Pietismus bekämpft. Francke fand Zuflucht in Glaucha bei Halle, wo er als Pfarrer angestellt wurde. In Brandenburg-Preußen waren die Pietisten willkommener, und so konnte Francke in Halle nachhaltig wirken, nämlich durch die von ihm begründeten Anstalten, zu denen ein Waisenhaus und Bildungseinrichtungen gehörten. Franckes Tätigkeit hatte auch Auswirkungen auf die Theologenausbildung in Halle. Dem Pietismus wohnte also ein starker Bildungsimpuls inne, der ihn für den preußischen Staat attraktiv machte. Anders als Strömungen, die ganz auf die Innerlichkeit setzten, wollte Francke die Lebenswelt der Menschen verbessern.

Zinzendorf   In den Pietismus hinein gehört auch der Gründer der „Herrnhuter Brüdergemeine", Nikolaus von Zinzendorf (1700–1760), der Kontakte in viele Lager hinein hatte, auch in die der Orthodoxie und der Aufklärung. Zinzendorf wollte ebenfalls die wahrhaft Frommen sammeln, und dies sollte sogar überkonfessionell geschehen, ohne dass es ihm um eine neue Kirche gegangen wäre.

3. Die Aufklärung

Die Aufklärung war für den Pietismus ein noch wichtigerer Widerpart als die Altprotestantische Orthodoxie, machte sie doch die Vernunft zum obersten Prinzip. Immerhin hatten Pietismus und Aufklärung die Individualisierung des Glaubens und den Bildungsimpuls gemeinsam, und insofern waren sie tatsächlich Konkurrenten. Die Aufklärung war ebenso wenig ein geschlossenes System wie der Pietismus: Strittig war vor allem, in welchem Verhältnis die Offenbarung, also letztlich die Bibel, zur Vernunft stehen sollte. Die deutschen Aufklärer konnten hier im christlichen Sinne durchaus gemäßigt sein.

Aufklärung und Pietismus

Allerdings stießen Versuche einer Synthese von Glaube und Vernunft zunehmend auf Kritik. In der zweiten Hälfte des 18. Jahrhunderts formierte sich die „Neologie", die also eine „neue Lehre" sein wollte. Die Neologen setzten ganz auf die Vernunft und kritisierten den Offenbarungsanspruch in der Theologie. Die Inhalte der Bibel und der kirchlichen Lehren, die Dogmen, wurden auf den Prüfstand der Vernunft gestellt. Der wichtigste Vertreter der Neologie war Johann Salomo Semler (1725–1791), der in Halle lehrte. Semler kritisierte das Bibelverständnis der Zeit, das oft von dem Gedanken der Verbalinspiration geprägt war. Er las wie viele Aufklärer die Bibel in dem Sinne, dass sie eine innere Mitte haben müsse. Diese wurde gesehen im Ruf zur moralischen Vollkommenheit und zur inneren Glückseligkeit. Die Bibel wurde also zum Erbauungsbuch und Tugendkatalog. Semler arbeitete auch heraus, dass vieles in der Bibel zeitbedingt sei. Die Neologie fand im 19. Jahrhundert ihre Fortsetzung im Rationalismus, der schon dem Namen nach ganz an der Vernunft orientiert war.

Neologie

Die Aufklärung war bei Weitem nicht das Schreckgespenst, zu dem sie später gern gemacht wurde. Ihr ging es um eine Modernisierung der Religion im Sinne einer verbesserten Alltagstauglichkeit. Insofern zielte sie auch auf eine Verbesserung der kirchlichen Praxis im Sinne einer Vereinfachung: Die Zahl der Bußtage wurde auf einen reduziert, Predigten mit zeitgemäßen Anliegen angereichert, Gesangbuchlieder mit neuen, vernunftgemäßen und handlungsorientierten Texten versehen. Über-

Ethik

haupt konnte die Aufklärung häufig am ehesten als handlungsleitendes Ethos verstanden werden und war darin wiederum mit dem Pietismus verwandt.

Lessing   Die christliche Aufklärung, dies wird schon an Semler sichtbar, brachte eine innertheologische Kritik an den Traditionen mit sich. Diese konnte sich sehr radikal auswirken. Hermann Samuel Reimarus etwa (1694–1768), in Hamburg Professor für orientalische Sprachen, lehnte die Auferstehung Jesu ab und deutete sie als Diebstahl der Leiche Jesu durch seine Jünger. Die entsprechenden Texte aus Reimarus' Feder wurden aber erst nach seinem Tod veröffentlicht, und das durch Gotthold Ephraim Lessing (1729–1781). Lessing wiederum war es, der vom „garstigen Graben" sprach, der seine Zeit von der Zeit Jesu trennte, sodass die Wunder, die Jesus getan haben mochte, für ihn und seine Zeit keine Bedeutung mehr hätten.

Kant   Die deutsche Aufklärung kam zu ihrem Höhepunkt durch Immanuel Kant (1724–1804), der ebenfalls die Religion dem Bereich der Sittlichkeit zuordnete: Man erfährt Gott im moralischen Imperativ, im eigenen Gewissen, also in dem, was Luther „Gesetz" nannte. Die moralische Vollkommenheit wird man aber erst in der Unsterblichkeit erlangen, und um diese zu garantieren, bedarf es der Vorstellung eines Gottes.

katholische Aufklärung   Auf katholischer Seite gab es ähnliche Tendenzen: Auch hier ging es um Vereinfachung, nicht zuletzt angesichts der ausufernden barocken Frömmigkeitspraktiken. Als einen Sieg feierten die katholischen Aufklärer die Aufhebung des Jesuitenordens im Jahre 1773, galten die Jesuiten doch als Agenten der Finsternis und Feinde der Vernunft.

Kontrollfragen:

Kontrollfragen
1. Was ist die Altprotestantische Orthodoxie?
2. Was ist Pietismus?
3. Charakterisieren Sie das Anliegen der Aufklärung.

5. Die Neuzeit

Kennzeichnend für das Selbstbewusstsein der „Neuzeit" ist der Gedanke eines geschichtlichen Fortschritts. Allerdings begann diese Zeit nach dem Dreißigjährigen Krieg mit der Furcht vor neuen Katastrophen und mit dem Ringen darum, der neuen Multikonfessionalität in Gesellschaft, Politik und Recht Raum zu schaffen.

„Neuzeit"

5.1 Das Staatskirchentum

Die großen Konfessionen – Katholiken, Lutheraner und Reformierte – waren fest in den Staat integriert, jedenfalls dort, wo eine von ihnen die bevorzugte Konfession war. Den anderen blieb nur eine Minderheitenrolle minderen Rechtes. Noch prekärer war die Stellung der Bewegungen, die sich nicht in die etablierten evangelischen Konfessionen integrierten. Bestreiter der Trinitätslehre, Anhänger der Entscheidungstaufe oder Vertreter staatsunabhängiger Kirchenleitung waren nur einige unter ihnen.

Minderheiten

1. Die staatlichen Kirchenreformen

Die staatliche Kirchenhoheit ließ den Kirchen wenig Raum für Selbstverwaltung und innere Reform – auch da, wo es wie im Katholizismus und im protestantischen Nordeuropa Bischöfe als geistliche Oberhäupter gab. Das Papsttum konnte seine aus dem Tridentinum resultierenden Ansprüche kaum realisieren, waren doch die katholischen Bischöfe nicht nur in Deutschland zugleich adligen Ranges und dem Herrscher mehr verpflichtet als dem Papst.

Staatliche Kirchenhoheit

Staat und Kirche begannen erst im 19. Jahrhundert, sich voneinander zu emanzipieren, doch erwies sich schon im Laufe des 18. Jahrhunderts das Staatskirchensystem als zu starr. Die Un-

Reformen

terdrückung von Minderheiten widersprach dem zeitgemäßen Nützlichkeitsdenken: Man wollte Arbeits- und Fachkräfte im Lande halten. Gerade in katholischen Staaten wurde die Kirche aufgrund ihres gesellschaftlichen Einflusses und ihrer Besitzungen als reformbedürftig angesehen. Modernisierung hieß hier noch stärkere Integration des Klerus in den Staat und Säkularisation von Kirchengut. In milderer Form vollzog sich dies auch in protestantischen Staaten, doch spielte in ihnen das kirchliche Vermögen eine geringere Rolle, da es der Staat in der Reformation ohnehin zu großen Teilen enteignet hatte. Allenthalben machten sich Reformen bemerkbar, die sich auf das kirchliche Leben auswirkten: Dies gilt für die Verlegung von Friedhöfen vor die Stadt wie für die Einschränkung von Prozessionen, die Reduzierung von Heiligen-, aber auch protestantischen Bußtagen und die Aufhebung von Klöstern.

Staatskirchentum
In Preußen bildete das Allgemeine Landrecht von 1794 die Grundurkunde staatlicher Kirchenpolitik. Charakteristisch dafür war eine Einbeziehung der „Religionsgesellschaften" – gemeint waren die Kirchengemeinden – in den Staatsaufbau. Kirche und Religion, beide eng mit dem Volksschulwesen verbunden, waren zuständig für die Absicherung der staatlichen Autorität gegenüber den Untertanen. Die kirchlichen Finanzen standen unter staatlicher Aufsicht, die Geistlichen waren faktisch staatliche Funktionsträger. Dieses staatskirchliche Modell galt im Wesentlichen auch in den anderen europäischen Staaten. Die Trennung von Staat und Kirche in den Vereinigten Staaten war das Gegenmodell dazu: Die individuelle Religionsfreiheit sollte sich dort frei und unbehelligt von staatlicher Kirchen- und Konfessionspolitik entfalten können.

Josephinismus
Die staatliche Kontrolle der Kirchen hatte da ihre Vorzüge, wo die Kirchen in staatliche Modernisierungsprozesse hineingenommen wurden. Dies galt in hohem Maße für Österreich und die ganze Habsburgermonarchie, in der Kaiserin Maria Theresia (1717–1780) und ihr Sohn Joseph II. (1741–1790) eine Reihe staatskirchlicher Reformen ins Werk setzten, die unter dem Namen „Josephinismus" bekannt sind. Durch die Schließung von Klöstern, durch Säkularisationen also, wurden Finanzmittel frei,

die nicht nur für staatliche Zwecke, sondern auch für den Ausbau der Pfarrseelsorge genutzt wurden. Die Ausbildung der katholischen Geistlichen wurde verbessert und die barocke Frömmigkeit nach den zeitgemäßen Maßstäben von Schlichtheit und Sparsamkeit eingeschränkt – solche Maßnahmen blieben nicht unwidersprochen.

Selbst die französischen Revolutionäre versuchten sich an einem staatlichen Kirchenreformprogramm, das 1790 in der „Zivilkonstitution des Klerus" festgelegt wurde. Ganz in der Tradition des „Gallikanismus" (s. o. 4.3.2) wollte man die katholische Kirche in den neuen Staat integrieren. Dazu wurden die Diözesen den neuen Departementsgrenzen angepasst. Die kirchlichen Amtsträger sollten vom Volk gewählt und vom Staat besoldet werden; dafür wurde kirchliches Vermögen in großem Umfang enteignet. Die revolutionären Ereignisse sprengten aber schnell die Klammer zwischen Kirche und Staat. Verfolgungen und Exilierungen von Geistlichen, die die staatliche Kirchenpolitik nicht mittrugen, prägten nachhaltig das Bild der Revolution. Nachdem Napoleon Bonaparte (1769–1821) die Revolution beerbt hatte, gab er im Zuge seiner inneren Befriedungspolitik der Kirche – nun nicht mehr nur der katholischen, sondern auch der protestantischen – einen festen Stand in Staat und Gesellschaft.

Französische Revolution

2. Die Toleranzgewährung für konfessionelle Minderheiten

Das durch den Westfälischen Frieden fixierte Grundmodell war das von monokonfessionellen Staaten, in dem Minderheiten allenfalls geduldet wurden. Dieses Modell galt auch im europäischen Maßstab. Der Westfälische Friede von 1648 ermöglichte konfessionellen Minderheiten in der Regel keine freie öffentliche Religionsausübung. Preußen allerdings musste mehr als andere deutsche oder europäische Staaten darauf bedacht sein, die Interessen zwischen dem protestantischen und dem im 18. Jahrhundert vorwiegend in Schlesien beheimateten katholischen Bevölkerungsteil auszugleichen. So genossen Katholiken in Preußen eine gewisse politisch und rechtlich verbürgte Tolerierung, sie wurden zugleich aber argwöhnisch als mögliche Parteigänger Österreichs betrachtet.

Preußen

Tolerierung

Der Duldungsrahmen des Westfälischen Friedens erstreckte sich nur auf Katholiken, Lutheraner und Reformierte. Für andere Strömungen, die sich ebenfalls aus der Reformation entwickelt hatten, war in ihm kein Platz; dies gilt beispielhaft für Mennoniten und Quäker. Sie waren auf die fallweise Duldung durch den Landesherrn angewiesen. Gründungen wie das holsteinische Friedrichstadt zeigten aber an, dass manche Fürsten – hier war es der dänische König – durchaus ein Interesse an Siedlern hatten, die nicht zu den großen Konfessionen gehörten. In Österreich, wo die Duldungsregelungen des Westfälischen Friedens nicht galten, war das Toleranzpatent Kaiser Josephs II. im Jahre 1781 ein entscheidender Durchbruch: Zuvor hatte sich der Protestantismus unter katholischer Dominanz nur im Geheimen entfalten können, jetzt konnten Protestanten sich in Gemeinden organisieren und in schlichten Bethäusern Gottesdienste feiern.

Nonkonformisten

In anderen europäischen Staaten spielten protestantische Strömungen, die nicht in den staatskirchlich erwünschten Kirchen aufgingen, eine eigene Rolle, und dies vor allem in England. Hier distanzierten sich Bewegungen von der anglikanischen Staatskirche, die auf eine Intensivierung der Frömmigkeit zielten. Die Existenz dieser „Dissenters" oder Nonkonformisten wurde 1689 erstmals durch ein Toleranzgesetz (Toleration Act) anerkannt, allerdings war damit noch keine bürgerliche oder religiöse Gleichberechtigung verbunden.

Kontrollfragen:

Kontrollfragen

1. Charakterisieren Sie die Kirchenreformen im späten 18. Jahrhundert.
2. Was ist „Toleranz" in der Frühen Neuzeit?

5.2 Die Entflechtung von Staat und Kirche

Entflechtung

Das Staatskirchentum wurde in Europa nach dem Wiener Kongress noch einmal befestigt. Allmählich aber traten Kirche und Staat in ein differenzierteres Verhältnis zueinander, sodass die im späten 19. und 20. Jahrhundert überall in Europa zu beobachtenden Tendenzen, sie zu trennen, nicht gänzlich neu waren.

Die Entflechtung von Staat und Kirche

1. Das Verhältnis von Kirche und Staat im 19. Jahrhundert

Die Französische Revolution und ihr folgend die Politik Napoleons hatten unmittelbare Folgen für Deutschland: Das Heilige Römische Reich Deutscher Nation kollabierte unter dem Vordringen französischer Truppen an den Rhein. Der in Wien residierende Kaiser sah sich nur noch als Herrscher über Österreich und die mit ihm verbundenen Gebiete an. Vor allem kam es nun zu tief greifenden Umgestaltungen der deutschen Landkarte: Die von katholischen Bischöfen beherrschten Staaten – die geistlichen Fürstentümer also – wurden in größere eingeschmolzen und somit „säkularisiert". So fielen die bedeutendsten unter ihnen, die Kurfürst-Erzbistümer Köln, Mainz und Trier, an Preußen. Auf die gleiche Weise wurden Kleinstaaten, die weltlichen Herrschern gehörten, „mediatisiert". Unabhängig von der Inbesitznahme ganzer Gebiete wurde kirchlicher Besitz säkularisiert. Dies betraf vor allem die Klöster, deren Immobilien, Kunstschätze und Vermögen vom Staat eingezogen wurden. Ausgerechnet Bayern hatte hierbei eine Vorreiterrolle. Diese Maßnahmen erlangten durch einen Ausschuss des Reichstags, eine Reichsdeputation, 1803 Rechtskraft. Der „Reichsdeputationshauptschluss" markierte in politischer und gesellschaftlicher Hinsicht für die katholische Kirche in Deutschland einen tiefen Einschnitt: Die Bischöfe hatten nur noch eine geistliche Funktion, das klösterliche Leben brach für Jahrzehnte zusammen, Ordenshochschulen und Universitäten wurden geschlossen.

Reichsdeputationshauptschluss

Die Landkarte Deutschlands blieb durch die napoleonischen Kriege in Bewegung. Erst 1815 wurde sie auf dem Wiener Kongress neu fixiert. Die Grenzen der damaligen Staaten haben bis heute Bedeutung, denn sie entsprechen immer noch weithin den Grenzen der evangelischen Landeskirchen. Die deutschen Staaten hatten nun allesamt eine gemischtkonfessionelle Bevölkerung. Bayern hatte sich mit Schwaben und Franken bedeutende protestantische Landesteile angeschlossen, Baden sich um katholische Gebiete vergrößert, Preußen mit dem Rheinland und Westfalen katholische Bevölkerungsanteile hinzugewonnen. Die Verwaltung der neuen Gebiete und ihrer Bevölkerungsanteile

Konfessionelle Integration

stellte eine innenpolitische Herausforderung dar. Die Kirchenverwaltungen der aufgelösten Kleinstaaten mussten integriert werden, katholische Bischöfe hatten ihre Loyalität unter Beweis zu stellen, die Konflikte zwischen den Konfessionen mussten gemildert werden. „Mischehen" zwischen Katholiken und Protestanten waren dazu ein geeignetes Mittel. Gerade sie aber führten zu erheblichen Spannungen mit der katholischen Kirche, und dies nicht nur in Preußen, sondern auch in Bayern. Erwartet wurde von der katholischen Kirche eine zustimmende Haltung zu solchen Ehen, was beinhaltete, dass sie deren Abschluss nicht durch die Forderung nach einer katholischen Erziehung der Kinder erschwerte. Genau das aber war der Fall.

Kölner Konflikt Während die daraus erwachsenden Konflikte zwischen dem katholischen bayrischen König Ludwig I. (1786–1868) und Papst Gregor XVI. (1765–1846) einigermaßen geräuschlos geregelt werden konnten, kam es in Preußen zum Eklat. Hatte sich der Kölner Erzbischof Ferdinand August von Spiegel (1764–1835) noch darauf eingelassen, die preußische Politik zu tolerieren, war sein Nachfolger Clemens August von Droste-Vischering (1773–1845) dazu nicht mehr bereit, sondern suchte den Konflikt, indem er die Hürden für gemischte Ehen wieder erhöhte. Dies und auch sein Vorgehen gegen die ihm zu aufgeklärt erscheinenden, an der Bonner Katholisch-Theologischen Fakultät gelehrten Anschauungen des Georg Hermes (1775–1831) führten 1837 zu seiner Verhaftung und faktischen Absetzung. Erst unter dem seit 1840 regierenden preußischen König Friedrich Wilhelm IV. (1795–1861) war eine Aussöhnung mit der katholischen Kirche möglich; das Symbol dafür war der Weiterbau des seit dem Mittelalter unfertigen Kölner Doms, der 1880 vollendet wurde.

Union Ein Teil staatlicher Konfessionspolitik war die „Union" von Lutheranern und Reformierten. In Preußen, einem Staat mit mehrheitlich lutherischer Bevölkerung und einem reformierten Herrscherhaus, war dies ein Projekt des Königs, Friedrich Wilhelms III. (1770–1840). Es wurde von Theologen wie Friedrich Schleiermacher unterstützt, und der König konnte hoffen, dass es im Lande auf Zustimmung stoßen würde. Unerwartet aber provozierte der 1817 anlässlich des Reformationsjubiläums vorgetragene Unionsplan des Königs konfessionellen Widerstand unter den Lutheranern. Dieser steigerte sich noch, als Versuche unternommen wurden, die Union nicht nur ideell und als Abendmahlsgemeinschaft, sondern auch liturgisch durch eine verbindliche Agende und unter Schaffung eines gemeinsamen Bekenntnisses Gestalt gewinnen zu lassen. Manifest wurde die Opposition vor allem durch die „Altlutheraner", die in den 1830er-Jahren unterdrückt und verfolgt wurden und von denen viele auswanderten. Seit 1841 wurden sie toleriert und seit 1845 staatlich anerkannt.

Im Zuge der preußischen Reformen zu Beginn des 19. Jahrhunderts war auch die Frage nach einer verstärkten Selbstorganisation der Kirche durch Synoden gestellt worden. Hierzu hatte Schleiermacher entscheidend beigetragen. Die Restauration nach 1815 ließ dann Synoden als zu demokratisch erscheinen, sodass die kirchliche Selbstverwaltung einstweilen weitgehend auf der Strecke blieb. Eine Ausnahme bildeten die preußischen Provinzen Rheinland und Westfalen, wo unter den Protestanten starke Traditionen der Selbstverwaltung durch Presbyterien (Kirchenvorstände) und Synoden lebendig waren. So musste der preußische Staat 1835 für diese beiden Provinzen eine eigene Kirchenordnung zulassen.

Selbstverwaltung I

Die Revolution von 1848 brachte noch keinen entscheidenden Durchbruch für eine stärkere Unabhängigkeit der Kirchen vom Staat. Die Interessen staatlicher Kontrolle über die Kirche waren noch zu groß, und von der katholischen Kirche fürchtete mancher, ohne Staatsaufsicht werde sie sich zum Staat im Staate entwickeln. Tatsächlich hatte der Katholizismus vor 1848, nicht zuletzt auf dem Hintergrund des Mischehenstreites, eine bemerkenswerte politische Dynamik entfaltet. Von München aus beflügelte Joseph Görres (1776–1848) den politischen Katholizismus: Auf die Verhaftung des Kölner Erzbischofs hatte er mit dem „Athanasius" reagiert, einem Buch, in dem er das Programm einer stärkeren Unabhängigkeit von Kirche und Staat entwarf. Katholische Vertreter nahmen in der Revolution meistens eine ambivalente Haltung ein, aus der heraus bürgerliche Freiheiten begrüßt, aber an die Autorität der Kirche gebunden wurden. Nur

Revolution 1848

auf dem Boden dieser Freiheiten waren 1848 der erste deutsche Katholikentag in Mainz und die erste deutsche Bischofskonferenz in Würzburg möglich. Auf offizieller evangelischer Seite überwog große Skepsis gegenüber der Revolution. Immerhin garantierte die von der in der Frankfurter Paulskirche tagenden Nationalversammlung 1849 verabschiedete Verfassung den Kirchen die selbstständige Verwaltung ihrer inneren Angelegenheiten. Dieses Recht wurde auch in die Preußische Verfassung übernommen, die im Gegensatz zur Paulskirchenverfassung tatsächlich in Kraft trat. Der Verwirklichung dieser Rechtsgarantie standen allerdings noch viele Widerstände entgegen.

Deutschkatholiken/ Freie Gemeinden

In der Paulskirche erhoben auch die Wortführer einer Strömung das Wort, die ganz auf Selbstorganisation und Unabhängigkeit vom Staat setzte: Dies waren die Deutschkatholiken. Ihr Sprecher war Robert Blum (1807–1848). Die Deutschkatholiken waren 1844 aus einer Protestbewegung gegen eine Wallfahrt nach Trier hervorgegangen, die vom preußischen Staat im Zuge der Befriedung der Konflikte um die Mischehen genehmigt worden war. Im Deutschkatholizismus paarten sich die Motive religiöser wie politischer Emanzipation. Dies galt auch für ihre protestantische Parallele, die Freien Gemeinden, die man etwas spöttisch „Lichtfreunde" nannte. Sie hatten sich im Protest gegen die preußische Kirchenpolitik zusammengefunden. Deutschkatholiken und Freie Gemeinden verschwanden im Zuge der Restauration bald nach 1848 von der Bühne und lösten sich in die freireligiöse Bewegung hinein auf.

Selbstverwaltung II

Die Frage kirchlicher Selbstorganisation und Unabhängigkeit vom Staat blieb auf der Tagesordnung. Nach 1848 wurden die staatlichen Kirchenverwaltungen wenigstens formell zunehmend verselbstständigt – in Preußen hieß die zuständige Behörde nun „Evangelischer Oberkirchenrat" –, und im späteren 19. Jahrhundert wurde auch die Einrichtung von Synoden und Kirchenvorständen zugestanden. Hinzu kam die Einführung der Kirchensteuer, die aber nur eine Ergänzung zur staatlichen Kirchenfinanzierung war. Das letzte Wort in kirchlichen Dingen hatte immer noch der Staat. Dies wurde von protestantischer Seite aus akzeptiert.

Ein deutliches Zeichen für eine Entflechtung von Kirche und Staat war der Kampf um die Geistliche Schulaufsicht, die konkret in der Aufsicht des Pfarrers über die örtliche Volksschule bestand. Im liberalen Baden war die Trennung von Kirche und Schule schon 1862 vollzogen worden, und auch in Preußen wurde sie immer wieder thematisiert, allerdings hielt der preußische Staat daran fest.

Geistliche Schulaufsicht

2. Der Kulturkampf

Der Kulturkampf war nur an der Oberfläche ein Kampf um „Kultur", also um die Dominanz von Protestantismus und Liberalismus gegenüber einem als finster erachteten Katholizismus. Auch wenn Otto von Bismarck (1815–1898) als preußischer Ministerpräsident und Reichskanzler der entschiedenste Protagonist des Kulturkampfes war, war dieser nicht nur ein preußisches, sondern ein deutsches Phänomen, und unter dem Zeichen des Antiklerikalismus ein gesamteuropäisches. Mit dem sich auf das Papsttum zentrierenden und auf eine vormoderne Theologie verpflichtenden Katholizismus trat eine politische und gesellschaftliche Größe auf, die sowohl den Anhängern staatlicher Kontrolle wie den Liberalen als Hütern des Fortschritts verdächtig war. Im Kulturkampf sollte also die Kraft der katholischen Kirche zur Selbstorganisation gebrochen und sie in geradezu frühneuzeitlicher Tendenz dem Staat gefügig gemacht werden. Darauf zielte der „Kanzelparagraph" von 1871, der politische Äußerungen von Geistlichen untersagte, ebenso das 1873 eingeführte „Kulturexamen", das katholische wie auch evangelische Theologiestudenten abzulegen hatten, um damit ihre Kenntnisse in deutscher Literatur, Philosophie und Geschichte zu dokumentieren. Verpflichtend wurde nun auch für katholische Geistliche ein mindestens dreijähriges Studium. Widerstand gegen diese und andere Maßnahmen wurde schwer geahndet. Ausweisung, Haft und Drangsalierung konnten die Folge sein. Ungeahnte Folgen hatte die Einführung der „Zivilehe", also die Möglichkeit, sich von einem staatlichen Beamten und nicht mehr nur von einem Pfarrer trauen zu lassen: Sie wurde wie die Erleichterung des Kirchenaustritts vor allem von Protestanten in Anspruch genommen.

Kulturkampf

3. Die Radikalisierung der Entflechtung von Staat und Kirche zu Beginn des 20. Jahrhunderts

Andere Staaten — Der Kulturkampf beruhigte sich in den 1880er-Jahren des 19. Jahrhunderts, da beide Seiten den Konflikt nicht gewinnen konnten. Im europäischen Horizont führte der mit dem Kulturkampf verwandte Antiklerikalismus zu Bestrebungen, die staatliche Kontrolle der katholischen Kirche durch ihre Marginalisierung zu ersetzen. Dafür stand besonders das Beispiel Frankreichs, wo Staat und Kirche (unter Einschluss der protestantischen) 1905 getrennt wurden. Die Gemeinden hatten damit nur noch einen privatrechtlichen Vereinsstatus. Ähnliches vollzog sich 1911 in Portugal. Noch radikaler waren die Verhältnisse in Russland, wo auf die Oktoberrevolution und die Trennung von Staat und Kirche die blutigste Christenverfolgung aller Zeiten folgte.

Deutschland — In Deutschland trug der Erste Weltkrieg zur Auflösung der bisher engen Verbindung des Staates mit den großen Konfessionen bei. Im Krieg hatten sich Vertreter der Kirchen, vor allem aus dem Protestantismus, als Unterstützer der deutschen Kriegspolitik hervorgetan. Dieses Verhalten wurde ihnen nach dem Krieg vorgehalten, doch schien es Vertretern der politischen Linken nun ohnehin an der Zeit, mit den Kirchen abzurechnen. In der Novemberrevolution 1918 wurden mit der Abschaffung des Religionsunterrichts und der Aufhebung der Geistlichen Schulaufsicht Fakten geschaffen. Dies war auch deshalb möglich, weil die Kirchenverwaltungen mit der Abdankung der Landesfürsten keine oberste Spitze mehr hatten.

Kontrollfragen:

Kontrollfragen
1. Welche Folgen hatte der Reichsdeputationshauptschluss?
2. Welche Bedeutung hat die Revolution von 1848 für die Kirchengeschichte?
3. Worum ging es im Kulturkampf?

5.3 Theologische und kirchliche Entwicklungen im 19. Jahrhundert

Theologische und kirchliche Entwicklungen standen in einem Wechselverhältnis. Staat und Gesellschaft waren auf dem Weg in die Moderne. Fraglich war, ob Kirche und Theologie diesen Weg ebenfalls beschreiten würden, und darüber herrschte unter ihren Vertretern keineswegs Einigkeit.

Moderne

1. Erweckung, Rationalismus, Konfessionalismus

Die „Erweckung" des 19. Jahrhunderts war ein gesamteuropäisches und teilweise konfessionsübergreifendes Phänomen. In Deutschland konnte die Erweckungsbewegung an ältere, vor allem pietistische Traditionen anknüpfen. Im Sinne der aus ihr erwachsenen „Inneren Mission" ging es ihren Vertretern aber nicht nur um die pietistische Verdichtung der Frömmigkeit in Konventikeln, sondern auch um die Gewinnung breiterer Schichten des Volkes. Die Erweckungsbewegung erreichte ihr Publikum vor allem durch die Verbreitung von Bibeln und erbaulichen Traktaten. Zu diesem Zweck wurden Gesellschaften gegründet, die den Druck dieser Werke und ihre Verbreitung organisierten. Zu bedeutenden Zentren der Erweckung wurden das Siegerland und Wuppertal. In Preußen war es vor allem der Adel, der die Erweckungsbewegung im Lande verbreitete, indem er seine Güter und die von ihm im Rahmen des Patronatswesens zu besetzenden Pfarrstellen als Stützpunkte nutzte. Zu den erweckten Theologen zählte der in Halle lehrende Julius Müller (1801–1878), der mit seiner Christlichen Lehre von der Sünde 1839 ein programmatisches Werk vorlegte. Im Mittelpunkt stand für die ganze Bewegung das Gefühl der eigenen Sündhaftigkeit und die Erfahrung der Bekehrung.

Erweckung

Die Traditionen der Erweckung wurden durch die Gemeinschaftsbewegung weitergeführt. Sie organisierte sich 1888 in Gnadau bei Magdeburg als „Gnadauer Verband", also als Dachorganisation volksmissionarischer Initiativen. Zu den Landeskirchen bestand eine spannungsreiche Beziehung, da die Pfarrer in den Predigern der Gemeinschaftsbewegung Konkurrenten sahen.

Gemeinschaftsbewegung

Die Neuzeit

Rationalismus

Die Erweckungsbewegung wie der Konfessionalismus führten einen erbitterten Kampf gegen die Erben der Aufklärung, die „Rationalisten", denen man vorwarf, nur an der Vernunft orientiert zu sein. Pfarrer und Professoren wie Wilhelm Gesenius (1786–1842) wurden öffentlich bloßgestellt; hierbei tat sich besonders die in Berlin von Ernst Wilhelm Hengstenberg (1802–1869) herausgegebene „Evangelische Kirchenzeitung" hervor.

Konfessionalismus

Die Anhänger eines zumeist lutherischen Konfessionalismus fühlten sich von der preußischen Union mit den Reformierten herausgefordert. Der Kieler Pastor Claus Harms (1778–1855) veröffentlichte 1817 anlässlich des Reformationsjubiläums 95 Thesen, in denen er gegen die Dominanz der Vernunft und für das lutherische Bekenntnis eintrat. Zu Zentren des lutherischen Konfessionalismus wurden die Theologischen Fakultäten in Erlangen und Leipzig; sie blieben es bis in das 20. Jahrhundert hinein. Vom Reformationsjubiläum 1817 und vom Jubiläum der Confessio Augustana 1830 gingen Impulse für eine erneuerte Lutherverehrung aus, die aber eher einer Heroisierung denn einer theologischen Neuentdeckung gleichkam. Die 400. Wiederkehr des Geburtstages Luthers im Jahre 1883 war das nächste wichtige Datum, dem sich nicht zuletzt die „Weimarer Ausgabe" der Werke Luthers verdankt.

2. Der Soziale Protestantismus

Innere Mission

Die „Innere Mission" war im 19. und noch im 20. Jahrhundert in vielem das Gesicht des Protestantismus. In ihr verband sich das Ziel tätiger Nächstenliebe mit dem Anliegen, die Menschen, die dem christlichen Glauben und der Kirche entfremdet waren, zurückzugewinnen. Bekannt wurde der Begriff „Innere Mission" vor allem durch Johann Hinrich Wichern (1808–1881). Wichern war in der Erweckung verwurzelt und wollte die „Soziale Frage" da in Angriff nehmen, wo er ihre Wurzel sah: bei der sittlichen und religiösen Verelendung. Er begann seine Arbeit 1833 mit der Aufnahme von Hamburger Straßenkindern in das „Rauhe Haus", ein ihm überlassenes kleines Bauernhaus. Seit 1849 war er Geschäftsführer des „Central-Ausschusses für die Innere Mission". Auf dem ersten deutschen Kirchentag, einer 1848 in Wittenberg abgehaltenen Versammlung evangelischer Honoratioren aus ganz Deutschland, hielt Wichern eine viel beachtete Rede. Ihre konservative Prägung entsprach dem protestantischen Geist der Zeit, wie er sich auch bei Victor Aimé Huber (1800–1869), einem Theoretiker des Genossenschaftswesens, findet.

Ein anderer Zweig waren die Diakonissenhäuser, aus denen große und bis heute bestehende Einrichtungen hervorgingen: Theodor Fliedner (1800–1864) widmete seine ersten Aktivitäten entlassenen weiblichen Strafgefangenen. Für sie gründete er 1833 in seiner Gemeinde Kaiserswerth ein „Asyl". Wie aber Wichern „Brüder", also Diakone, als Helfer ausbildete, so gründete Fliedner eine Ausbildungseinrichtung für Diakonissen, die vor allem in Krankenhäusern arbeiten sollten. Von Kaiserswerth breitete sich das Diakonissenideal über Deutschland und Europa aus. Anders als Fliedner war dem Neuendettelsauer Pfarrer Wilhelm Löhe (1808–1872) ursprünglich daran gelegen, das diakonische Ideal an die Gemeinden zu binden, doch gründete auch er schließlich ein Diakonissen-Mutterhaus. Die letzte große Gründergestalt des 19. Jahrhunderts war Friedrich von Bodelschwingh (1831–1910), der in Bethel seit den 1870er-Jahren Diakonissen und Diakone ausbildete und diakonische Einrichtungen ins Leben rief.

Gründergestalten

Für Wichern wie für Fliedner und andere spielte der Bildungs- und Bekehrungsgedanke eine entscheidende Rolle: Entwurzelte Menschen sind nicht verloren, sondern können gerettet und angeleitet werden, ihr Leben selbst zu gestalten. Hierin unterschied sich die christliche Antwort auf die Soziale Frage fundamental von der kommunistischen, die auf eine Veränderung der Gesellschaft durch ihre Zerstörung zielte. Der Soziale Protestantismus war mehr als die vom Geist der Erweckung geprägte Innere Mission. Liberale Protestanten engagierten sich ebenso für die Lösung der sozialen Probleme. Sie sammelten sich in dem 1890 gegründeten „Evangelisch-Sozialen Kongress", der vor allem ein Diskussionsforum sein sollte, um in politischer und gesellschaftlicher Vernetzung soziale und gesellschaftliche Reformvorhaben voranzutreiben. Die Diakonie war eine Form bürgerlicher Selbstorganisation aus christlichen Motiven: Ihre Träger waren Vereine. In den wachsenden Städten mit ihren so-

Sozialer Protestantismus

zialen Problemen – die es auf dem Land genauso, aber in anderer Weise gab – fanden diese ein weites Betätigungsfeld.

Vereinsgründungen

Auch auf anderen Feldern gingen Vereinsgründungen aus besonderen Motiven evangelischer Kreise hervor: Der 200. Jahrestag der Schlacht bei Lützen (s. o. 4.3.3) führte 1832 zur Gründung einer „Gustav-Adolf-Stiftung". Aus ihr ging der in Leipzig ansässige Gustav-Adolf-Verein hervor, der sich die Unterstützung protestantischer Minderheiten zum Ziel setzte. Diesen Verein, in dem die inneren Spannungen des Protestantismus keine Rolle spielen sollten, förderten nicht nur Leipziger mit ihrem bürgerschaftlichen Engagement. Als erste Institution im deutschen Protestantismus bot er Frauen die Möglichkeit einer patriachalistisch beschränkten Selbstorganisation in eigenen Kreisen. Eine konfessionalistische Konkurrenz stellte der 1853 gegründete lutherische „Gotteskastenverein" dar. Von ganz anderem Zuschnitt war der 1886 gegründete „Evangelische Bund", der sich dem Kampf gegen den Einfluss des aus dem Kulturkampf gestärkt hervorgegangenen Katholizismus verschrieb. Ein Sammelbecken liberaler Protestanten wollte der 1863 ins Leben gerufene „Protestantenverein" sein. Er hatte zum Ziel, den Protestantismus im Einklang mit der modernen Kultur zu halten. Ein ähnliches Anliegen hatte die 1886 von Martin Rade (1857–1940) gegründete Zeitschrift „Die Christliche Welt". Freilich bildeten die erst später so genannten „Kulturprotestanten" eine Minderheit im protestantischen Spektrum.

Kirchentage und Kirchenkonferenzen

Alle diese Initiativen überschritten die Grenzen der evangelischen Landeskirchen, die miteinander noch keine tragfähigen Strukturen ausgebildet hatten. Die seit 1848 abgehaltenen Kirchentage blieben Funktionärsversammlungen. Auch die seit 1852 als Treffen von Vertretern der Kirchenleitungen abgehaltenen „Eisenacher Kirchenkonferenzen" hatten wenige Kompetenzen: Allerdings fiel auf ihnen eine Entscheidung, die das Bild vieler Städte bis heute prägt: Neue Kirchenbauten sollten in neugotischem oder neuromanischem Stil errichtet werden.

3. Die Entstehung der modernen wissenschaftlichen Theologie

Schleiermacher

Die theologischen Disziplinen differenzierten sich im Sinne der Berufung auf Professuren für feste Spezialgebiete erst im Laufe des 19. Jahrhunderts aus, und auch jetzt noch wechselten Professoren ihre Fachgebiete oder kombinierten mehrere davon. Einer Differenzierung entgegen stand Friedrich Schleiermacher, der zu den Gründern der Berliner Universität gehörte und sich auch als Kirchenreformer einen Namen machte (s. o. 5.2.1). 1811 veröffentlichte er enzyklopädische Vorlesungen über die gesamte Theologie, die Kurze Darstellung des theologischen Studiums, die 1830 in Überarbeitung nochmals erschien. Theologie sollte insgesamt bezogen sein auf die „Kirchenleitung", also auf die kirchliche Praxis, die für Schleiermacher ohne eine wissenschaftliche Durchdringung nicht denkbar war. Dieses Anliegen schlug sich genauso in seiner 1821/22 erschienenen Glaubenslehre nieder, die ebenfalls 1830/31 in einer zweiten Auflage erschien. So galt es nicht nur zu zeigen, was Frömmigkeit ist, nämlich Bewusstsein der „schlechthinnigen Abhängigkeit" von Gott, sondern auch, was die Dogmatik zu leisten hat, nämlich die Darstellung des Zusammenhangs der zu einer bestimmten Zeit geltenden Lehre.

Grundsätzlich aber mussten sich die theologischen Disziplinen schon aus pragmatischen Gründen ausdifferenzieren: In den Bibelwissenschaften setzten sich im 19. Jahrhundert die historisch-kritischen Fragestellungen durch. Dabei wurde die Grenze zu scharfer Religions- und Kirchenkritik überschritten: David Friedrich Strauß (1808–1874) stellte 1835 in seinem Leben Jesu die historische Zuverlässigkeit der Evangelien radikal infrage, ohne aber wie andere nach ihm die Geschichtlichkeit Jesu überhaupt zu bestreiten. Die Religionskritik von Ludwig Feuerbach (1804–1872) oder von Karl Marx (1818–1883) hielt sich damit schon nicht mehr auf: Gott war ein von Menschen gemachtes Produkt, das die persönlichen oder gesellschaftlichen Defizite auffangen sollte: Religion, so Marx, ist das Opium des Volkes.

Religionskritik

Die historische und philologische Bibelkritik brachte ganz neue Möglichkeiten der Texterschließung mit sich: So wurde durch Julius Wellhausen (1844–1918) und andere die Entstehung des Alten Testaments aus verschiedenen Quellen diskutiert, und diese wurden in unterschiedliche Phasen der Geschichte Israels datiert. Zum besseren Verständnis dieser Geschichte trugen wie-

Exegese

derum die Ergebnisse archäologischer Forschungen bei. Auch im Neuen Testament spielten Quellenfragen eine große Rolle. Heinrich Julius Holtzmann (1832–1910) bekräftigte die schon von Christian Hermann Weiße (1801–1866) entwickelte und bis heute gültige „Zwei-Quellen-Theorie": Die Evangelisten Matthäus und Lukas sind von Markus und einer weiteren Quelle abhängig. Diese und andere Erkenntnisse ließen das Bild des historischen Jesus immer konturenloser werden – klar war also, dass das Jesusbild der Evangelien ein Zeugnis des Glaubens, nicht der Geschichtsschreibung war, auch wenn viele „Leben Jesu" geschrieben wurden, in denen er wie eine Romanfigur gesehen wurde. In den exegetischen Fächern bildete sich das dem 19. Jahrhundert eigene Interesse an der Geschichte ab: Alles war historisch geworden. Vor allem die „Religionsgeschichtliche Schule" bemühte sich darum, die Geisteswelt der Bibel historisch einzuordnen.

Kirchengeschichte

Naturgemäß brachte die Kirchengeschichte das historische Interesse besonders zur Geltung: Kennzeichnend wurde auch für sie eine kritische Haltung, die sich besonders auf die Überlieferung der christlichen Lehren, die Dogmengeschichte also, richtete. Adolf von Harnack wollte zeigen, dass die christlichen Dogmen eine Anpassung der ursprünglichen Lehren Jesu an die griechisch-römische Geisteswelt und somit zeitgebunden waren. Harnack war Patristiker, also für die „Kirchenväter" und somit für die Geschichte des Antiken Christentums zuständig. Produktiv war er nicht zuletzt durch die Erstellung von Editionen antiker christlicher Texte. Zugleich war Harnack der prominenteste Vertreter des Kulturprotestantismus. In seinem aus Vorträgen hervorgegangenen und zur Jahrhundertwende erschienen Buch „Das Wesen des Christentums" schrieb er dem derart verstandenen Protestantismus eine universale Bedeutung für die moderne Welt zu.

Dogmatik

Die geschichtliche Perspektive prägte auch die Dogmatik. Für Albrecht Ritschl (1822–1889) war der gerechtfertigte Sünder durch Gottes Liebe befähigt, ein Reich der Liebe zu befördern, und er konnte so das Gebot der Gottes- und Nächstenliebe erfüllen. Die Aufrichtung des Reiches Gottes fiel also in die sittlichen Möglichkeiten des Menschen. Solche Vorstellungen wurden zunehmend kritisch betrachtet, als Johannes Weiß (1863–1914)

1892 die jenseitige, apokalyptische Reich-Gottes-Vorstellung des Neuen Testaments herausarbeitete. Zu Ritschls Schülern gehörte Wilhelm Herrmann (1846–1922). Für ihn bezog sich der Glaube zwar auf den „geschichtlichen" Christus, doch ist der Zugang zu diesem nicht durch historische Forschung möglich, sondern nur durch den Glauben selbst, der nach Erlösung sucht. Es gibt also keine objektive Geschichte, sondern nur eine subjektive Aneignung des Geschichtlichen.

Die Praktische Theologie, die sich ebenfalls historisch orientierte und so unter anderem verstärkt nach der Geschichte des Gottesdienstes fragte, emanzipierte sich zugleich zunehmend von dogmatischen Vorgaben und begab sich auf das Feld der Empirie: Am Ende des 19. Jahrhunderts kam der „moderne Mensch" in das Blickfeld dieser Disziplin, dem nun das Evangelium zeitgemäß gepredigt werden sollte. Dies hatte auch Auswirkungen auf die Religionspädagogik, die sich im Zuge der Professionalisierung der Pädagogik im 19. Jahrhundert zu einer eigenen Wissenschaft entwickelte. Richard Kabisch (1868–1914) gab dafür mit seinem Buch „Wie lehren wir Religion?" wichtige Impulse.

Praktische Theologie

Kontrollfragen:

1. Was ist „Erweckung"?
2. Nennen Sie Gründer und Institutionen des Sozialen Protestantismus.
3. Welche Funktion hat die Geschichte für die theologische Wissenschaft des 19. Jahrhunderts?

Kontrollfragen

5.4 Der Katholizismus

Der Katholizismus hatte am Ende des 18. Jahrhunderts durch staatliche Reformen der barocken Frömmigkeitspraxis teilweise einschneidende Veränderungen durchgemacht. Die Vorkämpfer der Französische Revolution radikalisierten diese Reformen und griffen schließlich zur Gewalt gegen widersetzliche Geistliche. In Deutschland schädigte der Reichsdeputationshauptschluss den Katholizismus, und Liberalen wie Protestanten schienen Katholiken nicht auf der Höhe der Zeit zu sein. Der Kulturkampf zeigte

Ereignisse

aber, dass man die Kraft des Katholizismus zur Selbstorganisation unterschätzte.

1. Die bedeutendsten Päpste des 19. Jahrhunderts

Pius VI. Die Geschichte des Katholizismus geht nicht in der Geschichte der Päpste auf. Dennoch spielen sie seit dem 19. Jahrhundert unter den Bedingungen des schwindenden Staatskirchentums eine wichtige Rolle. Am Ende des 18. Jahrhunderts schien das Papsttum fast erloschen: Pius VI. (1717–1799), der seit 1775 amtierte, war bei der Besetzung des Kirchenstaates durch französische Truppen entführt worden und unterwegs verstorben.

Pius VII. In dem zu Österreich gehörenden Venedig konnte 1800 von einigen dort anwesenden Kardinälen immerhin ein Nachfolger, nämlich Pius VII. (1742–1823), gewählt werden. Auch er aber wurde von der französischen Besatzungsmacht verschleppt und 1812 auf Schloss Fontainebleau bei Paris gebracht, wo er Napoleon als „Hauspapst" zur Verfügung stehen sollte. Eine der ersten Amtshandlungen Pius' VII. war es gewesen, 1801 ein Konkordat mit Napoleon zu schließen, durch das der Katholizismus in Frankreich als Mehrheitskonfession der Franzosen gewürdigt und der katholischen Kirche eine anerkannte Position zugemessen worden war. Gleiche Vereinbarungen wurden aber auch mit der protestantischen Kirche und der jüdischen Religionsgemeinschaft abgeschlossen. Das Konkordat mit der katholischen Kirche wurde schon ein Jahr später von Napoleon durch „Organische Artikel" zugunsten staatlicher Interessen eingeschränkt. Nachdem Napoleons Macht zugrunde gegangen war, konnte Pius VII. 1814 nach Rom zurückkehren, wo er als erstes den Jesuitenorden wieder ins Leben rief. Durch diplomatische Verhandlungen gelang es auch, den von Napoleon aufgehobenen Kirchenstaat, der immer noch große Teile Italiens umfasste, neu zu begründen. Ein weiterer diplomatischer Erfolg war im Jahre 1817 der Abschluss eines Konkordates mit dem Königreich Bayern. Allerdings wurde auch dieses schon ein Jahr später staatlich eingeschränkt, da die bayrische Verfassung die Parität der Konfessionen festschrieb und somit die Fiktion des Konkordates aufhob, Bayern sei ein katholisches Land. Dass der Protestantismus es in Bayern dennoch nicht leicht hatte, zeigte die „Kniebeugungsordre" von 1838, die evangelische Soldaten dazu zwang, bei Prozessionen der mitgeführten Hostie Ehre zu erweisen und sich somit wie gute Katholiken zu verhalten.

Der Katholizismus ging wie aus dem späteren Kulturkampf so auch aus den Demütigungen durch die Französische Revolution und den Reichsdeputationshauptschluss gestärkt hervor: Ein neues katholisches Selbstbewusstsein wuchs, das sich „ultramontan" ausrichtete, also auf den römischen Papst, der „jenseits der Berge" (der Alpen) residierte. Erst jetzt wurde der Papst wieder zur Zentralfigur der katholischen Kirche. Enzykliken, Rundschreiben an die Bischöfe, wurden zu einem wichtigen Instrument päpstlicher Bekundungen. Sie enthielten häufig ein restauratives Programm, das den Katholizismus gegen die Herausforderungen der Moderne wie zum Beispiel den Liberalismus absichern sollte. Zu diesen Herausforderungen gehörten auch die volkssprachlichen Bibelübersetzungen, die allenfalls unter Beigabe des lateinischen Textes oder der Hinzufügung von Kommentaren gestattet wurden.

Ultramontanismus

Mit innerkatholischen liberalen Strömungen hatte es der seit 1831 amtierende Gregor XVI. zu tun. Der französische Geistliche und Schriftsteller Félicité de Lamennais (1782–1854) versuchte zusammen mit Gesinnungsgenossen, ein Ideal zu etablieren, das die bürgerlichen Freiheiten an die Autorität der Kirche band. Die Hochschätzung bürgerlicher Freiheiten allerdings entsprach gerade nicht der restaurativen päpstlichen Weltsicht, und so wurden Lamennais' Anschauungen 1832 und 1834 in zwei Enzykliken verurteilt.

Lamennais

Teil der von Rom ausgehenden Restauration war die Neuscholastik: Moderne Strömungen in der Theologie sollten durch den Rückgriff auf Thomas von Aquin zurückgedrängt werden. Damit erhielt auch die Philosophie ganz gegen den zeitgenössischen Trend wieder die Rolle einer Dienerin der Theologie.

Neuscholastik

Zum prägenden Papst dieser Epoche wurde Pius IX. (1792–1878), dessen 1846 beginnendes Pontifikat eine beispiellos lange Zeitspanne umfasste. In seine Amtszeit fielen die europaweite Revolution von 1848, die italienische Einigungsbewegung und

Pius IX.

der Kulturkampf. Zu einem programmatischen Signal wurde der 1864 veröffentlichte „Syllabus errorum", eine Sammlung von 80 Irrtümern der Moderne, zu denen Liberalismus, Protestantismus und Pressefreiheit, aber auch das immer noch anhaltende Staatskirchentum gezählt wurden. Solche Bekundungen, die auch innerhalb des Katholizismus nicht allgemein akzeptiert waren, reizten Antiklerikale und Kulturkämpfer zusätzlich.

Sozialer Katholizismus

Der Nachfolger Pius' IX. war Leo XIII. (1810–1903). Unter seinem Pontifikat beruhigte sich der Kulturkampf durch staatliche „Milderungs-" und „Friedensgesetze". Nachhaltige Bedeutung hatte Leo XIII. ferner durch seine Würdigung des Sozialen Katholizismus. Dieser hatte in Deutschland und weltweit inzwischen wie auch der Soziale Protestantismus eine feste Gestalt gewonnen. Orden und Vereine waren dafür ebenso wichtig wie Gründergestalten: In Deutschland wurde Adolph Kolping (1813–1865) durch seine Fürsorge für wandernde Gesellen zum „Gesellenvater". Der Mainzer Bischof Wilhelm Emmanuel von Ketteler (1811–1877), ein durch und durch konservativer Mann, thematisierte in Predigten die Soziale Frage. Die Zentrumspartei, parlamentarisches Organ des politischen Katholizismus, brachte im Reichstag parlamentarische Initiativen zum Arbeiterschutz auf den Weg. Leo XIII. veröffentlichte 1891 mit Rerum novarum die erste Sozialenzyklika, an die spätere päpstliche Lehrschreiben anknüpften. Dies gilt vor allem für das Grundmotiv der Kritik an einem ungezügelten Kapitalismus auf der einen und am Sozialismus auf der anderen Seite: Betont wird das Naturrecht auf Privateigentum und die Notwendigkeit einer sittlichen und religiösen Erneuerung von Gesellschaft und Wirtschaftsleben.

2. Das I. Vatikanische Konzil und seine Folgen

Unfehlbarkeit

Das 1869 begonnene I. Vatikanische Konzil war das erste Konzil seit dem von Trient rund 300 Jahre zuvor (s. o. 4.3.2). Pius IX. stellte das Konzil unter den Schutz der Maria, deren „unbefleckte", also sündlose Empfängnis er 1854 dogmatisiert hatte. Das Konzil stand von vornherein im Verdacht, die fortschrittsfeindlichen päpstlichen Positionen bestätigen zu sollen, und so waren die Anhänger eines liberalen, der Moderne offen gegenüberstehenden Katholizismus auf der Hut. Eines seiner Hauptthemen war dann auch die Befestigung des „Jurisdiktionsprimates" des Papstes: Er sollte unumschränkte Rechtsgewalt in der Kirche haben, und die Bischöfe sollten ihm nachgeordnet sein. Anstößig aber war vor allem die Frage der päpstlichen Unfehlbarkeit, die bei vielen Konzilsteilnehmern Widerspruch erregte. Echte Befürchtungen und vorauseilende Polemik wurden nur teilweise dadurch beruhigt, dass die Bedingungen für unfehlbare Entscheidungen stark eingeengt wurden: Möglich sollten sie sein in Fragen des Glaubens und der Sitten und nur dann, wenn sie „ex cathedra", nämlich unter ausdrücklicher Inanspruchnahme apostolischer Lehrautorität, erfolgten. Mit diesen Einschränkungen wurde die Unfehlbarkeit dann vom Konzil beschlossen.

Möglich war selbst diese eingeschränkte Definition nur durch das Stillhalten der Gegner der Unfehlbarkeit oder ihre vorzeitige Abreise: Eine offene Kontroverse hätte zu einer Bloßstellung des Papstes geführt. Die Reaktion zumal der protestantischen Öffentlichkeit war heftig und ebnete den Weg in den Kulturkampf. Nur zufällig, aber mit gewisser Nachwirkung fand das Konzil durch die italienische Einigungsbewegung ein Ende: Die italienische Landkarte, bisher von Kleinstaaten geprägt, füllte sich nun mit einem italienischen Nationalstaat, in den auch der Kirchenstaat eingeschmolzen wurde. Am 20. September 1870 eroberten italienische Truppen Rom. Das Konzil konnte nicht weitergeführt werden, und Pius IX. verweigerte sich allen Verhandlungen mit der italienischen Regierung. In seinen letzten Jahren lebte er als „Gefangener im Vatikan". **Kirchenstaat**

Die innerkirchliche Opposition gegen das Unfehlbarkeitsdogma brach zu großen Teilen zusammen. Die Reste der Gegner sammelten sich im Altkatholizismus, der seinem Selbstverständnis nach den ursprünglichen Katholizismus bewahrte. Zu Hause war diese Bewegung vor allem im deutschsprachigen Raum. Ihr schloss sich kein einziger katholischer Bischof an, die treibenden Kräfte waren meistens Theologieprofessoren. Der Bewegung sehr nahe stand Ignaz von Döllinger (1799–1890), ein Münchner Kirchenhistoriker. 1873 wurde mit Joseph Hubert Reinkens (1821–1896) in Köln der erste altkatholische Bischof gewählt, **Altkatholizismus** und dies mit Rückendeckung der preußischen Regierung, die im Kulturkampf ein besonderes Interesse an einer innerkatholischen Opposition hatte. Das Interesse erlosch dann nach dem Ende des Kulturkampfs auch wieder. Die Altkatholiken machten aus der Not ihrer Randexistenz eine Tugend, indem sie international nach ökumenischen Kontakten suchten.

Antimodernismus

Das I. Vatikanische Konzil war nur ein Zeichen dafür, dass der Katholizismus, angefochten von der Moderne, nach einer Selbststabilisierung suchte. Sie fand im Zeichen des „Antimodernismus" statt. 1879 wurde die Neuscholastik durch Papst Leo XIII. befestigt, indem Thomas von Aquin durch eine Enzyklika zum normativen Theologen ausgerufen wurde. Versuche, die katholische Theologie zu modernisieren – und die evangelische mit ihrer Bibel- und Dogmenkritik war der Maßstab dafür — sollten vereitelt werden. Pius X. (1835–1910) brandmarkte 1907 mit seiner Enzyklika Pascendi den „Modernismus", den es als einheitliche Bewegung gar nicht gab. Der unmittelbare Anlass dafür waren Veröffentlichungen des französischen Theologen Alfred Loisy (1857–1940), der sogar noch versucht hatte, zwischen kritischer Exegese und kirchlicher Lehre zu vermitteln. 1910 wurde allen Priestern der Antimodernisteneid auferlegt, der die Unterwerfung unter die päpstliche Lehrautorität beinhaltete.

Apostolikumsstreit

Ähnliche Tendenzen gab es aber ebenso im Protestantismus: Im gleichen Jahr wurde in Preußen ein „Irrlehregesetz" in Kraft gesetzt, das sich vor allem gegen Pfarrer richtete, die Aussagen des Apostolischen Glaubensbekenntnisses, nämlich die Jungfrauengeburt und die „Höllenfahrt" Jesu Christi zu den Toten, ablehnten. Der „Apostolikumsstreit" hatte schon in den Jahren davor für Unruhe gesorgt, da die faktisch ja staatliche Kirchenleitung hier tief in Glaubensfragen eingriff.

Kontrollfragen:

Kontrollfragen

1. Beschreiben Sie die Bedeutung der Päpste für den Katholizismus des 19. Jahrhunderts.
2. Wann ist ein Papst unfehlbar?

6. Die Kirchliche Zeitgeschichte

Als „Zeitgeschichte" werden in neuerer Zeit vor allem die Jahrzehnte seit 1933 oder gar 1945 behandelt. Im Blick auf die Kirchengeschichte aber muss der Zeitraum bis auf das Jahr 1918 ausgedehnt werden, da viele spätere Entwicklungen ihren Ursprung in der Zwischenkriegszeit hatten.

„Zeitgeschichte"

6.1 Die Kirchen in der Weimarer Republik

Als sich die politischen Verhältnisse in Deutschland nach der Novemberrevolution 1918 beruhigten, kam mit der Frage nach einer Verfassung auch die nach der künftigen Stellung der Kirchen und Religionsgemeinschaften in Staat und Gesellschaft auf die Tagesordnung. Die 1919 verabschiedete Verfassung setzte einen tragfähigen rechtlichen Rahmen, doch wurden die Kirchen in diesem Rahmen nicht heimisch. Der zunehmende Pluralismus schien ihnen durch die Angriffe von kirchen- und religionskritischer Seite das Leben nur schwer zu machen.

Pluralismus

1. Die Weimarer Reichsverfassung

Die politische Linke, zu der neben der Sozialdemokratie nun auch die Kommunistische Partei (KPD) gehörte, betrachtete Religion als bloße „Privatsache", die in der Öffentlichkeit keine Bedeutung haben sollte. Auf der politischen Rechten gab es die Deutschnationale Volkspartei (DNVP), der vor allem Protestanten zugeneigt waren. Zum Sammelbecken rechtsextremer Anschauungen wurden Parteien wie die anfangs kleine NSDAP, die völkische und rassistische Anschauungen vertrat. Die liberale Mitte bot auch Kulturprotestanten eine Heimat. Die Zentrumspartei blieb eine katholische Milieupartei. Ausgerechnet das Zentrum, aus dem nach 1945 die überkonfessionelle CDU hervorging, und die SPD wurden nun zu den die neue Republik tragenden Parteien.

Parteien

Stellung der Kirchen

Die Weimarer Reichsverfassung von 1919 knüpfte an die Regelungen der Paulskirchenverfassung von 1849 an: Staat und Kirche sollten nicht gänzlich getrennt werden. Vielmehr sollten sich die Kirchen und Religionsgemeinschaften selbst verwalten. Dazu erhielten sie den vor allem von dem liberalen Politiker Friedrich Naumann (1860–1919) favorisierten Status einer „Körperschaft des öffentlichen Rechts", womit ein gewisser Freiraum gemeint war, in dem sie ihre kulturellen und gesellschaftlichen Aufgaben erfüllen konnten. Auch andere Religions- und Weltanschauungsgemeinschaften konnten diesen Status beantragen. Der Religionsunterricht wurde nach heftigen Debatten als ordentliches Schulfach garantiert. Die SPD gab ihren Widerstand gegen diese Regelungen letztendlich auf, da sie ihre Interessen gegen das Zentrum und die Liberalen nicht durchsetzen konnte. Allerdings war es in Ländern wie Braunschweig, Sachsen und Thüringen noch ein längerer Weg, bis diese Garantien von der dort regierenden Linken auch respektiert wurden.

Schulfrage

Zu dauernder Unruhe im Verhältnis von Staat und Kirchen führten Fragen, die die Verfassung an die Gesetzgebung überwiesen hatte. So sollten die staatlichen Leistungen an die Kirche durch eine Entschädigung abgegolten werden, was aber nie umgesetzt wurde. Noch problematischer war die „Schulfrage": Grundsätzlich galt weiterhin das Prinzip der bekenntnisgebundenen Volksschule. In einem „Schulkompromiss" hatte die Nationalversammlung 1919 je nach Elternwillen auch überkonfessionelle und bekenntnisungebundene Schulen zugelassen, doch keine konkreten Regelungen dafür verabschiedet. Darum ging der Streit in den folgenden Jahren, doch kam es auch in dieser Frage – schon angesichts wechselnder politischer Mehrheiten – nie zu einer Lösung.

2. Kirchliches Leben unter neuen Rahmenbedingungen

Versailler Vertrag

Für den offiziellen Protestantismus waren die politischen Umbrüche geradezu eine narzisstische Kränkung. Anders war dies bei den Protestanten, die als Arbeiterinnen und Arbeiter politisch eher zur Linken hin tendierten – trotz erheblich gestiegener Kirchenaustrittszahlen und Kirchenaustrittspropaganda waren die Deutschen immer noch fast selbstverständlich Mitglieder einer der etablierten Kirchen. Von offizieller protestantischer Seite gestützt wurde die Ablehnung des Versailler Vertrages, der Deutschland 1919 die alleinige Schuld am Krieg zuschrieb und in dessen Folge Deutschland Gebiete vor allem an Frankreich und Polen abtreten musste. In den polnisch gewordenen ehemaligen preußischen Provinzen fühlten sich die dort lebenden Menschen zumeist weiterhin als Deutsche und der preußischen evangelischen Kirche zugehörig.

Nach dem Ende der Monarchie – der Kaiser und die Landesfürsten verschwanden eher als dass sie abgesetzt wurden – stellte sich die Frage nach der Kirchenleitung, an deren Spitze die Landesfürsten gestanden hatten. Nun traten Bischöfe oder Kirchenpräsidenten an ihre Stelle. Bisher faktisch staatliche Behörden wie der preußische Evangelische Oberkirchenrat wurden nun unter kirchliche Leitung gestellt. Die Verselbstständigung der evangelischen Landeskirchen erforderte die Verabschiedung von Kirchenverfassungen, für die es wiederum der Synoden als Beschlussorgane bedurfte. Trotz aller Bekundungen einer Entflechtung von Staat und Kirche blieb das Interesse des Staates an einer Kontrolle der Kirchen sichtbar: In Preußen wurde die Oberaufsicht über die Kirche einstweilen weiterhin durch den Staat ausgeübt. Erst als dieser die 1922 von einer Generalsynode verabschiedete Kirchenverfassung im Jahre 1924 akzeptiert hatte, war die Kirchenleitung selbstständig.

selbstständige Kirchenleitungen

Die Frage eines nationalen Zusammenschlusses der deutschen evangelischen Landeskirchen wurde nun wieder aktuell, und dies in Gestalt des 1922 gegründeten Deutschen Evangelischen Kirchenbundes, dessen Organe der von den Landeskirchen beschickte Kirchenausschuss und die Kirchentage waren. Diese waren Versammlungen von Vertretern der Landessynoden und kirchlicher Verbände sowie der Theologischen Fakultäten. Zugleich waren die Kirchentage öffentlichkeitswirksame Veranstaltungen, da sie Fragen der Zeit aufgriffen: So hatte der Kirchentag in Dresden 1919 mit der Neuorganisation der evangelischen Landeskirchen zu tun. Hier machte sich eine konservative Tendenz bemerkbar, die Kirchenleitung weiter stark von oben, also durch die Oberkirchenräte, wahrnehmen zu lassen. Der 1924 in Bethel abgehaltene

Kirchentage

Kirchentag war von der nach dem Ersten Weltkrieg wieder drängenden Sozialen Frage geprägt. 1927 wurde auf dem Kirchentag in Königsberg eine „vaterländische Kundgebung" verabschiedet, die die Kirche über den Parteien sah, aber die neue politische Ordnung immerhin indirekt anerkannte. Der 1930 in Nürnberg abgehaltene Kirchentag nahm unter anderem zur Christenverfolgung in der Sowjetunion Stellung.

Vereine

Der Soziale hatte wie der auch sonst in Vereinen und Verbänden organisierte Protestantismus mit erheblichen wirtschaftlichen Schwierigkeiten zu kämpfen. Die Innere Mission wurde durch den Konkurs einer ihr gehörenden Bausparkasse im Jahre 1931 zusätzlich geschädigt. Die großen Verbände – der Gustav-Adolf-Verein und der Evangelische Bund – orientierten sich noch stärker national und verstanden sich als Vertreter deutscher Interessen im Ausland.

Preußischer Kirchenvertrag

Ein hoffnungsvolles Zeichen für eine Integration der Kirchen in die Weimarer Republik war der Abschluss eines Vertrages zwischen der preußischen Regierung, die von der SPD und vom Zentrum getragen wurde, und der Evangelischen Kirche in Preußen im Jahre 1931. Der Vertrag ließ sich als wechselseitige Anerkennung verstehen. Zugleich machte er deutlich, dass der Staat keineswegs die volle Selbstständigkeit der Kirche wollte: Eine „politische Klausel" gab ihm das Recht, politisch nicht genehme Kandidaten für kirchenleitende Ämter auszuschließen.

Konkordate

Der Abschluss des Vertrages mit der evangelischen Kirche war erst möglich geworden, nachdem Preußen 1929 ein Konkordat mit dem Heiligen Stuhl, also mit dem Papst, abgeschlossen hatte. Damit war auch deutlich gemacht, welche Konfession man als die politisch potentere ansah. Das Konkordat regelte Grundsatzfragen wie die Neueinteilung der Diözesen – sie war durch die Gebietsabtretungen an Polen notwendig geworden – oder die Ernennung von Bischöfen. Schon 1924 war ein Konkordat mit Bayern abgeschlossen worden. Ähnlich wie das bayrische Konkordat von 1817 wurde aber auch das von 1924 durch ein „Mantelgesetz" relativiert, das die konfessionelle Parität sicherte. 1932 kam es zu einem dritten Konkordat, diesmal mit Baden. Die Konkordate verdankten sich dem Wirken des päpstlichen

Nuntius in Deutschland. Dies war Eugenio Pacelli, der spätere Papst Pius XII. (1876–1958).

Aus protestantischer Sicht schien der Katholizismus in der Zeit nach dem Ersten Weltkrieg bedrohlich: Seine Bistümer verfügten bereits über die Leitungsstrukturen, derer die evangelischen Landeskirchen erst noch bedurften. Nicht nur der Antimodernismus, sondern auch eine Bewegung zur Popularisierung der Liturgie, die Entwicklung einer als spezifisch katholisch erachteten Kultur und die Konkordate konnten geradezu den Eindruck erwecken, als habe der Katholizismus den Kulturkampf gewonnen. Außerdem verfügte der Katholizismus mit der Zentrumspartei über einen politischen Arm; evangelische Parteigründungen scheiterten.

Bild des Katholizismus

Andererseits verlor der Vereinskatholizismus, der der Träger des „katholischen Milieus" war, wie auch das evangelische Vereinswesen an Zuspruch. Der „Volksverein für das katholische Deutschland", dem vor dem Ersten Weltkrieg 800.000 Mitglieder angehörten, litt unter erheblichem Schwund, der fast zu seiner Auflösung führte. 1928 wurde er im Zuge einer Neuorganisation den katholischen Bischöfen unterstellt. Eine solche Verkirchlichung des Vereinswesens sollte in großem Maßstab die von Rom ausgehende „Katholische Aktion" leisten, der sich der deutsche Katholizismus aber weithin verschloss. Der öffentlichen Darstellung des Verbandskatholizismus dienten die Katholikentage.

katholische Vereine

3. Theologische Entwicklungen

Die katholische Theologie war durch den Antimodernismus stark eingeengt. Typisch für die innerkatholischen Spannungen dieser Zeit ist Karl Adam (1876–1966), dessen 1924 erstmals erschienenes Buch „Das Wesen des Katholizismus" viel gelesen und häufig wieder aufgelegt wurde. Adam, seit 1919 Professor für Dogmatik in Tübingen und von Hause aus ein „Modernist", zeichnete das Bild eines selbstbewussten und zeitgemäßen Katholizismus, doch blieb er den Antimodernisten verdächtig, da sein Kirchenbild nicht hierarchisch genug war, sondern sich auf den Gedanken der Gemeinschaft gründete. Zu den bekannten katholischen Theologen zählte auch Romano Guardini (1885–

katholische Theologie

1968), der sich wissenschaftlich mit Arbeiten über den Franziskanertheologen Bonaventura qualifizierte, vor allem aber als geistiger Stichwortgeber der liturgischen Bewegung und der katholischen Jugendbewegung bekannt wurde.

Dialektische Theologie

Aus späterer Sicht schien auf evangelischer Seite die „Dialektische Theologie" die prägende Kraft dieser Zeit zu sein. Ihr Protagonist, der aus der Schweiz kommende reformierte Pfarrer Karl Barth, propagierte eine Neuausrichtung der Theologie: Es sollte ihr um Gott und nicht um den Menschen gehen und nicht um Kultur und „Religion" als menschliche Möglichkeit, sondern um Gottes Wort als Gottes fremdartige Anrede an den Menschen. Barth griff Adolf von Harnack an, der aber in Barths Thesen keine Theologie erkennen konnte. Vielmehr erschienen sie ihm durch ihre Aufkündigung eines geistigen Konsenses mit der Kultur der Zeit und ihre Absage an historische Kritik als gefährlich. Dass die Dialektische Theologie nach 1933 gerade aufgrund ihrer Verweigerung gegenüber dem Zeitgeist ihre Bedeutung haben sollte, konnte Harnack nicht ahnen. Andererseits gab es auch dialektische Theologen wie Friedrich Gogarten (1887–1967), die das geistige Bündnis mit dem Nationalsozialismus nicht scheuten.

Theologische Wissenschaft

Trotz des provokativen Selbstbewusstseins der Dialektischen Theologie war aber die Liberale Theologie an den Theologischen Fakultäten immer noch fest verankert. Auch machte die historisch-kritische Arbeit an der Bibel weitere Fortschritte. So gab der Leipziger Alttestamentler Albrecht Alt (1893–1956) entscheidende Anstöße für die Erforschung der Geschichte Israels. Der Kirchenhistoriker Hans Lietzmann (1875–1942) wiederum, Harnacks Nachfolger in Berlin, veröffentlichte eine bis heute unübertroffene Geschichte der Alten Kirche.

Karl Holl

Mit der „Lutherrenaissance" etablierte sich eine weitere Strömung. Ihr Urheber war Karl Holl (1866–1926), der Luther weniger unter kirchenhistorischen denn unter systematisch-theologischen Aspekten neu entdeckte. Für Holl, der seine ersten Arbeiten im Bereich der Geschichte der Alten Kirche veröffentlicht hatte, war Luther der Wiederentdecker der „Gewissensreligion", die es in der Zeit des Antiken Christentums schon einmal gegeben habe, und somit der Vater des neuzeitlichen Gedankens der Gewissensfreiheit.

Eher ein Schattendasein führten die Religiösen Sozialisten. Aufsehen erregte allerdings der „Fall Dehn": Der ihnen nahe stehende Pfarrer Günter Dehn (1882–1970) war seit einem 1928 in Magdeburg gehaltenen Vortrag als Pazifist verrufen und damit auch seiner Kirchenleitung missliebig. Als Dehn 1930 auf eine Professur nach Heidelberg berufen werden sollte, führte das zu Protesten auf der Rechten. Ein weiterer Ruf auf eine Professur im Jahre 1931, diesmal nach Halle, verlief ebenso ergebnislos: Attacken nationalistischer Studenten waren die Folge; Dehn konnte sein Amt nie antreten. Erst nach dem Zweiten Weltkrieg wurde er Professor in Bonn.

Fall Dehn

Kontrollfragen:

1. Welche Rechtsgrundlage hatte das Verhältnis von Staat und Kirche in der Weimarer Republik?
2. Welche Haltung nahmen evangelische Kirchenvertreter zur Weimarer Republik ein?
3. Wie traten Protestantismus und Katholizismus in der Weimarer Republik öffentlich in Erscheinung?
4. Charakterisieren Sie die theologischen Strömungen in der Weimarer Republik.

Kontrollfragen

6.2 Der Kirchenkampf

Aus heutiger Sicht, die primär nach Widerstand fragt, erscheint der „Kirchenkampf" oft als defizitär: Er zielte auf die Sicherung des kirchlichen Lebens gegen den Einfluss des Staates und seiner alle Lebensbereiche beanspruchenden Ideologie. Das allerdings war schon viel, zumal der Kirchenkampf auch innerhalb der evangelischen Kirche tobte.

Kirchenkampf

1. Die Haltung der Kirchen zum Nationalsozialismus

Die Weimarer Republik geriet seit dem Ende der 1920er-Jahre in eine schwere Krise. Dazu trugen wirtschaftliche Nöte bei, doch zeigte sich vor allem, dass die destabilisierenden Kräfte, also vor allem die KPD und die NSDAP, immer stärker wurden. Die Ver-

Krise

ächtlichmachung demokratischer Institutionen wurde weithin gebilligt, die Sehnsucht nach einem „starken Mann" geschürt. Dazu trugen auch evangelische Publizisten wie Wilhelm Stapel (1882–1954) bei.

Altonaer Bekenntnis

Der Nationalsozialismus wurde in kurzer Zeit zur stärksten politischen Kraft, und dies auch durch seine Brutalität auf der Straße. Im Juli 1932 gab es bei einer Straßenschlacht zwischen Nationalsozialisten und Kommunisten in Altona Tote und Verletzte. Im Januar 1933 veröffentlichten Altonaer Pastoren ein „Wort und Bekenntnis", das sich gegen eine politische Vereinnahmung der Kirche und eine Verabsolutierung politischer Auffassungen in einem quasi-religiösen Sinne verwahrte. Beteiligt daran war Hans Asmussen (1898–1968), der auch im Kirchenkampf eine wichtige Rolle spielen sollte.

Kirchen 1933

Die Ernennung Adolf Hitlers am 30. Januar 1933 zum Reichskanzler erfolgte noch in verfassungsgemäßen Formen. Damit aber begann die eigentliche Machtergreifung, die von Reichstagswahlen unter politischem Terror am 5. März über das Ermächtigungsgesetz vom 23. März zur Alleinherrschaft der NSDAP führte. Die Reaktionen auf protestantischer Seite reichten vom Jubel bis zum vorsichtigen Abwarten. Auf katholischer Seite widerriefen die Bischöfe ihre bisherige Verurteilung des Nationalsozialismus, von dem sie schon aufgrund seiner aggressiven Ideologie nichts Gutes erwartet hatten.

Reichsbischof

Nicht nur die „Deutschen Christen", die den sich dem Nationalsozialismus eng verbunden fühlenden Flügel des Protestantismus repräsentierten, erwarteten von der neuen Obrigkeit eine Beruhigung der Lage und ein Ende der Bedrängnisse durch kirchenfeindliche Äußerungen von Links. Die nationalistische Euphorie beförderte außerdem das Projekt einer Einung des Protestantismus unter einem Reichsbischof. Aus der Mitte der evangelischen Kirche heraus sollte Friedrich von Bodelschwingh (1877–1946), der Sohn des Gründers von Bethel, dieses Amt erhalten, doch fiel es letztlich einem Vertrauten Hitlers zu, nämlich Ludwig Müller (1877–1946).

Deutsche Christen

Zum Zeitpunkt dieses Geschehens, im Sommer 1933, ging es Staat und Partei vor allem um eine Vereinnahmung und Ruhigstellung der Kirchen. Dazu trugen Versprechungen bei, den Kirchen eine herausgehobene Stellung zu geben. Nützliche Parteigänger wurden hofiert; als manche von ihnen nach 1933 wieder erwachten, war es zu spät. Die „Deutschen Christen" waren ein willfähriger Hebel, um in Synoden, Kirchenvorständen und Kirchenleitungen Einfluss zu gewinnen. Aufsehen erregte im November 1933 eine große Kundgebung im Sportpalast, dem größten Saalbau in Berlin, bei dem Redner im deutschchristlichen Geist das Alte Testament und die Theologie des Apostels Paulus als jüdisch und somit als „minderwertig" schmähten.

Innerhalb des Protestantismus formierte sich 1933 eine Bewegung, für die Stichworte wie „Bekenntnis" oder „Kirche muss Kirche bleiben" wichtig wurden. Ihr ging es also um die Abgrenzung gegenüber der nationalsozialistischen Ideologie. Zwar scheiterten die unter dem Namen „Jungreformatorische Bewegung" laufenden Anfänge im Juli 1933 bei den Wahlen zu Synoden und Kirchenvorständen, doch gründete sich im September 1933 unter Führung von Martin Niemöller (1892–1984) der „Pfarrernotbund", der sich gegen die Deutschen Christen stellte. Ein konkreter Anlass dafür war der „Arierparagraph": Das staatliche Beamtenrecht schloss nun Beamte jüdischen Glaubens, aber auch Beamte, die jüdische Vorfahren hatten, aus dem Staatsdienst aus. Im Verhältnis von Staat und Kirche stellte sich die Frage, ob dieses Gesetz in das kirchliche Dienstrecht übernommen werden sollte, was angesichts der überschaubaren Zahl von Christen jüdischer Herkunft im kirchlichen Dienst vor allem eine grundsätzliche Frage war. Von deutschchristlicher Seite aus wurde dies klar befürwortet, von der Gegenseite aus verneint.

Arierparagraph

Die Bekenntnisbewegung erhielt Verstärkung durch drei lutherische Bischöfe, die ihre Landeskirchen weitgehend von deutschchristlichem Einfluss freihalten konnten: August Marahrens (1875–1950), Bischof der Hannoverschen Landeskirche, war allerdings eine ambivalente Gestalt. Entschiedener waren die evangelischen Bischöfe von Württemberg und Bayern, Theophil Wurm (1868–1953) und Hans Meiser (1881–1956). Dabei war von vornherein, nämlich seit Ende 1933, klar, dass es sich um eine sehr labile Koalition handelte. Meiser war ein durch und

intakte Landeskirchen

durch deutschnationaler Mann und wie so viele ein Antisemit. Dennoch half er getauften Juden und stritt entschlossen für einen Freiraum für die Kirche. Wurm protestierte später energisch gegen die „Euthanasie", also den organisierten Mord an Behinderten und chronisch Kranken.

2. *Der Kampf um die Selbstständigkeit der evangelischen Kirche*

Gleichschaltung

Die Politik des Reichsbischofs Müller zielte auf eine Gleichschaltung der evangelischen Landeskirchen, die der staatlichen Gleichschaltung der deutschen Einzelstaaten entsprach. Anders als der Staat kam Müller damit nur in einigen Landeskirchen zum Ziel, zumeist dort, wo ambitionierte Deutsche Christen die Macht an sich rissen. Dies war beispielsweise in Sachsen und Thüringen der Fall.

staatliche Kirchenpolitik

Parallel zur Installation des Reichsbischofs Müller übte der Staat direkten Zugriff aus: Im Juni 1933 wurde mit August Jäger (1887–1949) ein staatlicher Beamter zur Oberaufsicht über die preußische Landeskirche eingesetzt, nachdem der Präsident des Evangelischen Oberkirchenrats zurückgetreten war. Auch Jäger aber konnte die staatliche Kirchenpolitik nicht zur Durchsetzung bringen. Ähnlich erging es dann dem seit Juni 1935 amtierenden Kirchenminister Hanns Kerrl (1887–1941), der einen gemäßigten Weg einschlug, indem er die Vertreter der kirchlichen Flügel in Kirchenausschüssen an einen Tisch zu bringen versuchte. Ein letztes Nachspiel war ein Erlass, der in der Kriegszeit für den „Warthegau", also ein aus dem Staatsgebiet Polens dem Deutschen Reich einverleibtes besetztes Gebiet, galt: Kirchen sollten nur noch privatrechtliche Vereine sein, denen man sich nicht durch die Taufe, sondern nur durch eine Beitrittserklärung anschließen konnte.

Bekenntnissynoden

Die Gegner von kirchlicher Gleichschaltung und ideologischem Totalitätsanspruch des Staates sahen sich als „Bekennende" und somit als wahre Kirche an. Traditionen kirchlicher Selbstorganisation waren vor allem im Rheinland und Westfalen zu Hause, und so wurde die Bekenntnissynode das bevorzugte Organ. Auf Reichsebene waren dies die Synoden von Barmen (1934), Berlin-Dahlem (1934), Augsburg (1935) und Bad Oeynhausen (1936). Die Barmer Theologische Erklärung enthielt einerseits Anklänge an die Theologie Karl Barths – er war einer ihrer Mitverfasser –, andererseits solche an die lutherische Zweireichelehre, denn auch Hans Asmussen war an der Entstehung beteiligt. Unter Anführung von Bibelstellen und unter Verwerfung gegenteiliger Anschauungen wurde in ihr bekräftigt, dass die Offenbarung Gottes allein in Jesus Christus (also nicht in Volk und Rasse) zu finden sei und Botschaft und Gestalt der Kirche sich allein an Bibel und Bekenntnis (also nicht an politischen Erfordernissen) orientieren dürften. Von konservativ-lutherischer Seite aus wurde diese Position entschieden abgelehnt, dafür standen vor allem die Erlanger Theologieprofessoren Paul Althaus (1888–1966) und Werner Elert (1885–1954). In Dahlem wurde im Oktober 1934 die Frage des „kirchlichen Notrechts" diskutiert – hier also begriff man sich ausdrücklich als Gegenkirche und bestätigte den schon in Barmen eingesetzten „Reichsbruderrat". Die Dahlemer Synode war einberufen worden, weil die Bischöfe Meiser und Wurm unter Hausarrest gestellt worden waren.

Allerdings beharrten die intakten Landeskirchen auf ihrer eigenständigen Position, nachdem der Hausarrest aufgrund öffentlicher Proteste Ende Oktober 1934 wieder aufgehoben worden war. Der Reichsbruderrat und die Bischöfe der intakten Landeskirche bildeten nun die „Vorläufige Kirchenleitung". Auf der Augsburger Bekenntnissynode war die Ausbildung des theologischen Nachwuchses ein wichtiges Thema, sah man doch die Gefahr, dass die staatlichen Theologischen Fakultäten unterwandert würden. Darum sollten Ausbildungsstätten in kirchlicher Regie gegründet werden, die aber staatlicherseits verboten wurden. In Bad Oeynhausen traten dann die inneren Spannungen in der Bekennenden Kirche offen zutage. Die Bischöfe der intakten Landeskirchen und der Bruderrat unter Niemöller konnten sich nicht einig werden, wie man sich der Politik Kerrls gegenüber verhalten solle. Darüber zerbrach auch die Vorläufige Kirchenleitung (VKL). Unter Niemöllers Führung entstand eine „Zweite VKL", während die Bischöfe der intakten Landeskirchen einen „Lutherrat" gründeten.

Spaltung der Bekennenden Kirche

3. Der Kampf um das katholische Milieu

Katholizismus/ Nationalsozialismus

Die europäischen Diktaturen fanden in der katholischen Kirche ihren stärksten Widerpart. In Italien stellte der Diktator Benito Mussolini (1883–1945) 1929 den Katholizismus durch die Wiederherstellung des Kirchenstaates, wenn auch in stark verkleinertem Umfang, politisch ruhig. In Deutschland unterlag die katholische Kirche 1933 der gleichen Täuschung wie die evangelische. Die Zentrumspartei löste sich im Juli wie alle anderen Parteien auf. Unterdessen hatten Verhandlungen über ein Konkordat auf Reichsebene begonnen, das zur gleichen Zeit abgeschlossen wurde, aber keineswegs die staatliche Gegengabe für die ohnehin fällige Auflösung des Zentrums war.

Reichskonkordat

Das Reichskonkordat war keine politische Anerkennung des Nationalsozialismus – so sehr dieser von Papst Pius XI. (1857–1939) auch als Bollwerk gegen den Kommunismus geschätzt wurde. Im Reichskonkordat schlug sich vielmehr das Interesse der katholischen Kirche nieder, ihre Integrität zu sichern. Dabei ging es vor allem um den Schutz des kirchlichen Lebens, das nicht unmittelbar in den Pfarrgemeinden stattfand. Eine Vielzahl von Vereinen und Verbänden organisierte das „katholische Milieu". Das Reichskonkordat, das letztlich übereilt abgeschlossen werden musste, vertagte die staatliche Anerkennung dieser Vereine und Verbände auf spätere Verhandlungen, zu denen es nie kam. Immerhin waren der Religionsunterricht und andere kirchliche Anliegen im Konkordat verankert.

„Mit brennender Sorge"

Alles das stand nur auf dem Papier. Die kirchliche Jugendarbeit, ob katholisch oder evangelisch, wurde bekämpft, um sie in die staatliche „Hitlerjugend" zu integrieren. Priester und Mönche wurden sexueller Verfehlungen oder anderer Gesetzesverstöße bezichtigt. Der Religionsunterricht wurde zunehmend unterdrückt, Wallfahrten und Prozessionen, nun geradezu Protestkundgebungen gegen ideologische Vereinnahmungen, behindert. Ähnlich wie der Protestantismus fand aber auch der Katholizismus zu keiner einheitlichen Linie. Die deutsche Bischofskonferenz war sich uneins, und ihr Vorsitzender, der Breslauer Bischof Adolf Bertram (1859–1945), meinte durch Eingaben bei der Regierung etwas erreichen zu können. Andere wie der Münchner Erzbischof Michael Faulhaber (1869–1952), tief im Herzen ein Monarchist, setzten auf Konfrontation. Faulhaber war dann auch entscheidend verantwortlich für die 1937 auf deutsch veröffentlichte Enzyklika Mit brennender Sorge. Pius XI. erhob hier in deutlicher Form Anklage gegen die Verletzungen des Reichskonkordats durch die Kirchenpolitik des Nationalsozialismus und gegen dessen völkische und rassistische Ideologie. Die Enzyklika wurde nach Deutschland geschmuggelt und am 21. März 1937 von den katholischen Pfarrern im Gottesdienst verlesen. Die staatliche Reaktion bestand in harten Repressalien und erneuten Verleumdungen. Aufsehen erregten auch die unter der Hand verbreiteten Predigten des Münsteraner Bischofs Clemens August Graf von Galen (1878–1946), die er 1941 anlässlich der noch im Krieg fortgesetzten Maßnahmen gegen Klöster und vor allem gegen die „Euthanasie" hielt.

4. Judenverfolgung und Schuldreflexion

Der Antisemitismus war nicht nur den Deutschen tief eingewurzelt und paarte sich vor allem bei Protestanten mit einem entschiedenen Nationalismus. Schon im Kaiserreich war ein prominenter Protestant wie Adolf Stoecker (1835–1909), der führende Mann der Inneren Mission in Berlin, als Antisemit ebenso bekannt wie manchen peinlich geworden. Gegenbewegungen wie der kleine, protestantisch dominierte „Verein zur Abwehr des Antisemitismus" vermochten dagegen fast nichts auszurichten.

Antisemitismus

Durch den Nationalsozialismus wurden Rassismus und Antisemitismus ein Teil des politischen Systems. Nicht nur der Ton wurde aggressiver: Am 1. April 1933 wurde ein Boykott von Geschäften, die Menschen jüdischen Glaubens gehörten, inszeniert. Die christlichen Kirchen kümmerte das Schicksal ihrer jüdischen Mitmenschen im Ganzen wenig. Einzelne zeigten Mut, indem sie zum Beispiel Verfolgte versteckten. Für getaufte Juden wurden Hilfsstellen eingerichtet, deren wichtigste das 1938 eingerichtete „Büro Grüber" das Pfarrers Heinrich Grüber (1891–1975) in Berlin war. Die „Judenfrage" war für die Kirchen vor allem eine „Judenchristenfrage".

Kirche und Judentum

Bonhoeffer

Dies galt prinzipiell auch für Dietrich Bonhoeffer (1906–1945), der aus Enttäuschung über die kirchliche Akzeptanz des „Arierparagraphen" 1933 auf eine Auslandspfarrstelle nach England ging, 1935 aber zurückkehrte. Bonhoeffer stellte als einer der wenigen die Frage nach der Legitimität nationalsozialistischer Herrschaftsausübung, und er ging so weit, sich dem politisch-militärischen Widerstand anzunähern. 1943 wurde er verhaftet, 1945 hingerichtet.

katholische Kirche

Im Blick auf die katholische Kirche richteten sich die Augen, vor allem im nachhinein, auf den Papst. Die päpstliche Diplomatie vermied offensive Äußerungen, da diese erfahrungsgemäß zu scharfen Gegenreaktionen führten. Konkrete Hilfe wurde geleistet, andererseits wurde sie auch auf katholischer Seite unterlassen oder die Verfolgung gar gebilligt. Der Berliner Dompropst Bernhard Lichtenberg (1875–1943), der ähnlich wie Grüber eine Hilfsstelle leitete, starb in der Haft auf dem Weg ins Konzentrationslager Dachau.

Judenverfolgung

Die systematische Ausrottung von sechs Millionen Menschen jüdischen Glaubens fand außerhalb der Reichsgrenzen statt. In Deutschland lebten rund eine halbe Million Juden, von denen ein Teil das Land verlassen konnte. Unübersehbar aber war die Entrechtung dieser Menschen schon vor dem Krieg, unübersehbar die Reichspogromnacht am 9. November 1938, unübersehbar die späteren Deportationen in die Vernichtungslager. Am Buß- und Bettag des Jahres 1938 wurde in wenigen Predigten Nachdenklichkeit laut. Erst nach dem Ende des Krieges und oft erst viel später waren die Kirchen als Institutionen in der Lage, ihre Schuld zu bekennen.

Schuldbekenntnisse

Das im Oktober 1945 beschlossene „Stuttgarter Schuldbekenntnis" des neu gegründeten Rates der Evangelischen Kirche in Deutschland (EKD) sprach zwar davon, „daß wir nicht mutiger bekannt, nicht treuer gebetet, nicht fröhlicher geglaubt und nicht brennender geliebt haben", und bekannte damit immerhin die deutsche Schuld an den Nachbarn, nicht aber die an den Mitmenschen im eigenen Lande. Schon das Bekenntnis an sich aber war zu viel: Als der Text bekannt wurde, kam ein Proteststurm auf. Die Deutschen wollten nicht schuldig sein. Zustande gekommen war die Erklärung ohnehin nur auf Verlangen einer ökumenischen Delegation, die den Christen im zerbombten Deutschland internationale Hilfe bringen wollte, dafür aber ein Zeichen der Selbstbesinnung erwartete. Kirchenvertreter aus Ländern, die oft kurz zuvor noch von deutschen Truppen besetzt gewesen waren, reichten nun den Deutschen die Hand und nahmen sie wieder unter die zivilisierten Völker auf. Schon vor der EKD hatten die katholischen Bischöfe im August 1945 in Fulda auf ihrem ersten Treffen nach dem Krieg ein verhaltenes Schuldbekenntnis abgelegt, das von dem Bewusstsein geprägt war, der Katholizismus habe sich in der Auseinandersetzung mit dem Nationalsozialismus bewährt.

Kontrollfragen:

1. Was wollte die „Bekennende Kirche" und wie war sie organisiert?
2. Wie stand die katholische Kirche zum Nationalsozialismus?
3. Wie standen die Kirchen zur „Judenfrage"?

Kontrollfragen

6.3 Die Kirchen in beiden Teilen Deutschlands

Die deutsche Geschichte von 1945 bis 1989 steht unter dem Vorzeichen der von den Führern der Sowjetunion und der DDR betriebenen deutschen Spaltung. So fanden sich die Kirchen bald unter ganz unterschiedlichen Verhältnissen wieder: In der DDR standen sie in einem zweiten Kirchenkampf, in der Bundesrepublik Deutschland konnten sie sich als Partner des Staates verstehen. So gut es ging, versuchten die Kirchen eine gesamtdeutsche Klammer zu bilden, doch war dies unterhalb der offiziellen Ebene kaum mehr möglich. Zu Demonstrationen kirchlicher und nationaler Einheit wurden die Kirchentage, die seit 1949 öffentliche Großveranstaltungen waren. Der letzte offiziell gesamtdeutsche Kirchentag fand 1954 in Leipzig statt, doch blieb die deutsche Frage auch auf späteren Kirchentagen auf der Tagesordnung.

gesamtdeutsche Organisationen

1. Die Integration der Kirchen in die westdeutsche Demokratie

Die Bundesrepublik Deutschland entstand aus den drei westlichen Besatzungszonen. Die Besatzungsmächte betrachteten die

Nachkriegszeit

Kirchen als Institutionen, die den Nationalsozialismus einigermaßen integer überstanden hatten. So wurde ihnen ein Freiraum zugestanden, zu dem auch die Selbstentnazifizierung gehörte. Dabei zeigte sich, dass diese nicht entschieden genug betrieben wurde. Wichtig waren die Kirchen, schon weil sie internationale Hilfe verteilen konnten, für die Versorgung der Flüchtlinge, Vertriebenen und durch den Bombenkrieg Wohnungslosen.

EKD   Das Wohlwollen der Besatzungsmächte erlaubte auch eine gemeinsame Organisation über die Grenzen der Besatzungszonen hinweg. Schon im August 1945 konnten sich auf Initiative Bischof Wurms Kirchenvertreter – vor allem aus den drei westlichen Zonen – im hessischen Treysa treffen. Hier wurde nun der Rat der Evangelischen Kirche in Deutschland (EKD) gegründet, der vorläufig ohne eine Synode oder andere Organe agierte, dem aber unter anderem ein kirchliches Hilfswerk zugeordnet war. Der Rat sollte die unterschiedlichen Gruppierungen, natürlich unter Ausschluss der Deutschen Christen, integrieren, und so saßen hier die Bischöfe Hans Meiser und Theophil Wurm neben Hans Asmussen und Martin Niemöller. Zum Rat gehörte auch Gustav Heinemann (1899–1976), der der Bekennenden Kirche als Jurist zugearbeitet hatte und später Justizminister und Bundespräsident wurde. Leiter des Hilfswerkes wurde der spätere Bundestagspräsident Eugen Gerstenmaier (1906–1986). Erst 1948 war die EKD auf der Basis einer „Grundordnung" voll handlungsfähig.

Kirche und Staat   Das Grundgesetz der Bundesrepublik Deutschland, das 1949 als vorläufige Verfassung in Kraft trat, regelte das Verhältnis von Staat und Kirche, indem es die Regelungen der Weimarer Reichsverfassung im Wesentlichen übernahm. Die Länderverfassungen erhielten dem Grundgesetz entsprechende Regelungen, die durch Verträge zwischen den Landeskirchen und den Bundesländern ausgestaltet wurden. Dieses Verhältnis von Staat und Kirche wurde 1959 auch von der SPD akzeptiert, die sich auf einem Parteitag in Godesberg ein neues Programm gab und darin erstmals die öffentliche Rolle der Kirchen anerkannte. Diese Öffnung war auch mit der Hoffnung auf die Erschließung neuer, christlich geprägter Wählerschichten verbunden. Unterdessen waren aus dem Zentrum die CDU und in Bayern aus der Bayerischen Volkspartei die CSU erwachsen, die sich als überkonfessionelle Volksparteien verstanden. Dies hatte Konrad Adenauer (1867–1967) schon in seiner Zeit als Zentrumspolitiker in den 1920er-Jahren angestrebt. Protestanten erhielten im Evangelischen Arbeitskreis der CDU ein eigenes Forum.

Schon am Anfang der 1950er-Jahre stellte sich die Frage der Wiederbewaffnung Deutschlands, und am Ende des Jahrzehnts sogar die der Ausrüstung der Bundeswehr mit Atomwaffen. Die evangelische Kirche, die bis dahin den Pazifismus weitgehend ablehnte, sah sich nach den Erfahrungen des Zweiten Weltkriegs genau mit diesem konfrontiert. Es kam nun zu keiner gemeinsamen Positionsbestimmung mehr: Die Frage, ob man Soldat werden könne oder nicht, wurde gut protestantisch an das Gewissen des Einzelnen verwiesen. Das Thema der Ausrüstung der Bundeswehr mit Atomwaffen brachte die EKD an den Rand einer Spaltung. 1958 konnte die EKD-Synode nur noch zu einer „Ohnmachtsformel" Zuflucht nehmen: „Wir bleiben unter dem Evangelium zusammen".

Wiederbewaffnung

2. Die Neuauflage des Kirchenkampfes in der sozialistischen Diktatur

In der sowjetischen Besatzungszone genoss die Kirche anfangs ebenfalls einen gewissen Respekt, zumal ihr die meisten Menschen noch angehörten. Schon bald änderte sich dies und mit der Gründung der DDR im Jahre 1949 erst recht. Zwar griff auch die Verfassung der DDR aus diesem Jahr auf Regelungen der Weimarer Reichsverfassung zurück, doch waren diese Garantien wertlos. Die SED, entstanden durch die Zwangsvereinigung von SPD und KPD, verfolgte eine militant atheistische Politik.

sowjetische Zone

Wie im Nationalsozialismus ging es um die Vereinnahmung der Jugend, deren staatliche Organisation nun „Freie Deutsche Jugend" (FDJ) hieß. Die gottlosen Phrasen wechselten, die Rituale blieben die gleichen. Hauptziel des staatlichen Terrors waren die „Jungen Gemeinden", meistens Kreise christlicher Oberschüler. Sie wurden als geheime Spionageorganisationen verleumdet. In Wirklichkeit suchten junge Menschen nach einem Reservat geistiger Freiheit, das es bald nur noch im Kreise der Familie gab.

Jugend

Kirche und Staat

Die Evangelischen Studentengemeinden wurden aus dem gleichen Grund bekämpft. 1957 wurde der Leipziger Studentenpfarrer Siegfried Schmutzler (1915–2003) verhaftet und eingesperrt. In den 1950er-Jahren wurde der Religionsunterricht aus den Schulen verdrängt und 1958 offiziell abgeschafft. Der kirchliche Ersatz dafür wurde eine Unterweisung in der Gemeinde, die Christenlehre, die einem schon im Nationalsozialismus entwickelten Konzept folgte. Als Konkurrenz zur Konfirmation wurde die Jugendweihe eingeführt, die – anfangs mühsam als freigeistige Alternative verbrämt – nichts weiter war als ein Bekenntnis zu einem Staat, der nicht nur als stählerne Amme geliebt, sondern als Götze angebetet werden wollte. Religion wurde als unwissenschaftlich und überholt lächerlich gemacht, Christen, die die Glaubens- und Gewissensfreiheit mühsam zu bewahren versuchten, gedemütigt. Dies war nicht überall in gleicher Weise so, aber es gehörte zum Kern sozialistischer Politik. Die Ost-CDU gab sich zwar christlich, doch war sie inzwischen nichts weiter als eine Zweigstelle der SED.

Militärseelsorge

Als die EKD 1957 einen Vertrag mit der Bundesregierung abschloss, in dem die durch das Grundgesetz verbürgte Seelsorge an Soldaten geregelt wurde, war dies für die DDR-Führung ein willkommener Anlass, die westdeutschen Landeskirchen als „NATO-Kirchen" zu beschimpfen. Die Landeskirchen in der DDR, noch zur EKD gehörend, mussten sich eilends vom „Militärseelsorgevertrag" distanzieren. Als die ostdeutschen Landeskirchen 1965 eine „Handreichung für die Seelsorge an Wehrpflichtigen" verabschiedeten, nahm die DDR-Führung das sehr übel und unterband dieses Vorhaben.

Christenverfolgung

In den 1950er- und 1960er-Jahren war der Thüringische Landesbischof Moritz Mitzenheim (1891–1977) der liebste Verhandlungspartner der DDR-Führung. Mitzenheim vertrat eine Zwei-Reiche-Lehre, die dem Staat alle Freiheiten ließ und die Kirche zugleich zu seinem willfährigen Werkzeug machte. Mitzenheim durfte 1958 ein Abkommen mit dem Ministerpräsidenten der DDR, Otto Grotewohl (1894–1964), abschließen, in dem die Kirchen darauf verzichteten, sich unter Berufung auf die Verfassung von 1949 über staatliche Übergriffe zu beschweren. Unterdessen waren drei Millionen Menschen aus der DDR geflohen, unter ihnen viele engagierte Christen. Am Volksaufstand des 17. Juni 1953 hatten sich Kirchenvertreter nur vereinzelt beteiligt. Die kirchliche Zurückhaltung hatte auch damit zu tun, dass der Staat am 10. Juni versprochen hatte, die Verfolgung von Christen – besonders die von Oberschülern und Studenten – einzustellen. Dies war natürlich nicht mehr als ein Täuschungsmanöver und geschah auf Geheiß der Sowjetunion, die sich ein geschickteres Vorgehen wünschte. 1957 wurde ein Staatssekretär für Kirchenfragen eingesetzt; auch die zweite deutsche Diktatur bevorzugte also eine direkte Kontrolle der Kirche. Willfährige Parteigänger des Systems waren „progressive" Theologinnen und Theologen, der Zahl nach wenige, die aber umso mehr von Staat und Partei hofiert wurden. Ein heikles Spannungsfeld waren die Theologischen Fakultäten, die in unterschiedlichem Maße staatlichem Zugriff ausgesetzt waren.

Der Bau der Berliner Mauer am 13. August 1961 verschloss das letzte Schlupfloch. Den Kirchen blieb nichts anderes übrig, als sich einzurichten. Die „Zehn Artikel von Freiheit und Dienst der Kirche" aus dem Jahre 1963 zeugten von dem Versuch, einen Weg der Selbstbehauptung ohne Anpassung an die sozialistische Ideologie zu gehen. Die katholische Kirche, Vertreterin einer konfessionellen Minderheit, tauschte ihre zuvor kämpferische Haltung gegen eine pragmatische Stillhaltepolitik ein. Die evangelischen Kirchen hatten inzwischen einen großen Teil ihrer Mitglieder verloren, die Tauf- und Konfirmationszahlen waren stark zurückgegangen. Der Staat lockerte seinen Würgegriff aber nicht, sein Ziel war der „umfassende Aufbau des Sozialismus". Mitzenheim führte 1964 auf der Wartburg mit dem Diktator Walter Ulbricht (1893–1973) ein seltsam inhaltsleeres Gespräch, das von der staatlichen Propaganda aber als Beleg für ein ideales Verhältnis von Staat und Kirche ausgegeben wurde. Zu leiden hatten weiterhin christliche Kinder, die fast von der Wiege an dem staatlichen Zugriff ausgesetzt waren. Der Ausbau der Kinderbetreuung war Teil eines Erziehungskonzepts, das kritiklose und arbeitsame Untertanen, „sozialistische Persönlichkeiten" nämlich, erzeugen sollte. Kindern aus christlichen Elternhäu-

nach dem Mauerbau

sern wurden Abitur und Studium oft verwehrt. Letzte Kraftproben um die wechselseitige Ausschließlichkeit von Jugendweihe und Konfirmation verlor die Kirche. Als 1968 eine „sozialistische Verfassung" in Kraft trat, wurden die Kirchen hierin der Staatsaufsicht unterstellt. Im gleichen Jahr wurde im Zuge des Neubaus der Leipziger Universität die aus dem Mittelalter stammende und völlig intakte Universitätskirche gesprengt. Zu einer sozialistischen Universität passten weder Gott noch Geist. Andererseits wagten Kirchenvertreter noch kritisch-nachdenkliche Stellungnahmen zur Niederschlagung des „Prager Frühlings" im August 1968.

3. Die Theologie

Konflikte In den 1950er-Jahren erregte die Theologie des Marburger Neutestamentlers Rudolf Bultmann (1884–1976) großes Aufsehen. Bultmann propagierte die „Entmythologisierung" im Sinne einer Entkleidung der neutestamentlichen Botschaft von zeitgebundenen Aussagen. Als Gewinner des Kirchenkampfes konnten sich die Vertreter der Dialektischen Theologie fühlen. Damit setzte sich die Tendenz fort, Theologie als eine an die Kirche gebundene Wissenschaft zu verstehen. In diesem Zuge wurden Kirchliche Hochschulen, so in Wuppertal, Berlin und Neuendettelsau gegründet. Später geschah dies auch in der DDR, zum Beispiel in Leipzig, doch unter ganz anderen politischen Vorzeichen.

Neuansätze Grundsätzliche Veränderungen in der Theologie waren in den 1960er-Jahren zu beobachten. Schon die Debatten der 50er-Jahre hatten den Protestantismus auch nach links hin politischer werden lassen. Zu Foren eines Dialogs mit der Politik waren vor allem die Evangelischen Akademien geworden. Jetzt stellte sich die Frage, wie die Theologie zu den gesellschaftlichen Veränderungen stand, die sich anbahnten. Nun war nicht nur eine Orientierung am Menschen, sondern auch an der Gesellschaft und der Politik gefragt. Die Predigt sollte nicht mehr im dialektisch-theologischen Sinne Verkündigung sein, sondern die Lebensumstände der Menschen einbeziehen. Gleiches galt für den Religionsunterricht, der sich an den Schülerinnen und Schülern orientieren sollte.

Kontrollfragen:

1. Wie stand der Protestantismus zum Wehrdienst?
2. Was waren die Hauptkonflikte zwischen Staat und Kirche in der DDR in den 1950er- und 1960er-Jahren?

Kontrollfragen

6.4 Neue Herausforderungen in den 1960er- und 1970er-Jahren

In den 60er-Jahren des 20. Jahrhunderts veränderten sich die Einstellungen vieler Menschen rapide. Wachsender Wohlstand, wachsende Mobilität, wachsende Bildung und nicht zuletzt das Fernsehen als nivellierendes Medium begünstigten das Streben nach Individualität, Selbstentfaltung und mündiger Mitwirkung am Gemeinwesen.

Veränderungen

1. Das II. Vatikanische Konzil

Die katholische Kirche war von den in der westlichen Welt spürbaren Veränderungen genauso betroffen wie die evangelische. Die Milieubindung schwand, die Moderne konnte als Bedrohung, aber auch als Chance begriffen werden. Pius XII. hatte hier und da Signale gesetzt, dass eine Überwindung der antimodernistischen Beschränkungen in gewissen Grenzen möglich sein könnte. Sein Nachfolger, Johannes XXIII. (1891–1963), brachte bald nach dem Antritt seines Pontifikates im Jahre 1958 seinen Plan vor, wieder ein Konzil einzuberufen. Nicht klar war, ob dieses einer antimodernistischen Absicherung oder einer Öffnung dienen sollte. Verstanden wurde es dann oft im Zeichen einer Öffnung, eines aggiornamento, also einer Annäherung an die Welt von heute.

Johannes XXIII.

Die Dokumente des von 1962 bis 1965 tagenden II. Vatikanischen Konzils ließen sich in diesem Sinne lesen, und manchem traditionsorientierten Katholiken waren sie der Moderne gegenüber viel zu aufgeschlossen. Vieles in den Äußerungen des Konzils war zudem ambivalent. Wohl wurden andere Religionen und andere christliche Kirchen nun anerkannt, aber eben nur in einem minderen Sinne, blieb die wahre Kirche doch die römisch-katholische. Die Laien sollten als „Volk Gottes" mehr Mitspra-

das Konzil

cherecht genießen und die Bischöfe in ihren Diözesen größere Kompetenzen haben, die hierarchische Struktur der Kirche blieb aber erhalten. Eine liturgische Reform wurde angestrebt, die die Dominanz der lateinischen Messe zugunsten volkssprachlicher Anteile zurückdrängen sollte, und sehr schnell wurde die Messe in modernen Landessprachen zur Norm. Ob dies aber so gemeint war, blieb strittig und führte zu Gegenbewegungen, die das Festhalten an der lateinischen Messe favorisierten. Insgesamt aber gab das Konzil, obwohl der Nachfolger Johannes' XXIII., Paul VI. (1897–1978), den Reformeifer schon dämpfte, Impulse für eine ökumenische und politische Öffnung. Mit Johannes Paul II. (1920–2005) wurde dann ein Mann das Oberhaupt der katholischen Kirche, der aufgrund seiner polnischen Herkunft besondere diplomatische Sensibilität für die Lage der katholischen Christen in den sozialistischen Diktaturen hatte.

2. Die Neuausrichtung des westdeutschen Protestantismus

1960er-Jahre

Der Protestantismus war in den 1960er-Jahren eine wichtige gesellschaftliche Kraft. Prominente von CDU und SPD wie Heinemann, Gerstenmaier oder auch der spätere Bundespräsident Johannes Rau (1931–2006) und der einflussreiche SPD-Politiker Herbert Wehner (1906–1990) waren evangelische Christen. So gab es genug politische Hintergründe, als die EKD sich in den 1960er-Jahren einer der heikelsten Fragen der Zeit annahm, nämlich der des Umgangs mit den Vertriebenen und der Aussöhnung mit den östlichen Nachbarländern, vor allem mit Polen, das unter den Verbrechen der deutschen Besatzungsherrschaft bitter zu leiden gehabt hatte. Beide Fragen gehörten untrennbar zusammen, hing daran doch letztlich die Anerkennung der Abtretung der ehemaligen deutschen Ostgebiete an Polen. Das Ergebnis war der kurz Ostdenkschrift genannte Text „Die Lage der Vertriebenen und das Verhältnis des deutschen Volkes zu seinen östlichen Nachbarn" aus dem Jahre 1965. Darin wurde einerseits das Unrecht an den Vertriebenen – Millionen von Deutschen, die ihren Besitz und ihre Heimat verloren hatten und von denen viele ums Leben gekommen waren – beim Namen genannt. Andererseits wurde dazu aufgerufen, die politischen Realitäten,

Neue Herausforderungen in den 1960er- und 1970er-Jahren

also die Abtretung der ehemaligen deutschen Ostgebiete und somit die Oder-Neiße-Grenze anzuerkennen. Die Vertriebenen fühlten sich von der Denkschrift brüskiert und von der Kirche verraten. Auf der anderen Seite zeigte die überaus kontroverse Diskussion, dass immerhin eine gewisse Akzeptanz vorhanden war, die dann auch von der deutschen Außenpolitik zur Grundlage konkreter Verhandlungen gemacht wurde. Katholischerseits bot ein Briefwechsel zwischen deutschen und polnischen Bischöfen im Umfeld des II. Vatikanischen Konzils einen Anhaltspunkt für eine einsetzende Versöhnung.

Eine besondere Herausforderung stellten für die Kirchen die gesellschaftlichen Veränderungen dar, für die das Jahr 1968 steht. Nicht nur Studenten verlangten nach mehr Selbstbestimmung im privaten wie im öffentlichen Bereich. Normüberschreitungen wurden mit Lust zelebriert. Mehr als jeder Ruf nach „sexueller Revolution" hatte unterdessen die Anti-Baby-Pille das Sexualverhalten verändert. Unter der seit 1969 regierenden Sozialliberalen Koalition wurden Reformen entschieden durchgesetzt, die zugleich Verschiebungen in der gesellschaftlichen Normenbildung unterstützten. So wurde endlich die Homosexualität entkriminalisiert und das Schuldprinzip im Scheidungsrecht aufgehoben. Protest in konservativen christlichen Kreisen konnte nicht ausbleiben. Besonders strittig war die Reform des Abtreibungsrechts, die innerhalb der evangelischen Kirche sehr umstritten war und gegenüber der sie zu keiner einheitlichen Position fand. Dies fiel der katholischen Kirche leichter: Sie blieb bei einer restriktiven Haltung. Immer noch waren die Kirchen wichtige gesellschaftliche Institutionen, die Bundeskanzler Willy Brandt (1913–1992) 1969 nicht ohne Grund zu Dialog und Partnerschaft einlud.

1968

Die allgemein verbreitete Reformstimmung fand ihre Vertreterinnen und Vertreter auch in Kirchenvorständen und Synoden. Zu den gesellschaftlichen Strömungen, die auf Emanzipation und die Pluralisierung von Lebensentwürfen zielten, zählte die Frauenbewegung. Innerhalb der Kirche verlangten Frauen nach Anerkennung, und dies auch im Pfarramt. Frauen konnten wie schon seit der Zeit der Bekennenden Kirche nur „Vikarin-

Frauen

nen" werden, die auf bestimmte kirchliche Handlungsfelder eingeschränkt waren. Erst allmählich wurde in den meisten evangelischen Landeskirchen seit den 1950er-Jahren die Frauenordination eingeführt; die vollwertige dienstrechtliche Anerkennung war dann noch ein zweiter Schritt, und noch länger dauerte es bis zum Aufrücken von Frauen in kirchliche Leitungsämter.

Polarisierung

In vielem passte sich der Protestantismus an die neuen gesellschaftlichen Bewegungen an. Dies schloss eine verstärkte Orientierung nach links ein. Das von Dorothee Sölle (1929–2003) initiierte „Politische Nachtgebet" wurde zu einem der Symbole dieser Tendenz, die radikale Gegner auf den Plan rief: Konservative, später evangelikal zu nennende Kreise formierten sich unter dem Motto „Kein anderes Evangelium" neu, nachdem sie sich in den 50er- und frühen 60er-Jahren an der Theologie Bultmanns abgearbeitet hatten. Den Kirchentagen, die zunehmend zu Foren gesellschaftlicher Veränderungen wurden, stellte diese Bewegung „Gemeindetage unter dem Wort" entgegen. Allerdings verloren beide Flügel des Protestantismus im Zuge einer zunehmenden politischen Ernüchterung in den 70er-Jahren an Kraft.

1970er-Jahre

Zu innerprotestantischen Kontroversen kam es dann wieder am Ende der 70er-Jahre. Nun ging es um die Friedensbewegung, die angesichts der atomaren Aufrüstung in Ost und West zu einer Massenbewegung wurde. Wie 20 Jahre zuvor, so konnte die EKD auch jetzt zu keiner einheitlichen Haltung finden. Der Maßstab blieb letztlich das Gewissen des einzelnen, und von der eigenen Einstellung war dann auch die Interpretation kirchlicher Äußerungen abhängig. Seinen gesellschaftlichen Einfluss verlor der Protestantismus nun zusehends. Die Kirchenaustrittszahlen wirkten alarmierend, und trotz rasant gestiegener Kirchensteuermittel, die noch eine flächendeckende kirchliche Versorgung ermöglichten, ließ sich dieser Prozess nicht umkehren. Die Kirchentage, die in den 60er-Jahren einen starken Teilnahmeschwund zu verzeichnen hatten, wurden andererseits zu echten Massenveranstaltungen, auf denen die unterschiedlichsten Facetten des Protestantismus zur Darstellung kamen.

Kontrollfragen:

1. Was erbrachte das II. Vatikanische Konzil?
2. Was ist die „Ostdenkschrift"?
3. Welche Bedeutung hatte „1968" für die Kirchen?

Kontrollfragen

6.5. Die kirchlichen Verhältnisse in der DDR und die Wende

Die DDR-Führung arbeitete in den 1960er-Jahren konsequent auf die Sprengung der letzten innerdeutschen Klammer hin: Dies waren die EKD und die konfessionellen Bünde, also die 1948 gegründete Vereinigte Evangelisch-Lutherische Kirche und die aus den preußischen Provinzialkirchen hervorgegangene „Evangelische Kirche der Union". Dem Bischof von Berlin-Brandenburg, Otto Dibelius (1880–1967) wurde 1955 der Zutritt in die Teile seiner Diözese verwehrt, die auf dem Gebiet der DDR lagen. Langfristig blieb nichts als eine Teilung der Berlin-Brandenburgischen Landeskirche und somit eine Teilung des Bischofsamtes. Die EKD-Synode, die seit dem Mauerbau ohnehin nur noch getrennt tagen konnte, betonte 1967 in ihrem in Fürstenwalde in der DDR tagenden Teil den Wunsch nach Einheit ebenso wie die Notwendigkeit einer gegenseitigen Freigabe. Daraus folgte die Gründung des Bundes der Evangelischen Kirchen in der DDR, der in seiner Grundordnung von 1969 weiter an der „besonderen Gemeinschaft der ganzen evangelischen Christenheit in Deutschland" festhielt und darum vom Staat erst 1971 anerkannt wurde. Staat und Partei wäre es auch lieber gewesen, hätte man sich die Landeskirchen einzeln gefügig machen können.

Spaltung der EKD

Innerhalb des Kirchenbundes, dessen Sprecher der Bischof von Ost-Berlin und Brandenburg, Albrecht Schönherr (1911–2009) wurde, begann nun die Suche nach einer Identität und einem Weg in die Zukunft. Versuche, den Kirchenbund stärker zu zentralisieren, verliefen genauso im Sande wie ähnliche Versuche der westdeutschen EKD. Die Landeskirchen behielten ihre eigene Prägung. „Kirche im Sozialismus" wurde nun ein viel diskutiertes Stichwort: Die Kirche sollte also nicht gegen und nicht

Kirche unter dem Sozialismus

für, sondern im Sozialismus sein. Damit verbunden war der Anspruch, auch außerhalb der Kirchenmauern wirken zu wollen. Der Erfurter Propst Heino Falcke (geb. 1929) prägte das Wort von der „Kirche für andere", die also auch für Nichtchristen da sein sollte. Der Staat war davon nicht erbaut, doch herrschte, jedenfalls auf der offiziellen Ebene, ein gewisser Burgfriede. Hoffnungen weckte 1975 die in Helsinki tagende „Konferenz für Sicherheit und Zusammenarbeit in Europa" (KSZE), an der auch die sozialistischen Länder teilnahmen. Sie unterschrieben nun Erklärungen zur Einhaltung der Menschenrechte, an die Abweichler im eigenen Land sie erinnern konnten. Aufschreckend wirkte ein Jahr später die Selbstverbrennung des Pfarrers Oskar Brüsewitz (1929–1976), mit der er gegen den faulen Frieden von Staat und Kirche protestieren wollte.

Spitzengespräch 1978
Da man die Kirchen als Brücken in den Westen brauchte und das lästige Image des Christenverfolgers loswerden wollte, wurde am 6. März 1978 ein „Spitzengespräch" zwischen Erich Honecker (1912–1994) und anderen Vertretern der Staats- und Parteiführung auf der einen und Bischof Schönherr und Vertretern des Kirchenbundes auf der anderen Seite abgehalten. Konkrete Verbesserungen wurden vereinbart: Kirchliche Neubauten sollten vermehrt möglich sein (wenn auch aus der Bundesrepublik finanziert), die Kirchen erhielten Sendeplätze im Fernsehen, das anstehende Lutherjubiläum 1983 sollte gemeinsam von Staat und Kirche vorbereitet werden. Typisch war aber, dass kurz nach dem Gespräch in den Schulen der Wehrunterricht eingeführt wurde, der zum Hass gegen den „Klassenfeind" erzog. Dabei hatte Bischof Schönherr beim „Spitzengespräch" die Gewissensnöte christlicher Kinder und Eltern angesichts des Totalitätsanspruchs des Sozialismus ausdrücklich zur Sprache gebracht.

Friedensbewegung
Die Aufrüstung in Ost und West war auch in der DDR ein Thema, obwohl es nur in offizieller Interpretation in den Medien vorkam. Ihr zufolge galt: „Der Friede muss bewaffnet sein." Dementsprechend waren andere Äußerungen verboten, und Treffen von Friedensbewegten waren allenfalls in kirchlichen Räumen möglich. Nur von Teilen der Kirche wurde die Forderung nach einem „Sozialen Friedensdienst", also einem Zivildienst, mitge-

tragen. Die einzige Alternative zum Wehrdienst war ansonsten der Dienst bei den „Bausoldaten", eine Art Arbeitsdienst unter militärischer Aufsicht.

Auch die Ökologiebewegung, die einen verzweifelten Kampf gegen die Ruinierung der Umwelt durch die marode Industrie führte, fand Schutz in Kirchengemeinden, und ebenso auch die Ausreisebewegung, wobei strittig war, ob „Hierbleiben" nicht die bessere Alternative wäre. Die Kirchenleitungen zogen sich häufig auf eine distanzierte Haltung gegenüber diesen Bürgerrechtsbewegungen zurück, um das labile Einvernehmen mit dem Staat nicht zu gefährden. Werner Leich (geb. 1927), Bischof der Thüringischen Landeskirche und kein Vertreter der Mitzenheimschen Linie, machte 1988 aber als Sprecher der Evangelischen Landeskirchen in der DDR gegenüber Erich Honecker deutlich, dass man kirchlicherseits das Aufbegehren in der Gesellschaft als nicht zu leugnendes Krisensymptom wahrnahm.

Bürgerrechtsbewegung

In den 80er-Jahren wurden die montäglichen Friedensgebete in der Leipziger Nikolaikirche eine feste Einrichtung. Sie hatten sich gegen staatliche Repressalien und kirchliche Befürchtungen, dem Staat zu viel Angriffsfläche zu bieten, zu behaupten. Im Herbst 1989 wurden aus den Friedensgebeten Montagsdemonstrationen, bei denen Zehn- und dann Hunderttausende für Bürgerrechte demonstrierten. Inzwischen hatten sich in der Sowjetunion unter Michael Gorbatschow (geb. 1931) dramatische Veränderungen vollzogen, die dazu ermutigten, an Reformen zu denken. Die von Leipzig ausgehende friedliche Revolution führte zum Sturz der SED-Diktatur und schließlich zur Wiederherstellung der Einheit Deutschlands und somit auch der Einheit der EKD. Der Religionsunterricht wurde nun in den neuen Bundesländern bis auf Brandenburg dem Grundgesetz gemäß ordentliches Schulfach. Diese und andere Angleichungen lösten aber auch Unbehagen aus. Die Frage war, ob die Kirche den ihr nun offenen gesellschaftlichen Raum würde ausfüllen können.

Wende 1989

Kontrollfragen:

1. Welche Stellung hatten die Kirchen in der DDR in den 1970er-Jahren?

Kontrollfragen

2. Was ist das „Spitzengepräch" von 1978, was sind seine Ergebnisse?
3. Welchen Anteil hatte die Kirche an der Wende von 1989?

6.6 Die Ökumenische Bewegung

Ursprünge

Die Ökumenische Bewegung hatte ihre Ursprünge im 19. Jahrhundert, vor allem in der Erweckungsbewegung und den Freikirchen, die in England und den Vereinigten Staaten zu Hause waren. Sie war aber keine Schöpfung von Kirchen, sondern von Einzelpersonen. Dies gilt auch für die 1846 in London gegründete Evangelische Allianz, die eine Art Dachverband für erweckte Gruppierungen wurde. In der zweiten Hälfte des 19. Jahrhunderts gab die internationale Jugend- und Studentenbewegung, die sich unter anderem im 1855 in Paris gegründeten „Christlichen Verein Junger Männer" (CVJM) manifestierte, der Bewegung ebenso Rückhalt wie die gemeinsame Arbeit in der Mission. Aus diesen Kreisen kam John Mott (1865–1955). Er war einer der Väter der Ökumene des 20. Jahrhunderts und nach dem Ersten Weltkrieg der Vertreter des Gedankens, die Ökumene müsse ein geistlicher Völkerbund zur Förderung von Frieden und Versöhnung sein.

Mission

Der Missionsgedanke war typisch für den erweckten Protestantismus: Der „Inneren Mission" entsprach die Äußere. Die Menschen sollten zum Christentum und damit letztlich zum Protestantismus bekehrt werden. Träger dieser Bemühungen waren Missionsgesellschaften, also die für die Erweckung typischen Vereine. In der Missionsarbeit ergaben sich enge und oft problematische Verbindungen zur Kolonisation, ohne dass die Missionare bloße Helfershelfer der Kolonisation gewesen wären: Sie brachten Bildung und ärztliche Hilfe und damit auch Modernisierung. Dass Missionsgesellschaften in ihrer Arbeit konkurrierten, ließ nach einer verstärkten Koordination fragen. Daraus entstand eine internationale Bewegung, die 1910 auf einer „Weltmissionskonferenz" in Edinburgh den eigentlichen Grundstein der Ökumenischen Bewegung legte: Vertreten waren hier vor allem Angehörige englischer und amerikanischer Missionsgesellschaften, die der festen Überzeugung waren, die Welt werde durch gemeinsame Anstrengungen schon bald christianisiert sein.

Der Erste Weltkrieg unterbrach die ökumenischen Aktivitäten nur kurzfristig. Bald darauf bildeten sich die drei Hauptzweige der Ökumenischen Bewegung aus: 1921 wurde in Lake Mohonk in den USA der „Internationale Missionsrat" gegründet, der in regelmäßigen Abständen Tagungen durchführte, an denen immer mehr Vertreter aus den Kirchen in den Missionsländern teilnahmen. Der Missionsoptimismus war nun schon erheblich gebrochen, und der Gedanke der Partnerschaft wurde wichtiger. 1925 trat in Stockholm auf Einladung des schwedischen Erzbischofs Nathan Söderblom (1866–1931) die erste Konferenz für „Praktisches Christentum" (Life and Work) zusammen, die sich sozialen und sozialethischen Fragen widmete. Diese waren nach dem Ersten Weltkrieg durch wirtschaftliche Krisen wieder besonders drängend geworden. Eine nicht unwesentliche Rolle spielte dabei der Kampf gegen den allgemein diagnostizierten Alkoholmissbrauch. Die deutschen Vertreter versuchten die Frage der Schuld am Ersten Weltkrieg und den Versailler Vertrag zum Thema zu machen und brüskierten damit vor allem die Repräsentanten der Reformierten Kirche von Frankreich. Sie teilten auch nicht die der ökumenischen Bewegung eigenen Hoffnungen auf den Völkerbund. 1927 tagte in Lausanne zum ersten Mal die Bewegung „Glaube und Kirchenverfassung" (Faith and Order). Sie hatte es ungleich schwerer, war sie doch mit theologischen Fragen im engeren Sinne befasst, über die sich zwischen den unterschiedlichen protestantischen Kirchen nur langsam Verständigungen erzielen ließen, wenn es etwa um das Verständnis der Sakramente oder der kirchlichen Ämter ging. Von Einigkeit konnte ohnehin keine Rede sein, da die Kirchen durch ihre historischen Prägungen zu verschieden waren.

„Glaube und Kirchenverfassung" und „Praktisches Christentum", die in den 30er-Jahren weitere Konferenzen abhielten, flossen 1948 bei der Gründung des Ökumenischen Rates der Kirchen in Amsterdam zusammen. Die Gründungsversammlung fand vor dem Hintergrund des einsetzenden Kalten Krieges

Zwischenkriegszeit

Ökumenische Organisationen

statt, der auch verhinderte, dass sich die orthodoxen Kirchen des sowjetischen Imperiums beteiligten. Wieder war die Versöhnung zwischen den Völkern ein Thema. Deutlich zeigte sich der Gegensatz der politischen Blöcke aber auch bei der zweiten Vollversammlung, die 1954 in Evanston in den Vereinigten Staaten stattfand. Als Kirche über den Kirchen konnte und durfte sich der Ökumenische Rat nicht verstehen, zumal seine theologische Grundlage eher schwach war: Verbindlich war das Bekenntnis zu Jesus Christus. Der Reformierte Weltbund, dessen Wurzeln auf das Jahr 1875 zurückgingen, blieb bestehen, und die Lutheraner organisierten sich 1947 in Lund im „Lutherischen Weltbund". Die Abendmahlsgemeinschaft zwischen Lutheranern und Reformierten wurde in Europa erst 1973 durch die „Leuenberger Konkordie" möglich. Baptisten und andere „Freikirchen" wiederum hatten ihre eigenen transnationalen Strukturen.

Katholiken und Orthodoxe

1961 trat dem Ökumenischen Rat auf seiner Vollversammlung in New Delhi auch der Internationale Missionsrat bei. Zugleich schloss sich die Russisch-Orthodoxe Kirche mit einigen anderen orthodoxen Kirchen dem Ökumenischen Rat an. Nun wurde die theologische Basis auf die Trinitätslehre erweitert. Die katholische Kirche blieb auf Distanz, entsandte aber nach dem II. Vatikanischen Konzil Beobachter auf die Vollversammlungen, die regelmäßig, nämlich etwa alle sieben Jahre, stattfinden.

Ethik und Politik

Als der Ökumenische Rat 1968 im schwedischen Uppsala zu seiner vierten Vollversammlung zusammentrat, hatten sich die gesellschaftlichen Rahmenbedingungen grundsätzlich verändert. Die „Dritte Welt" war zu einem sozialethischen Thema in der Ökumenischen Bewegung geworden, die sich als Avantgarde einer besseren, friedlichen und gerechten Welt ansah. „Befreiung" war eines der Schlagworte, das es genauso auf katholischer Seite gab. Die als ungerecht erachteten Verhältnisse in der Welt waren dann auch ein wichtiges Thema auf der nächsten Vollversammlung, die 1975 in Nairobi stattfand. Ein anderes war der Ruf, vermehrt nach „sichtbarer Einheit" unter den Kirchen zu streben. Bei der Vollversammlung im kanadischen Vancouver wurde 1983 die politisch-sozialethische Thematik zusätzlich von der Konfrontation der Machtblöcke und der Umweltproblematik bestimmt: Gerechtigkeit, Friede und Bewahrung der Schöpfung waren wichtige Begriffe. Dabei blieb es im Wesentlichen auch bei den späteren Vollversammlungen. Der Einheit der Kirchen kam man kaum näher, zumal sich die orthodoxen Kirchen wenig dialogbereit zeigten. Dies wurde noch einmal deutlich, als man sich 1991 in Canberra zur nächsten Vollversammlung wiedertraf.

Auf europäischer Ebene hatten ökumenische Organisationen in den späten 40er- und in den 50er-Jahren vor allem die Aufgabe, Hilfsleistungen zu organisieren. In den späten 50er-Jahren wuchs dann der Wunsch nach kirchlicher Organisation, und nach einer 1959 im dänischen Nyborg abgehaltenen Konferenz bildete sich die „Konferenz Europäischer Kirchen" (KEK), die in den folgenden Jahren regelmäßig tagte. 2001 verabschiedete die KEK zusammen mit dem katholischen „Rat der Europäischen Bischofskonferenzen" die Charta Oecumenica, die nicht nur den Wunsch nach kirchlicher Einheit enthält, sondern auch die Rolle der Kirchen im europäischen Einigungsprozess thematisierte.

Kirchen und Europa

Kontrollfragen:

1. Aus welchen Strömungen speiste sich die Ökumene?
2. Welchen politischen Themen wandte sich die Ökumene zu?

Kontrollfragen

7. Arbeits- und Hilfsmittel zur Erschließung der Kirchengeschichte

Allgemeine Hinweise/Überblicke

Grundsätzlich bieten die gängigen wissenschaftlichen Lexika (also Religion in Geschichte und Gegenwart, Lexikon für Theologie und Kirche und Theologische Realenzyklopädie) mit ihren Personal- und Sachartikeln einen guten ersten Zugriff. Ältere Auflagen dieser Lexika können Personalartikel enthalten, die in neueren nicht mehr vorkommen. Allerdings sind die Informationen oft sehr knapp und gerade für Studienanfänger nicht gut aufbereitet.

Informationen, die dem Internet entstammen, sollten mit großer Vorsicht herangezogen werden. Hilfreich ist das Internet vor allem im Blick auf Abbildungen und Quellentexte. Hierfür ist ein gewisses Geschick im Recherchieren erforderlich, und zuvor sollten Informationen aus seriöser Literatur erhoben werden.

Zu empfehlen ist, sofern dies nicht im Rahmen eines Proseminars geschieht, sich in der Bibliothek mit den unten stehenden Büchern selbst etwas vertraut zu machen.

Für die Aufschlüsselung von Abkürzungen empfiehlt sich das von Siegfried Schwertner erstellte Abkürzungsverzeichnis zur Theologischen Realenzyklopädie (2. Auflage Berlin 1994).

Andresen, Carl/ Georg Denzler: Wörterbuch der Kirchengeschichte, München 1982
Erklärung von Fachbegriffen

Bautz, Traugott (Hg.): Biographisch-Bibliographisches Kirchenlexikon, Herzberg, später Nordhausen, 1975–2008
Die meisten Artikel sind auch im Internet verfügbar.

Haberkern, Eugen/Joseph-Friedrich Wallach: Hilfswörterbuch für Historiker, Tübingen, 7. Aufl. 1987
Erklärungen zu Fachausdrücken

Kirschbaum, Engelbert/Wolfgang Braunfels (Hgg.): Lexikon der Christlichen Ikonographie, Freiburg 1968–1976, verschiedene Nachdrucke, 8 Bände
Lexikon zur Darstellung von Heiligen und zu Themen der christlichen Kunst

Steimer, Bruno: Lexikon der Päpste und des Papsttums, Freiburg 2001
Zusammenstellung von Artikeln aus dem Lexikon für Theologie und Kirche

Geschichtsatlanten

Jedin, Hubert (Hg.): Atlas zur Kirchengeschichte, Freiburg, Aktualisierte Neuausgabe 1987

Putzger Historischer Weltatlas, Berlin, 103. Aufl. 2006
Auch ältere Auflagen sind geeignet

Quellen

Kirchen- und Theologiegeschichte in Quellen, Verlagsort: Neukirchen
Quellenauszüge in deutscher Übersetzung mit Einleitungen, ständig aktualisierte Auflagen:

Ritter, Adolf Martin: Alte Kirche

Ritter, Adolf Martin/Bernhard Lohse/Volker Leppin: Mittelalter

Leppin, Volker: Reformation

Greschat, Martin: Vom Konfessionalismus zur Moderne

Greschat, Martin/Hans-Walter Krumwiede: Das Zeitalter der Weltkriege und Revolutionen

Koschorke, Klaus: Außereuropäische Christentumsgeschichte

Einführungen/Hilfsmittel

Einführungen in die Methodik und den Gegenstand der Kirchengeschichte sind ohne Anleitung nur schwer durchzuarbeiten. Umso intensiver sollte das im Studienplan vorgesehene kirchengeschichtliche Proseminar oder eine vergleichbare Veranstaltung besucht werden.

Fitschen, Klaus: „Kirchengeschichte", in: Becker, Eve-Marie/Hiller, Doris (Hg.): Handbuch Evangelische Theologie, Tübingen/Basel 2006, 157–213
Zur Geschichte und Methodik des Faches

Kühneweg, Uwe: Kirchengeschichte, in: Meiser, Martin/Kühneweg, Uwe/Rudolf Leeb (Hgg.): Proseminar II: Neues Testament - Kirchengeschichte: ein Arbeitsbuch, Stuttgart 2000
Zu Themen und Methoden der Kirchengeschichte

Gesamtdarstellungen

Alberigo, Giuseppe (Hg.): Geschichte der Konzilien vom Nicaenum bis zum Vaticanum II, Düsseldorf 1993
Konziliengeschichte, auch im Sinne einer Geschichte normativer Lehrentscheidungen

Andresen, Carl (Hg.): Handbuch der Dogmen- und Theologiegeschichte, Göttingen 1980–1984
Dreibändiger Überblick, nicht immer einfach zu lesen, auch als Studienausgabe nachgedruckt

Frank, Karl Suso: Geschichte des christlichen Mönchtums, 5. Aufl., Darmstadt 1993
Kurzer, epochenübergreifender Überblick

Frieling, Reinhard/Erich Geldbach/Reinhard Thöle: Konfessionskunde. Orientierung im Zeichen der Ökumene, Stuttgart 1999
Historische und gegenwartsbezogene Informationen zu größeren und kleineren Kirchen

Frieling, Reinhard: Der Weg des ökumenischen Gedankens, Göttingen 1992

Überblick zur Idee der Ökumene und zur Geschichte der Ökumenischen Bewegung

Greschat, Martin (Hg.): Gestalten der Kirchengeschichte, Stuttgart, 2. Aufl. 1994
14 Bände, Biografien von sehr unterschiedlicher Qualität

Hage, Wolfgang: Das orientalische Christentum, Stuttgart 2007
Zur Geschichte der Christen im Nahen Osten

Hauschild, Wolf-Dieter: Lehrbuch der Kirchen- und Dogmengeschichte. 2 Bände, Gütersloh, 3. Aufl. 2007/2005
Sehr umfänglich mit gedrängter Faktenfülle, erfordert Vorkenntnisse

Die Kirche in ihrer Geschichte (KIG), Göttingen 1966ff
Einzelne Bände, zum Teil unten erwähnt, noch nicht ganz abgeschlossen

Kirchengeschichte in Einzeldarstellungen, Leipzig (früher Berlin) 1983ff.
Einzelne Bände, zum Teil unten erwähnt, noch nicht ganz abgeschlossen

Kaufmann, Thomas/Raymund Kottje/Bernd Möller/Hubert Wolf (Hgg.): Ökumenische Kirchengeschichte, Darmstadt 2006–2008
Drei Bände, Neukonzeption eines 1970–1974 in Mainz erschienenen Werkes, konfessionell-mehrspektivischer Ansatz

Mayeur, Jean-Marie/Brox, Norbert (Hg.): Die Geschichte des Christentums, Freiburg 1991–2004
14 Bände; mit Abbildungen versehene, international, aber auch frankofon orientierte Darstellung

Moeller, Bernd: Geschichte des Christentums in Grundzügen, Göttingen, 9. Aufl. 2008
sehr guter, nicht zu knapper Überblick

Sitzmann, Manfred/Christian Weber: Übersichten zur Kirchengeschichte, Göttingen 2. Aufl. 2008
Viele Tabellen, Schaubilder und Karten

Sommer, Wolfgang/Detlef Klahr: Kirchengeschichtliches Repetitorium: Zwanzig Grundkapitel der Kirchen-, Dogmen- und Theologiegeschichte, Göttingen, 4. Aufl. 2006

Stichwortartiger Überblick, mit CD-ROM und Fragenkatalog, von Studierenden sehr geschätzt

Zippelius, Reinhold: Staat und Kirche. Eine Geschichte von der Antike bis zur Gegenwart, München 1997
Kurzer Überblick, auch ohne juristische Vorkenntnisse gut lesbar

zu 2. Das Antike Christentum

Bienert, Wolfgang A.: Dogmengeschichte, Stuttgart 1997
Kurzer Überblick über die christliche Theologiegeschichte der Antike

Cancik, Hubert (Hg.): Der Neue Pauly. Enzyklopädie der Antike, Stuttgart 1996ff
Inzwischen bis auf Zusatzbände abgeschlossenes althistorisches Lexikon, darin auch religionsgeschichtliche Artikel

Döpp, Siegmar (Hg.): Lexikon der Antiken Christlichen Literatur, Freiburg, 3. Aufl. 2002
Lexikon der antiken christlichen Schriftsteller

Drobner, Hubertus: Lehrbuch der Patrologie, Frankfurt a. M., 2. Aufl. 2004
Vorstellung von christlichen Autoren mit Zusammenfassungen ihrer Hauptwerke

Engemann, Josef: Deutung und Bedeutung frühchristlicher Bildwerke, Darmstadt 1997
Einführung in die antike christliche Kunst

Frank, Karl Suso: Lehrbuch der Geschichte der Alten Kirche, Paderborn, 3. Aufl. 2002
Nicht immer gut lesbar, aber zum Nachschlagen geeignet

Lietzmann, Hans: Geschichte der Alten Kirche, 4 Bände, Berlin 1932–1944, auch Ausgabe in einem Band mit einem Vorwort von Christoph Markschies, Berlin 1999
Bis heute unübertroffene Gesamtdarstellung

zu 3. Das Mittelalter

Angenendt, Arnold: Das Frühmittelalter. Die abendländische Christenheit von 400 bis 900, Stuttgart, 3. Aufl. 2001
Sehr gut lesbare Darstellung

Beck, Hans-Georg: Geschichte der orthodoxen Kirche im Byzantinischen Reich (KIG D1), Göttingen 1980
Sollte ergänzend zu einer Geschichte des westlichen Mittelalters gelesen werden

Frank, Isnard Wilhelm: Kirchengeschichte des Mittelalters, Düsseldorf 2008
Kurzer, immer wieder aufgelegter Überblick

Leppin, Volker: Theologie im Mittelalter (KGE I/11), Leipzig 2007

Lexikon des Mittelalters, München 1980–1998
9 Bände, auch als Studienausgabe verfügbar

zu 4. Die Reformation und ihre Folgen

Beutel, Albrecht: Kirchengeschichte im Zeitalter der Aufklärung, Göttingen 2009
Guter Überblick

Beutel, Albrecht (Hg.): Luther-Handbuch, Tübingen 2005
Orientierungshilfe zur Biografie, Werken und Hauptthemen Luthers

Koch, Ernst: Das konfessionelle Zeitalter – Katholizismus, Luthertum, Calvinismus 1563–1675 (KGE II/8), Leipzig 2000
Überblick über die Formierungsphase der Konfessionen in europäischer Perspektive

Moeller, Bernd: Deutschland im Zeitalter der Reformation, Göttingen, 4. Aufl. 1999
Knappe, die Allgemeine Geschichte berücksichtigende Darstellung

Schwarz, Reinhard: Luther, Göttingen, 2. Aufl. 1998
Knappe, an theologischen Themen orientierte Darstellung

Seebaß, Gottfried: Spätmittelalter – Reformation – Konfessionalisierung, Stuttgart 2006
Profunde epochenübergreifende Darstellung

Wallmann, Johannes: Kirchengeschichte Deutschlands seit der Reformation, Tübingen, 6. Aufl. 2006
Knapper, gut lesbarer Überblick

Wallmann, Johannes: Der Pietismus, Göttingen 2004
Guter Überblick, vgl. auch Wallmanns Beitrag in KIG O1, Göttingen 1990

Wartenberg, Günter u. a. (Hg.): Martin Luther. Lateinisch-Deutsche Studienausgabe, Leipzig 2006/2009
Dreibändige Ausgabe der Hauptschriften Luthers

zu 5. Die Neuzeit

Friedrich, Norbert: Kirche im gesellschaftlichen Umbruch. Das 19. Jahrhundert, Göttingen 2006
Guter Überblick

Hürten, Heinz: Kurze Geschichte des deutschen Katholizismus 1800–1960, Mainz 1986
Wichtig für eine mehrkonfessionelle Perspektive

Nowak, Kurt: Geschichte des Christentums in Deutschland: Religion, Politik und Gesellschaft vom Ende der Aufklärung bis zur Mitte des 20. Jahrhunderts, München 1995
Sehr gut lesbarer Überblick

zu 6. Die Kirchliche Zeitgeschichte

Gatz, Erwin (Hg.): Kirche und Katholizismus seit 1945. Bd. 1: Mittel-, West- und Nordeuropa, Paderborn 1998
Auch weitere Bände zu anderen Ländern

Hürten, Heinz: Deutsche Katholiken 1918 bis 1945, Paderborn 1992
Gute, aber recht umfängliche Darstellung

Lepp, Claudia/Nowak, Kurt (Hg.): Evangelische Kirche im geteilten Deutschland (1945–1989/90), Göttingen 2001

Teilweise Ersatz für eine noch fehlende Geschichte des westdeutschen Protestantismus

Mau, Rudolf: Der Protestantismus im Osten Deutschlands 1945–1990 (KGE IV/3), Leipzig 2005
Bisher die einzige Gesamtdarstellung zu diesem Thema

Meier, Kurt: Kreuz und Hakenkreuz. Die evangelische Kirche im Dritten Reich, München, Neuausgabe 2001
Taschenbuch, vom Autor liegt auch eine dreibändige „Geschichte des Kirchenkampfes" vor

Gütersloher Verlagshaus. Dem Leben vertrauen

MODULE DER THEOLOGIE

Band 2

Hanna Roose

Neues Testament

Gütersloher Verlagshaus

Bibliografische Information der Deutschen Nationalbibliothek

Die Deutsche Nationalbibliothek verzeichnet diese Publikation in der Deutschen Nationalbibliografie; detaillierte bibliografische Daten sind im Internet über http://dnb.d-nb.de abrufbar.

Mix
Produktgruppe aus vorbildlich
bewirtschafteten Wäldern, kontrollierten
Herkünften und Recyclingholz oder -fasern
www.fsc.org Zert.-Nr. SGS-COC-004278
© 1996 Forest Stewardship Council

Verlagsgruppe Random House FSC-DEU-0100
Das für dieses Buch verwendete FSC-zertifizierte Papier *Munken Premium* liefert Artic Paper Munkedals AB, Schweden.

© für diese Ausgabe: Gütersloher Verlagshaus

Konzeption und Realisierung:
© 2009 Palmedia Publishing Services GmbH, Berlin

Dieses Werk einschließlich aller seiner Teile ist urheberrechtlich geschützt. Jede Verwertung außerhalb der engen Grenzen des Urheberrechts ist ohne Zustimmung von Palmedia unzulässig und strafbar. Das gilt insbesondere für Vervielfältigungen, Übersetzungen, Mikroverfilmungen und die Einspeicherung und Verarbeitung in elektronischen Systemen.

Umschlaggestaltung: Init GmbH, Bielefeld
Druck und Bindung: Těšinská Tiskárna, a.S., Český Těšin
Printed in Czech Republic
ISBN: 978-3-579-08082-6

www.gtvh.de

Inhalt

1. **Was kennzeichnet ein Modul Neues Testament?** 7
2. **Fragen der neutestamentlichen Wissenschaft an die biblischen Texte** 9
   - 2.1 Der Ansatz: Was setzt die neutestamentliche Forschung (stillschweigend) voraus? 9
   - 2.2 Wie werden neutestamentliche Texte übersetzt? 13
   - 2.3 Wie ist der neutestamentliche Text in alten Handschriften überliefert? 15
   - 2.4 Was geht dem abgegrenzten Text voraus, was folgt ihm? 16
   - 2.5 Wie ist der Text sprachlich gestaltet? 17
   - 2.6 Welche typischen Merkmale weisen einzelne neutestamentliche Texte auf? 20
   - 2.7 Welche schriftlichen Quellen sind in einem neutestamentlichen Text verarbeitet? 28
   - 2.8 Welche Traditionen spiegeln sich in einzelnen neutestamentlichen Texten? 34
   - 2.9 Wie haben die Verfasser die neutestamentlichen Texte gestaltet? 38
   - 2.10 Was verrät ein Text über seine oder seinen Verfasser und die Gemeinde, in der er entstanden ist oder an die er sich richtet? 40
   - 2.11 Was verrät ein Text über die sozialen, politischen und religiösen Verhältnisse, in denen er entstanden ist? 41
   - 2.12 Die gegenwärtige Forschungsdiskussion 43
3. **Paulus uns seine Briefe** 47
   - 3.1 Zum Leben des Paulus 48

3.2 Die Briefe des Paulus   57
3.3 Zur Theologie des Paulus   66
3.4 Die gegenwärtige Forschungsdiskussion   74

4. **Die synoptischen Evangelien**   81
4.1 Das Markusevangelium   82
4.2 Das Matthäusevangelium   92
4.3 Das Lukasevangelium   103

5. Die Apostelgeschichte   107

6. Das Johannesevangelium und die johanneischen Briefe   115

7. Die übrigen Briefe   127

8. Die Offenbarung des Johannes   137

9. Der neutestamentliche Kanon entsteht: Was soll „verbindlich" gelten?   145

10. Arbeits- und Hilfsmittel zur Erschließung des Neuen Testaments   149

1. Was kennzeichnet ein Modul Neues Testament?

Ein „Modul" bezeichnet eine Einheit zusammengehöriger Elemente. Diese Einheit bildet in unserem Fall das Neue Testament. Die zusammengehörigen Elemente sind erstens die Fragen, mit denen sich die Wissenschaft den Texten des Neuen Testaments nähert (s. u., Kapitel 2), zweitens die Schriften des Neuen Testaments selbst (s. u., Kapitel 3 bis 8) und drittens die Berücksichtigung des Neuen Testaments als Teil des christlichen „Kanon" (s. u., Kapitel 9). Folgende Prinzipien leiten die Darstellung:

- Das „Modul Neues Testament" richtet sich an interessierte Leser ohne Griechischkenntnisse und ohne umfangreiche historische oder theologische Vorkenntnisse.
- Biblische Texte sind selten eindeutig, im Gegenteil: Ihre Interpretation ist oftmals (auch in der Fachwissenschaft) umstritten. Das „Modul Neues Testament" versucht, dieses Phänomen nicht zu überdecken, sondern zumindest exemplarisch aufzuzeigen. Deshalb haben Fragen und Probleme, die die neutestamentlichen Texte aufwerfen, Vorrang vor möglichen Antworten. Die Impulse am Ende der einzelnen Großkapitel zielen daher nicht nur auf die Reproduktion von Wissensbeständen, sondern auf die Reflexion und die persönliche Auseinandersetzung mit Fragen, vor die uns die neutestamentlichen Texte stellen.
- Jede Methode hat ihre Voraussetzungen, die die Reichweite der Methode begrenzen. Das „Modul Neues Testament" versucht, diese Voraussetzungen erkennbar zu machen (s. u., Kapitel 2.1). Insbesondere bei den sogenannten **Einleitungsfragen** (s. u., Kapitel 2.10) basie-

ren die Angaben der Fachwissenschaftler auf komplexen Schlussfolgerungen. Dieser rekonstruktive Charakter des (Fach-)Wissens soll zumindest an einigen Stellen deutlich werden, sodass nachvollziehbar wird, wie verlässlich oder auch spekulativ bestimmte Informationen sind.

Und schließlich: Das „Modul Neues Testament" möchte Interesse wecken, sich intensiver mit den Schriften des Neuen Testaments auseinanderzusetzen.

2. Fragen der neutestamentlichen Wissenschaft an die biblischen Texte

2.1 Der Ansatz: Was setzt die neutestamentliche Forschung (stillschweigend) voraus?

Jede (wissenschaftliche) Methode hat ihre eigenen Voraussetzungen, aus denen sich bestimmte Begrenzungen ergeben. Oder einfacher ausgedrückt: Die Art der Fragen, die ich stelle, begrenzt die Menge der möglichen Antworten. Bevor wir uns die einzelnen methodischen Schritte ansehen, mit denen die neutestamentlichen Texte zurzeit in der Wissenschaft untersucht werden, ist es daher notwendig, eine „Vogelperspektive" einzunehmen. Diese Perspektive erlaubt es, die Voraussetzungen und damit auch die Begrenzungen der jeweiligen Methode in den Blick zu bekommen. Wer sich sozusagen im „Blindflug" durch eine bestimmte Methode arbeitet, muss zu völlig unzutreffenden Einschätzungen kommen. Meiner Erfahrung nach ist genau das bei Studierenden und interessierten Laien, die sich mit Ergebnissen der aktuellen neutestamentlichen Wissenschaft auseinandersetzen, oft der Fall. Ich beginne daher mit der Klärung der impliziten Voraussetzungen, die derzeit in der neutestamentlichen Wissenschaft vorherrschen.

Vogelperspektive

Die Methode, die derzeit die neutestamentliche Wissenschaft dominiert, nennt sich „historisch-kritische Exegese". „Exegese" kommt aus dem Griechischen und bedeutet wörtlich „herauslesen". Damit ist bereits eine wichtige Voraussetzung der Methode benannt: Die neutestamentliche Wissenschaft erhebt den Anspruch, mit ihren Auslegungen etwas aus dem biblischen Text herauszulesen, was in ihm enthalten ist. Der schärfste Vorwurf, der einem Exegeten (nach seinem Selbstverständnis) gemacht werden kann, ist also derjenige, etwas in den Text hineinzulesen,

Exegese

was dieser nicht enthält („Eisegese"). Die Forschung bemüht sich also, persönliche Überzeugungen, Vorbehalte etc. aus ihrer Auslegung herauszuhalten und ganz „auf den Text zu hören". Dabei wird der biblische Text als (relativ) geschlossen angesehen. Wenn ich einen Text als „geschlossen" betrachte, gehe ich davon aus, dass er nur *eine* richtige Bedeutung hat.

kritisch „Kritisch" bedeutet in diesem Zusammenhang – und das ist von zentraler Bedeutung – dass die neutestamentliche Wissenschaft die christliche Qualifizierung der biblischen Texte als „Wort Gottes" ausklammert. Diese Voraussetzung wird oft missverstanden: Die historisch-kritische Methode behauptet nicht, dass die Bibel nicht „Wort Gottes" sei, sondern sie enthält sich in dieser Frage eines Urteils. Mit anderen Worten: Die Frage, ob bzw. inwiefern die biblischen Texte „Wort Gottes" sind, liegt außerhalb der historisch-kritischen Exegese. Sie untersucht nur die menschliche Dimension dieser Texte, ohne ein Urteil darüber zu fällen, inwiefern wir hier dem „Wort Gottes" begegnen. Die historisch-kritische Methode verdankt sich der Aufklärung. Leitend ist der Versuch, die Untersuchung biblischer Texte auch für Nicht-Christen (oder – aktueller – für Personen, die sich weder eindeutig für christlich noch für nicht-christlich halten) akzeptabel und nachvollziehbar zu machen. Es geht der historisch-kritischen Methode gerade nicht darum, Nicht-Christen davon zu überzeugen, dass die Bibel „Gottes Wort" ist, sondern darum, mit ihnen wissenschaftlich und ohne Missionierungsdruck ins Gespräch zu kommen. Deshalb wird die Frage, ob uns in der Bibel „Gottes Wort" begegnet, ausgeklammert.

Diese Grundentscheidung kann man für sinnvoll halten oder auch nicht. Wir müssen sie aber auf jeden Fall im Auge behalten, um der historisch-kritischen Methode in ihren Fragestellungen und Ergebnissen überhaupt gerecht werden zu können. Die Folgen dieser Grundentscheidung sind erheblich: Die historisch-kritische Exegese fragt nach den jeweiligen menschlichen Verfassern der alt- und neutestamentlichen Schriften, sie rechnet mit einer Vielzahl von (unterschiedlichen) Überzeugungen, die uns in diesen Schriften begegnen, mit Widersprüchen und mit einer durchgehenden Zeitgebundenheit der biblischen Bücher.

Damit sind wir bei dem Adjektiv „historisch" angelangt. Die zentrale Bezugswissenschaft der klassischen historisch-kritischen Exegese ist die Geschichtswissenschaft. Die methodischen Schritte, mit denen die historisch-kritische Methode die biblischen Texte untersucht, entsprechen weitgehend denjenigen, die die Geschichtswissenschaft zur Untersuchung anderer historischer Texte einsetzt.

historisch

Machen wir uns die Tragweite dieser Voraussetzungen klar: Die historisch-kritische Exegese erfordert die konsequente Unterscheidung zweier Ebenen: einerseits der historischen Ebene, auf der sie Aussagen zu machen versucht, andererseits der Ebene unseres (christlichen?) je individuellen Glaubens, auf der sie keine Aussagen macht. Die Trennung dieser beiden Ebenen fällt nicht immer leicht, hier liegt der Grund für tief greifende Missverständnisse. Dazu zwei Beispiele:

Unterscheidung zweier Ebenen

(1) In den folgenden Kapiteln werden wir sehen, dass Paulus eine andere Theologie vertritt als z. B. Matthäus. Die historisch-kritische Methode versucht, diese Theologien so zutreffend wie möglich zu beschreiben, sie bemüht sich also, herauszufinden, welche theologischen Überzeugungen uns einerseits in den paulinischen Briefen, andererseits im Matthäusevangelium begegnen. Sie erlaubt sich aber kein Urteil darüber, in welcher theologischen Überzeugung uns direkter oder unverfälschter das „Wort Gottes" begegnet, welcher neutestamentliche Verfasser oder Text „inspirierter" (von Gott eingegeben) ist.

Beispiele

(2) In den folgenden Kapiteln werden wir außerdem sehen, dass viele neutestamentliche Texte einen längeren Entstehungsprozess durchlaufen haben. Die historisch-kritische Methode versucht, ältere Überlieferungen von jüngeren Hinzufügungen zu unterscheiden, um diesen Entstehungsprozess nachzuzeichnen. Sie behauptet aber nicht, dass die älteren Überlieferungen, etwa Worte des irdischen, historischen Jesus, „göttlicher" oder „inspirierter" seien als jüngere Hinzufügungen durch die Evangelisten. Studierende formulieren manchmal, ein Evangelist habe zu einem Gleichnis etwas „hinzuerfunden". Hier schwingt eine problematische Wertung mit, die durch die historisch-kritische Exegese nicht gedeckt ist. Sie macht eben keine Aussage darüber,

welche Aussagen „inspiriert" sind. Ältere Überlieferungen können im Hinblick auf eine bestimmte, historische Fragestellung wertvoller sein als jüngere – etwa wenn es darum geht, die Botschaft des historischen Jesus (s. u., Kapitel 2.8) zu rekonstruieren. Dies ist aber eine Wertung unter rein historischer Perspektive, die nichts darüber aussagt, welche Traditionen „göttlicher" sind.

Gültigkeit biblischer Aussagen

Die historisch-kritische Methode dient nicht dazu, das Göttliche der Bibel vom Menschlichen zu trennen, sodass man dann das Menschliche „abziehen" könnte und den „reinen, göttlichen Bestand" übrig hätte. Sie betrachtet *alle* biblischen Texte als Produkte menschlicher Tätigkeit und damit als zeitgebunden. Machen wir uns wiederum an einem Beispiel klar, was das bedeutet: Das Neue Testament enthält einige Texte, in denen „die Juden" scharf verurteilt werden. In Joh 8,44 heißt es etwa aus dem Munde Jesu, dass „die Juden" den Teufel zum Vater hätten. Die historisch-kritische Exegese kann zeigen, inwiefern diese Formulierung zeitgebunden ist und aus einem Konflikt zwischen der johanneischen Gemeinde und (anderen) Juden resultiert (s. u., Kapitel 6). Diese Einsicht hat etwas Entlastendes: Wir sind geneigt, sie unter „rein menschlich" zu verbuchen. Im Rahmen der historisch-kritischen Methode gilt aber dasselbe etwa für das berühmte Hohelied der Liebe in 1 Kor 13 mit dem Schlussvers: „Nun aber bleiben Glaube, Hoffnung, Liebe, diese drei; aber die Liebe ist die größte unter ihnen." Diese Aussage ist attraktiv, wir sind geneigt, in ihr ein Wort Gottes zu sehen. Aber die historisch-kritische Methode macht hier keinen Unterschied zu Joh 8,44: Auch 1 Kor 13 ist zeitgebunden, überliefert von Paulus, der zu einer bestimmten Zeit seine Briefe schrieb (s. u., Kapitel 3). Nun ist es sicher richtig und notwendig, dass wir im Neuen Testament unterscheiden zwischen Aussagen, die wir uns auch heute noch zu eigen machen, und solchen, die wir ablehnen. Diese Unterscheidung können wir aber nicht mit der historisch-kritischen Methode begründen oder rechtfertigen, denn sie erlaubt eben keine Differenzierung nach den Kategorien „menschlicher" und „göttlicher".

Die historisch-kritische Exegese befragt einerseits den biblischen Text und sie fragt andererseits „hinter den Text zurück".

Damit ist gemeint: Die Exegese untersucht biblische Texte daraufhin, wie sie aufgebaut und sprachlich gestaltet sind (hier schlägt sich der Einfluss der Literaturwissenschaft nieder; s. u., Kapitel 2.4, 2.5) und welche (unterschiedlichen) Theologien uns in den einzelnen Schriften begegnen (s. u., Kapitel 2.9). Die Exegese fragt außerdem „hinter den Text zurück". Damit ist gemeint, dass biblische Texte als Zeugnisse vergangener Zeiten angesehen werden. Die neutestamentlichen Texte geben indirekt darüber Aufschluss, wer sie wo aus welchem Anlass für wen verfasst hat (s. u., Kapitel 2.10). Sie können uns etwas über die religiösen, politischen und sozialen Verhältnisse verraten, in denen sie entstanden sind, und wirken insofern wie (mehr oder weniger klare) Fenster zu einer anderen Zeit (s. u., Kapitel 2.11). Man unterscheidet außerdem eine synchrone und eine diachrone Betrachtung der biblischen Texte. Bei der synchronen Betrachtungsweise untersuche ich den biblischen Text in der Gestalt, wie er uns im Neuen Testament vorliegt (s. u., Kapitel 2.2, 2.4, 2.5). Bei einer diachronen Betrachtungsweise versuche ich, die Entstehungsgeschichte eines biblischen Textes zu rekonstruieren (s. u., Kapitel 2.7, 2.8).

Betrachtungsweisen biblischer Texte

2.2 Wie werden neutestamentliche Texte übersetzt?

Mit dieser Frage beschäftigt sich die Übersetzungskritik. Alle neutestamentlichen Schriften sind ursprünglich in Griechisch verfasst. Exegeten arbeiten mit dem griechischen Text und erstellen ihre eigenen Übersetzungen, denn in jeder Übersetzung steckt bereits ein erhebliches Maß an Interpretation. Das weiß jeder, der schon einmal versucht hat, einen englischen Text zu übersetzen. Laien oder Studienanfänger, die kein klassisches Griechisch können, sind auf die deutschen Bibelübersetzungen angewiesen, die im Handel erhältlich sind. Dabei fällt sofort auf, dass die Übersetzungen erheblich voneinander abweichen. Vergleichen wir drei Übersetzungen von Röm 10,4 (s. dazu auch u., Kapitel 3.3):

Übersetzungskritik

Lutherübersetzung 1984	Münchener Neues Testament, 1998	Die Bibel in gerechter Sprache, ²2006
Denn Christus ist des Gesetzes Ende; wer an den glaubt, der ist gerecht.	Denn Ende (des) Gesetzes (ist) Christos zur Gerechtigkeit jedem Glaubenden.	Denn die Thora ist auf den Messias ausgerichtet: Gerechtigkeit wird allen zugesprochen, die vertrauen.

Übersetzung als Interpretation

Für einen detaillierten Übersetzungsvergleich fehlt hier der Platz. Einige Unterschiede fallen jedoch sofort ins Auge: Das Münchener Neue Testament versucht eine möglichst wörtliche Übersetzung, die deshalb holprig wirkt und schwer verständlich. Die Lutherübersetzung ist sprachlich glatter. Die Bibel in gerechter Sprache wählt eine jüdische Begrifflichkeit (Thora für Gesetz und Messias für Christus) und sieht den Messias nicht als Ende, sondern als Ziel der Thora: Sie ist auf den Messias ausgerichtet. Der Messias (hebräisch für: der „Gesalbte") wird in Teilen des Judentums bis heute als Retter erwartet (s. u., Kapitel 3.3). Die Salbung des Hauptes mit Öl versinnbildlicht nach alttestamentlicher Tradition die Begabung mit Kraft und dem göttlichen Geist (vgl. 1Sam 16,12f.). V. a. Könige wurden im alten Israel gesalbt. Der Messias, also der ideale König, der Israel von seinen Feinden retten und es weise und gerecht regieren wird, soll ein Nachkomme des großen Königs David sein, ein „Reis aus dem Stamm Isais" (Jes 11,1), geboren in der Davidsstadt Bethlehem (Mi 5,1). Christen sind davon überzeugt, dass in Jesus dieser erhoffte Messias, also der Christus (griechisch für: der Gesalbte), gekommen ist. Für Juden steht die Ankunft des Messias dagegen noch aus. Alle drei Übersetzungen beruhen auf demselben griechischen Text. Keine der Übersetzungen ist „neutral", auch nicht die wörtlichste, denn schon die Entscheidung, mit welchem deutschen Wort ich ein griechisches übersetze (*nomos* als Thora oder als Gesetz, *telos* als Ende oder als Ziel), ist eine Frage der Interpretation.

2.3 Wie ist der neutestamentliche Text in alten Handschriften überliefert?

Mit dieser Frage beschäftigt sich die Textkritik. Die neutestamentlichen Schriften sind uns in ca. 5000, teils unvollständigen Handschriften aus dem 2.–15. Jahrhundert überliefert, die z. T. erheblich voneinander abweichen. Das Alter einer Handschrift lässt sich aufgrund des Schreibmaterials und der Schreibweise (z. B. Form der Buchstaben, verwendete Abkürzungen) bestimmen. Zwischen den ältesten erhaltenen Handschriften und der Abfassung der neutestamentlichen Schriften klafft eine zeitliche Lücke. Das heißt: Von keiner Schrift des Neuen Testaments besitzen wir das Original bzw. den Urtext. Der Urtext ist der Text, den der neutestamentliche Verfasser niedergeschrieben bzw. diktiert hat. Die Textkritik versucht, diesen Urtext aus den vielen voneinander abweichenden Handschriften zu rekonstruieren. Dazu ordnet und bewertet sie die erhaltenen Handschriften.

Suche nach dem Urtext

Da alle neutestamentlichen Schriften auf Griechisch verfasst sind, erfordert die Textkritik eine vertiefte Kenntnis des Griechischen. Ich stelle daher nur einige Regeln der Textkritik vor. Es ist gut nachvollziehbar, dass es beim Abschreiben neutestamentlicher Texte zu Fehlern kam, insbesondere wenn man sich klar macht, dass diese Texte INGROSSBUCHSTABENOHNEZWISCHENRÄUMEGESCHRIEBENWURDEN. Einige Abweichungen sind wohl unbeabsichtigte Versehen. Außerdem ist nachvollziehbar, dass Abschreiber versuchten, Passagen, die ihnen unbeholfen oder fehlerhaft erschienen, zu glätten. Daher ist eine wichtige Regel der Textkritik: Die schwierigere **Lesart**, also die schwierigere Variante einer Textstelle, ist die ursprünglichere. Denn es ist wahrscheinlicher, dass ein Abschreiber eine ursprüngliche Schwierigkeit im Text beseitigte, als dass ein Abschreiber einen glatten Text holprig machte.

Regeln der Textkritik

Oftmals geht es bei textkritischen Fragen – aus Laiensicht – um Kleinigkeiten. Manchmal kommt es aber zu erheblichen inhaltlichen Abweichungen. So finden sich in den Handschriften zwei Fassungen von 1Joh 5,8. Einmal heißt es: „der Geist, das Wasser und das Blut; und diese drei sind eins." In einigen jün-

Comma Johanneum

geren Handschriften lautet derselbe Vers: „Auf der Erde: Geist, Wasser und Blut, und diese drei sind eins *in Christus Jesus; und drei sind es, die Zeugnis geben im Himmel: der Vater, das Wort und der Geist.*" Der Text, der hier über die ältere Fassung desselben Verses hinausgeht, wird als *Comma Johanneum* bezeichnet (kursiv gesetzt). Die Textkritik muss entscheiden, welche Lesart die ursprünglichere ist. Dazu muss sie erklären, wie es zu der abweichenden Lesart gekommen ist. In diesem Fall lässt sich die längere Fassung so erklären: Abschreiber haben versucht, an dieser Stelle im 1. Johannesbrief, der gegen Ende des 1. Jahrhunderts n. Chr. verfasst wurde, einen Schriftbeweis für die 325/381 n. Chr. formulierte Lehre von der Trinität, also der Dreieinigkeit Gottes in Gott Vater, Gott Sohn und Gott Heiliger Geist, zu schaffen. Umgekehrt ist schwer vorstellbar, dass Abschreiber diese wichtigen Formulierungen weggelassen haben.

2.4 Was geht dem abgegrenzten Text voraus, was folgt ihm?

Abgrenzung

Mit diesen Fragen beschäftigen sich die Abgrenzung und die Kontextanalyse. Zunächst gilt es, den zu untersuchenden Text sinnvoll abzugrenzen, also danach zu fragen, wo ein Sinnabschnitt (Perikope) beginnt und wo er endet. Damit hängen die Fragen zusammen, inwiefern vor dem abgegrenzten Text etwas zu Ende ist und inwiefern nach dem abgegrenzten Text etwas Neues beginnt.

Kontextanalyse

Für einen biblischen Sinnabschnitt ist es von Bedeutung, an welcher Stelle der Gesamtschrift, also etwa eines Evangeliums, er zu stehen kommt. Wählen wir zur Verdeutlichung einen extremen Vergleich: Im Londoner Wachsfigurenkabinett wurde die Figur Hitlers umgestellt: Sie stand in dem Raum der Staatsoberhäupter, dann aber auch im Vorraum zum Gruselkabinett. Es dürfte klar sein, inwiefern hier dieselbe Wachsfigur durch den unterschiedlichen (hier: räumlichen) Kontext eine andere Bedeutung erhält. Ähnlich verhält es sich mit biblischen Perikopen im Rahmen der Ganzschrift: Die Auslegung muss berücksichtigen, was dem Text vorausgeht und was auf ihn folgt.

Wie ist der Text sprachlich gestaltet?

Folgende Fragen können bei Abgrenzung und Kontextanalyse hilfreich sein: Wodurch sind Anfang und Ende der Perikope kenntlich gemacht? Wer spricht hier? Wer sind ggf. die Zuhörenden (innerhalb der erzählten Welt)? Welche Situation/Szene geht der Perikope voraus, welche folgt ihr? Welchem größeren Zusammenhang gehört die Perikope ggf. an und welche Stellung nimmt sie darin ein?

Leitfragen

Betrachten wir dazu Mt 22,1–14, das sogenannte „Gleichnis vom königlichen Hochzeitsmahl" (s. u., Kapitel 2.6). Die Kapitel- und Verszählungen können nicht zur Begründung der Abgrenzung herangezogen werden, weil sie erst viel später (Kapiteleinteilung: 13. Jahrhundert, allgemein gültige Verseinteilung: 1551) hinzugefügt wurden. Die Abgrenzung ist also sprachlich und inhaltlich zu begründen. In 22,1 heißt es: „Und Jesus fing an und redete wiederum in Gleichnissen zu ihnen ..." Mit dieser Formulierung ist ein deutlicher Neueinsatz markiert. In den voraufgehenden Versen (21,45–46) ist davon die Rede, dass die Hohepriester und Pharisäer überlegen, wie sie Jesus verhaften lassen können. Mit „ihnen" in 22,1 sind also in erster Linie die Pharisäer (s. u., Kapitel 3.1) und Hohepriester (s. u., Kapitel 7) gemeint. Sie werden in 22,15 wieder genannt: Die Pharisäer beraten, wie sie Jesus mit einer Frage eine Falle stellen können. Dieses Thema rahmt also 22,1–14. 22,14 schließt mit einem allgemeinen lehrhaften Satz. Das Gleichnis findet sich im letzten Drittel des Evangeliums, das insgesamt 28 Kapitel umfasst. Jesus befindet sich bereits in Jerusalem (vgl. 21,1–11), wo er – nach matthäischer Darstellung – auf Betreiben der Hohepriester und Pharisäer gekreuzigt werden wird.

Beispiel
Mt 22,1–14

2.5 Wie ist der Text sprachlich gestaltet?

Mit dieser Frage beschäftigt sich die sprachliche Analyse, die sich der Literaturwissenschaft verdankt. Die sprachliche Gestaltung eines Textes entscheidet darüber, wie er auf diejenigen wirkt, die ihn lesen.

sprachliche Analyse

Es gibt im Neuen Testament u. a. erzählende (narrative), argumentierende und dichterische (poetische) Texte. Eine de-

Leitfragen

taillierte sprachliche Analyse muss mit dem griechischen Text arbeiten. Allerdings ist es durchaus möglich, sich anhand deutscher Übersetzungen einen Eindruck von der Beschaffenheit des Textes zu machen. Zunächst ist es sinnvoll, sich über den sprachlichen Charakter des Textes Klarheit zu verschaffen: Welche Wortarten dominieren? Welche Satzarten werden verwendet (z. B. Fragen, Aufforderungen etc.)? Wie werden die Sätze miteinander verknüpft? Dann ist es hilfreich, den Text nach sprachlichen (und inhaltlichen) Gesichtspunkten zu gliedern. Speziell bei narrativen Texten können folgende Fragen weiterhelfen: Welche Zeit- und Raumangaben werden gemacht? Welche Personen oder Gegenstände kommen innerhalb des Textes vor, und wie werden diese zueinander in Beziehung gesetzt? (Figurenkonstellationen; Haupt- und Nebenpersonen; wer ist aktiv?; wer ist passiv?) Wie ist der Handlungsverlauf (ggf. Einleitung, Spannungsbogen, Höhepunkt, Schluss)? Schließlich ist zu fragen, wie der Text auf seine Leser wirkt: Werden sie direkt angesprochen? Wo überrascht der Text? Werden bestimmte Gefühle oder Bilder hervorgerufen? Gibt es im Text Kommentare für die Lesenden? Bleiben offene Fragen?

Beispiel Mt 22,1–14

In Mt 22,1–14 haben wir es mit einem narrativen Text zu tun, der in einer Zeit der Vergangenheit eine Geschichte erzählt. Der Erzählstil ist lebendig, insbesondere durch den hohen Anteil an direkter Rede in Form von Aufforderungen und Fragen. Das Gleichnis ist gerahmt durch Vers 1, in dem der situative Rahmen skizziert wird: Jesus spricht zu „ihnen", den Hohepriestern (s. u., Kapitel 7) und Pharisäern (s. u., Kapitel 3.1; vgl. Mt 21,45). In 22,14 finden wir einen allgemeinen Spruch, der nicht mehr in die Welt des Gleichnisses gehört. Der Kontrast zwischen „vielen" und „wenigen" lässt sich nicht ohne Weiteres auf das Gleichnis beziehen. Generell spricht man bei Versen, die eine Art „Lehre" aus einem Gleichnis ziehen, von einer Anwendung.

In 22,2–13 wird das eigentliche Gleichnis erzählt. Hauptfigur ist der König, er ist die Autoritätsfigur, die alle weiteren Handlungen veranlasst. Er ist auch die einzige Figur, deren Äußerungen in direkter Rede wiedergegeben werden. Das Gleichnis spielt in der Zeit der Hochzeitsvorbereitungen für den Sohn des Königs. Räumlich wird unterschieden zwischen Handlungen, die sich außerhalb des königlichen Palastes abspielen (2–10), und Handlungen, die im königlichen Palast stattfinden (11–13). In Vers 13 droht der König dem Gast, ihn in die „äußerste Finsternis" werfen zu lassen. Das Problem, um das sich das Gleichnis dreht, wird in Vers 3 benannt: Die Eingeladenen wollen nicht kommen. Damit ist der Spannungsbogen eröffnet: Wie wird der König reagieren? Er lädt abermals ein (Vers 4), und als die Eingeladenen wiederum nicht kommen wollen, schickt der König ein drittes Mal seine Knechte aus, um alle einzuladen, „die sie trafen, Böse und Gute" (Vers 10). Der Spannungsbogen kommt in Vers 10 zu einem ersten Abschluss, wenn es heißt: „Und der Hochzeitssaal war gefüllt mit Menschen, die zu Tisch lagen." Vers 11 baut einen neuen Spannungsbogen auf: Ein Gast hat kein hochzeitliches Gewand an und kann sich dafür auch nicht rechtfertigen (Vers 12). Der König lässt ihn daraufhin fesseln und in die „äußerste Finsternis" werfen (Vers 13).

Auffällig ist, dass die Verse 6–7 aus dem Raum- und Zeitkontinuum der Erzählung herausfallen. Vers 4 berichtet, dass Ochsen und Mastvieh geschlachtet sind, „alles ist bereit". Die Handlung eskaliert plötzlich. Ging es zunächst um die Einladung zu einer Hochzeitsfeier und die Frage der Annahme oder Ablehnung dieser Einladung, so werden nun plötzlich Knechte getötet, woraufhin der König seine Heere ausschickt, und „ihre Stadt anzündet". In Vers 8 heißt es dann unvermittelt: „Das Hochzeitsfest ist zwar bereit, aber die Gäste waren es nicht wert (eingeladen zu werden)." Wie in den Versen 2–5 geht es nun wieder um die Frage der Annahme oder Ablehnung der Einladung. Die Verse 6–7 wirken daher wie ein Einschub, der die Handlung unterbricht. Die Erzählung lebt von dem Kontrast zwischen der Ablehnung der Einladung durch die Erst- und die Annahme durch die Zweiteingeladenen. Die Leser erleben an zwei Stellen einen Stimmungsumschwung: zum einen in den Versen 6–7, zum anderen in Vers 13 durch die Formulierung: „Dort wird er schreien und (vor Angst) mit den Zähnen knirschen."

2.6 Welche typischen Merkmale weisen einzelne neutestamentliche Texte auf?

Form- oder Gattungskritik

Mit dieser Frage beschäftigt sich die Formkritik oder auch Gattungskritik. Texte lassen sich in bestimmte literarische Textformen oder Textgattungen gruppieren, die jeweils typische sprachliche Merkmale aufweisen und eine spezifische Art der Auslegung erfordern. Wir kennen dieses Phänomen auch heute: Ein Zeitungsartikel sieht anders aus als ein Brief oder ein Märchen, und wenn ich ein Märchen als Zeitungsbericht verstehe, entstehen gravierende Missverständnisse. Ähnlich ist es bei neutestamentlichen Texten. Auch hier finden wir bestimmte Formen oder Gattungen, und es ist wichtig, danach zu fragen, welcher Gattung ein biblischer Text zugehört.

Forschungsgeschichte

Die klassische Form- oder Gattungskritik geht davon aus, dass in den neutestamentlichen Texten kleinere Einheiten – etwa eine Wundererzählung – enthalten sind, die ursprünglich selbstständig mündlich oder schriftlich überliefert wurden. V. a. die mündliche Überlieferung war geprägt von „reinen Formen", die z. T. erst einmal aus den uns vorliegenden biblischen Texten rekonstruiert werden müssen. Die klassische Formkritik versuchte auch, diese „reinen Formen" bestimmten typischen Verwendungssituationen – etwa der urchristlichen Predigt – zuzuordnen (Sitz im Leben). Gegenüber diesen Annahmen der klassischen Formkritik gibt es heute Vorbehalte: Es wird inzwischen für historisch unwahrscheinlich gehalten, dass es ursprünglich die „reinen Formen" und später zunehmend auch „Mischformen" gab. Vielmehr muss von Beginn an auch mit „Mischformen" gerechnet werden. Die Chance, bestimmten Formen einen ursprünglichen „Sitz im Leben" zuordnen zu können, wird heute skeptischer beurteilt. Grundsätzlich ist fraglich, ob wir aus den uns vorliegenden Texten überhaupt zuverlässig bestimmte mündliche Vorstufen herausschälen können. Trotz dieser Bedenken bleibt die Grundeinsicht, dass uns im Neuen Testament unterschiedliche Gattungen begegnen.

Welche typischen Merkmale weisen einzelne neutestamentliche Texte auf?

Im Neuen Testament finden wir vier Großgattungen: Briefe (s. u., Kapitel 3.2), Evangelien (s. u., Kapitel 4), eine Apostelgeschichte (s. u., Kapitel 5) und eine Offenbarung oder Apokalypse (s. u., Kapitel 8). Innerhalb dieser Großgattungen finden wir mehrere Kleingattungen, z. B. die Passionsgeschichte, d. h. die Erzählung vom Leiden und Sterben Christi (vgl. Mk 14–15), Gebete (vgl. Mt 6,9–13; par [= Parallele] Lk 11,2–4), Hymnen, d. h. Lobgesänge in poetischer Sprache (vgl. Phil 2,6–11), Haustafeln, d. h. Reihen von kurzen Anweisungen an die verschiedenen Gruppen einer christlichen Hausgemeinschaft (vgl. Eph 5,21–6,9), Tugendkataloge, d. h. die Aufzählung elementarer Tugenden (vgl. Gal 5,22–23), Lasterkataloge, d. h. die Aufzählung verabscheuungswürdiger Taten (vgl. Röm 1,29–31; Gal 5,19–21). Für die synoptischen Evangelien sind drei weitere Formen von Bedeutung: Streitgespräche, Wundererzählungen und Gleichnisse.

Groß- und Kleingattungen

Streitgespräche sind Diskussionen, die Jesus mit jüdischen Schriftgelehrten, also ausgebildeten Kennern der jüdischen Schriften, Pharisäern (s. u., Kapitel 3.1) und Sadduzäern in strittigen religiösen Fragen führt. Bei den Sadduzäern handelt es sich um eine elitäre Gruppe innerhalb des Judentums, die die Lehre von der Auferstehung der Toten ablehnt (vgl. Mk 12,18–27). Der Begriff des „Streitgesprächs" ist insofern problematisch, als er eine aggressive Note enthält, die den entsprechenden Texten nicht immer gerecht wird. Einige Exegeten betonen daher die Nähe zum jüdischen Schulgespräch. Streit- oder Schulgespräche zeichnen sich formal durch äußerste Knappheit aus. Der szenische Rahmen wird nur skizziert, häufig fehlt eine genauere Charakterisierung der Gesprächspartner Jesu. Die Gespräche enden oft mit einem pointierten Wort Jesu, die Reaktion der Gesprächspartner wird nicht mehr erwähnt (vgl. Mk 2,15–17). Die Streit- oder Schulgespräche sind u. a. deshalb interessant, weil sie Aufschluss über die Stellung Jesu innerhalb der religiösen Strömungen des Judentums seiner Zeit geben.

Streit- oder Schulgespräche

Wundererzählungen handeln davon, dass ein Wundertäter – meist, aber nicht immer Jesus – punktuell die Grenzen

Wundererzählungen

des menschlich eigentlich Möglichen übersteigt. Innerhalb der Gattung werden, v. a. nach inhaltlichen Gesichtspunkten, mehrere Untergattungen unterschieden, wobei die Einteilung nicht einheitlich ist. Der Heidelberger Neutestamentler Gerd Theißen unterscheidet in seinem Werk über urchristliche Wundergeschichten:

- Exorzismen, bei denen der Wundertäter einen Dämon besiegt (z. B. Mk 1,21–28),
- Therapien, bei denen der Wundertäter einen Menschen heilt (z. B. Mk 7,32–37),
- Epiphanien (Erscheinungswunder), bei denen Personen göttlich erscheinen (z. B. Mk 6,45–51),
- Rettungswunder, bei denen Natur- und Staatsmacht besiegt werden (z. B. Mk 4,35–41; Apg 12,1–19),
- Geschenkwunder, bei denen materielle Güter überraschend bereitgestellt werden (z. B. Mk 8,1–10) und
- Normenwunder, die heilige Forderungen durchsetzen wollen. Sie unterscheiden sich danach, ob sie Normen begründen (z. B. Mk 2,1ff.), das Befolgen gültiger Normen belohnen (z. B. Apg 28,1–6), oder normwidriges Verhalten bestrafen (z. B. Apg 5,1–11).

Pool an Motiven in Wundererzählungen

Wundererzählungen haben einen typischen Aufbau und setzen sich – nach einem Baukastenprinzip – variabel aus einem bestimmten „Pool" an Motiven zusammen (nach Theißen, 1998, 83):

| Einleitung (einleitende Motive) | 1. Kommen des Wundertäters
2. Auftreten der Menge
Auftreten von:
3. Hilfsbedürftigen
4. Stellvertretern
5. Gesandtschaften
6. Gegnern
7. Motivation des Auftretens von Gegenspielern |
|---|---|

Welche typischen Merkmale weisen einzelne neutestamentliche Texte auf?

Exposition (expositionelle Motive) (Darlegung der Bedingungen der Krankheit, Not etc.)	8. Charakterisierung der Not Annäherung an den Wundertäter 9. Erschwernis 10. Niederfallen 11. Hilferufe 12. Bitten und Vertrauensäußerung Zurückweichen 13. Missverständnis 14. Skepsis und Spott 15. Kritik 16. Gegenwehr des Dämons Verhalten des Wundertäters 17. Pneumatische Erregung 18. Zuspruch 19. Argumentation 20. Sich-Entziehen
Mitte (zentrale Motive)	21. Szenische Vorbereitung Wunderhandlung 22. Berührung 23. Heilende Mittel 24. Wunderwirkendes Wort 25. Gebet 26. Konstatierung des Wunders
Schluss (finale Motive)	Gegenspieler: 27. Demonstration Wundertäter: 28. Entlassung 29. Geheimhaltungsgebot Zwischenspieler: 30. Admiration (Staunen, Fürchten, Sich-Entsetzen, Verwundern etc.) 31. Akklamation (sprachlich artikulierte Stellungnahme zu Wunder oder Wundertäter) 32. Ablehnende Reaktion 33. Ausbreitung des Rufes

Was steckt hinter den Wundererzählungen? Sind die Wunder wirklich passiert? Diese Fragen treiben uns „moderne" Menschen beim Lesen der Wundergeschichten um.

Auslegungsmodelle zu Wundererzählungen

In der Forschung werden und wurden unterschiedliche Auslegungsmodelle vertreten. Nach dem supranaturalistischen Modell sind Wunder punktuelle Eingriffe in die Welt, mit denen Gott die ansonsten geltenden, von ihm gestifteten Gesetzmäßigkeiten punktuell durchbricht. Das rationalistische Modell hingegen sieht hinter den Wundererzählungen „normale", rational erklärbare Vorgänge. Z. B. wird der Seewandel Jesu so erklärt, dass auf dem See Genezareth gerade Bauhölzer herumschwammen. Die mythische Deutung rückte ab von der Frage, was damals passiert sei, und stellte die Frage in den Mittelpunkt, was die Texte uns heute sagen wollen. Es gehe bei den Wundergeschichten um eine bestimmte Idee: Jesus präsentiert sich in ihnen als der Gesalbte (s. o., Kapitel 2.2), der alle alttestamentlichen Propheten überbietet. Da (in unserem Alten Testament) vom Propheten Elisa ein Speisungswunder erzählt wurde (2Kön 4,42–44), musste Jesus ein noch größeres Wunder tun.

Die Unterscheidung zwischen der Frage nach der Geschichtlichkeit der Wunder (also der Frage, ob sie so passiert sind) und der Frage nach dem religiösen Sinn der Wundererzählungen ist bis heute von Bedeutung. Wundergeschichten werden z. B. als symbolische Geschichten gelesen (die etwa davon handeln, dass einem Menschen die Augen für Jesus geöffnet werden), oder als Hoffnungsgeschichten, die davon handeln, dass Jesus die Not – und damit auch unsere Not – wenden kann.

Gleichnisse

Gleichnisse sind narrative Texte, die bildlichen Charakter haben. Sie weisen auf eine zweite Aussage-Ebene, z. B. durch die Einleitung: „Womit sollen wir die Gottesherrschaft vergleichen, und durch welches Gleichnis sollen wir es abbilden? Es ist wie ein Senfkorn …" (Mk 4,30–31). Innerhalb der Gattung „Gleichnisse" werden mehrere Untergattungen unterschieden: Das „Gleichnis im weiteren Sinn" umfasst drei Untergattungen: die Parabel, die Beispielerzählung und das „Gleichnis im engeren Sinn".

Parabel

Die Parabel erzählt ausführlich in einer Zeit der Vergangenheit einen besonderen, einmaligen Einzelfall. Der einmalige, besondere Charakter des Erzählten erfordert eine eigene Deutung (z. B. die Parabel vom königlichen Hochzeitsmahl, Mt 22,1–14).

Die Beispielerzählung erzählt ebenfalls ausführlich in einer Zeit der Vergangenheit einen besonderen, einmaligen Einzelfall, wobei die erzählte Geschichte die gemeinte Sache – anders als bei der Parabel – unmittelbar verdeutlicht. Sie zielt auf eine ethische Anwendung, die Erzählfiguren werden zum Modell für das eigene Handeln (z. B. die Beispielerzählung vom barmherzigen Samariter Lk 10,30–35 als Beispiel für vorbildliches Verhalten).

Beispielerzählung

Das Gleichnis im engeren Sinn erzählt knapp in einer Zeit der Gegenwart einen typischen, sich oft wiederholenden Vorfall. Es greift auf allgemeines Erfahrungswissen zurück, eine gesonderte Deutung ist damit überflüssig (z. B. die Gleichnisse vom Wachsen der Saat (Mk 4,26–29) und vom Senfkorn (Mk 4,30–32).

Gleichnis im engeren Sinn

In den Bibelübersetzungen werden diese Texte oft einheitlich von den Herausgebern als „Gleichnisse" bezeichnet. Damit ist der Oberbegriff gemeint. Vom Gleichnis im weiteren Sinne ist die Allegorie zu unterscheiden. Sie besteht aus einer Aneinanderreihung von Bildelementen, die jeweils bestimmte Aspekte der eigentlich gemeinten Sache verschlüsseln (z. B. Mt 21,33–46).

Allegorie

Zu dieser klassischen Unterscheidung ist einschränkend folgendes zu sagen: Sie geht zurück auf das zweibändige Werk „Die Gleichnisreden Jesu" von Adolf Jülicher (1857–1938, die Bände sind 1886 und 1898 erschienen), ist also bereits über 100 Jahre alt. Die Untergattung der Beispielerzählungen ist schon seit Längerem umstritten, nicht zuletzt deswegen, weil Jülicher ihr nur vier Texte zuordnete: neben dem Gleichnis vom barmherzigen Samariter (Lk 10,30–35) das Gleichnis vom reichen Kornbauern (Lk 12,16–21), das Gleichnis vom armen Mann und reichen Lazarus (Lk 16,19–31) und das Gleichnis vom Pharisäer und Zöllner (Lk 18,9–14). Es scheint kaum gerechtfertigt, für vier Texte eine eigene Untergattung „aufzumachen", zumal diese der Parabel in sprachlicher Hinsicht stark ähnelt. Neuerlich gerät auch die Unterscheidung zwischen Parabel und Gleichnis im engeren Sinn in die Kritik. Denn es fällt auf, dass dieselben Texte von einigen Exegeten als Parabel, von anderen als Gleichnis im engeren Sinn klassifiziert werden. So sieht Jülicher im Gleichnis vom verlorenen Schaf (Lk 15,4–7) eine Parabel, der Theologe Rudolf Bultmann (1884–1976) hingegen ein Gleichnis im engeren Sin-

Problematik der klassischen Untergattungen von Gleichnissen

ne. Das Kriterium der Erzählzeit (Präsens oder Vergangenheit) ist überall dort problematisch, wo Zeitmischungen auftreten (z. B. Mt 13,44). Außerdem fragt sich, welche Vorfälle nach antikem Verständnis außergewöhnlich und welche alltäglich waren. Welcher Vater würde sich nicht über die Rückkehr seines verloren geglaubten Sohnes freuen?

klassische Auslegung von Gleichnis und Allegorie
Wie verhält es sich mit der Unterscheidung zwischen Gleichnis im weiteren Sinn und Allegorie? Jülicher ging es darum, das Gleichnismaterial strikt von der Allegorie zu unterscheiden. Diese Unterscheidung hatte Auswirkungen auf die Art, wie die Texte zu deuten seien. Jülicher unterschied zwischen einer Bild- und einer Sachhälfte. Die Bildhälfte entspricht der Erzählung, die Sachhälfte meint die Deutung der Erzählung. Die Beziehung zwischen Bild- und Sachhälfte ist nach Jülicher bei der Allegorie eine grundlegend andere als bei dem Gleichnis im weiteren Sinn: Während bei der Allegorie jedes einzelne Element der Bildhälfte in die Sachhälfte zu übertragen ist, läuft das Gleichnis im weiteren Sinn in der Bildhälfte auf einen einzigen Vergleichspunkt zu („tertium comparationis"). Vor Jülicher war es üblich, auch die Gleichnisse im weiteren Sinn allegorisch zu deuten. Man sah etwa im verlorenen Sohn den Sünder, im Vater Gott, in den Schweinen die Versuchungen der Menschen etc. Diese Art der Deutung sei aber – so Jülicher – nur bei Allegorien angemessen, nicht jedoch bei Gleichnissen im weiteren Sinn. Hier müsse man vielmehr fragen, worauf die Erzählung zulaufe, etwa auf die grundlos vergebende Liebe Gottes. Man dürfe eben nicht zwanghaft alle Einzelelemente der Bildhälfte in die Sachhälfte übertragen.

neuere Auslegung von Gleichnissen
Die neuere Gleichnisforschung hält grundsätzlich an der Unterscheidung zwischen Allegorie und Gleichnissen im weiteren Sinn fest: Bei der Allegorie handele es sich um die bildhafte „Verkleidung" bestimmter Motive (s. u.). Die Bildhälfte ist daher manchmal in sich nicht stimmig, sie lässt sich vollständig in die Sachhälfte auflösen. Bei den Gleichnissen im weiteren Sinn haben wir es dagegen mit „echten" Geschichten zu tun, die sich nie vollständig in Sachaussagen übersetzen lassen, sondern immer einen gewissen Deutungsüberschuss bieten, sich also nicht auf *eine* Anwendung „festnageln" lassen. Gleichwohl gesteht die

neuere Exegese zu, dass Gleichnisse im weiteren Sinn mehrere Signale auf die vom Leser zu konstituierende Deutungsebene enthalten können (sogenannte „Transfersignale"). Das Einrichten einer zweiten Aussageebene geschieht durch die Rahmung des Gleichnisses, durch Verknüpfungen zum unmittelbaren Kontext, durch Verknüpfungen zu benachbarten Gleichnissen und durch traditionell geprägtes Gut, also bestimmte Wörter oder Motive, die bei den Lesern gewisse Assoziationen hervorrufen.

Bei Mt 22,1–14 handelt es sich nach der klassischen Einteilung um eine Parabel: Ein ungewöhnlicher Vorfall wird ausführlich in einer Zeit der Vergangenheit erzählt. Der Evangelist hat die Parabel allerdings „allegorisiert", d. h. er hat mit den Versen 6–7 einen Erzählzug eingefügt, der die Bildhälfte sprengt und den Leser auf eine bestimmte Sachaussage hinweist (s. u., Kapitel 2.9). Aber schon in Vers 2 wird der Leser durch die „Themenangabe" („Das Himmelreich gleicht einem König" etc.) aufgefordert, eine Deutungsebene aufzubauen, in der ein Bezug zwischen der folgenden Erzählung und dem Himmelreich besteht. Die Anwendung in Vers 14 richtet die Erzählung aus auf die vielen, die berufen, und die wenigen, die auserwählt sind. Wie dieser Bezug genauer aussehen könnte, ist allerdings noch nicht gesagt (s. u., Kapitel 2.9).

Beispiel
Mt 22,1–14

Unmittelbar vor dieser Parabel findet sich die Parabel von den bösen Weinbergspächtern (21,33–46). Zwischen beiden Parabeln gibt es gewisse Parallelen: Mt 21,33–46 kontrastiert diejenigen, denen der Weinberg genommen wird, mit denjenigen, denen er gegeben wird (Vers 41; vgl. Vers 43). Mt 22,1–14 kontrastiert – wie gesehen – diejenigen, die die Einladung ablehnen, mit denjenigen, die sie annehmen.

Die Deutung der Parabeln muss auf diese Parallelität Rücksicht nehmen (s. u., Kapitel 2.9). Der matthäische Jesus, also der Jesus, wie das Matthäusevangelium ihn darstellt (vgl. dazu Kapitel 2.8), erzählt die Parabel vom königlichen Hochzeitsmahl, als er bereits in Jerusalem eingetroffen ist, wo er gekreuzigt werden wird. Dieser Kontext ist für die Deutung von Vers 7 wichtig, wo von „ihrer Stadt" die Rede ist (s. u., Kapitel 2.9). Der König ist eine Figur, die bereits im Alten Testament oft Gott repräsentiert (vgl. z. B. Jes 6,5; 43,1–15; Psalmen; Num 23,21). Es ist daher anzunehmen, dass die Hörer der Parabel bei dieser Figur aufgrund der traditionellen, alttestamentlichen Prägung spontan an Gott dachten. Es ergeben sich also folgende Transfersignale: die „Anwendung" (s. o.) in Vers 14, die Themenangabe in Vers 2, die Sprengung der Handlung in den Versen 6–7, die Figur des Königs. Wie diese einzelnen Transfersignale zusammenwirken, werden wir unten sehen (Kapitel 2.9).

2.7 Welche schriftlichen Quellen sind in einem neutestamentlichen Text verarbeitet?

Literarkritik Mit dieser Frage beschäftigt sich die Literarkritik (nicht: Lite-*ratur*kritik). Die Exegese nimmt an, dass die Verfasser neutestamentlicher Schriften – insbesondere die Evangelisten – nicht „bei Null" angefangen haben, sondern Material, das ihnen bekannt war, in ihre Evangelien eingearbeitet haben. Bei diesem Material konnte es sich entweder um Traditionen handeln, die die Evangelisten mündlich erzählt bekommen hatten (s. u., Kapitel 2.8), oder aber um Quellen, die ihnen schriftlich vorlagen. Die Literarkritik fragt nach diesen schriftlichen Quellen. Wie kann man herausbekommen, ob jemand eine schriftliche Quelle benutzt hat? Die Literarkritik achtet hier besonders auf inhaltliche Spannungen und Widersprüche in neutestamentlichen Texten und fragt, ob sich diese Spannungen so erklären lassen, dass der Text aus mehreren literarischen „Schichten" besteht. Damit ist gemeint, dass z. B. das Johannesevangelium (s. u., Kapitel 6) zunächst in einer älteren, uns nicht überlieferten Fassung existierte und dann in einem zweiten Schritt von anderen Personen überarbeitet wurde mit der Absicht, bestimmte Aussagen zu „korrigieren". Ähnlich wie die Archäologie versucht, z. B. in einem Gestein unterschiedliche Schichten voneinander abzuheben, versucht die Literarkritik, in einem biblischen Text unterschiedliche Schichten voneinander zu trennen. Neuerlich sind die Fachleute allerdings zunehmend skeptisch, ob das gelingen kann. Denn Spannungen und Widersprüche lassen sich ja auch mit dem schriftstellerischen Unvermögen des Verfassers erklären – vielleicht waren die „Brüche" (wie wir sie empfinden!) aber auch beabsichtigt.

Etwas verlässlicher liegen die Dinge bei den synoptischen Evangelien, also dem Matthäus-, dem Markus- und dem Lukasevangelium. Diese drei Evangelien weisen erhebliche Übereinstimmungen auf, und zwar bis in den Wortlaut und die Reihenfolge der Einzeltexte hinein. Dabei ist zu differenzieren: Einerseits finden sich erhebliche Übereinstimmungen zwischen allen drei Evangelien, andererseits gibt es zusätzlich erhebliche Übereinstimmungen zwischen Matthäus und Lukas bei Texten, die das Markusevangelium nicht bietet („major agreements"). Dieser Befund ist unter historisch-kritischer Perspektive am plausibelsten so zu erklären, dass die Evangelisten voneinander abgeschrieben haben. In diesem Fall liegt uns die schriftliche Quelle also vor!

Nur zur Erinnerung: Mit dieser Aussage werden die Evangelien nicht ihres Wertes, ihrer Qualität als „Wort Gottes" beraubt. Wir assoziieren heute mit der Vorstellung des „Abschreibens" einen unerlaubten Raub fremden geistigen Eigentums. Diese Vorstellung ist antiken Menschen weitgehend fremd. Die Frage, ob bzw. inwiefern sich in einem abgeschriebenen und bearbeiteten Text der Geist Gottes ausdrückt, liegt jenseits der Fragestellung der Literarkritik, ja der gesamten historisch-kritischen Exegese (s. o., Kapitel 2.1). Randbemerkung

In einer „Synopse" (wörtlich: „Zusammenschau") werden die Übereinstimmungen zwischen dem Matthäus-, dem Markus- und dem Lukasevangelium deutlich gemacht, indem jedes Evangelium in einer Spalte abgedruckt wird und die parallelen Textpassagen nebeneinander zu stehen kommen. Die synoptische Frage untersucht, wer von wem abgeschrieben haben könnte. synoptische Frage

Die neutestamentliche Forschung hat im Laufe der Jahrzehnte unterschiedliche Modelle zur Beantwortung dieser Frage favorisiert. Lange Zeit wurde mehrheitlich die Priorität des Matthäusevangeliums angenommen, d. h. das Matthäusevangelium galt als das älteste und man nahm an, dass Markus und Lukas unab- Markus als ältestes Evangelium hängig voneinander bei Matthäus abgeschrieben hätten. Allerdings tun sich bei diesem Modell erhebliche Schwierigkeiten auf. Das Matthäusevangelium zeichnet sich u. a. durch große, durchkomponierte Redekomplexe aus, allen voran die Bergpredigt in Mt 5–7 (s. u., Kapitel 4.2). Sowohl Lukas als auch Markus bieten nur – z. T. zerstreute – Versatzstücke dieser Reden. Wir müssten also annehmen, dass sowohl Lukas als auch Markus die matthäischen Reden zerschlagen bzw. ganz weggelassen hätten. Das ist kaum durchgängig plausibel zu machen. Diese Überlegung spricht dafür, von einer Markuspriorität auszugehen. Matthäus und Lukas hätten dann gegenüber ihrer Vorlage kaum Passagen weggelassen, sondern im Gegenteil Texte hinzugefügt.

Zwei-Quellen-Theorie

Die Markuspriorität kann die Übereinstimmungen zwischen allen drei Evangelien erklären. Wie aber lassen sich die *„major agreements"* (s. o.) erklären? Zunächst liegt die Annahme nahe, dass entweder Lukas von Matthäus oder Matthäus von Lukas abgeschrieben hat. Wie lassen sich diese Hypothesen überprüfen? Wir können beobachten, dass die Evangelisten ihre schriftliche Vorlage – also das Markusevangelium – nicht sklavisch übernehmen, sondern in ihrem Sinn bearbeiten. Wenn wir annehmen, dass Lukas von Matthäus abgeschrieben hat, müssten sich im Lukasevangelium zumindest an einigen Stellen auch Spuren einer matthäischen Bearbeitung – gegenüber der markinischen Vorlage – erhalten haben. Wenn wir umgekehrt annehmen, dass Matthäus bei Lukas abgeschrieben hat, müssten wir annehmen, dass sich im Matthäusevangelium an einigen Stellen Spuren der lukanischen Bearbeitung erhalten haben. Weder das eine noch das andere ist der Fall. Die exegetische Mehrheitsmeinung erklärt die *„major agreements"* daher heute durch die Annahme einer – neben dem Markusevangelium – zweiten schriftlichen Quelle, die Matthäus und Lukas unabhängig voneinander benutzt haben. Dieses Modell wird als „Zwei-Quellen-Theorie" bezeichnet.

Spruch- oder Logienquelle

Man nennt diese zweite Quelle „Spruchquelle" oder auch „Logienquelle", abgekürzt wird sie mit dem Buchstaben Q. Wohlgemerkt: Wir besitzen von dieser Quelle keine einzige Handschrift. Die Quelle stellt eine Hypothese dar, um die *„major* *agreements"* zu erklären. Ein synoptischer Vergleich lässt vermuten, dass die Quelle Q folgende Texte enthielt (nach Jürgen Roloff, 1995, 78f.):

- Jesu Anfänge: Auftreten und Bußpredigt des Täufers, Taufe und Versuchung Jesu (Lk 3,2–4,13)
- programmatische Rede von der Gottesherrschaft (Lk 6,20–7,10)
- Jesu Verhältnis zu Johannes dem Täufer (Lk 7,18–30)
- Aussendung der Jünger (Lk 9,57–10,24)
- Jesu Lehre vom Beten (Lk 11,2–13; hier findet sich das Vaterunser!)
- Jesu Kampf mit seinen Gegnern (Lk 11,14–52)
- vom Bekenntnis (Lk 12,1–14)
- vom Sorgen (Lk 12,22–53)
- Gleichnisse und Bildworte (Lk 12,54–16,13)
- von der Verantwortung (Lk 17,1–6)
- von den Endereignissen: beginnend mit der Warnung vor den falschen Messiassen (s.o., Kapitel 2.2), endend mit dem Gleichnis vom anvertrauten Geld (?) (Lk 17,22–19,27).

Auffällig ist nach dieser Zusammenstellung, dass die Logienquelle keine Passionserzählung enthält.

Der rein hypothetische Charakter der Quelle Q ist die größte Schwachstelle der Zwei-Quellen-Theorie. Da wir die Quelle Q nicht besitzen, sondern nur aus den *„major agreements"* rekonstruieren können, lehnen einige Forscher – insbesondere im angelsächsischen Raum – die Zwei-Quellen-Theorie ab. Die Zwei-Quellen-Theorie kann außerdem eine dritte Beobachtung, die wir beim Vergleich der synoptischen Evangelien machen, nicht erklären. Es gibt neben den *„major agreements"* Übereinstimmungen zwischen Matthäus und Lukas gegen Markus in Texten, die Markus grundsätzlich auch bietet. Man spricht hier von den *„minor agreements"*. Betrachten wir dazu folgendes Beispiel:

Schwierigkeiten der Zwei-Quellen-Theorie

Mt 13,31–32	Mk 4,30–32	Lk 13,18–19
Ein anderes Gleichnis legte er ihnen vor und sprach: Das Reich der Himmel ist gleich einem Senfkorn, *das ein Mensch nahm und auf seinen Acker säte.* Dieses ist zwar kleiner als alle [andern] Samenarten; wenn es aber herangewachsen ist, so ist es größer als alle Gartengewächse und wird ein *Baum,* sodass die Vögel des Himmels kommen und in seinen *Zweigen* nisten.	Und er sprach: Wie sollen wir das Reich Gottes abbilden oder unter welchem Gleichnis sollen wir es darstellen? [Es ist] gleich einem Senfkorn, das, wenn es in die Erde gesät wird, kleiner ist als alle [andern] Samenarten auf Erden; Und wenn es gesät wird, geht es auf und wird größer als alle Gartengewächse und treibt große Zweige, so dass die Vögel des Himmels unter seinem Schatten nisten können.	Er sprach nun: Wem ist das Reich Gottes gleich, und womit soll ich es vergleichen? Es ist gleich einem Senfkorn, *das ein Mensch nahm* und in seinen Garten legte. Und es wuchs und wurde zum *Baum,* und die Vögel des Himmels nisteten in seinen *Zweigen.*

Die hervorgehobenen Passagen markieren die Übereinstimmungen zwischen Matthäus und Lukas gegen Markus – obwohl auch Markus das sogenannte Gleichnis vom Senfkorn bietet.

Wie lassen sich die „*minor agreements*" erklären? Viele Exegeten nehmen an, dass Matthäus und Lukas eine Version des Markusevangeliums benutzt haben, die mit der uns vorliegenden nicht identisch ist. Man spricht von einem „anderen" Markus (Deuteromarkus). Diese Erklärung ist plausibel, führt aber neben der hypothetischen Quelle Q eine weitere Hypothese ein: nämlich die des Deuteromarkus, dessen Existenz wir ebenfalls nicht durch irgendwelche Handschriften absichern können.

Sondergut   Matthäus und Lukas bieten außerdem Material, das in den anderen synoptischen Evangelien ohne Parallele ist. Diese Texte

Welche schriftlichen Quellen sind in einem neutestamentlichen Text verarbeitet?

können entweder selbstständig vom jeweiligen Evangelisten verfasst worden sein oder der Evangelist greift hier Traditionen auf, die nur in seiner Gemeinde bekannt waren. Bei diesen Traditionen spricht man von Sondergut.

Betrachten wir abschließend wiederum Mt 22,1–14. Ein Blick in die Synopse zeigt, dass Mk keine Parallele bietet; Lk 14,16–24 bietet eine Parallele zu Mt 22,2–10, nicht aber zu Mt 22,11–14. Es fragt sich also – wenn wir der Zwei-Quellen-Theorie folgen –, ob Mt 22,2–10 und Lk 14,16–24 auf einer gemeinsamen Vorlage aus der Logienquelle beruhen. Um hier zu einem begründeten Urteil zu kommen, müssen wir beide Versionen zunächst vergleichen.

synoptischer Vergleich Mt 22,2–10/ Lk 14,16–24

Mt 22,1–10	Lk 14,16–24
König, Hochzeit, Sohn	Mensch, Festmahl, Knecht
1. Einladung *durch mehrere Knechte* (22,3a) Ablehnung (22,3b) 2. Einladung durch „andere Knechte" (22,4) Ablehnung (22,5)	1. Einladung an „viele" (14,17) Drei Entschuldigungen (14,18–21a)
Tötung der Knechte, Zorn des Königs, Ausschicken der Heere, Zerstörung der Stadt (22,6–7) Schlussfolgerung: „Die Gäste waren es nicht wert." (22,8)	Zorn des Herrn (14,21b)
3. Einladung, „wen ihr findet" (22,9) „Böse und Gute" kommen, der Festsaal wird voll (22,10).	2. Einladung an Menschen in der Stadt (14,21c) Es ist noch Platz (14,22). 3. Einladung an Menschen außerhalb der Stadt, „damit mein Haus voll wird" (14,23).

Die Unterschiede müssen dann als Abweichungen von der Q-Fassung – entweder durch Matthäus oder durch Lukas – wahrscheinlich gemacht werden. Jürgen Becker (1995, 205) argumentiert in etwa so: Lukas blieb im ersten Teil der Erzählung näher an der Vorlage (Lk 14,16–21a), Matthäus im zweiten Teil (Mt 22,8–10). Matthäus nimmt gegenüber der ihm vorliegenden Fassung aus Q folgende Änderungen vor (*kursiv*): Er macht aus dem

Erklärung der Unterschiede zwischen Mt 22,1–10 und Lk 14,16–24

Menschen einen König, aus dem Festmahl ein Hochzeitsmahl für seinen Sohn. Er ergänzt die Verse 6–7, die vom Ausschicken der Heere und von der Zerstörung der Stadt erzählen. Hier spielt Matthäus auf die Zerstörung Jerusalems im Jahr 70 n. Chr. durch die Römer an. Aus dem einen Knecht macht Matthäus mehrere Knechte. Sie stehen für die alttestamentlichen Propheten, die von Gott geschickt werden, auf deren Botschaft sein Volk aber nicht hört. Lukas ändert ebenfalls gegenüber der Vorlage in Q (*kursiv*): Zunächst erfolgt bei ihm die Einladung in der Stadt (= judenchristliche Mission), die den Raum unbegründeterweise nicht füllt, sich aber als Vorbereitung einer zweiten Einladung außerhalb der Stadt (= heidenchristliche Mission) gut eignet."

Rekonstruktion der Q-Fassung zu Mt 22,2–10/ Lk 14,16–24

Becker rekonstruiert dann folgende Q-Fassung, indem er die Änderungen durch Matthäus bzw. Lukas von den uns vorliegenden Versionen „abzieht": „Ein Mann bereitete ein Mahl zu. Und zur Stunde des Mahls sandte er einen Knecht aus, den Geladenen zu sagen: ‚Kommt, denn es ist schon alles bereit!' Aber auf einmal begannen alle sich zu entschuldigen. Der erste sagte ihm: ‚Ich habe einen Acker gekauft und muss unbedingt hinausgehen (und) ihn ansehen. Ich bitte dich, halte mich für entschuldigt.' Ein anderer sagte: ‚Ich habe fünf Joch Ochsen gekauft und will gerade gehen, sie zu begutachten. Ich bitte dich, halte mich für entschuldigt.' Ein anderer sagte: ‚Ich habe eine Frau geheiratet, und darum kann ich nicht kommen.' Und der Knecht kam zurück und berichtete das seinem Herrn. Da wurde der Hausherr zornig und sprach zu seinem Knecht: ‚Schnell, geh hinaus auf die Straßen, und wen du findest, den führe hier herein!' Und der Knecht zog los und tat, wie ihm befohlen, sodass das Haus voll wurde."

2.8 Welche Traditionen spiegeln sich in einzelnen neutestamentlichen Texten?

Traditionsgeschichte

Mit dieser Frage beschäftigt sich die Traditionsgeschichte. Sie untersucht die Herkunft und die Überlieferungsgeschichte von Traditionen, also von geprägten Formen. Die Traditionsgeschichte hat damit eine doppelte Ausrichtung: Sie dient zum einen dazu, die Entstehungsgeschichte eines Textes jenseits der

Frage nach schriftlichen Quellen (s. o., Kapitel 2.7) zu erhellen, und sie dient zum anderen dazu, den neutestamentlichen Bedeutungsspielraum einzelner Motive und Begriffe zu erschließen. Es geht dabei um die Frage, welche Vorstellungen die ersten Leser neutestamentlicher Texte mit bestimmten Wörtern und Themenaspekten verbanden.

Beginnen wir mit dem zweiten Aspekt: Wir haben gesehen, dass Matthäus in Mt 22,1-14 aus dem Mann einen König, aus dem Festmahl ein Hochzeitsmahl und aus einem der Knechte einen Sohn macht. Welche geprägten Traditionen klingen hier für die (ersten) Hörer des Matthäusevangeliums an? Im damaligen Judentum ist der „König" eine durchaus geläufige Metapher für Gott (z. B. Jes 6,5; 43,1-15; Psalmen; Num 23,21). In Jer 2,2 und Jes 62,5 symbolisiert die Beziehung des Bräutigams zu seiner Braut das Verhältnis zwischen Gott und Israel. Nach Jes 49,18; 61,10 darf sich Israel in der Heilszeit wie Braut und Bräutigam schmücken. Das Bild der Hochzeit ist also nach alttestamentlicher Tradition mit der Freude verbunden, die Gott seinem Volk in der Heilszeit schenken wird. Im urchristlichen Kontext erfährt dieses Motiv eine gewisse Verschiebung: Jesus ist als der Bräutigam bei den Jüngern (Mk 2,19). Mit dem Sohn in Mt 22,1-14 muss dann nach urchristlichem Verständnis der Sohn Gottes, also Jesus Christus, der Bräutigam, gemeint sein. Ebenfalls nach urchristlichem Verständnis kann die Gottesherrschaft mit dem Hochzeitsmahl und mit der Freude anlässlich der Hochzeit verglichen werden. (vgl. auch Mt 25,1-13)

geprägte Traditionen in Mt 22,1-14

Im Rahmen der Traditionsgeschichte könnte man auch fragen – und damit komme ich zum ersten oben genannten Aspekt –, ob die schriftliche Q-Fassung von Mt 22,1-10/Lk 14,16-24 in einer mündlichen Vorstufe auf den historischen Jesus, also Jesus als menschliche, historisch greifbare Gestalt, zurückgeht. Mit anderen Worten: Hat der historische Jesus die Parabel vom Festmahl selbst erzählt, oder handelt es sich hierbei um noch ältere jüdische Tradition oder aber um eine Bildung durch die urchristlichen Gemeinden? Wir berühren hier die Frage nach dem historischen Jesus, also die Frage, anhand welcher Kriterien sich aus den neutestamentlichen Texten die Botschaft Jesu he-

Frage nach dem historischen Jesus

rausschälen lässt. Dazu müssen wir uns klar machen, dass die Evangelien kein historisches Protokoll des Lebens Jesu bieten. Sie erzählen in einem gewissen zeitlichen Abstand und v. a. aus der Überzeugung heraus, dass uns in Jesus Gottes Sohn begegnet. Wir müssen also damit rechnen, dass die Evangelien „ihrem" jeweiligen Christus Worte in den Mund legen, die der historische Jesus nie geäußert hat. (Wie gesagt: Damit ist kein Urteil über deren „göttliche Wahrheit" gefällt (s. o., Kapitel 2.1). Das kann man sich schon daran verdeutlichen, dass uns auch Äußerungen des Auferstandenen überliefert sind, z. B. der berühmte „Missionsbefehl" am Ende des Matthäusevangeliums (28,18–20) (s. u., Kapitel 4.2). Diese Worte hat – selbst nach der Darstellung des Matthäusevangeliums – der irdische Jesus nie geäußert, und dennoch enthalten sie für Matthäus – und vielleicht auch für uns – eine verbindliche „Wahrheit". Die Frage nach dem historischen Jesus versucht lediglich, ein historisches Urteil zu fällen: Was hat der historische Jesus wohl gesagt und getan, was nicht?

Kriterien zur Frage nach dem historischen Jesus

Wie aber können wir zwischen Überlieferungen, die auf den historischen Jesus zurückgehen, und solchen, die erst später gebildet wurden, unterscheiden? Betrachten wir dazu die Argumentation Beckers hinsichtlich der Q-Fassung von Mt 22,2–10/ Lk 14,16–24: „Jesus hat ... diejenigen am Mahl teilnehmen lassen, die das offizielle Judentum seiner Tage lieber ausgrenzte. Wie selbstverständlich ihm diese Öffnung war, wie unerwartet sie für diese Zielgruppe kam und wie anstößig sie bei anderen bewertet wurde, erkennt man noch sehr gut an der Parabel vom Abendmahl ... Der durch den Duktus [Verlauf, Aufbau] der Parabel erschlossene Sinn [passt] ausgezeichnet zur Verkündigungssituation Jesu." (Becker 1995, 204f.). Becker stellt also zunächst die Differenz zwischen Jesus und dem „offiziellen Judentum" seiner Zeit heraus.

Hier greift das Differenzkriterium. Es besagt: Dem historischen Jesus werden solche Traditionen zugesprochen, die sowohl gegenüber dem damaligen Judentum als auch gegenüber dem Urchristentum Originalität besitzen. Auf die Originalität gegenüber dem Urchristentum geht Becker an dieser Stelle allerdings nicht ein. Zum Differenzkriterium tritt das Kohärenzkriterium. Damit ist gemeint, dass sich aus den Traditionen, die Jesus zugeordnet werden, ein stimmiges, kohärentes Bild ergeben muss. Becker weist z. B. darauf hin, dass der erschlossene Sinn der Parabel „ausgezeichnet zur Verkündigungssituation Jesu" passe. Diese methodische Vorgehensweise ist allerdings nicht unumstritten. Denn sie „produziert" einen historischen Jesus, der sich – aufgrund des Differenzkriteriums – v. a. durch seine Originalität auszeichnet. Andere Exegeten wollen das Differenzkriterium durch das „historische Plausibilitätskriterium" ersetzen, das mit Wirkungen Jesu auf das Urchristentum und seiner Einbindung in ein jüdisches Umfeld rechnet. Historisch ist demnach in den Quellen das, „was sich als Auswirkung Jesu begreifen lässt und gleichzeitig nur in einem jüdischen Umfeld entstanden sein kann" (Theißen/Merz 1996, 117).

Im Zentrum der Botschaft des historischen Jesus steht nach einhelliger Meinung der Forscher die Verkündigung des „Reiches Gottes" bzw. der „Herrschaft Gottes" – hierbei handelt es sich um zwei mögliche Übersetzungen desselben griechischen Begriffes. Jesus spricht also nicht in erster Linie von sich selbst, er treibt keine Christologie (Rede von Jesus Christus). Erst die urchristlichen Gemeinden fangen an, über Jesus nachzudenken und von ihm als Gesalbtem, als Herr und als Sohn Gottes zu sprechen. Jesu Botschaft hingegen ist auf Gott, auf die Gottesherrschaft, ausgerichtet. Die Gottesherrschaft ist keine rein zukünftige Größe, sondern sie bricht sich nach jesuanischem Verständnis schon in der Gegenwart Bahn. Jesus veranschaulicht das u. a. anhand des Gleichnisses vom Senfkorn (Mk 4,30–32): Jetzt ist die Gottesherrschaft klein wie ein Senfkorn, aber es ist bereits alles angelegt und es ist nur eine Frage der Zeit, bis die Gottesherrschaft groß werden wird. Wie wird die Gottesherrschaft in Jesu Gegenwart ansatzweise erfahrbar? Jesus hätte wohl geantwortet: in meinen Gleichnissen, die zu einem großen Teil von der Gottesherrschaft handeln, in meinen Wundertaten und in meinen Mahlgemeinschaften mit den Ausgegrenzten. Pointiert formuliert er: „Wenn ich aber mit dem Finger Gottes die Dämonen austreibe, so ist die Gottesherrschaft zu euch gekommen." (Lk 11,20)

Eckpunkte der Botschaft des historischen Jesus

2.9 Wie haben die Verfasser die neutestamentlichen Texte gestaltet?

Redaktionskritik

Mit dieser Frage beschäftigt sich die Redaktionskritik. Sie untersucht die eigene schriftstellerische Leistung eines Verfassers. Vorausgesetzt wird dabei, dass die Verfasser neutestamentlicher Texte, z. B. die Evangelisten, nicht nur traditionelles Material sammeln, sondern dass sie dieses Material eigenständig gestalten, indem sie eine bestimmte theologische oder historische Konzeption verfolgen. Die Redaktionskritik fragt, welche Änderungen ein Verfasser an der ihm vorliegenden Tradition vorgenommen hat, und versucht, daraus die theologische oder historische Konzeption des neutestamentlichen Autors zu erschließen. Lukas informiert zu Beginn seines Evangeliums ausdrücklich über sein schriftstellerisches Anliegen (Lk 1,1–4): „Schon viele haben es unternommen, einen Bericht über all das abzufassen, was sich unter uns ereignet und erfüllt hat. Dabei hielten sie sich an die Überlieferungen derer, die von Anfang an Augenzeugen und Diener des Wortes waren. Nun habe auch ich mich entschlossen, allem von Grund auf sorgfältig nachzugehen, um es für dich, hoch verehrter Theophilus, der Reihe nach aufzuschreiben. So kannst du dich von der Zuverlässigkeit der Lehre überzeugen, in der du unterwiesen wurdest."

redaktionelle Absicht in Mt 14,22–33

Wie können wir herausfinden, welche Änderungen ein Autor gegenüber seiner Tradition vorgenommen hat? Der zuverlässigste Weg ist der synoptische Vergleich. Insbesondere dort, wo das Markusevangelium eine Parallele bietet, können wir – wenn wir von der Zwei-Quellen-Theorie ausgehen (s. o., Kapitel 2.7) – recht deutlich erkennen, welche Änderungen Matthäus bzw. Lukas vorgenommen haben. Betrachten wir dazu eine bekannte Erzählung: Jesus geht auf dem Wasser. Diese Erzählung begegnet uns zum einen bei Markus (6,45–51), zum anderen bei Matthäus (14,22–33). Lukas bietet keine Parallele. Wir stellen also zunächst fest, dass Lukas die Erzählung weglässt – offensichtlich ist sie für seine theologische Konzeption nicht wichtig. Matthäus ergänzt gegenüber seiner markinischen Vorlage folgende Passage: „Petrus aber antwortete ihm und sprach: Herr, bist du es, so befiehl mir, zu dir zu kommen auf dem Wasser. Und er sprach: Komm her! Und Petrus stieg aus dem Boot und ging auf dem Wasser und kam auf Jesus zu. Als er aber den starken Wind sah, erschrak er und begann zu sinken und schrie: Herr, hilf mir! Jesus aber streckte sogleich die Hand aus und ergriff ihn und sprach zu ihm: Du Kleingläubiger, warum hast du gezweifelt?" (Mt 14,28–31) Diese Szene handelt von dem mangelnden Vertrauen des Petrus. Jesus wirft ihm Zweifel und „Kleingläubigkeit" vor. Offensichtlich ist Matthäus dieses Thema wichtig. Diese Vermutung bestätigt sich, wenn wir das gesamte Evangelium berücksichtigen. Der Begriff „kleingläubig" taucht im Matthäusevangelium mehrfach auf (Mt 6,30; 8,26; 14,31; 16,8), im Lukasevangelium hingegen findet er sich nur einmal (Lk 12,28), im Markus- und Johannesevangelium fehlt er ganz. Das heißt: Eine redaktionelle Absicht des Matthäus besteht darin, zu einem „größeren" Glauben zu ermahnen und zu ermutigen – wahrscheinlich, weil einige Gemeindemitglieder in den Augen des Matthäus „kleingläubig" (geworden) waren.

Welche redaktionellen Absichten lässt Mt 22,1–14 erkennen? Der synoptische Vergleich (s. o., Kapitel 2.7) hat gezeigt, dass Lukas zu Mt 22,2–10 eine Parallele bietet, nicht aber zu Mt 22,11–13. Das heißt: Die Szene, in der der König einen Gast anspricht, weil dieser kein hochzeitliches Gewand trägt und ihn dann hinauswirft, ist wiederum eine Hinzufügung durch Matthäus – hier gegenüber seiner (möglichen) Vorlage in der Logienquelle (s. o., Kapitel 2.7). Auf der Ebene der Erzählung erscheint das Verhalten des Königs unangemessen: Der Gast ist ja gerade „von der Straße weg" gekommen (22,10), wie kann der König da erwarten, dass er ein hochzeitliches Gewand trägt? Es stellt sich also die Frage, was Matthäus mit dem „hochzeitlichen Gewand" meint. Wenn wir voraussetzen, dass der König in dieser Parabel (s. o., Kapitel 2.6) für Gott steht, und die Einladung zum Hochzeitsmahl seines Sohnes als Einladung zum Glauben an Jesus Christus zu verstehen ist, dann deutet sich hier an, dass es für Matthäus nicht ausreicht, der Einladung zu folgen, also an Jesus Christus zu glauben. Was fehlt? In Mt 7,21 heißt es: „Nicht jeder, der zu mir sagt: Herr! Herr!, wird in das Himmelreich kommen,

redaktionelle Absicht in Mt 22,1–14

sondern nur, wer den Willen meines Vaters im Himmel tut." Wichtig ist also für Matthäus, dass Christen den Willen Gottes erfüllen, wie er z. B. in der Bergpredigt (Mt 5–7) dargelegt ist. Ansonsten kommen sie nicht in das Himmelreich bzw. werden wieder hinausgeworfen. Das fehlende hochzeitliche Gewand in Mt 22,11–13 steht also für die fehlende Erfüllung der göttlichen Gebote. Deshalb wird der Mann hinausgeworfen.

2.10 Was verrät ein Text über seine oder seinen Verfasser und die Gemeinde, in der er entstanden ist oder an die er sich richtet?

einleitungswissenschaftliche Fragen

Die Fragen danach, wann und wo ein Text entstanden ist und wer ihn für wen verfasst hat, bezeichnet man als die „einleitungswissenschaftlichen Fragen". In Einleitungen zum Neuen Testament werden diese Fragen meistens zu Beginn eines Kapitels – z. B. zum Matthäusevangelium – abgehandelt. Dadurch kann der Eindruck entstehen, dass wir in den Antworten auf diese Fragen eine zuverlässige Ausgangsbasis für die schwierigen Fragen der weiteren Interpretation erhalten. Das Gegenteil ist der Fall: Gerade die einleitungswissenschaftlichen Fragen lassen sich oft nur sehr vage und mit großer Unsicherheit beantworten. Das liegt daran, dass wir nur in einzelnen Fällen direkte Angaben zu diesen Fragen haben, etwa, wenn Paulus sich als Verfasser und z. B. die Gemeinden in Galatien als Adressaten angibt. Doch selbst hier liegen die Verhältnisse oft komplizierter: Wir besitzen auch Briefe, die Paulus als Verfasser angeben, von denen die Bibelwissenschaft aber annimmt, dass Paulus sie nicht geschrieben hat (s. u., Kapitel 3 und 7). Welches Gebiet mit Galatien gemeint ist, wird ebenfalls kontrovers diskutiert (s. u., Kapitel 3.1 und 3.2). Zur Abfassungszeit der paulinischen Briefe haben wir keine direkten Angaben (s. u., Kapitel 3.2). Bei den Evangelien wird die Sache noch komplizierter: Die Angaben „Evangelium nach Markus" etc. stammen erst aus dem 2. Jahrhundert n. Chr., und es bleibt dann immer noch die Frage, wer Markus, Matthäus, Lukas und Johannes wohl waren. Die Evangelien benennen im Unterschied zu den meisten neutestamentlichen Briefen auch keine Adressaten. Wir sind also darauf angewiesen, aus den Texten selbst indirekt auf die Abfassungszeit, die Verfasser und die ersten Adressaten zu schließen. Wenn Matthäus erzählt, dass Jesus die Jünger und das Volk wegen ihrer „Kleingläubigkeit" kritisiert, dann schließen wir daraus, dass die matthäische Gemeinde in den Augen des Matthäus „kleingläubig" war (s. o., Kapitel 2.9). Wenn Matthäus in 22,7 davon erzählt, dass der König ein Heer ausschickt, um „ihre Stadt" anzuzünden, dann könnte er damit auf die Zerstörung Jerusalems im Jahr 70/71 n. Chr. durch die Römer anspielen, sodass das Evangelium in jedem Fall nach diesem Ereignis niedergeschrieben wäre (s. o., Kapitel 2.7).

2.11 Was verrät ein Text über die sozialen, politischen und religiösen Verhältnisse, in denen er entstanden ist?

Im Zentrum der neutestamentlichen Texte steht ein im weitesten Sinne theologisches Interesse: Sie handeln von Gott und von seinem Sohn, Jesus Christus. Indirekt geben einige Texte aber auch Einblick in die sozialen, politischen und religiösen Verhältnisse des 1. Jahrhunderts n. Chr. Innerhalb der Fachwissenschaft ist umstritten, welches Gewicht der Frage nach diesen Verhältnissen innerhalb der theologischen Disziplin der Exegese beigemessen werden sollte. Wichtig ist hier die Einsicht, dass theologische Aussagen nicht im „luftleeren Raum" entstehen, sondern – als zeitbedingte Zeugnisse – in den damaligen sozialen, politischen und religiösen Verhältnissen wurzeln.

Verwurzelung biblischer Texte

Die Sozialgeschichte fragt u. a. danach, welchen sozialen Status die ersten Christen hatten: Waren sie durchweg arm, durchweg reich oder gehörten sie unterschiedlichen sozialen Schichten an? Der 1. Korintherbrief gibt uns hier – zumindest was die Christen in Korinth angeht – Aufschluss. Paulus kritisiert, wie die Gemeinde das Abendmahl feiert. Die Übersetzung der „Volxbibel" gibt den Konflikt gut verständlich wieder (1Kor 11,20–22): „Ich werde das Gefühl nicht los, dass euer ‚Abendmahl' gar kein echtes Abendmahl ist. Man hat mir erzählt, dass bei euch eher so ein Picknick veranstaltet wird. Jeder bringt seinen eigenen Kram mit, und am Ende sind einige pappsatt, nämlich die, die viel Koh-

soziale Schichtung der Gemeinde in Korinth

le haben und sich 'ne Menge zum Spachteln mitgebracht haben. Andere haben noch Hunger, und ein paar von euch sind sogar total besoffen. ... Könnt ihr denn nicht zu Hause was spachteln? Warum müsst ihr die alt aussehen lassen, die nicht so viel Kohle haben?" Hier wird deutlich: In der Gemeinde gibt es Reiche und Arme. Diese sozialen Unterschiede erkennt Paulus grundsätzlich an. Er fordert nicht, dass die Reichen den Armen etwas abgeben sollen, sondern er möchte, dass die Reichen die Armen nicht „alt aussehen lassen" und vorher zu Hause essen.

Stellung zur römischen Besatzungsmacht

Mk 5,1–13 erzählt von einer Dämonenaustreibung durch Jesus. Auf die Frage Jesu an den Dämon, wie er heiße, antwortet dieser: „Legion heiße ich, denn wir sind viele." (5,9) Jesus gestattet den unreinen Geistern, in eine Herde Säue einzufahren, die sich daraufhin in den See stürzen. Diese für uns heute befremdliche Erzählung spielt auf die damaligen politischen Verhältnisse an: Die „Legion" erinnert an eine römische Legion. Diese verhasste (römische) Legion wird von Jesus besiegt. Hier klingen also deutliche Ressentiments gegenüber der römischen Besatzungsmacht an.

religiöse Stellung der Samaritaner

In Joh 4 wird erzählt, wie Jesus in Sychar, einer Stadt in Samarien, eine Frau am Brunnen trifft. Er bittet die Frau, ihm etwas zu trinken zu geben. „Die samaritische Frau sagte zu ihm: Wie kannst du als Jude mich, die ich eine samaritische Frau bin, um Wasser bitten? Denn die Juden haben keine Gemeinschaft mit den Samaritern." (Joh 4,9) Der Text ist aufschlussreich hinsichtlich der religiösen Verhältnisse im Palästina des 1. Jahrhunderts n. Chr. Zwischen den Juden (u. a. aus Galiläa und Judäa) und den Samaritanern – die sich selbst auch als Juden sehen – besteht eine Feindschaft (vgl. auch Lk 10,30–35). Mit den Samaritern (oder auch Samaritanern) sind die Bewohner des Gebietes Samaria gemeint, das zwischen Galiläa im Norden und Judäa im Süden liegt. Im Neuen Testament nehmen die Samaritaner eine Zwischenstellung zwischen den Juden und den Heiden ein (vgl. Mt 10,5f.). Die Samaritaner hatten sich im späten 4. Jahrhundert v. Chr. von der Jerusalemer Gemeinde getrennt und einen eigenen Kult auf dem Berg Garizim in Samaria gegründet. Der dortige Tempel wurde um 129/128 v. Chr. zerstört.

2.12 Die gegenwärtige Forschungsdiskussion

Zwei Tendenzen kennzeichnen die gegenwärtige Forschungsdiskussion: Einerseits befindet sich die klassische historisch-kritische Exegese, wie sie hier schwerpunktmäßig dargestellt wurde, in einem Umbruch (1), andererseits wird sie zunehmend durch andere methodische Zugänge zu biblischen Texten ergänzt (2).

(1) Die historisch-kritische Methode öffnet sich zunehmend weiteren Bezugswissenschaften, insbesondere der Literaturwissenschaft. Im Zuge dieser Öffnung kommt es zu einem verstärkten Interesse an synchronen Betrachtungsweisen (s. o., Kapitel 2.1). Außerdem werden neutestamentliche Texte in der modernen Exegese – wenn auch zögerlich – als etwas offenere Gebilde betrachtet, die einen Bedeutungsspielraum eröffnen und nicht nur *eine* richtige Auslegung zulassen (s. o., Kapitel 2.1). Einige Exegeten kritisieren die Konzentration der klassischen Exegese auf den Autor eines neutestamentlichen Textes und fordern eine stärkere Beachtung des Textes selbst. Dazu ist allerdings zu sagen, dass Aussagen über neutestamentliche Autoren sowieso immer nur indirekt aus ihren Texten erschlossen werden können (s. u., Kapitel 2.10), Interviews mit diesen Personen sind ja nicht mehr möglich. Einen neuen Akzent bringt die Exegese ein, die die Leserschaft der neutestamentlichen Texte einbezieht und primär danach fragt, wie diese Texte (heute) verstanden werden. Diese Umakzentuierung ist gerade auch für die Religionspädagogik interessant, denn sie öffnet den Blick für die Frage, wie speziell Kinder bestimmte biblische Texte verstehen. Offen ist dabei – ähnlich wie in der Literaturwissenschaft – die Frage, ob es hier richtige und falsche Auslegungen gibt und wie sich diese unterscheiden lassen. Gerade in der Religionspädagogik wird die Frage nach der Bedeutung eines biblischen Textes z. T. in den Hintergrund gerückt zugunsten der Frage, wie sich Kinder auf ihre je eigene Art und Weise biblischen Texten nähern können.

Die historisch-kritische Methode klammert die Frage, was ein biblischer Text mir persönlich bedeutet, bewusst aus. Diese Aussparung wird z. T. als Mangel empfunden. Viele Exegeten gestehen zu, dass die historisch-kritische Methode nur *ein* Zugang neben anderen sein kann. Tiefenpsychologische Zugänge, Bibliodrama, feministische Auslegungen und vieles mehr ergänzen inzwischen die klassische Exegese. Dabei ist jedoch zu beachten, dass die unterschiedlichen Methoden unterschiedliche, z. T. widersprüchliche Voraussetzungen machen und sich daher nicht einfach „addieren" lassen.

Impulse:

Impulse

1. Welche der folgenden Fragen fallen in den Bereich der historisch-kritischen Exegese?
   - Betrachtet der Evangelist Markus Jesus als Sohn Gottes?
   - Hielt sich Jesus für den Sohn Gottes?
   - War Jesus der Sohn Gottes?
2. Vergleichen Sie folgende Übersetzungen zu Mt 28,19:

Münchener Neues Testament, 1998	Berger, Klaus/ Nord, Christine, Das Neue Testament und frühchristliche Schriften, 1999	Bibel in gerechter Sprache, ²2006
Gehet nun, macht zu Schülern alle Völker.	Geht hin und macht alle Heidenvölker zu Jüngern und Jüngerinnen.	Macht euch auf den Weg und lasst alle Völker mitlernen.

3. Schlagen Sie den Schluss des Markusevangeliums auf. Die Übersetzungen weisen 16,8 als ursprünglichen Schluss aus und drucken in der Regel einen sekundären, also später hinzugefügten, Schluss ab (16,9–20). Erklären Sie, warum es wahrscheinlich ist, dass es sich bei den Versen 9–20 um einen sekundären Schluss handelt. Sehen Sie sich dazu auch die Schlüsse der anderen Evangelien an.
4. Erheben Sie wesentliche Beobachtungen zur Abgrenzung und zum Kontext von Mt 21,33–46.

5. Erstellen Sie eine sprachliche Analyse zu Mt 21,33–46. Schreiben Sie eine Wundergeschichte, die in formkritischer Hinsicht den neutestamentlichen Wundergeschichten entspricht.
6. Womit beschäftigt sich die Literarkritik?
7. Welche Argumente sprechen für, welche gegen die Annahme, dass das Lukasevangelium das älteste ist und die schriftliche Vorlage für Markus und Matthäus darstellt?
8. Formulieren Sie die redaktionelle Absicht von Lukas, wie sie aus seinem Prolog (Lk 1,1–4) erkennbar wird.
9. Informieren Sie sich anhand von Kapitel 4.1 über die Vermutungen zur Entstehungszeit des Markusevangeliums. Inwiefern haben wir es hier mit einem indirekten Schlussverfahren zu tun?
10. In Lk 10,25–37 erzählt Jesus einem Schriftgelehrten in Galiläa das Gleichnis vom barmherzigen Samariter. Inwiefern stellt die Wahl eines Samariters als dritte vorbeikommende Person im Gleichnis eine besondere Provokation für den Zuhörer dar?
11. Wo sehen Sie die Chancen, wo die Grenzen der historisch-kritischen Methode?

3. Paulus und seine Briefe

Neben Jesus ist Paulus die Gestalt, die das (Ur-)Christentum am nachhaltigsten geprägt hat. Der Apostel begegnet uns v. a. in den Briefen, die er zwischen 50 und 56 n. Chr. an unterschiedliche Gemeinden geschrieben hat. Im Neuen Testament finden sich 13 Briefe, die als Absender Paulus angeben:
1. Der Brief an die Römer,
2. der erste Brief an die Korinther,
3. der zweite Brief an die Korinther,
4. der Brief an die Galater,
5. der Brief an die Epheser,
6. der Brief an die Philipper,
7. der Brief an die Kolosser,
8. der erste Brief an die Thessalonicher,
9. der zweite Brief an die Thessalonicher,
10. der erste Brief an Timotheus,
11. der zweite Brief an Timotheus,
12. der Brief an Titus,
13. der Brief an Philemon.

Diese Briefe sind im Neuen Testament v. a. der Länge nach geordnet, beginnend mit dem ausführlichsten Schreiben, dem Brief an die Römer. Die Reihenfolge der Briefe lässt also nicht auf die Entstehungszeit der Briefe schließen.

Wenn wir etwas über Paulus erfahren wollen, scheint es am sinnvollsten, sich seine Briefe anzusehen. Allerdings unterscheidet die Forschung hier noch einmal zwischen Briefen, die tatsächlich von Paulus abgefasst (diktiert) wurden, und solchen, die später in seinem Namen geschrieben wurden. Bei letzteren spricht man von deutero-paulinischen („deuteros" bedeutet „der zweite") Briefen. Es handelt sich also um Briefe, die von einem „zweiten Paulus", also nach dem Vorbild seiner Briefe, formuliert wurden. Diese Briefe klammern wir in diesem Kapitel weitge-

„echte" paulinische Briefe

hend aus, obwohl natürlich auch in ihnen zutreffende Erinnerungen an Paulus aufbewahrt sein können (s. u., Kapitel 7). Die wesentliche Grundlage für dieses Kapitel bilden die von der Forschung als „echt" angesehenen Briefe des Paulus (s. u., Kapitel 3.2).

Apostelgeschichte

Eine weitere Quelle, insbesondere für das Leben des Paulus, haben wir in der Apostelgeschichte (s. u., Kapitel 5). Allerdings wurde die Apostelgeschichte in einem großen zeitlichen Abstand zum Leben des Paulus verfasst (um 100 n. Chr.). Es ist daher umstritten, wie viel der Apostelgeschichte als historischer Quelle zugetraut werden darf.

3.1 Zum Leben des Paulus

Im Philipperbrief sagt Paulus von sich (3,5–7): „... der ich am achten Tag beschnitten bin, aus dem Volk Israel, vom Stamm Benjamin, ein Hebräer von Hebräern, nach dem Gesetz ein Pharisäer, nach dem Eifer ein Verfolger der Gemeinde, nach der Gerechtigkeit, die das Gesetz fordert, untadelig gewesen. Aber was mir Gewinn war, das habe ich um Christi willen für Schaden erachtet."

Beschneidung

Paulus präsentiert sich hier als Jude („Hebräer"). Die Beschneidung am achten Tag, also die Entfernung der Vorhaut bei männlichen Nachkommen, ist das Bundeszeichen, das Gott laut alttestamentlicher Überlieferung setzt: „Und Gott sprach zu Abraham: So haltet nun meinen Bund, du und deine Nachkommen von Geschlecht zu Geschlecht. Das aber ist mein Bund, den ihr halten sollt zwischen mir und euch und deinem Geschlecht nach dir: Alles, was männlich ist unter euch, soll beschnitten werden; eure Vorhaut sollt ihr beschneiden. Das soll das Zeichen sein des Bundes zwischen mir und euch. Jedes Knäblein, wenn's acht Tage alt ist, sollt ihr beschneiden bei euren Nachkommen." (Gen 17,9–12) Die Beschneidung ist also das äußerliche Zeichen dafür, dass ein Mann zum Volk Israel, also zum Volk Gottes, gehört.

Erwählung

Nach alttestamentlicher Überlieferung hat sich Gott dieses Volk als sein Volk erwählt. Gott spricht zu Abraham: „Und ich will aufrichten meinen Bund zwischen mir und dir und deinen

Nachkommen von Geschlecht zu Geschlecht, dass es ein ewiger Bund sei, sodass ich dein und deiner Nachkommen Gott bin. Und ich will dir und deinem Geschlecht nach dir das Land geben, darin du ein Fremdling bist, das ganze Land Kanaan, zu ewigem Besitz, und will ihr Gott sein." (Gen 17,7–8) Paulus setzt sich im Laufe seines Lebens mit dieser Tradition auch kritisch auseinander (s. u., Kapitel 3.3), in Phil 3,5 gibt er sie jedoch zunächst einfach wieder und zählt sich selbstverständlich zum Volk Israel.

Das Volk Israel gliedert sich nach alttestamentlicher Tradition in zwölf Stämme – im Anschluss an die zwölf Söhne Jakobs (vgl. Gen 37–50). Benjamin ist der jüngste Sohn und steht für den kleinsten der zwölf Stämme Israels. Paulus nimmt für sich in Anspruch, aus dem Stamm Benjamin zu kommen. Diese Abstammung ist für das Selbstverständnis des Paulus offensichtlich von Bedeutung, denn in 1Kor 15,8–9 betont er, dass er als letzter und „geringster unter den Aposteln" die Offenbarung des Herrn empfing.

Stamm Benjamin

In diesem Zusammenhang bekommen auch die Namen „Saulus" und „Paulus" ihre Bedeutung: Saul war der erste israelitische König aus dem Stamm Benjamin (1Sam 10,17–27), Paulus ist ein römischer Name und bedeutet „klein". Wahrscheinlich führte Paulus beide Namen parallel. In seinen Briefen bezeichnet er sich ausnahmslos als „Paulus", die Apostelgeschichte spricht zunächst (aber nicht nur vor seiner Berufung) von „Saulus", dann von „Paulus".

Paulus sagt in Phil 3,5 von sich, er sei „nach dem Gesetz ein Pharisäer". Die Pharisäer bildeten vor dem jüdisch-römischen Krieg (66–70 n.Chr.) eine jüdische Gruppierung, die uns in den Evangelien öfter als „Gegner" Jesu begegnet. Wer waren die Pharisäer? Diese Frage ist gar nicht so leicht zu beantworten. Denn die Darstellung der Pharisäer im Neuen Testament ist polemisch gefärbt: Insbesondere im Matthäusevangelium gelten die Pharisäer als „Heuchler", die das eine sagen und das andere tun (Mt 23,1–7.13–15), als engstirnige Verteidiger des jüdischen Gesetzes (Thora). Dieses unzutreffende Bild wirkt leider bis heute nach (z. B. im Getränk mit dem Namen „Pharisäer", bei dem

Pharisäer

der zugesetzte Alkohol im Kaffee durch ein Sahnehäubchen verdeckt wird). Als weitere jüdische Quelle kennen wir mehrere kurze Beschreibungen der Pharisäer durch den jüdischen Geschichtsschreiber Flavius Josephus (37 – ca. 100 n. Chr.). Josephus möchte Nicht-Juden erklären, wer die Pharisäer waren und vergleicht sie daher zum besseren Verständnis mit griechischen Philosophenschulen. Insofern stellt sich auch bei ihm die Frage, wie zutreffend seine Beschreibung ausfällt. Nach Josephus zeichnet sich die Gruppe der Pharisäer durch folgende Merkmale aus (Vom Jüdischen Krieg 2,162–163): „Die Pharisäer stehen in dem Ruf gewissenhafter Gesetzesauslegung ... Rechtes zu tun oder nicht hänge zwar vor allem von den Menschen selbst ab, es helfe aber auch zu jedem Handeln das Schicksal mit. Zwar sei jede Seele unsterblich, es gehen aber nur die der Guten in einen anderen [endzeitlichen] Leib über, die der Schlechten jedoch würden durch ewige Bestrafung gezüchtigt." Das Anliegen der Pharisäer, dem jüdischen Gesetz auch im Alltag Geltung zu verschaffen, es also „alltäglich lebbar" zu machen, sowie ihre Nähe zur Unterschicht können erklären, warum Jesus gerade mit den Pharisäern öfter aneinandergeriet. Die Apostelgeschichte (Apg 7,58; 8,3; 9,1ff.; 26,10–11) und Paulus selbst (Gal 1,13.23; 1Kor 15,9; Phil 3,6) berichten übereinstimmend, dass Paulus die Urgemeinde in Jerusalem zunächst verfolgte, und zwar aufgrund seiner Einstellung als Pharisäer zum Gesetz (Phil 3,6).

Berufung „Vom Saulus zum Paulus": Diese Redewendung markiert die grundlegende Wende, die Paulus in seinem Leben erfuhr – auch wenn es nicht so ist, dass er vor dieser Wende Saulus und danach Paulus hieß (s. o.). Aus dem Verfolger wird ein Nachfolger. Im Mittelpunkt des Ereignisses, das zu dieser Wende führt, steht Christus (vgl. Phil 3,7). Wir sprechen in diesem Zusammenhang meist von der „Bekehrung" des Paulus. Vielleicht ist es aber zutreffender, von einer „Berufung" zu sprechen. Bei der Berufung ist allein Gott der Handelnde: Er reißt einen Menschen aus seinem bisherigen (erfolgreichen) Leben heraus. Bei der Bekehrung liegt die Betonung auf den subjektiven Beweggründen, die einen Menschen dazu bringen, seine Einstellung grundlegend zu ändern. Die berühmteste Schilderung dieses einschneidenden

Ereignisses ist in Apg 9 zu finden (s. u., Kapitel 5). Paulus geht in seinen Briefen aber auch selbst mehrfach darauf ein. Betrachten wir zunächst Gal 1,15–16: „Als es aber Gott gefiel, der mich schon im Mutterleib auserwählt und durch seine Gnade berufen hat, seinen Sohn in mir zu offenbaren, damit ich ihn unter den Heiden verkündigte …" Paulus beschreibt hier seine Einsetzung, Berufung und Beauftragung zur Evangeliumsverkündigung. Auffällig sind die Anklänge (kursiv gesetzt) an Jes 49,1–6, einem Rückblick auf die Berufung des Propheten Jesaja: „Der HERR hat mich berufen *von Mutterleibe an; er hat meines Namens gedacht, als ich noch im Schoß der Mutter war*. … Und nun spricht der HERR, *der mich von Mutterleib an zu seinem Knecht bereitet hat*, dass ich Jakob zu ihm zurückbringen soll und Israel zu ihm gesammelt werde, – darum bin ich vor dem HERRN wert geachtet, und mein Gott ist meine Stärke –, er spricht: Es ist zu wenig, dass du mein Knecht bist, die Stämme Jakobs aufzurichten und die Zerstreuten Israels wiederzubringen, sondern *ich habe dich auch zum Licht der Heiden gemacht*, dass du seist mein Heil bis an die Enden der Erde."

Das heißt: Offenbar stellt Paulus seine Einsetzung, Beauftragung und Berufung in eine Reihe mit den alttestamentlichen Propheten, insbesondere mit dem Propheten Jesaja. Paulus versteht seinen Auftrag so: Gott hat bereits Jesaja damit beauftragt, seinen Heilswillen unter den Heiden zu verkünden. Dazu ist es aber nicht gekommen. Paulus führt also aus, was bei Jesaja bereits angekündigt ist. Die „Offenbarung Jesu Christi in mir" (Gal 1,16) macht Paulus – nach eigenem Verständnis – zu einem vollgültigen, von Gott berufenen Apostel. Dieser Anspruch ist offensichtlich von anderen Christen immer wieder angezweifelt worden – weil Paulus den irdischen Jesus nicht gekannt hat (vgl. 1Kor 9,1), weil er chronisch krank war (vgl. 2Kor 12,7) und weil er schlecht reden konnte (vgl. 2Kor 10,10).

Die anfängliche Mission des Paulus (Gal 1,17) war offensichtlich wenig erfolgreich – jedenfalls erfahren wir dazu kaum etwas. Wichtig wurde für Paulus dann die Gemeinde im syrischen Antiochien. Dort bildete sich die erste bedeutende Gemeinde von Jesusnachfolgern außerhalb Jerusalems. Anders als die Jerusa-

Antiochia

lemer Urgemeinde gingen Mitglieder der antiochenischen Gemeinde dazu über, das Evangelium auch unter Nicht-Juden zu verkünden (Apg 11,20) – offensichtlich mit Erfolg, denn nach Apg 11,26 wurden die Mitglieder der antiochenischen Gemeinde von Außenstehenden erstmals als „Christen" – im Unterschied zu „Juden" – bezeichnet. Paulus stößt zu dieser Gemeinde und gehört dort zu den „Propheten und Lehrern" (Apg 13,1). Da Barnabas in diesem Vers zuerst, Paulus (Saulus) zuletzt genannt wird, könnte Paulus ein Mitarbeiter des Barnabas gewesen sein (und nicht umgekehrt!). In jedem Fall war Paulus nicht der erste, der Nicht-Juden missionierte.

Grund für das Apostelkonzil

„Danach, vierzehn Jahre später, zog ich abermals hinauf nach Jerusalem mit Barnabas und nahm auch Titus mit mir." So berichtet Paulus weiter in Gal 2,1. Barnabas, Titus und er trafen sich in Jerusalem mit den drei „Säulen" – gemeint ist das Leitungsgremium der Jerusalemer Urgemeinde, bestehend aus Jakobus, dem Bruder Jesu, sowie Petrus und Johannes, dem Sohn des Zebedäus (vgl. z. B. Mk 10,35–45). Es geht bei diesem Treffen – dem so genannten „Apostelkonzil" oder auch „Apostelkonvent" – um die Frage, ob sich Nicht-Juden, die Christen werden wollen, beschneiden lassen müssen oder nicht. Dahinter steht die grundsätzliche Frage, ob Heiden, die Christen werden wollen, zuerst Juden werden müssen oder nicht. Gilt also das Christentum als eine Richtung innerhalb des Judentums – dann müssten alle Christen beschnitten sein – oder gilt es als eine Richtung neben dem Judentum? Paulus vertritt vehement Letzteres: Heidenchristen müssen sich nicht beschneiden lassen. Deshalb ist ihm wichtig, dass Titus mitkommt. Er ist für Paulus und Barnabas ein „Präzedenzfall". Denn „selbst Titus, der bei mir war, ein Grieche, wurde nicht gezwungen, sich beschneiden zu lassen" (Gal 2,3). Paulus argumentiert also damit, dass es bereits unbeschnittene Heidenchristen gibt, von denen bisher niemand verlangt hätte, dass sie sich beschneiden ließen. Die gegenteilige Ansicht wird – so Paulus – von „falschen Brüdern" vertreten (Gal 2,4). Die Forschung spricht in diesem Zusammenhang von „Judaisten". Darunter versteht sie Judenchristen, die in besonderem Maße auf die Einhaltung der jüdischen Thora (Weisung), insbesondere der Beschneidung und der Speisegebote, achteten. Paulus hatte offensichtlich Angst, dass seine beschneidungsfreie Mission in Jerusalem nicht anerkannt würde.

Was kommt bei dem Apostelkonzil heraus? In der Schilderung des Paulus klingen drei Ergebnisse an:

Ergebnisse des Apostelkonzils

1. Die Mission wird aufgeteilt: Paulus zu den Heiden, Petrus zu den Juden (Gal 2,7.9). Die Sendung zu den Heiden verknüpft Paulus wie bereits gesehen schon mit seinem Berufungsauftrag (Gal 1,16).
2. Heiden, die Christen werden wollen, müssen sich nicht beschneiden lassen. So schreibt Paulus: „Mir haben die, die das Ansehen hatten, nichts weiter auferlegt." (Gal 2,6). Die Apostelgeschichte stellt diesen Punkt allerdings anders dar (s. u., Kapitel 5).
3. Paulus, Barnabas und Titus bemühen sich, (als Zeichen der Einheit aller Christen?) Geld unter den Heidenchristen für die Judenchristen in Jerusalem zu sammeln (Gal 2,10).

Kurz nach dem Apostelkonzil kommt es zum sogenannten „Antiochenischen Zwischenfall" (Gal 2,11–14). Barnabas und Paulus befinden sich wieder in der Gemeinde in Antiochia. Petrus besucht die Gemeinde und isst zunächst an einem Tisch mit den Heidenchristen. Das ist insofern bemerkenswert, als Heiden nach jüdischem Gesetz als unrein gelten. Das jüdische Jubiläenbuch empfiehlt deshalb: „Trenne dich von den Völkern und iss nicht mit ihnen und handle nicht nach ihrem Werk und sei nicht ihr Gefährte! Denn ihr Werk ist Unreinheit ..." (Jub 22,16). Der Judenchrist Petrus richtet sich jedoch nicht nach dieser Empfehlung, sondern hält mit den Heidenchristen Tischgemeinschaft. Offensichtlich stellt er Heidenchristen also nicht auf dieselbe Stufe mit Heiden. Dann aber kommen „einige von Jakobus [dem Bruder Jesu]" (Gal 2,12). Diese Leute drängen offenbar auf die Einhaltung der jüdischen Speisegebote (vgl. z. B. Dtn 14,3–21) durch die Judenchristen und lehnen daher die Tischgemeinschaft mit den Heidenchristen ab. Sie stellen damit die Heidenchristen den Heiden gleich. Eine Tischgemeinschaft

Antiochenischer Zwischenfall

beim Herrenmahl ist für sie unmöglich. Petrus schwenkt um, er „sonderte sich ab, weil er die aus dem Judentum fürchtete" (Gal 2,12). Sein Vorbild findet weitere Nachfolger: selbst Barnabas sondert sich nun ab (Gal 2,13). Das erweckt den Zorn des Paulus. Er greift Petrus an. Die Apostelgeschichte berichtet, dass Paulus und Barnabas „scharf aneinandergerieten, sodass sie sich trennten" (Apg 15,39) – hier steht wohl der antiochenische Zwischenfall im Hintergrund.

Reisetätigkeit Die Trennung von Barnabas ist für Paulus Anlass, wieder auf Missionsreise zu gehen und Antiochia zu verlassen. Aus den Briefen des Paulus geht hervor, dass er viel gereist ist – z. T. unter erheblichen Strapazen und Gefahren: „Ich bin oft gereist, ich bin in Gefahr gewesen durch Flüsse, in Gefahr unter Räubern, in Gefahr unter Juden, in Gefahr unter Heiden, in Gefahr in Städten, in Gefahr in Wüsten, in Gefahr auf dem Meer, in Gefahr unter falschen Brüdern ..." (2Kor 11,26).

drei Missionsreisen Die Apostelgeschichte gruppiert die Reisetätigkeit des Paulus in drei Missionsreisen (s. u., Kapitel 5). Diese Angaben lassen sich nicht vollständig mit den paulinischen Briefen in Übereinstimmung bringen. Deutlich ist, dass Paulus in mehreren Städten christliche Gemeinden gründet. Die judaistischen Gegner, die im Hintergrund des Apostelkonzils und des Antiochenischen Zwischenfalls stehen, machen ihm auch später noch zu schaffen (s. u., Kapitel 3.2). Paulus bereist neben Palästina und Syrien die Gebiete der heutigen Türkei, Griechenlands und Zyperns. Das Verhältnis zur Jerusalemer Urgemeinde wird derweil immer schlechter. Im Brief an die Römer bittet Paulus die Gemeinde, für ihn zu beten, „damit ich errettet werde von den Ungläubigen in Judäa und mein Dienst, den ich für Jerusalem tue, den Heiligen willkommen sei" (Röm 15,31). Mit diesem Dienst, den Paulus für Jerusalem tut, ist die Kollekte gemeint. Offenbar hält Paulus es für gefährlich, aber auch für unumgänglich, dass er sie persönlich überbringt. Er fürchtet gewaltsame Aktionen der „ungläubigen" Juden in Judäa gegen seine Person. Diese Juden beeinflussen auch das Verhalten der Jerusalemer Urgemeinde, die ja zwischen Paulus und diesen jüdischen Gruppierungen steht.

Die Apostelgeschichte bestätigt diese Einschätzung des Paulus. Sie berichtet, dass Paulus in Jerusalem verhaftet wird. Folgende Vorwürfe werden gegen ihn erhoben: „Ihnen ist aber berichtet worden über dich, dass du alle Juden, die unter den Heiden wohnen, den Abfall von Mose lehrst und sagst, sie sollen ihre Kinder nicht beschneiden und auch nicht nach den Ordnungen leben." (Apg 21,21) Es ist durchaus wahrscheinlich, dass Judenchristen in Gemeinden, die heidenchristlich dominiert waren, tatsächlich dazu übergingen, ihre Kinder nicht mehr beschneiden zu lassen. Die Apostelgeschichte erzählt weiter, dass Paulus (fälschlicherweise) vorgeworfen wurde, einen Heidenchristen in den Tempel mitgenommen und damit das Tempelgesetz gebrochen zu haben (Apg 21,27–30). Paulus wird von römischen Soldaten aus den Händen der Meute befreit (Apg 21,32). Von einer Übergabe der Kollekte an die Urgemeinde hören wir jedenfalls nichts – wahrscheinlich verweigerte die Urgemeinde die Annahme. Die Römer bringen Paulus nach Caesarea (Apg 23,23–35) und halten ihn dort länger gefangen. Paulus appelliert als römischer Bürger an den römischen Kaiser (Apg 25,9–12) und wird nach Rom gebracht. Die Apostelgeschichte endet damit, dass Paulus in Rom unter recht komfortablen Bedingungen gefangen gehalten wird. Über den Tod des Paulus erfahren wir im Neuen Testament nichts. Der Kirchenhistoriker Euseb (ca. 260–340 n.Chr.) bietet in seiner Kirchengeschichte die Überlieferung, dass Paulus in Rom unter Nero enthauptet worden sei, während Petrus gekreuzigt wurde (II 25,5).

Verhaftung und Tod des Paulus

Wir sind bisher den Lebensweg des Paulus abgeschritten, ohne ihn mit Jahreszahlen zu versehen. Solch eine absolute Chronologie des Lebens des Paulus ist schwierig zu erstellen. Denn die Angaben aus den paulinischen Briefen lassen sich nicht immer mit denen aus der Apostelgeschichte in Einklang bringen. Nur in Gal 1–2 erfahren wir etwas über zeitliche Abstände („relative Chronologie"). Da bei dieser Zählweise jedes angebrochene Jahr voll gezählt wird und nicht immer klar ist, von welchem Ereignis aus die Zählung beginnt, lassen diese Angaben noch beträchtlichen Spielraum. Weder die Apostelgeschichte noch Paulus selbst ordnen die Briefe explizit zeitlich

Chronologie

ein. Es gibt jedoch zwei Ereignisse, die von Paulus oder Lukas erwähnt werden und sich so in der allgemeinen Weltgeschichte niedergeschlagen haben, dass sie datierbar sind.

1. Der römische Schriftsteller Sueton (70 – ca. 130 n. Chr.) berichtet von Kaiser Claudius: „Die Juden vertrieb er aus Rom, weil sie, von Chrestus aufgehetzt, fortwährend Unruhe stifteten." Es gab also Auseinandersetzungen zwischen Juden und Christen um „Chrestus" in Rom. Dieser Vorgang wird von dem späten christlichen Geschichtsschreiber Orosius (5. Jh.) auf das 9. Regierungsjahr des Claudius (= 49 n. Chr.) datiert. Mit dem Tod des Claudius im Oktober 54 n. Chr. verlor das Edikt seine Wirksamkeit.

2. Apg 18 erzählt vom Aufenthalt des Paulus in Korinth. Die Juden klagen Paulus vor dem Statthalter Gallio an (18,12). Die Amtszeit des Gallio lässt sich aufgrund einer Inschrift relativ genau bestimmen, und zwar vom Frühsommer 51 bis zum Frühsommer 52 n. Chr. Diese Datierung fügt sich gut zu der Aussage in Apg 18,2: „[Paulus] fand [in Korinth] einen Juden mit Namen Aquila ...; der war mit seiner Frau Priszilla kürzlich aus Italien gekommen, weil Kaiser Claudius allen Juden geboten hatte, Rom zu verlassen."

Ausgangspunkt einer absoluten Chronologie ist also die Ankunft des Paulus in Korinth zu Beginn des Jahres 50. Für die weitere Diskussion verweise ich auf die Fachliteratur (s. u., Kapitel 10) und ergänze zur Orientierung eine mögliche Chronologie des Lebens des Paulus.

Tod Jesu	30
Berufung des Paulus	33
Erster Aufenthalt in Jerusalem	35
Paulus in Zilizien	36–42
Paulus in Antiochia	42
Reisetätigkeit des Paulus (1. Missionsreise)	45–47

Apostelkonvent	48 (Frühjahr)
Antiochenischer Zwischenfall	48 (Sommer)
Reisetätigkeit des Paulus (2. Missionsreise) Paulus in Korinth	48 (Spätsommer) bis 51/ 52 50/51
Reisetätigkeit des Paulus (3. Missionsreise)	52–55/56
Ankunft in Jerusalem	56
Haft in Caesarea	56–58
Ankunft in Rom	59
Tod des Paulus	64

3.2 Die Briefe des Paulus

Briefe haben auch heute eine bestimmte Form, die sie von anderen Schriftstücken unterscheidet. Diese Form variiert je nachdem, ob es sich um einen Geschäftsbrief oder einen persönlichen Brief handelt. Besonders stark reglementiert sind Briefanfang und -schluss (etwa: Sehr geehrte/r Frau/ Herr … Mit freundlichen Grüßen …), der Mittelteil kann dagegen recht frei gestaltet werden.

Formschema

Ähnlich verhält es sich mit dem antiken Brief. Die paulinischen Briefe lassen folgendes Formschema erkennen:

1. Briefeingang, bestehend aus Präskript und Proömium,
2. Briefkorpus,
3. Briefschluss.

Der Anfang eines Briefes, das sogenannte Präskript, besteht aus drei Elementen: der Angabe des Absenders, der Angabe der Adressaten und einem Gruß oder einem Wunsch für die Adressaten.

Präskript

Das Proömium (das Wort bedeutet eventuell ursprünglich „Vorhymnus") beinhaltet in der Regel Elemente des Dankes an die Adressaten, Gedenken und Fürbitte, aber auch schon zentrale Themen des Hauptteils.

Proömium

Der Briefkorpus unterteilt sich in vielen paulinischen Briefen in einen theologischen und einen sich daran anschließenden ethischen Teil.

Briefkorpus

Briefschluss Typisch für den Schluss eines Briefes waren zur Zeit des Paulus vier Elemente, die allerdings nicht immer alle vorkommen mussten und auch variiert werden konnten:

1. Es finden sich bestimmte Aufforderungen und Ermahnungen.
2. Öfter schreibt Paulus, dass er vorhat, die Adressaten demnächst zu besuchen.
3. Im paulinischen Briefschluss finden sich außerdem – ähnlich wie bei uns heute – regelmäßig Grüße oder Aufforderungen, jemanden zu grüßen.
4. Im sogenannten Postskript erfolgt – ähnlich wie im Präskript – ein Gnaden- bzw. Friedenswunsch.

Eine eigenhändige Namensunterschrift war, anders als bei uns heute, nicht üblich.

Privatbrief/ Epistel Aus der griechisch-römischen Welt sind neben den persönlichen Privatbriefen auch Kunstbriefe bekannt, die als Epistel bezeichnet werden. Sie sind z. T. durch ihre philosophischen Darlegungen sehr umfangreich. Die Briefe des Paulus gehen ebenfalls in Umfang und Inhalt über die Privatbriefe der Antike hinaus. Aber sie sind an konkrete Gemeinden gerichtet. Es ist umstritten, ob Paulus damit rechnete, dass seine Briefe unter den christlichen Gemeinden weitergereicht wurden. Insofern stehen die paulinischen Briefe zwischen dem Privatbrief und der Epistel.

Rhetorik Paulus schreibt Briefe, weil er nicht persönlich bei der Gemeinde sein kann. Sein Brief ersetzt insofern seine Rede. Manche Forscher erkennen daher in den paulinischen Briefen Gattungen rhetorischer Rede, andere Forscher sind zurückhaltender und sprechen von einzelnen Elementen rhetorischer Rede. Die antike Rhetorik kennt die Gattungen der epideiktischen, also der aufzeigenden Rede, der Gerichtsrede und der beratenden Rede. Die antike Rede besteht in der Regel aus fünf Teilen: Eingang (proömium), Darlegung (narratio), Gliederung (partitio), Beweisführung (argumentatio), Schluss (conclusio). Briefe dagegen bestehen aus drei Teilen (s. o.). Wenn also ein Brief einer Redegattung angepasst werden soll, müssen diese drei Briefteile den fünf Teilen der Redegattung untergeordnet werden. Die Entscheidung, ob man einen paulinischen Brief eher – unter rhetorischen Gesichtspunkten – als eine Rede oder eher – unter epistolografischen Gesichtspunkten – als einen Brief betrachtet, hat Auswirkungen auf die Interpretation.

Die Briefe des Paulus sind für uns heute nicht leicht zu verstehen. Wie war das bei seinen ursprünglichen Adressaten? Konnten heidnische, z. T. ungebildete Zeitgenossen des Apostels diese Briefe, die in jüdischer Tradition stehen, überhaupt verstehen? Einfach war das jedenfalls nicht. An einer Stelle äußert Paulus sich zu diesem Problem: „Ich hoffe aber, ihr werdet noch völlig verstehen, wie ihr zum Teil ja auch schon verstanden habt." (2Kor 1,13–14; vgl. 2Petrus 3,15f.)

Verständlichkeit der Briefe

Der älteste uns erhaltene Brief des Paulus ist sein Brief an die Thessalonicher (1. Thessalonicherbrief), den er 50/51 n. Chr. während seines Aufenthaltes in Korinth schrieb. Thessalonich/Thessaloniki liegt in Mazedonien, im heutigen Griechenland. Die Apostelgeschichte berichtet, dass Paulus auf seiner zweiten Missionsreise in Thessalonich eine Gemeinde gegründet hat (Apg 17). In 1Thess 1,9–10 erinnert Paulus die Gemeindemitglieder daran, „wie ihr euch von den Götzen zu Gott bekehrt habt, um dem lebendigen und wahren Gott zu dienen und seinen Sohn vom Himmel her zu erwarten, Jesus, den er von den Toten auferweckt hat und der uns vor dem kommenden Zorn Gottes rettet". Zweierlei ist hier bemerkenswert: Zum einen lässt der Text erkennen, dass es sich bei den Gemeindemitgliedern in Thessalonich vorwiegend um Heidenchristen handelt, die sich „von den [heidnischen] Götzen zu Gott bekehrt haben". Zum anderen finden wir hier eine knappe Zusammenfassung der paulinischen Missionspredigt. Wir können hier also erahnen, was Paulus den Menschen zu einer Zeit, als noch keine Evangelien vorlagen, von Jesus Christus erzählt hat. Der berühmteste Text aus dem 1. Thessalonicherbrief steht in 4,13–5,11. Paulus möchte hier seine Adressaten trösten und schildert, was bei den Endereignissen, wenn Jesus Christus wiederkommt (Parusie), mit den lebenden und den toten Christen geschehen wird.

1. Thessalonicherbrief

Paulus missioniert 50/51 in Korinth. Korinth liegt in Achaia, im heutigen südlichen Griechenland. Nach seiner Abreise steht der Apostel weiterhin in Kontakt mit der korinthischen

1. Korintherbrief

Gemeinde. Es kommt zu einem Briefwechsel, von dem uns nicht alle Briefe erhalten sind (vgl. 1Kor 5,9). Den ersten Korintherbrief schreibt Paulus wahrscheinlich 55 n. Chr. von Ephesus aus. Er reagiert auf die aktuelle Situation in der korinthischen Gemeinde und beantwortet konkrete Fragen der Gemeindemitglieder. Die Gemeinde ist offensichtlich gespalten (1,10–17). Paulus möchte sie wieder einen: „Ist Christus etwa zerteilt?" fragt der Apostel empört (1,13). Er entwickelt darauf hin seine sogenannte Kreuzestheologie, die sich durch eine radikale „Durchkreuzung" aller herkömmlichen Werte auszeichnet und Christus, den Gekreuzigten, mit Gottes Kraft und Gottes Weisheit in Verbindung bringt. „Die Juden fordern Zeichen, die Griechen suchen Weisheit, wir dagegen verkündigen Christus als den Gekreuzigten: für Juden ein empörendes Ärgernis, für Heiden eine Torheit, für die Berufenen aber, Juden wie Griechen, Christus, Gottes Kraft und Gottes Weisheit." (1,22–24)

Die Kapitel 8 und 10 gehen auf die Frage ein, ob Christen Götzenopferfleisch essen dürfen. Dabei handelt es sich zum einen um Fleisch, bei dessen Schlachtung heidnische Opferzeremonien vollzogen wurden, zum anderen um Fleisch, das bei einer Opferzeremonie im heidnischen Tempel verzehrt wurde. Christen konnten sich nie sicher sein, ob es sich bei dem auf dem Markt gekauften oder bei Einladungen angebotenen Fleisch um Götzenopferfleisch handelte. In der korinthischen Gemeinde gab es die sogenannten „Schwachen", vornehmlich Heidenchristen (vgl. 1Kor 8,7), die den Verzehr von Götzenopferfleisch aus Furcht vor den Göttern generell ablehnten. Demgegenüber waren die sogenannten „Starken" der Meinung, dass sie bedenkenlos Götzenopferfleisch verzehren könnten, weil es ja nur den einen wahren Gott gibt. Paulus gibt den „Starken" im Prinzip recht, relativiert aber: „Alles ist erlaubt, aber nicht alles dient zum Guten." (10,23) Die „Starken" sollen auf die „Schwachen" Rücksicht nehmen (vgl. Röm 14).

In Kapitel 11 kritisiert Paulus, wie in der Gemeinde das Abendmahl gefeiert wird. „Denn jeder verzehrt sofort seine eigene Speise, und dann ist der eine noch hungrig, während der andere schon betrunken ist." (11,21) Paulus ordnet an: „Wer

Hunger hat, soll zu Hause essen." (11,34) Das Abendmahl soll also kein Sättigungsmahl sein.

In Kapitel 12 stellt Paulus die Lehre von den verschiedenen, aber gleichwertigen Gaben (z. B. die Gabe, gesund zu machen, oder die Gabe der Zungenrede, vgl. 12,4–11) mit Hilfe des Bildes von Christus als Leib mit vielen Gliedern dar (12,12–14). In Kapitel 13 findet sich das berühmte „Hohelied der Liebe". Kapitel 14 erlaubt uns einen weiteren Blick in den urchristlichen Gottesdienst: Offensichtlich redeten in Korinth viele durcheinander, z. T. in – für die anderen unverständlicher – Zungenrede. Paulus ordnet an, dass die Zungenrede für die anderen ausgelegt werden müsse (14,5) und dass nicht mehr als zwei oder drei – nacheinander! – in Zungen reden sollen (14,27). In Kapitel 15 äußert Paulus sich ausführlich zum Zusammenhang zwischen der Auferweckung Christi und der Auferstehung aller Christen. Er setzt sich offensichtlich mit Gemeindemitgliedern auseinander, die behaupten: „Es gibt keine Auferstehung der Toten." (15,12)

Umstritten ist, ob hinter diesen unterschiedlichen Fragestellungen im 1Kor eine einheitliche Geisteshaltung liegt. Deutlich ist an mehreren Stellen eine pneumatische, d. h. am Geist orientierte, enthusiastische, also begeisterte Haltung, die sich u. a. in einem Überlegenheits- und Vollendungsbewusstsein ausdrückt, das Paulus ironisch kritisiert: „Ihr seid schon jetzt satt; ihr seid schon jetzt reich; ohne uns seid ihr zur Herrschaft gelangt!" (4,8).

Der 2. Korintherbrief besteht nach Meinung vieler Forscher aus mehreren ursprünglich selbstständigen Briefen. Zu dieser Vermutung kommen Fachleute v. a. deshalb, weil der Ton des Briefes mehrfach radikal wechselt und gewisse Spannungen auftauchen, die u. a. darauf hinweisen, dass Teile des 2Kor unterschiedlichen Situationen zuzuordnen sind. Die Forschung unterscheidet deshalb einen „Tränenbrief" (10–13; vgl. 2,4), in dem Paulus auf dem Höhepunkt seiner Auseinandersetzung um die „Überapostel" einen scharfen Ton anschlägt, und einen „Versöhnungsbrief" (1–7?), in dem Paulus auf den Streit bereits zurückblickt (2,5ff.; 7,12). In den Kapiteln 8 und 9 finden sich vielleicht zwei ursprünglich selbstständige Briefe, in denen der Apostel für die Kollekte (s. o., Kapitel 3.1) wirbt.

2. Korintherbrief

Wie lassen sich die Ereignisse zwischen Paulus und der Gemeinde in Korinth nach Abfassung des 1Kor rekonstruieren? Paulus reist wieder nach Korinth. Bei diesem Besuch kommt es zu einem Eklat, und zwar aufgrund der sogenannten „Überapostel". Offensichtlich sind Missionare nach Korinth gekommen, die auf besondere Vorzüge stolz sind: sowohl auf ihre Geistbegabung als auch auf ihre jüdische Abstammung (11,22ff.). Sie sprachen Paulus die Zugehörigkeit zu Christus ab (vgl. 10,7) – und stellten damit sein gesamtes Apostolat in Frage. Paulus reist nach Ephesus ab und schreibt den „Tränenbrief". Er führt zur Verteidigung seines Apostolates seinen Missionserfolg (10,8ff.), seine Leidensnachfolge (11,23ff.) und eine Vision (12,1ff.) an. In 13,1 kündigt Paulus sein drittes Kommen an. Er schickt seinen Mitarbeiter Titus mit dem Brief nach Korinth und wartet ungeduldig auf dessen Rückkehr. Schließlich reist er ihm sogar entgegen (2,13). Titus hat Gutes zu berichten (7,5–7). Paulus ist getröstet und verfasst den „Versöhnungsbrief", in dem er darlegt, was er unter seinem Apostelamt versteht. Ein durchgängiges Thema des 2. Korintherbriefes ist damit die Legitimität des paulinischen Apostolats, das er gegen Angriffe von Gegnern verteidigen muss.

Galaterbrief

Im Brief an die von Paulus gegründeten Gemeinden in (der Provinz oder der Landschaft?) Galatien rückt ein ganz anderes Thema ins Zentrum: die Beschneidung. Paulus schreibt den Brief entweder in Ephesus, vor oder nach dem 1Kor, oder während seiner Reise durch Makedonien (vgl. Apg 20,2) nach dem 1. (und 2.) Korintherbrief. Für die zweite Möglichkeit spricht, dass der Gal so in eine größere zeitliche Nähe zum Römerbrief rückt, zu dem inhaltliche Parallelen bestehen (s. u.). Diese Spätdatierung rechnet mit der Abfassung 55 n. Chr. in Makedonien. Aus Sicht des Paulus kommt es in den galatischen Gemeinden zu einer schweren Krise. Nachdem der Apostel die Gemeinden verlassen hat, fordern andere Missionare die galatischen Heidenchristen (vgl. Gal 4,8; 5,2f.; 6,12f.) dazu auf, sich beschneiden zu lassen. Bei diesen Missionaren handelt es sich wohl um Judaisten (aus Judäa/Jerusalem?), die die beschneidungsfreie Mission nicht anerkennen. Insofern haben wir es hier mit einem ganz ähnlichen Problem zu tun wie auf dem Apostelkonzil, auf das Paulus zu Beginn des Gal eingeht (2,1–10).

Obwohl die beschneidungsfreie Mission des Paulus auf diesem Konzil durch die Jerusalemer Autoritäten anerkannt worden war, steht sie nun wieder zur Disposition. Paulus bietet alle Mittel auf, um seine Mission zu verteidigen. Er betont seine Unabhängigkeit von den Jerusalemer Autoritäten (1), blickt auf das Apostelkonzil und den Antiochenischen Zwischenfall zurück (2) und äußert sich dann (3,1–4,7) zur (stark eingeschränkten) Bedeutung des jüdischen Gesetzes, das ja eigentlich die Beschneidung vorschreibt (s. u., Kapitel 3.4). In diesem Zusammenhang entfaltet Paulus seine sogenannte „Rechtfertigungslehre" (s. u., Kapitel 3.3). In 4,8–20 erinnert Paulus die Gemeinde an die Erstmission, an die Befreiung von den (heidnischen) Mächten, denen sie vorher gedient haben. Deshalb ist es unsinnig, wenn sie sich nun neu (durch das jüdische Gesetz) knechten lassen (vgl. 5,1–12). In 4,21–31 versucht er mit dem jüdischen Gesetz zu begründen, warum das Gesetz nicht mehr gilt: Glaubende gehören der Freiheit an. In 5,13–25 fordert Paulus die Gemeinden zu einem Leben im Geist auf (s. u., Kapitel 3.3). Der Gal schließt mit weiteren Ermahnungen und einem scharfen letzten Angriff auf die Gegner (6,1–18).

Im Römerbrief greift Paulus auf Gedankengänge aus dem Gal zurück und baut sie aus. Paulus erhofft sich von der römischen Gemeinde, die von uns unbekannten Missionaren gegründet wurde, materielle und geistliche Hilfe. Die Gemeinde in Rom ist in mehreren Hausgemeinden organisiert und umfasst Juden- und Heidenchristen (Röm 16,14f.). Für die Geschichte der Gemeinde ist das Claudius-Edikt von Bedeutung (s. o., Kapitel 3.1). Der Brief ist wohl 56 n. Chr. in Korinth geschrieben (vgl. Apg 20,2f.; Röm 16,1.22.23). Paulus steht am Wendepunkt seines missionarischen Wirkens. Er sieht seine Arbeit im Osten des Römischen Reiches als beendet an und will sich jetzt nach Westen wenden.

Römerbrief

Im Hintergrund des Röm steht die zunehmende Agitation judaistischer Gegner in paulinischen Gemeinden (s. Gal). Paulus möchte für seine Position jetzt gegenüber „Dritten" werben. Deshalb fällt der Ton nicht so polemisch aus wie im Gal, Paulus beschäftigt sich aber wiederum mit der Gesetzesthematik. In Röm 1–5 versucht Paulus den Nachweis, dass alle Menschen, also Juden und Heiden, gleichermaßen unter dem Zorn Gottes stehen und deshalb auch gleichermaßen auf Jesus Christus angewiesen sind. In Röm 6 deutet Paulus die Taufe als ein Sterben und Auferstehen mit Christus. In Röm 7 setzt Paulus sich mit dem Vorwurf auseinander, er würde das jüdische Gesetz zerstören (Antinomismus). Er formuliert hier positive Aussagen über das Gesetz, die sich z. T. kaum mit seinen Ausführungen im Gal vereinbaren lassen (s. u., Kapitel 3.4). Röm 8 thematisiert das Leben im Geist (vgl. Gal 5). In Röm 9–11 setzt Paulus sich ausführlich mit der Frage auseinander, ob Israel von Gott verworfen ist oder nicht. (s. u., Kapitel 3.4) Im ethischen Teil greift Paulus zunächst wieder das Bild des Leibes aus vielen Gliedern auf (Röm 12; vgl. 1Kor 12). In Röm 13 spricht Paulus der staatlichen Obrigkeit zu, von Gott eingesetzt zu sein. Damit tritt er vielleicht indirekt Tendenzen unter den römischen Christen entgegen, die vom Staat geforderten Steuern nicht zu zahlen, da das Gottesreich ja sowieso bald komme. In Röm 14 stärkt Paulus die Position der Judenchristen, die die Speisegebote einhalten („Schwache"), um die Einheit der Gemeinschaft zu stärken (vgl. 1Kor 8 und 10).

Philipperbrief Den Philipperbrief schreibt Paulus in Gefangenschaft (1,7.13.17). Paulus erwartet ein Urteil, sowohl die Todesstrafe als auch einen Freispruch hält er für möglich (1,20). Wo und wann war Paulus gefangen? Die Apg weiß von einer Gefangenschaft in Philippi (16,23–40) – die natürlich in Phil 1,7.13.17 nicht gemeint sein kann, weil Paulus den Brief ja nach Philippi sendet. Außerdem berichtet die Apg davon, dass Paulus in Jerusalem gefangen gesetzt wird, als er dorthin reist, um die Kollekte zu überbringen (Apg 21,27ff.). Paulus kommt dann als Gefangener nach Caesarea und Rom (Apg 22–28). Wenn wir annehmen, dass Paulus den Phil in diesem Zusammenhang geschrieben hat, handelt es sich um einen sehr späten Brief des Paulus – geschrieben nach dem Röm. In der Forschung wird auch diskutiert, ob der

Brief deutlich früher in Ephesus abgefasst wurde, im Rahmen der 3. Missionsreise des Paulus (vgl. Apg 19). Allerdings hören wir in der Apg nichts von einer Gefangenschaft des Paulus, wohl aber von einem Konflikt mit den Silberschmieden und dem Rat, diesen Konflikt vor „Gerichte und Statthalter" zu bringen (Apg 19,38). Im 1Kor deutet Paulus an, dass er sich in Ephesus in Todesgefahr befunden habe (15,32). Wenn wir Ephesus als Abfassungsort annehmen, handelt es sich beim Phil um einen relativ frühen Brief – geschrieben noch vor dem 1Kor.

Die Frage der Datierung ist wichtig, weil Paulus im Phil die Terminologie der „Rechtfertigungslehre" (s. u., Kapitel 3.3) benutzt (3,2–4,1), die uns auch im Gal und Röm begegnet. Je nach Datierung des Phil (z. T. auch des Gal) hätte Paulus sich also erst recht spät oder aber schon recht früh zu diesem Thema geäußert.

Paulus hat zu der von ihm auf seiner 2. Missionsreise gegründeten Gemeinde in Philippi (Apg 16) gute Beziehungen, es herrscht offensichtlich ein reger Kontakt. Ein wichtiges Thema im Phil ist die Einheit der Gemeinde (2,1–18). Paulus begründet seine Mahnungen zur Einheit theologisch mit einem traditionellen Christushymnus (2,6–11). In 3,2 warnt Paulus die Gemeinde (vorsorglich?) scharf vor „den Hunden", vor „der Zerschneidung". Gemeint sind – ähnlich wie im Gal – judenchristliche Missionare, die die Beschneidung der Heidenchristen fordern. Da der Ton hier so unmittelbar an Schärfe zunimmt, wird diskutiert, ob an dieser Stelle ein ursprünglich selbstständiger „Kampfbrief" (3,1b–4,1.8f.) eingefügt wurde.

Der Phil ist ein Dankbrief. Die Gemeinde hat Paulus offensichtlich (materiell) unterstützt (4,15f.). Angesichts der drohenden Todesstrafe äußert Paulus sich zur Frage der Auferstehung und der Parusie (vgl. 1,6.10f.20–23; 2,16; 3,10.20; 4,5). Umstritten ist, ob sich diese Äußerungen mit denen aus 1Thess 4,13–5,11 und 1Kor 15 vereinbaren lassen. In Phil 3,20 spricht Paulus vom „Bürgerrecht der Christen im Himmel". Diese Aussage kann so gelesen werden, dass sie die Aufforderung zur Unterordnung unter die staatliche Macht (Röm 13) relativiert.

Den kurzen Philemonbrief schreibt Paulus ebenfalls in Gefangenschaft. Der Christ Philemon besitzt einen Sklaven, Onesi-

Philemonbrief

mus, den Paulus bekehrt hatte und der nun entlaufen ist. Paulus bittet Philemon, diesen Sklaven wieder freundlich aufzunehmen und auf Strafen zu verzichten.

3.3 Zur Theologie des Paulus

methodische Anfragen

Paulus hat mit seinen Briefen die christliche Theologie ganz erheblich geprägt. Insofern liegt es nahe, nach den wesentlichen Elementen der paulinischen Theologie zu fragen. Sobald wir diese Frage anzugehen versuchen, melden sich allerdings sofort gewichtige methodische Bedenken:

1. Paulus hat keine „Dogmatik", also keine zusammenhängende, in sich stimmige Lehre von Gott entworfen. Seine Briefe sind Gelegenheitsschriften mit je konkreten, unterschiedlichen Adressaten. Paulus reagiert in seinen Schreiben auf Anfragen aus der jeweiligen Gemeinde oder auf bestimmte Gegebenheiten, die er als Missstände wahrnimmt. Dürfen wir also die einzelnen Briefe zu einer zusammenhängenden, einheitlichen Theologie des Paulus zusammensetzen?
2. Müssen wir mit einer Entwicklung innerhalb des paulinischen Denkens rechnen? Zwischen der Abfassung des ersten Briefes an die Thessalonicher und dem Schreiben an die Gemeinde in Rom vergehen ca. 5–6 Jahre. Findet innerhalb dieser Zeitspanne ein Wandel im paulinischen Denken statt?
3. Wie radikal ändert sich die Theologie des Paulus durch seine Berufung? Ist in diesem Ereignis – was auch immer sich genau dahinter verbirgt – bereits die gesamte „christliche" Theologie des Paulus angelegt, oder ist es angemessener, hier den Anstoß zu einem theologischen Umdenken zu vermuten, also den Beginn eines längeren Prozesses?

„Grunderzählung"

Bevor wir uns einige umstrittene Elemente der paulinischen Theologie genauer ansehen, ist es angesichts dieser Schwierigkeiten hilfreich, sich zunächst dem „Gerüst" des paulinischen

Denkens zuzuwenden, das relativ unumstritten ist. Das theologische Denken des Paulus lässt sich am besten in Form einer Erzählung („story") wiedergeben. Die Erzählung, die von Gottes Weg mit den Menschen handelt, beginnt für Paulus mit der Schöpfung. Daran schließt sich der Fall Adams an (vgl. Gen 3). Durch Adam kommt die Sünde in die Welt (Röm 5,12–14). Damit ist das Problem, um das sich die Geschichte Gottes mit den Menschen dreht, benannt: Die Sünde korrumpiert und versklavt die Menschheit. Die Sünde ist die Macht, von der die Menschheit befreit werden muss (Röm 1,18–3,20). Hier kommt nun zunächst Abraham ins Spiel. Abraham ist für Paulus von zentraler Bedeutung, denn:

1. „Abraham hat Gott geglaubt, und das ist ihm zur Gerechtigkeit gerechnet worden." (Röm 4,3; Paulus bezieht sich hier auf Gen 15,6). Abraham glaubt also und wird gerecht, *bevor* das Gesetz in die Welt kommt.
2. Abraham erhält von Gott die Zusage: „Ich will segnen, die dich segnen …" (Gen 12,3). Diese Zusage erfüllt sich nach Paulus in Jesus, den er als *den* Nachkommen Abrahams bezeichnet (Gal 3,16).

Nachdem Gott Abraham diese Zusage erteilt hat, und bevor er Jesus Christus auf die Erde sendet, gibt er durch Mose das Gesetz, oder besser: die Weisung, also die jüdische Thora (2Kor 3,7–16; Gal 3,17–25). Das entscheidende Heilsereignis steht aber noch aus: der Tod und die Auferstehung Jesu Christi (Röm 3,21–28; Gal 2,16). Als Mitglieder von Gottes geheiligtem Volk handeln die Glaubenden so, wie Gott es von ihnen erwartet (1Thess 4,1–12), bis der Herr Jesus Christus am Ende der Zeit wiederkommt (Parusie) und die Glaubenden für immer bei ihm sein werden (1Thess 4,13–17). In dieses Gerüst lassen sich nun versuchsweise einzelne – zum Teil umstrittene – Elemente der paulinischen Theologie einpassen.

Im Zentrum der paulinischen Erzählung steht also das Christusgeschehen, insbesondere Tod und Auferstehung. Wir berühren hier den zentralen Unterschied zwischen dem Judentum und dem sich herausbildenden Christentum. Beide unterschei-

Christologie

den sich darin, wie sie die Person Jesu von Nazareth sehen: Für das Judentum war Jesus ein Mensch jüdischen Glaubens, für das Christentum ist Jesus gleichzeitig der Messias, also der Gesalbte oder – auf Griechisch – der Christus (s. o., Kapitel 2.2). Im Judentum gab und gibt es die Hoffnung auf einen Messias, also auf einen (politischen) „Retter". Nach jüdischem Verständnis war Jesus *nicht* dieser erhoffte Messias. Das Christentum hingegen bekennt sich zu Jesus als dem Christus. Dabei wird das jüdische Messiasverständnis im Christentum verändert. Alle Verfasser des Neuen Testaments sehen in Jesus mehr als „nur" einen Menschen. Für jeden einzelnen Verfasser ist gesondert zu fragen, wie dieses „mehr" genauer zu bestimmen ist. Die Christologie fragt nach diesen „Lehren von Jesus Christus". Für Paulus bildet das Christusgeschehen das Fundament für die Eschatologie, die Soteriologie und die Ethik (s. u.).

Eschatologie Bei unserer Betrachtung von einzelnen Elementen der paulinischen Erzählung beginnen wir bei der Eschatologie. Wörtlich bedeutet Eschatologie die „Lehre von den letzten Dingen". Tatsächlich geht es aber nicht um eine Lehre, sondern um Hoffnungssätze, um Gottes Verheißungen. Wer sich auf diese Verheißungen einlässt, den betreffen die „letzten Dinge" – als Dinge von „äußerster Wichtigkeit" – schon jetzt. Die Eschatologie entwirft ein Bild von Gottes Vergangenheit, Gegenwart und Zukunft mit den Menschen.

Wie sahen eschatologische Erwartungen im Judentum zur Zeit Jesu aus? Die gegenwärtige, böse Welt wurde kontrastiert mit der zukünftigen, guten Welt. Der Umschlag würde am „Tag des Herrn" erfolgen – ein schrecklicher und herrlicher Tag des Gerichts und der Erlösung (z. B. Jes 13,6–9). Durch das Christusgeschehen veränderte sich dieses Bild für Paulus. Er meinte, wie die anderen Urchristen auch, dass die Wiederkunft Christi nahe war (Naherwartung; vgl. 1Thess 4,15; 1Kor 10,11). Das erste Kommen Christi und seine Auferstehung sah Paulus als Beginn der eschatologischen Endereignisse. Gott hat eschatologisch gehandelt – aber diese Handlung ist noch nicht zum Abschluss gekommen. Paulus ist überzeugt: Menschen, die an Jesus als den Christus glauben, sind bereits mit ihm gestorben

(Röm 6,4), sie sind bereits eine „neue Schöpfung" (2Kor 5,17), sie sind gerettet, „aber auf Hoffnung" (Röm 8,24). Noch „seufzt" die Schöpfung (Röm 8,22) und wartet auf den Tag des Herrn mit der Parusie.

Tod und Auferstehung Christi bewirken, dass Christen gerettet sind, wenn auch auf Hoffnung hin (Röm 8,24). Damit sind wir bei der Soteriologie, bei der „Lehre von der Rettung". Paulus teilt die urchristliche Überzeugung, nach der Jesus Christus „für uns" gestorben ist (Röm 5,8; 1 Kor 15,3; 2Kor 5,14; 1Thess 5,10). Aber wie genau stellt Paulus sich das vor? Warum bzw. wodurch sind wir, die wir an Jesus Christus glauben, durch seinen Tod gerettet?

„für uns gestorben"

Betrachten wir zu dieser Frage folgende Äußerungen des Paulus:

1. Ich rede aber von der Gerechtigkeit vor Gott, die da kommt durch den Glauben an Jesus Christus zu allen, die glauben. Denn es ist hier kein Unterschied: sie sind allesamt Sünder und ermangeln des Ruhmes, den sie bei Gott haben sollten, und werden ohne Verdienst gerecht aus seiner Gnade durch die Erlösung, die durch Christus Jesus geschehen ist. Den hat Gott für den Glauben hingestellt als Sühne in seinem Blut zum Erweis seiner Gerechtigkeit, indem er die Sünden vergibt ... (Röm 3,22–25)
2. Was sollen wir nun sagen? Sollen wir denn in der Sünde beharren, damit die Gnade umso mächtiger werde? Das sei ferne! Wie sollten wir in der Sünde leben wollen, der wir doch gestorben sind? Oder wisst ihr nicht, dass alle, die wir auf Christus Jesus getauft sind, die sind in seinen Tod getauft? So sind wir ja mit ihm begraben durch die Taufe in den Tod, damit, wie Christus auferweckt ist von den Toten durch die Herrlichkeit des Vaters, auch wir in einem neuen Leben wandeln. (Röm 6,1–4)

In Röm 3,22–25 entfaltet Paulus das „für uns" im Sinne eines Opfergedankens. Seine „Erzählung" verläuft in etwa so: Die Menschen sind schuldig, weil sie Sünder sind. Deshalb sind sie dem Tode verfallen. Aber anstatt die Menschen tatsächlich zum Tode zu verurteilen, hat Gott Jesus Christus gesandt, der ohne

Opfergedanke

Sünde war (2Kor 5,21). Jesus Christus ist anstelle der Menschen gestorben, er hat sich für sie geopfert. Durch sein Blut kann Gott den Menschen vergeben. Diese Erzählung erinnert in einigen Zügen an Lev 16, wo Gott Mose befiehlt, einen Stier als „Sündopferbock des Volkes" zu schlachten (vgl. unsere Rede vom „Sündenbock").

Partizipation

In Röm 6,1–4 lesen wir zum selben Thema eine andere „Erzählung". Statt des Opfergedankens begegnet uns hier die Idee der Teilhabe (Partizipation): Menschen leben „in Adam", also unter der Herrschaft von Sünde und Tod. Der Mensch kann diesen Herrschaftsbereich nur durch den Tod verlassen. Jesus Christus wurde Mensch. Dadurch teilte er das Schicksal derer, die „in Adam" leben. Er starb am Kreuz. Aber da Jesus Gott treu und gehorsam war, wurde er von Gott auferweckt als der Erstgeborene einer neuen, erlösten Menschheit. In der Taufe sterben die Täuflinge mit Christus. Damit legen sie ihr altes Leben „in Adam" ab und werden eine neue Schöpfung, befreit von der Herrschaft der Sünde.

Paulus gibt also zwei unterschiedliche Antworten auf die Frage, wie er sich das „für uns" vorstellt: Zum einen nimmt der sündlose Jesus Christus unsere Sünde auf sich und eröffnet damit die Möglichkeit, dass uns vergeben wird. Zum anderen entkommen wir dadurch dem Herrschaftsbereich der Sünde, dass wir mit Christus sterben, also an seinem Tod teilhaben.

Rechtfertigungslehre

In der Forschung ist umstritten, wie sich beide Antworten zueinander verhalten. Die Frage ist von erheblicher Bedeutung, denn sie entscheidet u. a. darüber, wie wir die sog. Rechtfertigungslehre des Paulus verstehen. „Rechtfertigungslehre" meint die Lehre bezüglich der Frage, wie der Mensch, der ja Sünder ist, vor Gott gerecht werden kann. Bei dem Stichwort „Rechtfertigungslehre" fällt uns vielleicht als erstes Martin Luther ein. Religionsbücher erzählen von dem verzweifelten Bemühen Luthers, vor Gott zu bestehen, und von seiner „reformatorischen Erkenntnis": Gott ist kein Gott, der uns nach unseren Werken gerecht richtet, sondern einer, der uns aus Gnade für gerecht erklärt. Zu dieser Erkenntnis kam Luther – so schreibt er selbst rückblickend – als er Röm 1,17 las: „Denn darin wird offenbart die Gerechtigkeit, die vor Gott gilt, welche kommt aus Glauben in Glauben; wie geschrieben steht: ‚Der Gerechte wird aus Glauben leben.'" Gerade in Deutschland sind wir aufgrund dieser Überlieferung oft geneigt, die paulinische Rechtfertigungslehre im Sinne Luthers zu verstehen. Aber Paulus bezieht die „Rechtfertigung" nicht (in erster Linie) auf die Frage der individuellen Heilsaneignung, also auf die Frage: „Wie bekomme ich einen gnädigen Gott?" Paulus war vor seiner Berufung – anders als der junge Luther – nicht von Gewissensbissen geplagt (vgl. Phil 3,5–6). Man wird daher das (vermeintlich) lutherische Verständnis der paulinischen Rechtfertigungslehre nicht ungeprüft übernehmen dürfen. Tatsächlich ist in der Forschung höchst umstritten, wie Paulus das „gerecht werden durch den Glauben" verstand. Betrachten wir eine zentrale Aussage zur Rechtfertigung, die Paulus im Brief an die Gemeinden in Galatien formuliert, etwas genauer (2,16): „Doch weil wir wissen, dass der Mensch durch Werke des Gesetzes nicht gerecht wird, sondern durch den Glauben an Jesus Christus, sind auch wir zum Glauben an Christus Jesus gekommen, damit wir gerecht werden durch den Glauben an Christus und nicht durch Werke des Gesetzes; denn durch Werke des Gesetzes wird kein Mensch gerecht." In der Forschung ist fast jedes Wort dieses Verses in seiner Bedeutung umstritten:

a) „nicht durch Werke des Gesetzes"

Wir beschränken uns hier zunächst auf die Beobachtung, dass der Mensch *nicht* durch Werke des Gesetzes – was immer damit gemeint ist (s. u., Kapitel 3.4) – gerecht wird.

Auslegungen zur Rechtfertigungslehre

b) gerecht werden

Im Griechischen steht hier das Verb *diakioun*, das unterschiedlich übersetzt werden kann:

1. Das Verb kann hier „für gerecht erklären" bedeuten. Wir befinden uns in der Sprache des Rechts. Gott als Richter urteilt über den Menschen: Du bist gerecht! – Und das, obwohl er eigentlich schuldig ist. Dem Sünder wird der Status des Gerechten zugeschrieben. Die lutherische Tradition

hat das als „forensische" (am Bild des Gerichts orientierte) Auslegung bezeichnet.
2. Das Verb kann aber auch bedeuten: „gerecht machen". Der Mensch wird also tatsächlich verändert. Inwiefern? Ein Mensch, den Gott gerecht gemacht hat, steht im richtigen Verhältnis zu Gott. Der Ausdruck „gerecht werden" ist nicht im Sinne eines richterlichen Urteils zu verstehen, sondern er beschreibt den Übergang des Menschen von einem Reich bzw. Herrschaftsgebiet in ein anderes. Der Mensch wird dadurch, dass er gerecht wird, in das Volk Gottes eingegliedert.

Die beiden Übersetzungsmöglichkeiten erinnern an die zwei unterschiedlichen Deutungen des Todes Jesu Christi „für uns": Die Vorstellung, dass Jesus Christus unsere Sünde auf sich nimmt und uns dadurch die Möglichkeit eröffnet, dass uns vergeben wird, fügt sich in das Verständnis der Rechtfertigungslehre im Sinne einer Gerichtsverhandlung: Gott als Richter kann den schuldigen Menschen deshalb für gerecht erklären, weil Jesus Christus seine Schuld auf sich genommen hat. Die Vorstellung, nach der wir dadurch Vergebung erfahren, dass wir mit Jesus Christus sterben, fügt sich in das Verständnis der Rechtfertigungslehre im Sinne eines Übergangs in das Herrschaftsgebiet Gottes.

c) *„durch den Glauben an Jesus Christus"*

So lautet die übliche Übersetzung. Wörtlich übersetzt steht im griechischen Text: „durch den Glauben Jesu Christi". Dieser Genitiv kann auch bedeuten: „durch den Glauben, den Jesus Christus hat". Jesus Christus ist also entweder das Objekt des Glaubens (Glaube an Jesus Christus) oder das Subjekt des Glaubens (Glaube, den Jesus Christus hat). Je nach Übersetzung verschiebt sich die Bedeutung. Im ersten Fall werden wir dadurch gerecht, dass wir an Jesus Christus glauben. Im zweiten Fall werden wir dadurch gerecht, dass Jesus Christus glaubt. Was könnte das heißen, „dass Jesus Christus glaubt"? Im Griechischen steht hier das Wort *pistis*, das auch „Vertrauen" bedeuten kann (vgl. Röm 3,3). Im Sinne der „Erzählung" des Paulus (s. o.) könnte also gemeint sein, dass Jesus Christus – anders als Adam – Gott vertraut hat. Deshalb können wir durch ihn gerecht werden.

Obwohl diejenigen, die an Christus glauben, „in ihm leben" und gerechtfertigt sind, führen sie nicht „automatisch" ein christliches, tugendhaftes Leben. Das war zur Zeit des Paulus nicht anders als heute. Deshalb bedenkt auch der Apostel in seiner Ethik die Frage, wie man (als Christ/in!) leben soll. Dabei hat der Indikativ Vorrang vor dem Imperativ. Was heißt das? Indikativische Sätze stellen etwas fest, in unserem Fall: „Ihr seid gerettet." (vgl. Röm 8,24) Imperativische Sätze fordern zu einem bestimmten Verhalten auf, z. B.: „Stellt euch Gott zur Verfügung." (Röm 6,13). Theoretisch sind zwei Kombinationen dieser beiden Aussagen denkbar:

Ethik

1. „Wenn ihr euch Gott zur Verfügung stellt, werdet ihr gerettet." Hier ist der Imperativ dem Indikativ vorgeordnet. Das richtige Verhalten wird zur Bedingung für die indikativische Zusage. So macht Paulus es *nicht*.
2. „Ihr seid gerettet. Also stellt euch Gott zur Verfügung." Hier ist der Indikativ dem Imperativ vorgeordnet. Das richtige Verhalten ist eine (wünschenswerte) Konsequenz aus der Rettung. Dies ist die Überzeugung des Paulus, die er prägnant in Gal 5,25 formuliert: „Wenn wir im Geist leben, so lasst uns auch im Geist wandeln."

Die paulinische Ethik verdankt sich vier unterschiedlichen Quellen, deren jeweilige Bedeutung umstritten ist:

Quellen der Ethik

1. In Einzelfällen verweist Paulus auf die Lehre Jesu. „Den Verheirateten gebiete nicht ich, sondern der Herr: Die Frau soll sich vom Mann nicht trennen – wenn sie sich aber trennt, soll sie unverheiratet bleiben oder sich wieder mit ihrem Mann versöhnen ..." (1Kor 7,10–11; vgl. Mk 10,11–12).
2. Paulus greift auf jüdische Schriften und Traditionen zurück, um ethische Anweisungen zu untermauern. Seine Verurteilung der Homosexualität (Röm 1,26–27) findet sich ähnlich in jüdischen Schriften (Weish 13–15). Hier wird deutlich, dass es grundsätzlich nicht möglich ist,

ethische Anweisungen und Urteile aus der Bibel ungeprüft in unsere Zeit zu übertragen.
3. Wahrscheinlich schlägt sich auch die griechisch-römische Tradition in der paulinischen Ethik nieder, v. a. in der Forderung nach Selbstdisziplin (1Kor 7,5; 9,25–27).
4. Schließlich ist die paulinische Ethik von einer Naherwartung geprägt. Er begründet seine Forderung, nicht zu heiraten, u. a. damit, dass „die Zeit kurz ist" (1Kor 7,29).

Stellung der Frau in der Gemeinde

Mit Paulus verbinden wir oftmals auch eine abwertende Haltung gegenüber Frauen. Tatsächlich heißt es im 1Kor: „Wie es in allen Gemeinden der Heiligen üblich ist, sollen die Frauen in der Versammlung [dem Gottesdienst] schweigen ... Sie sollen sich unterordnen, wie auch das Gesetz es fordert." (14,33–34). In der katholischen Kirche gibt es bis heute keine weiblichen Priester. In der Exegese wird diskutiert, ob die zitierte Passage aus dem 1Kor eine spätere Hinzufügung darstellt, die nicht von Paulus selbst stammt. In jedem Fall finden sich in den deutero-paulinischen (s. o., Kapitel 3) Briefen weitere Bemerkungen zur untergeordneten Stellung der Frau (s. u., Kapitel 7). Offensichtlich gab es im Urchristentum eine Tendenz, Frauen aus führenden Positionen in den Gemeinden zu verdrängen. So wurde aus Junia (Röm 16,7) in jüngeren Handschriften Junias.

3.4 Die gegenwärtige Forschungsdiskussion

jüdisch-christlicher Dialog

Wir haben gesehen, dass die Auslegung der paulinischen Theologie in vielen Punkten umstritten ist. Im Zentrum dieser Diskussion steht nach wie vor die Frage, inwiefern bzw. wie sehr sich der Glaube des Apostels Paulus von dem früheren Glauben des Pharisäers Paulus unterscheidet. Diese Frage ist für die gesamte Geschichte des Urchristentums von Bedeutung. Denn sie berührt das Problem, wie und warum das Christentum schließlich zu einer Religion neben dem Judentum wurde, statt eine innerjüdische „messianische" Gruppierung zu bilden. Das Verhältnis von Judentum und Christentum steht also zur Debatte. Wie dachte der Apostel Paulus über diese Frage? War er der Meinung, dass Gott sein Volk Israel verstoßen habe? Glaubte er, dass die Gemeinden, die sich zu Jesus als dem Christus bekannten, das Judentum als Volk Gottes abgelöst hätten?

Diese Fragen sind für den jüdisch-christlichen Dialog von erheblicher Bedeutung: (Inwiefern) Liegt in den paulinischen Briefen eine Wurzel des Antisemitismus? Können/Sollten Christen davon ausgehen, dass nur sie gerettet sind, oder werden auch Angehörige anderer Religionen (und wenn ja, welcher?) gerettet? Sollten Christen versuchen, andersgläubige Menschen – insbesondere Juden – zu bekehren? Paulus kann uns diese Fragen natürlich nicht letztgültig beantworten. Aber wir können versuchen, seine Briefe auf diese Fragen hin zu untersuchen und uns dann mit den Antworten, die wir (vielleicht) erhalten, (auch kritisch) auseinandersetzen.

Wir gehen an dieser Stelle zwei Themenbereichen nach und versuchen, sie in den jeweiligen (jüdischen oder gerade nicht mehr jüdischen) Rahmen zu stellen:

1. Wie stellt sich Paulus zum jüdischen Gesetz, also zur Thora?
2. Wie sieht Paulus das zukünftige Geschick Israels?

Zur ersten Frage: Die Thora ist der geoffenbarte Wille Gottes (Ex 20: 10 Gebote; Röm 2,17f.), sie ist Gottes Wort (vgl. Röm 3,2). Als Gottes Gabe zeichnet sie Israel vor allen Völkern aus. Die Gebote der Thora sind der Maßstab, nach dem die Menschen im Endgericht gerichtet werden (4Esra 7,37; 70-73; Röm 2,6–11; Gal 5,19–23). Die „Grunderzählung" (s. o., Kapitel 3.3) des Paulus hat bereits deutlich gemacht, dass die Kernfrage hinsichtlich der Thora darin besteht, wie sich die Gabe des jüdischen Gesetzes zum Kommen und Sterben Jesu Christi verhält. Zu dieser Frage äußert sich Röm 10,4, ein Vers, der in der Lutherübersetzung wie folgt lautet: „Denn Christus ist des Gesetzes Ende; wer an den glaubt, der ist gerecht." Möglich ist allerdings auch die Übersetzung: „Denn Christus ist des Gesetzes Ziel; wer an den glaubt, der ist gerecht." Diese beiden Übersetzungsmöglichkeiten können die Extrempole zu der Frage markieren, wie Thora und Christusgeschehen sich zueinander verhalten: Löst Jesus Christus nach paulinischem Verständnis das Gesetz ab, wollte Paulus also das Gesetz abschaffen? Oder führt Paulus das jüdische Thoraverständnis fast

Christus und Gesetz

ungebrochen weiter in dem Sinne, dass die Thora durch den Glauben an Christus aufgerichtet werde (vgl. Röm 3,31)?

Werkgerechtigkeit Eine „klassische" Auslegung in lutherischer Tradition sieht in etwa so aus: Als Pharisäer versuchte Paulus sich seine Erlösung zu verdienen, indem er dem jüdischen Gesetz gehorchte. Allerdings wurde ihm klar, dass er scheitern musste (vgl. Röm 7,7–25). Seine Bekehrung bedeutete die Befreiung von dieser Versklavung an eine legalistische Religion, also eine Religion, die die Befolgung des Gesetzes in den Mittelpunkt stellt. Paulus verstand nun, dass Erlösung ein Geschenk Gottes aus Gnade ist und nicht verdient werden kann. Diese göttliche Gnade manifestiert sich in der Sendung des Sohnes Jesus Christus. Paulus kritisiert also das jüdische Gesetz – und damit die jüdische Religion insgesamt – weil die Befolgung von Geboten niemals zur Erlösung führen kann. Hierin bestehe der fundamentale Irrtum des Judentums. Die Bekehrung des Paulus markiert demnach die Wende vom Leben unter dem Gesetz zum Leben unter der Gnade. Gott gab das Gesetz, um den Menschen zu zeigen, dass sie Sünder sind und der Erlösung aus Gnade bedürfen. Dieser Auslegungstyp charakterisiert das Judentum zur Zeit des Paulus mit dem Konzept der Werkgerechtigkeit. Es unterstellt dem Judentum die Überzeugung, sich durch die Befolgung des Gesetzes (aus eigener Kraft) gerecht machen zu können.

Die aktuelle Forschung richtet zwei kritische Anfragen an diesen Auslegungstyp:

1. Wird diese Auslegung dem Selbstverständnis des Judentums zur Zeit des Paulus gerecht?
2. Wird diese Auslegung der Theologie des Paulus gerecht?

Bundesnomismus Bezüglich der ersten Frage ist sich die aktuelle Forschung einig darin, dass das Judentum in der oben skizzierten Auslegung unzutreffend dargestellt wird. Die Abkehr von dieser Auslegungstradition wird als „neue Paulusperspektive" bezeichnet.

Insbesondere das Werk von Ed P. Sanders ist hier einflussreich. Sanders geht davon aus, dass das theologische Fundament des Judentums zur Zeit des Paulus nicht in einer „Werkgerechtigkeit" liegt, sondern im „Bundesnomismus". Für Sanders sind bei der Betrachtung von Religionen zwei Fragen strukturgebend: die Frage nach dem „Hineinkommen" und die Frage nach dem „Darinbleiben". Die Frage nach dem „Hineinkommen" beantwortet das Judentum nicht etwa mit der „Werkgerechtigkeit", sondern mit der Erwählung Gottes, bzw. mit dem Bund, den Gott aus freien Stücken mit seinem Volk schließt (vgl. Gen 9; 17; Ex 20). Nicht das Tun, sondern die Erwählung führt zum Heil. Das „Hineinkommen" beruht insofern auf Gnade. Das „Darinbleiben" erfordert die Beachtung der Thora (auf Griechisch: nomos), aber wichtig ist, dass der Bund dem Gesetz, also dem nomos, vorgeordnet bleibt (daher: Bundesnomismus). Dieses „neue" Bild des Judentums wird in der Forschung – mit einigen Abstrichen – von vielen akzeptiert.

Umstrittener ist die Frage, ob die Auslegung von Sanders der Theologie des Paulus gerecht wird (s. Frage 2). Grundsätzlich gibt es heute ein größeres Bewusstsein dafür, dass wir unterscheiden müssen zwischen der Selbstwahrnehmung des Judentums zur Zeit des Paulus, und der Art, wie Paulus den jüdischen Glauben – z. T. vielleicht in polemischer Verzerrung? – darstellt. Von der Frage, wie sich das Judentum zur Zeit des Paulus fair charakterisieren lässt, ist also die andere Frage zu unterscheiden, was Paulus am jüdischen Gesetz kritisiert. Genauer formuliert: Was meint Paulus mit den „Werken des Gesetzes", durch die der Mensch nicht gerecht wird (s. o., Kapitel 3.3)? Geht es in erster Linie um Gebote oder um Taten, also die Erfüllung dieser Gebote? Sind alle Gebote/Taten im Blick oder nur bestimmte? Rudolf Bultmann (1884–1976) fasste den Begriff sehr weit und setzte die „Werke des Gesetzes" mit den menschlichen Taten allgemein gleich. Paulus kritisiere das Bemühen des Menschen, durch eigenes Tun gerecht zu werden. Schon das Streben nach Thoraerfüllung sei daher falsch und sündig. Diese Auslegung wird heute allgemein abgelehnt. Vielleicht meinen die „Werke des Gesetzes" alle in den fünf Büchern Mose geforderten Gebote (samt ihrer Erfüllung). Paulus kritisiert nicht den Versuch, diese Gebote zu erfüllen, sondern im Gegenteil ihre faktische Nichterfüllung. Vielleicht ist die Bedeutung aber noch enger zu fassen, und Paulus meint mit den „Werken des Gesetzes" nur bestimmte Gebote,

Werke des Gesetzes

nämlich diejenigen, die Juden von Heiden unterscheiden (also v. a. die Beschneidung und die Speisegebote). Paulus kritisiert dann die Art, wie Juden mittels des Gesetzes die Grenze zwischen sich und den Heiden markieren. Er fordert eine universale Öffnung des Judentums.

Widersprüche Eine Entscheidung in dieser Frage wird dadurch erschwert, dass die paulinischen Aussagen zur Thora in sich z. T. widersprüchlich sind. Nach jüdischem Verständnis ist die Thora mit ihren Einzelgeboten grundsätzlich praktikabel und erfüllbar. „Wenn du willst, kannst du das Gebot halten." (Sir 15,15) Paulus greift diese Überzeugung in Phil 3,6 auf, wenn er behauptet, er sei „nach der Gerechtigkeit, die das Gesetz fordert, untadelig gewesen". Aber der Apostel bricht in doppelter Hinsicht mit dieser Überzeugung: Zum einen ist diese „Untadeligkeit" angesichts des Christusgeschehens wertlos geworden (Phil 3,7). Zum anderen ist es faktisch so, dass keiner das Gesetz wirklich erfüllt. Alle Menschen – Juden wie Heiden – sind Sünder (Röm 3,23). Insofern vertritt Paulus eine pessimistischere Lehre vom Menschen (Anthropologie) als die Mehrheit der Juden seiner Zeit. Allerdings rechnet Röm 2,14f. mit einer (teilweisen oder nur hypothetischen?) Erfüllung des Gesetzes durch die Heiden, und Paulus kann davon sprechen, dass die, die an Christus glauben, nun in neuer Weise im Geist die Thora erfüllen (Gal 5,14ff.; Röm 8,4; 13,8–10).

Israels Schicksal Zur zweiten Frage, wie Paulus die Zukunft Israels sieht: Angesichts des zukünftigen Geschickes Israels steht Paulus vor einem Dilemma: Einerseits ist er überzeugt davon, dass Rettung für Juden und Heiden nur in und durch Christus möglich ist (vgl. Röm 1,18–3,20). Andererseits hält er daran fest, dass Gott zu seinen Zusagen an Israel – insbesondere seiner Erwählung – steht (Röm 11,1.29). In Röm 9–11 versucht er in mehreren Anläufen, beide Aussagen zu verbinden. In 9,6–13 unterscheidet Paulus zwischen „Israeliten" und denen, „die von Israel herstammen" (9,6). Nur die „wahren" Israeliten sind von Gott in freier Souveränität erwählt (9,14–29). In einem zweiten Anlauf (9,30–11,10) verwendet Paulus die jüdische Tradition vom „Rest" (vgl. z. B. Amos 9,12): „So ist nun auch in der gegenwärtigen Zeit ein Rest

gemäß der Auswahl vonseiten der Gnade zustande gekommen
… Was Israel erstrebte, das hat es nicht erlangt, die Auserwählten aber haben es erlangt." (Röm 11,5.6) Die Argumentation erreicht in 11,11–36 ihren Höhepunkt: Paulus warnt die (Heiden-) Christen davor, sich über die Juden zu erheben. Er benutzt das Bild vom Ölbaum, der für das Judentum steht (11,17–24). Aus diesem Baum hat Gott „infolge ihres Unglaubens" einige Zweige (also Juden) herausgebrochen (11,20) und Heiden (infolge ihres Glaubens an Jesus Christus) eingepfropft. Gott kann aber auch eingepfropfte Zweige herausbrechen (11,21), und er kann herausgebrochene Zweige wieder einpfropfen (11,23). Dieses Bild ist in einen letzten Gedankengang eingefügt: Die Abkehr Israels habe dazu geführt, dass das Evangelium den Heiden verkündet werde. Dadurch entstehe wiederum ein Anreiz für Israel, den Heiden nachzueifern (11,11). So werde zuerst „die Vollzahl der Heiden" eingehen (11,25), bis auf diese Weise „ganz Israel gerettet werden wird" (11,26).

Was meint Paulus mit dieser Formulierung „ganz Israel"? Meint er jeden individuellen Israeliten, der je gelebt hat? Oder meint er nur die „wahren" Israeliten, von denen in 9,6–29 die Rede war? Meint er das Judentum oder das „neue" Israel aus Judenchristen (vgl. Gal 6,16)? Will Paulus sagen, dass Israel gerettet werden wird, wenn es (schließlich doch noch) zum Glauben an Jesus Christus kommt, oder räumt er dem Judentum einen „Sonderweg" ein, der besagt, dass Gott die Juden aufgrund seiner Zusagen an dieses Volk – *als Juden* (an Jesus Christus „vorbei") retten wird? Diese Frage ist in der Paulusforschung heftig umstritten. Sie ist grundsätzlich von dem Problem zu unterscheiden, wie wir uns selbst zu dieser Frage stellen.

Sonderweg für das Judentum?

Impulse:

1. Wie argumentiert Paulus beim „Antiochenischen Zwischenfall" gegen Petrus (Gal 2,14)? Formulieren Sie eine Antwort des Petrus, in der er seine Position verteidigt und inszenieren Sie ein Streitgespräch. Wer hat Ihrer Meinung nach recht?

Impulse

2. Sie sind heidenchristliches Mitglied einer Gemeinde, die sich aus Heiden- und Judenchristen zusammensetzt. Ein Judenchrist fragt Sie um Rat, ob er seinen Sohn beschneiden lassen solle oder nicht – und ob er eine Konfrontation mit Paulus riskiert, wenn er ihn beschneiden lässt. Was raten Sie ihm? Begründen Sie Ihre Meinung. Äußern Sie sich auch dazu, wie sich Ihre Einschätzung zu derjenigen des Paulus verhält.
3. Wo beginnt der Briefschluss des 1. Korintherbriefes? Welche typischen Gattungselemente tauchen hier auf?
4. Lesen Sie 1Thess 4,1–5,11. Formulieren Sie eine Anfrage der thessalonischen Christen, auf die Paulus mit diesem Text reagiert.
5. Diskutieren Sie die zeitliche Reihenfolge der paulinischen Briefe.
6. Was versteht man unter „Kreuzestheologie"?
7. Was bedeutet „partizipatorische Christologie"? Wo finden wir so etwas bei Paulus?
8. „Werke des Gesetzes" – was könnte damit gemeint sein?
9. Sollten Christen versuchen, Juden zum Christentum zu bekehren? – Argumentieren Sie mit Paulus.

4. Die synoptischen Evangelien

Was ist ein Evangelium? Der griechische Begriff lässt sich übersetzen im Sinne von „froher Botschaft" oder „Guter Nachricht" (daher die „Gute-Nachricht"-Übersetzung der Bibel). Evangelium ist also ursprünglich nicht die Bezeichnung für eine bestimmte Art von Literatur, sondern es bezeichnet die Botschaft selbst. So kann Paulus im Brief an die Gemeinden in Galatien formulieren: „Denn ich erkläre euch, Brüder: Das Evangelium, das ich verkündigt habe, stammt nicht von Menschen." (1,11) Paulus schreibt diesen Satz ca. 15 Jahre vor der Entstehung des ältesten uns bekannten Evangeliums, des Markusevangeliums. Er bezieht sich hier also nicht auf eine Schrift, sondern auf seine mündliche Botschaft von Jesus Christus, die er den Menschen in Galatien verkündet hat. Das Markusevangelium beginnt mit den Worten: „Anfang des Evangeliums von Jesus Christus, dem Sohn Gottes" (1,1). Damit ist zunächst wiederum die Heilsbotschaft von Jesus Christus gemeint und nicht eine bestimmte Literaturgattung. Aufgrund dieser Bucheinleitung wurde das Wort „Evangelium" dann aber zur Bezeichnung einer literarischen Gattung.

Evangelium als Heilsbotschaft

Was zeichnet das Evangelium als literarische Gattung aus? Es handelt sich dabei um erzählende (narrative) Texte, die in theologischer Absicht vom Leben und Sterben sowie von der Auferstehung Jesu sprechen. Die Gattung der Evangelien beinhaltet damit eine grundlegende theologische Aussage. Sie betont durch ihr Interesse am Lebens- und Leidensweg Christi, dass die christliche Botschaft an die Geschichte eines Menschen gebunden ist. Paulus hatte sich kaum für das Leben und die Botschaft des irdischen Jesus interessiert (s. o., Kapitel 3.3). Für ihn war wichtig, dass Jesus Christus „für uns" gestorben ist und von Gott auferweckt wurde. Passion und Auferstehung haben auch in den

Evangelium als literarische Gattung

Evangelien erhebliches Gewicht, aber nun in erzählender Form. Außerdem erfahren die Leser etwas darüber, was Jesus vor seiner Passion gesagt und getan hat. Die Geschichte von Leben, Tod und Auferstehung Jesu Christi erhält in den Evangelien eine theologische Bedeutung.

Evangelium als Verkündigung

Evangelien verbinden Geschichte und Verkündigung. Sie erzählen von Jesus, seinen Jüngern und seinen Gegnern. Das Geschehen spielt in Galiläa, in Samarien und in Jerusalem um das Jahr 30 n. Chr. Diese Geschichten wollen aber gleichzeitig Verkündigung sein, d. h. sie wenden sich in theologischer Absicht an Hörer und Leser, die deutlich später an anderen Orten leben. Die Adressaten der Evangelien, die sich prinzipiell an ein unbegrenztes Publikum wenden, sollen sich durch die Geschichte von Jesus Christus selbst angesprochen fühlen. Dabei wenden sich die Evangelien nur sehr selten direkt an ihre Leser. Das Publikum soll sich vielmehr indirekt in bestimmten Personengruppen, die im Evangelium auftauchen, wiederfinden (z. B. in den Jüngern und Jüngerinnen) und Aussagen Jesu auf sich selbst beziehen.

4.1 Das Markusevangelium

Grobgliederung

Das Markusevangelium lässt sich nach geographischen Gesichtspunkten in zwei große Teile gliedern: Der erste Teil (1,1–8,21) spielt in Galiläa, der zweite (11,1–16,8) in Jerusalem, das in Judäa liegt. Im Zentrum des Evangeliums befindet sich ein Abschnitt, der wesentliche theologische Motive des Evangeliums bündelt. Jesus befindet sich hier auf dem Weg von Galiläa nach Jerusalem (8,22–10,52).

Beginn des Wirkens Jesu in Galiläa

Das Markusevangelium setzt ein mit Johannes dem Täufer (1,2–10) und erzählt dann von der Taufe (1,9–11) und der Versuchung Jesu (1,12f.). In 1,15 wird das „Evangelium Gottes", das Jesus in Galiläa predigt, prägnant zusammengefasst: „Die Zeit ist erfüllt, das Reich Gottes ist nah. Kehrt um und glaubt an das Evangelium!" Auf die Berufung der ersten Jünger (1,16–20) folgen erste Wundererzählungen (1,21–2,12) sowie Streit- bzw. Schulgespräche (2,13–27; s. o., Kapitel 2.6). Das 3. Kapitel erzählt von weiteren Wunderhandlungen (3,1–12; 22–27), von der Berufung von zwölf Jüngern (3,13–19) und davon, dass Jesu

Angehörige meinen, „er ist von Sinnen" (3,21). Jesus äußert sich daraufhin dazu, wer seine „wahren Verwandten" seien: „Wer den Willen Gottes erfüllt, der ist für mich Bruder und Schwester und Mutter." (3,35).

Das 4. Kapitel enthält mehrere Gleichnisse: das Gleichnis vom Sämann (4,1–9) samt Deutung (4,13–20), die Bildworte vom Licht und vom rechten Maß (4,21–25) und das Gleichnis vom Senfkorn (4,30–32). Für uns rätselhaft und vielleicht sogar anstößig ist die Äußerung Jesu zum Sinn der Gleichnisse (4,11–12): „Euch [den Jüngern] ist das Geheimnis des Reiches Gottes gegeben; denen aber, die draußen sind, wird alles in Gleichnissen gesagt: denn sie sollen sehen; sehen, aber nicht erkennen; hören sollen sie; hören, aber nicht verstehen, damit sie sich nicht bekehren und ihnen nicht vergeben wird."

Gleichnisse

Man spricht in diesem Zusammenhang vom Parabelgeheimnis oder auch von der Parabeltheorie. Gleichnisse erscheinen hier – entgegen unserem üblichen Verständnis – nicht etwa als Mittel, um die Botschaft Jesu leichter verständlich zu machen, sondern im Gegenteil als verschlüsselte Rede, die nur einige verstehen können und sollen. Die Grenze zwischen denen, die verstehen, und denen, die nicht verstehen, ist deutlich gezogen: Das Volk, die Außenstehenden, verstehen nicht, den Jüngern hingegen sind die Geheimnisse des Gottesreiches gegeben. Was ist der Sinn dieses Parabelgeheimnisses? Vielleicht darf man es mit Klaus Berger (geb. 1940) so deuten: „Wer die Lehre Jesu nur oberflächlich begreift, im Sinne einer schönen ‚Geschichte', der bleibt draußen und wird dadurch verführt, dass das Gleichnis ja in sich stimmig ist. Wer dagegen den tieferen Sinn erfassen will, ist dazu darauf angewiesen, noch einmal auf Jesus zu hören und sein Jünger zu werden." (Berger, 60)

Parabeltheorie

Das 4. Kapitel endet damit, dass Jesus mit seinen Jüngern auf den See Genezareth hinausfährt, wo sie von einem Sturm überrascht werden. Jesus bringt den Sturm zum Erliegen, und die Jünger fragen: „Was ist das für ein Mensch, dass ihm sogar der Wind und der See gehorchen?" In den Kapiteln 5–8 finden wir weitere Wundergeschichten, wir erfahren von der Ablehnung Jesu in Nazaret, seiner Vaterstadt (6,1–6), und von der Hinrich-

Jesu Wirken in Galiläa

tung des Täufers durch Herodes Antipas, den damaligen Herrscher in Galiläa (6,17–29). Jesus äußert sich zu der Frage von Reinheit und Unreinheit (7,1–23). Pointiert heißt es: „Nichts, was von außen in den Menschen hineinkommt, kann ihn unrein machen, sondern was aus dem Menschen herauskommt, das macht ihn unrein." (7,15) Also: Nicht Unreinheit steckt an, sondern Reinheit. Die jüdischen Reinheitsgebote werden aufgrund dieser Überzeugung außer Kraft gesetzt: Alle Speisen sind rein (7,19). Das, was aus dem Menschen herauskommt, sind die bösen Gedanken (7,19.21). Diese Grundhaltung gegenüber der jüdischen Unterscheidung von rein und unrein kann erklären, warum Jesus sich „bedenkenlos" Menschen nähern kann, die nach jüdischem Verständnis als unrein gelten: Zöllnern, Heiden, Kranken. Die Tischgemeinschaft Jesu mit Zöllnern und Sündern orientiert sich nicht an jüdischen Ritualvorschriften, denn: „Nicht die Gesunden brauchen einen Arzt, sondern die Kranken!" (2,17a).

Mittelteil Der zentrale Mittelteil ist sorgfältig durchkomponiert: Den Rahmen bilden zwei Blindenheilungen (8,22–26; 10,46–52). Sie haben wohl metaphorischen Charakter: Den Jüngern und Jüngerinnen und mit ihnen der markinischen Gemeinde sollen die Augen geöffnet werden, wer dieser Jesus von Nazaret ist: Der Messias/Christus, der leidende Menschensohn, der die Menschen in die Nachfolge ruft, obwohl diese Nachfolge mit Leiden verbunden ist (vgl. besonders 8,34–9,1). Auf das Messiasbekenntnis durch Petrus (8,27–30) folgen drei parallel aufgebaute Blöcke: Zunächst eine Leidensankündigung (8,31; 9,31; 10,32–34), in der Jesus sein Leiden, seinen Tod und seine Auferstehung nach drei Tagen ankündigt, dann das Motiv des Jüngerunverständnisses (s. u., 8,32b.33; 9,32–34; 10,35–40), schließlich eine Jüngerbelehrung (8,34–9,1; 9,35–37; 10,41–45). Nach dem ersten Block ist die sogenannte Verklärungsgeschichte eingeschoben (9,2–10): Jesus nimmt Petrus, Jakobus und Johannes mit auf einen hohen Berg. Dort erscheinen ihnen Elia und Mose, die mit Jesus reden. Petrus möchte für Elia, Mose und Jesus drei Hütten bauen. Eine himmlische Stimme sagt: „Das ist mein geliebter Sohn. Auf ihn sollt ihr hören." (9,7) Als Jesus mit seinen Jüngern vom Berg hinabsteigt, verbietet er ihnen, „ irgendjemandem davon zu erzählen, was sie gesehen hatten, bis der Menschensohn von den Toten auferstanden sei" (9,9).

Im Mittelpunkt des zweiten Hauptteils steht die Passion. Das Volk begrüßt Jesus in Jerusalem mit dem Ruf: „Hosianna! Gelobt sei der, der da kommt im Namen des Herrn!" (11,9). Jesus treibt die Händler und Käufer aus dem Tempel, und die Hohepriester (s. u., Kapitel 7.) und Schriftgelehrten (s. o., Kapitel 2.6) suchen nach einer Möglichkeit, ihn umzubringen (11,15–19). Im Gleichnis von den bösen Weinbergspächtern (12,1–12) kündigt Jesus ihnen an, den Weinberg, also das Gottesreich, von ihnen zu nehmen (12,9). Das bringt sie weiter gegen Jesus auf, aber noch „fürchteten sie sich vor dem Volk" (12,12). Es folgen mehrere Streit- bzw. Schulgespräche. Im 13. Kapitel kündigt Jesus an, dass von „diesen großen Bauten" kein Stein auf dem anderen bleiben wird (13,2). Er spricht von Kriegen und Verfolgungen, warnt vor „falschen Christussen" (13,22) und kündigt das Kommen des Menschensohnes „in den Wolken" an (13,26; vgl. Dan 7,13f.). Das 14. Kapitel erzählt vom Verrat Jesu durch Judas und vom letzten Mahl Jesu mit seinen Jüngern (14,10–25), von der Gefangennahme Jesu im Garten Getsemani (14,32–52) und von der dreimaligen Verleugnung Jesu durch Petrus (14,66–72). Im 15. Kapitel erfährt der Leser von der Verurteilung Jesu durch Pilatus sowie von der Kreuzigung und dem Begräbnis Jesu. Das 16. Kapitel erzählt, wie die Frauen zum Grab Jesu gehen, um ihn zu salben. Als sie dort ankommen, finden sie das Grab offen. Ein junger Mann in weißem Gewand sitzt im Grab und sagt: „Erschreckt nicht! Ihr sucht Jesus von Nazaret, den Gekreuzigten. Er ist auferstanden, er ist nicht hier. Seht, da ist die Stelle, wo man ihn hingelegt hatte. Nun aber geht und sagt seinen Jüngern, vor allem Petrus: Er geht euch voraus nach Galiläa; dort werdet ihr ihn sehen, wie er es euch gesagt hat." (16,6–7; vgl. 14,28). Die Frauen fliehen vor lauter Schreck. Das Evangelium endet mit dem Satz: „Und sie sagten niemandem etwas. Denn sie fürchteten sich." (16,8).

Erzählungen haben, wenn sie in sich stimmig sind, einen bestimmten, nachvollziehbaren Aufbau. Es lassen sich Spannungs-

Jesu Wirken in Jerusalem

Erzählstruktur

bögen verfolgen und stärkere oder schwächere Zäsuren setzen. Die Erzählung des Markusevangeliums weist zwei Spannungsbögen auf (Schnelle 2007, 386f.).

1. Spannungsbogen Der erste Spannungsbogen beschreibt den Konflikt Jesu mit den religiösen Autoritäten seiner Zeit. Dieser Konflikt spitzt sich immer weiter zu und endet für Jesus am Kreuz. Bereits in 2,1–3,6 wird der Konflikt in mehreren Streitgesprächen aufgebaut. Er gipfelt im Todesbeschluss der Pharisäer (s. o., Kapitel 3.1) und der Anhänger des Herodes (3,6). Ein weiterer Höhepunkt dieses Konflikts ist in 11,15–18 erreicht: Jesus greift mit der Tempelreinigung die religiösen Autoritäten in Jerusalem an. Eine nochmalige Steigerung erfährt der Konflikt dadurch, dass die römischen Autoritäten einbezogen werden. Nur sie dürfen die Todesstrafe durch Kreuzigung verhängen (15,1–40). Wo endet dieser Spannungsbogen? Aus Sicht der Gegner Jesu mit seinem Tod am Kreuz. Die Jünger jedoch haben schon davon gehört, dass Gott Jesus auferwecken wird (vgl. Leidensankündigungen), die Frauen finden das Grab leer und hören die Botschaft des jungen Mannes. Für sie ist das Schicksal Jesu mit seinem Tod nicht besiegelt.

2. Spannungsbogen Der zweite Spannungsbogen betrifft die Frage, wer Jesus ist (1,27; 4,41; 6,1ff.14ff.). Die Gegner Jesu machen in dieser Frage keine „Fortschritte": Ihnen ist der Gedanke der Erfüllung der Schrift unbekannt (1,2f.), sie hören die Stimme aus dem Himmel bei Taufe und Verklärung nicht (1,11; 9,7) und von den Jüngerbelehrungen bleiben sie ausgeschlossen (4,11f.34; 9,31). Wie verhält es sich mit den Jüngern? In 8,27–30 fragt Jesus seine Jünger, für wen sie ihn halten. Die Jünger treten damit in den Vordergrund. Mit dem Bekenntnis des Petrus: „Du bist der Christus." (8,29) und der Bezeichnung Jesu als Gottessohn durch die Himmelsstimme vor dreien seiner Jünger (9,7) bietet Markus zwei gültige Antworten. Interessant ist daran zweierlei: Zum einen nehmen diese Bekenntnisse genau das auf, was den Hörern und Lesern schon ab 1,1 bekannt ist. Die Adressaten des Evangeliums haben also von vornherein einen entscheidenden „Wissensvorsprung" gegenüber den Akteuren im Evangelium. Sie bekommen alles mit (z. B. auch das, was die Himmelsstimme bei der

Taufe zu Jesus sagt) und können so beobachten, ob bzw. wie die Menschen im Evangelium zu der christologischen Erkenntnis kommen, die sie bereits haben. Zum anderen verbindet Markus diese Bekenntnisse konsequent mit Hinweisen auf das Leiden und Sterben des Gottessohnes (vgl. Leidensankündigungen) und verweist auf die Notwendigkeit der (Leidens-) Nachfolge (8,34ff.; 9,33ff.; 10,17ff.28ff.41ff.). Das heißt: Das Bekenntnis zu Jesus als dem Christus ist erst dann vollständig, wenn Jesu Leiden und Sterben sowie die Leidensnachfolge mitgedacht werden. Jesus Christus ist der leidende Gottessohn, der in die Nachfolge ruft.

Im Zentrum des anschließenden Hauptteils (11,1–16,8) steht der Dialog zwischen Jesus und dem Hohepriester (s. u., Kapitel 7) im Rahmen des Prozesses gegen Jesus. Der Hohepriester fragt Jesus: „Bist du der Christus, der Sohn des Hochgelobten?" (14,61), und Jesus antwortet: „Ich bin's." (14,62) Der römische Hauptmann unter dem Kreuz ruft aus: „Dieser war in Wahrheit Gottes Sohn." (15,39). Die Wahrheit über Jesus offenbart sich jetzt vor aller Welt – auch wenn sie nicht von allen verstanden wird. Beide Spannungsbögen treffen sich in 14,28 und 16,7: Der Gekreuzigte wird sich als Auferstandener den Jüngern in Galiläa zeigen. Damit lenkt Markus den Blick zurück auf den Anfang des Evangeliums. Wer hier wieder anfängt zu lesen, kommt nun aber – im Unterschied zur ersten Lektüre – von der Passion und Auferstehung Jesu her.

Zusammenführung der Spannungsbögen

Die Passion nimmt im Markusevangelium erheblichen Raum ein. Die 16 Kapitel des Evangeliums umfassen einen Zeitraum von ca. einem Jahr. 6 Kapitel davon (Kap. 11–16) befassen sich mit den Ereignissen einer Woche: der Ankunft Jesu in Jerusalem, seiner Gefangennahme, Kreuzigung und dem leeren Grab. Der Todesbeschluss wird bereits in 3,6 gefasst. Die drei Leidensankündigungen weisen ab Kapitel 8 deutlich auf die Passion voraus. Das Passionsgeschehen ist also für Markus von hoher Bedeutung. Dabei geht es ihm nicht einfach darum, die einzelnen Ereignisse möglichst genau zu protokollieren. Es handelt sich vielmehr um erzählende, narrative Theologie. Einzelne Elemente der Passionserzählung erinnern an Psalm 22. Dieser Psalm beginnt mit dem Klageruf: „Mein Gott, mein Gott, warum hast

Passionserzählung

du mich verlassen?" Genau diese Worte äußert der markinische Christus am Kreuz (15,34). Der Psalmist klagt: „Ich aber bin ein Wurm und kein Mensch, ein Spott der Leute und verachtet vom Volke. Alle, die mich sehen, spotten meiner …" (Ps 22,7–8) Auch Jesus wird bei seiner Kreuzigung verspottet (Mk 15,29). In Ps 22 spotten die Leute: „Er warf's auf den Herrn, der möge ihm helfen; er rette ihn, denn er hat ja Gefallen an ihm." (Ps 22,9). Die Leute, die Jesus verspotten, sagen: „Hilf dir nun selber und steig herab vom Kreuz." (Mk 15,30 vgl. 32) Der Psalmist klagt: „Sie teilen meine Kleider unter sich und werfen das Los um mein Gewand." (Ps 22,19) Auch dieses Motiv klingt bei der Kreuzigung wieder an (Mk 15,24). Das heißt: Die markinische Passionserzählung schildert das Schicksal Jesu bei der Kreuzigung in Anlehnung an das Schicksal des Klagenden in Ps 22. Das Geschehen erhält so eine theologische Deutung. Denn der Klagende in Ps 22 ist der sogenannte „leidende Gerechte". In der jüdischen Tradition (vgl. auch Weish 2; 5) ist der leidende Gerechte ein Mann, der von den gottlosen Menschen verspottet und gequält wird, weil er Gott treu ist. Am Ende wird dieser Mann für alle sichtbar von Gott ins Recht gesetzt. Die markinische Passionserzählung stellt Jesus bei der Kreuzigung als den leidenden Gerechten dar.

Problematik des Schlusses

Das Markusevangelium endet in 16,8 sehr abrupt mit der Feststellung, dass die Frauen – entgegen der Aufforderung durch den jungen Mann im Grab (16,7) – niemandem etwas sagen. Handschriften des Markusevangeliums zeigen, dass dieser Schluss spätestens zu der Zeit, als andere Evangelien bekannt waren, als unbefriedigend empfunden wurde. Jüngere Handschriften des Markusevangeliums bieten einen später hinzugefügten (sekundären) Markusschluss, in dem in Entsprechung zum Matthäus-, Lukas- und Johannesevangelium von Erscheinungen des Auferstandenen erzählt wird. Dieser sekundäre Schluss ist in den meisten deutschen Übersetzungen abgedruckt (16,9–20). Umstritten ist in der Forschung, ob es sich bei 16,8 um den ursprünglichen Schluss des Markusevangeliums handelt, oder ob der ursprüngliche Schluss verloren gegangen ist.

Thesen aus der Forschung

Die Frage, ob 16,8 im Rahmen der Markuserzählung einen möglichen oder einen unmöglichen Schluss darstellt, ist für die

Interpretation der Schrift von erheblicher Bedeutung. Folgende Thesen versuchen zu zeigen, dass 16,8 der ursprüngliche Schluss sein kann: Der Erzähler will die Leser durch 16,7 an den Anfang des Evangeliums verweisen, sodass das Wirken Jesu in Galiläa nun als das Wirken des Gekreuzigten und Auferstandenen zu lesen ist, der seine Leser in die Nachfolge ruft. Oder: Die Reaktion der Frauen in 16,8 dient als indirekte Aufforderung an die Leser, selbst von Jesus zu erzählen. Oder: Markus verzichtet bewusst auf Erscheinungserzählungen, um zu vermeiden, dass Jesu Leiden und Sterben nur als Durchgangsstadium zur Herrlichkeit des Auferstandenen verstanden werden. Nach all diesen Interpretationen könnte 16,8 der ursprüngliche Schluss des Evangeliums sein. Andererseits sind die Erscheinungen des Auferstandenen schon für Paulus das Fundament seiner Theologie (1Kor 15,5–8). Die Nachfolger Jesu haben sich also offensichtlich sehr früh davon erzählt, dass Jesus als Auferstandener bestimmten Menschen erschienen ist. Konnte Markus diese alten Überlieferungen einfach übergehen?

Die Frauen am leeren Grab sollen erzählen, tun es aber nicht. An anderen Stellen im Markusevangelium haben wir den umgekehrten Fall: Menschen möchten von Jesus erzählen, dürfen es aber nicht. Die Forschung spricht in diesem Zusammenhang von den Schweigegeboten des Markusevangeliums. Viele Schweigegebote finden sich am Schluss von Wundererzählungen. So heißt es z. B., nachdem Jesus die Tochter des Jairus auferweckt hat: „Doch er schärfte ihnen ein, niemand dürfe etwas davon erfahren." (5,43) Man fragt sich: Wie soll das gehen? Sollen die Eltern ihre Tochter einsperren, damit niemand erfährt, dass sie wieder lebendig ist? Auf der Handlungsebene sind diese Schweigegebote unsinnig. Bereits zu Beginn des 20. Jahrhunderts hat der Exeget William Wrede (1859–1906) daher die These aufgestellt, dass wir es hier nicht mit einer protokollarischen Notiz zu tun haben, sondern mit einer theologischen Aussage. Mit anderen Worten: Wir dürfen nicht annehmen, dass der historische Jesus tatsächlich diese Schweigegebote erteilt hat, sondern Markus möchte seinen Lesern durch die Schweigegebote etwas mitteilen. Aber was? Hilfreich ist in diesem Zusammenhang die Beobach-

Schweigegebote

tung, dass Jesus auch seinen Jüngern gegenüber Schweigegebote ausspricht, die die Frage betreffen, wer er sei. So reagiert Jesus auf das (richtige! vgl. 1,1) Christus-Bekenntnis des Petrus mit dem Gebot, „dass sie es niemandem sagen sollten" (8,30). Und als Jesus mit seinen drei Jüngern nach der Verklärung vom Berg hinabsteigt, fordert er sie dazu auf, „dass sie niemandem sagen sollten, was sie gesehen hatten, bis der Menschensohn von den Toten auferstanden sei." (9,9). Dieses befristete Schweigegebot wird von vielen Exegeten als Schlüssel zum theologischen Verständnis der Schweigegebote überhaupt angesehen: Die Schweigegebote machen den Lesern deutlich, dass von Jesus angemessen nur unter Einbeziehung von Tod und Auferstehung gesprochen werden kann. Jesus ist nicht „nur" ein machtvoller Wundertäter, er ist nicht „nur" eine glanzvolle Gestalt, sondern er ist immer auch der Leidende, der am Kreuz stirbt und von Gott auferweckt wird.

Jünger-unverständnis

Diese christologische Aussage des Markus wird durch ein weiteres Motiv unterstützt: das Jüngerunverständnis. Zunächst betrifft das Unverständnis der Jünger die Lehre (4,13; 7,18) und die Person Jesu (4,40f.; 6,52). Mit dem Christusbekenntnis gibt Petrus dann zu erkennen, dass er verstanden hat, wer Jesus ist (8,29). Als Jesus daraufhin zum ersten Mal sein Leiden, Sterben und Auferstehen ankündigt, macht Petrus ihm Vorwürfe (8,32). Er will nicht einsehen, dass Jesus der *leidende* Christus ist. Jesus reagiert auf diese Vorwürfe mit äußerster Schärfe: „Geh weg von mir, Satan!" (8,33) Wiederum haben wir es mit einer theologischen Konzeption des Markus zu tun. Wir können aus dieser Stelle nicht schließen, dass der historische Jesus ein aufbrausender Mensch war, sondern dass Markus den Lesern anhand der Jünger verdeutlichen will, wie Jesus *nicht* verstanden werden darf. Wer Jesus Christus gerecht werden will, darf – so Markus – das Leiden nicht ausklammern.

Messiasgeheimnis

Wrede hat die Motive der Schweigegebote, des Jüngerunverständnisses und der Parabeltheorie (s. o.) als eine einheitliche theologische Konzeption gesehen, die er als „Messiasgeheimnis" bezeichnete. Heute ist unter den Exegeten umstritten, inwiefern die drei Motivkomplexe tatsächlich eine Einheit bilden und inwieweit wir in Markus überhaupt einen „Theologen" sehen dürfen – vielleicht war er auch eher ein „Sammler" traditioneller Erzählungen und Quellen oder ein „Erzähler". Einig ist man sich jedoch darin, dass wir es bei den drei Motiven mit nachösterlichen Erzählzügen zu tun haben, die im Dienst einer theologischen Aussage stehen: „Obwohl Jesus auch schon vor Kreuz und Auferstehung der Gottessohn ist, kann er doch als solcher vor diesen Ereignissen noch nicht angemessen erfasst werden." (Weber, 125; bei Schnelle 2002, 258f.)

Wann, wo, für wen und von wem ist das Markusevangelium verfasst? Bei diesen einleitungswissenschaftlichen Fragen sind wir v. a. auf indirekte Rückschlüsse aus dem Evangelium angewiesen. Als Abfassungszeit nimmt die Exegese die Jahre 69/70 n. Chr. an. Zu dieser Zeit kämpften die Juden gegen die römische Besatzungsmacht. Im Jahr 70 zerstörten die Römer Jerusalem und den Tempel. Wie kommt die Exegese darauf, das Evangelium in direkte zeitliche Nähe zu diesen Ereignissen zu datieren? Entscheidend ist hier das 13. Kapitel, in dem Jesus seine Jünger vor der Zerstörung „großer Bauten" (13,2) und vor Krieg (13,7) warnt. Dieses Kapitel spielt – wie das gesamte Evangelium – etwa im Jahr 30 n. Chr. Die Forschung ist sich aber einig, dass an dieser Stelle die aktuelle Situation, in der das Evangelium niedergeschrieben wird, durchscheint. So heißt es in 13,14: „Wer das liest, der merke auf!" Diese Bemerkung durchbricht die dargestellte Situation, in der Jesus ja zu seinen Jüngern *spricht*. Der Evangelist wendet sich hier direkt an seine Leser. In dem, was Jesus ankündigt, scheint – so wird argumentiert – ebenfalls die Abfassungssituation, also der Jüdisch-Römische Krieg, durch. Umstritten ist, ob das Markusevangelium kurz vor oder kurz nach der Zerstörung des Tempels verfasst wurde. Die Frage entscheidet sich an 13,2: Setzt dieser Vers die tatsächliche Zerstörung des Tempels voraus oder nicht?

Entstehungszeit

Als Entstehungsort des Markusevangeliums werden Syrien (Theißen 2002) und Rom (Hengel 1983) diskutiert.

Entstehungsort

Das Markusevangelium wendet sich vorwiegend an heidenchristliche Leser. In diese Richtung weisen folgende Beobachtungen: Jüdische Bräuche werden erklärt (7,3f.; 14,12; 15,42),

Adressaten

hebräische bzw. aramäische Ausdrücke werden übersetzt (z. B. 3,17; 5,41; 7,11.34; 14,36; 15,22.34). Die jüdische Beschneidung wird nicht thematisiert, das jüdische Gesetz spielt nicht in Fragen des Kultes, sondern in Fragen der Moral (z. B. bezüglich der Ehescheidung 10,1–12 und bezüglich der Frage nach dem wichtigsten Gebot 12,28–34) eine Rolle. Das Wirken und die Verkündigung Jesu schließen die Heiden ausdrücklich mit ein (vgl. 5,1–20; Kap. 7). Unter dem Kreuz bekennt ein Heide als erster Mensch auf textinterner Ebene die Gottessohnschaft Jesu (15,39).

Verfasser Das Evangelium wird erst durch eine im 2. Jahrhundert n. Chr. vorangestellte Überschrift „Markus" zugeschrieben. Der Bischof Papias von Hierapolis (gest. nach 120/130) schreibt: „Auch dies hat der Presbyter gesagt: ,Markus, zum Dolmetscher des Petrus geworden, schrieb alles, woran er sich erinnerte, sorgfältig auf, freilich nicht der Reihe nach, sowohl Worte als auch Taten des Herrn.' Denn er hatte den Herrn weder gesehen, noch war er ihm (als Jünger) nachgefolgt, sondern erst später, wie ich bereits sagte, dem Petrus." Diese Notiz bringt Markus in eine enge Verbindung zu Petrus (vgl. 1Petr 5,13). Allerdings lässt sich im Markusevangelium keine petrinische Tradition feststellen, und Petrus spielt im Markusevangelium keine über die Vorgaben der Tradition hinausgehende Rolle. Wenn es die Papiasnotiz nicht gäbe, würde niemand hinter der Theologie des Markusevangeliums die Person des Petrus vermuten. Insofern ist die Papiasnotiz wohl keine zuverlässige historische Tradition. Was können wir dann über den Verfasser sagen? Nicht mehr, als dass es sich um einen uns unbekannten Christen mit Namen Markus handelt, wahrscheinlich einen griechisch-sprechenden Heidenchristen.

4.2 Das Matthäusevangelium

Aufriss Das Matthäusevangelium ist unter den vier Evangelien des Neuen Testaments wohl das bekannteste. Insbesondere die Bergpredigt (5–7) mit ihren Seligpreisungen (5,3–12) und Antithesen (5,21–48) ist auch Menschen, die nicht Theologie studiert haben, ein Begriff. Daneben enthält das Matthäusevangelium jedoch auch Texte, die uns in der Kirche und in öffentlichen Debatten kaum begegnen, z. B. die zahlreichen Texte, in denen vom endzeitlichen Gericht gesprochen wird (z. B. 7,24–27; 13,36–43; 22,1–14; 25,31–46), vom „Heulen und Zähneklappern" derjenigen, die in diesem Gericht verurteilt werden (z. B. 13,42; 22,13). Der Evangelist des Matthäusevangeliums übernimmt den erzählerischen Aufriss des Markusevangeliums, das ihm bekannt war (s. o., Kapitel 2.7; 4.1). Das Wirken Jesu in Galiläa umfasst die Kapitel 1–18, die Kapitel 19 und 20 behandeln den Weg nach Jerusalem, und die Kapitel 21–28 spielen in Jerusalem. Wesentliche Erweiterungen erfährt das Evangelium u. a. dadurch, dass Matthäus das Material aus der Logienquelle (s. o., Kapitel 2.7) und sogenanntes Sondergut, also Traditionsgut, das uns nur in diesem Evangelium begegnet, einarbeitet. Im Vergleich zum Markusevangelium fallen insbesondere die großen Reden auf, die Matthäus aus seinen Traditionen gestaltet: die Bergpredigt (5–7), die Aussendungsrede (10), die Gleichnisrede (13), die Jünger- oder Gemeinderede (18) und die Endzeitrede (23–25). Außerdem setzt Matthäus nicht erst mit der Taufe Jesu ein, sondern beginnt mit Stammbaum und Geburt Jesu (1–2). Auch am Schluss erweitert Matthäus seine markinische Vorlage. Die Reaktion der Frauen am leeren Grab erfährt gegenüber der Fassung Mk 16,8 eine entscheidende Wende, wenn es heißt: „Und sie verließen das Grab mit Furcht *und großer Freude und liefen, um es seinen Jüngern zu verkünden.*" (Mt 28,8). Anschließend berichtet Matthäus, dass der Auferstandene den Frauen begegnet (28,9–10). Das Evangelium schließt mit dem sogenannten Missionsauftrag, auf den Christen sich bis heute bei der Taufe berufen (28,16–20):

„Aber die elf Jünger gingen nach Galiläa auf den Berg, wohin Jesus sie beschieden hatte. Und als sie ihn sahen, fielen sie vor ihm nieder; einige aber zweifelten. Und Jesus trat herzu und sprach zu ihnen: Mir ist gegeben alle Gewalt im Himmel und auf Erden. Darum gehet hin und machet zu Jüngern alle Völker: Taufet sie auf den Namen des Vaters und des Sohnes und des heiligen Geistes und lehret sie halten alles, was ich euch befohlen habe. Und siehe, ich bin bei euch alle Tage bis an der Welt Ende."

In diesen fünf Schlussversen bündelt der Evangelist zentrale Erzählfäden und theologische Motive seines Evangeliums. Diese

Missionsauftrag als Schlüssel zum Evangelium

Verse liefern den Schlüssel zum Verständnis des gesamten Evangeliums.

Motiv des Berges

Die Jünger gehen „nach Galiläa auf den Berg" (28,16). Der Berg begegnet an herausgehobener Stelle im Zusammenhang mit der Bergpredigt (5,1). Am Schluss des Evangeliums lenkt Matthäus also den Blick zurück auf die Lehre Jesu. Wenn es dann in 28,20 heißt „und lehret sie halten alles, was ich euch befohlen habe", dann ist klar, dass damit die Lehre gemeint ist, die Jesus in den großen Reden, insbesondere in der Bergpredigt, verkündet hat. Umstritten ist, ob mit dem „Berg" im Matthäusevangelium auf Mose angespielt werden soll, dem Gott sich auf dem Berg Sinai (Ex 19; 34) offenbart, ihm die zehn Gebote verkündet und einen Bund schließt. Dafür könnte sprechen, dass Jesus im Matthäusevangelium fünf Reden hält – in Anlehnung an die fünf Bücher Mose – und dass die Erzählung von der Gefährdung Jesu kurz nach seiner Geburt an die Gefährdung des Mose kurz nach dessen Geburt erinnert: Mose wird nach alttestamentlicher Tradition als Baby in einem Schilfkorb ausgesetzt und von der Tochter des Pharao aus dem Nil gerettet (Ex 2,1–10). Im Matthäusevangelium trachtet der König Herodes dem kleinen Jesus nach dem Leben, Maria und Joseph fliehen daher nach Ägypten. Jesus entkommt so dem Kindermord des Herodes in Bethlehem (Mt 2,13–18). Wenn wir annehmen, dass der Evangelist diese Anklänge bewusst gestaltet, dann erscheint uns der matthäische Jesus als ein Lehrer, der die Verkündigung des Mose noch überbietet.

Reflexions-/ Erfüllungszitate

Dieser Gedanke ist für die Auslegung des Matthäusevangeliums in doppelter Hinsicht interessant: Zum einen greift Jesus in den Antithesen der Bergpredigt einzelne, durch Mose verkündete Gebote auf und legt sie vollmächtig aus („ich aber sage euch", s. u.). Zum anderen ist das Matthäusevangelium durchzogen von sogenannten Reflexions- oder Erfüllungszitaten. Diese Zitate aus dem Alten Testament deuten die Vorgänge im Leben Jesu als Erfüllung von alttestamentlichen Verheißungen. Die typische Formulierung eines Erfüllungszitates lautet: „Das geschah, damit erfüllt werde, was vom Herrn durch den

Propheten ... gesagt wurde" (vgl. 1,22f.; 2,6.15.18.23; 4,14–16; 8,17; 12,17–21; 13,35; 21,4f.; 27,9f.).

In der Schlusspassage des Matthäusevangeliums heißt es, dass einige Jünger zweifelten (28,17). Dieses Motiv des Zweifels durchzieht ebenfalls das Evangelium. Matthäus spricht öfter von den „Kleingläubigen" (6,30; 8,26; 14,31; 16,8; 17,20). Besonders deutlich zeigt sich dieses Motiv in der matthäischen Version vom Seewandel Jesu (vgl. Mk 6,45–52; s. o., Kapitel 2.9).

„Kleingläubigkeit"

Der Auferstandene sagt von sich: „Mir ist gegeben alle Gewalt im Himmel und auf Erden." (28,18). Er ist damit der universale Herrscher. Diese Vollmacht entspricht in gewisser Hinsicht der Vollmacht, die Jesus bereits als Irdischer hat (Mt 11,27). Jeweils ist es Gott, der Jesus die Vollmacht überträgt. In 28,18–20 wird der Geltungsbereich dieser Vollmacht entschränkt: Sie gilt nun „allen Völkern", „für alle Tage bis zum Ende der Welt".

Universale Herrschaft

Während der Missionsauftrag in Mt 28,19 allen Völkern gilt, heißt es in Mt 10,5f.: „Geht nicht zu den Völkern/Heiden (hier steht im griechischen Text dasselbe Wort wie in 28,19) und betretet keine Stadt der Samariter [s. o., Kapitel 2.11], sondern geht zu den verlorenen Schafen des Hauses Israel." Wie verhält sich im Matthäusevangelium der Missionsauftrag nur an die „verlorenen Schafe Israels" in Kap. 10 zum Missionsauftrag an „alle Völker" in Kap. 28? Diese Frage ist in der Forschung heftig umstritten. Geht es um eine *Erweiterung* des Missionsauftrages nach alttestamentlich-prophetischem Vorbild, sodass Israel nach wie vor im Zentrum steht (vgl. Jes 49,1–6; s. o., Kapitel 3.1)? Geht es um eine *Ablösung* Israels durch die Christen aus den Heiden, gilt also die Mission an Israel als gescheitert (Luz)? Oder rücken die heidnischen Völker ins Zentrum, ohne aber Israel ganz auszuschließen? Die Entscheidung an diesem Punkt hat Auswirkungen auf die Auslegung anderer matthäischer Texte. Wer ist z. B. mit den Erst- und den Zweit-Eingeladenen in der Parabel vom Hochzeitsmahl gemeint (Mt 22,1–14; s. o., Kapitel 2.)? Stehen die Erst-Eingeladenen, die nicht kommen wollen, für die Juden, die Zweit-Eingeladenen für die Heiden? Dann hätten die Juden wohl in der Tat nach der Auffassung des Matthäus ihre Chance „ver-

Adressaten des Missionsauftrages

tan". Oder stehen die Erst-Eingeladenen für die Hohepriester (s. u., Kapitel 7) und Pharisäer (s. o., Kapitel 3.1), also für eine bestimmte Gruppe innerhalb des Judentums? Dann könnten bei den Zweit-Eingeladenen die Juden (mit-)gemeint sein.

Bedeutung für den jüdisch-christlichen Dialog

Es dürfte klar sein, dass die Frage nach dem Stellenwert Israels in der christlichen Mission für den jüdisch-christlichen Dialog von erheblicher Bedeutung ist. Wir müssen dabei prinzipiell damit rechnen, dass Matthäus eine Position vertreten könnte, die uns persönlich nicht „gefällt" und mit der wir uns kritisch auseinandersetzen sollten. Der Blick auf die Völker ist im Matthäusevangelium trotz der anfänglichen Konzentration auf Israel von Anfang an präsent: Der matthäische Christus ist Nachfahre Abrahams (1,1f.), dem Gott aus Steinen Kinder erwecken kann (3,9). Die im Stammbaum Mt 1,3–6 genannten Frauen (Tamar: vgl. Ruth 4,12; Gen 38; Ruth: vgl. das gleichnamige atl. Buch; Rahab: vgl. Jos 2,1; 6,17.23.25; und die Frau des Uria: vgl. 2. Sam 11; 12) sind alle Nicht-Jüdinnen. In Mt 2,1ff. beten die heidnischen Magier Jesus an, während der jüdische König Herodes das Kind zu töten versucht. Die universale Perspektive klingt also bereits hier an.

Immanuel-Motiv

Das Matthäusevangelium endet mit der Zusage: „Und siehe, ich bin bei euch alle Tage bis zum Ende der Welt." Dieses Versprechen erinnert die Leser an 1,23, wo der Evangelist Jesus den Namen „Immanuel" gibt (vgl. Jes 7,14). Matthäus übersetzt den Namen mit „Gott mit uns." In Jesus Christus zeigt sich also die Gegenwart und Treue Gottes bei seinem Volk. Gott selbst handelt in Jesus Christus, er begleitet die Seinen auf ihrem Weg. In der sogenannten Gemeinderede (Mt 18) wird dieses Motiv auf die Jünger und damit auf die (matthäische) Gemeinde bezogen: „Denn wo zwei oder drei in meinem Namen versammelt sind, da bin ich mitten unter ihnen." (18,20)

Wonach wird gerichtet?

Der matthäische Jesus ist nicht nur der „Gott mit uns", er ist auch der Menschensohn, der am Ende „über alle Völker" richten wird (25,31–46). Dieses Gericht hat einen doppelten Ausgang: „Und sie werden weggehen: diese zur ewigen Strafe, die Gerechten aber in das ewige Leben." (25,46). Kriterium im Gericht ist das Verhalten der Menschen gegenüber „einem der geringsten

Brüder" Jesu (25,40). Dieser Gedanke ist faszinierend: Geht es im Gericht allein um die Taten der Menschen? Ist es also für Matthäus egal, ob jemand an Jesus als den Christus glaubt oder nicht? Wahrscheinlich verhält es sich nicht so, denn mit den „geringsten Brüdern" sind wohl christliche Missionare gemeint, die arm und mittellos unterwegs und auf Gastfreundschaft und Liebe angewiesen sind (vgl. 23,8; 28,10; 10,9–14.40–42). Entscheidend ist also, wie jemand die christlichen Missionare (und ihre Botschaft) aufnimmt.

Allerdings bleibt das Gericht unberechenbar. Die Gerichteten fragen in 25,31–46 erstaunt nach, wie es zu dem jeweiligen Urteil kommt. Werden hier auch die Christen gerichtet? Grundsätzlich ist Matthäus der Meinung, dass auch Christen nach ihren Taten gerichtet werden: Geladene, die zwar die Einladung annehmen, dann aber ohne Hochzeitskleid (d. h. ohne gute Taten) dastehen, werden hinausgeworfen (vgl. Mt 22,11–13; s. o., Kapitel 2.9). An anderer Stelle unterscheidet Matthäus nicht zwischen dem Gericht über die Gemeindeglieder und dem Gericht über die Welt (vgl. 13,40–43.49f.).

Gibt es also bei Matthäus – anders als bei Paulus – eine zweite Bedingung für Gottes Heil? Tritt neben die gnädige Zuwendung Gottes zum Menschen die unabdingbare Erwartung, den Willen Gottes zu erfüllen? Und nimmt Gott seine Liebe „zurück", wenn Menschen diesen Willen nicht erfüllen? Das sogenannte „Gleichnis vom Schalksknecht" (18,23–35) kann so verstanden werden: Ein König erlässt hier unerwartet und grundlos einem Schuldner seine unvorstellbar große Schuld. Als dieser jedoch einem anderen Schuldner eine geringe Schuld nicht erlässt, übergibt der König ihn den Folterknechten, bis er die ganze Schuld bezahlt hätte (18,34). Abschließend heißt es: „Ebenso wird mein himmlischer Vater jeden von euch behandeln, der seinem Bruder nicht von ganzem Herzen vergibt." (18,35) Wir stoßen hier auf eine schwierige und umstrittene Frage bezüglich der matthäischen Theologie. Wie verhält sich Gottes Güte zu seinem Gericht an allen Menschen? Können die Taten der Christen Gottes Liebe rückgängig machen? Denkbar wäre, dass die Rede vom Gericht für Matthäus (rein?) „pädagogisch" motiviert ist, dass

Gnade und Gericht

der Evangelist also die Gemeindemitglieder durch Androhung von Strafe und Aussicht auf Lohn auf dem „rechten Weg" halten will. Das Immanuel-Motiv ist außerdem dem Gerichtsmotiv deutlich vorgeordnet, die Güte Gottes kommt also den Taten der Menschen zuvor. Aber für Matthäus gehört wohl beides – Gnade und Gericht – untrennbar zusammen.

radikale Forderungen der Bergpredigt

Diese Spannung von Zuspruch und Anspruch charakterisiert auch die Bergpredigt. Insbesondere die Antithesen halten die Kirche seit Langem in Atem. Wie sollen Christen mit den radikalen Forderungen der Bergpredigt umgehen, z. B. mit der Forderung, „wenn dich einer auf die rechte Wange schlägt, dann biete ihm auch die andere dar" (5,39)? Kann man so wirklich leben? Das Christentum hat unterschiedliche Meinungen dazu entwickelt, wie mit den radikalen Forderungen der Bergpredigt umzugehen sei.

Deutungen zur Bergpredigt aus der Kirchengeschichte

Bereits in der Didache, einer christlichen Schrift aus dem frühen 2. Jahrhundert n. Chr., die das Matthäusevangelium voraussetzt, wird dieses Problem thematisiert. Am Ende der „Lehre von den zwei Wegen" (der Weg des Lebens und der Weg des Todes), die u. a. die oben zitierte Forderung aus der Bergpredigt enthält (Mt 5,39; Did 1,3), heißt es: „Wenn du das ganze Joch des Herrn tragen kannst, wirst du vollkommen sein. Kannst du das aber nicht, dann halte, was du kannst." (Did 6,2) Hier wird unterschieden zwischen „vollkommenen" und „gewöhnlichen" Christen. Diese Unterscheidung bestimmt die Bergpredigt-Rezeption des Mittelalters: Die „Vollkommenen" halten alle Forderungen der Bergpredigt, die einfachen Gemeindeglieder halten die Zehn Gebote und die „Goldene Regel", wie sie in Mt 7,12 formuliert ist: „Alles, was ihr also von anderen erwartet, das tut auch ihnen! Darin besteht das Gesetz und die Propheten." Man spricht hier von einer „Zwei-Stufen-Ethik". Diese Auslegung beruft sich darauf, dass in der Einleitung zur Bergpredigt zwischen den Jüngern, die zu Jesus treten, und dem Volk, das offenbar am Fuße des Berges zurückbleibt, unterschieden wird (5,1). Albert Schweitzer hingegen deutete die Bergpredigt als „Interimsethik". Damit ist eine Ethik gemeint, die nur für eine kurze „Zwischenzeit" gilt, genauer für die kurze Zeit zwischen Jesu Tod und

Auferstehung einerseits und dem für die allernächste Zukunft erwarteten Kommen des Reiches Gottes andererseits. Diese Naherwartung – so Schweitzer – habe sich nicht erfüllt. Insofern sei es verfehlt, die Forderungen der Bergpredigt auf unser heutiges Alltagsleben zu übertragen. Im Luthertum wurde und wird die Bergpredigt als „Sündenspiegel" verstanden. Sie hält den Menschen – wie ein Spiegel – die eigenen Sünden vor Augen. Gerade dadurch, dass ihre Forderungen unerfüllbar sind, macht sie den Menschen klar, dass sie auf die Erlösung durch Jesus Christus angewiesen sind.

Im Laufe der Kirchengeschichte sind also unterschiedliche Deutungen zur Bergpredigt entwickelt worden. Die Exegese fragt danach, wie Matthäus selbst die Forderungen der Bergpredigt verstanden wissen wollte. Dazu berücksichtigt sie den Kontext dieser Forderungen. Die Antithesen stellen nur einen Teil der Bergpredigt dar. Ihnen gehen die neun Seligpreisungen (5,3–12) sowie das Salz- und Lichtwort (5,13–16) voraus. Die sechs Antithesen werden programmatisch eingeleitet: „Denkt nicht, ich sei gekommen, um das Gesetz und die Propheten aufzuheben. Ich bin nicht gekommen, um aufzuheben, sondern um zu erfüllen. … Denn ich sage euch: Wenn eure Gerechtigkeit nicht besser ist als diejenige der Schriftgelehrten und Pharisäer, werdet ihr nicht in das Himmelreich kommen." (5,17.20) Diese „bessere Gerechtigkeit" wird im Folgenden dargelegt. Ihr tragender Grund ist das uneingeschränkte Liebesgebot, das nicht nur am Nächsten, sondern auch am Feind bewährt werden soll (5,43–46). Auf die sechs Antithesen (5,21–48) folgen Anweisungen zur richtigen Frömmigkeit (6,1–18). Eingebettet ist hier das Vaterunser (6,7–13). In 6,19–34 geht es um das Trachten nach dem Reich Gottes: „Seht die Vögel des Himmels an: Sie säen nicht, sie ernten nicht und sammeln keine Vorräte in Scheunen; und doch ernährt sie euer himmlischer Vater. Seid ihr denn nicht viel mehr wert als sie?" (6,26) Anschließend warnt Jesus: „Richtet nicht, damit ihr nicht gerichtet werdet!" (7,1). So wie ein Vater seinen Kindern gibt Gott den Seinen Gutes: „Bittet, dann wird euch gegeben; sucht, dann werdet ihr finden; klopft an, dann wird euch geöffnet." (7,7). Ab 7,13 lenkt Matthäus den Blick auf das Endgericht.

Aufbau der Bergpredigt

Er unterscheidet das enge und das weite Tor, den schmalen und den breiten Weg, der in die Verdammnis führt (7,13f.). In 7,15–23 kündigt Jesus das endzeitliche Gericht über die „falschen Propheten" an. Das Schlussgleichnis vom Haus auf dem Felsen und dem Haus auf dem Sand (7,24–27) enthält wiederum die Gerichtsperspektive.

Zentrum der Bergpredigt

Auf welchem dieser Elemente liegt der Schwerpunkt? Einige Forscher sehen in 5,17 Thema und Zentrum der Bergpredigt. Damit rückt die Frage nach Jesu Stellung zum Gesetz in den Vordergrund. Andere sehen dieses Zentrum im Vaterunser (Luz). Damit ist gesagt, dass die ganze Bergpredigt die Verkündigung des Willens Gottes für diejenigen ist, die Kinder sind und zu ihrem Vater beten dürfen, der „weiß, was ihr braucht, noch ehe ihr ihn bittet" (6,8). Das Immanuel-Motiv, das das gesamte Evangelium rahmt und trägt, ist dann auch als Fundament der Forderungen in der Bergpredigt immer mitzudenken.

Entstehungszeit

Wann, wo, von wem und für wen ist das Matthäusevangelium verfasst? Wenn wir annehmen, dass Matthäus das Markusevangelium benutzt (s. o., Kapitel 2.7), muss sein Evangelium nach 70 n. Chr. entstanden sein. Als Entstehungszeit nehmen die meisten Forscher den Zeitraum um 90 n. Chr. an. Als Entstehungsort gilt Syrien, denn hier war das Evangelium zu Beginn des 2. Jahrhunderts n. Chr. bekannt. In 4,24 heißt es bei Matthäus – anders als bei Markus: „Und sein [Jesu] Ruf verbreitete sich in ganz Syrien."

Verfasser

Als Verfasser nennt die Anfang des 2. Jahrhunderts n. Chr. hinzugefügte Evangelienüberschrift Matthäus. Ein Jünger mit Namen Matthäus ist uns aus den Evangelien und der Apostelgeschichte bekannt (vgl. Mt 10,3; Mk 3,18; Lk 6,15; Apg 1,13). Historisch gesehen handelt es sich bei dem Verfasser des Matthäusevangeliums aber kaum um diesen Jünger, denn es ist sehr unwahrscheinlich, dass ein Augenzeuge des Wirkens Jesu das Evangelium eines Nicht-Augenzeugen (Markus) als Vorlage benutzte. Außerdem spiegelt sich in der Namensänderung Mt 9,9 gegenüber Mk 2,14 (aus dem Zöllner Levi wird der Zöllner Matthäus) ein nachträglicher Prozess. Die Änderung wurde vorgenommen, weil der Herrenjünger in der Gemeinde des Matthäusevangeliums eine wichtige Rolle spielte. Der Evangelist bindet seine Gemeinde also an ein Mitglied des Zwölferkreises (Matthäus) und damit an den irdischen Jesus selbst, samt seiner Lehre.

Ist dieser Verfasser als Juden- oder als Heidenchrist anzusehen? Diese Frage ist in der Forschung heftig umstritten. Denn für beide Möglichkeiten finden sich Hinweise im Evangelium (nach Schnelle, Einleitung, 264f.).

Für einen judenchristlichen Standort des Matthäus sprechen folgende Beobachtungen: **judenchristlicher Standort**

- Das grundsätzliche Ja zum Gesetz (vgl. 5,17–20; 23,3a.23b).
- Der permanente Rückgriff auf das Alte Testament und die Anwendung des Erfüllungsgedankens (Erfüllungszitate s. o.).
- Die grundsätzliche Begrenzung der Mission auf Israel (10,5f.; 15,24).
- Die matthäische Gemeinde hält noch den Sabbat (vgl. 24,20).
- Die matthäische Gemeinde lebt weiterhin im Verband des Judentums (vgl. 17,24–27; 23,1–3).
- Die Anlehnung an die „Mose-Tradition" (s. o.).

Für einen heidenchristlichen Standort des Evangeliums sprechen folgende Beobachtungen: **heidenchristlicher Standort**

- Der Heilsuniversalismus des Evangeliums (s. o.).
- Die Außerkraftsetzung der Ritualvorschriften, konkret der Vorschriften zu rein und unrein (Mt 15,11.20b; 23,25f.).
- Die matthäische Kritik am Gesetz: Speziell in den Antithesen stellt Jesus sich über die Autorität des Mose. Dafür gibt es im antiken Judentum keine Parallele.
- Die matthäische Gemeinde lebte in einem Abstand zur Synagoge. Matthäus spricht von „euren Synagogen" (23,34b; ähnlich 7,29), nicht: von „unseren".
- Die rituellen Vorschriften für den Sabbat haben ihre Bedeutung verloren (vgl. 12,1–8).
- In 27,25 legt Matthäus angesichts der Kreuzigung Jesu dem jüdischen Volk Worte in den Mund, mit denen es die Verantwortung für den Tod Jesu auf sich und seine Nachkommen übernimmt: „Sein [Jesu] Blut komme über uns und unsere Kinder!". Diese grässliche Szene ist von Matthäus

bewusst gestaltet – Markus kennt sie nicht. In ihr schlägt sich die Erfahrung des Matthäus nieder, dass (fast ganz) Israel Jesus ablehnt.

Gemeinde-situation

Wie auch immer man diese einzelnen Hinweise gewichtet, deutlich ist: Die matthäische Gemeinde ist wesentlich durch die Auseinandersetzung mit Israel bestimmt. Der wiederholte Aufruf zum Tun des Willens Gottes signalisiert ein weiteres Problem in der matthäischen Gemeinde: Die matthäischen Christen scheinen im Glauben „nachzulassen", sie sind „kleingläubig" und tun zu selten den Willen Gottes. Matthäus bietet einiges auf (u. a. seine Rede vom Gericht), um die von ihm Angesprochenen zu einem tatkräftigen, unerschütterlichen Glauben zu führen. In 7,15; 24,11 warnt der Evangelist seine Gemeinde vor „falschen Propheten". Matthäus bringt diese Gruppe mit der „Missachtung von Gottes Gesetz" in Verbindung (24,12). Das deutet darauf hin, dass diese Gruppe den ethischen Anspruch, den Matthäus vertritt, nicht anerkennt. Die matthäische Gemeinde kennt keine institutionalisierten Ämter, deutlich ist aber, dass die Erzählungen von Petrus in der Gemeinde eine besondere Rolle spielen. In Mt 16,18 sagt Jesus: „Du bist Petrus, und auf diesen Felsen werde ich meine Gemeinde/Kirche bauen." Die Deutung dieses „Felsenwortes" ist unter den Christen umstritten. Die katholische Kirche begründet mit diesem Vers eine bleibende (kirchen-)rechtliche Vorrangstellung des Papstes als „Nachfolger" des Petrus. Aus exegetischer Sicht ist interessant, dass die Funktionen des Bindens und Lösens, die in 16,19 allein Petrus zukommen, in 18,18 allen Jüngern, d. h. der gesamten Gemeinde, zugesprochen werden. Petrus wird so zum „Exemplum", zum Beispiel für alle Jünger: Was Petrus an Erkenntnis, Vollmacht, Glaubensstärke, aber auch Glaubenszweifel (vgl. 14,28–31; dreifache Verleugnung bei der Passion) zuteil wurde, darf die Gemeinde auf sich selbst beziehen.

4.3 Das Lukasevangelium

Lukasevangelium und Apostelgeschichte bilden eine literarische Einheit. Sie stammen vom selben Verfasser und vertreten eine einheitliche Theologie (s. u., Kapitel 5.). Das Lukasevangelium beginnt mit einem Prolog, in dem der Evangelist seine Leser darüber informiert, warum er sein Evangelium (und seine Apostelgeschichte) schreibt (s. o., Kapitel 2.9). In den Kapiteln 1 und 2 finden sich die Geburtsgeschichten von Johannes dem Täufer und Jesus. Diese Geschichten laufen parallel, wobei die Umstände von Jesu Geburt diejenigen der Geburt von Johannes dem Täufer überbieten. Das 3. Kapitel setzt neu ein und bietet u. a. einen Stammbaum Jesu (3,23–38). 3,1–4,13 beschreiben die Vorbereitung der Wirksamkeit Jesu: Johannes der Täufer tritt auf, Jesu Taufe und Versuchung werden erzählt. Von 4,14 an wird eine Dreiteilung erkennbar: Der erste Hauptteil reicht von 4,14–9,50. Er berichtet von Jesu Wirken in Galiläa und läuft weitgehend parallel zu Mk 1–9. Der zweite Hauptteil, der sogenannte „Reisebericht" (9,51–19,27), stellt einen großen Einschnitt gegenüber Mk dar. In 9,51–18,14 verwendet Lukas ausschließlich Sondergut (s. o., Kapitel 2.7) und Material aus der Logienquelle (s. o., Kapitel 2.7). Erst ab 18,15 nimmt Lukas den markinischen Erzählfaden wieder auf. Die Reise endet in Jerusalem, wo der dritte Hauptteil (19,29–24,53) spielt.

Aufriss

Lukas wird oft als der „Evangelist der Armen" bezeichnet. Genauer müsste man wohl formulieren: Das Lukasevangelium ist das Evangelium an die Reichen für die Armen. Folgende Texte sind hier wichtig: Im sogenannten „Magnifikat", dem Lobgesang der schwangeren Maria, wird die Umkehr der Macht- und Besitzverhältnisse angekündigt: „Er [Gott] stürzt die Mächtigen vom Thron und erhöht die Niedrigen. Die Hungernden beschenkt er mit seinen Gaben und lässt die Reichen leer ausgehen." (1,52f.). Zu Beginn der Feldrede (6,20–49; vgl. die „Bergpredigt" bei Matthäus, Kap. 5–7) spricht Jesus die Armen und die Hungernden satt, anders als bei Matthäus finden sich im Anschluss an die Seligpreisungen vier Wehe-Rufe über die Reichen, Satten, Lachenden und in öffentlichem Ansehen Stehenden. Das

Reich und Arm

Gleichnis vom armen Mann und reichen Lazarus (Lk 16,19–31) unterstreicht die Umkehr der Machtverhältnisse zwischen Arm und Reich im Jenseits.

vom Verlorenen — Der wohl bekannteste Text des Lukasevangeliums ist die Parabel vom verlorenen Sohn (15,11–32). Sie steht am Schluss einer sogenannten „Gleichnistrilogie", die die Gleichnisse vom verlorenen Schaf (15,3–7; par Mt 18,12–14), vom verlorenen Groschen (15,8–9) und vom verlorenen Sohn umfasst. Gott zeichnet sich für Lukas dadurch aus, dass er den Verlorenen nachgeht und sich über ihre Rückkehr freut. Jesus ist in besonderem Maße derjenige, der „gekommen ist, um zu suchen und zu retten, was verloren ist" (19,10).

Frauen — Die Frauen treten im Lukasevangelium deutlicher hervor als in den anderen Evangelien. Die hervorgehobene Rolle von Maria und Elisabeth, der Mutter von Johannes dem Täufer, wird in Lk 1 besonders herausgearbeitet. Nach Lk 8,1–3 hatte Jesus auch Jüngerinnen in seinem Gefolge, u. a. Maria Magdalena wird hier ausdrücklich erwähnt. In 10,38–42 kommt Jesus zu Maria und Marta – Marta beklagt sich darüber, dass Maria ihr nicht hilft, weil sie Jesus zuhört, Jesus aber verteidigt Maria. Die hartnäckig bittende Witwe bekommt endlich Recht. Um wie viel mehr wird also Gott – so betont Lukas – denen Recht verschaffen, die Tag und Nacht zu ihm rufen (18,1–8).

letzte Worte am Kreuz — Der lukanische Christus klagt nicht am Kreuz (vgl. Mk 15,34), sondern sagt: „Vater, in deine Hände lege ich meinen Geist." (Lk 23,46). Das ist ein Zitat aus Ps 31,6. Der Psalmvers endet mit den Worten: „Du erlösest mich, Herr, du getreuer Gott." Bei Lukas stirbt Jesus also als treuer Märtyrer.

Erscheinungserzählungen — Während Markus den Blick am Ende des Evangeliums zurück nach Galiläa lenkt (Mk 16,7; vgl. Lk 24,6), situiert Lukas die Erscheinungserzählungen in und bei Jerusalem. Berühmt ist die sogenannte Emmauserzählung, in der zwei niedergeschlagene Jünger auf ihrem Weg nach Emmaus den Auferstandenen treffen, ohne ihn jedoch zu erkennen. Die Jünger erzählen dem Mann von ihrer großen Enttäuschung: „Wir aber hatten gehofft, dass er der sei, der Israel erlösen werde." (24,21). Als die drei Männer nach Emmaus kommen, sagen die Männer zum Auferstandenen: „Bleibe bei uns, denn es will Abend werden, und der Tag hat sich geneigt." (24,29). Jesus nimmt die Einladung an und bricht das Brot. In dieser Handlung erkennen die beiden Jünger, wen sie vor sich haben. In Jerusalem tritt der Auferstandene unter die elf (Judas ist nicht mehr dabei) Apostel und kündigt ihnen an: „Und ich werde die Gabe, die mein Vater verheißen hat, zu euch herabsenden. Bleibt in der Stadt, bis ihr mit der Kraft aus der Höhe erfüllt werdet." (24,49). Gemeint ist die Ausgießung des heiligen Geistes, von der Lukas in der Apostelgeschichte, Kap. 2, erzählt. Das Lukasevangelium endet mit der Schilderung der Himmelfahrt Jesu (24,50–53).

Impulse:

1. Wie lassen sich im Markusevangelium die Schweigegebote am Ende von Wundergeschichten erklären?
2. Welches sind die letzten Worte des markinischen Chris-tus am Kreuz und wie sind diese Worte zu deuten?
3. Mk 16,8 – ein (un)sinniger Schluss?
4. Inwiefern ist der Missionsauftrag in Mt 28,16-20 der Schlüssel zum Verständnis des ganzen Evangeliums?
5. Können bzw. sollen wir heute nach den Forderungen der Bergpredigt leben?
6. Das letzte Gericht – was sagt Matthäus und wie denken Sie darüber?
7. Warum hat Lukas „seinem" Christus am Kreuz andere Worte in den Mund gelegt als Markus?
8. Welcher Christus – der markinische, der matthäische oder der lukanische – gefällt Ihnen am besten und warum?

5. Die Apostelgeschichte

„Im ersten Buch, lieber Theophilus, habe ich über alles berichtet, was Jesus getan und gelehrt hat, bis zu dem Tag, an dem er (in den Himmel) aufgenommen wurde." (Apg 1,1–2) Mit diesen einleitenden Worten knüpft Lukas an sein Evangelium (s. o., Kapitel 4.3) an und setzt es fort. Nachdem er von Jesu Lehre und Taten erzählt hat, berichtet er nun von den Taten der Apostel nach Jesu Himmelfahrt. Die Apostelgeschichte wird daher auch als „Taten der Apostel" (lateinisch: „acta apostolorum") bezeichnet. Der Aufbau dieses zweiten Buches des Lukas ergibt sich aus Apg 1,8: „Aber ihr werdet die Kraft des Heiligen Geistes empfangen, der auf euch herabkommen wird; und ihr werdet meine Zeugen sein in Jerusalem und in ganz Judäa und Samarien und bis an die Grenzen der Erde." Lukas schildert die Ausbreitung des Christentums in drei Stufen: erstens in Jerusalem unter den Judenchristen, zweitens in den umgrenzenden Gebieten (Judäa/Samaria) durch den Griechisch sprechenden Teil der Jerusalemer Judenchristen (die sogenannten „Hellenisten", vgl. Apg 6,1) und drittens unter den Heidenchristen „bis an die Grenzen der Erde", de facto bis Rom.

Aufriss

Apg 1,15–8,1 handelt von der Jerusalemer Urgemeinde. Zunächst wird per Losverfahren die „Apostelstelle" des Judas, die durch dessen Verrat und Tod frei geworden ist, wieder besetzt, und zwar durch Matthias, einen Augenzeugen (1,21f.). Hier wird deutlich, was Lukas unter „Aposteln" versteht: Apostel müssen dem irdischen Jesus nachgefolgt sein. Außerdem ist für Lukas wichtig, dass es zwölf Apostel gibt – deshalb muss der Platz des Judas neu vergeben werden.

Matthias als 12. Apostel

Danach erzählt Lukas vom Pfingstereignis (2,1–36). Die Apostel werden „erfüllt von dem heiligen Geist" und fangen an,

Pfingsten

in anderen Sprachen zu predigen (2,4). In Umkehr der Sprachverwirrung, die nach alttestamentlicher Tradition durch den Turmbau zu Babel in die Welt kam (Gen 11), werden die Apostel von Menschen mit ganz unterschiedlichen Muttersprachen verstanden (Apg 2,6–13). Durch das Pfingstereignis bildet sich die erste Gemeinde, insofern ist Pfingsten die Geburtsstunde der Kirche. Deshalb werden der Glaube an den heiligen Geist und der Glaube an die christliche Kirche im Apostolischen Glaubensbekenntnis auch eng zusammengefasst („Ich glaube an den heiligen Geist, die heilige, christliche Kirche …").

Idealbild der ersten Gemeinde

Lukas erstellt ein Idealbild dieser ersten christlichen Gemeinschaft: „Und alle, die gläubig geworden waren, bildeten eine Gemeinschaft und hatten alles gemeinsam. Sie verkauften Hab und Gut und verteilten sie unter alle, jedem so viel, wie er nötig hatte. Und sie waren täglich einmütig beieinander im Tempel und brachen das Brot hier und dort in den Häusern, hielten Mahlzeiten mit Freude und reinem Herzen. Sie lobten Gott und waren beim ganzen Volk beliebt." (2,44–47). Mehrere Aspekte sind hier bemerkenswert: Die erste Gemeinde lebt friedlich, ohne Konflikte, zusammen. Lukas ist insgesamt bemüht, ein möglichst harmonisches Bild von den Anfängen des Christentums zu zeichnen. In der ersten Gemeinde herrscht Gütergemeinschaft (vgl. 4,32–37; 5,1–11; man spricht hier auch vom „Liebeskommunismus").

Kontinuität zu Israel

Der (Jerusalemer!) Tempel spielt bei den ersten Christen, die ja – wie Jesus – Juden sind, nach wie vor eine große Rolle. Für Lukas steht die christliche Gemeinde in Kontinuität zu Israel. Das zeigten auch die Geburtsgeschichten des Lukasevangeliums, die in weitgehender Parallelität von der Geburt Jesu und derjenigen Johannes des Täufers erzählen und die Eltern von Johannes als fromme Juden darstellen (Lk 1,8–20; s. o., Kapitel 4.3). Die erste Gemeinde ist im Volk beliebt.

Konflikt in der Urgemeinde

Im 6. Kapitel hören wir von einem ersten Konflikt in der Jerusalemer Urgemeinde: die Witwen der Griechisch sprechenden Juden(christen), also der „Hellenisten", werden bei der täglichen Versorgung übersehen (Apg 6,1). Daraufhin fordern die zwölf Apostel die Urgemeinde auf, sieben Männer zu bestimmen, die sich um diese Dinge kümmern sollen (6,3). Stephanus, einer dieser sieben Männer, wird aufgrund von Verleumdungen vor dem jüdischen Hohen Rat angeklagt (6,12). Der Hohe Rat (auch: Synhedrium) war zur Zeit Jesu das höchste jüdische Entscheidungsorgan, an dessen Spitze der Hohepriester (s. u., Kapitel 7) stand. Stephanus wird gesteinigt. „Saulus aber war mit dem Mord einverstanden." (8,1; s. o., Kapitel 3.1.)

In der Forschung ist umstritten, welche historischen Rückschlüsse wir aus dem Konflikt zwischen den Hellenisten und den Hebräern, also den aramäisch sprechenden Jerusalemer Judenchristen, ziehen dürfen. Nach einer einflussreichen These von Martin Hengel (geb. 1926) feierten die Hebräer und die Hellenisten aufgrund der Sprachbarriere in Jerusalem getrennt Gottesdienst. Die Hellenisten, deren Führer die Sieben (vgl. 6,3) waren, entwickelten eine eigene Theologie, die dem Jerusalemer Tempel und den jüdischen Geboten kritischer gegenüberstand als die Theologie der Hebräer. Deshalb wurden die Hellenisten in Jerusalem von einigen Juden (z. B. Saulus/Paulus) verfolgt und flohen – z. B. nach Antiochien (11,19). Hier bildete sich eine christliche Gemeinde, die im Unterschied zur Jerusalemer Urgemeinde auch Heiden missionierte (11,20; s. o., Kapitel 3.1). Dieser These zufolge waren die Hellenisten für die Ausbreitung des Christentums von erheblicher Bedeutung, weil sie die Botschaft von Jesus Christus auf Griechisch verbreiteten, und zwar auch außerhalb Jerusalems und auch gegenüber Nicht-Juden. Einige Forscher sind allerdings der Ansicht, dass diese (Re-)Konstruktion die biblischen Texte überstrapaziert.

Jerusalemer Urgemeinde

Saulus verfolgt die Jerusalemer Urgemeinde (8,3; s. o., Kapitel 3.1). Er will in seinem Eifer auch in Damaskus die „Anhänger des neuen Wegs" (9,2) verfolgen. Plötzlich kommt ein Licht vom Himmel, er fällt zur Erde und hört eine Stimme, die zu ihm spricht: „Saul, Saul, was verfolgst du mich?" (9,4) Saulus erblindet für drei Tage. Hananias, ein Jünger aus Damaskus, erhält vom Herrn den Auftrag, zu Saulus zu gehen (9,15). Hananias tut, wie ihm geheißen. Abschließend heißt es von Saulus (9,18–19): „Und sogleich fiel es von seinen Augen wie Schuppen, und er wurde wieder sehend; und er stand auf, ließ sich taufen und nahm Speise zu sich und stärkte sich."

Bekehrung/ Berufung des Saulus/Paulus nach Apg 9

Die Apostelgeschichte

christliche Gemeinde in Antiochien

Nach dieser berühmten Erzählung verschwindet Paulus zunächst wieder von der Bildfläche. In 11,19–26 hören wir von der christlichen Gemeinde im syrischen Antiochien/Antiochia, die von den aus Jerusalem geflohenen Judenchristen gegründet wurde und auch zur Heidenmission überging. Deshalb wurden die Antiochenischen Christen zum ersten Mal von den Juden unterschieden: „In Antiochia wurden die Jünger zuerst Christen genannt." (11,26). Aus Jerusalem wird Barnabas nach Antiochien geschickt (11,22). Er zieht nach Tarsus, zum Geburtsort des Saulus/Paulus, und holt Saulus nach Antiochien (11,25–26). Später treten Barnabas und Saulus ihre erste Missionsreise an (13,1–14,20) und kehren dann nach Antiochien zurück (14,20–28).

Apostelkonzil

In Apg 15 schildert Lukas die Ereignisse des Apostelkonvents/Apostelkonzils in Jerusalem. Im Vergleich zur Schilderung desselben Ereignisses durch Paulus (s. o., Kapitel 3.1) gibt es einige Unterschiede: Jakobus tritt hier als Vermittler zwischen christlichen Pharisäern (s. o., Kapitel 3.1) auf der einen und Petrus, Paulus und Barnabas auf der anderen Seite auf. Lukas berichtet außerdem davon, dass auf dem Apostelkonzil ein „Aposteldekret" beschlossen wurde: „Denn der heilige Geist und wir haben beschlossen, euch keine weitere Last aufzuerlegen als diese notwendigen Dinge: Götzenopferfleisch [s. o., Kapitel 3.2], Blut, Ersticktes und Unzucht zu meiden." (15,28–29). Historisch ist hier wohl die paulinische Darstellung korrekt: Den Heidenchristen wurde nichts auferlegt – auch kein Aposteldekret (Gal 2,6). Wahrscheinlich datiert Lukas ein später (in bestimmten Gebieten) gültiges Dekret auf das Apostelkonzil zurück. Der Apostelkonvent stellt für Lukas den kompositionellen und sachlichen Mittelpunkt der Apostelgeschichte dar. Er markiert das Ende der Urgemeinde (die Apostel werden nicht mehr erwähnt) und den Beginn der beschneidungsfreien Heidenmission. Paulus betritt nun als Hauptfigur die Bühne.

von Jerusalem nach Rom

Paulus und Barnabas geraten nach dem Apostelkonzil „scharf aneinander, sodass sie sich trennten" (15,39). Die zweite Missionsreise (15,36–18,22) unternimmt Paulus mit Silas. Nach einem erneuten Aufenthalt in Antiochien bricht er zur dritten Missionsreise auf (18,23–21,17). (Die einzelnen Stationen der

Missionsreisen sind auf Karten zum Leben des Paulus verzeichnet, die den meisten deutschen Übersetzungen des Neuen Testaments beigefügt sind.) Apg 19,21 benennt einen wichtigen Wendepunkt: Paulus entschließt sich, unter der Führung des Heiligen Geistes nach Jerusalem und Rom zu gehen. Die Ausrichtung von Jerusalem nach Rom, die für das Gesamtwerk zentral ist (vgl. 1,8), wird hier programmatisch formuliert. Ausführlich berichtet die Apostelgeschichte dann von der Verhaftung des Paulus in Jerusalem und seinem Weg als Gefangener über Caesarea nach Rom (21,18–28,31; s. o., Kapitel 3.1).

Während die anderen Evangelisten ihre Erzählung von Jesus mit Tod und Auferstehung enden lassen, fügt Lukas eine zweite Schrift an, die von den ersten Christen erzählt. Warum tut er das? Dahinter steht ein theologisches Interesse: Lukas bedenkt die Tatsache, dass es eine Geschichte der Kirche gibt. Die ersten Christen erwarteten täglich die Wiederkunft Jesu Christi (Parusie) und damit das Ende dieser Welt. Die Zeit nach Jesu Auferstehung kam dadurch zunächst gar nicht als eigene Epoche in den Blick. Das ändert sich erst, als die Parusie nach mehreren Jahrzehnten immer noch nicht eingetroffen ist. Lukas setzt sich mit dieser Frage der Parusieverzögerung auseinander. Auf die Frage: „Herr, stellst du in dieser Zeit das Reich für Israel wieder her?", antwortet der Auferstandene: „Euch steht es nicht zu, Zeiten und Fristen zu erfahren, die der Vater in seiner Macht bestimmt hat." (1,6f.) Das heißt: Der Auferstandene weist die Frage nach dem Zeitpunkt der Parusie zurück. Er erteilt stattdessen den Auftrag zur Evangeliumsverkündigung (1,8). Damit gibt Lukas die Parusieerwartung nicht auf (vgl. 17,31). Es gilt, stets bereit zu sein für das Ende und die gewährte Zeit für die Evangeliumsverkündigung zu nutzen. Die Parusieverzögerung hat damit einen von Gott gewollten Sinn.

Parusieverzögerung

In der eben zitierten Frage (1,6) fällt auf, dass von dem „Reich für Israel" die Rede ist. Damit stellen sich zwei Fragen: a) Wie verhält es sich mit den Verheißungen Gottes an Israel? b) Ist die heidenchristliche Kirche Teil des Gottesvolkes? Lukas antwortet: Gottes Handeln lässt die Kirche entstehen, und diese Kirche ist das wahre Israel aus Juden und Heiden. Der Heilige

das wahre Israel

Geist wird nicht nur den Juden(christen) gegeben, sondern auch den Heidenchristen (10,44; vgl. 11,18). Der lukanische Paulus predigt immer zuerst in den Synagogen und wendet sich erst danach den Heiden zu. Aber große Teile Israels nehmen das Heilsangebot nicht an, sodass Gott sein Volk aus den Heiden gewinnt (15,14). Weil Jerusalem das Zeugnis der zwölf Apostel, der Urgemeinde und des Paulus ablehnt, wird es zu einem Ort des Unheils: Paulus wird dort verhaftet. Gott bleibt seinen Zusagen und Verheißungen treu, aber Israel wendet sich zunehmend ab. Der lukanische Paulus interpretiert das Scheitern der Judenmission als Verstockung (28,26–27). Verstockung bedeutet die dauerhafte Abstumpfung der menschlichen Erkenntnis- und Wahrnehmungsorgane gegenüber dem Wort und Willen Gottes. Während Israel verstockt ist, sind die Völker bereit, das Wort Gottes zu hören (28,28).

heilsgeschichtliche Konzeption

Lukas ist überzeugt davon, dass die Geschichte von einem sinnvollen und zielgerichteten Handeln Gottes her zu verstehen ist. Er entwirft insofern eine Heilsgeschichte. Seine heilsgeschichtliche Konzeption kennt unterschiedliche Epochen. Hans Conzelmann (1915–1989) hat die einflussreiche These vertreten, dass Lukas Jesus Christus als die „Mitte der Zeit" gesehen hat – zwischen der Zeit Israels (des Alten Testaments) und der Zeit der Kirche. Die Zeit Jesu auf der Erde sei eine „satansfreie Zeit" (Lk 4,13; 22,3). Die einzelnen Epochen können wohl aber nicht so scharf voneinander abgegrenzt werden, wie Conzelmann es vorschlug. So zeigt schon die Parallelisierung der Geburtsgeschichten, dass Jesus und Johannes der Täufer nach lukanischem Verständnis nicht zwei unterschiedlichen Epochen der Heilsgeschichte angehören. Die Jesuszeit ist für Lukas die zentrale Heilszeit, aus der die Kirche hervorgeht und auf die sie sich immer wieder zurückbeziehen muss.

historischer Wert der Apostelgeschichte

Inwiefern sind die Darstellungen des Lukas historisch korrekt? Diese Frage ist in der Forschung umstritten. Wenn wir mit der Mehrheit der Forscher annehmen, dass die Apostelgeschichte – ähnlich wie das Lukasevangelium – um 100 n. Chr. entstanden ist, dann liegt bereits eine erhebliche zeitliche Distanz zu den Ereignissen vor, von denen Lukas berichtet. Vielleicht benutzt Lukas aber ältere Quellen und Traditionen, die historisch recht zuverlässig sind.

Rätselhaft bleibt, dass Lukas sich auf keinen der uns überlieferten Paulusbriefe bezieht, obwohl Paulus bei ihm so eine zentrale Stellung einnimmt. Hat er die Briefe nicht gekannt? Oder wollte er zentrale Aussagen der Briefe durch seine Darstellung stillschweigend korrigieren? Der Paulus der Apostelgeschichte ist jedenfalls ein anderer als der Paulus, der uns in den Briefen begegnet. Für Lukas ist Paulus kein Apostel, sondern der Repräsentant der zweiten Christengeneration, der 13. Zeuge (vgl. Apg 22,15; 26,16).

Paulus der Apostelgeschichte

Was wissen wir über den Verfasser des Lukasevangeliums und der Apostelgeschichte? Nach einer alten Tradition (um 180 n. Chr.) war Lukas ein Begleiter des Paulus. Diese Notiz stützt sich auf die Passagen in der Apg, in denen der Verfasser als ein enger Mitarbeiter des Paulus erscheint („Wir"-Stellen: Apg 16,10–17; 20,5–15; 21,1–18; 27,1–28,16). In Kol 4,14 taucht ein Paulusbegleiter mit Namen Lukas auf. Es ist jedoch sehr unwahrscheinlich, dass der Verfasser tatsächlich ein Paulusbegleiter war, denn Lukas deutet zentrale Elemente der paulinischen Theologie (z. B. die Rechtfertigungslehre) nur an (vgl. Apg 13,38). Seine eigene Theologie ist nicht paulinisch geprägt. Über den tatsächlichen Verfasser können wir nur sagen, dass es sich um einen literarisch gebildeten Theologen und Historiker handelt (vgl. die Prologe).

Verfasser

Wie sah die Gemeinde aus, für die Lukas schrieb? Sie war mehrheitlich heidenchristlich. Lukas setzt die gesetzesfreie Heidenmission voraus (vgl. Apg 10; 28,28). In der Gemeinde schwindet die Parusienaherwartung (s. o.). Außerdem scheinen Reichtum und Armut ein wichtiges Thema in der Gemeinde zu sein – wenigstens aus Sicht des Lukas. Den rechten Umgang mit Geld und Besitz macht Lukas zu einem zentralen Thema (vgl. Lk 3,11; Apg 2,45; 4,34–37; s. o., Kapitel 4.3). Er stellt seiner Gemeinde die Urgemeinde als ideales Vorbild vor Augen (s. o.). Ein weiteres wichtiges Thema für Lukas ist das Verhältnis von Staat und Kirche. Vielleicht sah Lukas die Gefahr, dass der römische Staat die Gemeinde bedrängen könnte. Deshalb rückt Lukas den römischen Staat in ein positives Licht – auf Kosten der Juden.

lukanische Gemeinde

Besonders deutlich wird das in der lukanischen Passionserzählung: Hier erscheinen die Juden als die Hauptschuldigen am Tod Jesu (Lk 23,4.14f.22). Nicht der römische Staat verfolgt Paulus, sondern – so betont Lukas – die Juden (Apg 13,50; 17,5–7.13; 21,27ff.).

Impulse:

Impulse

1. Stellen Sie die Unterschiede in den Schilderungen des Apostelkonzils durch Paulus (Gal 2,1–10; s. o., Kapitel 3.1.) und Lukas (Apg 15) tabellarisch zusammen.
2. Warum ist Paulus für Lukas kein Apostel?
3. Skizzieren Sie die Situation der lukanischen Gemeinde.

6. Das Johannesevangelium und die johanneischen Briefe

Das Johannesevangelium unterscheidet sich deutlich von den drei anderen Evangelien, die ins Neue Testament aufgenommen wurden. Es wird daher auch nicht zu den synoptischen Evangelien gezählt.

Ob der Evangelist des 4. Evangeliums die anderen Evangelien – oder zumindest eines oder zwei von ihnen – gekannt hat, wird in der Forschung kontrovers diskutiert. Dagegen spricht, dass das Johannesevangelium so deutlich von den anderen Evangelien abweicht – es hat einen anderen Aufbau, beginnt mit einem inhaltsschweren Prolog (Vorwort), führt Personen ein, die uns in den anderen Evangelien nicht begegnen. Es beinhaltet auch keine Gleichnisse, dafür aber so genannte „Ich-bin-Worte" und Abschiedsreden. Falls der Verfasser des 4. Evangeliums andere Evangelien gekannt hat, hat er sie jedenfalls nicht in dem Sinne als Vorlage für sein eigenes Schreiben benutzt wie Matthäus und Lukas das Markusevangelium.

Sonderstellung des Johannesevangeliums

Allerdings verfasst auch er ein Evangelium (s. o., Kapitel 4). Diese formkritische (s. o., Kapitel 2.6.) Beobachtung spricht dafür, dass Johannes mindestens *ein* weiteres Evangelium gekannt hat, denn sonst müssten wir annehmen, dass dieselbe Gattung („Evangelium") innerhalb kurzer Zeit zwei Mal unabhängig voneinander „erfunden" worden wäre.

Das 4. Evangelium beginnt bei seiner Erzählung von Jesus Christus nicht – wie das Markusevangelium – bei der Taufe des (erwachsenen) Jesus und auch nicht – wie das Matthäus- und das Lukasevangelium – mit der Geburtsgeschichte Jesu, sondern es setzt schon vor der Geburt Jesu Christi bei Gott „im Himmel" ein. Nach diesem Prolog (Vorwort; 1,1–18) folgt der erste Haupt-

Aufriss

teil (1,19–12,50), in dem der johanneische Christus sich in der Öffentlichkeit offenbart – v. a. durch lange Reden (z. B. 3,1–21; 5,19–47; 6,22–59; 8,21–59) und Wundertaten, die das Johannesevangelium „Zeichen" nennt (Weinwunder bei der Hochzeit: 2,1–12; Heilung des Sohnes eines königlichen Beamten: 4,43–54; Heilung eines Gelähmten am Teich Betesda: 5,1–18; Speisung der 5000: 6,1–15; Heilung eines Blindgeborenen: 9; Auferweckung des Lazarus: 11).

Im 12. Kapitel heißt es: „Dies sagte Jesus. Und er ging fort und verbarg sich vor ihnen." (12,36). Jesus zieht sich anschließend nach einer letzten Rede vor dem Volk (12,37–50) aus der Öffentlichkeit zurück. Es folgen die Erzählung von der Fußwaschung (13,1–20) – die uns nur bei Johannes begegnet, und die Ansagen des Verrats durch Judas (13,21–30) und der Verleugnung durch Petrus (13,36–38). In den Passionsbericht, der in weiten Teilen Parallelen zu den Passionserzählungen der Synoptiker aufweist, wird dann ein längerer Block eingeschoben, der uns ebenfalls nur bei Johannes überliefert ist: In den Kapiteln 14–16, den so genannten „Abschiedsreden", spricht der johanneische Christus mit seinen Jüngern darüber, wie es für sie nach seinem Tod weitergehen wird. In Kapitel 17 folgt ein Gebet Jesu. In den Kapiteln 18 und 19 greift der Evangelist wieder den Erzählfaden der Passion auf.

Erscheinungsberichte
Das Johannesevangelium bietet mehrere Erscheinungsberichte: Maria Magdalena hält den Auferstandenen zunächst für den Gärtner (20,11–18). Der Auferstandene erscheint den Jüngern (20,19–23). Der „ungläubige Thomas", der gerade nicht da war, will das nicht glauben, und Jesus kommt nochmals und fordert Thomas dazu auf, seinen Finger in seine Seite zu legen (20,24–29). Jesus offenbart sich den Jüngern nochmals am See von Tiberias (21,1–14) und hält ein Mahl mit den Jüngern (21,15–23). Das Johannesevangelium hat zwei Buchschlüsse, die sich inhaltlich ähneln (20,30f.; 21,25). Der doppelte Schluss könnte darauf hinweisen, dass das 21. Kapitel später angefügt wurde.

Prolog
Der berühmte Johannesprolog (1,1–18) lenkt den Blick des Lesers zurück an „den Anfang" der Welt – hier klingt der Anfang

des alttestamentlichen Schöpfungsberichts an (vgl. Gen 1,1). Lange vor seiner Geburt, von der das Johannesevangelium als „Fleischwerdung" bzw. „Inkarnation" spricht (1,14), ist Christus als der „Logos", also als das Wort, bei Gott (1,1f.). Der Logos ist bei der Schöpfung dabei (1,3). Man spricht in diesem Zusammenhang von der Präexistenz Christi. Damit ist die Überzeugung gemeint, dass Christus schon *vor* seiner fleischlichen *Existenz* „da war". Er kommt „von oben" (vgl. 3,3), von Gott, auf die Erde und kehrt zu Gott zurück (vgl. 16,28). Das Johannesevangelium macht seinen Lesern von Anfang an deutlich, dass Jesus Christus von Gott kommt und deshalb als Einziger Kunde von Gott bringen kann (1,18). Man nennt diesen christologischen Ansatz „Christologie von oben".

Damit ist das zentrale Thema des Johannesevangeliums eingeleitet: die Rede von Christus, also die Christologie. Im (ersten) Buchschluss streicht der Evangelist die Bedeutung dieses Themas nochmals heraus: „Noch viele andere Zeichen hat Jesus vor den Jüngern getan, die nicht in diesem Buch aufgeschrieben sind. Diese aber sind aufgeschrieben, damit ihr glaubt, dass Jesus der Messias [Christus], der Sohn Gottes ist, und damit ihr durch den Glauben das Leben habt in seinem Namen." (Joh 20,30f.) Der Verfasser des Johannesevangeliums äußert sich hier zu der Absicht, mit der er sein Schreiben verfasst. Seine Adressaten sollen glauben, dass Jesus der Messias bzw. der Christus ist (s. o., Kapitel 2.2), der Sohn Gottes.

<small>Christologie als zentrales Thema</small>

Während uns im Prolog der Logos begegnet, wird Jesus Christus im weiteren Evangelium anders dargestellt. Er ist der Bote bzw. der Gesandte Gottes. Im Hintergrund steht ein Schema, das in der Antike weit verbreitet war und das folgende Motive umfasst:

<small>Gesandtenchristologie</small>

- Ein Bote ist gesandt. Deshalb spricht der johanneische Christus immer wieder von dem „Vater, der mich gesandt hat" (z. B. 5,36f.).
- Ein Bote muss sich ausweisen, er muss sich als Gesandter legitimieren. Sofern er das kann, gilt er als der vollgültige Vertreter dessen, der ihn gesandt hat. Der johanneische Christus verweist auf das Zeugnis von Johannes dem Täu-

fer, auf seine eigenen Werke, auf die (Heilige) Schrift, also das Alte Testament, und auf Gottes Stimme (5,31–40).
- Ein Bote muss sich vorstellen. Der johanneische Christus tut das durch die „Ich-bin-Worte": Ich bin das Brot des Lebens, das Licht der Welt, der gute Hirte, die Tür, die Auferstehung und das Leben, der Weg, die Wahrheit und das Leben, der wahre Weinstock (6,35; 8,12; 10,7.9.11; 11,25f.; 14,6; 15,1.5).
- Ein Bote hat einen Auftrag. Der johanneische Christus hat den Auftrag, das Leben zu bringen und das „neue Gebot" der Liebe zu verkünden (13,34).
- Ein Bote kehrt zu seinem Auftraggeber zurück, wenn der Auftrag erfüllt ist. Der johanneische Christus ruft am Kreuz aus: „Es ist vollbracht." (19,30) Zu Maria Magdalena sagt der Auferstandene: „Ich gehe hinauf zu meinem Vater und zu eurem Vater, zu meinem Gott und zu eurem Gott." (20,17)
- Ein Bote legt über die Erfüllung seines Auftrags Rechenschaft ab. Der johanneische Christus sagt kurz vor seiner Kreuzigung zu Gott: „Ich habe dich auf Erden verherrlicht und das Werk zu Ende geführt, das du mir aufgetragen hast." (17,4)
- Von diesem Konzept der Gesandtenchristologie her wird verständlich, warum Jesus im Johannesevangelium – anders als in den synoptischen Evangelien – keine Gleichnisse erzählt. Er spricht nicht von der kommenden Gottesherrschaft, sondern er verkündigt sich selbst, weil er der Gesandte des Vaters ist. Nur er ist „der Weg, die Wahrheit und das Leben" (14,6). Für die Menschen ist er der einzige Weg zum Vater.

Dualismus Warum ist es für die Menschen so wichtig, zu Gott zu kommen? Johannes zeichnet den göttlichen Himmel und die Erde in schroffen Gegensätzen: Der Himmel ist durch Licht (1,4f.; 8,12), Wahrheit (3,21; 14,6) und Leben (5,24f.; 11,25f.; 14,6) gekennzeichnet, auf der Erde hingegen gibt es Finsternis (1,5), Lüge (8,44) und Tod (5,21.24f.). Der Evangelist vertritt ein weitgehend dualistisches Weltbild, also ein Weltbild, das durch diese Gegensätze geprägt ist. Zwischen dem himmlischen und dem irdischen Bereich gibt es eine Barriere, die es den Menschen unmöglich macht, in den oberen Bereich zu kommen. Nur Jesus Christus kann diese Barriere überwinden, denn er ist als einziger „von oben" gekommen (1,18; 3,3f.). Als göttlicher Gesandter kann er den Menschen das göttliche Heilsangebot des ewigen Lebens bringen (5,24f.) und sie nach seiner Rückkehr zum Vater „zu sich ziehen" (12,32).

„Wer mein Wort hört und dem glaubt, der mich gesandt hat, hat das ewige Leben; er kommt nicht ins Gericht, sondern ist aus dem Tod ins Leben hinübergegangen." (5,24). In der Begegnung mit dem göttlichen Gesandten entscheiden sich also Heil und Unheil hier und jetzt. Das Leben, das Jesus Christus bringt, ist endgültig und kann durch nichts je überboten werden. Kein Jüngstes Gericht kann dieses Leben „einkassieren". Es ist endgültig und hat damit eschatologische (s. o., Kapitel 3.3) Qualität. Mit der Betonung, dass sich in der Begegnung mit Jesus Christus im Hier und Jetzt eschatologisches Heil mitten in der Zeit ereignet, legt das Johannesevangelium einen starken Akzent auf die präsentische, also gegenwärtige, Eschatologie. Damit ist gemeint, dass eschatologische Ereignisse, die im Urchristentum normalerweise für die Zukunft erwartet werden – also etwa die Wiederkunft Jesu Christi (Parusie, vgl. z. B. 1Thess 4,13–17; s. o., Kapitel 3.2), die Auferstehung der Toten (vgl. z. B. Offb 20,13) und das Endgericht (vgl. z. B. Mt 25,31–46; s. o., Kapitel 4.2) – so umgedeutet werden, dass von ihnen gesagt werden kann, sie würden bereits in der Gegenwart stattfinden.

präsentische Eschatologie

Wie geht Johannes bei dieser präsentischen Umdeutung futurischer (zukünftiger) Ereignisse vor? In 14,2 kündigt Jesus an, dass er die Jünger verlässt, um unter den vielen Wohnungen beim Vater einen Platz für sie vorzubereiten und verheißt dann die Parusie im traditionellen, futurischen Sinne: Dann „komme ich wieder und werde euch zu mir holen ..." (14,3). Am Ende derselben Rede aber verheißt er: „Wenn jemand mich liebt, wird er an meinem Wort festhalten; mein Vater wird ihn lieben, und wir werden zu ihm kommen und bei ihm wohnen." (14,23) Hier liegen die Wohnungen des Heils nicht mehr zukünftig im Himmel, sondern gegenwärtig (präsentisch) in den Herzen der Menschen. Als Jesus zu Maria und Marta kommt, um ihren verstorbenen Bruder Lazarus aufzuerwecken, sagt Jesus zu Marta: „Dein Bruder wird auferstehen." (11,23) Marta referiert daraufhin den allgemein urchristlichen Glauben an eine zukünftige Auferstehung der Toten: „Ich weiß wohl, dass er auferstehen wird – bei der Auferstehung am Letzten Tag." (11,24) Dieser Glaube wird nun durch das anschließende Ich-Bin-Wort Jesu präsentisch überboten: „Ich bin die Auferstehung und das Leben. Wer an mich glaubt, wird leben, auch wenn er stirbt, und jeder, der lebt und an mich glaubt, wird auf ewig nicht sterben." (11,25f.) Die Antwort Jesu spielt mit einer doppelten Bedeutung von „leben" und „sterben". Einmal ist der physische Aspekt gemeint: Die Menschen – auch die johanneischen Christen – werden physisch sterben („auch wenn er stirbt"), genauso wie sie physisch leben („jeder, der lebt"). Leben und Sterben haben aber auch noch eine übertragende Bedeutung: Wer an Jesus glaubt, „wird auf ewig nicht sterben", d. h. er ist schon „auferstanden", im Hier und Jetzt. Deshalb kann es in 5,24 auch von demjenigen, der an Jesus glaubt, heißen: Er „hat [schon jetzt] das ewige Leben", er „ist [schon jetzt] aus dem Tod ins Leben hinübergegangen". Folgerichtig ereignet sich auch das Gericht im Hier und Jetzt: „Wer an ihn [Jesus] glaubt, wird nicht gerichtet; wer nicht glaubt, ist schon gerichtet, weil er an den Namen des einzigen Sohnes Gottes nicht geglaubt hat." (3,18).

Verhältnis futurische – präsentische Eschatologie

Neben diesen Elementen präsentischer Eschatologie, die uns in dieser Zuspitzung nur im Johannesevangelium begegnen, finden sich auch Elemente futurischer Eschatologie. So heißt es z. B. in 5,28f.: „Die Stunde kommt, in der alle, die in den Gräbern sind, seine Stimme hören und herauskommen werden: Die das Gute getan haben, werden zum Leben auferstehen, die das Böse getan haben, zum Gericht." Hier hören wir wieder von einer zukünftigen Auferstehung der Toten und einem zukünftigen Gericht, in denen die Taten der Menschen über ihr eschatologisches Schicksal entscheiden. In der Forschung ist umstritten, wie dieses Nebeneinander von präsentischen und futurischen Aussagen zu erklären ist. Einige Exegeten sind der Ansicht, dass sich diese Aussagen widersprechen. Daher müsse man annehmen, dass diejenigen futurischen Aussagen, die nicht umgedeutet werden, später von einer Gruppe in das Evangelium eingetragen worden seien. Diese Gruppe wird „kirchliche Redaktion" genannt, weil sie einige Jahre, nachdem das Johannesevangelium fertiggestellt worden war, versucht habe, die präsentische Eschatologie des Johannesevangeliums der futurischen Eschatologie der „Kirche" anzupassen. Diese These rechnet also damit, dass das Johannesevangelium in zwei Fassungen herausgekommen ist: Zuerst hat der Evangelist eine Schrift verfasst, in der die präsentische Eschatologie stark dominierte. Später ist diese Erst-Fassung (die uns allerdings in keiner einzigen Handschrift begegnet!) u. a. durch Elemente futurischer Eschatologie ergänzt worden. Wir kennen heute nur diese „zweite" Fassung. Andere Exegeten sind der Ansicht, dass sich die präsentischen und die futurischen Aussagen zur Eschatologie nicht widersprechen, sondern ergänzen – etwa in der Art, dass die präsentischen Aussagen das Leben und Sterben v. a. im übertragenen Sinne bedenken, während die futurischen Aussagen auch die physischen Aspekte berücksichtigen. Wenn wir von dieser ergänzenden Funktion der futurischen Aussagen ausgehen, können sowohl die präsentischen als auch die futurischen Formulierungen vom Evangelisten stammen.

Wenn es sich so verhält, dass in der Begegnung mit dem göttlichen Gesandten die Entscheidung über Heil und Unheil fällt, dann stellt sich die Frage, wie es um uns bestellt ist, die wir den irdischen Jesus nicht mehr erlebt haben. Haben wir „Pech gehabt"? Diese Frage mussten sich schon die johanneischen Christen stellen, denn der Evangelist schreibt ja zu einer Zeit, als Jesus längst gekreuzigt war. In den Abschiedsreden (s. o) präsentiert er die Lösung dieses Problems: „Und ich werde den Vater bitten, und er wird euch einen anderen Parakleten geben, der für immer bei euch sein wird. Es ist der Geist der Wahrheit …" (14,16f.) Paraklet bedeutet soviel wie „Tröster", „Fürsprecher" oder „Beistand". Wenn Christus hier von einem „anderen Parakleten" spricht, dann bezeichnet er sich selbst indirekt eben-

Paraklet

falls als Parakleten. Andersherum bedeutet das: Der „andere Paraklet" sorgt dafür, dass das Heilsangebot, das der göttliche Gesandte in die Welt gebracht hat, weiterhin besteht. Er ist der „Geist der Wahrheit", bringt also wie Jesus Christus die göttliche Heilsgabe der Wahrheit zu den Menschen. Diese Kontinuität zwischen Christus und dem Parakleten wird noch an einer anderen Stelle deutlich: „Der Paraklet aber, der heilige Geist, den der Vater in meinem Namen senden wird, der wird euch alles lehren und euch an alles erinnern, was ich euch gesagt habe." (14,26). Die Funktion des Parakleten besteht also darin, die Lehre Jesu weiterzutragen und an ihn zu erinnern. Er soll Zeugnis von Jesus Christus ablegen (15,26). In 16,13 scheint die Funktion des Parakleten noch weiter zu gehen: „Wenn aber jener, der Geist der Wahrheit, kommen wird, wird er euch in die ganze Wahrheit führen." Dieser Vers klingt so, als würde der Paraklet den göttlichen Gesandten sogar überbieten, indem er diejenigen, die an ihn glauben, in „die ganze Wahrheit" führt.

Wie können wir uns die Wirksamkeit dieses Parakleten in der johanneischen Gemeinde konkret vorstellen? Vielleicht gab es „geistbegabte" Menschen, die als Propheten auftraten und der Meinung waren, in ihnen wirke der heilige Geist, also der Paraklet. Vielleicht war die johanneische Gemeinde auch der Ansicht, dass in jedem Christen und in jeder Christin dieser Paraklet wirke. Wenn wir uns fragen, wie die johanneischen Christen dem göttlichen Gesandten begegnen konnten, stoßen wir außerdem auf eine verblüffend einfache Antwort: Sie begegnen ihm, indem sie das Evangelium lesen oder hören, sie begegnen ihm also im Johannesevangelium.

Lieblingsjünger Dass dieses Evangelium wahr ist, wird von einer Figur bezeugt, die uns – wie der Paraklet auch – nur im Johannesevangelium begegnet: von dem „Jünger, den Jesus lieb hatte", bzw. von dem „Lieblingsjünger". Vom Lieblingsjünger heißt es im zweiten Schluss des Johannesevangeliums: „Dies ist der Jünger, der das alles bezeugt und der es aufgeschrieben hat; und wir wissen, dass sein Zeugnis wahr ist." (21,24) Warum sollten wir diesem Jünger vertrauen? Eben weil er derjenige ist, den Jesus besonders liebt. Der Lieblingsjünger taucht erst in der zweiten Hälfte des Johannesevangeliums auf. Er liegt beim letzten Mahl an der Brust Jesu (13,23) – so wie Jesus am Herzen des Vaters liegt (1,18).

Bei fast allen Texten, in denen der Lieblingsjünger auftritt, wird sein Verhältnis zu Petrus thematisiert. Am auffälligsten ist hier der sogenannte „Wettlauf zum Grab" (20,1–10). Maria Magdalena erzählt Petrus und dem Lieblingsjünger, dass das Grab leer sei. Beide laufen zum Grab. Der Lieblingsjünger ist schneller, aber er wartet auf Petrus und lässt ihm den Vortritt. Erst nach Petrus betritt auch der Lieblingsjünger die Grabhöhle. Als der Auferstandene den Jüngern am See Tiberias erscheint (21,1–14), erteilt er speziell Petrus dreimal den Auftrag: „Weide meine Lämmer" (21,15.16.17). Petrus fragt daraufhin, was denn mit dem Lieblingsjünger sei. Diese Frage wird vom Auferstandenen zurückgewiesen: „Wenn ich will, dass er bis zu meinem Kommen bleibt, was geht es dich an?" (21,22)

Sowohl der Lieblingsjünger als auch Petrus haben also unter den Jüngern eine hervorgehobene Stellung. Der Lieblingsjünger ist Petrus überlegen – er „läuft schneller". Aber er ist auch darauf bedacht, Petrus „den Vortritt zu lassen". Wahrscheinlich spiegelt sich in diesem merkwürdigen Verhältnis beider Figuren die Situation der johanneischen Gemeinde. Sie nimmt innerhalb der ersten christlichen Gemeinden eine gewisse Sonderstellung ein und beruft sich dafür auf die Autorität des Lieblingsjüngers. In der „Kirche", also in anderen christlichen Gemeinden, ist jedoch Petrus der hervorragende Jünger (vgl. z. B. Mt 16,18f.; s. o., Kapitel 4.2). In den Erzählungen von Petrus und dem Lieblingsjünger reflektiert das Evangelium das Verhältnis zwischen der johanneischen Gemeinde zu anderen christlichen Gemeinden: Es behauptet eine gewisse Sonderstellung der johanneischen Gemeinde, erkennt aber die Autorität des Petrus – und damit die Bedeutung anderer Gemeinden mit ihren z. T. abweichenden theologischen Traditionen – auch an.

Verhältnis Lieblingsjünger – Petrus

Wir haben gesehen, welche theologische Bedeutung der Lieblingsjünger hat. Kann er aus historischer Sicht tatsächlich der Verfasser des Johannesevangeliums sein – und wer ist dann überhaupt der Lieblingsjünger? Einer einflussreichen These zufolge, die bereits um 180 n. Chr. dokumentiert ist, handelt es sich

Verfasser und Entstehungszeit

bei dem Lieblingsjünger, also dem Verfasser des Evangeliums, um Johannes, den Sohn des Zebedäus, der uns in den synoptischen Evangelien begegnet (vgl. z. B. Mk 10,35–45). In diesem Fall wäre das 4. Evangelium von einem Augenzeugen des Jesusgeschehens verfasst. Historisch ist das kaum zutreffend. Denn das Johannesevangelium ist wohl erst um 100 n. Chr. entstanden. In diese Richtung weisen folgende Beobachtungen: In 7,49 spricht der jüdische Hohe Rat (s. o., Kapitel 5) einen „Fluch" über das Volk aus, „das vom Gesetz nichts versteht". Damit könnte auf den Fluch über die Ketzer angespielt sein, der in den 80er-Jahren in das Gebet aufgenommen wurde, das Juden in der Synagoge sprachen. Obwohl sich dieser Fluch nicht speziell gegen Christen wandte, konnten diese ihn nicht mitsprechen, denn sie fühlten sich ja nicht mehr an die jüdische Thora, insbesondere an das Gebot der Beschneidung, gebunden. Insofern wurden sie indirekt zu einem Selbstausschluss aus der Synagoge genötigt. An drei Stellen spielt das Johannesevangelium darauf an, dass die johanneischen Christen auch formal aus der Synagoge ausgeschlossen wurden (9,22; 12,42; 16,2). In der Forschung ist umstritten, ob dieser Ausschluss zum Zeitpunkt der Abfassung des Evangeliums gerade erst stattgefunden hat oder ob er bereits länger zurückliegt. Je nachdem, wie man hier urteilt, ergibt sich eine Entstehungszeit zwischen 85 und 120 n. Chr. Die Verbitterung über diesen Ausschluss ist in dem Evangelium jedenfalls noch spürbar: Mehrfach ist pauschal von „den Juden" die Rede, vor denen sich die Eltern des Blindgeborenen fürchten (9,22) oder die „den Teufel zum Vater haben" (8,44). Diese Aussagen sind in der Zeit, in der das Geschehen spielt, unverständlich – denn Jesus und seine Jünger waren ja selbst Juden. Hier scheint die (aktuelle oder ehemalige) Situation der johanneischen Gemeinde durch.

1. Johannesbrief

Neben dem Johannesevangelium sind uns drei johanneische Briefe überliefert. Der 1. Johannesbrief, dem die typischen Merkmale eines Briefes (s. o., Kapitel 3.2) fehlen, beginnt – ähnlich wie das Evangelium – mit einem Prolog (1,1–4), der das Motiv des Anfangs aufnimmt. Der 1Joh ist auch sonst sprachlich und theologisch dem Evangelium ähnlich. In 2,19 findet sich ein deutlicher Hinweis auf die schwierige Situation in den johanneischen Gemeinden: Menschen haben die Gemeinde verlassen. Warum? Offensichtlich gibt es einen Streit um die Frage, wer bzw. wie Jesus Christus ist. Was genau ist hier umstritten? In 2,22 heißt es dazu: „Wer ist der Lügner – wenn nicht der, der leugnet, dass Jesus der Christus ist?" und 4,2 führt aus: „Jeder Geist, der bekennt, dass Jesus Christus im [oder: in das] Fleisch gekommen ist, ist aus Gott." Eine weitere Aussage zu diesem Thema findet sich in 5,6: „Dieser ist es, der durch Wasser und Blut gekommen ist: Jesus Christus." Die „Gegner" sind also offensichtlich der Meinung, dass Jesus Christus nicht im [oder: in das] Fleisch gekommen ist. Zur Debatte steht also die Fleischwerdung Christi, die Inkarnation. Die gegnerische Position wird in der Forschung als „doketisch" bezeichnet. *Dokeo* (griechisch) heißt „scheinen". Die Gegner meinen also, Christus sei nur zum Schein Mensch geworden und habe also auch nur zum Schein am Kreuz bis zum Tod gelitten. Dahinter steht die Überzeugung, dass Gott nicht leiden könne. Dagegen betont der 1Joh, dass Gott *im Menschen Jesus* gegenwärtig ist.

Umstritten ist, ob der 1Joh vor oder nach dem Johannesevangelium entstanden ist. Wenn man eine Entstehung vor dem Evangelium annimmt, ergibt sich für das Johannesevangelium ebenfalls eine antidoketische Stoßrichtung (vgl. v. a. Joh 1,14). Viele Exegeten halten den 1Joh jedoch für jünger als das Evangelium und nehmen an, dass sich die christologische Thematik vom Evangelium zum 1Joh hin verschiebt: Während es im Evangelium um eine jüdische Auseinandersetzung um die Frage geht, ob Jesus der Messias (Christus) sei, geht es im 1Joh um einen innerchristlichen Konflikt, nämlich um die Frage, ob Christus tatsächlich oder nur zum Schein Mensch geworden sei. Angesichts dieser Spannungen innerhalb der Gemeinde mahnt der Verfasser zur Bruderliebe: „Wenn jemand sagt: Ich liebe Gott!, aber seinen Bruder hasst, ist er ein Lügner. Denn wer seinen Bruder nicht liebt, den er sieht, kann Gott nicht lieben, den er nicht sieht. Und dieses Gebot haben wir von ihm: Wer Gott liebt, soll auch seinen Bruder lieben." (4,20f.)

Enstehungszeit 1. Johannesbrief

Der 2. und der 3. Johannesbrief sind deutlich kürzer und weisen typische Merkmale eines Briefes auf (s. o., Kapitel 3.2).

2. und 3. Johannesbrief

2. Johannesbrief

Sie geben uns Einblick in die alltägliche Seite der Auseinandersetzung im johanneischen Kreis. Als Adressat ist in beiden Briefen „der Alte" angegeben.

Der 2. Johannesbrief spiegelt eine Gemeindesituation, die derjenigen aus dem 1Joh ähnlich ist. Die Gegner leugnen Jesus „als den im Fleisch Gekommenen" (V. 7). Allerdings scheinen diese Gegner die Gemeinde – im Unterschied zur Situation im 1Joh – noch nicht verlassen zu haben. Insofern könnte der 2Joh vor dem 1Joh abgefasst worden sein. „Der Alte" fordert die Gemeinde auf, an der Lehre Christi festzuhalten und jegliche Gemeinschaft mit den Gegnern abzubrechen. Man soll ihnen sogar den Gruß verwehren (V. 10).

3. Johannesbrief

Im 3. Johannesbrief widerfährt dem „Alten" dann genau das, was er anderen zugedacht hat: Seine Abgesandten sind von einem gewissen Diotrephes, der wohl Gemeindeleiter ist, abgewiesen worden. Beide Seiten – „der Alte" und Diotrephes – haben sich als rechtgläubige Vertreter des Christentums verstanden. Strukturell haben wir es mit einem Konflikt zwischen ortsansässigen Autoritäten (Diotrephes) und Wandermissionaren (dem „Alten" und seinen Abgesandten, die von Gaius aufgenommen werden) zu tun, der zunehmend zugunsten der Ortsautoritäten entschieden wurde. Theologisch setzte sich in diesem Fall jedoch die Position des „Alten" durch – also das Bekenntnis zu Jesus als dem „im Fleisch Gekommenen". Das zeigt schon die Tatsache, dass seine kurzen Briefe Eingang in den Kanon (s. u., Kapitel 9) gefunden haben. Das Christentum formuliert im Jahr 425 n. Chr. das Bekenntnis, dass Jesus Christus „wahrer Mensch und wahrer Gott" sei.

Impulse:

Impulse

1. Warum zählt das Johannesevangelium nicht zu den synoptischen Evangelien?
2. Inwiefern ist die johanneische Christologie eine „Gesandtenchristologie"?
3. Welche Bedeutung hat der Lieblingsjünger im Johannesevangelium?
4. Welche Konflikte spiegeln der 2. und der 3. Johannesbrief?

7. Die übrigen Briefe

Neben den echten paulinischen Briefen (s. o., Kapitel 3.2) enthält das Neue Testament weitere Briefe, die sich in folgende Gruppen einteilen lassen: die Gruppe der deuteropaulinischen (s. o., Kapitel 3) Briefe (Kolosserbrief, Epheserbrief, 1. und 2. Timotheusbrief, Titusbrief, 2. Thessalonicherbrief), die Gruppe der „katholischen" Briefe (Jakobusbrief, 1. und 2. Petrusbrief, Judasbrief, 1.–3. Johannesbrief – s. o., Kapitel 6), und den für sich stehenden Hebräerbrief.

Gruppierung der übrigen Briefe

Der Kolosserbrief gibt als Absender Paulus an (1,1). Wahrscheinlich wurde er jedoch nicht von Paulus selbst, sondern von einem Mitglied der Paulusschule (vielleicht Timotheus) kurz nach dem Tod des Paulus (um 70 n. Chr.?) verfasst. Denn es zeigen sich gegenüber den zweifelsfrei „echten" paulinischen Briefen (s. o., Kapitel 3.2) wesentliche Verschiebungen in der Theologie. Der Verfasser des Kolosserbriefes schreibt, dass die Glaubenden durch die Taufe mit Christus gestorben *und auferstanden* sind (2,12.13; 3,1). Das erinnert an Röm 6,3f., wo Paulus allerdings differenziert zwischen dem Mitsterben, das bereits stattgefunden hat, und dem Auferstehen, das für die Glaubenden noch in der Zukunft liegt. Paulus spricht – anders als der Verfasser des Kolosserbriefes – nie davon, dass die Glaubenden bereits auferstanden seien. Laut Kolosserbrief dagegen leben sie durch die Taufe bereits im allumfassenden, kosmischen Herrschaftsbereich Christi.

Taufe im Kolosserbrief

Diesen Herrschaftsbereich beschreibt der Kolosserbrief mit dem Bild des kosmischen Leibes, dessen Haupt Christus ist (Kol 1,18). Mit dieser Aussage über Christus wendet sich der Kolosserbrief gegen eine „Irrlehre". Die Gegner in der Gemeinde, gegen die sich der Verfasser wendet, waren offenbar der Meinung,

Gegner im Kolosserbrief

dass Christus allein nicht ausreiche, um an der Heilsfülle teilzuhaben. Man müsse auch den „Mächten und Gewalten" dienen (vgl. 2,8.15.20). Sie forderten außerdem die Beschneidung auch von Heidenchristen sowie die Einhaltung asketischer Speisevorschriften und Festgebote (vgl. 2,11.16f.21f.23b).

Ermahnungen im Kolosserbrief

In einer Haustafel (s. o., Kapitel 2.6) fordert der Kolosserbrief die Unterordnung der Frauen unter ihre Männer, den Gehorsam der Kinder gegenüber ihren Eltern und den Gehorsam der Sklaven gegenüber ihren Herren (3,18–4,1). Die Ermahnung an die Sklaven ist dabei besonders ausführlich. Vielleicht will der Kolosserbrief an dieser Stelle den Philemonbrief (s. o., Kapitel 3.2.) etwas korrigieren. Dafür spricht, dass im Kolosserbrief viele Namen auftauchen, die uns auch im Philemonbrief begegnen (Timotheus, Archippus, Onesimus, Epaphras usw.). Die Leser sollen sich offenbar an diesen Brief erinnern. Vielleicht hatte der Philemonbrief bei Sklaven zu große Erwartungen geweckt, die der Kolosserbrief nun „korrigieren" will?

Kirche und Taufe im Epheserbrief

Der Epheserbrief stellt eine „Neufassung" des Kolosserbriefes dar. Schon aus dieser Beobachtung ergibt sich, dass der Verfasser nicht Paulus sein kann, sondern wiederum ein Mitglied der Paulusschule. Außerdem muss er später entstanden sein als der Kolosserbrief, vielleicht um 80 bis 90 n. Chr. Anders als der Kolosserbrief bekämpft der Epheserbrief keine gegnerische Lehre, sondern betont die Versöhnung von Juden- und Heidenchristen in Christus (2,11–22). Zentrale Elemente aus dem Kolosserbrief tauchen im Epheserbrief wieder auf. Die Kirche ist wiederum der „Leib Christi", Christus ist das Haupt dieses Leibes (1,22f.; 4,12.15f.; 5,22f.30). Die Rede von Christus im Epheserbrief ist durch ein räumliches Weltbild geprägt: Gott und Jesus Christus thronen über allem im himmlischen Bereich, in einem Zwischenraum herrschen Engel und dämonische Mächte und im unteren Bereich befindet sich die Menschen- und Totenwelt. Zugleich erfüllt Jesus Christus die gesamte Wirklichkeit. Ähnlich wie der Kolosserbrief davon spricht, dass die Glaubenden auch an der Auferstehung bereits teilhaben, heißt es im Epheserbrief, dass die Gemeinde durch die Taufe schon „mit auferweckt ist und eingesetzt im Himmel in Jesus Christus" (2,6).

Ein deutlicher Unterschied zur paulinischen Lehre zeigt sich im Verständnis der Ehe: Während für Paulus zwischen ehelicher und religiöser Bindung eine Spannung bestand (vgl. 1Kor 7,32ff.), betrachtet der Epheserbrief die Ehe als ein Abbild des Verhältnisses Christi zu seiner Kirche (5,22–33). Der Mann übernimmt in der Ehe die Rolle des sich hingebenden Christus und bleibt darin der Überlegene, wie auch Christus „über" der Gemeinde thront (1,22f.).

Ehe im Epheserbrief

Der 1. und 2. Timotheusbrief sowie der Titusbrief werden nach ihren (fiktiven) Adressaten benannt. Sie bilden die Gruppe der „Pastoral- oder Hirtenbriefe", weil sie den Gemeindeleitern Anweisungen zu ihrem Amt geben. Verfasst wurden die Pastoralbriefe wohl von einem uns unbekannten Mitglied der Paulusschule, wahrscheinlich um 100 n. Chr. Während bei Paulus alle Christen ein Charisma haben (vgl. 1Kor 12; 14), hat in den Pastoralbriefen nur der Gemeindeleiter ein Charisma (2Tim 1,6). Dieses Charisma wird dem Amtsträger durch Handauflegung vermittelt (1Tim 4,14; 2Tim 1,6). Frauen dürfen (in der Gemeinde) nicht lehren (1Tim 2,12). Dieses Verbot – das nach wie vor in der katholischen Kirche die biblische Grundlage dafür bildet, dass Frauen zum Priesteramt nicht zugelassen sind – wird mit der Schöpfungsordnung begründet: Adam wurde zuerst gemacht, und nicht er wurde verführt, sondern Eva (1Tim 2,13f.). Der 2. Timotheusbrief bekämpft Gegner, die behaupten, „die Auferstehung sei schon geschehen" (2Tim 2,18).

Pastoralbriefe

Der 2. Thessalonicherbrief bekämpft eine Lehre, nach der „der Tag des Herrn schon da [oder: nahe] sei" (2,2). Er führt aus, was geschehen müsse, bevor der Tag des Herrn, also der Tag des Endgerichts und der allgemeinen Auferstehung, kommt (2,3–12). In der Forschung ist umstritten, ob sich diese Lehre mit derjenigen des 1. Thessalonicherbriefes (s. o., Kapitel 3.2), an den sich der 2. Thessalonicherbrief ansonsten eng anlehnt, vereinbaren lässt. Entsprechend unterschiedlich fallen die Urteile darüber aus, ob der 2. Thessalonicherbrief von Paulus stammt (so v. a. die angelsächsische Forschung) oder nicht, also deuteropaulinisch ist (so v. a. die deutschsprachige Forschung), bzw. zu welchem Zweck der Brief verfasst wurde (um den 1. Thessa-

2. Thessalonicherbrief

lonicherbrief zu ersetzen oder ihn zu ergänzen). Forscher, die den 2. Thessalonicherbrief Paulus zuordnen, sehen ihn in enger zeitlicher und räumlicher Nähe zum 1. Thessalonicherbrief. Wer den 2. Thessalonicherbrief für deuteropaulinisch hält, verortet ihn meist in großer zeitlicher und räumlicher Distanz zum 1. Thessalonicherbrief.

Entstehungssituation 1. Petrusbrief

Die „katholischen" Briefe richten sich nicht an bestimmte Empfänger, sondern an die ganze (= „katholische") Kirche. Der 1. Petrusbrief beruft sich auf den Apostel Petrus. Inhaltlich weist das Schreiben allerdings eher eine Verbindung zum paulinischen Traditionskreis auf: So werden beispielsweise Silvanus (1Petr 5,12; vgl. 1Thess 1,1; 2Kor 1,19; 2Thess 1,1) und Markus (1Petr 5,13; vgl. Phlm 24; Kol 4,10; 2Tim 4,11) genannt, die als Mitarbeiter des Paulus bekannt sind. Der 1. Petrusbrief erhebt damit für eine paulinisch gefärbte Theologie einen gesamtkirchlichen Anspruch, denn Petrus steht für das ganze Christentum. Der Brief ist nicht zu Lebzeiten des Petrus entstanden. V. a. die im Brief vorausgesetzte Situation verweist in die Zeit nach dem Tod des Petrus. „Leistet ihm [dem Teufel] Widerstand, fest im Glauben! Ihr wisst: All diese Leiden erleben auch eure Geschwister in der ganzen Welt." (5,9) Dieser Vers spiegelt eine Verfolgungssituation, wie sie erstmals unter Domitian (81–96 n. Chr.) für christliche Gemeinden in Kleinasien belegt ist. In 5,13 steht „Babylon" für Rom (vgl. Offb 17–18; s. u., Kapitel 8). Der 1. Petrusbrief erhebt damit den Anspruch, in Rom geschrieben worden zu sein, hat aber die Verhältnisse der kleinasiatischen Christen zur Zeit des Domitian im Blick.

Botschaft 1. Petrusbrief

Der Brief rückt damit in eine große zeitliche und örtliche Nähe zur Offenbarung des Johannes (s. u., Kapitel 8). Während aber der Seher Johannes seinen Adressaten rät, gegenüber der feindlichen römischen Staatsmacht eine Haltung des zumindest passiven Widerstandes einzunehmen (Offb 18,4; s. u., Kapitel 8), empfiehlt der Verfasser des 1. Petrusbriefes etwas ganz anderes: „Führt ein rechtschaffenes Leben unter den Heiden, damit sie, die euch jetzt als Übeltäter verleumden, durch eure guten Taten zur Einsicht kommen und Gott preisen, wenn der Tag der Prüfung kommt. Unterstellt euch den Ordnungen der

Welt um des Herrn willen: dem Kaiser, weil er über allen steht, den Statthaltern, weil sie von ihm entsandt sind, um die zu bestrafen, die Böses tun, und die auszuzeichnen, die Gutes tun." (1Petr 2,12–14; vgl. Röm 13,1–7). Die Christen sollen also die Heiden durch ihren (auch aus Sicht der Heiden!) vorbildlichen Lebenswandel beeindrucken. Sie sollen sich außerdem der staatlichen Macht unterordnen. Es ergibt sich damit eine Spannung zwischen dem Gefühl einer inneren (ethischen) Überlegenheit über die römische Umwelt einerseits und der Unterordnung unter ihre Diskriminierungen andererseits. Diese Spannung führt zu einer Theologie des Leidens. Das bewusst angenommene Leid der Christen dient als Appell an die Umwelt: „Dann werden die, die euch beschimpfen, weil ihr in Christus ein rechtschaffenes Leben führt, sich wegen ihrer Verleumdungen schämen müssen." (1Petr 3,16).

Der Jakobusbrief erhebt den Anspruch, vom Bruder Jesu verfasst zu sein. Tatsächlich ist er deutlich später entstanden, zwischen 80 und 100 n. Chr. Der Jakobusbrief gibt als Absender Jakobus, den Bruder Jesu, an und als Adressaten „die zwölf Stämme, die in der Zerstreuung leben" (1,1). Diese Angaben haben Signalwirkung, denn durch die Erwähnung der 12 Stämme und die Wahl des Pseudonyms Jakobus soll betont werden, dass das Christentum in Kontinuität zu Israel steht. Der Name Jakobus steht im Urchristentum für eine bleibende Ausrichtung der Christen an der Thora (vgl. Gal 2,12f.; Apg 15,13–21; s. o., Kapitel 5). Im Zusammenhang mit dem antiochenischen Zwischenfall (Gal 2,11–21; s. o., Kapitel 3.1., 3.2., 3.3.) werden „Leute aus dem Kreis um Jakobus" genannt, die auf die Einhaltung der jüdischen Speisegebote durch Judenchristen pochen, Petrus damit verunsichern und den Zorn des Paulus hervorrufen. Im Galaterbrief hören wir zu diesem Konflikt nur die Stimme des Paulus, im Jakobusbrief begegnet uns die andere Perspektive. Allerdings dürfen wir wohl nicht annehmen, dass Jakobus tatsächlich der Verfasser des Jakobusbriefes ist. Der Brief ist wahrscheinlich erst nach dem Tod des Jakobus (62 n. Chr.) entstanden (zwischen 80 und 100 n. Chr.?), aber durch die Wahl dieses Namens verdeutlicht der Verfasser, in welche Tradition er sich stellt.

judenchristlicher Standort des Jakobusbriefes

Glaube und Werke im Jakobusbrief

Die kritische Auseinandersetzung mit paulinischer Theologie ist besonders in 2,20–26 spürbar: „Willst du also einsehen, du unvernünftiger Mensch, dass der Glaube ohne Werke nutzlos ist? Wurde unser Vater Abraham nicht aufgrund seiner Werke als gerecht anerkannt? Denn er hat seinen Sohn Isaak als Opfer auf den Altar gelegt. Du siehst, dass bei ihm der Glaube und die Werke zusammenwirkten und dann erst durch die Werke der Glaube vollendet wurde. So hat sich das Wort der Schrift erfüllt: Abraham glaubte Gott, und das wurde ihm zur Gerechtigkeit angerechnet, und er wurde Freund Gottes genannt. Ihr seht, dass der Mensch aufgrund seiner Werke gerecht wird, nicht allein durch den Glauben. Wurde nicht ebenso auch die Hure Rahab durch ihre Werke als gerecht anerkannt, weil sie die Boten bei sich aufnahm und dann auf einem anderen Weg entkommen ließ? Denn wie der Körper ohne den Geist tot ist, so ist auch der Glaube tot ohne Werke." Diese Verse erinnern deutlich an die entgegengesetzte Argumentation des Paulus im Galaterbrief. Dort heißt es: „Denn wir wissen, dass der Mensch nicht durch Werke des Gesetzes gerecht wird, sondern durch den Glauben an Jesus Christus." (Gal 2,16; s. o., Kapitel 3.3, 3.4). Diese These erhärtet Paulus – wie der Verfasser des Jakobusbriefes – anhand der Abrahamstradition. Abraham ist für Paulus wichtig, weil er durch den Glauben an Gott – und nicht durch Werke des Gesetzes – gerecht wurde (Gal 3). Der Jakobusbrief hält dagegen: Abraham wurde nicht allein aus dem Glauben gerecht, sondern durch seine Werke, konkret: durch die Bereitschaft, Isaak zu opfern. Für den Verfasser des Jakobusbriefes gehören Glaube und Werke, also Taten, untrennbar zusammen. Das Gesetz ist ein Gottesgeschenk, das es vollständig zu erfüllen gilt (Jak 2,10). Sünde meint im Jakobusbrief nicht eine überindividuelle Unheilsmacht, die den Menschen betrügt (vgl. Röm 7,7ff.), sondern die Übertretung einzelner Gebote, also ein Handeln gegen Gott (Jak 2,9). Daher gibt es für den Jakobusbrief keinen Gegensatz zwischen Glauben und Werken bzw. Taten.

Judas- und 2. Petrusbrief

Der Judas- und der 2. Petrusbrief gehören eng zusammen: Der 2. Petrusbrief übernimmt fast vollständig den Judasbrief. Beide Briefe haben in unterschiedlicher Weise das Ziel, eine konkurrierende Lehre zu entkräften und ihre Gemeinden so zu sichern.

Dem Hebräerbrief, der wohl zwischen 80 und 90 n. Chr. verfasst wurde, fehlt das Präskript (s. o., Kapitel 3.2). Weder Absender noch Adressaten werden benannt. Einige Hinweise gibt der Briefschluss (s. o., Kapitel 3.2). Er lässt vermuten, dass der Hebräerbrief in Italien, wahrscheinlich in Rom, entstanden ist. Der hier genannte Timotheus taucht ansonsten als engster Mitarbeiter des Paulus in der paulinischen Tradition auf (vgl. die beiden Timotheusbriefe). D. h. der Verfasser des Hebräerbriefes wollte seine Schrift im Umkreis paulinischer Theologie verstanden wissen. Die Theologie des Hebräerbriefes spricht allerdings eine ganz eigene, von Paulus unabhängige Sprache. Einige Exegeten vermuten daher, dass der Briefschluss später hinzugefügt wurde.

Schluss des Hebräerbriefes

Der Verfasser des Hebräerbriefes charakterisiert seine Adressaten als das „wandernde Gottesvolk". Sie haben ihre Heimat und ihr Bürgerrecht im Himmel (11,14.16). Die Gemeinde befindet sich auf einer Wanderschaft durch die Wüste des Lebens (3,7–19) und die Gefahren der Geschichte (11,1ff.). Das wandernde Volk muss gegen die Ermüdung ankämpfen, indem es an das Ziel, die himmlische Ruhe in der himmlischen Stadt, denkt (4,1.11). Glaube bedeutet im Hebräerbrief also das Verbleiben bei der Gemeinschaft des wandernden Volkes. Sünde meint das Zurückbleiben, das Ermüden, den Abfall vom Glauben. Hoffnung wird verstanden als der Ausblick auf das himmlische Ziel.

das wandernde Gottesvolk

Der Abfall vom Glauben beschäftigt den Verfasser besonders. Offensichtlich gab es unter den Adressaten einige, die zunächst an Jesus Christus geglaubt haben, sich dann distanzierten und nun doch wieder zu diesem Glauben zurückkehren wollen. Der Verfasser des Hebräerbriefes erörtert, ob solch eine „zweite Umkehr" möglich ist. Es geht also um die Frage, wie viele „Chancen" ein Christ bekommt. Die Position des Verfassers ist hier hart: „Denn es ist unmöglich, Menschen, die einmal erleuchtet worden sind, die von der himmlischen Gabe genossen und Anteil am heiligen Geist bekommen haben, die das gute Wort Gottes und die Kräfte der zukünftigen Welt kennengelernt haben, dann aber doch abgefallen sind, erneut zur Umkehr zu bringen; denn

keine „zweite Chance"

sie schlagen jetzt den Sohn Gottes noch einmal ans Kreuz und machen ihn zum Gespött." (6,4–6) Jeder Christ hat also nur *eine* „Chance". Warum? Wer den Glauben verleugnet, stellt – so der Verfasser des Hebräerbriefes – die Kraft der himmlischen Gaben in Frage. Es entsteht der Eindruck, dass diese Gaben nicht stark genug waren. Denn sie konnten offensichtlich nicht verhindern, dass der Christ wieder vom Glauben abfällt. Mehr noch: Die Heilstat Christi, sein Tod am Kreuz, war offenbar nicht stark genug, um den Abfall vom Glauben zu verhindern. Daher urteilt der Verfasser: Wer den Glauben an Christus zuerst annimmt, dann aber verleugnet, tritt den Sohn Gottes mit Füßen, er macht Christus zum Gespött. Daher darf dieser Abtrünnige nicht wieder zum Glauben zurückkehren. Wegen dieser Ablehnung einer zweiten Umkehr blieb der Hebräerbrief v. a. in der westlichen Kirche lange umstritten.

Christus und das Gesetz

Diese harte Haltung verdankt sich der Christologie des Hebräerbriefes. Wie Paulus (s. o., Kapitel 3.3) ist auch der Verfasser des Hebräerbriefes der Meinung, dass das Gesetz schwach und unfähig ist, es hat nicht die Kraft, die Menschen zu ihrer Bestimmung zu führen (7,18.19a; 10,1f.11). Paulus und der Verfasser des Hebräerbriefes sind sich weiterhin darin einig, dass nur durch Christus das Heil erfahren werden kann. In der Frage, wie dies geschieht, gehen Paulus und der Verfasser des Hebräerbriefes getrennte Wege.

Jesus als Hoherpriester

„Da nun die Kinder am irdischen Leben und an der Körperlichkeit teilhaben, nahm Jesus genauso daran teil, um durch seinen Tod den zu entmachten, der die Herrschaft über den Tod hat. Dieser ist der Teufel. Jesus nahm außerdem Anteil, um die zu befreien, die aus Angst vor dem Tod ihr Leben lang in Sklaverei waren ... Darum musste er in allem seinen Brüdern gleich sein, um ein barmherziger und treuer Hoherpriester vor Gott zu sein und die Sünden des Volkes zu sühnen. Denn da er selbst gelitten hat und versucht wurde, kann er denen helfen, die in Versuchung geführt werden." (2,14–15.17–18) Der Verfasser des Hebräerbriefes stellt Christus als den treuen Hohepriester vor, der zur Rechten Gottes erhöht wurde. Nach mosaischer

Tradition ist der Hohepriester der einzige, der einmal im Jahr am großen Versöhnungstag das Allerheiligste des Tempels, also den Raum, in dem die Lade mit den Geboten aufbewahrt wurde, betreten darf. Dort bringt er für sich und das Volk ein Sühnopfer dar (Lev 16). Diese alttestamentliche Tradition greift der Verfasser des Hebräerbriefes auf und deutet sie um. Jesus kann die Menschen von ihren Sünden reinigen, weil er selbst litt und den Versuchungen der Sünde ausgeliefert war. Dabei aber – und das ist entscheidend – blieb Jesus ohne Sünde (4,15). Während also der alttestamentliche Hohepriester auch für seine eigenen Sünden opfern muss, vollbrachte Jesus als der himmlische Hohepriester mit seinem Tod am Kreuz das endgültige, wahre Opfer (9,11–28). Jesus ersetzt durch dieses einmalige Opfer den Opferkult des Jerusalemer Tempels und gibt ihm eine andere Bedeutung. Er stiftet am Kreuz den „noch besseren Bund" (7,20–22). Aus dieser Einmaligkeit und Größe des Opfers Jesu Christi ergibt sich die Mahnung, das Heilswerk nicht durch Abfall vom Glauben zu entwerten.

Impulse:

1. Welche Erwartungen könnte der Philemonbrief bei Sklaven geweckt haben und was setzt der Kolosserbrief dagegen?
2. Stellen Sie das Weltbild des Epheserbriefes graphisch dar.
3. Kommentieren Sie das Eheverständnis des Epheserbriefes.
4. Wie lässt sich die Zulassung von Frauen zum Amt des Pastors in der evangelischen Kirche in Auseinandersetzung mit 1Tim 2,12 rechtfertigen?
5. Vergleichen Sie die Aussagen aus 2Thess 2,1–12 mit denjenigen aus 1Thess 4,13–5,11. Wie bewerten Sie das Verhältnis zwischen beiden Lehren über die endzeitlichen Ereignisse?
6. Entwerfen Sie einen fiktiven Dialog zwischen dem Verfasser des 1. Petrusbriefes und Johannes, dem Verfasser der Offenbarung. Diskutieren Sie die Situation der kleinasiatischen Gemeinden und die Frage, wie sich Christen angesichts dieser Situation verhalten sollten.

Impulse

7. Inszenieren Sie ein Streitgespräch zwischen dem Verfasser des Jakobusbriefes und einem Christen, der sich auf die Theologie des Galaterbriefes beruft.
8. Jesus als Hoherpriester im Hebräerbrief – was zeichnet ihn aus, was macht ihn einmalig?

8. Die Offenbarung des Johannes

Die Offenbarung gilt als das „Buch mit sieben Siegeln" (vgl. 5,1–14). Damit ist umgangssprachlich gemeint, dass es rätselhaft und unverständlich ist. In landeskirchlichen Gottesdiensten werden nur selten Texte aus dem letzten Buch des Neuen Testaments verlesen. Dagegen spielt das Buch in einigen freikirchlichen und v. a. sektenähnlichen Richtungen des Christentums eine wichtige Rolle. Über das christliche Umfeld hinaus bekannt sind allenfalls ein paar Motive aus der Offenbarung, die in der bildenden Kunst und in (Katastrophen-)Filmen auftauchen: die apokalyptischen Reiter (6,1–8; Dürer), die geheimnisvolle Zahl 666 als Zeichen des Bösen (13,18), Harmagedon als Ort der letzten großen Schlacht zwischen Gott und den widergöttlichen Mächten (16,16), die „Hure Babylon" (18). Bekannt ist schließlich das vorletzte Kapitel der Offenbarung (21), wo vom neuen Himmel und der neuen Erde, von der heiligen Stadt, die aus dem Himmel herabkommt, die Rede ist.

bekannte Motive

Das griechische Wort für Offenbarung ist „Apokalypse". Wir verbinden mit Apokalypse Katastrophen, die zum Weltuntergang führen. Im jüdischen Raum bezeichnet Apokalypse jedoch in erster Linie eine literarische Gattung, die bestimmte Formelemente aufweist. Was macht die Offenbarung so rätselhaft? Es ist v. a. ihre bilderreiche Sprache, die uns z. T. fremd erscheint. Geschildert werden Visionen, also eine Art Traum, in dem der Visionär Bilder sieht, die eine göttliche Botschaft enthalten. Diese Visionen sind manchmal selbst für den Visionär schwer zu verstehen, sodass sie von einem sogenannten Deute-Engel erklärt werden. Visionen sind oftmals mit einer Entrückung des Sehers an einen (himmlischen) Ort verbunden, wo er die göttliche Offenbarung sieht oder hört (Audition).

Vision und Audition

Pseudonymität in jüdischen Apokalypsen

Jüdische Apokalypsen – z. B. das alttestamentliche Buch Daniel – zeichnen sich durch Pseudonymität aus, d. h. der Verfasser „borgt" sich den Namen eines bedeutenden Mannes aus der Vergangenheit, um seiner Schrift mehr Gewicht zu geben. Aus der Pseudonymität ergibt sich, dass die Verhältnisse, die für den echten Verfasser die Gegenwart bestimmen, für den fiktiven Verfasser in der Zukunft liegen. Dies wirft die Frage auf, warum die Schrift erst jetzt bekannt wird, obwohl sie doch – angeblich – schon vor vielen Jahren verfasst wurde. Deshalb findet sich in jüdischen Apokalypsen der Befehl, die göttliche Botschaft, die in dem Buch enthalten ist, zu versiegeln und erst zu einem späteren Zeitpunkt bekannt zu machen. So heißt es z. B. im Buch Daniel: „Und das Gesicht von den Abenden und Morgen, das geoffenbart worden ist, ist Wahrheit. Du aber verwahre das Gesicht; denn es geht auf eine ferne Zeit." (Dan 8,26).

Johannes

Gegenüber jüdischen Offenbarungen weist die christliche Offenbarung des Johannes einige Besonderheiten auf. Sie enthält ebenfalls Visionen und Auditionen, aber der Verfasser gibt keinen falschen Verfassernamen an, um die Autorität seiner Schrift zu steigern. Im Gegenteil: Johannes – der mit keinem anderen Johannes aus dem Neuen Testament identisch ist – scheint den sieben Gemeinden, an die er schreibt, persönlich bekannt zu sein (1,4). Er versteht sich als Prophet (1,1–3) und kennt sich sehr gut mit den Verhältnissen in den einzelnen Gemeinden aus (2–3; s. u.). Diese Detailkenntnis lässt darauf schließen, dass Johannes in den sieben Gemeinden umhergereist ist, bevor er auf die Insel Patmos kam, wo ihm die Visionen und Auditionen, von denen er erzählt, zuteil wurden (1,9f.). Die Insel liegt im Mittelmeer vor der Westküste Kleinasiens, der heutigen Türkei. Johannes gibt an, dass er „um des Wortes Gottes willen und des Zeugnisses von Jesus" auf der Insel Patmos war (1,9). Damit spielt er wahrscheinlich auf eine zeitweise Verbannung durch die Römer auf die kaum bevölkerte Insel an, denn wir hören öfter davon, dass das Festhalten am Wort Gottes zu Gewaltmaßnahmen an den Gläubigen führt (6,9; 20,4). Es handelt sich dabei wohl um eine *relegatio*, also eine zeitweise Verbannung, die Johannes eine gewisse Bewegungsfreiheit ließ.

Die Offenbarung des Johannes

Die Tatsache, dass Johannes kein Pseudonym einer Person aus der Vergangenheit verwendet, führt zu weiteren Besonderheiten gegenüber jüdischen Apokalypsen. Johannes soll das Buch nicht versiegeln, sondern es geht im Gegenteil darum, es bekannt zu machen und seine Siegel zu öffnen (5,1–14). Auffällig ist auch, dass Johannes seiner Offenbarung eine briefliche Rahmung gibt (1,4–8). Das briefliche Präskript weist dabei die gleichen konstitutiven Elemente auf, die uns auch in paulinischen Präskripten begegnen: Absender, Adressaten, Friedens- und Segenswunsch (s. o., Kapitel 3.2). Warum kleidet Johannes seine Offenbarung in eine briefliche Form? Wahrscheinlich wollte er so sicherstellen, dass seine Schrift in den gottesdienstlichen Versammlungen vorgelesen wurde, wie es bei Briefen üblich war (vgl. 1Thess 5,27).

Offenbarung als Brief

Der Aufbau der Offenbarung ergibt sich zu einem wesentlichen Teil aus 1,19. Hier berichtet der Seher Johannes von dem göttlichen Auftrag, den er erhält: „Schreib auf, was du gesehen hast: was ist und was danach geschehen soll." Die Wendung „was du gesehen hast" bezieht sich auf die Vision, in der Johannes beauftragt wird, das, was er sieht, aufzuschreiben und an die sieben Gemeinden zu schicken (1,11). „Was ist" meint die Situation in den sieben angeschriebenen Gemeinden, wie sie aus den Sendschreiben (2–3) hervorgeht. „Was danach geschehen soll" weist voraus auf den apokalyptischen Hauptteil (4–22,5), in dem der Seher schildert, was bis zum (nahe bevorstehenden) Ende passieren wird.

Aufbau der Offenbarung

Der Aufbau des apokalyptischen Hauptteils ist kompliziert. Ein eindeutiges Gliederungssignal ist aber durch die drei Siebener-Reihen gegeben: 7 Siegel (6,1–8,1), 7 Posaunen (8,5–11,19), 7 Schalen (16,1–21). Durch das Öffnen der Siegel, das Ertönen der Posaunen und das Ausgießen der Schalen werden jeweils Katastrophen ausgelöst, die einen Teil der Erde vernichten. Die einzelnen Siebener-Ketten sind dabei so miteinander verknüpft, dass die Öffnung des siebten Siegels zum Ertönen der sieben Posaunen führt (8,1) und das Ertönen der siebten Posaune die Ausgießung der sieben Schalen veranlasst (11,14). Am Ende jeder Siebener-Reihe konstatiert der Seher den Grad der Vernichtung

Aufbau des apokalyptischen Hauptteils

auf der Erde: Das sechste Siegel führt zu einem Erdbeben, „die Könige der Erde, die Großen und die Heerführer, die Reichen und die Mächtigen, alle Sklaven und alle Freien verbargen sich in den Höhlen und Felsen der Berge" (6,15). Die sechste Posaune führt dazu, dass ein Drittel der Menschen durch Plagen getötet wird (9,18). Das Ausgießen der siebten Schale hingegen betrifft die gesamte Menschheit, das Erdbeben übertrifft alles vorher Dagewesene. Das heißt: Die Siebener-Reihen kommen jeweils zu einem gewissen Abschluss, aber sie steigern sich auch. Der Seher nimmt gleichsam drei Anläufe, um schließlich zum großen Finale zu kommen: dem Endkampf, dem Endgericht und der endgültigen Durchsetzung der Wirklichkeit Gottes (19,1– 22,5). In diesem Aufbau steckt eine theologische Aussage: Das Ende ist zwar nah, aber derzeit ist das Böse noch übermächtig, es muss also noch viel passieren, bis es tatsächlich zur Vernichtung des Bösen durch die göttlichen Kräfte kommt. Dass es zu dieser Durchsetzung kommt, steht dabei außer Frage.

Sendschreiben Die Sendschreiben an die sieben Gemeinden in Kleinasien (Kap. 2–3) weisen einige stereotyp wiederholte Rahmenelemente auf. Die Sendschreiben beginnen mit dem Schreibbefehl: „Dem Engel der Gemeinde in ... schreibe!" Dass die Sendschreiben an Gemeinde-Engel – und nicht z. B. an die jeweiligen Leiter der Gemeinden – gerichtet sind, ist auffällig. Einige Exegeten sind der Meinung, dass die Gemeinde-Engel die irdischen Leiter der Gemeinden darstellen. Andere denken, dass die Gemeinde-Engel die himmlischen Doppelgänger der irdischen Gemeinden repräsentieren. Das Judentum kennt eine solche Tradition himmlischer Doppelgänger. Der Seher richtet sich vielleicht an diese Doppelgänger, um die irdischen Gemeindeleiter (deren Autorität er vielleicht nicht voll anerkennt) zu umgehen. Stereotyp taucht dann eine Botenformel „dies sagt der ..." auf. Sprecher ist jeweils Christus, der aber unterschiedlich beschrieben wird. Die Botenformel begegnet v. a. in der alttestamentlichen Prophetie. Der Prophet autorisiert seine Botschaft damit als Wort eines göttlichen Auftraggebers. Es folgt ein „Ich kenne ...", womit der Seher die Beschreibung der jeweiligen Gemeindesituation einleitet. Am Schluss jedes Sendschreibens erfolgt ein Weckruf

(„Wer ein Ohr hat, höre, was der Geist den Gemeinden sagt!")
und ein Überwinderspruch („Wer überwindet" mit einer Zusage
für die Endzeit), mit dem Johannes zum Durchhalten in der gegenwärtigen Kampfsituation aufruft.

Damit sind wir bei einem zentralen theologischen Grundgedanken der Offenbarung. Johannes denkt in dualistischen Strukturen, also in scharfen Gegensätzen: Es gibt nur gut und böse, keine Zwischenstufen. Die gegenwärtige Welt ist so böse, dass sie vernichtet und durch einen neuen Himmel und eine neue Erde ersetzt werden muss (21,1). In diesem Prozess der Durchsetzung der göttlichen Wirklichkeit ist das Wesentliche bereits geschehen: Der himmlische Christus, der in der Offenbarung u. a. als das geschlachtete Lamm auftritt, hat das Buch, in dem die Geschehnisse bis zum Ende aufgezeichnet sind, genommen und begonnen, die Siegel zu öffnen (5,1–14). Dadurch sind die Ereignisse bis zum Ende in Gang gesetzt. Der positive Ausgang dieser Ereignisse steht – entgegen allem Anschein – fest. Denn der Drache, der Teufel und Satan, ist im Himmel bereits besiegt (12,7–9). Er führt auf der Erde nur noch ein Nachspiel. Im Himmel ist bereits verwirklicht, was auf der Erde noch aussteht. Die Entscheidung ist also bereits gefallen, ihre Wirkung muss sich nur erst entfalten.

Dualismus

Die Katastrophen, die die Offenbarung für die Zukunft in Aussicht stellt, deutet der Seher als göttliche Gerichtsakte an den Gottlosen. Damit wird es den Gottlosen zukünftig mindestens so schlecht ergehen, wie es derzeit denen ergeht, die am Wort Gottes festhalten. Es kommt für die Gläubigen also darauf an, sich von den gegenwärtigen Kräfteverhältnissen, durch die sie in Bedrängnis geraten, nicht beirren zu lassen und an ihrer Überzeugung festzuhalten. Immer wieder ruft Johannes zur Standhaftigkeit, zum Festhalten am Wort Gottes trotz der damit verbundenen Gefahren, auf (6,11). Deutlich wird das u. a. in den sogenannten „Überwindersprüchen" aus den Sendschreiben (s. u.).

Aufforderung zur Standhaftigkeit

Standhaftigkeit, also das Festhalten am Wort Gottes, ist für Johannes zwingend mit einer strikten Abgrenzung gegenüber der antiken, römischen Umwelt verbunden. In Kapitel 18 schildert der Seher den Untergang Babylons. Der Name spielt auf das

Hure Babylon

Exil an (586–536 v. Chr.), als der Babylonische Herrscher Nebukadnezzar Jerusalem eroberte, den Tempel zerstörte und die Jerusalemer Oberschicht nach Babylon deportieren ließ. Babylon ist der Inbegriff des Bösen. In Offb 17 und 18 verbirgt sich hinter Babylon die römische Weltmacht. Sie wird dargestellt als eine Hure, die sich an dem Blut der christlichen Märtyrer labt (17,6). Die Könige der Erde und die Kaufleute lassen sich auf diese Hure ein, sie sind „durch die Fülle ihres Wohlstands reich geworden" (18,3). Der Seher zählt dann Luxusgüter auf, durch deren Handel Rom und seine Kaufleute reich wurden (18,12–13). Dieser ganzen Pracht sagt Johannes den Untergang voraus (18,10). Deshalb fordert der Seher von seinen Adressaten: „Zieht fort aus ihr, mein Volk, damit ihr nicht teilhabt an ihren Sünden und dass ihr nicht empfangt von ihren Plagen!" (18,4).

römischer Kaiserkult

Wie kommt Johannes zu dieser radikalen Ablehnung Roms? Im Hintergrund steht der römische Kaiserkult, der in Kleinasien im ersten Jahrhundert gepflegt wurde. Unter Kaiserkult versteht man die Verehrung eines Herrschers als Gott. Anfangs konnten in Rom nur verstorbene Kaiser durch Senatsbeschluss nachträglich vergöttlicht werden. Die Vergöttlichung noch lebender Kaiser begann mit Caligula (37–41 n. Chr.) und Domitian (81–96 n. Chr.). Domitian ließ sich als „Herr und Gott" verehren. Bilder aus Marmor, Gold und Silber wurden für ihn aufgestellt. In Ephesus, wo sich eine der von Johannes angeschriebenen Gemeinden befindet, stand im römischen Tempel eine überlebensgroße Statue von Domitian. Die Bürger Roms waren aufgefordert, als Zeichen ihrer Loyalität gegenüber dem römischen Kaiser vor solchen Bildern und Statuen Opfer darzubringen. Die Abfassung der Offenbarung fällt wahrscheinlich in die (spätere) Regierungszeit Domitians und ist vor diesem zeitgeschichtlichen Hintergrund zu lesen.

Gerichtsverfahren gegen Christen

Für Juden und Christen war die Erhebung eines Menschen zur Gottheit unvereinbar mit ihrer eigenen, monotheistischen Gottesauffassung. Sie mussten daher den Kaiserkult ablehnen. Das konnte von römischer Seite als Zeichen mangelnder Loyalität gegenüber dem Staat gedeutet werden. Dennoch waren die Juden offiziell vom Kaiserkult ausgenommen. Die Christen hingegen verloren während der Regierungszeit Domitians diesen Schutz in dem Maß, in dem sie sich vom Judentum trennten und von Rom als eine eigene Gruppierung wahrgenommen wurden. Aus einem Brief des römischen Statthalters in Bithynien, Plinius dem Jüngeren (um 110 n. Chr.), wissen wir, dass es zu seiner Zeit Gerichtsverfahren gegen Christen gab, sofern diese den römischen Behörden angezeigt wurden. Zur Verurteilung reichte es, Christ zu sein. Die Angeklagten hatten die Möglichkeit zu zeigen, dass sie nicht (mehr) Christen seien, indem sie vor dem Bild des Kaisers opferten und Christus verfluchten. Taten sie dies, waren sie frei, weigerten sie sich, wurden sie hingerichtet. Plinius beruft sich hierbei offensichtlich auf eine ältere Praxis, die uns in die Abfassungszeit der Offenbarung führt.

Aus diesen Angaben dürfen wir nicht schließen, dass es zur Zeit des Johannes eine flächendeckende Verfolgung der Christen gab und viele hingerichtet wurden. Es fällt nämlich auf, dass in anderen christlichen Schriften aus dieser Zeit eine solche Gefahr höchstens in Ansätzen anklingt (z. B. der erste Petrusbrief). Das spricht zum einen dafür, dass es sich um eine Bedrohungslage handelt, die regional unterschiedlich stark ausgeprägt war, zum anderen dafür, dass die Gefahrenlage subjektiv unterschiedlich eingeschätzt wurde. In dem Sendschreiben nach Pergamon ist von genau einem Zeugen die Rede, der aufgrund seines Bekenntnisses hingerichtet wurde: Antipas (2,13). Vielleicht hatte Antipas das Opfer vor der Kaiserstatue verweigert. Christen waren also in Gebieten, wo der Kaiserkult stark war, durchaus gefährdet. Und doch scheint es sich bei Antipas um einen Einzelfall zu handeln.

Schicksal des Antipas

Die radikale Aufforderung des Sehers („Zieht fort aus ihr...") meint wohl mehr als nur die Mahnung, im Falle einer Anzeige das Opfer vor der Kaiserstatue zu verweigern. Hier ist zwischen dem sogenannten harten und dem weichen Kaiserkult zu differenzieren. Der harte Kaiserkult meint das Opfer vor dem Standbild des Kaisers. Der weiche Kaiserkult hingegen reichte in den Alltag der Christen hinein – etwa, wenn jemand aus beruflichen bzw. gesellschaftlichen Gründen in einer Festmenge mitlief oder an einem geselligen Vereinsmahl mit religiösen Obertönen

harter und weicher Kaiserkult

teilnahm. Die Verehrung des Kaisers schwang hier immer mit, außerdem konnten die Christen bei solchen Gelegenheiten nie sicher sein, ob das Fleisch, das zu diesen Gelegenheiten angeboten wurde, nicht Götzenopferfleisch (s. o., Kapitel 3.2) war. Die Aufforderung des Sehers, aus Rom „auszuziehen", beinhaltet also einen radikalen Bruch mit dem gesellschaftlichen Leben. Damit aber liefen Christen eher Gefahr, aufzufallen und angezeigt zu werden.

Impulse:

Impulse
1. Ist die Offenbarung des Johannes ein Buch des Schreckens und/oder ein Buch des Trostes?
2. Ist sie Apokalypse und/oder Brief?
3. Diskutieren Sie die Rolle von Christus.
4. „Passt" das Buch ins Neue Testament?

9. Der neutestamentliche Kanon entsteht: Was soll „verbindlich" gelten?

„Kanon" bedeutet Richtschnur. Die Bibel als Kanon soll Richtschnur des jüdisch-christlichen Glaubens sein. Wie aber ist das zu verstehen? Bestimmte Texte „gehören dazu", andere nicht. An dieser vorgegebenen Begrenzung darf nichts geändert werden. Drastisch zeigt das die sogenannte „Kanonisierungsformel": „Ich bezeuge jedem, der die prophetischen Worte dieses Buches hört: Wer etwas hinzufügt, dem wird Gott die Plagen zufügen, von denen in diesem Buch geschrieben steht. Und wer etwas wegnimmt von den prophetischen Worten dieses Buches, dem wird Gott seinen Anteil am Baum des Lebens und an der heiligen Stadt wegnehmen, von denen in diesem Buch geschrieben steht." (Offb 22,18f.). Diese Formel steht am Ende des Neuen Testaments und damit am Ende der gesamten christlichen Bibel, sie gilt insofern nicht nur für die Offenbarung des Johannes, sondern für die gesamte Bibel der Christen.

Kanonisierungsformel

Diese Begrenzung der christlichen Bibel ist historisch gesehen nicht „vom Himmel gefallen", sondern das Ergebnis eines längeren „Aushandlungsprozesses". Für die ersten Christen bestand „die (heilige) Schrift" aus den Büchern unseres Alten Testaments. Kanonischen Status erlangten die neutestamentlichen Schriften erst allmählich. Kriterium für die Zugehörigkeit zum Kanon war ihr apostolischer Ursprung und die Übereinstimmung mit den wichtigsten christlichen Überzeugungen.

Kanonisierung als Prozess

Einen wesentlichen Anstoß zur Klärung der Frage, welche Schriften zu dem urchristlichen Kanon gehören sollten und welche nicht, gab Markion, der um 140 n. Chr. in Rom wirkte. Markion unterschied zwischen dem Gott der Gerechtigkeit, wie er im Alten Testament bezeugt sei, und dem christlichen Gott der

Markion

Liebe. Markion war daher der Ansicht, dass das Alte Testament für die Christen keinen kanonischen Status haben könne. Der Kanon musste also ersetzt werden, und zwar durch Texte, die den christlichen Gott der Liebe bezeugten. Markion entschied sich für das Lukasevangelium (s. o., Kapitel 4.3) und 10 Paulusbriefe (s. o., Kapitel 3.2; ohne die Pastoralbriefe, s. o., Kapitel 7). Außerdem „reinigte" Markion diese Texte von allem, was ihm „unchristlich" erschien.

Abgrenzung von Markion

Die Mehrheit der Christen folgte Markion an diesem Punkt nicht. Er galt bald als Ketzer und gründete eine eigene Kirche. Um sich klar von Markion abgrenzen zu können, musste geklärt werden, was denn nun „tatsächlich" zum christlichen Kanon gehören sollte: Während Markion das Alte Testament ablehnte, behielt die Kirche es als kanonisch bei. Während Markion sich nur auf einen Apostel berief (Paulus), nahm die Kirche die Schriften mehrerer Apostel in den Kanon auf (vgl. die katholischen Briefe, s. o., Kapitel 7). Während Markion nur ein Evangelium als kanonisch ansah, erlangten in der Kirche vier Evangelien kanonischen Status. Kurz: Während Markion einen inhaltlich einheitlichen Kanon schuf, bekannte sich die Kirche zu einer gewissen Pluralität.

Kategorien des Euseb

Die Kanonbildung verlief über mehrere Jahrhunderte. Einige Schriften waren noch im 4. Jahrhundert n. Chr. umstritten. Der Kirchengeschichtsschreiber Euseb unterscheidet in dieser Zeit drei Kategorien von Schriften: 1. Die Homologoumena, d. h. die allgemein anerkannten Schriften (die vier Evangelien, die Apostelgeschichte, 14 Paulusbriefe – einschließlich des Hebräerbriefes – den 1. Petrusbrief und den 1. Johannesbrief sowie die Apokalypse des Johannes). 2. Die Antilegomena, d. h. umstrittene Schriften (Jakobusbrief, Judasbrief, 2. Petrusbrief, 2. und 3. Johannesbrief). 3. Die Notha, d. h. die falschen Bücher (hier nennt Euseb neben anderen Schriften, die nicht in das Neue Testament aufgenommen wurden, nochmals die Offenbarung des Johannes).

Apokryphen

Zwischen der katholischen und den protestantischen Kirchen gibt es bis heute im Blick auf den Umfang des Kanons Unterschiede: Während die katholische Kirche die sogenannten alttestamentlichen Apokryphen (wörtlich: „verborgene" Schriften) als kanonisch anerkennt, sprach Martin Luther diesen Schriften den kanonischen Status ab, weil sie ursprünglich nicht – wie die übrigen Schriften des Alten Testaments – auf Hebräisch, sondern auf Griechisch verfasst wurden. Dies gilt u. a. für das Buch der Weisheit, Jesus Sirach, 1. und 2. Buch der Makkabäer.

Schon öfter war bereits vom „kanonischen Status" bestimmter Schriften die Rede. Was aber bedeutet das? Diese Frage ist auch unter Theologen umstritten. Sollen Christen alles „glauben", was in der Bibel steht? – Und was heißt dann „glauben" („für wahr halten?" oder: „darauf vertrauen"?)? Oder „reicht" es, wenn Christen sich (auch kritisch) mit den Schriften der Bibel auseinandersetzen? Wie kann überhaupt ein Buch, das aus vielen unterschiedlichen Büchern besteht, die ihre je eigene Rede von Gott entfalten, „Richtschnur" des Glaubens sein? Sowohl die Exegese als auch die systematische Theologie bedenkt diese Fragen unter dem Stichwort der „Einheit und Vielfalt" des Kanon. Die Bibel bildet – so der Anspruch – eine Einheit, sie bezeugt den *einen* Gott der Juden und Christen. Aber die Bibel besteht aus vielen Büchern, die je auf ihre eigene Art und Weise von diesem Gott sprechen.

Einheit und Vielfalt

Es stellt sich noch eine weitere Frage zum christlichen Kanon: Die historisch-kritische Forschung hat gezeigt, dass eine ganze Reihe neutestamentlicher Schriften falsche Angaben zu ihren Verfassern machen: Sie geben an, von einem Apostel verfasst zu sein, sind dies aber nach dem Stand der wissenschaftlichen Forschung nicht (z. B. das Johannesevangelium, die katholischen Briefe s. o., Kapitel 7; die deuteropaulinischen Briefe s. o., Kapitel 7). Das heißt: Diese Schriften sind unter falschen Voraussetzungen in den Kanon aufgenommen worden. Müssten diese Schriften nicht jetzt, da man weiß, dass sie nicht von Aposteln verfasst wurden, aus dem Kanon gestrichen werden? Es gibt tatsächlich Christen, die diese Meinung vertreten. Andere Christen verweisen darauf, dass die Schriften meist in der Tradition derjenigen Person stehen, die sie als Verfasser angeben.

Pseudepigrafie und Kanon

Unter den Exegeten ist umstritten, wie das Phänomen der Pseudepigrafie, also der falschen Verfasserangaben, in der Zeit

Bewertung der Pseudepigrafie

147

des Neuen Testaments zu bewerten ist. Einige Wissenschaftler verweisen darauf, dass es in der damaligen Zeit kein „copyright" gab und sich die jeweiligen Autoren „nur" einer bestimmten Tradition zuordnen wollten, ohne jedoch „falsche" Autorität für sich zu beanspruchen. Andere Exegeten bewerten die Pseudepigrafie kritischer. Sie machen geltend, dass die falschen Verfasserangaben wenigstens an einigen Stellen bewusst eingesetzt werden, um bestimmte Aussagen – z. B. von Paulus – zu widerrufen. So steht die folgende Aussage von „Paulus" aus dem 1. Timotheusbrief in direktem Widerspruch zu seiner kritischen Bewertung der Ehe in 1Kor 7,32ff.: „Deshalb will ich, dass jüngere Witwen heiraten, Kinder zur Welt bringen, den Haushalt versorgen und dem Gegner keinen Anlass zur üblen Nachrede geben." (5,14).

Müssten wir diese Schriften dann nicht tatsächlich aus dem Kanon streichen? Zu bedenken ist hier zweierlei: Erstens behielten wir auch nach einer historisch-kritischen „Reinigung" des Kanon einige aus unserer Sicht anstößige Texte – z. B. die Verurteilung von Homosexualität durch Paulus in Röm 1,26–27. Zweitens kommen wir mit dem Phänomen der Kanonbildung an die Grenzen der historisch-kritischen Methode: Zwar können wir verfolgen, wie dieser Prozess ablief, aber die Beurteilung, ob das „Ergebnis", also der christliche Kanon, „wahr" ist, entzieht sich dem historisch-kritischen Zugriff und fällt letztlich in den Bereich des Glaubens, der hier den „Geist" am Werk sieht oder eben nicht (s. o., Kapitel 2.1).

Impuls:

Impuls   Was bedeutet es für Sie, die christliche Bibel als „kanonisch" anzuerkennen?

10. Arbeits- und Hilfsmittel zur Erschließung des Neuen Testaments

Allgemein:

Die Apostolischen Väter. Griechisch-deutsche Parallelausgabe, Tübingen 1992
Erschwingliche Ausgabe urchristlicher Schriften, die keine Aufnahme in das Neue Testament fanden, u. a. der Ignatius-Briefe und der Didache

Böttrich, Christoph: Themen des Neuen Testaments in der Grundschule. Ein Arbeitsbuch für Religionslehrerinnen und Religionslehrer, Stuttgart 2001
Allgemein verständliche, exegetische Erläuterungen zu Themen des Neuen Testaments, die in vielen Lehrplänen für die Grundschule vorkommen

Bormann, Lukas: Theologie kompakt – Neues Testament, Stuttgart 2003
Eine knappe, allgemein verständliche Einführung in die Schriften des Neuen Testaments sowie der neutestamentlichen Zeitgeschichte mit knappen Überlegungen zur Relevanz dieser Kenntnisse für Lehramtsstudierende

Bull, Klaus-Michael: Bibelkunde des Neuen Testaments. Die kanonischen Schriften und die Apostolischen Väter. Überblicke, Themakapitel, Glossar, Neukirchen-Vluyn [3]2004
Interessant ist insbesondere das Kapitel zu den Apostolischen Vätern

Conzelmann, Hans / Andreas Lindemann: Arbeitsbuch zum Neuen Testament, Tübingen [14]2004
Eine klassische Einführung in das Neue Testament

Schnelle, Udo: Theologie des Neuen Testaments, Göttingen 2007
Eine umfassende und recht detaillierte Darstellung der Theologien aller Einzelschriften des Neuen Testaments

Theißen, Gerd: Das Neue Testament, München 2002
Ein knapper Aufriss zur Entstehung der unterschiedlichen Schriften des Neuen Testaments

zu 2. Fragen der neutestamentlichen Wissenschaft an die biblischen Texte

Egger, Wilhelm: Methodenlehre zum Neuen Testament. Einführung in linguistische und historisch-kritische Methoden, Freiburg 1987
Eine gute Zusammenschau

Schnelle, Udo: Einführung in die neutestamentliche Exegese, UTB 1253, Göttingen ⁷2008
V. a. an der „klassischen" historisch-kritischen Methode ausgerichtet, mit praktischen Beispielen und Aufgaben

Söding, Thomas / Christian Münch: Kleine Methodenlehre zum Neuen Testament, Freiburg 2005
Eine knappe Einführung in die historisch-kritische Exegese

2.1 Der Ansatz: Was setzt die neutestamentliche Forschung (implizit) voraus?

Hailer, Martin: Was ist eigentlich „Inspiration"?, in: Dietrich Ritschl / ders.: Grundkurs Christliche Theologie. Diesseits und jenseits der Worte, Neukirchen-Vluyn ²2008, S. 217–219
Knappe, theologisch interessante Überlegungen zur „Inspiration"

Körtner, Ulrich: Der inspirierte Leser. Zentrale Aspekte biblischer Hermeneutik, Göttingen 1994
Theologisch interessante Überlegungen zur „Inspiration"

2.2. Wie werden neutestamentliche Texte übersetzt?

Bail, Ulrike u. a. (Hg.): Bibel in gerechter Sprache, Einleitung, Gütersloh ²2006, S. 9–26
Knappe Einführung in die Prämissen einer sehr umstrittenen, aktuellen Bibelübersetzung.

Berger, Klaus / Christiane Nord: Das Neue Testament und frühchristliche Schriften, Frankfurt a. M. 1999, S. 17–32
Interessante Vorüberlegungen zur dargebotenen Übersetzung aus übersetzungswissenschaftlicher Perspektive

Das Neue Testament: Interlinear-Übersetzung griechisch-deutsch, Holzgerlingen 2003
Der Text des Griechischen Neuen Testaments wird hier abgedruckt und Wort für Wort in der darunterlaufenden Zeile ins Deutsche übersetzt.

2.3 Wie ist der neutestamentliche Text in alten Handschriften überliefert?

Aland, Kurt und Barbara: Der Text des Neuen Testaments. Einführung in die wissenschaftlichen Ausgaben und in Theorie wie Praxis der modernen Textkritik ²1989, S. 13–190
Nur für Leser mit Griechisch-Kenntnissen

Conzelmann, Hans / Andreas Lindemann: Arbeitsbuch zum Neuen
Testament, UTB 52, Göttingen [14]2004, S. 26–36
Eine knappe Einführung in die Textkritik, weitgehend auch für Leser ohne Griechischkenntnisse

2.4 Was geht dem abgegrenzten Text voraus, was folgt ihm?
s. zu 2.5

2.5 Wie ist der Text sprachlich gestaltet?

Berg, Horst Klaus: Linguistische Auslegung, in: Ein Wort wie Feuer. Wege lebendiger Bibelauslegung, Stuttgart 1991, S. 119–138
Eine Einführung mit zwei Beispielen und kritischen Anmerkungen

Egger, Wilhelm: Methodenlehre zum Neuen Testament. Einführung in linguistische und historisch-kritische Methoden, 1987 (s. o. zu 2.)

2.6 Welche typischen Merkmale weisen einzelne neutestamentliche Texte auf?

Conzelmann, Hans / Andreas Lindemann: Arbeitsbuch zum Neuen Testament, UTB 52, Göttingen [14]2004, S. 37–46
Knappe Einführung in die Gattungen Evangelium, Brief, Historische Monografie und Apokalypse

Heiligenthal, Roman: Das Neue Testament, in: ders./ Thomas M. Schneider (Hgg.): Einführung in das Studium der Evangelischen Theologie. Überarbeitete Neuausgabe, Stuttgart 2004, S. 129–140
Einführung in die Formkritik unter besonderer Berücksichtigung der Gleichnisse, Wundergeschichten und Streitgespräche

Müller, Peter u. a.: Die Gleichnisse Jesu. Ein Studien- und Arbeitsbuch für den Unterricht, Stuttgart 2002
Eine gut verständliche exegetische und didaktische Einführung in die neutestamentlichen Gleichnisse

Theißen, Gerd: Urchristliche Wundergeschichten. Ein Beitrag zur formgeschichtlichen Erforschung der synoptischen Evangelien, Gütersloh [7]1998
Der „klassische" Beitrag zur Formkritik der Wundergeschichten

2.7 Welche schriftlichen Quellen sind in einem neutestamentlichen Text verarbeitet?

Conzelmann, Hans / Andreas Lindemann: Arbeitsbuch zum Neuen Testament, UTB 52, Göttingen [14]2004, S. 66–84 und 127–132
Knappe Einführung in die Literarkritik innerhalb und außerhalb der synoptischen Evangelien

Ennulat, Andreas: Die „Minor Agreements". Untersuchungen zu einer offenen Frage des synoptischen Problems, WUNT II/62, Göttingen 1994

Eine detaillierte, fachwissenschaftliche Untersuchung zu den „minor agreements" für Leser mit Griechischkenntnissen

Theißen, Gerd: Lokalkolorit und Zeitgeschichte in den Evangelien, Fribourg/Göttingen 1989, S. 212–245
Theißen zeigt hier die auf Palästina fixierte Perspektive der Logienquelle auf.

2.8 Welche Traditionen spiegeln sich in einzelnen neutestamentlichen Texten?

Barthel, Jörg: Art. Überlieferung, Überlieferungsgeschichte, Calwer Bibel Lexikon, 2. Bd., Stuttgart 2003, S. 1383–1384
Knappe Ausführungen zum Verhältnis von Überlieferungskritik und Traditionskritik

Conzelmann, Hans / Andreas Lindemann: Arbeitsbuch zum Neuen Testament, UTB 52, Göttingen ^{14}2004, S. 87–114
Einführung in die Traditionskritik mit einem Anhang zum Problem der Tradition in der Apostelgeschichte

2.9 Wie haben die Verfasser den neutestamentlichen Text gestaltet?

Barthel, Jörg: Art. Redaktionsgeschichte, Redaktionskritik, Calwer Bibel Lexikon, 2. Bd., Stuttgart 2003, S. 1120–1121
Knappe Ausführungen zum Verhältnis von Redaktionskritik und Literarkritik

Heiligenthal, Roman: Das Neue Testament, in: ders. / Thomas M. Schneider (Hgg.): Einführung in das Studium der Evangelischen Theologie. Überarbeitete Neuausgabe, Stuttgart 2004, S. 128f.
Eine knappe Einführung in die Redaktionsgeschichte mit Tipps zum Weiterarbeiten

2.10 Was verrät ein Text über den Verfasser und die Gemeinde, in der er entstanden ist oder an die er sich richtet?

Schnelle, Udo: Einleitung in das Neue Testament, Göttingen ^{6}2007
Behandelt die Entstehungsverhältnisse der neutestamentlichen Schriften

2.11 Was verrät ein Text über die sozialen, politischen und religiösen Verhältnisse, in denen er entstanden ist?

Berger, Klaus / Carsten Colpe: Religionsgeschichtliches Textbuch zum Neuen Testament, NTD Textreihe Band 1, Göttingen 1987
Eine gut zugängliche Sammlung religionsgeschichtlich interessanter Texte

Stegemann, Ekkhard W. / Wolfgang Stegemann: Urchristliche Sozialgeschichte. Die Anfänge im Judentum und die Christusgemeinden in der mediterranen Welt, Stuttgart 1995

Eine gut verständliche sozialgeschichtlich ausgerichtete Darstellung

Vouga, Francois: Geschichte des frühen Christentums, UTB 1733, Göttingen 1994
Eine in weiten Teilen allgemein verständliche Darstellung

2.12 Die gegenwärtige Forschungsdiskussion

Berg, Horst Klaus: Ein Wort wie Feuer. Wege lebendiger Bibelauslegung, München 1991
Eine Zusammenstellung verschiedener Zugänge zu biblischen Texten

Müller, Peter / Heidrun Dierk / Anita Müller-Friese: Verstehen lernen. Ein Arbeitsbuch zur Hermeneutik, Stuttgart 2005
Ein allgemein verständliches Buch zu Fragen der Hermeneutik

Reinmuth, Eckart: Hermeneutik des Neuen Testaments, UTB 2310, Göttingen 2002
Knappe Einführung in Grundfragen der Hermeneutik

zu 3. Paulus und seine Briefe

Becker, Jürgen: Paulus. Der Apostel der Völker, Berlin / New York ²1992
Ausführliche Darstellung von Leben und Theologie des Paulus auf hohem Niveau

Berger, Klaus: Paulus, München ³2008
Berger bietet eine allgemein verständliche Darstellung von Leben, Werk und Theologie des Apostels.

Fenske, Wolfgang: Paulus lesen und Verstehen. Ein Leitfaden zur Biographie und Theologie des Apostels, Stuttgart 2003
Eine gut verständliche, didaktisch aufbereitete Einführung

Horrell, David: An Introduction to the Study of Paul, London 2000
Eine gut verständliche Einführung v. a. in die englisch-sprachige Paulusforschung

Schnelle, Udo: Paulus. Leben und Denken, Berlin / New York 2003
Eine ausführliche Darstellung auf hohem Niveau

Venetz, Hermann-Josef / Sabine Bieberstein: Im Bannkreis des Paulus. Hannah und Rufus berichten aus seinen Gemeinden, Würzburg 1995
Lebendig erzählt

Wischmeyer, Oda (Hg.): Paulus. Leben – Umwelt – Werk – Briefe, Tübingen 2006
Dieser Sammelband enthält Beiträge unterschiedlicher Autoren zu Einzelaspekten der Biografie und Theologie des Paulus; mit einer kritischen Würdigung der „new perspective".

3.1 Zum Leben des Paulus

Betz, Dieter: Art. Paulus. I. Paulus als Apostel, Calwer Bibel Lexikon, Bd. 2, Stuttgart 2003, S. 1016–1026
Eine zusammenhängende Darstellung des Lebens des Paulus samt seines Selbstverständnisses als Apostel

Hengel, Martin / Anna M. Schwemer: Paulus zwischen Damaskus und Antiochien. Die unbekannten Jahre des Apostels. Mit einem Beitrag von E.A. Knauf, Tübingen 1998
Eine detaillierte, wissenschaftliche Darstellung der Frühzeit des Paulus auf hohem Niveau

3.2 Die Briefe des Paulus

Klauck, Hans-Jürgen: Die antike Briefliteratur und das Neue Testament. Ein Lehr- und Arbeitsbuch, UTB 2022, Paderborn u. a. 1998
Eine interessante, didaktisch gut aufbereitete Einführung in die antike und neutestamentliche Briefkultur

Trobisch, David: Die Paulusbriefe und die Anfänge der christlichen Publizistik, Gütersloh 1994
Trobisch bietet elementare Sachinformationen zur Entstehungsgeschichte der Paulusbriefe in einer gut verständlichen Sprache.

3.3 Zur Theologie des Paulus

(s. auch oben unter 3.)

Merk, Otto: Art. Paulus. II. Paulus als Theologe, Calwer Bibel Lexikon, Bd. 2, Stuttgart 2003, S. 1026–1029
Eine knappe Darstellung der Kernthemen paulinischer Theologie

Schnelle, Udo: Theologie des Neuen Testaments, UTB 2917, Göttingen 2008, S. 181–334
Umfangreiche Darstellung der paulinischen Theologie samt der neuesten Forschungsdiskussion

3.4 Die gegenwärtige Forschungsdiskussion

Frey, Jörg: Das Judentum des Paulus, in: Oda Wischmeyer (Hg.): Paulus. Leben – Umwelt – Werk – Briefe, UTB 2767, Göttingen 2006, S. 5–43
Darstellung und kritische Würdigung der „new perspective"

Sanders, Ed P.: Paulus und das palästinische Judentum. Ein Vergleich zweier Religionsstrukturen (engl. 1977), Göttingen 1985
Eine pointierte Darstellung der Kernthesen von Sanders

Sanders, Ed P.: Paulus. Eine Einführung, Stuttgart 1995
Eine unverzichtbare, preiswerte Einführung in die „new perspective"

zu 4. Die synoptischen Evangelien

Weiser, Alfons: Theologie des Neuen Testaments II: Die Theologie der Evangelien, Stuttgart 1993
Eine gute Übersicht, ganz überwiegend ohne Griechischkenntnisse lesbar

4.1 Das Markusevangelium

Ernst, Josef: Markus. Ein theologisches Portrait, Düsseldorf ²1991
Eine allgemein verständliche Einführung in das Markusevangelium

Grimm, Werner: Markus – ein Arbeitsbuch zum ältesten Evangelium, 1995.
Das Taschenbuch liefert philologische, historische und theologische Klärungen zum Markusevangelium.

Hengel, Martin: Probleme des Markusevangeliums, in: Das Evangelium und die Evangelien, hg. von P. Stuhlmacher, Tübingen 1983, S. 244ff.
In diesem wissenschaftlichen Beitrag entfaltet Hengel seine einflussreichen Thesen zu den einleitungswissenschaftlichen Fragen des Markusevangeliums.

Müller, Peter: Mit Markus erzählen. Das Markusevangelium im Religionsunterricht, Stuttgart 1999
Eine allgemein verständliche Einführung in das Markusevangelium als Erzählung samt Überlegungen zur Umsetzung des Textes in die schulische Praxis einer 4. Klasse

Lührmann, Dieter: Das Markusevangelium, HNT, Gütersloh 1987
Ein übersichtlicher, in weiten Teilen allgemein verständlicher Kommentar zum Markusevangelium

Rau, Gottfried: Art. Markusevangelium, Calwer Bibel Lexikon, Bd. 2, S. 877–879, Stuttgart 2003
Ein gut verständlicher, einführender Lexikonartikel zum Matthäusevangelium

4.2 Das Matthäusevangelium

Ernst, Josef: Matthäus. Ein theologisches Portrait, Düsseldorf 1989
Eine allgemein verständliche Einführung in das Matthäusevangelium.

Feldmeier, Reinhard (Hg.): Salz der Erde. Zugänge zur Bergpredigt, Göttingen 1998
Eine besonders auch für Religionspädagogen geeignete Einführung in die Probleme der Bergpredigt mit Überlegungen zur Umsetzung von Mt 5–7 in die schulische Praxis

Luz, Ulrich: Die Jesusgeschichte des Matthäus, Neukirchen-Vluyn 1993
Luz fasst hier seinen umfangreichen Kommentar zum Matthäusevangelium allgemein verständlich zusammen.

Müller, Peter: Art. Matthäusevangelium, Calwer Bibel Lexikon, Bd. 2, Stuttgart 2003, S. 888–890
Ein gut verständlicher, einführender Lexikonartikel zum Matthäusevangelium

Sand, Alexander: Das Matthäusevangelium, Erträge der Forschung 275, Darmstadt 1991
Eine themenorientierte Zusammenstellung der Forschung zum Matthäusevangelium

4.3 Das Lukasevangelium

Conzelmann, Hans: Die Mitte der Zeit, Tübingen [7]1993
Ein „Klassiker" zur Auslegung des Lukasevangeliums

Ernst, Josef: Lukas. Ein theologisches Portrait, Düsseldorf [2]1991
Eine allgemein verständliche Einführung in das Lukasevangelium

Müller, Peter: Art. Lukasevangelium, Calwer Bibel Lexikon, Bd. 2, S. 848–850, Stuttgart 2003
Ein gut verständlicher, einführender Lexikonartikel zum Lukasevangelium

zu 5. Die Apostelgeschichte

Hengel, Martin: Zur urchristlichen Geschichtsschreibung, Stuttgart 1979
Hengel diskutiert den Wert der Apostelgeschichte als Geschichtswerk auf dem Hintergrund der antiken Geschichtsschreibung.

Klauck, Hans-Jürgen: Magie und Heidentum in der Apostelgeschichte des Lukas, SBS 167, Stuttgart 1996
Eine überschaubare, weithin allgemein verständliche Entfaltung eines spannenden Themas

Mattern, Lieselotte: Art. Apostelgeschichte, Calwer Bibel Lexikon, 1. Bd., Stuttgart 2003, S. 97–99
Ein allgemein verständlicher einführender Lexikonartikel zur Apostelgeschichte

Stegemann, Wolfgang: Zwischen Synagoge und Obrigkeit. Zur historischen Situation der lukanischen Christen, Göttingen 1991
Eine ausführliche, in den meisten Teilen allgemein verständliche Monografie

zu 6. Das Johannesevangelium und die johanneischen Briefe

Dschulnigg, Peter: Jesus begegnen. Personen und ihre Bedeutung im Johannesevangelium, Münster 2000
Ein Zugang zum Johannesevangelium über die in ihm auftretenden Personen

Büttner, Gerhard / Hanna Roose: Das Johannesevangelium im Religionsunterricht. Informationen, Anregungen und Materialien für die Praxis, Stuttgart 2007
Eine allgemeinverständliche Einführung in das Johannesevangelium mit didaktischen und methodischen Überlegungen für eine Behandlung des Evangeliums in der Sekundarstufe I

Schenke, Ludger: Das Johannesevangelium. Einführung – Texte – dramatische Gestalt, Stuttgart u. a. 1992
Das Johannesevangelium wird hier als Drama gedeutet.

Wengst, Klaus: Bedrängte Gemeinde und verherrlichter Christus. Ein Versuch über das Johannesevangelium, München ⁴1992
Ein weitgehend allgemein verständlicher Versuch, die Situation der johanneischen Gemeinde zu beschreiben

zu 7. Die übrigen Briefe

Becker, Jürgen (Hg.): Die Anfänge des Christentums. Alte Welt und neue Hoffnung, Stuttgart 1987
Eine interessante, weitgehend gut verständliche Beitragssammlung

Brox, Norbert: Falsche Verfasserangaben. Zur Erklärung der frühchristlichen Pseudepigraphie, Stuttgart 1975
Eine ausgewogene Auseinandersetzung mit den Problemen der falschen Verfasserangaben in den pseudepigrafen Briefen

Faust, E.: Pax Christi et Pax Caesaris, Fribourg / Göttingen 1993
Faust stellt den „Frieden Christi" mit dem „Frieden des römischen Kaisers" unter besonderer Berücksichtigung des Epheserbriefes gegenüber.

Gemünden, Petra von / Matthias Konradt / Gerd Theißen: Der Jakobusbrief, Münster 2003
Eine Sammlung von wissenschaftlichen Beiträgen zum Jakobusbrief, insbesondere für theologisch Interessierte

Karrer, Martin: Der Brief an die Hebräer, 2 Bände, ÖTK 20 1/2, Gütersloh 2002
Eine ausführliche Auslegung des Hebräerbriefes, auch für Leser ohne Griechischkenntnisse

Luz, Ulrich: Der Brief an die Epheser, NTD 8/1, Göttingen 1998
Weithin verständlich auch für Leser ohne Griechischkenntnisse

Mattern, Lieselotte: Art. Epheserbrief, Calwer Bibel Lexikon, Bd. 1, Stuttgart 2003, S. 295–296

Mattern, Lieselotte: Art. Kolosserbrief, Calwer Bibel Lexikon, Bd. 1, Stuttgart 2003, S. 750–751

Müller, Ulrich B.: Zur frühchristlichen Theologiegeschichte. Judenchristentum und Paulinismus in Kleinasien an der Wende vom ersten zum zweiten Jahrhundert n. Chr., Gütersloh 1976
Eine knappe, gut verständliche Einführung in die „Querverbindungen" innerhalb der frühchristlichen Theologiegeschichte

Schnelle, Udo: Theologie des Neuen Testaments, UTB 2917, Göttingen 2008, S. 490–618
Anspruchsvolle Darstellung der Theologien der Deuteropaulinen, der Petrusbriefe sowie des Hebräer-, Jakobus- und Judasbriefes

zu 8. Die Offenbarung des Johannes

Dautzenberg, Gerhard: Art. Offenbarung, Calwer Bibel Lexikon, Bd. 2, Stuttgart 2003, S. 981–982
Eine zusammenfassende Darstellung der verschiedenen (biblisch-)theologischen Facetten des Begriffs „Offenbarung"

Dautzenberg, Gerhard: Art. Offenbarung des Johannes, Calwer Bibel Lexikon, Bd. 2, Stuttgart 2003, S. 982–984.
Ein einführender Lexikonartikel zum letzten Buch des Neuen Testament

Ego, Beate: Art. Apokalypsen, Apokalyptik, Calwer Bibel Lexikon, Bd. 1, Stuttgart 2003, S. 94f.

Hahn, Ferdinand: Frühjüdische und urchristliche Apokalyptik. Eine Einführung, Neukirchen-Vluyn 1998
Eine in weiten Teilen allgemein verständliche Einleitung das Phänomen der Apokalyptik und apokalyptische Schriften

Klauck, Hans-Josef: Das Sendschreiben nach Pergamon und der Kaiserkult in der Johannesoffenbarung, Biblica 37, 1992, S. 153–182
Eine spannende, gut verständliche Darstellung der zeitgeschichtlichen Situation unter besonderer Berücksichtigung des „weichen Kaiserkultes"

Müller, Ulrich B.: Die Offenbarung des Johannes, Gütersloh ²1995
Ein verständlicher Kommentar für Leser auch ohne Griechischkenntnisse

Rost, Leonhard: Einleitung in die alttestamentlichen Apokryphen und Pseudepigraphen einschließlich der großen Qumranhandschriften, Heidelberg u. a. ³1985
Eine Einleitung in jüdische, apokalyptische Schriften aus der Zeit der Offenbarung des Johannes, die nicht in das Alte Testament aufgenommen wurden

zu 9. Der neutestamentliche Kanon entsteht: Was soll „verbindlich" gelten?

Barton, John / Michael Wolter (Hgg.): Die Einheit der Schrift und die Vielfalt des Kanons. The Unity of Scripture and the Diversity of the Canon, Berlin / New York 2003

Deutsch- und englischsprachige Beiträge aus der Bibelwissenschaft und der Systematischen Theologie zur Kanonfrage

Büttner, Gerhard / Volker Elsenbast / Hanna Roose (Hgg.): Kanon, Münster 2009
Ein Sammelband mit Beiträgen zum Kanon aus theologischer und pädagogischer Perspektive

Ego, Beate: Art. Kanon, Calwer Bibel Lexikon, Bd. 1, Stuttgart 2003, S. 720f.

Metzger, Bruce M.: Der Kanon des Neuen Testaments. Entstehung, Entwicklung, Bedeutung, Düsseldorf 1993
Erläuterungen zum Kanon aus angloamerikanischer Sicht

Pannenberg, Wolfhart / Theodor Schneider (Hg.): Verbindliches Zeugnis I: Kanon – Schrift – Tradition, Freiburg 1992
Eine Aufsatzsammlung zum Thema Kanon aus exegetischer, kirchengeschichtlicher und systematisch-theologischer Perspektive

Gütersloher Verlagshaus. Dem Leben vertrauen

MODULE DER THEOLOGIE

Band 5

Alexander Deeg
Daniel Meier
Praktische Theologie

unter Mitarbeit von Jürgen Belz

Gütersloher Verlagshaus

Bibliografische Information der Deutschen Nationalbibliothek

Die Deutsche Nationalbibliothek verzeichnet diese Publikation in der Deutschen Nationalbibliografie; detaillierte bibliografische Daten sind im Internet über http://dnb.d-nb.de abrufbar.

Mix
Produktgruppe aus vorbildlich
bewirtschafteten Wäldern, kontrollierten
Herkünften und Recyclingholz oder -fasern
www.fsc.org   Zert.-Nr. SGS-COC-004278
© 1996 Forest Stewardship Council

Verlagsgruppe Random House FSC-DEU-0100
Das für dieses Buch verwendete FSC-zertifizierte Papier *Munken Premium* liefert Artic Paper Munkedals AB, Schweden.

© für diese Ausgabe: Gütersloher Verlagshaus

Konzeption und Realisierung:
© 2009 Palmedia Publishing Services GmbH, Berlin

Dieses Werk einschließlich aller seiner Teile ist urheberrechtlich geschützt. Jede Verwertung außerhalb der engen Grenzen des Urheberrechts ist ohne Zustimmung von Palmedia unzulässig und strafbar. Das gilt insbesondere für Vervielfältigungen, Übersetzungen, Mikroverfilmungen und die Einspeicherung und Verarbeitung in elektronischen Systemen.

Umschlaggestaltung: Init GmbH, Bielefeld
Druck und Bindung: Těšinská Tiskárna, a.S., Český Těšin
Printed in Czech Republic
ISBN: 978-3-579-08085-7

www.gtvh.de

Inhalt

Vorwort 7

1. **Zugänge zur Praktischen Theologie** 9
    1.1 Praktische Theologie: was sie ist und wie sie arbeitet 9
    1.2 Fallbeispiel Gottesdienst:
        Neue Formen und alte Traditionen 12
    1.3 Fallbeispiel Film: Religiöse Expedition ins Kino 16
    1.4 Zusammenfassung 19

2. **Kirchliche Handlungsfelder in der Reflexion der Praktischen Theologie** 23
    2.1 Einführung 23
    2.2 Liturgik 24
    2.3 Homiletik 29
    2.4 Poimenik 35
    2.5 Religionspädagogik 40
    2.6 Kybernetik 46
    2.7 Diakonik 53
    2.8 Publizistik 58
    2.9 Zusammenfassung 64

3. **Zentrale Themen in praktisch-theologischer Reflexion** 69
    3.1 Einführung 69
    3.2 Religion 70
    3.3 Kirche 84
    3.4 Kultur 96

  3.5 Massenmedien 110
  3.6 Sprache 125

4. Praktische Theologie als Wissenschaft 139
  4.1 Praktische Theologie als Übung vernetzten Denkens 139
  4.2 Praktische Theologie als Wissenschaft im Kontext anderer Wissenschaften 141
  4.3 Der Ort der Praktischen Theologie im Hause der Theologischen Fakultät 142

5. Arbeits- und Hilfsmittel zur Praktischen Theologie 147

Vorwort

Praktische Theologie vermag viele Studenten zu faszinieren. Schließlich beschäftigt sie sich mit Phänomenen, denen Menschen immer wieder begegnen: mit Glaube und Zweifel, mit der Bibel und (anderer) Literatur, mit religiöser Kunst und der Kultur der Massenmedien. Deren Wahrnehmung verbindet sie mit theologischem Nachdenken. Ohne exegetische und dogmatische Kenntnisse, kirchengeschichtliche Einsichten, religions- und kulturwissenschaftliche Horizonte lässt sich Praktische Theologie dabei nicht betreiben. Verwundert es da, dass bereits der Vater der modernen Praktischen Theologie, Friedrich Daniel Ernst Schleiermacher, die Praktische Theologie mit dem Bild der „Krone" eines starken, verästelten theologischen Baumes bezeichnet hat?

Wie soll man diese „Krone" als ein komplexes und weitverzweigtes Fach in einer Reihe darstellen, die sich „Module der Theologie" nennt und bewusst für die ersten Studiensemester konzipiert ist? Das Buch verbindet grundlegende Informationen mit Anregungen zum Weiterdenken und Weiterfragen. Es soll vor allem *Orientierung* bieten, auf die sich weiteres Fragen und Forschen aufbauen kann. Im Bild gesprochen ist die Praktische Theologie so etwas wie ein beeindruckendes Gebäude, in dem es viel zu entdecken gibt: einzelne Zimmer, schöne Treppenaufgänge, prunkvolle Säle und verstaubte Dachbodenwinkel. Wenn Sie sich in diesem Buch zu bewegen lernen, die Querverbindungen zwischen den Kapiteln nutzen, die wir jeweils bezeichnet haben, und die einzelnen Texte durcharbeiten, dann finden Sie sich in dem Gebäude selbst zurecht und können bald eigene Wege gehen. Jedes (Unter-)Kapitel ist dabei für sich lesbar; nähere Informationen zur Struktur des Buches und den damit verbundenen praktisch-theologischen Zugängen finden Sie auf den nächsten Seiten.

Die Inhalte der Kapitel verantworten wir gemeinsam. Die Kapitel 1, 2.1, 2.7, 2.8, 3.3, 3.4 und 3.5 hat Daniel Meier verfasst, die Kapitel

2.2, 2.3, 2.9, 3.1, 3.2, 3.6 und 4 stammen von Alexander Deeg. Unser Mitautor Jürgen Belz hat dankenswerterweise die Texte zu den Handlungsfeldern Poimenik (2.4), Religionspädagogik (2.5) und Kybernetik (2.6) verfasst. Das Buch soll – so die Vorgabe des Verlags – einen *knappen* Einblick bieten und verzichtet deshalb auf Fußnoten. Nur bei längeren, wichtigen Zitaten wird die Quelle des für Anfänger lesenswerten Textes im Literaturverzeichnis am Schluss des Buches genannt. Dort empfehlen wir Ihnen darüber hinaus einige grundlegende Werke zur vertiefenden Lektüre und charakterisieren diese knapp. Um der Lesbarkeit willen wird schließlich nur von Pfarrern, Lehrern, Diakonen etc. gesprochen, womit jeweils Frauen und Männer gemeint sind.

Unser besonderer Dank geht an Herrn Dr. Dirk Palm, der das Buch angeregt und mit seiner Palmedia Publishing Services GmbH mit außergewöhnlichem Engagement betreut hat, sowie an das Gütersloher Verlagshaus für die Kooperation.

Erlangen, im Juni 2009

Alexander Deeg
Daniel Meier

1. Zugänge zur Praktischen Theologie

1.1 Praktische Theologie: was sie ist und wie sie arbeitet

Was ist Praktische Theologie? Eine einfache Antwort auf diese Frage könnte lauten: Praktische Theologie, das ist Theologie für die Praxis. Diese Praxis wird in der Regel mit der kirchlichen Praxis in ihren vielfältigen Ausprägungen gleichgesetzt. Praktische Theologie beschäftigt sich dann mit dem Gottesdienst, der Seelsorge oder dem Konfirmanden- und Religionsunterricht als einigen klassischen Handlungsfeldern der Kirche. Doch Praktische Theologie hat nicht nur mit der Kirche zu tun. Sie fragt – seit einigen Jahren zunehmend – auch nach Religion im Allgemeinen. Sie untersucht, wie Menschen individuell oder gemeinschaftlich religiös leben und wie sie religiöse Phänomene wahrnehmen, innerhalb und außerhalb der Institution Kirche. Praktische Theologie arbeitet somit in einem Spannungsfeld zwischen der Reflexion kirchlich verantworteten Handelns einerseits und religiöser Praxis andererseits.

Praktische Theologie zwischen Kirche und Religion

Wem dient Praktische Theologie? Für viele Theologen und Kirchenvertreter war diese Frage lange Zeit eindeutig zu beantworten: Die Praktische Theologie dient der Kirche und ihren Mitarbeitern, allen voran den Pfarrern und Religionslehrern, um ihre Aufgaben einzuüben, zu reflektieren und im Idealfall verbessern zu können. Als Reflexion gelebter Religion richtet sich die Praktische Theologie heute vermehrt auch an religiöse bzw. religiös suchende Menschen, die Anregungen und Interpretationshilfen für den Umgang mit Religion auch außerhalb der kirchlichen Handlungsfelder suchen, zum Beispiel bei der Wahrnehmung religiöser Spuren im Film oder auf dem Buchmarkt.

Praktische Theologie für kirchliche Mitarbeiter und religiös Interessierte

Wie treibt man Praktische Theologie? Die zwei zentralen Möglichkeiten haben Sie nun bereits kennengelernt: Die Be-

kirchliche Handlungsfelder und zentrale Themen der Praktischen Theologie

schäftigung kann sich entweder an den kirchlichen Handlungsfeldern ausrichten. Dies wäre der klassische sektorale Zugang, bei dem nacheinander einzelne Disziplinen wie Predigtlehre oder Seelsorgelehre betrachtet werden, um dadurch das Ganze des kirchlichen Handelns zu reflektieren. Sie kann sich aber auch thematisch an den vielfältigen kulturellen und religiösen Phänomenen der Gesellschaft orientieren und diese in praktisch-theologischer Perspektive reflektieren. Dieses Buch versucht eine Verbindung beider Möglichkeiten. Dabei ist es Ihnen überlassen, wo Sie einsteigen und wie Sie weiterlesen. Die beiden Hauptkapitel zu den kirchlichen *Handlungsfeldern* (siehe 2.) und grundlegenden *Themen* der Praktischen Theologie (siehe 3.) bauen nicht streng aufeinander auf. Querverweise zwischen den beiden Hauptteilen sollen Ihnen die Vernetzung von kirchlichen Handlungsfeldern und (weiteren) grundlegenden Themenfeldern der Praktischen Theologie erleichtern.

biblischer, historischer, empirischer und ästhetischer Zugang

Die Praktische Theologie bedient sich in ihrer Reflexion unterschiedlicher Zugänge. So lässt sich bei jeder Problemlage nach der *biblischen Perspektive* zum Thema fragen und erheben, welche Impulse und Anregungen oder auch Normen und Grundsätze sich aus der Bibel für die Gegenwart erheben lassen. Dabei muss immer die Frage bedacht werden, wie die Bibel gegenwärtig zu verstehen ist und in welcher Hinsicht biblische Aussagen als relevant bzw. normativ eingestuft werden. Es geht folglich um Hermeneutik (= Lehre vom Verstehen), weswegen wir von einer *biblisch-hermeneutischen Perspektive* sprechen. Auch aus *historischer Perspektive* ist eine Annäherung an ein praktisch-theologisches Thema möglich. Die Frage lautet dann: Wie haben sich die kirchlichen Handlungsfelder und die kulturell-religiösen Fragestellungen historisch entwickelt und wie haben Vertreter der Praktischen Theologie in der Vergangenheit argumentiert? Eine weitere Möglichkeit hat sich durch den Siegeszug der Sozial- und Humanwissenschaften seit der zweiten Hälfte des 20. Jahrhunderts ergeben, der für die Praktische Theologie die so genannte „*empirische Wende*" brachte (siehe 2.9.1). So ist es heute dank sozialwissenschaftlicher Methoden repräsentativ möglich, die Bevölkerung nach ihren Erwartungen an die Kirche und ihren religiösen Vorstellungen zu befragen. Der jüngste Zugang wird in der Praktischen Theologie mit dem Etikett *ästhetisch* behaftet. Eine ästhetische Praktische Theologie fragt vor allem nach dem Wechselspiel von Wahrnehmung und Gestaltung und nach dem In- und Miteinander von Form und Inhalt. Im Rahmen der übrigen theologischen Disziplinen knüpft der biblisch-hermeneutische Zugang an die Erkenntnisse der biblischen Wissenschaften (Altes und Neues Testament) an, der historische Zugang hingegen an die Forschungen der Kirchengeschichte. Auch die Systematische Theologie und die Ethik sind für die Arbeit der Praktischen Theologie unverzichtbar, ohne dass sie sich jedoch bestimmten Zugängen zuordnen lassen. Vielmehr bedienen sie sich selbst unterschiedlicher Zugänge, zum Beispiel biblischer, historischer oder empirischer Art.

Die genannten Zugänge haben sich in der Geschichte der Praktischen Theologie bisweilen deutlich voneinander abgegrenzt. Nicht selten geschah es, dass ältere Zugänge als dunkle Folie gezeichnet wurden, um das Spezifische eines neuen Ansatzes umso deutlicher aufzuzeigen. So stellte zum Beispiel der in den 1960er-Jahren neu entdeckte empirische Zugang die einseitige Bestimmung der Praxis durch die Bibel und die kirchlich-theologische Tradition in der Theologie der Nachkriegszeit in Frage, welche die Lebenswelt der Gemeinde nicht (genügend) berücksichtigte – eine Lebenswelt, wie sie anhand sozialwissenschaftlicher Methoden erschlossen werden kann und empirisch beschreibbar ist. Gegenwärtig gibt es Anzeichen, dass die Gräben zwischen den einzelnen Zugängen überbrückt werden können. Deshalb will auch dieses Buch die verschiedenen Zugänge nicht gegeneinander ausspielen, sondern versuchen, sie einander zu ergänzen. An die Stelle eines *Substitutionsmodells*, wonach ein Zugang den anderen vermeintlich ablösen kann, soll deshalb ein *Komplementärmodell* treten, wonach in der Praktischen Theologie ein Zugang den anderen notwendig ergänzt.

komplementär statt substitutiv

Zum besseren Verständnis der einzelnen Zugänge sollen im Folgenden zwei Beispiele aus dem spezifisch kirchlichen Bereich einerseits und dem allgemein religiösen Kontext andererseits gewählt werden. An ihnen soll – auf knappem Raum und keines-

Orientierung statt Normierung

wegs vollständig – gezeigt werden, wie Praktische Theologie in ihren unterschiedlichen Zugängen arbeiten kann. Wir wollen Sie dadurch Anteil nehmen lassen an einer Praktischen Theologie im Vollzug und bereits zu Beginn in ein Wechselspiel zwischen konkreten Phänomenen und praktisch-theologischer Reflexion treten, wie es uns für dieses Buch ein zentrales Anliegen ist. Bei den subjektiv gewählten Fallbeispielen handelt es sich bewusst um real erlebte *Konflikt*situationen, in denen Entscheidungen anstehen. Die Praktische Theologie selbst kann solche Entscheidungen nicht treffen und das Handeln dadurch normieren. Ihre Aufgabe besteht zu einem guten Teil darin, genau hinzusehen, zu beschreiben, was geschieht, dieses Geschehen einzuordnen und zu verstehen. Dadurch erfüllt sie ihre Aufgabe der Orientierung, ohne gleichzeitig konkretes Handeln festzulegen.

1.2 Fallbeispiel Gottesdienst:
Neue Formen und alte Traditionen

traditioneller oder alternativer Gottesdienst

Situationsbeschreibung: Die Debatte erregte die Kirchengemeinde der kleinen mittelfränkischen Stadt: Der neue Pfarrer in der Gemeinde wollte anstelle des traditionellen Gottesdienstes am Sonntagmorgen einmal im Monat einen alternativen Gottesdienst am späten Nachmittag anbieten. Die Besucher sollten dabei die Möglichkeit haben, Gebetsanliegen auf einen Zettel zu schreiben, an einen „Lebensbaum" neben den Altar zu heften und, falls gewünscht, laut zu verlesen. Mitarbeiter des Vorbereitungsteams sollten lyrische Texte mit biblischen Spuren und Zeugnisse nichtchristlicher religiöser Schriften lesen und eine Band ehemaliger Konfirmanden den Gesang moderner geistlicher Lieder begleiten. Der Kirchenvorstand als Leitungsgremium der Gemeinde zeigte sich gespalten: Während vor allem jüngere Mitglieder dem Projekt wohlwollend gegenüberstanden und die Hoffnung äußerten, dadurch kirchlich-distanzierte Menschen zu erreichen, reagierten manche ältere Kirchenvorsteher ablehnend: Für sie stand der gewohnte Sonntagsgottesdienst nicht zur Disposition. Wenn überhaupt, dann dürfte es sich bei dem vorgeschlagenen Gottesdienst nur um ein zusätzliches Angebot handeln. – Welche Aspekte können aus biblischer, aus historischer, aus empirischer und aus ästhetischer Perspektive angeführt werden, um eine Entscheidungshilfe zur Verfügung zu stellen?

Ein biblisch-hermeneutischer Zugang: Das Spektrum der biblischen Aussagen zum Gottesdienst der frühen Christen ist groß. Es reicht von einer idealisierenden Beschreibung der „einmütigen" gottesdienstlichen Gemeinschaft (Apg 2, 42–47) bis zu konkreten Empfehlungen, zu denen auch solch provokative Warnungen gehören wie die, dass die Frauen in der Gemeinde schweigen sollen (1Kor 14, 34). Dieses berühmt-berüchtigte Paulus-Wort zeigt besonders deutlich das Grundproblem des biblischen Zugangs: Die biblischen Maßstäbe für einen „rechten" Gottesdienst sind in einer bestimmten historischen Situation entstanden und können nicht einfach unmittelbar in die Gegenwart übertragen werden. Es bedarf einer sensiblen Hermeneutik, welche die biblischen Aussagen und die gegenwärtigen Fragestellungen miteinander vermittelt. Grundsätzlich ist es angesichts der Pluralität der biblischen Texte problematisch, auf der Basis einer einzelnen Bibelstelle die eigene, erwünschte Gottesdienstpraxis legitimieren zu wollen. Andererseits kann die biblische Vergewisserung ein hilfreiches Korrektiv zu einer gottesdienstlichen Praxis sein, die ausschließlich die Erwartungen der Gemeinde bedienen möchte. Für das skizzierte, aktuelle Problem könnte ein ebenfalls von Paulus formulierter Grundsatz relevant sein, der lautet: „Darum lasset uns nicht mehr einer den anderen richten; sondern richtet vielmehr darauf euren Sinn, dass niemand seinem Bruder einen Anstoß oder Ärgernis bereite" (Röm 14,13). Dürfte sich die Mahnung vor einem vorschnellen, richtenden Urteil über den geplanten (!) Gottesdienst eher an die Gegner richten, so müssten die Beteiligten des Projektes zumindest Verständnis für den Anstoß aufbringen, den die neuen, ungewohnten Formen hervorbringen könnten.

Ein historischer Zugang: Auch der „normale" Gottesdienst, zu dem der geplante neue Gottesdienst eine Alternative bieten möchte, ist das Ergebnis historischer Entwicklungen und ist weit entfernt von der mutmaßlichen Gottesdienstpraxis der Urchristen. Der evangelische Gottesdienst hat seine heutige Gestalt

sensibler Umgang mit biblischen Empfehlungen

Zielgruppen und Kirchenmusik

wesentlich in der Reformationszeit erhalten, wenngleich er vor allem in seiner lutherischen Form in deutlicher Kontinuität zur lateinischen Messe des Mittelalters steht. Dabei hat Martin Luther oftmals betont, dass eine äußere, feste Gottesdienstordnung zwar nicht unwichtig, aber gleichwohl doch nicht entscheidend sei. Vor allem müsse sich der Gottesdienst stets auch an denen orientieren, die ihn feiern. Dabei hatte der Reformator verschiedene Gottesdienstformen für unterschiedliche Zielgruppen im Blick: Zum Beispiel die lateinische Messe für die Sprachkundigen und die deutsche Messe für die „einfältigen Laien", aber auch für die, welche „noch nicht glauben oder nicht Christen sind". – Als evangelisches Markenzeichen hat sich in der Kirchengeschichte der Neuzeit neben der Predigt vor allem die Kirchenmusik entwickelt, deren Komponisten und Liederdichter sich häufig innovativ zeigten und teilweise ein gewisses Gegenüber zur offiziellen Theologie bildeten. Sprich: Die heute als traditionell empfundene Musik oder geistliche Lyrik konnte in ihrer Entstehungszeit durchaus als modern empfunden werden.

Ein empirischer Zugang: Für die Diskussion um den alternativen Gottesdienst ist zunächst die psychologische Erkenntnis relevant, dass Neuerungen häufig als Infragestellung der bisherigen Praxis und als persönlicher Angriff empfunden und entsprechend abgelehnt werden. Andererseits müssen sich die Planer einer neuen Gottesdienstform auch selbstkritisch fragen, ob nicht eigene (Jugend-)Sehnsüchte nach einem anderen Gottesdienst unbewusst eine Rolle spielen, die auf die angestrebten Besucher projiziert werden. Soziologische Studien verweisen auf eine geänderte Dramaturgie des Wochenendes, wobei das Ausschlafen am Sonntagmorgen schlicht eine zentrale Rolle spielt. Zudem suchen Menschen bewusst diejenigen Angebote, die ihnen den höchsten Erlebnisgewinn versprechen. Die ökonomische Marketing-Forschung könnte das geplante Projekt mit dem Hinweis darauf unterstützen, dass es eine Zielgruppe „für alle" nicht gibt und zielgruppenspezifische Angebote unerlässlich sind. Eine Reihe empirischer Studien beschäftigt sich schließlich konkret mit der Wahrnehmung des traditionellen Gottesdienstes einerseits und den Wünschen an einen guten Gottesdienst

Erkenntnisse aus Psychologie, Soziologie und Marketing

durch repräsentativ ausgewählte Kirchenmitglieder andererseits. Wichtig zur Einschätzung unseres Falles ist zunächst die Erkenntnis, dass ein Angebot, das von den Veranstaltern bewusst als niederschwellig eingestuft wird, beim potenziellen Gottesdienstbesucher eine höhere Schwellenangst erzeugen kann als der traditionelle Gottesdienst. Vermutlich liegt dies daran, dass der traditionelle Gottesdienst eher eine anonyme Teilnahme erlaubt und die angestrebte aktive Partizipation der Gemeinde an einem alternativen Gottesdienst gelegentlich als abschreckend empfunden wird – etwas auf einen Zettel schreiben, im Kirchenschiff umhergehen oder mit anderen sprechen müssen.

Ein ästhetischer Zugang: Im landläufigen Sinn bezeichnet man etwas als „ästhetisch", wenn es schön oder geschmackvoll ist. Ästhetik wird dann verstanden als die Lehre von den Grundlagen und Gesetzen des Schönen in Kunst und Natur. Das griechische Verb „aisthanesthai" bedeutet jedoch allgemeiner den Prozess des Wahrnehmens oder Empfindens, entsprechend ist die Anästhesie die Unempfindlichkeit gegen Schmerzen. Der ästhetische Zugang betont vor allem die Bedeutung dieser Wahrnehmung für die Praktische Theologie und verbindet sie mit der Aufgabe der Gestaltung. Für das geplante Gottesdienstprojekt unterstreicht ein ästhetischer Zugang, dass der Gottesdienst auch eine (künstlerische) Gestaltungsaufgabe bedeutet und dass er auch in seiner gewohnten Form im gewissen Maß stets neu inszeniert werden muss. Bei dem alternativen Gottesdienstprojekt stellt sich besonders die Herausforderung, die (neuen) Formen und die (neuen) Inhalte in ihrem Miteinander zu bedenken und nach der Stimmigkeit des Ganzen zu fragen. Zu bedenken ist dabei, dass gerade traditionelle Formen von vielen, überraschenderweise gerade auch kirchlich distanzierten Gottesdienstbesuchern durchaus geschätzt werden. – Ein neuer Zweig ästhetischer Fragestellung, die Rezeptionsästhetik, verweist darauf, dass jede Gestaltung von den einzelnen Besuchern unterschiedlich wahrgenommen („rezipiert") wird. Im Blick auf den Gottesdienst bedeutet dies: Der *eine* gefeierte Gottesdienst zerfällt in die *Vielfalt* der je unterschiedlich erlebten Gottesdienste. Damit gilt auch: Jede Gestaltung des Gottesdienstes wird von manchen als

Gottesdienst als Gestaltungsaufgabe

"schön", von anderen vielleicht als "abstoßend" erlebt werden. Manchen werden bestimmte Elemente eines neuen oder traditionellen Gottesdienstes gut tun, andere werden sie verärgern.

1.3 Fallbeispiel Film: Religiöse Expedition ins Kino

<small>biblische Spuren in „Titanic"</small>

Situationsbeschreibung: Die Mutter wollte ihren Ohren nicht trauen, als ihr Sohn gut gelaunt von der Konfirmandenstunde nach Hause kam und erzählte, dass der Unterricht in der kommenden Woche ausfallen würde. Stattdessen würde sich die Gruppe im Kino „Titanic" anschauen. Einige Tage später begründete die Pastorin ihren Plan mit einem Brief an die betroffenen Eltern. Sie verwies darauf, dass die Gruppe sich derzeit mit dem Thema Apokalyptik, der Lehre vom Weltende, befasse. Bei der Lektüre des zentralen biblischen Textes aus der Offenbarung des Johannes (Offb 21) sei ihr eine der letzten Szenen aus dem Film „Titanic" eingefallen. Zum besseren Verständnis schilderte die Pfarrerin die entsprechende Szene vom Ende des Films. Die Menschen fliehen zum Heck des Schiffes, darunter auch die beiden verliebten Hauptdarsteller Jack (Leonardo di Caprio) und Rose (Kate Winslet). Inmitten des Chaos steht ein Priester, betet das Ave Maria und zitiert danach aus der Offenbarung des Johannes: „Und ich sah einen neuen Himmel und eine neue Erde. Denn der erste Himmel und die erste Erde vergingen und das Meer ist nicht mehr. Und ich hörte eine große Stimme und sie sprach: Siehe da, die Hütte Gottes bei den Menschen." Jack und Rose liegen sich in den Armen. Der Priester zitiert weiter: „Und Gott wird abwischen von ihren Augen alle Tränen. Und der Tod wird nicht mehr sein, noch Leid, noch Geschrei wird mehr sein. Denn das Erste ist vergangen." Um zu zeigen, welche Wirkung der berühmte Text bis heute ausübt, habe sie, die Pfarrerin, sich entschlossen, den Film von James Cameron (1997) mit der ganzen Gruppe anzusehen, im Sinne einer „religiösen Expedition" ins Kino. – Welche Hilfe können die unterschiedlichen Zugänge der Praktischen Theologie bei dieser Entdeckungsfahrt leisten?

<small>„Titanic" und die Apokalypse</small>

Ein biblisch-hermeneutischer Zugang: Die Vision, die der Priester auf der Titanic inmitten des Katastrophenszenarios hinausschreit, findet sich im letzten Buch der Bibel, der Offenbarung des Johannes, mit dem griechischen Begriff für Offenbarung auch „Apokalypse" genannt. Die exegetische Rekonstruktion der Entstehungsgeschichte dieses Textes verweist auf eine Situation der Bedrängnis der ersten Christen. Ihnen wollte der Seher Johannes mit der Aussicht auf einen neuen Himmel und eine neue Erde Trost spenden – durchaus eine Parallele zur Funktion des Geistlichen auf dem sinkenden Schiff. Eine starke Wirkung hatte die Offenbarung des Johannes auf die Entstehung apokalyptischer Bewegungen, die das nahende Weltende erwarteten und proklamierten. Als Symbol für den Untergang der technisierten Zivilisation kann auch die „Titanic" im Kontext einer säkularisierten, d. h. rein weltlichen Apokalyptik interpretiert werden. Der Film zeigt, wie biblische Texte mit neuen Kontexten ins Wechselspiel geraten können. Es wird dabei deutlich, dass die Kirche keine Deutungshoheit über die biblischen Texte (mehr) besitzt. Freilich ist die Kraft der Liebe zwischen zwei Menschen die zentrale Botschaft des Films. Demgegenüber geht die biblische Vision aus Offb 21 über die Inszenierung der irdischen Liebe hinaus und bildet insofern einen kritischen Mehrwert gegenüber dem Film: Ein Aspekt, der im Nachgespräch mit den Konfirmanden diskutiert werden müsste.

Ein historischer Zugang: Auf die Entstehung apokalyptischer Bewegungen, auch als Folge von Texten wie der Offenbarung des Johannes, wurde eben bereits verwiesen. Dadurch verknüpft sich der biblisch-hermeneutische mit dem historischen Zugang. Die Wirkung des Textes im Film „Titanic" könnte Anstoß sein, sich in historischer Perspektive mit den unterschiedlichen Vorstellungen vom Weltende zu befassen. Beherrschte die Menschen bei dieser Vorstellung zu ihrer Zeit stärker das Erschrecken und die Angst vor dem Weltuntergang? Oder gab es vielleicht auch so etwas wie eine apokalyptische Faszination oder gar eine Untergangssehnsucht? Diese Frage ließe sich anhand der Analyse exemplarischer Predigten zur Vision der Johannes erörtern, die im Laufe der Kirchengeschichte gehalten wurden und dokumentiert sind. Es könnte auch im Konfirmandenunterricht kritisch

Weltuntergang zwischen Angst und Faszination

gefragt werden, wie sich die Faszination angesichts der Katastrophe und das Erschrecken im Film „Titanic" und bei seiner Rezeption zueinander verhalten.

Sozialisation durch Kirche und Kino

Ein empirischer Zugang: Vertreter der „empirischen Wende" in der Praktischen Theologie haben zu Recht gefordert, dass die Kirche mehr Rücksicht auf die Lebenswelt der Kinder und Jugendlichen nehmen solle. Für unser Fallbeispiel ist besonders die Frage relevant: In welchem Verhältnis stehen die religiöse und die filmische Sozialisation der Konfirmanden zueinander und wie schreibt sich ein Film wie „Titanic" in die Religions- und Medienbiographie seiner jugendlichen Rezipienten ein? Als Beispiel sei eine Episode aus einer Konfirmandenstunde erwähnt: Ein Pfarrer liest und diskutiert mit seinen Konfirmanden die Vision aus der Johannesoffenbarung. Die Konfirmanden sind aktiv dabei und beteiligen sich lebendig am Gespräch. Der Pfarrer freut sich und denkt, dass dieser biblische Text offensichtlich die Jugendlichen fasziniert. Da meldet sich am Ende der Stunde ein Mädchen und fragt schüchtern: „Der Text, den wir gelesen haben, ist das nicht derselbe Text, den der Pfarrer in Titanic liest, als das Schiff sinkt?" Die religiöse Sozialisation durch den Film ist in diesem Fall offensichtlich an die Stelle der religiösen Sozialisation durch die Kirche getreten. Die geschilderte Episode zeigt, dass sich die Vermittlung von Religion heute nicht nur im Kontext von Familie, Schule und Kirchengemeinde vollzieht, sondern oftmals und zunächst vor allem durch audiovisuelle Medien. Der US-amerikanische Schriftsteller John Updike hat einmal bekannt, das Kino habe mehr für sein spirituelles Leben getan als die Kirche.

Inszenierung der Katastrophe

Ein ästhetischer Zugang: Als ein wesentliches Ziel des ästhetischen Zugangs lässt sich die Wahrnehmung des „Wechselspiels von Gestaltungen der christlichen Gottesgeschichte mit Gestaltungen der Gegenwartskultur" benennen (Albrecht Grözinger). Zunehmend treten dabei heute auch Phänomene der Popularkultur in den ästhetisch orientierten Blick. Die Inszenierung des biblischen Textes aus Offb 21 im Film „Titanic" ist dabei interessant, wenngleich nicht besonders bewegend gestaltet. Auffallend ist die massive Ästhetisierung der Katastrophe: Durch die

Art der visuellen Inszenierung und die unterlegte Musik wirkt das Schreckliche zugleich als das Faszinierende. Kritisch könnte gefragt werden, inwiefern die Aufnahme der Bibelstelle als religiöses Beiwerk nur einer ästhetischen Verstärkung der Katastrophenstimmung dient. Eine wohlwollende Interpretation seitens der Praktischen Theologie könnte hingegen darauf verweisen, dass der Film – nicht nur unter den Konfirmanden – das produktive Verstehen eines biblischen Textes fördert. Kurz nach den Worten des Priesters geht die Kamera in die Totale und zeigt das sinkende Schiff unter dem klaren Sternenhimmel. Ohne den Regisseur religiös vereinnahmen zu wollen, fallen dem Praktischen Theologen doch zwei berühmte Definitionen von Religion ein, wenn er diese Szene sieht: Immanuel Kants Ehrfurcht vor dem „bestirnten Himmel über mir" und Friedrich Schleiermachers „Anschauung des Universums". Genug Stoff für die Diskussion in der Konfirmandenstunde bietet der Film also allemal.

1.4 Zusammenfasssung

Für die Arbeit der Praktischen Theologie im evangelischen Bereich existieren keine übergeordneten Vorschriften, etwa aus kirchenamtlichen Quellen. Die Praktische Theologie mit ihren unterschiedlichen Zugängen will vielmehr der Suche nach einer vertieften Wahrnehmung und nach verantwortbaren Entscheidungen im Einzelfall dienlich sein. Beim Abwägen zwischen dem traditionellen und dem erneuerten Gottesdienst oder bei der religiösen Spurensuche im Film geht es vorrangig um eine kritische Reflexion des kirchlichen Handelns wie des religiösen Phänomens. Bezieht sich die Diskussion um den alternativen Gottesdienst stärker auf eines der klassischen kirchlichen Handlungsfelder, so ist beim Fall der „Titanic" die thematische Perspektive der Massenmedien (siehe 3.5) und der Kultur (siehe 3.4) von größerer Bedeutung. Das Fallbeispiel „Titanic" zeigt zudem eindrücklich, dass Religion auch jenseits des kirchlichen Handelns in der Kultur eine gewichtige Rolle spielt. Dieser Herausforderung muss sich die Praktische Theologie zu Beginn des 21. Jahrhunderts in besonderer Weise stellen.

kritische Reflexion als Hilfe zu Wahrnehmung und Entscheidung

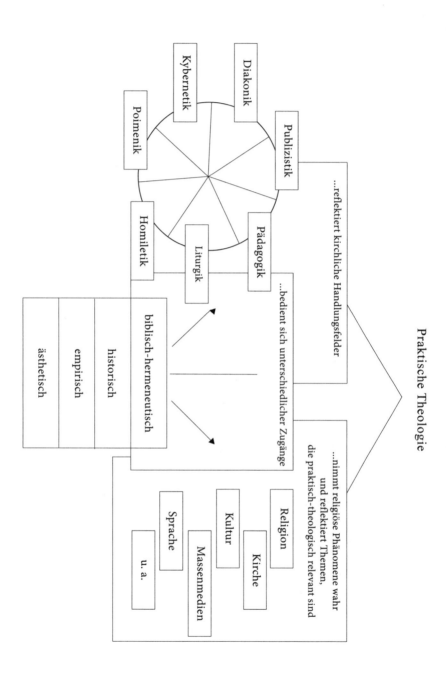

Fragen:

1. Stellen Sie sich vor, Sie wären als Pfarrer/in in dem Konflikt um den alternativen Gottesdienst verantwortlich. Überlegen Sie, wie Sie unter Abwägung der genannten (und weiterer) Aspekte entscheiden würden.

2. Sehen Sie sich im Internet ein Video zu dem Song „From a Distance" (Bette Midler) an. Nehmen Sie dieses Lied durch einen biblischen, historischen, empirischen und ästhetischen Zugang praktisch-theologisch wahr und interpretieren Sie es als Ausdruck gegenwärtiger Religiösität.

Fragen

2. Kirchliche Handlungsfelder in der Reflexion der Praktischen Theologie

2.1 Einführung

Als kirchliche Handlungsfelder und damit zugleich als klassische Reflexionsfelder der Praktischen Theologie werden in diesem Kapitel dargestellt: die Lehre vom Gottesdienst (Liturgik), von der Predigt (Homiletik), von der Seelsorge (Poimenik), vom Unterricht in Schule und Gemeinde (Religions- und Gemeindepädagogik), von der Gemeindeleitung (Kybernetik), vom helfenden Handeln (Diakonik) sowie das junge Handlungs- und Reflexionsfeld der Christlichen Publizistik. Diese Reihenfolge der Handlungsfelder sagt nichts über eine unterschiedliche Gewichtung aus. Die Liturgik ist nicht wichtiger als die Publizistik. Sie steht aber deshalb häufig am Anfang praktisch-theologischer Darstellungen, weil das gottesdienstliche Handeln als Ausgangspunkt und Mitte kirchlichen Handelns verstanden werden kann. Eine andere, nicht weniger plausible Anordnung könnte mit Dietrich Rössler eine Linie vom Individuum über die Gemeinde zur Gesellschaft ziehen. Sie würde dann wohl mit dem seelsorgerlichen Handeln einsetzen und über Homiletik, Liturgik und Kybernetik zu Pädagogik und Publizistik fortschreiten. Abhängig von der Konzeption der Diakonik könnte diese nahe beim Individuum, aber auch im Kontext der Gemeinde oder der Gesellschaft eingeordnet werden. – Die gleiche Gewichtung der Handlungsfelder bedeutet für Ihre Lektüre dieses Kapitels: Sie können innerhalb der folgenden Unterkapitel beliebig springen; kein Kapitel setzt ein anderes voraus. Am Ende zeigt ein zusammenfassender Abschnitt, dass grundlegende Fragen in vielen Handlungsfeldern in vergleichbarer Weise auftauchen und zu einer spezifischen Entwicklung der praktisch-theologischen Diskussion in den vergangenen 200 Jahren geführt haben.

Anordnung der Handlungsfelder

2.2 Liturgik

Liturgik – Lehre von den Gottesdiensten

Liturgik (von gr. *leitourgia* = Dienst) ist die *Lehre vom Gottesdienst* – oder: von *den* Gottesdiens*ten*. Denn weder in der Gegenwart noch jemals in der Geschichte der Kirche gab es *den* einen Gottesdienst. Zwischen katholischer Messe und evangelischem Sonntagmorgengottesdienst, zwischen Kinder- oder Jugendgottesdienst und Stundengebet in den Klöstern, zwischen Fernsehgottesdienst, Radioandacht und Gebet im Internet tut sich ein weites Feld auf. Daneben werden Gottesdienste in lebensgeschichtlich hervorgehobenen Situationen gefeiert, sog. Kasualien (von lat. *casus* = Fall): Taufen, Trauungen, Beerdigungen, Konfirmationen (siehe 3.2.6). Auf alle diese Phänomene blickt die Liturgik und befragt sie in drei Dimensionen:

1. Die *historische Dimension*: Wie entwickelte sich der Gottesdienst in der Geschichte?
2. Die *systematische Dimension*: Was eigentlich ist christlicher (bzw. lutherischer, reformierter oder katholischer) Gottesdienst?
3. Die *praktische Dimension*: Wie ist Gottesdienst zu gestalten, damit er seiner Aufgabe gegenwärtig gerecht wird?

1. Geschichte des Gottesdienstes

Anfänge des christlichen Gottesdienstes

Die Geschichte des Gottesdienstes ist so vielfältig, wie es die Geschichte der Kirche ist – entsprechend gibt es ihn in unterschiedlichen Spielarten (Liturgien). Diese Vielfalt begann mit den Treffen der Jünger in Jerusalem nach Jesu Tod und Auferstehung, die taten, was Jesus ihnen geboten hatte und gemeinsam Brot brachen und Wein tranken zu seinem Gedächtnis (vgl. Apg 2,42). Gleichzeitig war diese erste Jüngergemeinschaft selbstverständlich im Kontext des Judentums verankert, sodass christlicher Gottesdienst immer von seinen jüdischen Wurzeln her zu bedenken ist. Im zweiten Jahrhundert lässt sich eine Gottesdienstgestaltung greifen, die der bis heute üblichen Struktur entspricht: Der Gottesdienst besteht aus einem Wortteil mit Lesungen, Gebeten und einer Auslegung (Predigt), es schließt sich die Eucharistie (das „Abendmahl") an, zu der nur die Getauften Zugang haben. Bis zum 7. Jahrhundert bildete sich aus diesen Anfängen im Westen die Römische Messe; im Osten entstand eine Vielzahl von Liturgien in unterschiedlichen Liturgiesprachen.

Die Römische Messe entwickelte sich im Laufe des Mittelalters weiter, wobei die als Opfer verstandene Eucharistie gegenüber dem Wortteil immer mehr an Bedeutung gewann und gleichzeitig die Beteiligung der Gemeinde an der Messe unbedeutender wurde. Auf die Herausforderung der Reformation reagierte die römische Kirche, indem auf dem Konzil von Trient (1545–1563) eine überall einheitliche katholische Messe (als „Missa Tridentina" 1570 eingeführt) verbindlich erklärt wurde. Diese blieb bis zur Mitte des 20. Jahrhunderts für die katholische Kirche (mit geringen Anpassungen im Lauf der Zeit) gültig. Das Zweite Vatikanische Konzil (1962–1965) brachte wesentliche liturgische Neuerungen wie die konsequente Verwendung der Landessprache, die verstärkte Beteiligung der Gemeinde durch Gesänge und Gebete, die Intensivierung des Wortteils und die Etablierung einer regelmäßigen Homilie (schriftauslegenden Predigt). Äußerlich fällt in katholischen Kirchen seither die flächendeckende Einführung des sogenannten „Volksaltares" auf, an dem der Priester mit dem Gesicht zur Gemeinde zelebriert.

Römische Messe

Die Reformation setzte einen kritischen Impuls und wollte den Gottesdienst von Missbräuchen reinigen. Als solche erkannte sie vor allem die Opferdeutung des Abendmahls (das Abendmahl als ein Opfer, das die Kirche bringt und das vor Gott verdienstlich angerechnet werden kann), den Kelchentzug für die Laien beim Abendmahl und die Zurückdrängung des Wortes. Zunächst legte Luther 1523 nur eine überarbeitete lateinische Messe vor, 1526 folgte seine „Deutsche Messe" mit deutlicheren Veränderungen gegenüber der überkommenen Form. Inhaltlich war es für ihn entscheidend, den Gottesdienst als Dienst *Gottes* an den Menschen zu verstehen, seinen Bezug zum Alltag der Welt zu erkennen und das Wort in den Mittelpunkt zu stellen. Nichts anderes solle im Gottesdienst geschehen, so eine viel zitierte Formulierung Luthers aus dem Jahr 1544, „als dass unser lieber Herr selbst mit uns rede durch sein heiliges Wort und wir wiederum mit ihm reden durch Gebet und Lobgesang". Für die

Liturgik der Reformation

Antwort der Gemeinde war bei Luther u. a. das Kirchenlied entscheidend, das in der Folge als deutscher Choral zu einem Markenzeichen evangelischen Gottesdienstes avancierte.

von der Aufklärung bis zur Gegenwart

Die Aufklärung ist die Zeit, in der eine wissenschaftliche Lehre vom Gottesdienst entstand. Aufklärungstheologen befragten den Gottesdienst historisch und rekonstruierten ihn kritisch – beides mit dem Ziel, eine innovative liturgische Gestaltung für die Menschen der Gegenwart bieten zu können. Die Folge war eine Zentrierung auf das gelehrte und verstandene Wort. Das 19. und frühe 20. Jahrhundert ist hingegen eher an einer liturgischen Restauration interessiert, bevor dann in den 1960er-Jahren neue liturgische Aufbrüche entstehen. Diese wenden sich gegen die verordnete Einheitlichkeit, wie sie nach dem Zweiten Weltkrieg durch die Schaffung einer Agende für die lutherischen und unierten Kirchen etabliert worden war (unter einer *Agende* versteht man ein Buch, das die Gottesdienstordnung aufzeichnet und detailliert beschreibt, was zu tun ist; von lat. *agere* = tun, handeln). Man suchte nach neuen Formen – und entdeckte u. a. das Politische Nachtgebet, Familiengottesdienste, das Feierabendmahl u. v. a. Mit dem 1999 eingeführten Evangelischen Gottesdienstbuch, das nur noch im Untertitel „Agende" genannt wird und von den lutherischen und unierten Kirchen gemeinsam beschlossen wurde, fand man ein Modell, das liturgische Innovation im Rahmen der überkommenen Tradition ermöglicht.

2. Grundfragen der Liturgik

Menschliches und göttliches Handeln

Liturgik stellt auch die Frage, was Gottesdienst eigentlich ist bzw. sein soll. Dabei wird ein Spannungsfeld immer wieder entscheidend: die Spannung zwischen dem, was *Gott* tut, und dem, was *Menschen* tun. In der liturgischen Diskussion bezeichnet man die beiden Aspekte mit griechischen Begriffen und fragt: Ist der Gottesdienst primär ein *katabatisches* Geschehen (eines, das von „oben", von Gott aus, „absteigt") oder ein *anabatisches* (eines, das von „unten", vom Menschen aus, „aufsteigt")? Die Antwort erscheint von vornherein klar: Gottesdienst muss beides sein: Katabase und Anabase, menschliches Handeln in der Erwartung und Hoffnung, dass auch Gott handelt, dynamisches Wechselspiel von Wort und Antwort.

Auch versteht es sich eigentlich von selbst, dass christlicher Gottesdienst nicht ohne eine zweite Spannung auskommt: die Spannung von *Alltag* und *Sonntag*. Hier allerdings zeigen unterschiedliche Gottesdienstkonzepte verschiedene Schwerpunkte. Die „Göttliche Liturgie" der orthodoxen Kirche etwa will diejenigen, die Gottesdienst feiern, ganz bewusst „entführen" – aus ihrem Alltag in den Himmel. So unterschiedliche evangelische Gottesdienstkonzeptionen wie die von Friedrich Daniel Ernst Schleiermacher (1768–1834) einerseits und die von Peter Brunner (1900–1981) andererseits haben ihre Nähe zu diesem Modell. Schleiermacher nämlich wollte zu Beginn des 19. Jahrhunderts den Charakter des Gottesdienstes als Unterbrechung des Alltags, als Fest, neu betonen. Für ihn ist Gottesdienst eine Feier, deren Zweck in ihr selbst liegt. Er spricht von „darstellendem Handeln" und grenzt dies vom üblichen und unseren Alltag bestimmenden „wirksamen Handeln" ab. Das Entscheidende sei die wechselseitige Anregung des „religiösen Bewusstseins", die in der gemeinsamen Feier geschehe. Peter Brunner, ein evangelischer systematischer Theologe, wehrte sich ebenfalls gegen jede funktionale Überfrachtung des Gottesdienstes. Gottesdienst sei herausgehobener Ort der Begegnung von Gott und Welt, von Gott und Mensch. Im Gottesdienst werde der Mensch bereits hinübergeführt in die neue Wirklichkeit seines Seins, in die Wirklichkeit der erlösten Kreatur. Schleiermacher bestimmt die Differenz des Gottesdienstes zum Alltag also eher anthropologisch, Brunner eher theologisch – beide aber unterstreichen den Unterschied von Alltag und Sonntag.

Sonntag und Alltag

Für Ernst Lange (1927–1974) hingegen ging es gerade darum, diesen Unterschied zu problematisieren. Er sieht Gottesdienst zweipolig: als Gottesdienst im Alltag und als Gottesdienst in der Sammlung am Sonntag. Lange spricht von der Diaspora-Phase (Alltag) und der Ekklesia-Phase (Sonntag). Beide seien aufeinander zu beziehen. In der Diaspora sei jeder einzelne genötigt, seinen Glauben für sich zu leben und in der Welt zu bezeugen; in der Ekklesia komme es zur Bundeserneuerung und Bestär-

Ekklesia und Diaspora

kung. Viele der neueren Gottesdienstmodelle seit den 1960er- und 70er-Jahren haben diese Orientierung an der Lebenswelt aufgenommen. Im Kontext ästhetischer Reflexionen wird aber zunehmend wieder auf die Konzeption des Gottesdienstes als Feier im Sinne eines Kontrastes zu den Gestaltungen des Alltags zurückgegriffen.

3. Reflexion liturgischer Praxis

Tradition und Innovation

Liturgik untersucht schließlich auch die konkrete Gestaltung des Gottesdienstes. Eine entscheidende Fragestellung dabei ist die nach dem Verhältnis von *Tradition und Innovation*. Inwiefern soll bzw. muss der Gottesdienst so gefeiert werden, wie es die Tradition vorgibt? Inwiefern sind Veränderungen, die neuen ästhetischen oder theologischen Einsichten entsprechen, legitim bzw. unumgänglich (siehe 1.2)? Die lutherische Reformation hat in dieser Frage – wie gezeigt – eine ambivalente Position bezogen. Einerseits musste es aufgrund der theologischen Entscheidungen Martin Luthers zu Innovationen kommen: Die Messopfertheologie sollte gestrichen und das Abendmahl von den Einsetzungsworten her neu verstanden werden. Gleichzeitig sollte die Predigt konstitutiv zu jedem Gottesdienst gehören. Andererseits aber war Luther vorsichtig und wehrte sich gegen allzu weit reichende Veränderungen. Diese nämlich könnten Menschen, die an die traditionelle Liturgie gewöhnt sind, belasten und zu einem ungeistlichen Reformismus führen.

Struktur des Gottesdienstes

Im Jahr 1974 legte die „Lutherische Liturgische Konferenz" ein Papier vor („Versammelte Gemeinde. Struktur und Elemente des Gottesdienstes"), in dem der Begriff der „Struktur" zur Lösung dieser Grundfrage eingeführt wird. Der Gottesdienst zeichne sich, so die Überzeugung, durch eine gleich bleibende Grundstruktur aus, könne aber innerhalb dieser Struktur in unterschiedlichen Ausformungsvarianten gefeiert werden. Inzwischen werden vier Phasen unterschieden, durch die die Struktur des Gottesdienstes beschrieben werden soll: (1) Eröffnung und Anrufung, (2) Verkündigung und Bekenntnis, (3) Abendmahl, (4) Sendung und Segen. Dieses Modell prägt das 1999 erschienene Evangelische Gottesdienstbuch. Auch die zeitgleich publizierte „Reformierte Liturgie" strukturiert den Gottesdienst vergleichbar. Mithilfe des Strukturbegriffs scheint es möglich, die Einheit in Vielfalt, die evangelische Gottesdienste kennzeichnet, zu erfassen. Kritiker fragen allerdings, ob dieses Modell nicht zu formal bleibt, um eine erlebbare Einheit evangelischen Gottesdienstes zu beschreiben. An dieser Stelle verbindet sich die Diskussion um *Tradition und Innovation* mit humanwissenschaftlichen Einsichten in die Bedeutung von *Ritualen* für das menschliche Leben (siehe 3.2.4).

Fragen:

1. Zeigen Sie auf, wie sich evangelischer Gottesdienst vom 16. Jh. bis in die Gegenwart entwickelte.
2. Was ist evangelischer Gottesdienst? Versuchen Sie, Ihre Antwort auf diese Frage zu finden, indem Sie einige unterschiedliche Antwortansätze gegeneinander abwägen.
3. Ein Pfarrer schlägt seiner Gemeinde vor, künftig auf die traditionelle Grußform der Salutation (*Liturg*: „Der Herr sei mit euch." *Gemeinde*: „Und mit deinem Geist.") verzichten zu wollen, weil er das Gefühl habe, dass diese ja doch keiner mehr verstehe. Stattdessen will er einfach nur noch sagen: „Guten Morgen, liebe Gemeinde." Wie beurteilen Sie diesen Vorstoß? Argumentieren Sie historisch, systematisch und liturgiepraktisch.

Fragen

2.3 Homiletik

Martin Luther forderte in einer seiner Reformschriften zum Gottesdienst (1523), die christliche Gemeinde solle „nimmer zusammenkommen, es werde denn daselbst Gottes Wort gepredigt und gebetet". Die Hochschätzung der Predigt wurde über Jahrhunderte zu *dem* Markenzeichen des Protestantismus. Und noch heute sagen 63 % der Evangelischen im Westen Deutschlands und sogar 77 % im Osten, der Gottesdienst solle vor allem eine gute Predigt enthalten. Seit dem Zweiten Vatikanischen Konzil (1962–1965) ist die Predigt auch in der katholischen Kirche zunehmend ins Zentrum der Aufmerksamkeit getreten, sodass

Hochschätzung der Predigt

Homiletik, die wissenschaftliche Reflexion der Predigt (von gr. *homilein* = sich unterreden), gegenwärtig weithin ökumenisch betrieben werden kann.

1. Homiletische Grundfragen

Predigt ist – so könnte eine formale Kurzdefinition lauten – *geistliche Rede in gottesdienstlichem Kontext*. Ihre Verortung in der Liturgie und ihre inhaltliche Orientierung unterscheiden sie von anderen Reden etwa in der Politik oder vor Gericht. Aber wie alle anderen Reden auch ist die Predigt eine Mitteilung zwischen Menschen. Das sogenannte *homiletische Dreieck* hilft, das Geschehen der Predigt zu reflektieren.

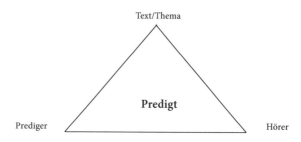

homiletisches Dreieck

Alle drei Konstituenten sind entscheidend. Daher muss die Homiletik die Person und Rolle des Predigers/der Predigerin ebenso reflektieren wie die Lebenswirklichkeiten und Glaubensvorstellungen der Hörerinnen und Hörer. Es genügt zur Predigtvorbereitung keinesfalls, lediglich einen biblischen Text „sauber" zu exegesieren oder ein religiös bedeutsames Thema „sachgemäß" zu bearbeiten. Aus dem homiletischen Dreieck ergibt sich auch: Jede Predigt ist mehr als das schriftlich vorliegende Predigtmanuskript. Sie gehört hinein in einen Kommunikationszusammenhang, in dem die Person des Predigers ebenso eine Rolle spielt wie die Hörenden, die der Predigt lauschen und Unterschiedliches aus der Predigt mitnehmen.

Theologisch bleibt das homiletische Dreieck noch unterbestimmt, da es die prinzipielle Spannung, in der die Predigtrede steht, nicht erfasst: die Spannung von *Gotteswort und Menschenwort*. Karl Barth (1886–1968) hat diese Spannung immer wieder beschrieben und dabei auf eine Formel zurückgegriffen, die von dem Schweizer Reformator Heinrich Bullinger (1504–1575) stammt: „Praedicatio verbi Dei est verbum Dei." („Die Predigt des Wortes Gottes ist das Wort Gottes.") Die eigentliche „Not der Predigt" ergibt sich dann aus der Frage, wie das Menschenwort in seiner Begrenztheit Wort Gottes sein bzw. werden kann. Für Karl Barth besteht die Lösung in einer bescheidenen Predigtgestaltung: Der Prediger solle sich an Johannes dem Täufer orientieren, der nur hinweist auf Christus und darauf hofft, dass der lebendige Christus sein eigenes Wort sagen wird. Gleichzeitig gelte es, das Wort der Bibel zur unbedingten Grundlage der Predigtrede zu machen. Im Wechselspiel von schriftlichem Wort der Bibel und lebendig-persönlichem Wort Christi könne die Predigt in der Erwartung stehen, für die Hörerinnen und Hörer zum Wort Gottes zu werden. In der Predigtpraxis der von Karl Barth geprägten Theologie führten diese homiletischen Einsichten in der Zeit nach dem Zweiten Weltkrieg jedoch nicht selten zu einer gewissen Sterilität und Monotonie der Kanzelrede.

Gotteswort und Menschenwort

Wie lässt sich der Stoff der Homiletik strukturieren? Seit Alexander Schweizer (1808–1888) werden häufig drei Aspekte unterschieden:

- Die *prinzipielle Homiletik* fragt nach dem „Wesen" der Predigt. Überlegungen wie die in diesem Abschnitt zu Menschenwort und Gotteswort in der Predigt fallen darunter.
- Die *materielle Homiletik* untersucht den Inhalt der Predigt, wogegen die
- *formale Homiletik* die Fragen der konkreten Redegestaltung in den Blick nimmt.

prinzipielle, materielle, formale Homiletik

Das Problem dieser Unterscheidung, die viele Lehrbücher des 19. und der ersten Hälfte des 20. Jahrhunderts geprägt hat, liegt vor allem in der Trennung von Inhalt und Form. Die ästhetischen Wahrnehmungen in der Praktischen Theologie des vergangenen Vierteljahrhunderts haben die alte Einsicht neu an den Tag gebracht, wonach es Inhalt nie ohne Form gibt. Entsprechend ist es nur in analytischer Hinsicht möglich, die materielle und die formale Homiletik zu unterscheiden. Eine Trennung beider Aspekte, die in der Tradition häufig mit einer Höhergewichtung des Inhalts gegenüber der Form einherging, führt zu problematischen Verkürzungen.

2. Geschichte der Predigt

von den ersten Christen bis zum Mittelalter

Schon immer wurde in der Kirche gepredigt. Beispiele sind die in der Apostelgeschichte stilisiert überlieferten Missionspredigten (vgl. Apg 2,14–26 oder 13,16–41). Auch zur gottesdienstlichen Versammlung gehörte neben der Lesung der Schriften der Hebräischen Bibel deren Auslegung (vgl. 1Kor 12 sowie Kol 3,16). Ebenso waren neutestamentliche Briefe zur gottesdienstlichen Verlesung bestimmt, und etwa der Hebräerbrief kann insgesamt als frühe christliche Predigt bezeichnet werden. Unstrittig ist, dass diese christliche Verkündigung ihre Wurzeln in der hellenistisch-philosophischen Lehrrede einerseits, in der jüdischen Predigt andererseits hatte (vgl. Deeg, 2006); von einem Synagogengottesdienst mit Lesung und Auslegung berichtet Lk 4,16–30. In den Kirchen des Ostens nimmt die Bedeutung der Predigt bald ab. Hier steht die gefeierte Liturgie im Mittelpunkt, die auch ohne Predigt auskommen kann. Auch im Westen verliert die Predigt im Übergang zum Mittelalter an Bedeutung, was u. a. mit der zunehmenden Anzahl von Geistlichen zusammenhängt, die aufgrund ihrer mangelnden Ausbildung nicht mehr zur Predigt fähig waren und stattdessen aus Sammlungen vorgefertigter Predigten, sog. Homiliaren, vorlasen. Im Hochmittelalter erlebte die Predigt auf unterschiedliche Weise neuen Auftrieb – vor allem durch die Tätigkeit der sogenannten Bettelorden (Franziskaner, Dominikaner). Viele ihrer Mönche zogen predigend durchs Land. Daneben waren seit dem 14. Jh. mystische Predigten vor allem innerhalb der Klöster verbreitet. In universitären Kontexten wurden Lehrpredigten für ein gebildetes Publikum gehalten.

Keineswegs also war die Zeit vor der Reformation eine predigtlose Zeit. Dennoch bedeutete die Reformation als Predigtbewegung eine erhebliche Aufwertung der gottesdienstlichen Rede. Für Luther war es entscheidend, dass in *jedem Gottesdienst* das Wort der Schrift nicht nur verlesen, sondern als direkte Anrede in der Predigt an die Gemeinde weitergegeben werde, damit diese Gottes Wort als Gesetz und Evangelium hören kann. Während Luther aber an der Messform des Gottesdienstes (Gottesdienst mit Abendmahl) festhielt, gestaltete die Schweizer Reformation (Zwingli, Calvin) den Gottesdienst noch konsequenter von der Predigt her. In der nachfolgenden Entwicklung behielt die Predigt ihre herausragende Bedeutung für den evangelischen Gottesdienst und wurde je nach vorherrschender theologischer Position unterschiedlich gestaltet. So wurden die Predigten in der altprotestantischen Orthodoxie des ausgehenden 16. und 17. Jahrhunderts lehrhafter und länger, in der Aufklärung bezogen sie sich primär auf die bürgerlich-tugendhafte, im Pietismus auf die fromme Lebensgestaltung des Einzelnen. Das 19. Jahrhundert hatte in Friedrich D. E. Schleiermacher nicht nur einen herausragenden Prediger, sondern auch einen kreativen Homiletiker. Er ordnete die Predigt ganz dem gottesdienstlichen Geschehen zu. Sie solle daher nicht zunächst etwas bewirken, sondern das religiöse Selbstbewusstsein der Gemeinde darstellen und anregen und so zur Erbauung beitragen. In der Praxis erwies sich diese homiletische Konzeption zunächst als kaum wirksam. Vielmehr prägten Konfessionalismus und Erweckungsbewegung die theologischen Akzentsetzungen, bevor dann in der Liberalen Theologie Ende des 19. und zu Beginn des 20. Jahrhunderts eine Predigt gefordert wurde, die bei den Hörerinnen und Hörern einsetzt und deren Lebenswirklichkeit als „moderne Menschen" (Friedrich Niebergall) zum Ausgangspunkt macht. In Abgrenzung zu Karl Barth (s.o.) finden sich seit den 1960er-Jahren vermehrt homiletische Konzepte, die die Lebenswirklichkeit der Hörer und die spezifische Verantwortung des Predigers betonen. Besonders deutlich wird dies in der Homiletik Ernst Langes, der Predigt programmatisch neu definiert als „Gespräch mit dem Hörer über sein Leben im Licht der Verheißung".

Predigt von der Reformation bis zum 20. Jh.

3. Was und wie predigen?

kommunikationswissenschaftliche Predigtbetrachtung

Die Kommunikationswissenschaft, die seit den 1960er-Jahren in der Homiletik Beachtung findet, weist auf das komplexe Geschehen zwischen Predigenden und Hörenden hin. Keineswegs taugt das Modell des Containers, wonach der Prediger seinen Redeinhalt in den Container der Predigt verpackt, den der Hörer entgegennimmt und möglichst vollständig auspackt. Vielmehr entscheiden zahlreiche Faktoren auf der Seite des Redners und auf der Seite der Hörer darüber, was gehört bzw. überhört wird. Gestik und Mimik des Redners, Stimme und Lautstärke, die Klarheit der Struktur der Rede, die Dichte der Rede oder die Menge der Redundanz (d. h.: der Worte und Sätze, die keine neuen Informationen weitergeben), die Emotionen etc. spielen ebenso eine Rolle wie die physische und psychische Disposition des Hörers im Moment der Rede. All dies entscheidet darüber, wieweit der Hörer der Rede folgt und ob bzw. inwiefern er zustimmt. Nicht selten geschieht es, dass Predigende nach der Predigt für Sätze gelobt oder kritisiert werden, die sie so nachweislich nie gesagt haben, die aber beim Hörer ankamen.

Rezeptionsästhetik und Sprache

Durch Aufnahme rezeptionsästhetischer Erkenntnisse in den vergangenen rund 20 Jahren wird die Vielfalt unterschiedlicher Rezeption zunehmend auch als Chance gesehen. Jede Hörerin und jeder Hörer nimmt aufgrund seiner/ihrer Situation notwendig Unterschiedliches wahr. Hören ist ein aktiver Vorgang, sodass die *eine* gehaltene Predigt zu einer *Vielzahl* von gehörten Predigten führt. In dieser Hinsicht kann die Predigt (mit einer Metapher des Schriftstellers und Literaturwissenschaftlers Umberto Eco) als „offenes Kunstwerk" beschrieben werden – eine Bestimmung, die Gerhard Marcel Martin 1984 für die Homiletik fruchtbar machte. Für die Predigenden kann dies entlastend sein: Ich muss (und kann!) nicht genau die Situation jedes einzelnen Hörers kennen, um eine wirkungsvolle Predigt zu gestalten. Vielmehr nimmt mir der Hörer einen Teil der Arbeit ab und verwandelt meine Rede in seine. Die Einsicht in die unhintergehbare Vielfalt der Rezeption darf keinen Freibrief für Schlampigkeit bei der Vorbereitung und Gestaltung der Predigtrede bedeuten. Predigtarbeit ist Spracharbeit und

Sprachhandeln (siehe 3.6). Theologisch sei es nochmals gesagt: Auch aus der handwerklich schlechtesten Predigt kann Gottes Geist ein Wort machen, das Menschen berührt und anspricht. Aber diese Einsicht darf weder die handwerkliche Reflexion über die konkrete Predigtgestaltung behindern noch zur Ausrede für homiletische Leichtfertigkeit verkommen.

Fragen:

1. Beschreiben Sie die Spannung von „Gotteswort und Menschenwort" als grundlegendes Problem der Homiletik.
2. Skizzieren Sie die Entwicklung der Predigt von den Anfängen bis zur Gegenwart.
3. Form und Inhalt gehören zusammen – erläutern Sie diese ästhetische Grundeinsicht in homiletischer Perspektive.

Fragen

2.4 Poimenik

1. Was ist Seelsorge?

Der Begriff „Seelsorge" ist in der Alltagssprache mit vielfältigen Assoziationen und Erwartungen verbunden. Unabhängig von ihrer kirchlichen Bindung sehen Menschen Seelsorgegespräche als solche, in denen sich ein Mensch für den anderen Zeit nimmt, um Lebens- und Sinnfragen zu besprechen. Gleichzeitig wird Seelsorge in der Öffentlichkeit als Grundaufgabe der Kirchen wahrgenommen. Die menschliche Zuwendung im Alltag, in besonderen Krisensituationen oder bei Übergängen im Lebenslauf kommt dabei in den Blick. Ein offenes Ohr für die Sorgen und Nöte der Mitmenschen zu haben – diese Grundhaltung wird von allen erwartet, die im Bereich der Seelsorge professionell tätig sind. Die letzte EKD-Erhebung über Kirchenmitgliedschaft von 2002 bestätigt diese Erwartungshaltung. In Westdeutschland wünschen sich die befragten evangelischen Kirchenmitglieder, dass die Kirche sich um Alte, Kranke und Behinderte kümmert (82%), Menschen an den Wendepunkten ihres Lebens begleitet (78%) und sich der Probleme von Menschen in Notlagen annimmt (77%).

Bedeutung der Seelsorge

allgemeine und spezielle Seelsorge

Das Handlungsfeld christlicher Seelsorge umfasst eine große Vielfalt von Phänomenen und Lebensbezügen. Es handelt sich um ein Geschehen, bei dem die Sorge um den ganzen Menschen in seelischer, körperlicher und gesellschaftlicher Perspektive zu bedenken ist. In der Praktischen Theologie widmet sich der Fachbereich der Poimenik (= Lehre von der Seelsorge; von griech. *poimēn* = Hirte) der theoretischen Reflexion seelsorgerlicher Praxis. Dabei werden unter Einbeziehung theologischer, humanwissenschaftlicher und historischer Erkenntnisse die unterschiedlichen Felder seelsorgerlichen Handelns wissenschaftlich begleitet und kritisch reflektiert. Zur besseren Einordnung kann zwischen allgemeiner und spezieller Seelsorge unterschieden werden: Spezielle Seelsorge meint das, was wir üblicherweise vor Augen haben, wenn von Seelsorge die Rede ist: das Gespräch zu zweit (oder in einem geringfügig größeren Kreis), das meist aus einem besonderen Anlass geschieht und oft existenziellen Inhalt hat. Allgemeine Seelsorge hingegen umfasst alles Handeln der Kirche, durch das Menschen zum Leben im Glauben verholfen wird, zum Beispiel durch Predigt oder Unterricht.

Seelsorge – allgemein menschlich und spezifisch christlich

Die Hinwendung zum anderen Menschen ist ein allgemeinmenschliches Phänomen. Im Kontext der christlichen Gemeinde und unter der Voraussetzung christlich motivierten Handelns gewinnt es aber eine spezifische Gestalt. Christen nehmen menschliche Bedürftigkeit in einer Weise wahr, die sich ganz allgemein gesprochen am biblischen Menschenbild und den Erzählungen vom Handeln Gottes für die Menschen orientiert. Den Mitmenschen so zu sehen, wie Gott ihn sieht, ist dabei eine entscheidende Grundhaltung. Metaphorisch gesprochen hören christliche Seelsorgerinnen und Seelsorger ihre Mitmenschen mit Gottes Ohren, sehen sie mit den Augen Gottes und pflegen sie mit seinen Händen. Christliche Seelsorge in biblischer Perspektive ist damit in der besonderen Achtsamkeit Gottes für den einzelnen Menschen begründet, wie sie vor allem in den Heilungsgeschichten des Alten und Neuen Testaments zum Ausdruck kommt.

2. Konzeptionen der Seelsorge

In der zweiten Hälfte des 20. Jahrhunderts bestimmte die Spannung und Auseinandersetzung zwischen zwei Konzeptionen die poimenische Diskussion wesentlich. Zum einen forderte die sog. *kerygmatische Seelsorge* (von griech. *kerygma* = Botschaft) eine Seelsorge, die sich explizit als Verkündigung an den Einzelnen versteht, wie analog die Predigt einer ganzen Gemeinde verkündigt. Für dieses Konzept der Seelsorge steht vor allem der reformierte Theologe Eduard Thurneysen (1888–1977). Seelsorge wird als Gespräch zwischen einem Gemeindeglied und einem Geistlichen gesehen, bei dem das Gemeindeglied aus seinem Leben erzählt und der Seelsorger bei passender Gelegenheit auf eine geistliche Ebene zu sprechen kommt, um die richtende und befreiende Botschaft des Evangeliums zusagen zu können. Im Seelsorgespräch passiert damit Ähnliches wie in einem Beichtgespräch. Die Glaubenshilfe durch die Seelsorge soll sich als Lebenshilfe erweisen. Unter dem Einfluss der amerikanischen Seelsorgebewegung und im Rückgriff auf psychotherapeutische Methoden entwickelte sich seit den 1960er-Jahren die *therapeutisch-beratende Seelsorge* als Gegenmodell zur kerygmatischen Seelsorge. Als entscheidend wurde nun das „echte" Gespräch zwischen zwei gleichberechtigten Partnern gesehen. Die Annahme und Wertschätzung durch den Seelsorger ermögliche die freie Artikulation des Problems, durch die sich neue Perspektiven ergeben, und entspreche gleichzeitig der Annahme und Wertschätzung Gottes. Seelsorge sei daher primär als geschwisterliche Wegbegleitung zu verstehen. Wichtige Vertreter dieser Richtung sind u. a. Richard Riess, Joachim Scharfenberg, Klaus Winkler und Dietrich Stollberg.

In Anlehnung an die Gesprächspsychotherapie des amerikanischen Therapeuten Carl Rogers (1902–1987) entwickelte die therapeutisch-beratende Seelsorge ein Ausbildungskonzept, das bis heute im Fort- und Weiterbildungsbereich angewandt wird. Dabei sollen menschliche Grundhaltungen eingeübt werden, die in der seelsorgerlichen Beziehung hilfreich für eine positive Entwicklung der Persönlichkeit sind: Einfühlungsvermögen, Echt-

Marginalien: kerygmatische und therapeutisch-beratende Seelsorge; klinische Seelsorgeausbildung

heit und bedingungslose Annahme des Gegenübers. Seelsorgerinnen und Seelsorger können sich im Rahmen der Klinischen Seelsorgeausbildung (KSA) professionell fort- und weiterbilden. Als organisatorisches Dach dient seit 1972 die „Deutsche Gesellschaft für Pastoralpsychologie" (vgl. www.pastoralpsychologie.de).

Der Praktische Theologe Manfred Josuttis entfaltet in jüngster Zeit eine spezifische Seelsorgelehre, die in mancher Hinsicht eine Rückkehr zur kerygmatischen Seelsorge bedeutet und eine Antwort auf die vielfach an die therapeutisch-beratende Seelsorge gestellte Frage gibt, was das „Proprium" (d. h. das Eigene) christlich-kirchlicher Seelsorge im Gegenüber zu allgemeiner therapeutischer Beratung sei. Josuttis sieht den Seelsorger in der Rolle eines Wegweisers und Führers, der den Seelsorgesuchenden in den Bereich des Heiligen einführt und ihn mit der Energie des Heiligen Geistes in Berührung bringt. Die positiven Energien des Heiligen bilden einen Bereich, der als räumliche bzw. atmosphärische Wirklichkeit vorgestellt wird. Im Kraftfeld des Heiligen nimmt der Mensch Kontakt mit der Lebenskraft Gottes auf, kann sich von lebenszerstörenden Mächten befreien und sein Leben neu auf Gott ausrichten (vgl. Josuttis, 2000).

energetische Seelsorge

Die neuesten Entwicklungen in der Poimenik zeigen eine große Vielfalt an methodischen Zugängen und die Tendenz zur Spezialisierung. In jüngster Zeit werden verstärkt Ansätze der systemischen Psychotherapie für die christliche Seelsorge fruchtbar gemacht. Systemische Ansätze grenzen sich gegen ein lineares Verstehen der Ursachen von Störungen ab. Sie richten den Blick auf die Lebenszusammenhänge von Menschen (Familie, berufliche Situation etc.) und fragen nach den Wechselwirkungen innerhalb des Systems und ihren Folgen für die seelische Gesundheit.

3. Handlungsfelder der Seelsorge

Drei grundlegende Typen seelsorgerlichen Handelns werden im Folgenden unterschieden. Ihnen sind spezifische Handlungsfelder zuzuordnen.

(a) *Seelsorge im kirchlichen Kontext:* Hierzu gehören das verabredete Gespräch im Amtszimmer, das auch den Charakter eines Beichtgespräches tragen kann und unter absoluter Verschwiegenheit stattfindet, das seelsorgerliche Gespräch mit einem Pfarrer, Diakon oder Pastoralreferenten anlässlich einer Kasualie (Taufe, Konfirmation, Trauung, Beerdigung; siehe 3.2.6), der Hausbesuch anlässlich eines Geburtstages oder aufgrund einer besonderen Lebenssituation und der Krankenbesuch zu Hause oder im Krankenhaus.

Seelsorge im kirchlichen Kontext

(b) *Alltagsseelsorge:* „Die Seelsorge im Alltag ist der Alltag der Seelsorge" (Eberhard Hauschildt): Zufallsgespräche bei alltäglichen Gelegenheiten entwickeln sich zuweilen zu seelsorgerlichen Gesprächen. Diese Qualität eines Gesprächs lässt sich schwer erfassen. Manchmal genügt schon die Erwähnung des Berufes, und Pfarrerinnen und Pfarrer werden von Menschen in einer alltäglichen Situation als Seelsorger angesprochen. Entscheidend ist die offene, seelsorgerliche Grundhaltung, mit der ein Mensch dem anderen begegnet sowie die Sensibilität für Äußerungen des Gegenübers, die im alltäglichen Sprachgewand weite theologische Implikationen beinhalten (z. B. die Wendung: „Da habe ich aber einen Schutzengel gehabt …").

Alltagsseelsorge

(c) *Seelsorge an gesellschaftlichen Orten:* Überall, wo Menschen leben und arbeiten, gibt es seelsorgerliche Aufgaben, die von Christen und speziell dafür ausgebildeten Fachleuten (neben Theologen zum Beispiel Diakone oder Sozialpädagogen) übernommen werden. Die evangelische und katholische Kirche bieten im Bereich der Arbeitswelt, in Kliniken, in Gefängnissen und im Militär seelsorgerliche Begleitung durch qualifizierte Mitarbeiterinnen und Mitarbeiter an. Solche Seelsorge eröffnet einen Freiraum jenseits von Leistungsdruck, in dem Menschen ihre spezielle Lebenssituation bedenken und gestalten können. Fest etabliert hat sich in den letzten Jahrzehnten die Telefonseelsorge. Auch die Kommunikation über Briefe und neue Medien (Internet) ermöglicht es Menschen, Kontakt zu Seelsorgern aufzunehmen. In den letzten Jahren wurde in enger Kooperation mit Polizei und Einsatzkräften eine ökumenische Notfallseelsorge zur Hilfe in besonderen Krisensituationen, bei Unfällen und plötzlichen Todesfällen aufgebaut. Im Freizeitbereich bieten die Kirchen ein vielfältiges Angebot, das Menschen in Distanz zu

Seelsorge an gesellschaftlichen Orten

ihrer alltäglichen Lebenswelt die Möglichkeit geben will, über ihr Leben und ihren Glauben ins Gespräch zu kommen (z. B. Urlauberseelsorge, Kurseelsorge oder der Dienst der Bahnhofsmission).

Fragen:

Fragen
1. Inwiefern kann ein Gottesdienst dem seelsogerlichen Handeln der Kirche zugerechnet und poimenisch reflektiert werden?
2. Setzen Sie sich kritisch mit der Aussage „Seelsorge ist Psychotherapie im kirchlichen Kontext" (Dietrich Stollberg) auseinander.
3. Erarbeiten Sie die Rollen, die der Seelsorger/die Seelsorgerin in den unterschiedlichen Konzeptionen christlicher Seelsorge spielt.

2.5 Religionspädagogik

1. Geschichte des christlichen Unterrichts und der Religionspädagogik

pädagogisches Handeln im Neuen Testament

Pädagogisches Handeln gehörte von Anfang an zu den grundlegenden Ausdrucksformen christlichen Lebens. Dabei knüpften die ersten Christen gleichermaßen an antike Unterrichtstraditionen wie an den Unterricht in den Synagogen an. Menschen unterschiedlicher Herkunft und Religionszugehörigkeit wurden von den Jüngern und Aposteln auf den Empfang der Taufe vorbereitet und angeleitet, die heiligen Schriften zu lesen (vgl. Apg 8,26–40). Die Notwendigkeit der Weitergabe des Glaubenswissens wird bereits im Neuen Testament angesprochen (Mt 28,19f.), und die Apostelgeschichte berichtet, dass die Jünger „beständig in der Lehre der Apostel" blieben (Apg 2,42a).

Taufunterricht, Katechumenat

Im Mittelpunkt des pädagogischen Handelns der frühen Kirche stand der Katechumenat (von griech. *katechein* = unterweisen, unterrichten). Zur Vorbereitung auf die Taufe wurden die in der Regel erwachsenen Taufbewerber im Glaubenswissen unterwiesen und in das Glaubensleben der Christen eingeführt.

Dieser Taufunterricht ist die Wurzel des späteren kirchlichen Unterrichts zur religiösen Erziehung von Kindern, Jugendlichen und Erwachsenen.

In der ständisch geordneten Gesellschaft des Mittelalters war der Unterricht zunächst dem geistlichen Stand vorbehalten. Mit der Reformation entwickelte sich in den christlichen Konfessionen eine Unterrichtstradition, in der das Glaubenswissen in elementarisierter Form weitergegeben wurde: Aus den mittelalterlichen Lehrpredigten entstand der Katechismusunterricht. In seinem Großen und Kleinen Katechismus fasste Martin Luther 1529 die wesentlichen Inhalte des christlichen Glaubens zusammen. Im reformierten Bereich wurde der Heidelberger Katechismus (1563) zur verbindlichen Grundlage des kirchlichen Unterrichts. Auf katholischer Seite motivierten die reformatorischen Katechismen u. a. Petrus Canisius (1521–1597) ein vergleichbares Werk zu veröffentlichen. Der Unterricht sah einen Wechsel von Frage und Antwort vor, wobei die Schüler den tradierten Text zu repetieren hatten.

Katechismusunterricht

Mit der Entwicklung der bürgerlichen Gesellschaft wurde diese Tradition des Katechismusunterrichtes kritisch hinterfragt. Der wachsende Bedarf an Bildung führte im kirchlichen Bereich zur Entwicklung neuer Unterrichtsverfahren, die sich stärker am Kind orientierten. In der Aufklärung lassen sich erste Ansätze einer späteren Religionsdidaktik erkennen, die den Prozess individueller religiöser Bildung betonten. Im Zentrum des pädagogischen Interesses stand dabei die Entfaltung der religiösen Anlagen der Einzelnen und weniger die Vermittlung von objektivem Glaubenswissen. Die Vertreter einer stärker theologisch und kirchlich ausgerichteten Unterrichtstheorie verstanden religiöse Erziehung hingegen vornehmlich als Unterweisung der getauften Christen in der Gemeinde, als Vorbereitung auf die Konfirmation und als Unterricht an Volksschulen, die bis 1918 unter kirchlicher Aufsicht standen. Die Katechetik kann als Theorie des kirchlichen Unterrichts an den genannten Lernorten bezeichnet werden. Um 1900 tauchte erstmals der damals neu geprägte Begriff „Religionspädagogik" auf, der sich zunächst auf

Katechetik und Religionspädagogik

die theoretische Reflexion des Religionsunterrichtes an öffentlichen Schulen bezog.

2. Entwicklungen im 20. Jahrhundert und aktuelle Tendenzen

zwischen Katechetik und Religionsdidaktik

Das 20. Jahrhundert führte zu einer konzeptionellen Ausdifferenzierung. Der Religionsunterricht beschritt seinen Weg zwischen einer an Bibel, Theologie und Gemeinde ausgerichteten Katechetik und einer liberalen Religionsdidaktik, die an den Fragen des Individuums orientiert war und auf die Entwicklung einer religiös-sittlichen Persönlichkeit zielte. Die Katechetik wurde vor allem im Bereich des gemeindlichen Unterrichts weitergeführt. In Ländern, die keinen Religionsunterricht an öffentlichen Schulen zuließen, war der kirchliche Unterricht die einzige Möglichkeit, Glaubenswissen weiterzugeben, so zum Beispiel in Gestalt der Christenlehre in der DDR. Im Westen Deutschlands entwickelte sich die Religionspädagogik im Rückgriff auf die historischen Wurzeln seit der Aufklärung und mit deutlicher Abgrenzung gegenüber der Katechetik als eigenständige Fachwissenschaft. Die Aufnahme erziehungs-, human- und sozialwissenschaftlicher Erkenntnisse führte zu einer Annäherung der Religionspädagogik an die Allgemeine Pädagogik. Religiöse Erziehung und Bildung wurden nun verstärkt in empirischer Perspektive theoretisch reflektiert. Seit den 70er-Jahren entwickelte der Tübinger Religionspädagoge Karl Ernst Nipkow (geb. 1928) ein integratives Modell, das beide Traditionslinien verbindet. Er beschreibt die Religionspädagogik als Verbundwissenschaft zwischen Pädagogik und Theologie. Demnach müssen religionspädagogische Fragestellungen gleichermaßen in pädagogischer und theologischer Perspektive bearbeitet werden. Nipkow interpretiert religionspädagogisches Handeln als Ausdruck einer Bildungsverantwortung für den kirchlichen Bereich und als pädagogische Mitverantwortung der Kirche für den gesellschaftlichen Bereich.

neuere Konzeptionen

Neuere Konzeptionen im Bereich der evangelischen Religionspädagogik haben in den letzten beiden Jahrzehnten unterschiedliche Aspekte pädagogischen Handelns und religiöser Bildung hervorgehoben. Vertreter eines biblisch-hermeneutischen Ansatzes betonen die Bedeutung der Bibel und der christlichen Tradition für religiöse Lernprozesse. Im Umgang mit der biblischen Überlieferung und mit katechetischen Traditionsstücken sehen sie einen wichtigen Schlüssel zum Verständnis menschlicher Existenz (Ingo Baldermann, Ingrid Schoberth). Eine tiefenpsychologisch orientierte Symboldidaktik geht demgegenüber von einem weiten Religionsbegriff aus und sieht die Aufgabe der Religionspädagogik darin, Symbole für die Erschließung menschlicher Lebensthemen fruchtbar zu machen (Peter Biehl, Hubertus Halbfas). Eine ästhetisch orientierte Religionspädagogik versteht religiöse Bildung als Kunst der Wahrnehmung. Dabei beziehen sich die Vertreter dieser Richtung auf rezeptionsästhetische Ansätze und vergleichen religiöse Erfahrungen mit Wahrnehmungsprozessen im Bereich der Musik, der bildenden Kunst und des Films (u. a. Joachim Kunstmann). Zunehmend geht es bei diesen Ansätzen auch darum, religiöse Vollzüge in Lernprozessen zu inszenieren. Der Religionsunterricht wird zum Schauplatz gelebter Religion, und man spricht von einer performativen Religionsdidaktik (u. a. Thomas Klie).

Als eigenständiger Bereich religionspädagogischen Forschens etablierte sich seit den 1970er-Jahren die Gemeindepädagogik. Sie steht seit ihrer Entstehung in enger Verbindung mit Projekten zur Kirchenreform. Gemeinde wird unter anderem als Lerngemeinschaft verstanden, in der durch verschiedene Arbeitsformen subjektive Bildungsprozesse angeregt und ermöglicht werden. **Gemeindepädagogik**

3. Religionspädagogische Handlungsfelder

Oft wird Religionspädagogik in erster Linie mit dem Religionsunterricht an öffentlichen Schulen verbunden, doch umfasst religionspädagogisches Handeln weitere kirchliche und gesellschaftliche Kontexte. Ein klares Kriterium zur Unterscheidung religionspädagogischer Handlungsfelder bieten die Lernorte, an denen Menschen unterschiedlichen Alters mit Fragen des Glaubens und der Religion in Berührung kommen: die öffentliche **Lernorte**

Schule, die christliche Gemeinde und weitere öffentliche Orte religiöser Bildung.

Religionsunterricht an öffentlichen Schulen

Religionsunterricht ist in Deutschland in allen Schularten ordentliches Lehrfach, das von staatlichen Behörden gemeinsam mit den Religionsgemeinschaften verantwortet und von letzteren inhaltlich ausgestaltet wird (vgl. GG Art. 7,3). Heute ist die Trennung der Schüler nach Bekenntnissen im Fach Religion umstritten. Das Modell eines überkonfessionellen Unterrichts in Lebenskunde, Ethik und Religion in Brandenburg (LER) oder eines konfessionsverbindenden, ökumenischen Religionsunterrichts (Modellversuch u. a. in Baden-Württemberg) wird diskutiert und erprobt. Erste Modellversuche für einen islamischen Religionsunterricht wurden in Bayern erfolgreich abgeschlossen (siehe 3.2.5).

Familien-, Konfirmanden- und Jugendarbeit

Die Familie ist im frühen Kindesalter der wesentliche Ort religiöser Elementarerziehung. Das gemeinsame Feiern der Feste im Kirchenjahr, Gebete und das Begehen von Ritualen gehören zu den elementaren Formen christlichen Glaubens, die Kinder im familiären Kontext erleben (siehe 3.2.3). Darüber hinaus nehmen auch Kindergärten ihre religionspädagogische Aufgabe wahr, wenn sie Eltern bei der religiösen Erziehung unterstützen. Die Vorbereitung auf die Konfirmation bzw. die Kommunion und Firmung finden in der katholischen und in den evangelischen Kirchen mit unterrichtlichen Formen statt. Christliche Jugendarbeit ist seit dem 19. Jahrhundert ein eigenständiger Bereich pädagogischen Handelns in christlichen Verbänden (u.a. CVJM) und Kirchengemeinden. Konzeptionell bewegen sich die verschiedenen Angebote zwischen einer erwecklich-pietistischen Form der Jugendarbeit, die sich als missionarischer Dienst an jungen Menschen versteht, und einer subjektorientierten Form, die Jugendlichen primär Lebenshilfe und Begleitung bei der Entwicklung des Glaubens angesichts biografischer Herausforderungen anbietet.

Ein weites Feld ist die Erwachsenenbildung. Evangelische Erwachsenenbildung will vor allem einen Beitrag zur Menschenbildung leisten und unter sich ständig wandelnden Lebensbedingungen dazu beitragen, dass Menschen das Erwachsenenalter – orientiert an ihrer Lebenssituation – bewusst gestalten und dabei Impulse christlichen Glaubens und christlicher Weltverantwortung aufnehmen. Lernorte religiöser Bildung sind u. a. Akademien, Heim- und Landvolkshochschulen, Evangelische Bildungswerke und Stadtakademien. Bildungsarbeit wird vonseiten der Kirchen auch Menschen in besonderen Lebenslagen angeboten, so bei der Begleitung Zivildienstleistender, Wehrpflichtiger und Soldaten. Als Orte gesellschaftsbezogener Bildungsarbeit spielen die evangelischen und katholischen Kirchentage eine Rolle, die überregional wahrgenommen werden. Im gemeindlichen und überregionalen Bereich gewinnt eine religiös orientierte Kulturpädagogik an Bedeutung. Bildende Künstler, Filmschaffende, Buchautoren und Komponisten sind wichtige Gesprächspartner, um die ästhetischen Aspekte religiöser Bildung zu erforschen. Die Musikarbeit in Gemeinden und kirchlichen Zentren ist ein gutes Beispiel für die praktische Umsetzung religiös motivierter Kulturpädagogik.

Erwachsenenbildung und Kulturpädagogik

4. Glauben und Lernen

Kann man Glauben lernen? Diese Grundfrage steht häufig am Anfang einer theoretischen Reflexion im Bereich der Religionspädagogik. Aus pädagogischer Sicht kann der Glaube als die Lebenshaltung eines Menschen beschrieben werden, die aufgrund bestimmter Erfahrungen entsteht. Persönliche Beziehungen, lebensweltliche und biographische Erfahrungen tragen zur Entwicklung dieser Grundhaltung bei. Im Glauben drückt sich menschliches Vertrauen gegenüber Gott und der Zuspruch seiner befreienden und aufrichtenden Liebe aus. Theologisch gesprochen ist solcher Glaube ein Geschenk des Heiligen Geistes, das nicht durch pädagogische Maßnahmen bewirkt werden kann. Nicht den Glauben kann man daher lernen, aber durchaus den Umgang mit den verschiedenen Formen religiösen Lebens: Menschen lernen Gebete und Lieder, sie üben sich ein in die Auslegung biblischer Texte und begehen gemeinsam gottesdienstliche Rituale (siehe 2.2 und 3.2.4). Sie denken über Glaubenstraditionen nach und lernen, in religiösen Fragen eigene begründete Urteile zu fällen. Sie entdecken, wie Kunst, Musik

Glauben und Lernen

und Architektur als religiöse Ausdrucksformen gedeutet werden können. Es gehört zu den Grundaufgaben der Religionspädagogik, diese vielfältigen Lernprozesse durch Unterricht zu fördern und wissenschaftlich zu reflektieren.

Fragen:

Fragen
1. Welche Bedeutung kommt der Taufe im Kontext religiöser Erziehung und Bildung zu?
2. Legen Sie den Begriff „kirchliche Bildungsverantwortung" vor dem Hintergrund der aktuellen gesellschaftlichen Situation im Blick auf religionspädagogische Handlungsfelder aus.
3. Beschreiben Sie die Grundspannung zwischen Subjekt- und Gemeindeorientierung im weiten Feld religiöser Erziehung und versuchen Sie, eine eigene Position zu formulieren.

2.6 Kybernetik

1. Was ist Kybernetik?

Kybernetik als Steuermannskunst der Gemeindeleitung

„Ein Schiff, das sich Gemeinde nennt" – so beginnt ein Gemeindelied (Evangelisches Gesangbuch Nr. 589), das auf den ersten Blick ungewohnte Bilder für das Leben einer Kirchengemeinde wählt: Dort werden Christen in der Gemeinde mit einer Schiffsbesatzung verglichen, sie werden aufgefordert, den sicheren Hafen gemeindlichen Lebens zu verlassen und eine stürmische Fahrt auf dem Meer der Zeit zu wagen. Wie findet eine christliche Gemeinde den richtigen Kurs für die Fahrt im weiten Meer? Wie findet Steuerung und Leitung statt? Wie in jeder menschlichen Gruppe ist die Frage nach der angemessenen Form der Leitung auch in einer christlichen Gemeinde zu beantworten. In der Praktischen Theologie widmet sich die Kybernetik dem Handlungsfeld der Gemeindeleitung. Der Begriff stammt wie die Bilder im oben erwähnten Lied aus dem Bereich der Seefahrt. Das griechische Wort *kybernesis* meint ursprünglich die Steuermannskunst (griech. *kybernetes* = Steuermann, Kapitän). Bereits im Neuen Testament steht er für die Kunst der Gemeindeleitung (vgl. 1Kor 12,28). Die Kybernetik reflektiert Strukturen der Leitung vor dem Hintergrund biblischer Tradition, spezifisch konfessioneller Formen, soziologischer Erkenntnisse und aktueller Herausforderungen.

2. Grundfragen der Kybernetik

Friedrich Schleiermacher forderte, dass alles praktisch-theologische Nachdenken der Entwicklung von Kunstregeln zur Kirchenleitung dienen solle. Dieser weit gefasste Begriff bezog sich zunächst auf die leitende Tätigkeit der Geistlichen im Kontext der Gemeinde; die institutionellen Formen der Kirchenleitung kommen erst in einem zweiten Schritt in den Blick. Im Gefolge Schleiermachers hat sich eine kybernetisch orientierte Praktische Theologie entwickelt, die geistliche Aufgaben und institutionelle Formen der Leitung aufeinander bezieht. Vielfältige Fragestellungen sind dabei zu bearbeiten: Welche Formen der Leitung haben sich in christlichen Gemeinden entwickelt? Welche Bilder helfen, den Entwicklungsprozess einer Gemeinde aus der Leitungsperspektive zu beschreiben? Welche normativen theologischen Kriterien werden herangezogen? Und welche weiteren soziologischen und kybernetischen Kenntnisse sollen zur Theoriebildung verwendet werden?

kybernetische Grundfragen

Leitendes und steuerndes Handeln ist eine kirchliche Grundaufgabe, die in unterschiedlicher Weise wahrgenommen wird. Bereits Paulus unterschied in seinen Briefen die Gaben des heiligen Geistes nach ihren Funktionen für die Gemeinde: verkündigendes, helfendes und pädagogisches Handeln. Paulus kannte noch kein eigenes leitendes Amt, sondern beschrieb das charismatische Handeln als Summe unterschiedlicher Funktionen des einen Leibes Christi. Eine Grundspannung zwischen charismatischen und episkopalen (= bischöflichen) Leitungsformen ist bereits in den neutestamentlichen Schriften zu erkennen. Während Paulus ein charismatisches Modell unter Christus als dem Haupt der Gemeinde entwickelte (vgl. 1Kor 12), lassen sich in den Pastoralbriefen (1Tim, 2Tim und Tit) erste Ämterstrukturen mit hierarchischen Zügen erkennen.

Charismen, Leib Christi, Ämter

In der Kirchengeschichte entwickelten sich vor diesem biblischen Hintergrund unterschiedliche Leitungsformen: Die

konfessionelle Leitungsformen

katholische und orthodoxe Tradition kennt ein hierarchisch geordnetes Weihepriestertum mit unterschiedlichen Stufen vom Diakon über den Priester zum Bischof. Die Reformatoren bestimmten das kirchliche Leitungshandeln ausgehend von der zentralen Aufgabe der christlichen Gemeinde: Im Zentrum steht die Verkündigung des Evangeliums. Die Gemeinde ist primär durch geistliches Handeln (Predigt und Darreichung der Sakramente; vgl. Augsburger Bekenntnis, Art. 7) zu leiten. Die äußeren, institutionellen Aufgaben wurden in den lutherischen Gemeinden von den Geistlichen und in übergemeindlichen Dingen von den jeweiligen Landesherren wahrgenommen, die auch Kirchenordnungen erließen. In der reformierten Tradition (Calvin, Zwingli) war die Gemeinde auch in institutioneller Hinsicht selbstständig. Das grundlegende Amt der Hirten (Pastoren) wurde ergänzt durch die Ämter der Lehrer, Diakone und Gemeindeältesten. Die Gemeindeältesten und Geistlichen leiteten die Gemeinde auch in juristischer und politischer Hinsicht (Kirchenzucht).

das geistliche Amt und das Priestertum aller Gläubigen

Das Verhältnis von Amt und Gemeinde muss gerade im Hinblick auf das Gespräch mit anderen Kirchen im ökumenischen Kontext geklärt werden. Insbesondere in den Kirchen, die aus der Reformation hervorgegangen sind, wird das Verhältnis von leitendem Handeln durch Amtsträger und den Leitungsaufgaben, die Gemeindeglieder übernehmen, in Auseinandersetzung mit dem Konzept einer hierarchisch strukturierten Priesterkirche zu bestimmen sein. Auch Luther versteht das geistliche Amt weiterhin als göttliche Stiftung, beschreibt aber die gemeinsame geistliche Leitungsverantwortung aller Christen vom Leitbegriff des „Priestertums aller Gläubigen" her. Im Kontext dieser Verhältnisbestimmung von Amt und Gemeinde wird deutlich, dass die christliche Gemeinde in der Spannung zwischen sichtbarer, institutioneller Erscheinungsform und geistlichem Ursprung bzw. Auftrag zu betrachten ist. Soziale und funktionale Beziehungen sind ebenso zu reflektieren wie die Frage nach der geistlichen Leitung. Eine kybernetische Theorie muss beschreiben, wie das geistliche Amt (Pfarrer, Pastoren, Bischöfe) so geordnet werden kann, dass es dazu dient, die Geistesgaben (Charismen) der Gemeindeglieder zum Wohle aller zur Geltung kommen zu lassen.

Die kybernetische Theoriebildung bewegt sich aktuell im Spannungsfeld normativ-theologischer Entwürfe und der Entwicklung von Leitungsstrukturen unter Anwendung gemeindepädagogischer und kirchensoziologischer Erkenntnisse. Die wesentliche Frage lautet: Wie kann eine christliche Gemeinde eine Gestalt gewinnen, in der die Gaben des Heiligen Geistes in der Gemeinde entdeckt und gepflegt werden? In volkskirchlichen Gemeinden werden im Besonderen zwei Aspekte zu berücksichtigen sein: einerseits biblische Aussagen bzw. theologische Grundsätze, andererseits Formen der Leitung, die auf strukturell-institutionellen Verfahren und rechtlichen Ordnungen gründen. Die Kybernetik hat insofern zu klären, welche biblischen, theologischen und soziologischen Aspekte in der Beschreibung des komplexen Feldes einer christlichen Gemeinde Bedeutung erlangen können und sollen und zu welcher Form der Entwicklung der Gemeinde dies führt.

biblische Norm und gegenwärtige Fragen

Ein Beispiel für kirchenleitendes Handeln in der Evangelischen Kirche in Deutschland bietet ein aktueller Diskussionsprozess. Er wurde im Jahr 2006 durch das vieldiskutierte Impulspapier der EKD „Kirche der Freiheit" angestoßen. Der Text bietet theologische und institutionelle Orientierungshilfen an, die zu einer umfassenden Zieldiskussion über Perspektiven kirchlichen (Leitungs-)Handelns auf allen Ebenen führen sollen. Der dialogische Charakter des Diskussionsprozesses unterscheidet sich wesentlich von autoritativen Leitungsformen und ist charakteristisch für die Kirchen, die aus der Reformation hervorgegangen sind. Im katholischen Bereich hingegen wird Leitung mit Hilfe einer hierarchisch strukturierten Priesterkirche ausgeübt. Der Papst verfügt über umfassende theologische und juristische Vollmachten (Lehramt). In überschaubaren, freikirchlichen Gemeinde begegnen oft personale Leitungsstile, da hier häufig geistliche Führungspersönlichkeiten die Leitung einer Gemeinde innehaben.

Kirche der Freiheit

3. Dimensionen der Kybernetik

Kirchenverfassungen, Körperschaften des öffentlichen Rechtes

(a) *Die institutionelle Dimension*: Leitendes Handeln in Kirchengemeinden wird durch institutionelle Faktoren bestimmt. Großkirchen haben im Laufe der Jahrhunderte juristisch-institutionelle Formen der Kommunikation entwickelt. Nach innen regeln Kirchenverfassungen und kirchliche Ordnungen das Zusammenleben in den Gemeinden und auf weiteren kirchlichen Ebenen (Dekanatsbezirke, Kirchenkreise, Landeskirchen, Diözesen). Die Großkirchen sind in der Bundesrepublik Deutschland Körperschaften des öffentlichen Rechtes, dürfen Steuern erheben und haben ein Dienstrecht, das sich am öffentlichen Dienst orientiert. Jede einzelne evangelische Kirchengemeinde ist im juristischen Sinne selbstständig. Sie besitzt ein eigenes Leitungsgremium, das als Kirchenvorstand oder Presbyterium bezeichnet wird. In den evangelischen Kirchen dienen die weiteren Ebenen wie Synoden, Landeskirchenräte oder Bischöfe dazu, die Gemeinden bei der Erfüllung ihre Aufgaben zu unterstützen. Zu den kirchenleitenden Aufgaben von haupt- und ehrenamtlichen Mitarbeitern gehört es auch, diese institutionelle Seite kirchlichen Lebens so zu nutzen, dass die Grundaufgaben der christlichen Gemeinden erfüllt werden können.

Leitungsstile

(b) *Die personale Dimension*: Die gelungene Leitung einer Kirchengemeinde hängt auch von den kybernetischen Kompetenzen der verantwortlichen Pfarrer und Mitarbeitenden ab. Das Geschick im Umgang mit Leitungsfragen zeigt sich bei der Leitung von Gremien sowie im Umgang mit Mitarbeitern und Ehrenamtlichen. Um eine Gemeinde verantwortlich zu leiten, müssen Leitungsstile dahingehend überprüft werden, ob sie christlichen Grundsätzen entsprechen und ein gleichberechtigtes Zusammenwirken aller Beteiligten ermöglichen. Kirchenleitendes Handeln sollte auf allen Ebenen darauf abzielen, persönliche, theologische und sachliche Gesichtspunkte so zu vermitteln, dass es gelingt divergierende Interessen auszugleichen. Hierzu sind personale, kommunikative und fachliche Kompetenzen der Leitenden notwendig.

(c) *Die systemische Dimension*: Seit den 90er-Jahren des 20. Jahrhunderts werden systemische Theorien vermehrt mit Fragen der Gemeindeleitung verbunden. Die verschiedenen Teilsysteme des Gesamtsystems Kirche folgen ihren eigenen Systemlogiken. Das Konfliktpotenzial unterschiedlicher Teillogiken soll durch eine systemische Sichtweise entschärft werden. Das kybernetische Instrument der externen Gemeindeberatung will einen kommunikativen Prozess aller Beteiligten initiieren, der zu einer Leitbildentwicklung führt. Unter Anleitung von Gemeindeberatern sollen Ursachen für Konflikte und schlechte Leitungsstrukturen bewusst gemacht und bearbeitet werden. Der organisationstheoretische Zugang nimmt unterschiedliche Interessen, Motive und leitende Bilder in einer Gemeinde auf, um sie den Beteiligten bewusst zu machen. Die „konziliare Leitung" (Herbert Lindner) versucht möglichst viele betroffene Ebenen einer Kirchengemeinde in einen Entscheidungs- und Klärungsprozess einzubeziehen. Als Orientierungshilfe dient das „Kybernetische Dreieck":

Konziliarität, Leitbildentwicklung

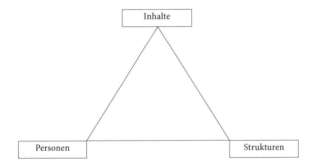

Ziel der Gemeindeberatung ist die organisations- und systemtheoretische Wahrnehmung einer Kirchengemeinde. Am Ende des Beratungsprozesses sollte die Entwicklung eines Leitbildes stehen, das die Gemeinde auf ihrem zukünftigen Weg begleitet und in Leitungsfragen Orientierung bietet.

4. Kybernetik und Oikodomik

Oikodomik als Lehre vom Gemeindeaufbau

Damit Gemeinde geleitet werden kann, muss sie zunächst einmal schlicht da sein. Diese an sich banale Feststellung bedeutet im Zuge der Kirchenmitgliedschaftsentwicklung jedoch eine zentrale Herausforderung für kirchliches Handeln. Neben Managementproblemen auf der größeren Ebene der Kirchenleitung wie auf der lokalen Ebene der pastoralen Steuermannskunst muss sich das kirchliche Handeln heute vor allem der Tatsache stellen, dass die Kirchenmitgliedschaft zu einer frei gewählten Entscheidung geworden ist und traditionelle kirchliche Bindungen ihre prägende Kraft verloren haben. Das bereits erwähnte Impulspapier der EKD „Kirche der Freiheit" fragt, wie Kirchen gegen den Trend wachsen und Menschen aus unterschiedlichen Milieus und mit divergierenden Lebensstilen (siehe 3.3.3) für die Botschaft der Kirche interessiert werden können. Mit der Frage nach geeigneten Wegen dazu beschäftigt sich die Oikodomik als Lehre vom Gemeindeaufbau. Anders als bei den Handlungsfeldern der Homiletik oder Liturgik ist dieser *Begriff* noch recht jung, der Sache nach reicht der Aufbau von Gemeinden freilich bis in das Urchristentum zurück. Oikodomik leitet sich von dem griechischen Wort *oikodome* (= Hausbau, Erbauung) ab und begegnet auch im Neuen Testament. Dort steht er für das Zusammenwirken der vielen Glieder des Leibes Christi (1 Kor 14,26) zu jenem Bau der Kirche auf dem „Grund der Apostel und Propheten, da Jesus Christus der Eckstein ist" (Eph 2,20f.).

volkskirchlicher und missionarischer Gemeindeaufbau

Christian Möller unterschied vor einigen Jahren grundsätzlich zwischen einem volkskirchlichen und einem missionarischen Gemeindeaufbau. Ersterer bewege sich in den Strukturen der Volkskirche (siehe 3.3.3) und habe dabei das Ziel, möglichst viele Menschen zu einer Mitgliedschaft in der Kirche zu motivieren oder die Intensität dieser Mitgliedschaft zu festigen. Als Beispiel kann gegenwärtig auf die Kircheneintrittsstellen verwiesen werden, die in vielen größeren Städten eingerichtet wurden, um auch jenseits der Gemeinde vor Ort einen (Wieder-)Eintritt in die Kirche zu erleichtern. Der missionarische Gemeindeaufbau suche hingegen nach alternativen Modellen von Gemeinde, um möglichst viele Menschen persönlich zum Glauben an Jesus Christus zu gewinnen. Eine lediglich distanzierte Kirchlichkeit von Mitgliedern erscheint den Vertretern dieser Modelle deshalb meist suspekt und theologisch defizitär. Inzwischen wurde der Begriff der „Mission" auch in volkskirchlichen Kontexten wieder positiv aufgenommen und als werbende Hinwendung zu distanzierten Kirchenmitgliedern, Kirchenfernen oder Ausgetretenen verstanden. Auch Volkskirche möchte zunehmend missionarische Kirche sein.

Fragen:

1. Benennen Sie konfessionelle Unterschiede im Blick auf kirchliche Leitungsstrukturen.
2. Welche Faktoren beeinflussen das Leitungshandeln im Raum der Kirchen?
3. Die EKD benennt gegenwärtig als Ziel kirchlichen Handelns ein „Wachstum gegen den Trend". Wie könnte eine Kirchengemeinde vor Ort Ihres Erachtens diesem Ziel entgegenarbeiten?

Fragen

2.7 Diakonik

1. Was ist Diakonie?

„Wenn in evangelischen Altenheimen nicht gebetet wird, dann gehört an solche Einrichtungen kein Schild der Diakonie", erklärte der Bischof der Kirchenprovinz Sachsen, Axel Noack, vor einigen Jahren beim Impulstag der Diakonie in Arnstadt und erntete damit starken Beifall. Zwar meinten Einzelne, es sei problematisch, Aussagen darüber machen zu wollen, ob und wo in einer evangelischen Einrichtung gebetet werde. Leidenschaftlich einig zeigte sich die Versammlung jedoch im Wunsch nach stärkerer religiöser Ausrichtung, mit der sich eine kirchliche Einrichtung vom Altersheim der Arbeiterwohlfahrt oder dem Kindergarten der Kommune unterscheiden müsse. Die Episode verdeutlicht einen zentralen Punkt im derzeitigen Ringen der Diakonie als

Debatte um das Selbstverständnis

organisiertes Hilfshandeln der Kirche um ihr Selbstverständnis auf dem Markt sozialer Dienstleistungen.

2. Geschichte der Diakonie

<small>biblische Wurzeln</small>

Die griechische Wurzel „*diakonia*" bedeutet „dienen" und verweist auf die Ursprünge der Diakonie in der Überlieferung des Neuen Testaments. Gleichwohl wurde die Aufgabe zur (dienenden) Nächstenliebe bereits im Alten Testament schriftlich fixiert (Lev 19,18) und durch die Propheten stets angemahnt (z. B. Amos 2,24). Neben dem Christentum nahm auch der Islam die Forderung zu Nächstenliebe und Barmherzigkeit als eine seiner fünf tragenden Säulen auf. Jesus von Nazareth begründete mit seinem eigenen Dienst die Diakonie der christlichen Gemeinde und praktizierte das doppelte Liebesgebot, wonach Gottes- und Nächstenliebe untrennbar zusammengehören. Als klassische biblische Texte für das Selbstverständnis der Diakonie wirken bis heute besonders die Gleichnisse vom Barmherzigen Samariter (Lk 10,25–37) und vom Weltgericht (Mt 25,31–46) sowie die Erzählung von der Wahl der sieben Armenpfleger (Apg 6,1–6).

<small>Innere Mission und Diakonisches Werk</small>

In der Geschichte des Urchristentums wurde der „Tischdienst" des gemeinsamen Abendmahls (vgl. 1Kor 11,23–26) zur Basis innergemeindlicher Diakonie: Man brachte Gaben, dankte, teilte untereinander und brachte im Anschluss denen davon, die nicht bei der Feier der Gemeinde dabei sein konnten. Im Kontext der Ämterausbildung bildete sich neben dem Presbyter- und Bischofsamt allmählich ein Spezialamt der Diakonie. Im Mittelalter wurde die Diakonie vor allem in den Klöstern und Spitalorden praktiziert. Mit Elisabeth von Thüringen (1207–1231) begann eine Verehrung von Heiligen auf dem Gebiet der Nächstenliebe, die im 20. Jahrhundert ihre Entsprechung in Mutter Theresa (1910–1997) fand. Die Reformation wollte die Nächstenliebe vom Leistungsdruck einer Werkgerechtigkeit befreien. Dies führte jedoch langfristig zu einer Verbürgerlichung der Diakonie, zum Beispiel in Gestalt einer städtischen Armenpflege oder anderer öffentlicher Fürsorgeeinrichtungen. Nach vereinzeltem sozialem Engagement in der Zeit des Pietismus, zum Beispiel in Gestalt des berühmten Halleschen Waisenhauses von August Hermann Francke (1663–1727), wird der Gedanke einer umfassenden, kirchlichen Diakonie im 19. Jahrhundert wieder belebt. Neben den Initiativen Theodor Fliedners (1800–1864) und Wilhelm Löhes (1808–1872) entfaltete vor allem Johann Hinrich Wichern (1808–1881) eine große innerkirchliche Wirkung. Das von ihm gegründete „Rauhe Haus" bei Hamburg versuchte mit einem Familienprinzip verwahrlosten Jungen eine neue Heimat zu geben. Mit dem Konzept der „Inneren Mission" (1848) versuchten Wichern und seine Mitstreiter, die notwendige Sozialreform mit einer Kirchenerneuerung zu verbinden. Zugleich kämpften sie, auch mit publizistischen Mitteln, gegen eine als widergöttlich empfundene Revolution. Die Bindung der sozialpolitischen Diakonie Wicherns an das konservative Bürgertum verhinderte zudem einen wirklichen Austausch mit den von der sozialen Frage besonders betroffenen Arbeitern. Gleichwohl gelang es Wichern, die vielen Einzelinitiativen in diakonische Landesvereine zu bündeln, die im 20. Jahrhundert in die Diakonischen Werke der evangelischen Landeskirchen, der Freikirchen und schließlich in das Diakonische Werk der EKD als Dachverband mündeten – korrespondierend mit der Gründung des Deutschen Caritasverbandes auf katholischer Seite.

3. Diakonische Handlungsfelder

Der mehrstufige Aufbau des Diakonischen Werkes möchte auf der einen Seite die Gemeindenähe garantieren, zum anderen die zentrale Organisation von Hilfsaktionen ermöglichen. Als wichtige Arbeitsgebiete seien genannt: die Altenhilfe, die Arbeitslosenhilfe, die Begleitung Sterbender und Trauernder in der Hospizbewegung, die Bekämpfung von Armut im nationalen und globalen Bereich, die Behindertenhilfe, die Ehe- und Familienberatung, die Flüchtlingshilfe, die Kinder- und Jugendhilfe, die Obdachlosen- und Wohnungslosenhilfe, die Schwangerenkonfliktberatung, die Krankenbetreuung, die Suchtberatung und die Telefonseelsorge. Dabei werden diese Aufgaben teilweise gemeinsam mit katholischen Christen wahrgenommen, zum Beispiel in der Hospizarbeit oder in der Telefonseelsorge.

Gemeindenähe und zentrale Organisation

4. Konzepte und Grundfragen der Diakonik

zwischen Christozentrik und Helfersyndrom

Neben dem sozialpolitischen Ansatz Wicherns und seiner Auswirkung auf die praktische Diakonie wurde für die theologische Grundlegung der Diakonik nach dem Zweiten Weltkrieg besonders der Ansatz einer christozentrischen Diakonie durch Paul Philippi (geb. 1923) wegweisend. Nach ihm gehe es beim diakonischen Handeln in Analogie zum Gleichnis vom großen Weltgericht (Mt 25,31–46) darum, in dem dort genannten „geringsten Bruder" Christi Gottes Wirklichkeit wahrzunehmen. Im Kontext eines politischen Verständnisses des Reiches Gottes verortet Jürgen Moltmann (geb. 1926) demgegenüber auch das diakonische Handeln der Kirche im Horizont dieses Reiches. Gegen eine Reduktion auf eine „Anstaltsdiakonie" plädiert der Systematische Theologe für eine „Diakonisierung der Gemeinde". Anstatt hilfsbedürftige Menschen zu bloßen Objekten christlichen Mitleids abzuwerten, spricht ihnen Moltmann den Status von „Subjekten im Reich Gottes" zu. Diesen Gedanken greift der körperbehinderte Theologe Ulrich Bach (1931–2009) in seiner Konzeption einer partnerschaftlichen Diakonie auf. So seien im Kontext der „Unwürdigkeit" des Menschen vor Gott behinderte und nicht behinderte Menschen in gleichem Maße „geschädigte Schöpfung". Hilfreich für eine Problematisierung des Helfens wurde die Theorie des Helfersyndroms, wonach das Helfen psychologisch als psychische Selbstausbeutung oder soziologisch als kaschierte Herrschaft missbraucht werden kann. Mit seinem Buch „Die hilflosen Helfer" regte Wolfgang Schmidbauer auch in der Diakonik die wichtige Diskussion darüber an, inwiefern diakonisches Handeln andere bevormundet oder gar indoktriniert und ungewollt mehr dem Helfenden nützt als dem, dem geholfen werden soll.

Suche nach der religiösen Dimension

Unter den Grundfragen der Diakonik steht heute die Frage nach dem christlichen Proprium des diakonischen Handelns an vorderster Stelle. Heinrich Böll bekannte einmal als Antwort auf die Frage „Was halten Sie vom Christentum?": „Unter Christen ist Barmherzigkeit wenigstens möglich […]. Selbst die allerschlechteste christliche Welt würde ich der besten heidnischen vorziehen, weil es in einer christlichen Welt Raum gibt für die, denen keine heidnische Welt je Raum gab: für Krüppel und Kranke, Alte und Schwache, und mehr noch als Raum gab es für sie: Liebe für die, die der heidnischen wie der gottlosen Welt nutzlos erschienen und erscheinen." Heute muss nüchtern festgestellt werden, dass die Nächstenliebe keine genuin christliche, sondern eine „souveräne Daseinsäußerung" (Knud Løgstrup) des Menschen ist. Alleine über das Helfen kann die Diakonie demnach kein unverwechselbares Profil gewinnen. Zudem haben der Staat und andere gesellschaftliche Institutionen (zum Beispiel das Rote Kreuz) Aufgaben übernommen, die einst kirchliche Pionierleistungen waren. Es müsste daher gegenwärtig vor allem auch darum gehen, verstärkt nach der religiösen Dimension auch in der Diakonie zu suchen. Empirische Studien belegen, dass Patienten bei den Erwartungen an ihr Krankenhaus oft an vorderster Stelle die Orientierung an christlichen Werten nennen und sich deshalb bewusst in kirchliche Hände begeben. Auch wenn die vage Formulierung „christliche Werte" eher auf die Erwartung einer Medizin mit Menschlichkeit zielen dürfte, vermag doch bei einer Reihe der Befragten ein Interesse an expliziter religiöser Kommunikation am Krankenbett mitzuschwingen. Gleiches gilt für die Pflege-, Gesprächs- und Freizeitkultur diakonischer Einrichtungen.

Die ökonomisch interessante Frage, ob eine stärkere religiöse Ausrichtung der Diakonie als Marktvorteil gewinnbringend eingesetzt werden könnte, verweist auf die aktuelle Grundspannung der Diakonie zwischen menschlich-religiösem Auftrag und den Imperativen des sozialen Marktes. So umfasst das diakonische Handeln als „Unternehmen Barmherzigkeit" zum einen (im Idealfall) religiös motiviertes Helfen, zum anderen geht es um das Management sozialer Großunternehmen, die ökonomisch konkurrenzfähig sein müssen. Dabei muss Ökonomie für das soziale Ganze mehr als Effizienz und Renditeorientierung bedeuten, zugleich muss jedoch eine überzogene Kritik am Ökonomisierungsprozess abgewehrt werden, wonach wirtschaftliches Streben die a-sozialen Tendenzen des Menschen fördern und bestärken würde.

Ökonomie und Diakonie

Fragen:

Fragen
1. Zeichnen Sie die Geschichte der Diakonie seit ihren biblischen Wurzeln anhand ihrer wesentlichen Stationen nach.
2. Nennen Sie grundlegende Aufgaben des diakonischen Handelns der Kirche. Welche Bereiche haben eine lange Tradition, welche stellen eher neue Herausforderungen dar?
3. Diskutieren Sie die Spannung des diakonischen Handelns zwischen der Ökonomisierung der Pflege und dem christlichen Auftrag zur Nächstenliebe.

2.8 Publizistik

1. Christliche Publizistik zwischen Praxis und Theorie

kirchliche Aktivität und wissenschaftliche Reflexion

Für kranke und viele ältere Menschen ist er eine echte Alternative zum tatsächlichen Kirchgang: der sonntägliche Fernsehgottesdienst im ZDF. Für Pfarrer sind sie in der Konfirmandenstunde eine große Hilfe, wenn es um zentrale Figuren der Kirchengeschichte geht: die von der Evangelischen Kirche mitfinanzierten Kinofilme über Martin Luther oder Dietrich Bonhoeffer. Für das Handeln der Kirche spielt das Feld der Massenmedien gegenwärtig eine gewichtige Rolle. Aufgrund der rasanten technologischen Entwicklung auf dem Medienmarkt sieht sich das klassische kirchliche Handeln dabei vor ganz neue Herausforderungen gestellt. Demgegenüber besteht bereits seit der Frühzeit der Kirche der Auftrag, angesichts der „Öffentlichkeit Christi" (Helmut Thielicke), die Öffentlichkeit als wesentliche Dimension der Kirche zu begreifen. Die Bezeichnung „Christliche Publizistik" meint sowohl die kirchlichen Aktivitäten auf dem Gebiet der Massenkommunikation als auch die wissenschaftliche Reflexion dieses kirchlich-publizistischen Handelns. Anders als zum Beispiel der Begriff Homiletik, der sich auf die praktisch-theologische Reflexion der Predigtpraxis bezieht. In diesem Kapitel soll das Handlungsfeld der Christlichen Publizistik knapp umrissen, durch empirische Analysen ergänzt und anhand gemeinsamer Grundfragen reflektiert werden. Die Ausführungen zu den Massenmedien (siehe 3.5) fragen vertiefend nach der Präsenz von Religion im medialen Kontext.

2. Das publizistische Handeln der Kirche

Zentrale Aufgabe der Christlichen Publizistik ist es, öffentlich von Gott in den Massenmedien zu reden und der religiösen Dimension des individuellen wie gesellschaftlichen Lebens Gehör zu verschaffen. Vor allem in den elektronischen Medien hat sich hierfür die Zweiteilung in Verkündigung und „Redaktionelle Beiträge" eingebürgert. Umfasst die Verkündigung im traditionellen Sinne Andachten und Gottesdienste im Radio und im Fernsehen (z. B. das „Wort zum Sonntag" im Ersten Deutschen Fernsehen oder den bereits genannten ZDF-Fernsehgottesdienst), so gestalten Fachredaktionen ohne direkte Einwirkung der Kirchen wöchentlich Sendungen, die sich im weiteren Sinn mit religiösen und weltanschaulichen Fragen beschäftigen und einen besonderen Akzent auf die Sozialberichterstattung legen. Von der Rezeption des Zuschauers dürfte es abhängen, ob dieser die betreffenden Beiträge als eine Art „indirekte Verkündigung" wahrnimmt. Evangelische Funkagenturen liefern Beiträge sowohl explizit verkündigender als auch redaktioneller Art an die privaten Radio- und Fernsehstationen. Für die kirchliche Radioarbeit ist seit Einführung des dualen Systems mit der entsprechenden Aufteilung in die Bereiche „öffentlich-rechtlich" und „privat" vor allem die Präsenz im kommerziellen Privatfunk eine Herausforderung, da die Sendungen durch das unterhaltende Programmumfeld inhaltlich und gestalterisch stark geprägt werden. Insgesamt können die Verkündigung in den elektronischen Medien, aber auch die pastoralen „Gedanken zum Wochenende" in manchen Tageszeitungen als öffentliche Seelsorge eingestuft werden.

kirchliche Rundfunkarbeit als öffentliche Seelsorge

Auf dem speziellen Handlungsfeld der kirchlichen Presse- und Öffentlichkeitsarbeit bewegt sich die Christliche Publizistik zwischen dem kirchenamtlichen, publizistischen Handeln einerseits und einem eher unabhängigen Journalismus andererseits. Letzterer besitzt vor allem im evangelischen Kontext eine

Unabhängigkeit und Zielgruppen

größere Chance, realisiert zu werden, bleibt aber auch dort im gewissen Grad – vor allem aufgrund finanzieller Subventionen – notwendig kirchlich gebunden. Zur kirchenamtlichen Arbeit gehören zum Beispiel Öffentlichkeitskampagnen und die Publikation von Pressemitteilungen. Ein eher unabhängiger, kirchlicher Journalismus wird im Evangelischen Pressedienst (epd) als ältester deutscher Nachrichtenagentur für die Redaktionen der allgemeinen Tages- und Wochenpresse praktiziert. Eine weitere hilfreiche Grundunterscheidung besteht zwischen externer und interner Kommunikation: Gehört die Zielgruppe, intendiert oder zumindest faktisch, zum kirchlichen Binnenmilieu, oder sollen bewusst auch kirchlich Distanzierte erreicht werden? Zielt das Magazin „Chrismon" als Beilage großer Tageszeitungen vor allem auf Letztere, stammen die Leserinnen und Leser der sogenannten Kirchengebietspresse („Sonntagsblatt" aus Bayern; „Nordelbische Kirchenzeitung" etc.) hingegen überwiegend aus dem binnenkirchlichen Milieu. Kirchliche Mitgliederzeitschriften stützen auf der landeskirchlichen Ebene die Verbundenheit der Mitglieder zur verfassten Kirche. Sie sind jedoch nicht in der Lage, ohne ein Netz von zusätzlichen Aktivitäten Kirchenaustritte zu verhindern. Eine sehr hohe Akzeptanz findet das fast flächendeckend erscheinende Basismedium Gemeindebrief, das auch jenseits der Kerngemeinde gelesen wird, jedoch häufig das Bild einer heilen, konfliktlosen Kirche zeigt, in der kontroverse Positionen nur äußerst selten zu Wort kommen.

kirchliches Handeln in den Massenmedien Film und Internet

Ein weiteres Handlungsfeld der Christlichen Publizistik ist die kirchliche Filmarbeit in Gestalt eigener Filmproduktionen, zum Beispiel der „Eikon" mit der Produktion des Lutherfilmes aus dem Jahr 2001, oder die Arbeit kirchlicher, ökumenischer Filmjurys, deren Bewertungen sich vor allem an den Kriterien einer christlichen Anthropologie orientieren. So wie die technische Innovation des Filmes, des Radios und des Fernsehens im 20. Jahrhundert die Christliche Publizistik vor neue Herausforderungen stellt, ergeben sich heute durch das aktuelle Leitmedium Internet neue Chancen. Neben virtuellen Gottesdiensten oder Kolumnen (vgl. www.e-wie-evangelisch.de) betrifft dies mit der Möglichkeit einer Online-Seelsorge besonders das

Handlungsfeld der Poimenik (siehe 2.4). Die Internetseelsorge dürfte dabei eher ein flankierendes Angebot und kein Ersatz für die traditionelle Seelsorge sein, weil sie den unmittelbaren Kontakt zwischen Seelsorger und Gemeindeglied nicht ersetzen kann. Andererseits bietet sie die Möglichkeit der Kontaktaufnahme unter Wahrung der Anonymität.

3. Grundfragen der Christlichen Publizistik

Angesichts des expandierenden Medienmarktes bestreitet niemand die Notwendigkeit, dass sich die Kirche neben der klassischen, direkten Kommunikation auch der Wege der Massenkommunikation bedienen sollte. Strittig ist jedoch die Verhältnisbestimmung beider Größen. So gibt es nicht wenige Stimmen, die anstelle eines komplementären Modells eine Strategie der Überbietung empfehlen: Danach sei der direkte Kontakt im Sinne einer „Face-to-Face-Kommunikation" der technisch vermittelten Kommunikation eindeutig überlegen. Entsprechend kann etwa der Fernsehgottesdienst als defizitäre Form der christlichen Gemeinschaft bewertet werden. Dieser These muss entgegengehalten werden, dass sich auch die Predigt im Gottesdienst als Medium an ein disparates Publikum wendet und nicht in jedem Fall eine stärkere Wirkung auf den Gottesdienstbesucher ausübt als dies bei der Rezeption am Bildschirm der Fall ist. Freilich muss zugleich vor einer zu starken Euphorie gegenüber der angestrebten Wirkung in den Massenmedien gewarnt werden. Von mindestens gleichrangiger Bedeutung dürfte es sein, als Pfarrer wie als sonstiges Gemeindeglied die Chancen der direkten Kommunikation vor Ort zu nutzen, um mit anderen Menschen über den Glauben in ein Gespräch zu kommen.

Face-to-Face und massenmedial

Eine weitere Grundfrage ist jene nach dem Verhältnis von expliziter Verkündigung und anderen Formen stärker indirekter Rede von Gott in den Massenmedien. Auch hier bietet sich eine komplementäre Verhältnisbestimmung an, die vor allem hinsichtlich der unterschiedlichen Zielgruppen Sinn macht. So dürfte für ein kirchlich-distanziertes Publikum vor allem eine dialogisch verfasste, auch religionskritische Publizistik ihre Berechtigung besitzen, die sich bemüht, stärker „weltlich" von Gott zu

horizontal und vertikal

reden. Diesem eher horizontalen Modell christlicher Publizistik steht ein vertikales Modell gegenüber, das deutlicher an das Paradigma der Mission anknüpft und besonders im freikirchlichen Bereich favorisiert und praktiziert wird. Innerhalb der evangelischen Pressearbeit hat sich diese unterschiedliche Ausrichtung der Christlichen Publizistik in den beiden Nachrichtendiensten „Evangelischer Pressedienst" (epd) und „Informationsdienst der evangelischen Allianz" (idea) niedergeschlagen: Orientiert sich der epd nach eigener Auskunft vor allem an der Maxime „Frieden, Gerechtigkeit, Bewahrung der Schöpfung" und informiert dabei lediglich über Fragen der Verkündigung, identifiziert das evangelikale Pendant idea seine Arbeit mit der Verkündigung. Damit zielt es faktisch auf eine bewusst binnenkirchliche Zielgruppe aus dem auch politisch konservativen Spektrum.

Anwaltschaft und Wächteramt

„Wenn die Kirche dazu übergeht, sich selbst anzupreisen und auszuposaunen, dann hat sie einfach und glatt aufgehört, Kirche zu sein. Die Kirche kann nicht Propaganda treiben. Sie kann nicht sich selbst wollen, bauen, rühmen, wie alle anderen." Mit diesen harschen Worten reagierte Karl Barth 1930 auf einen Besuch bei der evangelischen Ausstellung „pressa", auf der sich die evangelische Kirche seiner Meinung nach allzu mächtig und selbstgefällig präsentiert habe. Bis heute wird dieses Verdikt gern zitiert und hat stets dann seine Berechtigung, wenn die evangelische Öffentlichkeitsarbeit im Verdacht steht, die eigene Institution stärker zu vermarkten als die Sache, für die sie steht. Eine hilfreiche Unterscheidung besteht in der Gegenüberstellung von „advocacy" und „image" (vgl. Blanke, 2008), wie sie auch in der Reflexion der Öffentlichkeitsarbeit anderer Nicht-Regierungs-Organisationen derzeit gepflegt wird. So müsste sich auch die Publizistik der Organisation bzw. Institution Kirche stärker auf ihren anwaltschaftlichen Auftrag besinnen, um als Publizistik „von unten" im Sinne eines Stellvertreter-Prinzips den Sprachlosen eine Stimme zu geben und nicht an vorderster Stelle für das „image" der eigenen Organisation zu arbeiten. Im Sinne eines öffentlichen Wächteramtes kann die Kirche dabei auch kritisch Position beziehen zu massenmedialen Streitfragen, zum Beispiel zur Legitimität von Gewaltdarstellungen oder von bestimmten Sendeformaten wie „Big Brother", die in der Gefahr stehen, sich nicht mit der Achtung der Menschenwürde vereinbaren zu lassen.

Was allgemein für die kulturelle Dimension des kirchlichen Handelns wie der Praktischen Theologie gilt (siehe 3.4), trifft in besonderer Weise für das Handlungsfeld der Christlichen Publizistik zu: die Problematik der Anpassung an das kulturelle, in diesem Falle massenmediale Umfeld. Dies zeigt sich zum Beispiel in der Frage, wie weit sich die Inszenierung eines evangelischen Gottesdienstes für das Massenmedium Fernsehen an den Vorgaben und Möglichkeiten des Mediums Fernsehen orientieren kann, ohne gänzlich den Bezug zur gottesdienstlichen Realität in der Ortsgemeinde zu verlieren. Grundsätzlich gilt es, die Balance zwischen einer partiell notwendigen Anpassung an die Gesetzmäßigkeiten des publizistischen Marktes, die Bedingungen und Sinnhorizonte der Mediengesellschaft und die Bedürfnisse der Mediennutzer einerseits und dem kritisch-prophetischen Auftrag der Kirche und ihrer teils sperrigen, widerständigen Botschaft anderseits zu halten. Entsprechend trägt das publizistische Gesamtkonzept der Evangelischen Kirche in Deutschland (EKD) aus dem Jahr 1997 den programmatischen Titel „Zwischen Mandat und Markt" und nennt dabei an vorderster Stelle das Mandat der publizistischen, christlich begründeten Freiheit. Hinsichtlich der Bedingungen der modernen Medienkultur darf sich die Kirche den veränderten Lese-, Seh- und Hörgewohnheiten ihrer Mitglieder in Gottesdienst und Predigt, im Religions- und Konfirmandenunterricht, in der Seelsorge und in der Praxis kirchlicher Amtshandlungen nicht grundsätzlich verweigern. Dabei gilt es immer wieder, das publizistische Handeln der Kirche zwischen unkritischer Anbiederung, einem notwendigen Sinn für Differenz und distanziertem, teils kulturkritisch gespeistem Hochmut auszuloten.

Mandat und Markt

Fragen:

Fragen
1. Diskutieren Sie die Vor- und Nachteile eines Fernsehgottesdienstes im Gegenüber zum Sonntagsgottesdienst vor Ort.
2. Die Evangelische Kirche in Deutschland (EKD) ließ im Jahr 2002 eine Reihe großformatiger Plakate an Werbeflächen und in Zeitschriften schalten. Eines der Motive zeigte auf blauem Himmel die Frage: „Ist der Mensch nur so viel wert, wie er verdient?" Als Antworten konnten angekreuzt werden: „ja", „nein", „vielleicht" oder „weiß nicht". Nehmen Sie Stellung zu dieser Kampagne.
3. Inwiefern bietet die Christliche Publizistik größere Chancen für die Ökumene als andere Handlungsfelder der Praktischen Theologie?

2.9 Zusammenfassung

Überblickt man die Darstellung der einzelnen Fächer der Praktischen Theologie in diesem Kapitel, so lassen sich Parallelen zwischen den fachspezifischen Diskursen feststellen. Wir halten diese in zwei Aspekten fest:

1. Praktische Theologie im Nacheinander leitender Paradigmen

Schleiermacher – Vater der Praktischen Theologie

Es gibt Personen, auf die Sie in diesem Buch häufig stoßen. Dazu gehören Martin Luther und Friedrich Schleiermacher. Letzterer hat für zahlreiche Bereiche der Praktischen Theologie Impulse geliefert und gilt häufig als Vater der Praktischen Theologie. In der Tat war er der erste, der die Praktische Theologie als eigenständiges Fach an der Theologischen Fakultät etablieren wollte (siehe 4.3). Schleiermachers Theologie war der durchaus geniale Versuch, Anliegen der Aufklärung und des Pietismus so miteinander zu verbinden, dass eine überzeugende theologische Gesamtkonzeption entstand. Ihr Ausgangspunkt bei der individuellen religiösen Erfahrung des Einzelnen und ihre Sensibilität für konkrete Gestaltungen der religiösen Praxis (Feier, Rede etc.) machen Schleiermacher gerade im Kontext gegenwärtiger ästhetischer Ansätze wieder interessant.

Als einer der großen Antipoden Schleiermachers kann Karl Barth gelten, der in diesem Kapitel ebenfalls immer wieder erwähnt wurde. Als Vater der sogenannten „Dialektischen Theologie" plädierte er für eine Konzentration kirchlichen Handelns auf die Wortverkündigung und sah sich in dieser Hinsicht im Gefolge der Weichenstellungen der Reformatoren. Für die Praktische Theologie wurde vor allem sein Freund und Weggefährte Eduard Thurneysen entscheidend, dem Sie im Kapitel zur Poimenik begegnet sind (siehe 2.4). Die Chance dieser Ausprägung der Praktischen Theologie lag in der Deutlichkeit, mit der das Proprium christlichen Handelns bestimmt werden konnte. Das Problem aber, das seit den 1960er-Jahren immer klarer erkannt wurde, war, dass bei aller vermeintlichen theologischen Korrektheit eine Theologie entstand, die an den Menschen, ihren Bedürfnissen und den sich wandelnden gesellschaftlichen Situationen allzu weit vorbeiging.

Praktische Theologie als Verkündigung

Ernst Lange ist wohl der bekannteste jener vielen Vertreter der Praktischen Theologie ab der zweiten Hälfte der 1960er-Jahre, die versuchten, die Theologie wieder auf den Menschen und seine Fragen hin zu orientieren und so die richtigen Ansätze der Wort-Gottes-Theologie mit den Herausforderungen der Gegenwart zu verbinden. Man spricht im Rückblick von der „empirischen Wende" in der Praktischen Theologie und meint damit das neuerliche Interesse an Fragen des konkreten Lebens. In der Predigtlehre etwa wurde in dieser Zeit die Situation der Menschen neu zum Thema, ebenso aber wurden auch die kommunikationstheoretischen und rhetorischen Kontexte der Predigtrede untersucht. In der Liturgik wurden neue Feiergestalten jenseits der klassischen Agende reflektiert. In der Pädagogik entdeckte man die Bedeutung der religiösen Entwicklung von Kindern und die spezifischen Lebensumstände von Erwachsenen als pädagogisch-didaktische Herausforderung. Und in der Poimenik wurde man auf die Erkenntnisse der Psychologie in ihrer Bedeutung für die Seelsorgepraxis neu aufmerksam.

empirische Wende

Die Auseinandersetzungen zwischen den eher kerygmatischen und den eher empirisch orientierten Theologen (und nun zunehmend auch: Theologinnen) waren in der ersten Zeit

ästhetische Praktische Theologie

heftig. Besonders wird dies in der Poimenik sichtbar, wo sich regelrechte Gräben zwischen jenen auftaten, die für eine Seelsorge als „Verkündigung" plädierten, und jenen, denen eine therapeutisch-orientierte Seelsorge als „Lebenshilfe" am Herzen lag. Seit Mitte der 1980er-Jahre aber haben diese Auseinandersetzungen deutlich an Schärfe verloren. Man erkennt in den unterschiedlichen Handlungsfeldern die Notwendigkeit, theologische Einsichten und humanwissenschaftliche Erkenntnisse zu vermitteln. Wesentlich zur Entschärfung der Kontroversen hat zudem der Paradigmenwechsel hin zu einer ästhetischen Praktischen Theologie beigetragen, der sich in den verschiedenen Handlungsfeldern zeigt. Die grundlegende Einsicht, wonach Form und Inhalt immer nur gemeinsam reflektiert werden können, führte zu der Überzeugung, dass theologische Inhalte und humanwissenschaftliche Erkenntnisse nur in ihrem Miteinander Sinn machen und die Praktische Theologie nur so vor Einseitigkeiten bewahrt werden kann.

2. Auf der Suche nach dem Spezifischen kirchlichen Handelns

Proprium und Öffnung

Wenn Sie die voranstehenden Kapitel genau gelesen haben, erkennen Sie eine immer wiederkehrende gegenwärtige Grundfrage darin, inwiefern kirchliches Handeln primär nach seinem Eigenem, seinem Proprium, fragen und dieses pointiert darstellen müsse oder inwiefern die Kirche zuerst von den pluralen Bedürfnissen und Fragen der Menschen der Gegenwart ausgehen und sich diesen gegenüber öffnen solle. Zwei Beispiele: Die Diakonie steht vor der Herausforderung, ihr „Eigenes" auf dem Markt der sozialen Dienstleistungen zu bestimmen und offensiv darzustellen. Worin aber kann dieses Proprium gefunden werden? Darin, dass in diakonischen Einrichtungen gebetet wird, wie es pointiert Axel Noack formulierte? Auch die Christliche Publizistik steht in der Spannung, die durch die beiden Presseagenturen „epd" und „idea" exemplarisch zum Ausdruck gebracht werden kann. Soll Christliche Publizistik – vereinfacht formuliert – vor allem christlichen Werten in der demokratischen Gesellschaft dienen oder aktiv Verkündigung betreiben?

Der emeritierte Göttinger Praktische Theologe Manfred Josuttis (geb. 1936) hat in den vergangenen Jahren für alle Bereiche des kirchlichen Handelns eine neue Konzentration auf das gefordert, was nur die Kirche bieten kann: auf „das Heilige". Josuttis beschreibt Pfarrerinnen und Pfarrer als „Führer in die verborgene und verbotene Zone des Heiligen", die Predigt sieht er als Einführung in das Heilige Wort, den Gottesdienst als kultische Annäherung an das Heilige, den Unterricht als mystagogische Einweisung in das Heilige, die Seelsorge als Austausch heiliger Energien etc. Damit legt Josuttis eine konsequente Praktische Theologie vor, die er als „Phänomenologie des Heiligen" versteht. Es geht ihm dabei um jene Macht, die „höher ist als alle Vernunft" (Phil 4,7) und weder ausschließlich kognitiv noch emotional erfasst werden kann. Konkret bedeutet dies, dass Praktische Theologie nach Josuttis vor allem jene Phänomene reflektieren soll, in denen das Heilige als gegenwärtig erfahren wird – etwa auf liturgische Vollzüge wie das Abendmahl oder den Segen, auf die Lektüre der Heiligen Schrift etc. Durch seine Überlegungen eröffnet Josuttis immer wieder herausfordernde Spannungsfelder (z. B. das Spannungsfeld von Volkskirche einerseits, Gemeinschaft der Heiligen andererseits), die allerdings nicht einfach als Alternativen verstanden werden dürfen.

Josuttis – Praktische Theologie als Phänomenologie des Heiligen

Fragen:

1. Skizzieren Sie die Entwicklung praktisch-theologischen Denkens in den vergangenen 200 Jahren am Beispiel der Homiletik, Poimenik und Pädagogik, indem Sie wesentliche Stationen benennen. Zeigen Sie dabei vor allem die Parallelen zwischen diesen drei Handlungsfeldern auf.

2. „Gerade in der pluralen Situation der Gegenwart muss sich die evangelische Kirche in ihrem Handeln deutlich auf ihren Kernbereich beziehen, um unterscheidbar zu werden. Und das bedeutet: auf die Verkündigung des Wortes Gottes." – Nehmen Sie zu dieser Aussage kritisch Stellung.

Fragen

3. Zentrale Themen in praktisch-theologischer Reflexion

3.1 Einführung

Das zweite Kapitel bot einen Überblick über die verschiedenen Handlungsfelder der Kirche in praktisch-theologischer Perspektive. Dabei konnten Diskussionen, die gegenwärtig die Praktische Theologie bewegen, meist nur knapp angedeutet werden. Dieses dritte Kapitel führt nacheinander fünf zentrale thematische Bereiche praktisch-theologischen Nachdenkens vor Augen, die sich jeweils auf mehrere Handlungsfelder beziehen: die Religion, die Kirche, die Kultur, die Massenmedien und die Sprache. Mit Religion und Kirche werden die beiden grundlegenden Kontexte benannt, die jedes praktisch-theologische Denken derzeit bestimmen. Es geht um das Selbstverständnis und Handeln der Kirche im Kontext der gegenwärtigen Religionsverständnisse und Religionserfahrungen. Die drei weiteren Themen blicken verstärkt auf jene im weiten Sinne vermittelnden Medien, in denen sich Religion und Kirche äußern: die Kultur, die Massenmedien und die Sprache. Dabei ist die Fünferzahl keinesfalls erschöpfend, vielmehr handelt es sich um ausgewählte, jedoch zentrale Themen der praktisch-theologischen Reflexion. Ein weiteres Thema wäre zum Beispiel die Bildung, welche sich jedoch stärker als die anderen Themen mit einem bestimmten kirchlichen Handlungsfeld überschneidet, in diesem Fall dem der kirchlichen Bildungsarbeit im Rahmen der Religionspädagogik (siehe 2.5). – Bei Ihrer Lektüre können Sie jedes Thema mit jedem der Handlungsfelder kombinieren und zum Beispiel fragen: Was bedeutet die gegenwärtige massenmediale Situation für die Predigt oder den Gottesdienst der Kirche? Oder: Wie kann Seelsorge in sprachlicher Perspektive entfaltet werden und ihre eigene Sprache finden, die menschliche Lebenswirklichkeit

Handlungsfelder und zentrale Themen im Wechselschritt

und Gottes Wirklichkeit verbindet? Oder: Wie reagieren Religionsunterricht oder Erwachsenenbildung auf das, was gegenwärtig in kultureller Perspektive begegnet? Teilweise verweisen wir in den folgenden Unterabschnitten auf solche Querverbindungen, teilweise sollten Sie sie selbst erkunden.

3.2 Religion

1. Boom der Religion? –
Die Wiederkehr der Religion und die Rolle der Kirchen

Wiederkehr der Religion – Phänomene

Zu Beginn des 21. Jahrhunderts diagnostizieren viele ein erstaunliches Phänomen: Die Religion kehrt wieder! Trotz einer Jahrhunderte alten Religionskritik in ihren unterschiedlichen Facetten, trotz sinkender Mitgliedszahlen in den großen Kirchen der Bundesrepublik und im Widerspruch zur These einer fortschreitenden Säkularisierung in den westlichen Gesellschaften lasse sich ein Boom von Religion feststellen. Man sehe etwa auf das, was am 8. April 2005 geschah. Da versammelte sich mehr als eine Million Menschen in Rom, um bei der Trauerfeier für den einige Tage zuvor verstorbenen Papst Johannes Paul II. zugegen zu sein. Rund um die Welt verfolgten viele weitere auf Großbildschirmen oder vor dem heimischen Fernsehgerät den Ablauf der Feierlichkeiten. Die Beerdigung des katholischen Kirchenoberhauptes wurde zu einem Massenspektakel und Medienevent. Bereits vier Jahre vorher hatte Jürgen Habermas (geb. 1929), einer der großen und durchaus religionskritischen Philosophen der Bundesrepublik, zu einem neuen Nachdenken über Religion und ihre Bedeutung aufgerufen. Es waren die Ereignisse des 11.9.2001, die Anschläge auf das World-Trade-Center in New York und weitere Ziele in den USA, die ihn dazu veranlasst hatten. Seine Rede anlässlich der Verleihung des Friedenspreises des Deutschen Buchhandels am 14.10.2001 nimmt ausdrücklich auf die Terroranschläge Bezug. Der Philosoph stellt erstaunt fest, dass das Attentat eine religiöse Saite in Schwingung versetzt habe. Überall hätten sich Synagogen, Kirchen und Moscheen gefüllt und seien Menschen zu Gottesdiensten, Gedenkfeiern und Gebeten zusammengekommen. Dies mache unübersehbar deutlich, dass eine klassische und vereinfachende Säkularisierungsthese gescheitert sei. Diese lautete: In dem Maße, in dem das allgemein Vernünftige sich durchsetzt, verschwindet die Religion als Faktor im gesellschaftlichen Leben und die Gesellschaft wird „säkular" (von lat. *saecularis*, was u. a. „weltlich", aber auch „heidnisch" bedeutet). Habermas spricht demgegenüber von einer „postsäkularen Gesellschaft" – einer Gesellschaft, die die Religionskritik der Moderne zwar kennt, in der das religiöse Fragen und Suchen aber nicht verstummt ist.

In den Kirchen jubeln manche über die Wiederkehr der Religion und sehen den Marktwert der Kirche in der Gegenwart steigen. Allerdings zeigt sich: Was da an Religion wiederkehrt, ist nicht unbedingt an die Kirche(n) gebunden. Schon lange haben die Kirchen ihr Deutungs- und Gestaltungsmonopol in religiösen Fragen abgegeben. Andere Anbieter auf dem Markt des Religiösen haben sich etabliert, und die Menschen der Gegenwart sind mündig geworden, aus den unterschiedlichen Deutungsangeboten das herauszufiltern, was ihnen selbst einleuchtet und hilfreich scheint. Für die Praktische Theologie ergibt sich deswegen die Notwendigkeit, sich in ihrer Reflexion *nicht* auf die Kirche und ihr Handeln zu beschränken, sondern die Weite dessen in den Blick zu nehmen, was Menschen religiös bewegt.

<small>Kirchen und der Boom der Religion</small>

Doch: was eigentlich ist gemeint, wenn von „Religion" oder „religiösen Phänomenen" gesprochen wird? Das Kapitel setzt ein mit dem Versuch einer Definition (3.2.2), fragt dann nach der Funktion von Religion (3.2.3) und deren Gestalt (3.2.4). Die beiden letzten Abschnitte blicken auf konkrete Herausforderungen: zunächst angesichts der interreligiösen Situation der Gegenwart (3.2.5), dann spezifischer für das Handeln der Kirchen (3.2.6).

<small>Aufbau des Kapitels</small>

2. Was ist Religion? – Das schwierige Unterfangen, Religion zu definieren

Der Begriff „Religion" leitet sich von dem lateinischen Wort „religio" ab, soviel ist unstrittig. Umstritten ist aber bereits, ob dieses Substantiv von „religere" stammt, was „genau beachten"

<small>Begriff „religio"</small>

bedeutet, oder von „religare" herkommt, was „verbinden", „rückbinden" bzw. „verbunden sein" meint. Nach der erstgenannten Deutung stünde Religion für all das, was durch genaue Beachtung der Überlieferung Gestalt findet und weitergegeben wird, also z. B. für die Regeln des Umgangs mit dem Götteropfer. Die zweite Deutung bezieht Religion auf die Verbindung von Gott und Mensch und wurde als solche bevorzugt kirchlich benutzt.

Umbruch der Aufklärung

Den entscheidenden Umbruch im Religionsverständnis bedeutete die Aufklärung im 18. Jahrhundert. Der Begriff der „Religion", der bislang für das Christentum verwendet wurde, löste sich von der konkreten Glaubensgemeinschaft ab und wurde zu einer Kategorie der Erfahrung und zu einer Bestimmung des Menschseins. Jeder Mensch habe einen grundlegenden Bezug zu einer das Irdische übersteigenden Wirklichkeit. Man nannte dies seine „natürliche Religion". Hatte man vorher die Wahrheit der Religion nur in der konkreten Glaubensgemeinschaft greifen können und daher im europäischen Abendland das Christentum als *die* wahre Religion verstanden, so sah man nun die „natürliche Religion" als die eigentlich wahre an. Die einzelnen Religionsgemeinschaften konnten nur abgeleitet von ihr Wahrheit für sich beanspruchen. Damit ging die Forderung wechselseitiger Toleranz verschiedener Religionen einher, wie sie am berühmtesten Gotthold Ephraim Lessing (1729–1781) in seiner „Ringparabel" ausdrückte. Es stellt sich freilich bald die Frage, ob es die „natürliche Religion" eines jeden Menschen wirklich gibt. Denn faktisch lebt Religion nur in der jeweiligen Konkretion. Sie lebt in bestimmten Formen, mit Symbolen und Riten, heiligen Texten und Liedern und wird von Generation zu Generation weitergegeben. Trotz dieses Einwandes aber war mit dem Religionsbegriff der Aufklärung ein Oberbegriff vorhanden, der sich auf unterschiedliche Phänomene beziehen konnte. Erst jetzt konnten Islam, Judentum und Christentum sowie andere Formen von Glaubensleben als Religionen bezeichnet werden. Gleichzeitig aber wurde die Frage nach einer Definition von Religion neuerlich dringend.

Zunächst waren *substanzielle* Religionsdefinitionen weithin üblich, Bestimmungen also, die *inhaltlich* festlegen, was mit Religion gemeint ist. So konnte man z. B. sagen, dass überall dort, wo sich Menschen auf Gott oder Götter beziehen, Religion vorliegt. Allerdings erkannte man schnell, dass dies eine Vorstellung ist, die zwar für die monotheistischen Religionen Judentum, Christentum und Islam gilt und ebenso für ältere polytheistische Religionen (etwa im antiken Griechenland oder Rom), dass damit aber Ausprägungen von Religion, wie sie etwa in Asien begegnen, nicht erfasst werden. Der Buddhismus kennt z. B. in weiten Teilen keinen personal bestimmten Gott, sondern lehrt den Kreislauf der Wiedergeburten, der durch das endgültige Eingehen ins „Nirwana" beendet wird. Aufgrund dieser Schwierigkeit einer *theistischen Religionsdefinition* wurde zu Beginn des 20. Jahrhunderts eine inhaltliche Bestimmung populär, die sich in dem Grundlagenwerk „Das Heilige" von Rudolf Otto (1917) findet. Nicht eine persönliche Gottheit ist bei Otto entscheidend, sondern die unpersönliche Kategorie des „Heiligen": In allen Religionen beziehen sich Gläubige auf eine überirdische (=transzendente) Wirklichkeit, die Schaudern erregt und zugleich faszinierend ist. Als praktikabler, weil universaler erwiesen sich *funktionale* Religionsdefinitionen. Sie beschreiben, was Religion im Leben von Menschen leistet, fragen aber nicht danach, was zu einer Religion inhaltlich gehört. Für die Praktische Theologie ist diese funktionale Religionsbestimmung so bedeutsam geworden, dass sie in einem eigenen Abschnitt näher beschrieben werden soll.

substanzielle und funktionale Religionsdefinition

3. Wozu dient Religion? –
Die Funktion von Religion für Einzelne und Gemeinschaften

Der deutsche Soziologe Thomas Luckmann hat Religion beschrieben als „subjektives System letzter Relevanz". Mit dem Adjektiv „subjektiv" macht er deutlich, dass Religion bei jedem Menschen unterschiedlich ausgeprägt ist. Sie ist in der Moderne ein *individuelles* Phänomen geworden. Jede/r hat seine/ihre eigene Religion. Die Menschen sind „Religionskomponisten" (Paul M. Zulehner), und was dabei entsteht ist nicht ein „orthodoxer" (also gemäß den Bekenntnissen rechtgläubiger) Katholizismus oder Protestantismus, sondern eher ein buntes Gemisch,

Patchwork-Religiosität und Synkretismus

ein „Patchwork" verschiedener Ansichten. So glauben manche Christen an die – im Christentum nicht verankerte – Wiedergeburt in einem weiteren Leben und halten dies für eine genuin christliche Lehre. Es kommt zu einem modernen, subjektiven Synkretismus, einer Religionsvermischung auf der Ebene des einzelnen glaubenden Menschen.

Komplexitätsreduktion und Kontingenzbewältigung

Um bei aller Unterschiedlichkeit des vielfältigen Glaubens von Menschen aber dennoch von Religion reden zu können, wird es nötig, gemeinsame Funktionen von Religion zu bestimmen. Der deutsche Soziologe Niklas Luhmann (geb. 1927) hat dazu die Funktionsbereiche der *Komplexitätsreduktion* und der *Kontingenzbewältigung* unterschieden. Zum einen fügt Religion Divergentes zu einer einheitlichen Sicht des Lebens und der Welt zusammen, reduziert Komplexität und stiftet so Sinn, der als erfahrener Zusammenhang beschrieben werden kann. Aus dem diffusen Chaos, in das „ich" nicht recht hineinpasse, wird ein von Gott gewollter und geordneter Kosmos. Die Kontingenzbewältigung bezieht sich hingegen auf den Umstand, dass Menschen ihre kontingenten (zu-fälligen) Erfahrungen deuten und sie in ein sinnvolles Ganzes des Lebens einzeichnen wollen. Warum bin ich mit dieser Krankheit konfrontiert? Oder: Warum scheitert meine Ehe?

religiöse Sozialisation – gelingend und scheiternd

Wenn Religion diese Funktionen erfüllt, so wirkt sie stabilisierend auf Individuen. Allerdings kann sich religiöse Sozialisation auch negativ auswirken, dann nämlich, wenn Kinder und Jugendliche durch den Rekurs auf Religion in Unmündigkeit gehalten werden. Ein autoritäres Elternbild kann durch den Hinweis auf den zornigen, strafenden und allwissenden Gott religiös überhöht werden. Sigmund Freud (1856–1939) hat Religion in dieser Hinsicht als potenziell krankmachend beschrieben. Ein weiterer Psychoanalytiker des 20. Jahrhunderts, Tilman Moser (geb. 1938), verfasste vor gut 30 Jahren ein Buch mit dem Titel „Gottesvergiftung", in dem er seine eigene problematische religiöse Sozialisation beschreibt. „Du hast mir", so redet er den Gott an, von dem er sich in dem Buch verabschiedet, „gründlich die Gewißheit geraubt, mich jemals in Ordnung fühlen zu dürfen" (17). Inzwischen beschreibt Moser auch die

Möglichkeit einer gelingenden religiösen Sozialisation, wenn sie nicht Angst und Furcht lehre, sondern Liebe erfahren lasse (vgl. Moser, 2003).

Religiosität wird durch Sozialisation erworben. Dies hat zwei Konsequenzen: (1) Religion mag ein individuelles Phänomen sein, ein privates ist sie nicht. Denn immer gehören andere Menschen dazu, die als Eltern, Lehrer, Freunde, Partner oder als Vorbilder und Idole die Religiosität eines Menschen prägen. (2) Religiosität entwickelt und verändert sich. Besonders intensiv wurde die Entwicklung von Religiosität bei Kindern und Jugendlichen erforscht. Die Ergebnisse dieser Forschungen wurden u. a. zu Stufentheorien der Entwicklung des Glaubens systematisiert. Eine der berühmtesten stammt von James W. Fowler (geb. 1940). Die Art und Weise, wie Menschen verschiedentlich Sinn erfahren und konstruieren, dient ihm zur Kategorisierung religiöser Entwicklung in sieben Stufen vom Glauben der frühen Kindheit über einen mythisch-wörtlichen Glauben bis hin zu einem individuierend-reflektierenden Glauben. Das Stufenmodell Fowlers hat Unterstützung und Kritik erfahren. Falsch verstanden wäre es, wenn daraus ein Schematismus der Entwicklung der Religiosität bei jedem einzelnen Menschen konstruiert würde. Hilfreich aber erscheint es, um wahrzunehmen, dass Glaube sich im Leben verändert. Besonders der kritische Bruch zwischen Kindheit und Jugend kann im Religionsunterricht beobachtet werden – und zu einem gänzlich anderen Unterricht etwa zum Thema der Wundergeschichten in unterschiedlichen Jahrgangsstufen führen. Für ein Kind in der ersten oder zweiten Klasse ist es im Allgemeinen überhaupt kein Problem, erzählt zu bekommen, dass Jesus auf dem Wasser wandelte. Erzählt man diese Geschichte einem Schüler in der siebten Klasse, wird man sich kritische Fragen („Konnte Jesus denn ‚in echt' auf dem Wasser laufen?") und ungläubige Ablehnung („So ein Unsinn!") gefallen lassen und sich fragen müssen, wie eine solche Geschichte dann erzählt werden kann, um jenseits der „ersten Naivität" der Kinder zu einer „zweiten Naivität" (Paul Ricoeur) zu verhelfen, die die Wahrheit der Erzählung nicht in der historischen Faktizität des Wasserwandels auf dem See Genezareth festmacht.

Entwicklung von Religiosität

lebenszyklische Religiosität	Religiosität verändert sich auch nach dem Erreichen des Erwachsenenalters weiter. Kontingenzbewältigung und die Notwendigkeit zur Reduktion von Komplexität werden besonders dann entscheidend, wenn *Krisen* den normalen Lebenslauf durchbrechen. „Krise" ist dabei als neutraler Begriff zu verstehen. Die Veränderung des Lebens, die sich dann ergibt, wenn zwei Liebende sich entschließen, gemeinsam zu leben oder zu heiraten, die Veränderung, die eintritt, wenn einem Paar ein Kind geboren wird, ist ebenso als Krise anzusprechen wie die ins Leben einbrechende Krankheit, der Tod eines Partners oder engen Freundes etc. Der Bedarf nach Deutung des eigenen Lebens wird in Situationen, in denen der bisherige Gang der Biografie freudig oder belastend unterbrochen wird, evident, während das Leben ansonsten mit seinen kleinen Höhen und Tiefen ohne Nötigung zu expliziter Vergewisserung verläuft. Anders formuliert: Religion wird lebenszyklisch zum Thema.
primäre und sekundäre religiöse Erfahrung	Um nicht einfach alles, was in solchen Lebensumbrüchen als Lebensdeutung versucht wird, unterschiedslos religiös zu nennen, ist in den vergangenen Jahren die Unterscheidung von *primärer* und *sekundärer religiöser Erfahrung* (Thomas Sundermeier, Andreas Feldtkeller) eingeführt worden. Primäre religiöse Erfahrung stellt sich ein, wenn Menschen erkennen, dass sie nicht aus sich selbst leben, nicht aus sich heraus Kontinuität und Sinn gewährleisten können; sekundäre religiöse Erfahrung trägt einen expliziten Transzendenzbezug in diese primären Erfahrungen ein. Für Umbrüche im Lebenslauf heißt dies zum Beispiel: Die Geburt eines Kindes verweist auf das Wunder des Lebens und seine Zerbrechlichkeit. Die Sehnsucht des familiären Umfeldes danach, dass das Kind behütet und gesund aufwächst, ist groß, und es ist evident, dass die Erfüllung dieser Sehnsucht nicht allein in den Händen der sorgenden Eltern und der weiteren Familie liegt. Eine 39-jährige Ärztin blickt zurück auf die Taufe ihrer Tochter und sagt laut Gesprächsprotokoll: „Also zum Beispiel zur Taufe meiner Tochter […] da hatte ich auch dieses, hatte ich irgendwo 'n ganz, äh, rührendes Gefühl dabei und daß ich doch, äh, das Gefühl hatte, daß es richtig is und wichtig is, ja doch, irgendwo doch mit dem Segen irgendwo durch's Leben zu

gehen, mit dem Segen [...] Gottes" (zitiert bei Grethlein, 48). Die kirchliche Taufe hat die Chance, an die Sehnsüchte von Menschen anzuknüpfen und die primäre religiöse Erfahrung weiterzuführen in jenen Deutungsraum, der die Ebene der einzelnen Familie übersteigt und die Geschichte dieses Kindes einzeichnet in die Gottesgeschichte mit der Welt.

Bisher war die *individuelle Funktion* von Religion für Einzelne oder Familien im Blick, weniger hingegen die *kollektive Funktion* von Religion für Gemeinschaften, d. h. Staaten oder Gesellschaften. In der Tat wird diese in der gegenwärtigen Praktischen Theologie eher weniger diskutiert, obgleich sie nach wie vor existiert. So ist es aufschlussreich zu sehen, wie in den USA nach den Terroranschlägen vom 11.9.2001 die Erschütterung und Verunsicherung zu religiösen Feiern führte. Am Freitag, 14.9., waren die Moscheen, am Schabbat, 15.9., die Synagogen, am Sonntag, 16.9., die Kirchen über das Land hinweg bis auf die letzten Plätze gefüllt – und viele erwarteten Worte, die die Erschütterung mit dem Glauben an Gott und an das Weiterbestehen der Nation verbinden konnten. Aber auch jenseits von Katastrophen, die besondere Deutung verlangen, fungiert Religion (bei uns: die christliche Religion) noch immer als – inzwischen allerdings durchaus umstrittener – Garant für Werte sowie als Basis der Gesellschaft. Eidesleistungen werden meist noch als religiöse Eidesleistungen erbracht („... so wahr mir Gott helfe") und in Klassenzimmern in Bayern hängen (noch immer) Kreuze an der Wand.

kollektive Funktion von Religion

4. Wie findet Religion ihre Gestalt? – Zur Ästhetik religiöser Erfahrung

Im Einleitungskapitel haben wir vier methodische Zugänge zur Praktischen Theologie unterschieden: biblisch-hermeneutisch, historisch, empirisch und ästhetisch (siehe 1). Wenn Sie diesem Kapitel bis hierher gefolgt sind, dann wird Ihnen aufgefallen sein, dass wir uns dem Thema Religion bislang vor allem historisch und empirisch genähert haben. Fragt man *ästhetisch*, so fällt der Blick auf Gestaltungen des Religiösen. Religion lebt nicht nur in Gedanken, sondern ebenso in Gefühlen und Hand-

Symbol und Ritual

lungen. Konstitutiv gehören Symbole und Rituale hinzu, wenn Religion praktisch wird. Unter *Symbolen* sind bildhafte Ausdrucksformen zu verstehen, die über das unmittelbar Erkennbare hinaus auf einen weiteren Sinn verweisen – und zwar so, dass dieses Weiterführende nicht einfach abstrakt entschlüsselt werden kann, als ob man das Symbol nicht mehr bräuchte, wenn es einmal erkannt ist. Sondern vielmehr so, dass das Symbol zum Träger dieses Anderen wird. Denken Sie z. B. an das etwas kindische Stofftier, das ein Liebender seiner Freundin vor dem Antritt eines Auslandssemesters schenkt. Dieses ist aufgeladen mit der Gegenwart des vermissten Freundes und wird gestreichelt oder gar geküsst werden. Denken Sie – im religiösen Kontext – an das Abendmahl. Brot und Wein sind nicht „nur" Symbol für Leib und Blut Christi. Nein, sie sind als Symbol selbst das, wofür sie stehen. – Wenn ein solcher komplexer Symbolbegriff im Spiel ist, dann sind Rituale leicht zu definieren. Sie setzen Symbole zu bestimmten Handlungsfolgen zusammen und können als „wiederholbare Handlungsmuster von symbolischem Charakter" (Jetter, 22) bestimmt werden.

religiöse Symbole

Wenden wir uns nun dem Symbol in seiner praktisch-theologischen Relevanz zu. In der „Leipziger Volkszeitung" fand sich in einer Traueranzeige vom 17.2.2006 anstelle eines explizit religiösen Symbols (Kreuz oder „Betende Hände") neben dem Namen des Verstorbenen ein Fußball. Die Angehörigen haben dies wohl nicht als ironische Durchbrechung gedacht oder als witzig-posthume Charakterisierung des verstorbenen Fußballfans, sondern eher als ernstgemeinten Verweis auf das, was für den Verstorbenen wichtig im Leben war, ihm Halt und Kraft und vielleicht auch Sinn gegeben hat.

Wo immer Religion Gestalt findet, tauchen Symbole auf. Aufschlussreich ist es, sich die Gestaltung von Wohnräumen unterschiedlicher Menschen anzusehen (Inken Mädler). Oft findet sich eine Nische oder Ecke, die ausgestattet ist mit Symbolen, die für die Bewohnerin oder den Bewohner eine besondere Funktion erfüllt, die über das Zweckmäßige hinausgeht. Da gibt es z. B. einen Winkel im Arbeitszimmer ausgestattet mit Artikeln aus dem Fanbedarf eines Fußballvereins oder eine Wand mit einem Kreuz und Bildchen mit erbaulichen Sprüchen. Oder da wird regelmäßig eine Kerze vor dem Bild einer Verstorbenen entzündet bzw. dieser Platz mit frischen Blumen versorgt. Die „materielle Kultur" ist voll von expliziten und impliziten religiösen Inszenierungen.

Das Ritual gilt alltagssprachlich meist als etwas Überkommenes, Einengendes. Seit vielen Jahren gewinnt demgegenüber in Psychologie und Theologie ein neues und positives Ritualverständnis Raum. Rituale werden psychologisch in ihrer Bedeutung für das Leben entdeckt. Vorgegebene Handlungsmuster sichern Erwartbarkeit und Beständigkeit und entlasten von der jeweils neuen Pflicht, sich selbst individuell und immer neu zu verhalten. So entdeckte Erik H. Erikson (1902–1994) die entwicklungspsychologische Bedeutung von Ritualen für die interpersonale Kommunikation – zunächst: für die Mutter-Kind-Beziehung. Durch die erwartbare Regelmäßigkeit wird Urvertrauen („basic trust") herausgebildet und bestätigt. Erving Goffman (1922–1982) betonte die Bedeutung von Ritualen für die alltägliche Kommunikation und das Miteinander von Menschen. Durch vorgegebene Rituale (etwa: Begrüßungsformeln) wird nicht nur die Gesellschaft stabilisiert, sondern auch das eigene Selbstbild („image") der Person. Inzwischen beschäftigt sich ein ganzer Zweig der Kulturwissenschaften, die sog. Ritual Studies, mit dem, was im Ritual geschieht. In diesem Zusammenhang können dann auch religiöse Rituale als für die einzelnen Individuen hilfreich wahrgenommen werden. So mag eine vertraute Segensformel im Gottesdienst Halt und Stabilität vermitteln, und das rituelle Handeln zur Beerdigung mit seinen festen Texten und Handlungsvollzügen (Kreuzeszeichen, Erdwurf …) die Betroffenen von der drängenden Frage entlasten, was denn nun getan werden müsse.

weltliche und religiöse Rituale

5. Welche Religion meinen wir? –
Die Vielfalt der Religionen als Herausforderung

Schulgottesdienst in multireligiöser Landschaft

Gegenwärtig hat sich jede praktisch-theologische Reflexion auf Religion nicht nur mit Anfragen der vielfältigen Religionskritik, sondern auch mit der multi-religiösen Landschaft auseinanderzusetzen. Dies betrifft zum Beispiel das kirchlich verantwortete Handeln auf dem Gebiet der Religionspädagogik. Noch vor einigen Jahrzehnten konnte auch in den Großstädten Westdeutschlands noch recht problemlos ein christlicher Gottesdienst zur Einschulung der Erstklässler gefeiert werden. Was aber ist zu tun, wenn unter den Eingeschulten zahlreiche Moslems, der eine oder andere Jude ist und viele gar keiner Religionsgemeinschaft angehören? Soll dann ein christlicher Gottesdienst gefeiert werden, zu dem nur die christlichen Schüler mit ihren Eltern eingeladen werden? Oder sollen alle zum christlichen Gottesdienst eingeladen werden, weil man davon ausgeht, dass das Christentum noch immer zur „Leitkultur" (so ein problematischer Begriff aus dem konservativen politischen Lager) gehört? Oder soll man eine multi-religiöse Feier anbieten, welche die drei großen monotheistischen Religionen Judentum, Christentum, Islam verbindet und die die Bezeichnung „Gottesdienst" bewusst vermeidet? Oder soll besser auf eine religiöse Feier verzichtet und eine weltliche Schulfeier gestaltet werden? – Inzwischen gibt es einige kirchliche Handreichungen mit Hinweisen zu multi-religiös gestalteten Feiern zur Einschulung, die eine kritische Betrachtung lohnen.

6. Wie reagiert Kirche auf Religion? – Das Beispiel der Kasualien

Kirche und Religion(en)

Die Kirchen sind angesichts der neuen religiösen Situation herausgefordert, (1) Religion als menschliches Phänomen wahrzunehmen und genau zu fragen, wie Menschen ihre Religion verstehen und leben, (2) die faktische Pluralität der Religionen wahrzunehmen und entsprechend zu agieren. Dabei ist sowohl die Grundlegung der Praktischen Theologie betroffen, weil gefragt werden muss, was Menschen der Gegenwart glauben und hoffen und wie sich christlicher Glaube mit seinen Traditionen,

Symbolen und Ritualen dazu verhält. Andererseits ist jedes einzelne der Handlungsfelder der Praktischen Theologie herausgefordert, Religion als Thema zu reflektieren. Im Folgenden greifen wir abschließend nur einen Bereich exemplarisch heraus.

Seit das Thema Religion im neueren praktisch-theologischen Diskurs bedacht wird, nimmt auch die Bedeutung einer Reflexion auf die sogenannten Kasualien zu (von lat. *casus* = Fall). Es geht um das, was im Leben einzelner Menschen der „Fall" ist, und darum, wie Kirche damit umgeht. Bei den vier klassischen Kasualien Taufe, Konfirmation, Trauung und Beerdigung haben Kirchen seit Jahrhunderten Rituale entwickelt, die Menschen auf dem Weg des Übergangs begleiten und die in Zeiten des Umbruchs stabilisieren, entlasten und orientieren. In den vergangenen Jahrzehnten wurde zunehmend klar, dass Kasualien für viele Kirchenmitglieder der wesentliche Kontaktpunkt zur Kirche sind. Ihre Religiosität kann daher als lebenszyklisch bezeichnet werden. In einer wegen ihrer erfrischenden Polemik und theologischen Verve noch immer lesenswerten kleinen Schrift hatte der Praktische Theologe Rudolf Bohren (geb. 1920) vor fast 50 Jahren den kirchlichen Umgang mit den Kasualien scharf kritisiert. Er warf Pfarrerinnen und Pfarrern vor, sie würden die Kasualien instrumentalisieren, indem sie sie als „missionarische Gelegenheit" verstünden, bei denen ihnen endlich einmal Menschen „vor die Flinte kommen", die sich ansonsten nie in der Kirche sehen lassen. Dieses Verhalten entwürdige die unregelmäßigen Gottesdienstbesucher und es führe zu einer theologischen Verwahrlosung des Redens im Kontext der Kasualien. Man würde nämlich als Pfarrer vieles tun, um den Leuten nach dem Mund zu reden. Es komme zur „Baalisierung" der Gottesrede, d. h. Gott werde – wie der kanaanäische Gott Baal – zum Garanten für Gelingen und Erfolg gemacht. Bohren plädiert angesichts dieser Misere für weitreichende kirchliche Abstinenz und möchte die Kasualien am liebsten dorthin verlagern, wo sie seines Erachtens ihren legitimen Ort haben: in die Familien.

Baalisierung der Kasualien?

Die schroffe Antithese Bohrens bleibt als kritisches Korrektiv wichtig, muss aber in ihrer Radikalität hinterfragt werden. So verstand Manfred Seitz die Kasualien zwar nicht als „missio-

Kasualien als Segensraum

narische", aber eben doch als „gottesdienstliche Gelegenheiten". Menschen kämen in die Kirche, wo sich im gottesdienstlichen Handeln die Aufgabe stelle, den erlebten Zu-Fall in Gnade zu verwandeln. Es gehe darum, die Erwartungen, Befürchtungen und Hoffnungen auf- und ernst zu nehmen und mit der christlichen Tradition sowie ihren Symbolen und Ritualen zu verbinden. Ulrike Wagner-Rau prägt das Bild der Kasualien als „Segensraum" – als Raum, in den Menschen eintreten, ihr Leben neu deuten können und in dem auch das Fragmentarische des eigenen Lebens seinen Platz hat.

Kasualien und die Handlungsfelder der Praktischen Theologie

Bei dieser Aufgabe verbinden sich exemplarisch die unterschiedlichen Handlungsfelder der Praktischen Theologie: Bei einem Gespräch vor Taufe, Trauung oder Beerdigung ist die Poimenik herausgefordert. Für die Gestaltung der Kasualie selbst ist liturgisch und homiletisch zu fragen: Liturgisch geht es etwa darum, inwiefern die traditionelle Vorgabe der kirchlichen Agende verwendet oder modifiziert werden soll. Soll z. B. dem Wunsch von Angehörigen, ein Stück Pop-Musik in den Ablauf einer Beerdigung einzubinden, entsprochen werden? Homiletisch gilt es zu fragen, mit welchen Worten die individuelle Lebensgeschichte mit dem, was theologisch im Mittelpunkt steht und durch das Ritual repräsentiert wird, verknüpft werden kann. Dass es bei Kasualien nicht zuletzt auch eine pädagogische Dimension gibt, liegt ebenfalls auf der Hand. Vor allem die Konfirmation kennt eine ausgeprägte Vorbereitungszeit, die als nachgeholte Taufunterweisung verstanden werden kann.

neue Kasualien

Bislang gingen die Überlegungen zu den Kasualien von den vier klassischen Kasualien aus. Daneben wurde immer wieder gefragt, ob nicht auch neue Kasualien bedacht werden müssten, um der Vielfalt von Lebensformen zu entsprechen. Besonders umstritten sind dabei kirchliche Handlungen bei Scheidungen und angesichts neuer Formen des Zusammenlebens (z. B. Segnung homosexueller Paare). Gefragt werden kann aber auch, ob nicht Einschnitte im Lebenslauf – wie etwa die Pensionierung – als Umbrüche verstanden werden können, die zu kasueller Begleitung nötigen. Ebenso wird der oben bereits diskutierte Gottesdienst zum Eintritt in die Schule von vielen Praktischen

Theologen als Kasualgottesdienst interpretiert. Und nicht zuletzt kann auch der Heilige Abend als, allerdings jährlich wiederkehrender, Kasus verstanden werden, der eine spezifische Reflexion auf das Miteinander von individueller Religiosität und kirchlichem Ritual nötig macht – eine Reflexion, die der Praktischen Theologie grundlegend aufgegeben ist, wenn sie sich mit Religion auseinandersetzt.

Fragen:

1. Rekapitulieren Sie die Inhalte dieses Kapitels zum Thema Religion, indem sie es nach den vier verschiedenen Zugängen strukturieren und fragen: Inwiefern tragen *historische, empirische, ästhetische und biblische Ansätze* dazu bei, das in Frage stehende Phänomen zu beschreiben? Wo stimmen die vier Ansätze in ihrer Wahrnehmung der Phänomene überein, wo gibt es markante Differenzen und entsprechende Herausforderungen?
2. Nach dem Grundgesetz (Art. 7 Abs. 3) ist ein konfessioneller Religionsunterricht vorgesehen. Inzwischen stellt sich angesichts der multi-religiösen Situation die Frage, ob dieser noch Sinn macht oder nicht durch einen allgemein werteerziehenden Ethikunterricht ersetzt werden sollte. In Berlin scheiterte im April 2009 das Volksbegehren „Pro Reli", das sich für die Einführung eines ordentlichen Lehrfachs Religion im Rahmen einer Fächergruppe Ethik/Religion aussprach, das es bislang aufgrund der besonderen verfassungsrechtlichen Situation in Berlin nicht gibt. Recherchieren Sie im Internet und sammeln Sie Argumente für und gegen einen konfessionellen Religionsunterricht!
3. „Religion ist Privatsache!" – Diskutieren Sie dieses oft gehörte Statement in praktisch-theologischer Perspektive. Berücksichtigen Sie dabei besonders die Frage der religiösen Sozialisation sowie die Bedeutung von Kasualien im Lebenslauf von Menschen.

3.3 Kirche

1. Kirche in praktisch-theologischer Wahrnehmung

Grundspannungen

„Jesus kündete das Reich Gottes an, und gekommen ist die Kirche" – diese berühmte Einschätzung Alfred Loisys aus dem Jahr 1902 wird gelegentlich zitiert, wenn es um die Spannung zwischen Anspruch und Wirklichkeit der Kirche geht. Auch wenn es der katholische Modernist nicht in erster Linie kirchenkritisch oder gar spöttisch meinte, wird das Zitat bis heute in einem resignativen Sinn gebraucht: Anstelle der erwarteten neuen, durch Gott verwandelten Welt ist etwas ganz Irdisches gekommen: die Kirche, deren Handeln oftmals im Widerspruch steht zur Bergpredigt, zur Lebenspraxis Jesu oder zu den Erwartungen, die der Apostel Paulus in seinen Briefen formuliert hat. Zu wenig solidarisch sei die Kirche heute, zu stark mit sich selbst beschäftigt und zu stark den wirtschaftlichen Zwängen ausgeliefert, so lauten gängige Typen der Kirchenkritik. Neben diese Spannung zwischen dem christlichen Ideal und der kirchlichen Realität ist vor allem in den letzten Jahrzehnten eine weitere getreten: das oben beschriebene Auseinanderdriften von Religion und Kirche (siehe 3.2.1).

Aufbau des Kapitels

Die Praktische Theologie muss sich mit den genannten Spannungen auseinandersetzen, wenn sie „Kirche" reflektiert, und auch der Aufbau des ersten Teils dieses Kapitels orientiert sich daran: Nach einem Blick auf biblische Bilder und praktisch-theologische Konzepte, die versuchen zu beschreiben, wie Kirche sein *soll* (3.3.2), folgt eine stärker sozialwissenschaftliche Bestandsaufnahme der gegenwärtigen kirchlichen Lage (3.3.3). Der letzte Teil zeichnet die Debatte um das Berufsverständnis von Pfarrerinnen und Pfarrern als zentralen Repräsentanten der Kirche nach (3.3.4). Ein kurzer Ausblick wird sich mit der Reform der Kirche beschäftigen, wie sie gegenwärtig eingefordert wird (3.3.5).

Dogmatik und Kirchentheorie

Wie generell in der Praktischen Theologie müssen auch bei der Wahrnehmung der Kirche biblisch-hermeneutische und empirische Zugänge (neben historischen Erkundungen und ästhetischen Wahrnehmungen) in gleichem Maße berücksichtigt werden. Es gilt also zu fragen: Wie soll Kirche aus theologischen Gründen sein, wie ist die Kirche und was erwarten die Menschen heute von ihr? Im Rahmen der übrigen theologischen Disziplinen ist die Praktische Theologie dabei untrennbar mit der Ekklesiologie als der Lehre von der Kirche aus dem Bereich der Systematischen Theologie verknüpft. In neuerer Zeit hat sich für die theologische Reflexion der Kirche zwischen Praktischer und Systematischer Theologie der Begriff der „Kirchentheorie" eingebürgert. Dabei ist die Dogmatik einerseits auf Ergebnisse der empirischen Sozialforschung angewiesen, insbesondere der Kirchen- und Religionssoziologie, um nicht einseitig ein Kirchenverständnis zu vertreten, das den Ansprüchen und religiösen Vorstellungen ihrer Mitglieder nicht gerecht wird. In gleichem Maß benötigt die Praktische Theologie den Dialog mit der Dogmatik, um ein Kirchenverständnis zu korrigieren, das zu stark durch Meinungen und Stimmungen der jeweiligen Zeit geprägt ist. Gleichzeitig ist dieses insofern entlastend, als die Dogmatik der Kirche sagt, dass sie sich nicht ständig neu erfinden und ihre Zukunft nicht aus sich selbst heraus garantieren muss.

2. Biblische Bilder und praktisch-theologische Konzepte

Trotz ihrer Verbundenheit zum jüdischen Glauben knüpften die ersten Christen weniger an den Begriff der Synagoge (gr. Zusammenkunft) an, sondern verstanden sich als Menschen, die von Gott als „ecclesia" aus der Welt „herausgerufen" werden, in Ableitung des griechischen Tätigkeitswortes „ekkalein". Auch die deutsche Bezeichnung Kirche ist der griechischen Sprache entnommen. So meint „kyriakon" das zum Herrn gehörende Haus. Für die Gemeinschaft der frühen Christen finden sich im Neuen Testament eine Reihe von Bildern, zum Beispiel der „Leib Christi" (u. a. 1Kor 10,17), das „Haus Gottes" (Hebr 10,21) bzw. der „Tempel Gottes" (2Kor 6,16) oder das aus dem Alten Testament stammende Bild vom „wandernden Gottesvolk" (Hebr 3,7–4,11). Die biblischen Bilder verweisen auf unterschiedliche Aspekte des praktisch-theologischen Nachdenkens über Kirche. Beschreibt zum Beispiel die Metapher des (nicht teilbaren) Körpers die ökumenische Einheit der Christen, so erweist sich das

Kirchenverständnis der frühen Christen

Bild vom wandernden Gottesvolk als tragfähig in der Diskussion um die Zukunftsfähigkeit der kirchlichen Strukturen, ermahnt zur Flexibilität und ermutigt zur Suche nach neuen Orten des kirchlichen Handelns. Erste Ansätze zu einer ausgeführten Ekklesiologie liefert Paulus, wenn er den Geist Gottes als konstituierende Macht einstuft, welche zur Gemeinde ruft und sie zugleich bildet (vgl. Röm 8,14–17). Durch die Taufe und das Abendmahl werden die einzelnen Christen nach Paulus als „Heilige" (1Kor 1,2) dem Leib Christi im wörtlichen Sinn an-ge-gliedert (1Kor 12,13). Das apostolische Glaubensbekenntnis („Credo" = lat. „ich glaube") aus dem zweiten Jahrhundert, welches heute in vielen Gottesdiensten gesprochen wird, benennt die Einheit, Heiligkeit, Katholizität (im Sinne einer allumfassenden, nach Vollendung strebenden Kirche) und Apostolizität (der Lehre der Apostel entsprechend) als wesentliche Eigenschaften der Kirche.

sichtbare und unsichtbare Kirche

Nun würde sich bis heute kaum ein Christ anmaßen, in seinem Tun und Lassen als „heilig" bezeichnet zu werden, und nicht erst die Spaltung in evangelische und katholische Christen steht – trotz aller ökumenischer Bemühungen – in Spannung zur Einheit des Glaubensbekenntnisses. Der Kirchenvater Augustin (354–430) unterschied deshalb zwischen einer wahren und einer uneigentlichen, irdischen Kirche: Die Heiligkeit der wahren, unsichtbaren Kirche sei dabei verborgen in der irdischen, sichtbaren Kirche. Auch für Martin Luther ist die wahre Kirche zwar unter der irdischen verborgen, aber in ihr dennoch erkennbar. Als sichtbare Zeichen der Kirche nach lutherischem Verständnis dienen die Verkündigung des Wortes Gottes und die Verwaltung der Sakramente (Artikel 7 des Augsburger Bekenntnisses). Die sichtbare Kirche wird zentral über den Gottesdienst bestimmt. Dies hat der Definition den Vorwurf eines „minimalistischen Kirchenverständnisses" eingebracht, weil die Formel nichts über den Ursprung der Kirche, ihre Organisation und vor allem nichts über ihren sozialen und politischen Auftrag aussage. In der gegenwärtigen Diskussion trifft die klassische Unterscheidung zwischen einer sichtbaren und einer unsichtbaren Kirche durchaus den Gegensatz zwischen der wissenschaftlich erfassbaren Kirche einerseits und der geglaubten Kirche andererseits, die dieser menschlichen Erkenntnis notwendig entzogen und doch untrennbar auf sie bezogen ist.

Dass die Debatte um das Profil der Kirche in praktisch-theologischer Perspektive bis heute leidenschaftlich geführt wird, hängt mit der evangelischen Grundauffassung zusammen, wonach sich die Kirche stets neu reformieren müsse („ecclesia semper reformanda") – auch 500 Jahre nach der Epoche der Reformation. Einen besonderen Nachhall bei der Wesensbestimmung der Kirche hat bis heute die von Ernst Lange in den 1960er-Jahren geprägte Formel der „Kommunikation des Evangeliums" gefunden. So definiert zum Beispiel Reiner Preul die Kirche als „System der Kommunikation des christlichen Wirklichkeitsverständnisses" (153). Ernst Lange war wichtig, dass sich die religiöse Kommunikation nicht nur in der Predigt, sondern im gesamten Reden und Tun der Kirche zeige. Sein Experiment der „Ladenkirche" wurde zu einem der meistbeachteten Reformprojekte der evangelischen Kirche und gilt als Meilenstein auf dem Gebiet des Gemeindeaufbaus. In dieser „Ladenkirche", einem geringfügig umgebauten ehemaligen Bäckerladen, feierte Lange Gottesdienste, hielt Gemeindeabende, organisierte aber auch das soziale Engagement. Ihm war es dabei wichtig, die Schwelle zwischen der Lebenswirklichkeit der Menschen und der Kirche so niedrig wie möglich zu halten.

Kommunikation des Evangeliums

3. Empirische und sozialwissenschaftliche Bestandsaufnahmen

Die „Krise der Volkskirche" oder der „Abschied von der Volkskirche" werden immer wieder beschworen, wenn es um die Wahrnehmung der gesellschaftlichen Realität der Kirche geht. Der zurückgehende Kirchgang oder das schwindende Kirchensteueraufkommen werden häufig als Belege für diese These angeführt. Doch bereits der Begriff der „Volkskirche" ist nicht unumstritten. Ein nationales Verständnis im Sinne der Kirche *eines* Volkes bzw. einer Nation wird heute aus guten Gründen nicht mehr vertreten; vor allem, weil es im Nationalsozialismus mit seiner Gleichsetzung von deutsch, christlich und national und dem Glauben an eine Offenbarung Gottes in der deutschen Nation pervertiert wurde. Hilfreicher, aber dennoch problematisch

„Volkskirche"

ist der Begriff dagegen in seiner Bedeutung als Kirche *für* das Volk im Sinne einer dienenden Institution, die vor allem eine umfassende pfarramtliche Versorgung bietet und dabei auch einen Öffentlichkeits*anspruch* besitzt. Freilich kann eben diese Grundversorgung zunehmend nicht mehr geleistet werden, wenn etwa in Mecklenburg ein einziger Pfarrer für acht Gemeinden und acht Dorfkirchen zuständig ist. Vor allem aber bezieht sich die Bezeichnung Volkskirche auf den Umstand, dass der Einzelne mehrheitlich traditionell in die Kirche hineingeboren bzw. wenige Monate später getauft wird und somit auf Grundlage der konfessionellen Familientradition Kirchenmitglied wird. Die Entwicklung der Kirchenmitgliedschaftsstatistik hat seit den 1990er-Jahren die Debatte angeheizt, ob die Bezeichnung Volkskirche in diesem Sinn überhaupt noch die konfessionelle Wirklichkeit in Deutschland widerspiegelt. Vor allem gilt dies für die Situation in Ostdeutschland, wo im Jahr 2006 nur etwa ein Viertel der Bevölkerung Mitglied einer christlichen Kirche war. – Insgesamt muss jedoch berücksichtigt werden, dass für den Rückgang der Mitgliederzahlen nicht nur die Kirchenaustritte eine Rolle spielen, sondern in gleichem Maße auch die demographische Entwicklung in Deutschland: So sterben schlicht mehr alte Menschen als Kinder getauft werden. 338.068 Beerdigungen standen im genannten Jahr nur 213.077 Taufen in der evangelischen Kirche gegenüber.

Milieutheorie

Vielleicht haben Sie sich auch schon einmal gefragt, warum die Menschen, die mit Ihnen in den Kirchenbänken sitzen, oft einen so ähnlichen Eindruck machen – egal, ob in der Vorstadtgemeinde oder einige Dörfer weiter auf dem Land. Zur Beantwortung könnte die sogenannte Milieutheorie helfen: Bereits in den 1950er-Jahren wurde von einer „Milieuverengung" der Kirche gesprochen und kritisiert, in welchem Ausmaß die kirchlichen Angebote auf ein ganz bestimmtes gesellschaftliches Milieu ausgerichtet seien, nämlich auf das sogenannte Kleinbürgertum. Dass vor allem der Protestantismus Schwierigkeiten hat, auch andere Zielgruppen zu erreichen, z. B. die traditionelle Arbeiterklasse, ist ein Phänomen, das bis in die Anfänge der Industrialisierung zurückgeht. Bis in die Zeit der Aufklärung lässt sich die Skepsis gebildeter Kreise gegenüber der Institution Kirche und deren religiöser Lehre zurückverfolgen. Nicht ohne Grund richteten sich die berühmten Reden Friedrich Schleiermachers „Über die Religion" (1799) an die „Gebildeten unter ihren Verächtern". Die Milieutheorie geht davon aus, dass die Menschen in ihrer Werteorientierung, in ihren Einstellungen und in ihren Handlungen wesentlich durch Einflüsse ihrer sozialen Umwelt, sprich ihres Milieus, geprägt und beeinflussbar sind. Der Vorteil der Milieutheorie liegt vor allem darin, dass sie ein Bild der Gesellschaft zeichnet, für das nicht eine Abstufung sozialer Schichten ausschlaggebend ist, sondern ein differenziertes Miteinander und Nebeneinander verschiedener sozialer Milieus.

Die Frage, in welcher Gesellschaft wir eigentlich leben, ist für die praktisch-theologische Wahrnehmung der Kirche entscheidend. Antworten geben Soziologen. Vor gut zehn Jahren entwickelte Gerhard Schulze das viel beachtete Modell der „Erlebnisgesellschaft". Die Grundthese: Für die Menschen der Gegenwart geht es nicht mehr um das bloße Überleben, nicht mehr um elementare Bedürfnisbefriedigung, sondern um den Erlebniswert des Lebens. In der Erlebnisgesellschaft sind vor allem das individuelle Lebensgefühl und die Lebensweise ausschlaggebend. Schulze unterscheidet fünf verschiedene Milieus, drei der älteren und zwei der jüngeren Bevölkerung. Genießen diejenigen, die zum Niveaumilieu gerechnet werden, stärker eine Kunstausstellung oder ein Klavierkonzert, so vermag das Harmoniemilieu eher der Lektüre eines Arztromans oder dem Hören von Blasmusik eine Erlebnisqualität abzugewinnen. Auch die religiöse wie kirchliche Orientierung ist gegenwärtig zunehmend erlebnisorientiert. Kein Wunder, dass zum Beispiel zeitlich begrenzte Events wie der Deutsche Evangelische Kirchentag oder der katholische Weltjugendtag teilweise auf größere Resonanz stoßen als die kontinuierliche Mitarbeit in der kirchlichen Jugendarbeit. Im Folgenden zeigt eine Grafik die unterschiedlichen Milieus der Erlebnisgesellschaft. Dabei betreffen die letzten beiden Milieus vor allem die Jugendlichen und jungen Erwachsenen.

Was trägt die skizzierte Milieutheorie für die Praktische Theologie und die Kirche aus? Zunächst muss berücksichtigt werden,

„Erlebnisgesellschaft"

	Problemdefinition: Zentral ist das Streben nach …	Lebensphilosophie: Leitwert ist die …	Genuss-Schema: Am meisten Genuss bietet die …
Niveaumilieu	Spitzenrang	Perfektion	Kontemplation
Harmoniemilieu	Geborgenheit	Harmonie	Gemütlichkeit
Integrationsmilieu	Konformität	Perfektion & Harmonie	Gemütlichkeit & Kontemplation
Selbstverwirklichungs-milieu	Selbstvervoll-kommnung	Ich-Orientierung & Perfektion	„action" & Kontemplation
Unterhaltungsmilieu	Stimulation	Ich-Orientierung	„action"

Lebensstile und distanzierte Kirchlichkeit

dass Milieus nie trennscharf sind und die Bildung statistischer Gruppen immer zulasten der individuellen Lebenswirklichkeit geht. Zur Beschäftigung mit der Frage, für welche *Zielgruppen* die Kirche welche Angebote macht, ist ein Rekurs auf die gängigen Milieus dennoch hilfreich. So ermittelt die Evangelische Kirche in Deutschland (EKD) in ihrer jüngsten Erhebung über Kirchlichkeit und Religiosität ihrer unterschiedlichen Zielgruppen sechs Lebensstile und benennt diese als hochkulturell-traditionsorientiert, gesellig-traditionsorientiert, jugendkulturell-modern, hochkulturell-modern, Do-it-yourself geprägt modern sowie als traditionsorientiert-unauffällig. Setzt zum Beispiel der hochkulturell-traditionell geprägte Kirchenvorsteher auf einen gehobenen Lebensstil bei gleichzeitiger Naturverbundenheit, so grenzt sich der jugendkulturell-moderne Lebensstil des in der Kirche frisch getrauten Paares bewusst von der Hochkultur ab, zieht den Kinobesuch dem gesellschaftlichen Engagement vor und verzichtet nach der Hochzeit bis auf Weiteres auf den Kirchgang. Ergebnis: Die Kirchenmitglieder nutzen die kirchlichen Angebote in einer Weise, die ihren alltäglichen Vorlieben und Lebensgewohnheiten entspricht. Zwar gibt es Kirchenbindungen in sämtlichen Milieus, doch vor allem bei Jugendlichen und jungen Erwachsenen sind diese nur wenig ausgeprägt. Eine Schlussfolgerung für das kirchliche Handeln könnte darin liegen, gezielt Angebote für diese kirchenfremden Milieus anzubieten. Doch Vorsicht: Die möglichst intensive Inanspruchnahme kirchlicher Angebote muss nicht das unumschränkte Ziel des kirchlichen Handelns sein. Vielmehr gilt es, die oftmals als defizitär abgewertete distanzierte oder „lediglich" lebenszyklische (siehe 3.2.3) Kirchlichkeit als eine legitime Form der Kirchenmitgliedschaft zu respektieren und damit zugleich die Unverfügbarkeit der Mitgliedschaftsbeziehungen anzuerkennen. Dies allerdings ist nicht unumstritten. Vor allem die Vertreter evangelistischer Gemeindeaufbaukonzepte (siehe 2.6.4) kritisieren es als geradezu „furchtbare Verkehrung, wenn Theologie oder gar Kirche den Menschen einreden, ihre [...] Distanz sei auch eine Möglichkeit, Christ zu sein", und fordern stattdessen eine „Grundentscheidung für Jesus Christus, eine ganzheitliche Umkehr zu ihm und seinem Leib, der Gemeinde" (Herbst, 135).

4. Die Suche nach der pastoralen Identität

Ein Arzt heilt, ein Richter richtet, ein Lehrer bildet. Was aber ist die Kernaufgabe eines Pfarrers? Bereits die traditionelle Formulierung, der Pfarrer verkündigt das Wort Gottes, ist weniger eindeutig, als es auf den ersten Blick erscheinen mag. Denn was bedeutet Verkündigung gegenwärtig? Ist damit nur an jene Orte gedacht, an denen das biblische „Wort Gottes" ausdrücklich zur Sprache kommt, zum Beispiel in der Predigt auf der Kanzel, in der Andacht beim Seniorennachmittag oder bei der Unterrichtseinheit zum Thema Jesus von Nazareth im Religionsunterricht? Oder kann Verkündigung auch im persönlichen diakonischen Einsatz für einsame oder kranke Menschen, die vielleicht gar nicht zur Kerngemeinde gehören, *praktiziert* werden? Vor allem aber gibt es neben dem Verkündigungsauftrag eine ganze Menge weiterer Erwartungen, die an den Pfarrer herangetragen werden: So kann holzschnittartig vom Pfarrer als Gelehrtem, als Sozialarbeiter, als fürsorglichem Pädagogen, als Gemeindemanager, als Seelsorger oder schlicht als gutem Mitmenschen gesprochen werden, wie er zum Beispiel in den zahlreichen Pfarrerserien der 1990er-Jahre im Fernsehen wahrgenommen wurde (siehe 3.5.3).

Was ist der Pfarrer?

Die Auflistung zeigt, dass zur Beschreibung des pastoralen Berufsverständnisses immer wieder andere Berufe als Analogien herangezogen werden. Was also ist das „Proprium" (lat. das „Eigentliche") des pastoralen Berufes?

Pfarrer als Erzieher, Lehrer und Gelehrter

Manche der zitierten Bilder und Berufsanalogien für das pastorale Handeln begegnen bereits in der Bibel und wurzeln vor allem in der neutestamentlichen Bildersprache – auch die Bezeichnung Pastor (lat. Hirte) ist eine solche und knüpft an die johanneische Bezeichnung Jesu als „guter Hirte" (Joh 10,11) an. Anfangs hatte der Pastor noch nicht jene dominierende Stellung in der Gemeinde, die er heute faktisch besitzt. So habe Christus „etliche zu Aposteln gesetzt, etliche zu Propheten, etliche zu Evangelisten, etliche zu Hirten und Lehren", heißt es im Epheserbrief (Eph 4, 11). Später schmolzen die genannten Größen zu dem *einen* Beruf des Geistlichen zusammen. Die Bestimmung der pastoralen *Kern*aufgabe hing vor allem im Protestantismus stark vom jeweiligen geistesgeschichtlichen Klima ab: So favorisierte die Aufklärung den Pfarrer vor allem als nützlichen *Erzieher* und *Lehrer* des Volkes. Damals lehrten evangelische Pfarrer teilweise die Prinzipien des Ackerbaus und der Staatsbürgerkunde und referierten in der Sonntagspredigt als der einzigen Bildungsveranstaltung auf dem Lande über medizinische Vorsorge und Kindererziehung. Eng verknüpft mit der Funktion des Lehrenden war und ist bis heute das Bild vom Pfarrer als *Gelehrten*. Bereits der schwarze Talar als Ausdruck akademischer Würden (eingeführt 1811) deutet in den meisten evangelischen Gottesdiensten in Deutschland unübersehbar darauf hin. In der Selbst- wie Fremdwahrnehmung des Pfarrers ist das Bild des Gelehrten heute deutlich in den Hintergrund getreten, weil es zu oft die Vorstellung vom lebensfernen Geistlichen in der Studierstube beinhaltet.

Pfarrer als Arzt, Seelsorger und Sozialarbeiter

Neben der Lehre gehört zum Pfarrberuf auch seine helfende Funktion. Karl-Wilhelm Dahm hat als die beiden Funktionsbereiche der Kirche die „lehrende Darstellung und Vermittlung grundlegender Sinnsysteme" sowie die „helfende Begleitung in Krisensituationen und Knotenpunkten des Lebens" beschrieben. In der neuzeitlichen Kirchengeschichte konnte sich mancher

Pfarrer sogar als *Arzt* verstehen: So diente das Pfarrhaus teilweise als eine Art medizinischer Vorposten auf dem Lande oder als Schulhaus auf dem Gebiet der Krankenpflege. Heute wird das Bild des Arztes nur noch im Sinne des *Seelsorgers* verwendet. Vor allem auf dem Gebiet der Psychotherapie nahmen Pastoraltheologen in der zweiten Hälfte des 20. Jahrhunderts intensiv Anteil an den Erkenntnissen der Humanwissenschaften (siehe 2.4). Lange vor dem heutigen Beruf eines *Sozialarbeiters* waren Pfarrer schließlich als Helfer für Menschen mit sozialen Problemen aktiv. Dabei waren es jedoch häufig einzelne herausragende Persönlichkeiten wie Johann Hinrich Wichern, welche die Kirche und deren pastorale Amtsträger an ihre soziale Verantwortung erinnerten (siehe 2.7.2). Vor allem die Institution des evangelischen Pfarrhauses erwies sich unter der Regie der Pfarrfrau nicht selten als Auffangbecken, über das der Lyriker Reiner Kunze zu DDR-Zeiten aufgrund eigener Erfahrung anerkennend schrieb: „Pfarrhaus / Wer da bedrängt ist, / findet Mauern, ein Dach und / muss nicht beten".

Das Pfarrhaus als eine Art religiöser Praxis, die das berufliche und das private Leben miteinander verzahnt, wird heute zunehmend als nicht mehr realisierbares Ideal zurückgewiesen. Vor allem aber üben Pfarrer Kritik an einem Berufsbild, das sie als moralisches wie religiöses Vorbild zeichnet. „Pfarrersein als Lebensform" wird heute von vielen Pfarrern als Überforderung gesehen und dafür stärker der Pfarrer als normaler Beruf herausgestellt. Isolde Karle definiert den Pfarrberuf ausdrücklich als *Profession* und stellt ihn eine Reihe mit den anderen klassischen Professionen des Richters, des Arztes oder des Lehrers. Gemeinsam sei diesen der Bezug auf „zentrale Fragen und Probleme menschlichen Lebens in der Gesellschaft wie Krankheit, Schuld und Seelenheil" – beim Pfarrer sei dies der Glaube als „Sachthematik" – sowie die unerlässliche persönliche Begegnung im Sinne einer Face-to-Face-Kommunikation. Dabei müssten sich die Pfarrer, wie Vertreter anderer Professionen auch, jedoch zwangsläufig bestimmten Verhaltenszumutungen im individuellen Leben stellen: zum Beispiel dem Verzicht auf geregelte Arbeitszeiten und einer intensiven Präsenz in der Öffentlichkeit.

Pfarrberuf als Profession

Pfarrer als Repräsentant des Heiligen

„Der Pfarrer als Führer ins Heilige" – diese Maxime von Manfred Josuttis steht im Mittelpunkt eines anderen, gegenwärtig stark beachteten Entwurfes zum pastoralen Berufsverständnis. Das Heilige sei jene Realität, welche das spezifische Berufsfeld eines Pfarrers ausmache, jeder Pfarrer repräsentiere dieses Heilige und sei damit so etwas wie ein religiöses Symbol (siehe 2.9.2). Im Gegensatz zur pastoralen Einordnung in eine Reihe mit anderen Professionen stellt Josuttis fest und fordert zugleich: „Der Pfarrer ist anders" (1982). Erheblich wichtiger als die wissenschaftliche Kompetenz sei die spirituelle Praxis; im Zentrum pastoraler Tätigkeiten stehe deshalb der Gottesdienst. Beruf und Privatleben seien nicht zu trennen; vielmehr müsse jeder Pfarrer „selbst ein Leben führen, das von der Heilsmacht Gottes geprägt ist" – eine Forderung, die Josuttis den Vorwurf eingebracht hat, er würde den Pfarrberuf erneut überfordern. Zu würdigen ist jedoch, dass Josuttis den Versuch unternimmt, die geistliche Existenz des Pfarrers angemessen zu berücksichtigen.

Zentralstellung des Pfarrers?

Die Reformation hat im evangelischen Bereich zu einer Entsakralisierung der geistlichen Berufsrolle des Pfarrers geführt. So bedurften die Gläubigen nicht mehr des Priesters als vermittelnder Instanz zu Gott. Vielmehr sei der Pfarrer mit Martin Luther lediglich ein „Amtmann", der die Wortverkündigung und die Sakramente zu verwalten habe. Luthers revolutionäre Idee eines „Priestertums aller Gläubigen" hat sich jedoch in der Praxis nicht durchgesetzt, vielmehr behielt der evangelische Pfarrer seine Position als Gegenüber zur Gemeinde bis in die Gegenwart. Die gegenwärtigen Konzeptionen des Pfarrers als Führer ins Heilige bzw. des Pfarrberufes als Profession unterstreichen dessen Zentralstellung deutlich. Die Frage ist freilich, ob die pastorale Sonderstellung theologisch wünschenswert und künftig überhaupt noch flächendeckend finanzierbar ist. Eine Alternative bietet zum Beispiel das Modell „kirchlicher Orte" (Pohl-Patalong), welches die pastorale Tätigkeit übergemeindlich ausrichtet und besonderen inhaltlichen Arbeitsbereichen wie Bildungsarbeit oder Beratung zuordnet. In der traditionellen Ortsgemeinde sollten dafür vermehrt Vertreter anderer kirchlicher Berufsgruppen (Gemeindepädagogen, Diakone, Kirchenmusiker etc.) sowie Ehrenamtliche auf vereinsähnlicher Basis kirchliche Angebote machen, um den Pfarrer zu entlasten.

5. Der Wunsch nach einer Reform der Kirche

„Kirche, wo bist Du?" So lautet ein anklagender Buchtitel aus der Feder Christian Nürnbergers. Der streitbare Publizist wirft der Kirche in einer persönlichen Abrechnung eine falsch verstandene Weltlichkeit vor. Er kritisiert die wachsende Akzeptanz ökonomischer Kriterien und sucht eine Institution, die gegen den globalisierten Kapitalismus ihre Stimme erhebt. Für eine Kirche, die sich nicht dem Ideal der unveränderlichen Statik, sondern dem Prinzip des „semper reformanda" verpflichtet weiß, ist jede faire Kirchenkritik zu begrüßen. Sie kann sich als hilfreich bei der Suche nach dem eigenen Selbstverständnis erweisen. Freilich sind die Erwartungen und Korrekturvorschläge oft von ganz unterschiedlicher Art. So hat die Unternehmensberatung McKinsey nach einer Befragung unter Münchens evangelischen Kirchenmitgliedern eine andere Empfehlung gegeben: Sie sieht das besondere Angebot der evangelischen Kirche als einer „modernen und leistungsfähigen spirituellen Organisation" (Lindner, 254) nicht im diakonischen Bereich, sondern in ihrer spezifisch religiösen Kompetenz und dem damit verbundenen Beitrag zur Glaubensweckung und -förderung. Das jüngste kirchenamtliche Impulspapier zur Kirchenreform, das im Jahr 2006 unter dem programmatischen Titel „Kirche der Freiheit" erschienen ist, greift diese Empfehlung auf. Sie benennt das gottesdienstliche Handeln und das ausdrücklich geistliche Leben als kirchliche Kernkompetenz. Kritiker sprechen vor diesem Hintergrund von einer Vernachlässigung der gesellschaftsdiakonischen Dimension der Kirche. An der Notwendigkeit einer Reform der Evangelischen Kirche besteht jedoch dann kein Zweifel, wenn diese auch im Jahr 2030 noch aktiv zur Kommunikation des Evangeliums beitragen möchte. Dass dabei das Wirken Gottes in der Kirche die entscheidende Rolle spielt, ist unumstritten, umstritten ist jedoch die menschliche Antwort darauf.

Kirche der Freiheit

Fragen:

Fragen

1. Mehrere Konfirmanden begründen ihre Weigerung, mindestens einmal im Monat den Gottesdienst zu besuchen, mit dem Argument: „Ich kann auch ohne Kirche ein guter Christ sein". Wie reagieren Sie aus praktisch-theologischer Perspektive auf diese Einstellung?
2. Ein örtlicher Unternehmensberater, der sich der Kirche stark verbunden weiß, bietet Ihrer Kirchengemeinde kostenlos eine ökonomische Analyse sämtlicher Aktivitäten hinsichtlich ihrer Effizienz und verspricht Handlungsoptionen angesichts zurückgehender Kirchensteuereinnahmen. Nehmen Sie das Angebot an, und wenn ja: welche Bedeutung messen Sie den Ergebnissen bei?
3. Stellen Sie sich vor, Sie müssten als Kirchenvorstand eine Stellenausschreibung für den künftigen Pfarrer bzw. die künftige Pfarrerin entwerfen. Beziehen Sie sich auf eine konkrete Gemeinde (zum Beispiel Ihre Heimatgemeinde) und beschreiben Sie das gewünschte Profil. Inwiefern bietet Ihnen dieses Kapitel hilfreiche Kriterien?

3.4 Kultur

1. Was ist Kultur?

Kultur – ein vieldeutiger Begriff

Eine Aufführung der Bachschen Matthäus-Passion wird vom Rezensenten als *kulturelles* Ereignis gepriesen; das Welt*kultur*erbe des Kölner Doms von der UNESCO auf die rote Liste gesetzt, und auf der Tagung der Kirchensynode beklagt ein Praktischer Theologe, dass die Kirche mit ihren Angeboten zu wenig den populär-*kulturellen* Geschmack vieler Jugendlicher bediene. Der Begriff der Kultur hat gegenwärtig im kirchlichen und theologischen Bereich Hochkonjunktur, und gelegentlich wird von der Theologie als *Kultur*wissenschaft gesprochen. Da jedoch nicht leicht zu fassen ist, was Kultur eigentlich meint, klärt dieses Kapitel zunächst den Begriff. Nach dieser Annäherung wird eine Verhältnisbestimmung von Christentum und Kultur, insbesondere von Christentum und *Kunst* unternommen. Der zweite Teil macht einen Streifzug durch verschiedene kulturelle Bereiche wie bildende Kunst, Musik oder Literatur und fragt nach deren Berührungspunkten mit dem kirchlichen Handeln und der praktisch-theologischen Reflexion. Unser Wunsch ist, dass die Leserinnen und Leser sich anschließend selbst auf die Suche nach interessanten Phänomenen im Wechselspiel von Kunst, Kultur und Religion machen, diese wahrnehmen und kritisch reflektieren.

Lange Zeit wurde der Begriff der Kultur vorrangig der Natur gegenübergestellt. Dies macht insofern Sinn, als die Römer mit dem lateinischen Begriff „cultura" die Bebauung und Pflege des Ackers bezeichneten; das englische „agriculture" zeugt noch heute von dieser sprachgeschichtlichen Wurzel. Das dazugehörende Verb „colere" meinte so viel wie bewohnen, schützen oder eben kultivieren. Im Lauf der Geschichte wurden verstärkt die geistigen Leistungen des Menschen zur Kultur gerechnet. In der Neuzeit verstand Immanuel Kant (1724–1804) die zivilisierende Kultur als Gegenkraft zur rohen Natürlichkeit des Menschen, und für Sigmund Freud bedeutete Kultur schlicht Triebverzicht, genauer: die Summe aller Sublimationen, welche von den triebhaften Impulsen der Menschen ablenken sollten. In jüngerer Zeit wird der Begriff eher zur Bezeichnung einer bestimmten Lebensweise gebraucht. Von Ästhetisierung der Kultur spricht man, weil die traditionellen sozialen Klassenunterschiede gegenwärtig zunehmend durch kulturelle Geschmacksunterschiede in den einzelnen Milieus (siehe 3.3.3) ersetzt werden. Gegenwärtig umfasst Kultur jedoch nicht mehr nur einzelne Bereiche wie die Ess- oder Wohnkultur, der Begriff zielt vielmehr grundlegend auf das Selbstverständnis einer Gesellschaft und ihrer Menschen. Der prominente Soziologe Stuart Hall definiert Kultur entsprechend als die „Bedeutungen und Werte, die […] gesellschaftliche Gruppen […] hervorbringen und mit deren Hilfe sie ihre Existenzbedingungen ‚bewältigen' und auf sie reagieren" sowie als die „Gesamtheit der gelebten Traditionen" (123). Und auch die evangelische Kirche beschreibt Kultur als die „Sinnhorizonte, in denen Menschen sich selbst mit Hilfe von Worten, Zeichen und Bildern gestalten und sich über ihre Deutungen verständigen"

Kultur als Lebensweise

(2002, 11). Es ist klar, dass auch biblische Worte, religiöse Zeichen und christliche Deutungen zu dieser Kultur gehören. Die Frage ist: Welchen Stellenwert nehmen diese innerhalb der Gesamtkultur ein und wie sollte die kirchlich-religiöse Kultur auf ihre kulturelle Umwelt reagieren?

2. Das Verhältnis von Christentum, Kirche und Kultur

Kulturprotestantismus und Dialektische Theologie

Das Neue Testament bestimmt das Verhältnis des glaubenden Menschen zu seiner kulturellen Umwelt in gegensätzlichen Richtungen. So plädiert die Theologie der johanneischen Schriften für eine deutliche Distanz zur Welt („Habt nicht lieb die Welt noch was in der Welt ist", 1Joh 2,15). Demgegenüber rückt das Matthäus-Evangelium die soziale Verantwortung für die Gestaltung dieser Welt in den Vordergrund, ohne deren (modern gesprochen) Lebenskultur als quasi widergöttlich zu verwerfen. Die beiden Richtungen der Weltabkehr und Weltzugewandtheit finden sich später unter anderem im christlichen Mönchtum: Konzentriert es sich im griechisch geprägten Osten stärker auf die Kontemplation in der Abgeschiedenheit, so leisteten die westlichen Klöster deutliche Impulse für die Kultivierung des Landes, im Ackerbau wie in der Bildung, in der Medizin wie in der Kunst. Vor allem seit der Aufklärung galt es in Teilen des Protestantismus als das höchste Ziel, dass Staat und Gesellschaft mehr und mehr von der Religion durchdrungen werden und dass das Christentum auf längere Sicht in der umfassenden Kultur aufgehen möge. Der Begriff des Kulturprotestantismus stand in der zweiten Hälfte des 19. Jahrhunderts für dieses Anliegen, die Kirche mit der modernen Kultur zu verschmelzen. Dieser Optimismus führte freilich zu einem idealistischen Kultur- und Menschenbild, das die Macht des Bösen – theologisch gesprochen: die Kultur als „gefallene Schöpfung" – zu wenig berücksichtigte. Die religiöse Überhöhung der irdischen, in diesem Fall oftmals deutsch-nationalen Kultur führte schließlich dazu, dass es zu wenige Theologen gab, die sich kritisch mit dem Ersten Weltkrieg auseinandersetzten. Stattdessen stimmten viele in den Chor der Kriegsbegeisterung ein. Dieses historische Versagen des Kulturprotestantismus wiederholte sich in abgeschwächter

Form im Dritten Reich. Es führte dazu, dass die Dialektische Theologie um Karl Barth mit einem starken Misstrauen auf jedes Bemühen reagierte, den christlichen Glauben als eine Religion zu begreifen, die kulturell anschlussfähig ist. Diese theologische Haltung prägte die Nachkriegszeit, und erst gegen Ende des 20. Jahrhunderts starteten Versuche einer neuen Kulturtheologie in Theorie und Praxis.

Blickt man auf die Entwicklung der modernen Kulturgeschichte, so drängt sich bisweilen der Eindruck auf, dass die Religion von der Kultur abgelöst worden sei. In der Tat greift heute nicht mehr der Begriff der Religion, sondern besser jener der Kultur, um den umfassenden Sinnhorizont einer Gesellschaft zu bezeichnen – zumindest in den westlich geprägten Ländern. Anders sieht es in vielen arabischen Ländern aus, wo die Kultur sehr deutlich von der Religion bestimmt wird. Viele traditionelle Funktionen der Religion (siehe 3.2.3) übernimmt nun im Westen die Kultur, vor allem jene, die Theologen gerne als Sinnstiftung bezeichnen. So wie ein religiöser Mensch durch das Hören biblischer Texte einen individuellen Sinn im Leben finden mag, macht sich ein anderer anhand der Lektüre von Goethes Faust oder der Songs von Andrew Lloyd Webber Gedanken über sein Dasein. Nicht zuletzt stiftet die Einbettung in die entsprechende Gemeinschaft von Gleichgesinnten Sinn oder schlicht Befriedigung. Manche Kunst- und Medienhistoriker spielen deshalb die Religion gegen Kunst und Kultur aus, wenn sie in der Geschichte der Neuzeit einen Austausch der „alte[n] Aura des Sakralen gegen die neue Aura des Künstlerischen" (Belting, 538) erkennen. Natürlich sind der sonntägliche Genuss einer literarischen Matinee oder der Besuch im Fußballstadion bei nicht wenigen Menschen an die Stelle des Kirchgangs getreten, der einst zur traditionellen Lebenskultur gehörte. Die kulturelle Praxis zeigt damit deutliche Parallelen zur religiösen Praxis. Beides schließt sich aber keinesfalls aus; deshalb ist ein lineares Modell der Substitution (Austausch) nach dem Motto „von der Religion zur Kultur" mit Vorsicht zu genießen. Schließlich gibt es Protestanten, die am Karfreitag neben dem Abendmahlsgottesdienst in der Frühe am Abend gerne der musikalischen Erzählung vom Heili-

von der Religion zur Kultur?

gen Gral – jener Schale mit dem Blut Jesu – in Richard Wagners Oper „Parsifal" beiwohnen. Andere lesen vielleicht zur Entspannung Dan Browns „Sakrileg", der auf seine Weise dem religiösen Motiv der Gralserzählung literarische Gestalt verlieh und damit ein Millionenpublikum auch jenseits des Hochkultur-Milieus erreichte. Der Roman und seine Verfilmung waren vermutlich auch deshalb so erfolgreich, weil der Autor grundlegende Fragen unserer religiös-kulturellen Herkunft thematisierte und diese geschickt in einen spannenden Plot einwebte.

Religiöse und ästhetische Erfahrung

Der Vergleich zwischen religiöser und kultureller Praxis ist vor allem interessant, weil eine grundlegende Parallele zwischen der religiösen und der kulturellen, insbesondere der künstlerischen *Erfahrung* besteht. Für letztere hat sich in Fachkreisen gegenwärtig der Begriff der ästhetischen Erfahrung eingebürgert, wobei sich Ästhetik hier im engeren Sinn auf die Künste bezieht. Die Grenzen sind in der Tat fließend: Wer mag schon darüber urteilen, ob der Besuch des Weihnachtsoratoriums in einer festlich geschmückten Kirche stärker eine religiöse oder eine ästhetische Erfahrung bedeutet? Handelt es sich, neudeutsch gesprochen, vorwiegend um ein religiöses oder ein künstlerisches Event? Wenn überhaupt, kann diese Frage nur aufgrund des persönlichen Empfindens der einzelnen Besucher beantwortet werden. Ulrich Barth (2003) zeichnet die Nähe der religiösen zur ästhetischen Erfahrung im Einzelnen nach und beschreibt dabei die Sinnerfüllung, die Unterbrechung des Alltäglichen, die Transzendierung des Irdischen sowie den „Widerfahrnischarakter" von Kunst und Religion. Einige Theologen gehen aufgrund dieser Parallelen noch einen Schritt weiter und fragen, ob religiöse Erfahrung vielleicht im Grunde nichts anderes ist als „mit Hilfe religiöser Semantik gedeutete ästhetische Erfahrung" (Gräb 2007, 738). Nicht Kunst und Kultur wären damit an die Stelle der Religion getreten, sondern jede religiöse Erfahrung wäre im Grunde genommen immer schon eine ästhetische Erfahrung gewesen, die lediglich mit religiöser Sprache und religiösen Symbolen eine besondere Deutung gefunden hätte.

Religiöse Kulturkritik

Natürlich ist die Kunst ein zentrales Ausdrucksmittel von Religion. Anstelle einer Identifizierung von ästhetischer und religiöser Erfahrung sollte jedoch vorsichtiger von der Kunst als „Gleichnis für das Himmelreich" (Karl Barth) gesprochen werden, deren konkrete Gestaltungen vielleicht – so Gott will – zu „Chiffren der Transzendenz" (Karl Jaspers) werden können. Eine zu starke Parallelisierung von religiöser und künstlerischer Erfahrung provoziert demgegenüber berechtigte Anfragen, zum Beispiel hinsichtlich der Gottesfrage: Wo bleibt Gott als das jenseitige Gegenüber dieser Welt? Und inwiefern besteht nicht die Gefahr, ästhetische Erfahrungen religiös zu überhöhen? Auch die künstlerisch perfekt gestalteten „Lichtdome" der nationalsozialistischen Parteitage in Nürnberg vermittelten den Betrachtenden vielfach quasi-religiöse Erfahrungen. (Praktische) Theologie muss also sowohl die Nähe des Kunstempfindens zur religiösen Erfahrung anhand konkreter kultureller und künstlerischer Gestaltungen herausarbeiten als auch im gegebenen Fall eine theologisch verantwortete Kulturkritik üben. Vor allem der biblisch-hermeneutische Zugang (vgl. 1.) kann hier sein kritisches Potenzial entfalten, um kulturelle Phänomene nicht vorschnell als religiös zu interpretieren.

Exemplarisch deutlich wird dies beim Weihnachtsfest. Spätestens seit dem 19. Jahrhundert ist dieses in Mitteleuropa zu *dem* bürgerlich-idyllischen Fest schlechthin geworden. Die Familie feiert sich und ihre Sehnsucht nach Harmonie, das narzisstische Bedürfnis jedes einzelnen Menschen findet durch Geschenke und gute Wünsche seine Bestätigung, und der Traum von einer heilen, friedvollen Welt wird wenigstens für eine Nacht in den geschmückten Wohnzimmern Wirklichkeit. Matthias Morgenroth spricht sogar von einer „Heiligabend-Religion". Zunehmend verband sich damit in den vergangenen Jahrzehnten ein Höhepunkt des Konsums: „Süßer die Kassen nie klingeln ..." All dies könnte nun von Pfarrern kritisch aufgenommen werden. Sie könnten im Heiligabendgottesdienst eine großangelegte Publikumsbeschimpfung starten und all die Menschen, die sich nur einmal im Jahr zum Gottesdienst versammeln, genau deshalb angreifen. Sie könnten darauf hinweisen, dass die bürgerlich-kapitalistischen Inszenierungen nichts zu tun hätten mit der Inkarnation des ewigen Gottes im Kind von Bethlehem. Aber

Weihnachtsreligion

würde damit mehr erreicht als Widerstand und Unverständnis? – Gleichzeitig ist aber auch klar, dass Gottesdienste am Heiligabend nicht einfach nur die schöne, glitzernde weihnachtliche Fassade mit Worten, die die bürgerlichen Festinszenierungen nur noch ein wenig weihnachtlich-fromm bestäuben, verzieren sollten. Was nötig ist, ist die Aufnahme der Erwartungen der Gottesdienstfeiernden und deren Weiterführung. Die Sehnsucht derer, die (nicht nur, sondern immerhin) einmal im Jahr in die Kirche gehen, nach der heilen Welt gilt es mit Worten und Liedern hineinzunehmen in die Erwartung der neuen Welt Gottes, in der Gott die Ehre gegeben wird und Friede auf Erden herrscht (Lk 2,14).

gegen eine kirchliche Verzweckung der Kunst

Beim Gespräch zwischen Kunst und Religion muss es eine religiöse Kulturkritik geben, aber auch umgekehrt eine künstlerisch-kulturelle Religionskritik. Diese artikulierte sich immer wieder und sehr zurecht als Kritik an einer religiösen Vereinnahmung der Kunst – etwa in dem Sinne, dass künstlerische Gestaltungen zur Bestätigung des kirchlich-religiösen Sinnangebotes benutzt werden, nach dem Motto: In diesem Gedicht zeigt sich, dass Heinrich Heine im Grunde genommen ein zutiefst religiöser Mensch war – er wusste es nur nicht. Entsprechend fragwürdig ist eine einseitige Verzweckung der Künste auf den Handlungsfeldern der Homiletik oder Religionspädagogik. Die Künste dürfen nicht zur Illustration scheinbar feststehender Heilstatsachen des christlichen Glaubens missbraucht werden. Vielmehr muss akzeptiert werden, dass die Künstler oftmals auf Gott als eine inhaltlich unbestimmte Transzendenz verweisen und subtilere religiöse Sprachen sprechen, als dies in der traditionellen Gottesrede mit ihrem dogmatisch gefügten Symbolsystem der Fall ist. Andererseits kann gerade diese Freiheit der Kunst dazu führen, dass die religiösen und existenziellen Probleme von Kirchenmitgliedern vielleicht eindringlicher wahrgenommen und gestaltet werden, als dies in der pastoralen Rede oft der Fall ist.

3. Konkretionen: Kulturelle Bereiche als Herausforderung für das kirchliche Handeln

In den 1990er-Jahren freute sich der Pfarrer des niedersächsischen Dorfes Luttrum riesig: Georg Baselitz (geb. 1938), bedeutender zeitgenössischer Künstler aus der Nachbarschaft und damals der teuerste deutsche Maler, wollte der idyllischen Fachwerkkirche ein Bild für den Altarraum schenken. „Tanz um das Kreuz" hieß es und zeigte in Anlehnung an traditionelle Christusdarstellungen eine blaue bärtige Figur, die am Kreuz hängt und die Bildfläche in vier Farbzonen teilt. Nun sind moderne Kreuzigungsdarstellungen in einer Kirche heute an sich nichts Ungewöhnliches mehr. Was auf Befremden und teilweise Entsetzen stieß, war jedoch der Umstand, dass Baselitz die Darstellung um 180 Grad gedreht hatte – typisches Merkmal seiner Kunst, die Welt und damit zugleich die Wahrnehmung der Welt auf den Kopf zu stellen. Viele Gemeindeglieder empfanden das Bild als pietätlos, manche gar als gotteslästerlich und verwiesen auf eine antikirchliche Deutung des Petruskreuzes: Nach der Legende bat der Apostel in Rom darum, kopfüber gekreuzigt zu werden, weil er nicht würdig sei, wie Jesus zu sterben. In der Neuzeit wurde das umgekehrte Kreuz als Inversion (Umkehrung) der christlichen Werte interpretiert und findet als solches im Umfeld des Okkultismus Verwendung. Nun lag dem Maler Baselitz die Pervertierung des christlichen Glaubens und die Verhöhnung seines Kernsymbols erklärtermaßen völlig fern. Dennoch hagelte es in der Gemeinde Beschwerden über das Bild und den Pfarrer, der es verteidigte. Nach hitzigen Debatten und einem lang andauernden Streit zog Baselitz von sich aus das Geschenk zurück.

Christus auf dem Kopf bei Georg Baselitz

Nun ist es leicht, sich aus intellektueller Perspektive über jene Kirchenmitglieder zu mokieren, die nicht bereit seien, sich der Provokation moderner Kunst auszusetzen. Im konkreten Fall wäre es vielleicht die Aufgabe kirchlicher Bildungsarbeit gewesen, im Vorfeld gemeinsam mit dem Künstler und der Gemeinde über das betreffende Bild zu sprechen, Zugänge zur Wahrnehmung des Bildes zu eröffnen und dadurch im Idealfall die Akzeptanz zu erhöhen. Vielleicht hätte es dadurch tatsächlich zu ei-

Kirche und moderne Kunst

ner Art positiven Identitätskrise kommen können, um konventionelle Christusbilder zu problematisieren und die Frage anzustoßen, was Jesus Christus für uns heute bedeutet. Das Gemälde von Baselitz steht exemplarisch für die Auseinandersetzung der Kirche mit der zeitgenössischen Kunst. Die meisten Künstler suchen keinen emotionalen Konsens und verzichten auf möglichst große Zustimmung. Anstelle einfacher Antworten wollen sie die individuelle wie gesellschaftliche Komplexität darstellen. Auch die Frage nach der Gotteswirklichkeit sperrt sich den einfachen Antworten und steht insofern in einer deutlichen Affinität zur Wahrnehmung und Gestaltung der modernen Kunst. Gerade kirchliche Räume können deshalb zu Räumen der Begegnung zwischen Kirche und Kunst werden. Nichtsdestotrotz ist zu berücksichtigen, was einer konkreten Gemeinde an befremdender Kunst im Kirchenraum zuzumuten ist. Der Wunsch nach Geborgenheit vor dem Altar kann nicht pauschal zum Wunsch abgewertet werden, alles möge in der Kirche so bleiben wie es ist. Mit Paulus kann zudem gefragt werden, ob die von ihm geforderte Rücksicht auf die „Schwachen in der Gemeinde" (vgl. 1Kor 8) nicht auch beim Kunstempfinden berücksichtigt werden muss (vgl. 1.2).

Theopoetik
„Sie werden lachen, die Bibel", hat der scharfsinnige Bertolt Brecht (1898–1956) einmal auf die Frage geantwortet, welches Buch ihm zur Lieblingslektüre geworden sei. Der Dialog der Religion mit der Literatur ist seit jeher ein spannendes Unterfangen. Biblische Spuren lassen sich in der modernen Literaturgeschichte bis heute in oftmals reizvoller Verfremdung entdecken: Vom biblischen Bilderverbot in Gestalt des Schauspiels „Andorra" bei Max Frisch über das (siebte) Kreuz als Zeichen des Widerstands bei Anna Seghers bis zur vierbändigen Nacherzählung der Josefsgeschichte durch Thomas Mann – von der Literatur außerhalb des deutschen Sprachraums ganz zu schweigen. Schriftsteller haben einen großen Anteil daran, dass die Gegenwart Gottes sprachliche Gestalt findet. Deren Theo*poetik* bietet einen erfrischenden Ausgleich zu einer Theo*logie*, die sich dem abstrahierenden, wissenschaftlichen Denken verpflichtet weiß. Manche Literaturfans empfinden das literarische Kunst-

werk gar als „Analogon für diejenige Wirklichkeit, die Theologen mit dem unbrauchbaren Wort ‚Gott' bezeichnen" (Kuschel, 16). Dass sich die literarische Gestaltung der Gottesfrage auch jenseits der biblischen Gottesbilder ereignet, hilft vor allem den am traditionellen Gottesbild (ver-)zweifelnden Menschen. Leseerfahrungen können dabei zu zentralen Lebenserfahrungen auf dem Weg der religiösen Entwicklung werden. Vertraut die Predigt zumindest gelegentlich dem Wort der Dichter und setzt es in ein Wechselspiel mit dem biblischen Text, so hat die Theopoetik in die universitäre Reflexion über die Gottesfrage bislang kaum Einzug gefunden. Eine Ausnahme bildet etwa Wilfried Härle, der in seinem Lehrbuch der Dogmatik über den Versuch, die Wirklichkeit Gottes zu beschreiben, bekennt: „Unter Umständen kann ein Gleichnis, eine Erzählung oder ein Gedicht [...] mehr über die Wirklichkeit Gottes aussagen als ein ganzes Kapitel der Gotteslehre" (282) – und zur Illustration dieser These ein Gedicht von Erich Fried folgen lässt. Zu berücksichtigen ist jedoch, dass es die literarische Wahrnehmung der Gottesfrage leichter hat als die kirchliche Rede von Gott, weil die Schriftsteller keinem kirchlichen Bekenntnis verpflichtet sind, wonach das Evangelium „rein gelehrt" (Artikel 7 des Augsburger Bekenntnisses) werden muss.

Im Bereich der Jugendliteratur bietet Otfried Preußlers „Krabat" (1971) eine spannende literarische Auseinandersetzung mit zentralen Motiven der christlichen Gottesüberlieferung, ohne dass das Wort Gott an irgendeiner Stelle genannt wird. Der vierzehnjährige Betteljunge Krabat ist als Müllerlehrling einem Meister ausgeliefert, der jährlich einen aus dem Kreis der zwölf Gesellen opfern muss, damit er leben und herrschen darf. Die Zwölfzahl der Lehrlinge und die Abhängigkeit vom Meister verweisen deutlich auf das Neue Testament, erfahren aber gleichsam eine charakteristische Umkehrung. So ist Krabat in die Mühle des Todes geraten, in eine Art Anti-Evangelium, beherrscht durch einen Anti-Christus, der das Leben seiner Jünger nimmt, um sich selbst das Leben zu erhalten. Bei allen satanischen Elementen in der Zeichnung des Meisters ist jedoch auch dieser ein Getriebener, der seinerseits unter der Macht des

Anti-Christus bei Otfried Preußler

mysteriösen „Herrn Gevatter" steht, der jährlich in der Silvesternacht seinen Tribut fordert. Dass der Meister die jungen Menschen gleichwohl fasziniert, liegt daran, dass in einer durch die Pest bedrohten Welt eine Lehrstelle, ein Bett, warme Mahlzeiten und vor allem Macht garantiert wird. Für Otfried Preußler war „Krabat" die Geschichte seiner Generation – „und die Geschichte aller jungen Leute, die mit der Macht und ihren Verlockungen in Berührung kommen und sich darin verstricken".

Kirche, Popularkultur und Unterhaltung

Dass das Gute in „Krabat" durch eine engelsgleiche Frau repräsentiert wird, deren unbedingte Liebe den Meister überwindet und den Geliebten erlöst, mag vielleicht als etwas trivial belächelt werden. Es ist dem Genre einer alten sorbischen Sage geschuldet, der Preußler hier literarische Gestalt verleiht. Das Beispiel zeigt jedoch, dass es nicht immer der literarischen Kunst eines Thomas Mann oder Max Frisch bedarf, um Gott zur Sprache zu bringen. Durch die Verfilmung (2008) ist Krabats Geschichte zudem endgültig in jenen Bereich eingedrungen, der häufig als Popularkultur bezeichnet wird – ein Begriff, der weniger abfällige Assoziationen weckt als die klassische Unterscheidung in E- und U-Kultur bzw. Hoch- und Trivialkultur. Für die Praktische Theologie bietet die Popularkultur gegenwärtig ein faszinierendes Feld zur Erkundung religiöser Spuren (vgl. 3.5). In der Kultur- und Mediengeschichte des 20. Jahrhunderts beäugten Theologen, Kirchenvertreter und Gemeindeglieder aus dem traditionellen Bildungsmilieu die Popularkultur hingegen lange Zeit misstrauisch. Dies hing nicht zuletzt mit deren Anspruch zusammen, Menschen zu unterhalten, der als Widerspruch zur Ernsthaftigkeit des kirchlichen Handelns empfunden wurde. In den 1980er-Jahren setzten sich Praktische Theologen wie Albrecht Grözinger deshalb bewusst für die Unterhaltung als „verachtete homiletische Kategorie" ein. Predigt als spannende Unterhaltung sei vor allem dadurch legitimiert, „dass das Wesen Gottes nur als ein Nacherzählen seiner Geschichte, die nun wahrlich voller Spannung ist, expliziert werden kann" (1987, 436).

Kirche und Kirchenraum

Heilige Räume gibt es nach evangelischem Verständnis keine: Nicht die Steine einer kleinen Dorfkirche oder eines großen Gotteshauses in der Stadt sind geweiht. Vielmehr werden die

Menschen gesegnet, die sich im kirchlichen Raum versammeln. Martin Luther hat einmal gesagt: „Wir brauchen keine großartige Kathedrale, ein Gottesdienst ist auch im Kuhstall möglich." Die neu gebauten evangelischen Kirchen nach dem Zweiten Weltkrieg schienen diese Empfehlung in die Tat umzusetzen: Nicht, dass man Kuhställe gebaut hätte, aber zahlreiche Kirchen und Gemeindehäuser zeichneten sich vor allem durch eine funktionale, schlichte Architektur aus. Diese ließ keinen Platz für eine vertiefende Auseinandersetzung mit den spirituellen Möglichkeiten des Kirchenraums. In den vergangenen Jahrzehnten hat sich dies geändert: Die sakralen Räume werden als spürbare, sichtbare und hörbare „Texte" entdeckt, die den Menschen ergreifen und darauf warten, mit allen Sinnen „gelesen" zu werden. Auch der Tourismus als neues kirchliches Handlungsfeld im Zeitalter der Massenkultur bietet eine Chance, den Kirchenraum jenseits des Gottesdienstes zum Sprechen zu bringen: Nicht nur durch eine kunsthistorische Erklärung, sondern auch in der Verbindung mit liturgischen Formen: zum Beispiel in einer Passionsandacht unter dem Kruzifix oder in einer meditativen Andacht vor der mit Engeln verzierten Barockorgel. Auf dem Handlungsfeld der Religionspädagogik (siehe 2.5) wird der Kirchenraum auf diese Weise schließlich zum Lernort Kirche, der nicht nur jungen Menschen hilft, sich den Glauben zu erschließen.

Ein zentrales Kennzeichen der Popularkultur ist ihre Marktorientierung als „Kulturindustrie" (Theodor Adorno). Popularkulturelle Güter werden nach dem Gesetz von Angebot und Nachfrage produziert und vermarktet. Vielleicht hat dieser Umstand im Fall von „Krabat" dazu geführt, dass die religiösen Spannungsbögen in der Verfilmung zugunsten der sonstigen Spannung zurücktreten. Auch auf das kirchliche Handeln und die damit verbundenen religiösen Sinnangebote hat die gegenwärtige Popularkultur einen massiven Einfluss. Dies zeigt sich zum Beispiel an den Massenevents der evangelischen Kirchentage oder der katholischen Weltjugendtage. Religion nimmt dabei nicht nur in populären Formen wie dem Gottesdienst im Fußballstadion samt Tanzeinlage auf dem Spielfeld Gestalt an, sondern wird auch inhaltlich von der populären Kultur erfasst.

Marktorientierung religiöser Popularkultur

So ergänzen zum Beispiel die Texte neuerer Kirchenlieder das klassische Liedgut und vermitteln inhaltlich teilweise andere Gottesbilder. Der Grundsatz jeder Ästhetik, dass Form und Inhalt, Gestalt und Gehalt zusammengehören, zeigt sich auch hier eindrucksvoll.

Kirche und ästhetische Bildung

Ein Bild von Georg Baselitz oder eine literarische Gestalt wie Krabat erschließen sich in ihrer religiösen Dimension nicht automatisch. Ob in Kunst und Kultur ein Zugang zur Wirklichkeit Gottes gefunden wird, hängt oftmals von der entsprechenden ästhetischen Bildung ab. Diese hilft, die bildende Kunst, die Musik und die Literatur – auch in deren popularkultureller Ausprägung – sensibel wahrzunehmen, auf religiöse Motive und Spuren hin zu befragen und im Idealfall selbst kreativ tätig zu werden. Diese ästhetische Bildung kann stärker explizit im Religions- bzw. Konfirmandenunterricht oder in der Erwachsenenbildung erfolgen. Stärker implizit hat sie sich in den vergangenen Jahrhunderten vor allem im familiären Kontext ereignet. Die Zeit-Redakteurin Sabine Rückert erzählt in einem persönlichen Bekenntnis in „GEO Kompakt" (16/2008) unter der Überschrift „Warum ich glaube", dass besonders Kirchenlieder ihr bis heute Kraft geben, mit dem Gefühl der Angst und der Ohnmacht fertig zu werden. Vor allem angesichts der möglichen Bedrohungen ihres Kindes denke sie oft an die Verse, die sie in ihrer Kindheit von den Eltern gelernt habe: „Breit aus die Flügel beide, / oh Jesus, meine Freude, / und nimm dein Küchlein ein. / Will Satan mich verschlingen, / so lass die Englein singen: / ‚Dies Kind soll unverletzet sein.'" (EG 477, 8). Der Trost, den ihr diese Dichtung und deren Vertonung spenden, hängt untrennbar damit zusammen, dass sie in ihrer Kindheit damit konfrontiert worden ist: „Die Fähigkeit zu glauben, ist mir nicht zugefallen, ich habe sie erlernt." Praktisch-theologisch gesprochen: Als ästhetische Erfahrung bestätigt das Nachsprechen von Kirchenliedern bis heute ihren Glauben.

4. Kulturschöpfung der Kirche

Die Frage nach dem Verhältnis von Kirche und Kultur und damit nach der Inkulturation des Christentums ist uralt. Bereits die ersten Christen fragten, inwiefern sie sich auf die heidnische Kultur, die sie umgab, einlassen durften, aber auch einlassen mussten, um das Evangelium zu verkündigen. Bis heute bewegt sich das Spektrum der Antworten zwischen einer Kulturkritik auf der einen und der kulturellen Begeisterung, religiöse Spuren auch jenseits kirchlicher Deutungshoheit zu entdecken, auf der anderen Seite. Beide Richtungen müssen in der Praktischen Theologie wie im kirchlichen Handeln ihren Platz haben. Dabei kann es jedoch nicht nur darum gehen, die kulturelle Umwelt in theologischer und kirchlicher Perspektive kritisch wahrzunehmen, von ihr zu lernen und ihre Phänomene für das kirchliche Handeln fruchtbar zu machen. Vielmehr besitzt die Kirche auch einen kulturschöpferischen Auftrag. Seitens der evangelischen Kirche zeigt sich dieser seit der Reformation besonders in der Kirchenmusik – Papst Benedikt XVI. hat sie einmal geradezu als eine Art Markenzeichen des Protestantismus gewürdigt. Es versteht sich, dass der kulturelle Beitrag des Christentums in seiner wahrnehmenden, kritischen und schöpferischen Dimension niemals als abgeschlossen gelten darf, so wie das kulturelle Nachdenken über Gott niemals vollendet sein wird.

wahrnehmende, kritische und schöpferische Dimension

Fragen:

1. „Dem Protestantismus kommt es auf die innere Einstellung der Gläubigen an. Nicht die äußere Gestalt ist entscheidend, sondern der Inhalt der Botschaft. Die Orientierung an äußerlichen Darstellungsformen lenkt von dieser Aufgabe ab und droht zum Selbstzweck zu werden." – Nehmen Sie vor dem Hintergrund der Erträge dieses Kapitels zu dieser Position Stellung.

2. Nach dem Gottesdienst kommt ein Kirchgänger aufgebracht auf Sie als Pfarrer/in zu. Im Gesangbuch habe er drei Gedichte von Bertolt Brecht entdeckt, dabei sei der doch ein erklärter Atheist gewesen. Kein Wunder, dass Gott in den vorliegenden Texten nicht vorkomme und stattdessen vom „Haß gegen die Niedrigkeit" und sogar von den „Kriegen der Klassen" die Rede sei. – Versuchen Sie, die Einwände des Mannes ernst zu nehmen und dennoch Gegenargumente zu bieten.

Fragen

3.5 Massenmedien

1. Massenmedien, Kirche und Praktische Theologie

ein Thema – viele Handlungsfelder

Im Zuge einer allgemeingesellschaftlichen Renaissance des Religiösen (siehe 3.2.1) hat auch die Wahrnehmung von Religion und Kirche in den Massenmedien in den vergangenen Jahren deutlich zugenommen. Das Spektrum ist riesig: Auf dem Buchmarkt reicht es vom Jesus-Buch von Papst Benedikt XVI. bis zu Hape Kerkelings Bestseller „Ich bin dann mal weg". Am Bahnhofskiosk finden das Geo-Schwerpunktthema „Luther" sowie die Focus-Titelgeschichte zum „Sakrileg" ungeahnten Absatz, und kaum ein Tag vergeht, an dem nicht der Islam zum Gegenstand journalistischer Wahrnehmung im Fernsehen wird – von den faszinierenden religiösen Spuren in neuartigen Heimatfilmen wie „Wer früher stirbt, ist länger tot" bis hin zu Doris Dörries „Kirschblüten" ganz zu schweigen. Die Praktische Theologie kann sich dieser Wahrnehmung des Religiösen – oftmals fernab der kirchlichen Deutungshoheit – nicht entziehen. Sie steht vor der Frage, anhand welcher theologischer und anderer Kriterien das skizzierte Phänomen wahrgenommen und eingeordnet werden kann und welche Impulse hiervon für das kirchliche Handeln ausgehen. Die Wahrnehmung des Themas Massenmedien ist in besonderer Weise mit dem Handlungsfeld der Christlichen Publizistik verknüpft (siehe 2.8), geht aber darüber hinaus, da die massenmediale Perspektive für viele Handlungsfelder der Praktischen Theologie im Zeitalter der Mediengesellschaft relevant ist.

Kommunikations- und andere Bezugswissenschaften

Wie andere Themen der Praktischen Theologie kann auch das Thema Massenmedien nur dann angemessen beschrieben werden, wenn auch die nichttheologischen Nachbardisziplinen herangezogen werden. Im vorliegenden Fall ist dies vor allem die Kommunikations- und Medienwissenschaft. Die sozialwissenschaftlich ausgerichtete Kommunikationswissenschaft beschäftigt sich vor allem mit Prozessen öffentlicher Kommunikation in einer Gesellschaft und arbeitet oftmals mit empirischen Methoden. Speziell für die Reflexion des journalistischen Handelns ist dabei die Journalistik zuständig. Für die Praktische Theologie sind hierbei zum Beispiel systematische Inhaltsanalysen zur journalistischen Wahrnehmung von Religion oder vergleichende Studien zur medialen und religiösen Sozialisation von Jugendlichen aufschlussreich. Die Medienwissenschaft konzentriert sich demgegenüber stärker auf das Einzelmedium, bedient sich dabei vorwiegend hermeneutischer Herangehensweisen und argumentiert bisweilen auf einem hohen Abstraktionsniveau. Praktisch theologisch relevant ist zum Beispiel ein Vergleich der Ästhetik von Film und Gottesdienst oder die spannende Frage, ob ein Medium wie das Kino dadurch quasi religiöse Züge trägt, weil der „rituelle" Besuch eines Filmtheaters den regelmäßigen Kirchgang teilweise abgelöst hat. Die genannten wissenschaftlichen Zugänge, die sich gegenseitig nicht ausschließen, verbinden sich mit der Praktischen Theologie in der jungen Disziplin der Christlichen Publizistik. Haben sich an den meisten theologischen Fakultäten Deutschlands eigene oder schwerpunktmäßige Lehrstühle für Religionspädagogik, Homiletik, Liturgik oder Poimenik etabliert, so wird die Christliche Publizistik in der Regel nur am Rande wissenschaftlich reflektiert und gelehrt.

Zum Aufbau des Kapitels: Ein kurzer historischer Streifzug wird sich zunächst mit der kirchlichen Medienskepsis und den Gründen beschäftigen, die eine unverkrampfte Wahrnehmung und Würdigung der Massenmedien bis heute beeinträchtigen (3.5.2). Die massenmediale Dimension der Praktischen Theologie wird sodann in dreierlei Richtung erfasst: Der Analyse der Präsenz von Kirche und Religion(en) im journalistischen und im fiktionalen Bereich sowie im Spektrum der Werbung (3.5.3) schließt sich die Frage an, welche Sinnvermittlung die Massenmedien mit ihren Texten und Bildern gegenwärtig leisten und ob es dabei legitim ist, von einer „Medienreligion" jenseits der Kirche zu sprechen (3.5.4). Als zentrale Aufgabe des kirchlichen bzw. pastoralen wie des journalistischen Handelns werden abschließend die Weltwahrnehmung und deren sprachliche Gestaltung in der Perspektive der Pastoraltheologie und Journalistik erörtert (3.5.5).

Aufbau des Kapitels

2. Kirchliche Medienskepsis in Geschichte und Gegenwart

Kränkung und Konflikt

Für die Verbreitung des Christentums haben Medien stets eine zentrale Rolle gespielt. Vor allem in Gestalt des Flugblatts haben sie der Reformation den Weg geebnet. Auf die neuzeitlichen Medien Zeitung und (seit dem 20. Jahrhundert) Radio, Film, Fernsehen und Internet hat die Kirche jedoch verzögert und in der Regel zunächst ablehnend reagiert. So war das Verhältnis der Kirche zu den Massenmedien kontinuierlich Spannungen ausgesetzt und spiegelte stets einen Sonderfall der Beziehung von Christentum und Gesellschaft wider. Ein wesentlicher Grund dürfte darin gelegen haben, dass die Deutungskompetenz der Journalisten und anderer Akteure im Bereich der Medien häufig als Konkurrenz empfunden wurde und Kirchenvertreter ihr Monopol der Weltwahrnehmung und -erklärung gekränkt aufgeben mussten. Jenseits der Kirche wurde dieses Konkurrenzverhältnis teilweise offen angesprochen: So nannte der Dichter Peter Rosegger (1843–1918) im Jahr 1912 die Presse einen „gewaltigen Kanzelredner, der vom Tag für den Tag redet", und bereits der Philosoph Georg Friedrich Wilhelm Hegel (1770–1831), einst Redakteur beim „Bamberger Tagblatt", sprach vom „realistischen Morgensegen" der täglichen Zeitungslektüre. Kirchenvertreter reagierten auf die Konkurrenz häufig mit einem polarisierenden Modell, in dem sie die journalistische Weltwahrnehmung als minderwertig gegenüber dem kirchlichen Auftrag einstuften. So fasste der erste Direktor des Evangelischen Pressedienstes, Stanislaus Swierczewski, den Gegensatz zwischen Kirche und Tagespresse im Jahre 1901 in folgende Worte: „Die eine lebt vom Tage in den Tag, die andere fußt auf dem Worte der Ewigkeit und weist aus der Zeit in die Ewigkeit; die eine bringt vieles, was überflüssig ist, die andere erinnert an das eine, was not tut; die eine wendet sich an die Neugier, allenfalls an den Wissenstrieb im Menschen, die andere an Herz und Gewissen."

kirchliche Medienskepsis und -wertschätzung

Die kirchlichen Vorbehalte gegenüber den Massenmedien halten teilweise bis heute an und münden oftmals in eine kirchliche Medienskepsis, die Michael Schibilsky in einen Katalog von sieben kirchlichen Kritikpunkten kategorisiert hat: Hierzu zählt er u. a. das journalistisch-massenmediale Streben nach Aktualität, die Ereignisfixiertheit und Action-Orientierung der medialen Wahrnehmung, die Alltagsverhaftung, den Vorrang der Unterhaltung sowie die ökonomische und manipulative Macht der Medien. Insbesondere die pastoraltheologische Abgrenzung einer als höherwertig eingestuften Face-to-Face-Kommunikation gegenüber der technisch vermittelten Kommunikation steht einem unverkrampften Umgang mit den Massenmedien oftmals nach wie vor im Wege. Freilich gab es in der Mediengeschichte stets auch Kirchenvertreter wie Theologen, die anstelle einer abgrenzenden Haltung stärker nach dem Anknüpfungspotenzial suchten, welches die Massenmedien für das kirchliche Handeln bieten. Ein berühmtes Beispiel bietet der protestantische Theologe Karl Barth: Ihm schwebte das Ziel vor Augen, bei der Predigtvorbereitung in der einen Hand die Bibel und in der anderen Hand die Zeitung zu halten, um dann beides miteinander zu verbinden. In einem Brief schrieb er im 11. November 1918 im Zeichen der Revolution in Deutschland: „Nun brütet man abwechselnd über der Zeitung und dem Neuen Testament und sieht eigentlich furchtbar wenig von dem organischen Zusammenhang beider Welten, von dem man jetzt deutlich und kräftig sollte Zeugnis geben können". Anstelle einer konkurrierenden ist eine komplementäre Verhältnisbestimmung von Kirche und Massenmedien hilfreich. Das Einleitungskapitel (siehe 1) hat gezeigt, wie dies zum Beispiel bei der Prägung des Verständnisses von Apokalypse durch das Kino und im Konfirmandenunterricht möglich ist.

3. Kirche und Religion(en) in den Massenmedien heute

Wie nehmen Journalisten und andere Medienschaffende Kirche und Religion wahr? Die Antwort ist nicht zuletzt deshalb interessant, weil sie der kirchlichen Selbstwahrnehmung den Spiegel der massenmedialen Fremdwahrnehmung vorhalten kann. Eine längerfristige Untersuchung der journalistischen Wahrnehmung von Kirche in mehreren deutschen Tageszeitungen hat ergeben, dass das mediale Kirchenbild beider Konfessionen vorteilhafter,

Kirche und Konfessionen in der Tagespresse

interessanter und vielfältiger ist als oftmals vermutet (vgl. Meier). Die Nachrichtenwerte Konflikt und Negativität sind erheblich schwächer ausgeprägt, als dies in der Berichterstattung über Politik der Fall ist. Keinesfalls berichten Journalisten nur über Kardinalsernennungen oder Kirchentage als mediale Großereignisse. Auch das alltägliche Gemeindeleben hat eine Chance, in der Zeitung publiziert zu werden, wenn es für den Leser mutmaßlich relevant ist. Nicht zuletzt weist eine empirische Analyse das speziell evangelische Gefühl der Vernachlässigung durch die Medien zurück: Zwar ist der Katholizismus im Politik-Ressort stärker präsent, die lokale und regionale Berichterstattung spiegelt jedoch annähernd die tatsächliche konfessionelle Verteilung der jeweiligen Leserschaft wider. Freilich besitzen die binnenkirchlichen Differenzierungen für den Journalisten längst nicht die Bedeutung wie für die Kirche selbst, sodass häufig nur noch von „der Kirche" gesprochen bzw. geschrieben wird. Eine allzu wohlwollende Kirchenberichterstattung hat jedoch auch ihre Kehrseite: Zeichnete sich die journalistische Wahrnehmung in der bundesdeutschen Pressegeschichte vor allem im Magazin „Spiegel" stets durch einen kritischen, aber durchaus fundierten Stil aus, so lässt sich bei der Papstberichterstattung vor allem im Fernsehen eine Tendenz zur kirchlich-emotionalen Hofberichterstattung erkennen. Wie beim Weltjugendtag in Köln war auch die Live-Übertragung des Papst-Besuches 2006 im deutschen Fernsehen zu unkritisch. Die Faszination des religiösen Rituals und die Verbindung von emotionalem Massenevent und Starkult als Ausdruck der Nachrichtenfaktoren Prominenz und Personalisierung rufen diese journalistische Distanzlosigkeit hervor.

Pfarrerbilder und andere religiöse Motive in den Massenmedien

In der *fiktionalen* massenmedialen Wahrnehmung von Religion spielen vor allem die kirchlichen Amtsträger eine herausragende Rolle. So hat sich in der Filmgeschichte der Pfarrer als wichtige Identifikationsfigur herauskristallisiert. Neben der Tradition der unterhaltenden Pfarrerfilme im Kino (z. B. „Don Camillo") und in der Fernsehserie (z. B. „Der Bulle von Tölz") erreichte das Pfarrerbild vor allem in den problemorientierten Filmen Ingmar Bergmans (1918–2007) einen künstlerischen Höhepunkt. Bergman zeigt den Geistlichen als (selbst-)zweifelnde

Persönlichkeit und verbindet dies mit einer kritischen Einstellung zur Institution Kirche. Besonders eindrucksvoll ist der gemeinsam mit Bille August gedrehte Film „Die besten Absichten" aus dem Jahr 1991, in dem der Pfarrerssohn Bergman die Geschichte seines eigenen Elternhauses nacherzählt: Der aus einfachen Verhältnissen kommende und in sich gekehrte Theologiestudent heiratet eine aus reichem Elternhaus stammende, impulsive Frau, die eine Ausbildung zur Krankenschwester absolviert. Auf der ersten Pfarrstelle in einem ärmlichen Dorf versuchen beide, gemeindliche und soziale Aufbauarbeit zu leisten, stoßen aber mehrheitlich auf Misstrauen und Skepsis bei den Dorfbewohnern. Als Pfarrer Bergman den streikenden Arbeitern die Kirche als Versammlungsort zur Verfügung stellt, eskaliert der Konflikt mit dem Fabrikbesitzer. Nach und nach zerbricht die Ehe unter dem hohen Anspruch, den der Pfarrer an seine pastorale Existenz stellt; vor allem, als dieser es ablehnt, eine lukrative Stelle als Hofprediger der schwedischen Königin anzunehmen. – Auch im unterhaltenden Pfarrerfilm wird der Geistliche vor allem als Instanz der Mitmenschlichkeit inszeniert. Dabei tritt er jedoch nur selten als Theologe oder ausdrückliche Amtsperson auf, welche die Umwelt mit einer fremden oder auch befremdlichen Botschaft konfrontiert. Die Stärke liegt in der konkreten Lebenshilfe. Der Pfarrer ist „einer von uns", er kann helfend und freundlich mit Menschen aus den verschiedenen Milieus umgehen: mit dem renitenten Jugendlichen wie mit der störrischen Seniorin, mit dem Bürgermeister wie mit dem örtlichen Geschäftsmann. Jenseits der Pfarrerfilme werden explizit religiöse Traditionen und Motive in einer Reihe von bedeutenden Kinoproduktionen verarbeitet, in biblischer Perspektive spielen besonders die Evangelien eine Rolle. Das Spektrum reicht von der Verfilmung biblischer Stoffe und Geschichten über die Verarbeitung christlicher Themen bis hin zu Filmen, die nur einzelne Texte und Motive aus dem christlichen oder allgemein religiösen Traditionskontext aufnehmen und zum Beispiel mythische Erlösergestalten auftreten lassen: So mag Harry Potter als eine Art göttliches Kind erscheinen, das seine Welt vor der geheimnisvollen, bedrohlichen Realität des Bösen beschützt. Bestseller-

Autorin Joanne K. Rowling hat hierfür die Gestalt Voldemorts geschaffen, dessen Verlockungen auch der Zauberlehrling Potter selbst immer wieder ausgesetzt ist.

Islam in den Massenmedien

Die Analyse der massenmedialen Wahrnehmung und Gestaltung von Religion muss auch andere Weltreligionen einbeziehen. Hinsichtlich seiner gesellschaftlichen und politischen Relevanz ist dabei besonders das Gesicht des Islam in den Massenmedien zu berücksichtigen. Dessen Wahrnehmung schwankt zwischen einer Reduktion des Islam auf den Faktor Gewalt vor allem in der Auslandsberichterstattung und einer bewusst auf Sympathie mit dem „friedlichen Islam" zielenden Darstellung, die den Gewaltaspekt teilweise bewusst außen vor lässt. Diese beiden Tendenzen zeigen sich besonders deutlich im Film: Stellte Betty Mahmoodys Autobiografie „Nicht ohne meine Tochter" (1991) die iranischen Muslime pauschal als ungebildete Primitive und bedrohliche Masse dar, so zeichnet die Verfilmung von Eric-Emmanuel Schmitts „Monsieur Ibrahim und die Blumen des Koran" (2003) den Islam als mystische Religion individueller Glückseligkeit – unter konsequenter Ausblendung aller kontroversen Aussagen des Korans. Der Karikaturenstreit im Jahr 2006 hat zudem eindrücklich gezeigt, welche medienethische Herausforderung die journalistische Wahrnehmung von Religion gegenwärtig bildet: Ist der Abdruck von Mohammed-Karikaturen unter dem Hinweis auf das Gut der Presse- und Meinungsfreiheit vertretbar oder muss aus Furcht vor möglichen negativen Folgen ein Verzicht empfohlen werden?

Religiöse Motive in der Werbung

Ein weiteres Phänomen der Mediengesellschaft, das für die Praktische Theologie relevant ist, stellen die zahlreichen religiösen Bezüge in der Werbung dar, zum Beispiel die Verheißung „Wir machen den Weg frei" mit ihrer unübersehbaren Anspielung auf die biblische Exodus-Tradition, sofern die Erzählung vom Auszug der Israeliten aus Ägypten dem Betrachter der Werbeplakate vertraut ist. Oder die beinahe klassische Verfremdung von Leonardo da Vincis Abendmahlszene als Werbeträger für Jeans (vgl. die Abbildungen bei www.glauben-und-kaufen.de). In der gesellschaftlichen und kirchlichen Einschätzung dieses Phänomens zeigen sich zwei Richtungen: Klassische Medienkritiker wie Neil Postman (1992) brandmarken die Verwendung religiöser Symbole in der Werbung als Instrumentalisierung religiöser Sehnsüchte zu kommerziellen Zwecken, die zu einer Trivialisierung und Entleerung der Inhalte führe. Die Werbung belüge dabei die Menschen, weil sie die Erfüllung existenzieller Sehnsüchte (z. B. den „Lebensdurst" in der Coca-Cola-Werbung) durch den Kauf eines Produkts verspricht. Mediendidaktiker wie Manfred Pirner (2003) verweisen demgegenüber auf das religionspädagogische und homiletische Potenzial: Demnach zeuge die Verwendung religiöser Motive in der Werbung von einer immer noch wirksamen Ausdrucks- und Gestaltungskraft der religiösen und biblischen Tradition. Durch ihre Verfremdung könnten die religiösen Symbole zudem neu wahrgenommen werden, neu an Bedeutung gewinnen und eine Vermittlung zwischen religiöser Tradition und heutiger Lebenswelt leisten. Bei der Frage, warum Werbeagenturen gerade biblische oder allgemein religiöse Assoziationen nutzen, macht Pirner mehrere mögliche *Motive* aus: So könnte das Auramotiv suggerieren, dass die besondere Aura des benutzten religiösen Symbols auf das Produkt oder seine Käufer im Sinne eines spirituellen Mehrwerts übergeht. Das Provokationsmotiv arbeitet mit der bewussten Verletzung religiös-gesellschaftlicher Tabus – freilich unter der Annahme, dass sich die angepeilte Zielgruppe eher mit dem Brechen des betroffenen Tabus als mit dessen Schranken identifiziert. Schließlich steht das Trendmotiv für den Versuch der Werber, schlicht den Zeitgeist und gesellschaftliche Modeerscheinungen zu treffen.

4. Die Debatte um eine Medienreligion und die Frage nach massenmedialen Sinnsystemen

Religion wird nicht nur massenmedial wahrgenommen oder durch Medien vermittelt, sondern auch durch sie gebildet. In der Praktischen Theologie ist dafür der Begriff der „Medienreligion" eingeführt. Medienreligion wird vor allem hinsichtlich der elektronischen Medien mit den dazu gehörenden Praktiken Film (Kinobesuch) und Fernsehen (ritueller Fernsehkonsum) diskutiert. So strukturiere und ritualisiere beispielsweise der regelmäßige Fernsehkonsum die Zeit und vermittele dadurch Gebor-

Fernsehen als Religionsersatz?

genheit und Sicherheit. Als Alltagsbegleiter erfülle das Medium Fernsehen damit Funktionen, die ursprünglich die Religion innehatte; der tägliche Gongschlag der Tagesschau sei zum Ersatz für das frühere Abendläuten geworden (vgl. Günter Thomas, bes. 17f.). Dieser theologischen Sichtweise widersprechen Kommunikationswissenschaftler wie Angela Keppler mit dem Hinweis auf die fehlenden Ansprüche an die Transzendenz: „Während religiöse Rituale unzweideutig die Präsentation einer höheren Wahrheit darstellen, offenbaren TV-Sendungen keinerlei höhere Wahrheiten und beanspruchen dieses auch nicht" (229). Die Legitimität der Rede von einer Medienreligion hängt somit grundsätzlich vom Religionsverständnis ab. Ausgehend von einem sehr weiten Religionsbegriff kann Wilhelm Gräb argumentieren: „Medien [...] konstituieren Wirklichkeit und zugleich unser Wirklichkeitsverständnis. Damit sind sie selbst schon eine Form impliziter Religion." Bei einer solchen Argumentation muss jedoch die Frage nach der göttlichen Transzendenz und vor allem nach der inhaltlichen Bestimmtheit des Gottesbildes gestellt werden. Auffällig an der Debatte ist, dass mehrheitlich Theologen ein Reden von Medienreligion für plausibel halten, weshalb der Vorwurf einer theologischen Vereinnahmung der Massenmedien hier nicht gänzlich von der Hand zu weisen ist.

massenmediale Sinnsysteme im Film

Praktisch-theologisch ergiebiger als eine Diskussion um die Existenz einer das Christentum quasi ablösenden Medienreligion dürfte die Suche nach den auch impliziten religiösen Spuren im *Material* der massenmedialen Produktionen sein, wie sie zum Beispiel bei Harry Potter oder auch in Kassenschlagern wie „Titanic" (vgl. 1.3) erkennbar sind. Diese Spuren gilt es wahrzunehmen und mit der biblischen Überlieferung und dem darin enthaltenen Gottesbild in Beziehung zu setzen. So erinnert das Inthronisationsritual um das Löwenbaby Simba in der Disney-Produktion „Der König der Löwen" (1994) deutlich an die christliche Taufe. Unter Aufnahme asiatischer und naturmythischer Deutungsmuster wird das Christliche im Verlauf des weltweit überaus erfolgreichen Zeichentrickfilms jedoch stark umgeformt. Das Naturgesetz und der ewige Kreislauf der Lebens bestimmen die Weltdeutung bzw. die implizite Religion, sodass die Natur als „Ursprungs- und Ordnungsmacht im Sinnsystem des Films" (Herrmann, 217) erscheint. Problematisch sind daran aus theologischer Perspektive eine Verklärung der zutiefst widersprüchlichen Natur und eine Ableitung ethischer Normen aus ihr, vor allem das Recht des Stärkeren, das im „König der Löwen" letztlich zelebriert wird. Gegen eine Überhöhung der „Natur" hat sich bereits Albert Schweitzer (1875–1965) kritisch mit der nüchternen Feststellung gewandt: „Die Natur kennt keine Ehrfurcht vor dem Leben". Dieses Beispiel zeigt, wie dicht die Praktische Theologie auch im Bereich der Massenmedien mit den theologischen Grundfragen nach dem Gottes- und Weltverständnis verknüpft ist.

„Du sollst dir kein Bildnis machen" – dieses Verbot dürfte den Kunstfreund wie die Kinogängerin, den Pressefotografen wie den Webdesigner zunächst einmal befremden. Ein besonderes Merkmal der massenmedialen Sinnsysteme ist schließlich ihre ausgeprägte Visualität. Häufig beschreibt man diesen Umstand mit der Bezeichnung „iconic turn" (Gottfried Boehm) und meint damit u. a. die Verlagerung vom Vorrang der sprachlichen zur visuellen Information, vor allem angesichts des Leitmediums Fernsehen. Gerade für den Protestantismus als Kirche des Wortes stellt die Wendung hin zum Bild eine Herausforderung dar. Der Konflikt um das Medium Bild und die Frage nach der Legitimität seines Gebrauches hat bereits die Kirchengeschichte über weite Strecken geprägt. Dabei ging es jedoch vor allem um die liturgische Frage, ob sich das alttestamentliche Bilderverbot (vgl. Ex 20,4) auch auf die Darstellung biblischer Gestalten, vor allem des Menschen Jesus Christus, in der kirchlichen Kunst beziehe. Bilderstürmer, sogenannte Ikonoklasten, rechtfertigten ihr Tun mit dem Hinweis auf die drohende Vergötzung religiöser Darstellungen. Für die Praktische Theologie wie für die Kirche dürfte die Aufgabe beim Umgang mit Bildern darin liegen, eine Balance zu finden: Auf der einen Seite besteht die Gefahr, aufgrund einer zu starken Betonung des Hörens und Lesens eine Art Wortfetischismus zu pflegen, der den menschlichen Sinnen jenseits des Hörens grundsätzlich misstraut und nicht berücksichtigt, dass ohne sprachliche Bilder gar nicht von Gott geredet

Kritik an Menschen-, Welt- und Gottesbildern

werden kann. Was für die Lektüre eines Textes gilt, trifft im Idealfall auch für die Betrachtung eines Bildes zu: Beide sind interpretationsbedürftig und müssen individuell „gelesen" werden. Andererseits kann es nicht darum gehen, sich möglichst intensiv an die bilddominierte Medienkultur anzupassen, indem etwa der protestantische Wort-Gottesdienst für die Übertragung im Medium Fernsehen opulent durch Bilder aufgeladen wird, um den Zeitgeschmack eines möglichst großen Publikums zu treffen. Vor allem aber unterstreicht das Bilderverbot den Auftrag, die massenmedial vermittelten *Menschen- und Weltbilder* wahrzunehmen und hinsichtlich ihrer möglichen Stereotype kritisch zu hinterfragen.

5. Massenmediale und kirchliche Weltwahrnehmung und Gestaltung

Weltwahrnehmung als journalistische und pastorale Aufgabe

Unter den Medienschaffenden nehmen neben den Filmproduzenten die Journalisten eine zentrale Stellung ein. Deren Kernaufgabe ist es, die Welt detailliert wahrzunehmen, die Phänomene der Welt zu gewichten und die wahrgenommenen Themen, Ereignisse und Personen in eine sprachlich leicht verständliche Form zu bringen. Das Spektrum der Wahrnehmung ist im Grunde genommen unbegrenzt; es erfährt seine Einschränkung hauptsächlich durch die Frage, was für die jeweilige Zielgruppe zwischen „Bild" und „Financial Times Deutschland", zwischen der „Tagesschau" und „RTL explosiv" als interessant erachtet wird. Vor allem vor dem Hintergrund eines ästhetischen Zugangs zur Praktischen Theologie (siehe 1) verbindet sich die Kernaufgabe der professionellen Weltwahrnehmung von Journalisten mit dem Beruf des Pfarrers. Wenngleich dessen Auftrag speziell darin besteht, den Wahrnehmungsraum *Gottes* zu öffnen, so geht es doch in gleichem Maß auch um eine genaue Wahrnehmung und Interpretation der irdischen Welt – freilich nicht aus der journalistischen Distanz heraus, sondern bewusst im Kontext der biblischen Wahrnehmungsperspektive. Vom Journalismus könnte die pastorale Wahrnehmung vor allem die Konkretion lernen. So leiden nicht wenige Predigten oder Fürbittgebete darunter, dass oftmals unspezifisch von „den Problemen" der

Welt oder „den Ängsten" der Menschen gesprochen wird. Auch pastorale Traueransprachen enthalten nicht selten ein dürres Gerüst biografischer Daten des Verstorbenen. Ganz anders etwa die wöchentliche Rubrik „Nachrufe" im Berliner „Tagesspiegel" (www.tagesspiegel.de/berlin/nachrufe): Jeden Freitag wird dort journalistisch dreier verstorbener, nichtprominenter Menschen gedacht und ihr Leben anschaulich und detailliert nacherzählt. So beginnt der Nachruf auf eine im Alter von 93 Jahren verstorbene Frau: „Auf dem schwarzen Ledersessel neben der Pforte sitzt heute nur noch selten jemand. ‚Früher', sagt die Pförtnerin des Katholischen Frauenbundhauses, ‚früher saß hier immer die Frau Napieray. Stundenlang saß sie dort, tief in den Polstern. Mit großen Augen verfolgte sie, wie Bischöfe, Kardinäle und weltliche Prominenz […] eintrafen. Sie wollte ein bisschen am Leben schnuppern. Sie wollte Gesellschaft haben.' Elisabeth Napieray erwartete nicht viel vom Leben. Auf eine anrührende Weise war sie ihrem Schicksal dankbar: ‚Was habe ich es gut, ich habe ein sauberes Bett. Es gibt fließend heißes Wasser, und meine Stube ist beheizt'." – Es wäre auch eine pastorale Aufgabe, bei Beerdigungen solche Lebenswege einfühlsam nachzuerzählen und diese mit einem biblischen Text in Beziehung zu setzen.

Untrennbar mit der Weltwahrnehmung verbunden ist die sprachliche und formale Gestaltung. Anders als die klassischen literarischen Gattungen Drama, Epos und Lyrik sind dem Publikum der Massenmedien heute vor allem die journalistischen Darstellungsformen wie Bericht oder Interview, Porträt oder Reportage vertraut. Dies gilt für den Abonnenten der „Frankfurter Allgemeinen Zeitung", aber auch für den Leser der „Bravo". Vor allem die mögliche Dreiteilung der journalistischen Tätigkeit in informierende, narrative (erzählende) und kommentierende Funktionen ist auch für die pastorale Rede hilfreich. Auch die Grundunterscheidung eines „RedensÜber" und eines „RedensIn" (siehe 3.6.2) kann an die unterschiedlichen journalistischen Formen anknüpfen. So macht es einen Unterschied, ob der Journalist bzw. der Pfarrer ein thematisches Feature bzw. eine Themenpredigt über das Leiden Unschuldiger in dieser Welt verfasst oder ob beide im Stil einer Reportage oder eines Porträts

pastorale Rede und journalistische Formen

von einem Menschen erzählen, der in seinem Leid wie Hiob mit Gott ringt. Ferner fällt vor allem bei ethischen Problemen auf, dass zum Beispiel ein derart komplexes Thema wie die Gentechnik manchmal besser in Gestalt einer Reportage aufgehoben ist als in einer kirchlichen Stellungnahme im Stil einer Nachricht.

Als Beispiel sei aus zwei Texten aus der „Süddeutschen Zeitung" (SZ) zitiert. Unter der Überschrift „Warnung vor Missbrauch der Gentechnik" heißt es in einem knappen Bericht vom 19.3.2001 u. a.: „Der Limburger Bischof Franz Kamphaus warnte vor gentechnischen Methoden wie der pränatalen Diagnostik. Der menschliche Eingriff in die Fortpflanzungsprozesse berge die Gefahr, dass Eltern ihre Kinder als Spiegelbild ihrer Träume und Wünsche erschaffen." – Auf Seite Drei der SZ fand sich am 2.1.2001 eine Reportage unter der Überschrift „Präimplantationsdiagnostik – auf diese Methode setzt ein junges Paar aus Moers alle Hoffnung, die Weitergabe eines Erbgutschadens zu vermeiden." Auf die Frage der Journalistin, ob sie ein Recht auf ein gesundes Kind hätten, heißt es über die schwangere Frau: „,Wer hat denn etwas gegen die Behandlung?', fragt sie zurück. Kirchen haben etwas dagegen, weil sie den unbeschränkten Zugriff auf das Leben fürchten. [...] Jetzt verdreht Anna Herder die Augen. ,Ich bin ein gläubiger Mensch', sagt sie dann, ,aber man muss doch selbst entscheiden können.' Ihr Mann ist unruhig geworden, als fühle er sich nicht wohl in seiner Haut. ,Irgendwie kann man schon verstehen, dass wir nicht Gott spielen dürfen', sagt er leise. Neulich hat er überlegt, was die Ärzte mit den Embryonen ,so alles ranzüchten' können, ganz mulmig ist ihm da geworden."

Die erzählenden Formen werden der Komplexität religiöser Phänomene und ethischer Probleme oftmals besser gerecht als der reine Nachrichtenjournalismus oder die Predigt im Stile eines Referates, welches quasi über den Text berichtet. Dies muss auch die evangelische Presse- und Öffentlichkeitsarbeit berücksichtigen: So gilt es, neben den durchaus notwendigen Äußerungen von Kirchenvertretern für den Nachrichtenjournalismus auch die journalistische Form der Reportage zu nutzen. EKD-Pressesprecher Udo Hahn hat dies auf die Kurzformel „Statements und Stories" gebracht.

6. Bibel, Kirche und Zeitung – ein Ausblick

Bei der gegenwärtig florierenden massenmedialen Präsenz von Religion fällt nicht zuletzt auf, wie intensiv und kreativ dabei oftmals mit religiöser Sprache umgegangen wird. Dies geht über die eigentliche Wahrnehmung von Religion und Kirche hinaus – zum Beispiel im täglichen „Streiflicht" der „Süddeutschen Zeitung", aber auch im Boulevardjournalismus. So erinnerte das „Streiflicht" am 3.11.2003 an die biblische Schöpfungsgeschichte – und kontrastierte deren bescheidene Unaufgeregtheit mit dem medialen Getöse, das entsteht, wenn jedes Ereignis als „jahrhundertschwer" beschrieben wird: „Die neue Woche wird hoffentlich langweilig. Die letzten Tage nämlich waren aufregend, aber auch erdrückend. Steinschwer lag der so genannte Mantel der Geschichte auf unseren Schultern. Zwei ergreifende Fernsehabende mit Willy Brandt, dazu eine Dokumentation über Brandt, die Jahrhundertgestalt. Bebende Berichte vom neuen Picasso-Museum in Malaga und über Picasso, den Jahrhundertkünstler. Prickelnde Reportagen über den Jahrhundertwein, auf den sich Deutschland nun freuen darf, nach dem Jahrhundertsommer, im Jahr nach der Jahrhundertflut. [...] Kurzum: eine Zeit voller Jahrhundertereignisse liegt hinter uns, und man fragt sich schon, wie viele solche Jahrhundertwochen ein Mensch im Jahr ertragen kann. [...] Man könnte sich schon wieder maßlos aufregen und vom Jahrhundertschwachsinn sprechen. Aber wir wollten ja eine langweilige Woche haben, eine gemütliche, also lassen wir es. Warten wir lieber auf den Jahrhundertwein [...]. Und suchen wir bis dahin Trost bei der Geschichte vom Anfang aller Dinge. Als der Herr das Licht und die Finsternis trennte, die Erde schuf und das Meer, die Vögel und die Seeungetüme. ‚Und Gott sah, dass es gut war.' Welch eine geradezu göttlich bescheidene Formulierung, welch eine himmlische Untertreibung im Angesicht eines Jahrmilliardenwerkes! Und sah, dass es gut war. Mehr nicht. [...]"

Nicht zuletzt sind es Journalisten, die der Kirche von außen ins Gedächtnis rufen, dass die sprachliche Weitergabe des Glaubens ihr „Kerngeschäft" sei, so Jan Ross unter der Überschrift „Mehr

Mut zur religiösen Sprache

Gott wagen" in der „Zeit" vom 28.5.2003. Für das kirchliche Reden bedeutet dies: Natürlich gilt das Ziel, auf eine unverständliche kirchliche Binnensprache zu verzichten, um in der Mediengesellschaft verstanden zu werden. Dies darf jedoch nicht dazu führen, dass die religiöse Sprache gänzlich versteckt wird. Vielmehr gilt es für Pfarrer wie für Journalisten, Mut zur religiösen Sprache zu haben, um vielleicht gerade dadurch wahrgenommen zu werden.

Fragen:

Fragen

1. Lesen Sie eine Woche lang intensiv mehrere Zeitungen und Zeitschriften auf ihre journalistische Wahrnehmung von Religion hin und vergleichen Sie diese mit der Präsenz der Religionen in den elektronischen Medien. Anhand welcher publizistischer Kriterien können Sie die Beiträge beschreiben und zu welchem Gesamteindruck kommen Sie?

2. Der Getränkeproduzent „Bionade" machte einer Nürnberger Innenstadtgemeinde im Jahr 2008 folgendes Angebot: Wenn das Unternehmen die Kirchenfassade als überdimensionale Werbefläche („Tu Gutes in Dich") nutzen darf, erhält die Kirchengemeinde monatlich 10.000 Euro – Geld, das für die Sanierung dringend benötigt wurde und praktisch nicht vorhanden war. Wägen Sie das Pro und Contra aus praktisch-theologischer Perspektive ab.

3. Als der Luxusdampfer „Sun Vista" im Mai 2000 mit mehr als Tausend Menschen an Bord sank, sangen die in die Rettungsboote fliehenden Passagiere Celine Dions Titelmelodie von „Titanic": „My heart will go on". Sie hätten das Lied gesungen, um ihre Ruhe zu bewahren, erzählten sie später. Nehmen Sie diesen Fall zum Anlass, um über die Legitimität der Rede von „Medienreligion" zu diskutieren.

3.6 Sprache

1. Sprache und ihre Bedeutung

Eine Pfarrerin predigt im Gottesdienst, eine Gemeinde betet mit Worten von Dietrich Bonhoeffer und ein altes Ehepaar mit einem Choral von Paul Gerhardt, ein Journalist schreibt einen Kommentar zum Karikaturenstreit, in einem Krankenzimmer segnet eine Seelsorgerin ihr Gegenüber, eine Lehrerin steht vor der Klasse ihrer Grundschule und erzählt ein Gleichnis Jesu in ihren eigenen Worten nach, ein Dichter klagt Gott an, eine EKD-Synode grübelt über einem Text, der ein neues Leitbild von Kirche formulieren soll. – Die Aufzählung ließe sich verlängern, und es würde sich doch nur immer wieder zeigen, wie grundlegend die Dimension der Sprache für das Handeln der Kirche, für die Tradierung des Glaubens und für die Weitergabe religiöser Erfahrungen ist. Kein Wunder, dass es in der Praktischen Theologie ganz wesentlich darum geht, *Sprache* und ihre Verwendung zu bedenken. **grundlegende Bedeutung der Sprache**

Eine Beobachtung wurde dabei in den vergangenen Jahren grundlegend: Sprache ist nicht nur Mittel zum Zweck. Sie dient nicht nur der Weitergabe von Informationen und Sachverhalten, die auch „jenseits der Sprache" irgendwie vorlägen. Vielmehr hängen Weltwahrnehmung und sprachliche Gestaltung unmittelbar zusammen. Es gilt daher für Theologinnen und Theologen, sensibel zu werden für die Möglichkeiten und Grenzen der Sprache. Mit ihrer Hilfe wird nicht nur abgebildet, was ist, sondern Wirklichkeit erkannt. Damit gilt auch: Die Art und Weise, *wie* ich etwas sage, ist niemals zu trennen vom Inhalt dessen, *was* ich sage. Am einfachen Beispiel formuliert: ein Liebesbrief wird eine andere Sprache finden müssen, um angemessen zu sein, als ein Brief ans Finanzamt. Die Vermischung der Formen wäre geradezu grotesk. Genau dies gilt auch für das Reden in kirchlichem Kontext. So wird eine Predigt am Pfingstsonntag eine andere Sprache wählen als eine dogmatische Vorlesung zum Thema des „Heiligen Geistes" an einer theologischen Fakultät. Theoretisch jedenfalls. Denn hier beginnen bereits die Probleme. So evident die Unterscheidung verschiedener Sprachebenen **Sprache und Wirklichkeit – Form und Inhalt** und Sprachformen je nach dem Inhalt ist, der kommuniziert werden soll, so wenig wird diese Unterscheidung in allen Vollzügen der Kommunikation des Glaubens bedacht. Deshalb klingen manche Predigten eben doch wie Vorlesungen „light" – was sicherlich schwerer zu ertragen ist, als wenn umgekehrt manche Professorin oder mancher Dozent plötzlich in der Vorlesung zu predigen beginnt. Stimmig allerdings ist beides nicht.

Es geht in diesem Kapitel darum, dem Phänomen der Sprache auf die Spur zu kommen und Sprache als grundlegende *Dimension* kirchlichen Handelns und glaubender Existenz zu verstehen. Wir stellen dazu drei Zugänge zum Phänomen der Sprache vor, die in der (Praktischen) Theologie der vergangenen Jahrzehnte eine Rolle gespielt haben, die Rhetorik, die Semiotik und die Sprechakttheorie. Diese Zugänge verstehen sich nicht alternativ, sondern als unterschiedliche Reflexionsperspektiven, die insgesamt einen Blick auf das vielschichtige Phänomen der Sprache ermöglichen.

2. Rhetorik

Rhetorik und Manipulation

Rhetorik hat in Deutschland nicht erst, aber doch ganz besonders seit den Erfahrungen des Dritten Reichs keinen guten Ruf. Die Reden Adolf Hitlers oder seines Reichspropagandaministers Joseph Goebbels dienten zur Manipulation des deutschen Volkes und bedienten sich dazu auf gekonnteste Weise rhetorischer Mittel. Durch das, was gesagt wurde, und durch die Art und Weise, wie es gesagt wurde, gelang es, Menschenmassen negativ zu beeinflussen. Klare Alternativen (Wir, die Guten – die Anderen [Juden, Bolschewisten etc.], die Schlechten), markante Bilder, Wort- und Satzwiederholungen, Steigerungen, Ausrufe, (rhetorische) Fragen – diese und andere sprachliche Mittel dienten dazu, kritisches Bewusstsein bei den Hörerinnen und Hörern im Saal, am Volksempfänger oder während der im Kino gezeigten Wochenschau nach Möglichkeit auszuschalten und einfache Botschaften eines rassistischen, totalitären und religiös verbrämten Weltbildes zu vermitteln.

Kritische Kirchenvertreter und Theologen wehrten sich gegen diese Art der manipulativen Rhetorik und folgerten, dass ein solches Reden in der Kirche nichts zu suchen habe. Eduard Thurneysen hatte bereits während des Ersten Weltkrieges erschreckt zur Kenntnis genommen, wie sich Prediger als rhetorische Kriegstreiber gebärdeten und warnte 1921 davor, predigend als „Agitator und Krämer" aufzutreten. Er formulierte den Leitsatz: „keine Beredsamkeit" auf der Kanzel. Auch Karl Barth war prinzipiell dieser Meinung, wusste aber zugleich, dass Prediger daher umso sorgfältiger mit der Sprache umgehen müssen. In seiner Homiletik-Vorlesung 1932/33 in Bonn sagte er: „Die Predigt verlangt eine ordentliche Sprache […]. Form und Inhalt sind in der Predigt […] nicht zu trennen; zum rechten Inhalt gehört die rechte Form" (100).

Trotz Barths Einsicht in die Bedeutung der formalen Sprachgestalt und in den Zusammenhang von Form und Inhalt und trotz der Tatsache, dass die Vertreter der „Wort-Gottes-Theologie" selbst Redekünstler waren, wurde die Alternative Rhetorik vs. wahrhaftige Rede von Gott und Welt in der Nachkriegszeit in Deutschland hochgehalten. Bisweilen ist diese Gegenüberstellung bis in die Gegenwart anzutreffen. Sie argumentiert aber – worauf etwa der Tübinger Rhetorikprofessor Walter Jens (geb. 1923) unermüdlich hinwies – mit einem verengten Verständnis von Rhetorik. Denn Rhetorik ist zunächst nicht mehr und nicht weniger als die „Reflexion auf Voraussetzungen, Intentionen, Gestaltungsformen und Rezeptionsbedingungen menschlicher Rede" – und als solche „eine der ältesten Wissenschaften der abendländischen Bildungsgeschichte" (Grözinger 2007, 821). Als wissenschaftliche Reflexion auf die Kunst der Rede ist sie „neutral"; freilich lassen sich ihre Erkenntnisse (wie die jeder anderen Wissenschaft auch) zum Guten oder Schlechten gebrauchen.

Rhetorik als Reflexion von Rede

Auf dem Hintergrund der Diskussion über die Bedeutung der Rhetorik im deutschsprachigen Kontext ist es kaum verwunderlich, dass Gert Otto (1927–2005) mit seinem Buchtitel „Predigt als Rede" im Jahr 1976 heftig provozieren konnte. Die Einordnung der Predigt in den Bereich der öffentlichen Rede und die damit zusammenhängende Reflexion der Predigt im Kontext der Rhetorik war zum Zeitpunkt des Erscheinens des Buches al-

Rhetorik – instrumentell und hermeneutisch

les andere als selbstverständlich. Genau diese Einordnung aber möchte Gert Otto für die Predigt fruchtbar machen. Dabei leitet ihn ein weites Rhetorikverständnis, das es nicht damit zu tun hat, Rhetorik lediglich als ein *Instrument* zu betrachten, um Predigtinhalte möglichst persuasiv zu vermitteln. Ottos Rhetorikbegriff ist nicht *instrumentell*, sondern *hermeneutisch*. „Mit dem *Weg*, auf dem ich Wahrheit finde, und mit der *Weise*, sie andern mitzuteilen, damit es *ihre* Wahrheit werde, hat es Rhetorik zu tun", so schreibt Otto (9).

Rhetorik und die Rede von Gott

Bereits von Jesu Umgang mit Sprache ist zu lernen. Dass er Gleichnisse erzählte, ist nicht nur ein Weg, um den einfachen galiläischen Bauern und Handwerkern die komplexe Botschaft vom Reich Gottes irgendwie verständlich zu machen. Vielmehr ist das Gleichnis ein Sprachkunstwerk, das die Hörerinnen und Hörer bereits hineinholen kann in die Wirklichkeit des Gottesreiches. Komplex, aber treffend formulierte Eberhard Jüngel: „Die Gleichnisse Jesu bringen die Gottesherrschaft *als* Gleichnis zur Sprache" (135). Und auch die Propheten der Bibel bedienen sich nicht einfach nur unterschiedlicher rhetorischer Mittel, sondern eröffnen neue Einsichten und Wahrnehmungen, indem sie zum Beispiel Liebeslieder aufnehmen und umformen (vgl. Jes 5), Gerichtsworte sprechen, Verheißungen in Bildern ausmalen. Die große Frage der Theologie, wie angemessen von Gott gesprochen werden kann, ist auch eine Frage an die Rhetorik.

RedenIn und RedenÜber

Ein Beispiel: Martin Nicol und Alexander Deeg haben in den vergangenen Jahren das Konzept der „Dramaturgischen Homiletik" vorgelegt. Es geht darum, mit der eigenen Predigtsprache so in die Worte, Bilder und Geschichten der Bibel hineinzuführen, dass sich Hörerinnen und Hörer idealiter *in* diesen Worten und ihren emotionalen sowie kognitiven Bewegungen wiederfinden. Eine vereinfachende Grundunterscheidung zweier Sprachebenen wird im Rahmen der Dramaturgischen Homiletik wichtig: Es gibt *RedenÜber* und *RedenIn*. Das *RedenÜber* ist vor allem akademisch eingeübt. Es ist die Sprache, die auf Phänomene des Lebens und Glaubens aus einiger Distanz blickt, diese zusammenfasst und auf den Punkt bringt. *RedenIn* hingegen bezeichnet eine Ebene der Sprache, die sich in Ereignissen bewegt und teilhaben lässt an dem, was geschieht. Am konkreten Beispiel: Im ersten Gottesknechtslied (Jes 42,1–9) präsentiert Gott den Knecht, den Auserwählten, der „das geknickte Rohr" nicht zerbricht und „den glimmenden Docht" nicht auslöscht, der „die Augen der Blinden" öffnet und die Gefangenen befreit. In einer Predigt könnten dazu „klassisch" folgende Sätze gebildet werden, die sich als *RedenÜber* bestimmen lassen:

> „Liebe Gemeinde,
> um eine sanfte Befreiung geht es hier. Eine sanfte Revolution durch den himmlischen Knecht. Wenn der Gottesknecht unterwegs ist, wird Hoffnung laut für das Volk in der Gefangenschaft. Eine sanfte Befreiung – auch heute. Der Gottesknecht ist noch immer unterwegs. Er begibt sich auf den Weg zu allen Menschen. Auch in ausweglosesten Situationen kommt er hinein. Und auch in den Kleinigkeiten unseres Alltags ist er da."

Hier werden – sicherlich richtige – Aussagen und Behauptungen aneinandergereiht (in durchaus nicht völlig bildlos-unemotionaler Sprache). Ganz anders spricht Karl-Heinrich Bieritz in einer Predigt zu diesem Text. Er verbindet Impressionen aus Rostock mit dem Wirken des Gottesknechts. Gerade hatte Bieritz in seiner Predigt beschrieben, wie der Knecht unter himmlischem Trommelwirbel und mit Fanfarenklängen präsentiert wird. Dann fährt er wie folgt fort:

> „Der Trommelwirbel verebbt, die Fanfaren verstummen mit letzten krächzenden Tönen. Unbemerkt macht ER sich davon. Lädt den Säufer am Kröpeliner Tor zu einer Tasse Kaffee ein. Schenkt dem Rumänenkind am Wikingburger ein Überraschungsei. Diskutiert mit den Glatzköpfen, die es bedrängen. Sitzt plötzlich neben dir in der S-Bahn, unaufdringlich, aufmerksam. ‚Mach weiter, gib nicht auf – es hat Sinn!' Lacht dich an wie ein Kind. Bläst dir Mut zu, so daß dein Licht wieder brennt – *den glimmenden Docht wird er nicht verlöschen*. Hilft dir auf die Beine, gibt dir einen Stoß in den Rücken, daß du wieder Haltung gewinnst – *das geknickte Rohr wird er nicht zerbrechen*" (Im Wechselschritt zur Kanzel, 62f.).

Der Unterschied von *RedenÜber* und *RedenIn* wird deutlich. Freilich: *RedenIn* ist nicht einfach generell „besser", *RedenÜber* nicht von vornherein schlecht und unbrauchbar. Es gilt aber, genau zu reflektieren, wo welche Art von Reden Sinn macht. Die Rhetorik als Reflexion auf die Sprache und ihre Verwendung stellt hierzu die Hilfsmittel bereit.

3. Semiotik

Semiotik – Analyse von Zeichen und ihrer Wirkung

Das Ziel der Semiotik besteht darin, die Gestalt, Funktion und Wirkung von (keineswegs nur, aber auch sprachlichen) *Zeichen* zu analysieren (gr. *semeíon* = Zeichen), von „Dingen" also, die für etwas anderes stehen. Dies scheint simpel, wenn es etwa um Verkehrsschilder geht. Wie ein Stopp-Schild aussieht (achteckig, weißer Rand, roter Hintergrund mit weißer Schrift), was seine Funktion ist (den Verkehr an einer Kreuzung zu regeln) und was es im idealen Fall bewirken soll (die Autofahrer, die dieses Schild sehen, zum Anhalten zu bringen, damit sie sich umsehen und erst bei freier Straße weiterfahren) ist evident. Freilich funktioniert der Zeichenprozess nur, wenn die Autofahrer in die Konventionen eingeübt sind und das Zeichen am Straßenrand entsprechend deuten. Stellt man aber dasselbe Stopp-Schild ins Museum of Modern Art in New York, so wird all dies sofort fraglich und das Zeichen vieldeutig. Vielleicht sieht ein Betrachter dieses Schild und erkennt darin die Warnung des Künstlers vor einer überregulierten Welt mit allzu vielen Verboten, eine andere nimmt den energischen Aufruf wahr, die globale Erwärmung der Erde zu stoppen, und ein dritter deutet das Zeichen als künstlerische Selbstironie und Hinweis auf die überbordende Fülle der Produktion „sinnloser" Kunst in der Gegenwart. Die vermeintliche Eindeutigkeit des Zeichens gibt es nicht. Je nach Kontext, je nach Betrachter bedeutet es Unterschiedliches. Charles Sanders Peirce (1839–1914), der Vater der modernen Semiotik, sagte: „A sign is something which stands to somebody for something in some respect or capacity." Wichtig an diesem Satz ist die Erkenntnis, dass ein Zeichen nicht einfach „for something"/„für etwas" steht, sondern dass dies nur für eine bestimmte Person in einem bestimmten Kontext gilt.

Vieldeutigkeit von Zeichen

Es ist kaum verwunderlich, dass semiotische Überlegungen zunächst für die Liturgik, die Lehre vom Gottesdienst, entscheidend wurden (siehe 2.2). Denn hier werden ständig sprachliche und außersprachliche Zeichen gesetzt und rezipiert. Ein einfaches Beispiel: Wenn ein katholischer Priester zu Beginn des Gottesdienstes die Worte „Im Namen des Vaters und des Sohnes und des Heiligen Geistes" spricht und sich dabei bekreuzigt, so setzt er damit ein sprachliches und gestisches Zeichen. Eindeutig aber ist es nicht. Er selbst versteht das Kreuzeszeichen vielleicht als bewusste Einbeziehung seiner Person in ihrer ganzen Leiblichkeit in die Feier im Namen des dreieinigen Gottes. Oder als christologische Fokussierung der von ihm gesprochenen trinitarischen Formel. Oder als Einreihung in die Schar der Feiernden, da sich alle Anwesenden in diesem Moment ebenfalls mit dem Zeichen des Kreuzes bezeichnen. Kommt ein evangelischer Christ in einen katholischen Gottesdienst, so empfindet er das Bekreuzigen hingegen nicht selten als typisch katholischen Identitätsausweis, obgleich es etwa für Martin Luther zur selbstverständlichen Praxis seiner eigenen Frömmigkeit gehörte. Bekreuzigt sich ein Stürmer im Fußballstadion vor einem Elfmeter, so wird dasselbe Zeichen wiederum sehr anders gedeutet werden. Ein Zeichen und seine Bedeutung sind nicht einfach linear miteinander verbunden. Jedes Zeichen ist vieldeutig – und das macht die Semiotik als Lehre von den Zeichen zu einer faszinierenden, aber durchaus komplexen Disziplin.

Die beiden bisherigen Beispiele (Stopp-Schild und Kreuzeszeichen) zeigen, dass die *Semiose*, der Prozess des Umgangs mit Zeichen, ein vielschichtiger Prozess ist. Es gibt das Bezeichnende (das Schild, das Kreuzeszeichen; seit den Arbeiten von Ferdinand de Saussure [1857–1913] häufig Signifikant genannt). Das Bezeichnete (Saussure spricht hier von Signifikat) aber existiert nur im Plural und hängt von den Kontexten, in denen das Bezeichnende begegnet, ebenso ab wie von dem Vorwissen, den individuellen Prägungen, der momentanen Situation und Gefühlslage derjenigen, die das Bezeichnende entschlüsseln.

Signifikant, Signifikat, Semiose

Bleiben wir noch einen Moment beim Kreuzeszeichen, so wird gleichzeitig ein weiterer Aspekt deutlich: Mit dem Siginifikat ist die Semiose, der Prozess der Zeichendeutung, keineswegs am Ende angelangt. Denn jedes Signifikat ist wiederum erneut ein Signifikant, der Zeichenprozess geht immer weiter. Führt man diese Kette der Deutungen am Beispiel aus, so könnte sie z. B. wie folgt (oder auch ganz anders!) aussehen: Das bezeichnete /Kreuz/ meint „Christus", /Christus/ meint „Messias", /Messias/ meint „Gesalbter", /Gesalbter/ meint „Erlöser", /Erlöser/

unendliche Semiose und offenes Kunstwerk

bedeutet „Rechtfertigung", /Rechtfertigung/ bedeutet „Gnade" ... [Die hier angewandte Schreibweise ist in der Semiotik eingeführt; der Signifikant wird dabei zwischen zwei Schrägstriche gesetzt.] Umberto Eco (geb. 1932; seit 1971 Professor für Semiotik in Bologna) konnte zu Recht von einer „unendlichen Semiose" sprechen. Von Eco stammt auch der Begriff „offenes Kunstwerk": Ein Kunstwerk bedeutet nicht einfach etwas, sondern ist ein Signifikant, das zu offener (aber nicht völlig beliebiger!) Semiose Anlass gibt. Durch die Arbeiten von Gerhard Marcel Martin wurde diese Begrifflichkeit 1984 auf die Predigt übertragen (siehe 2.3.3).

der Referent und die außersprachliche Realität

Natürlich gibt es auch einfachere Zeichenprozesse, etwa bei Eigennamen. „Angela Merkel" verweist eindeutig auf eine 1954 geborene CDU-Politikerin (oder fast eindeutig, denn sicher gibt es in Deutschland noch ein paar Frauen desselben Namens). Komplexer ist es immer dann, wenn es um sprachliche Zeichen geht, deren Bezug nicht so klar zu bestimmen ist. Gleich in einem theologischen Beispiel gesprochen: Der Begriff „Reich Gottes" bedeutet – wie leicht empirisch erwiesen werden könnte – in unterschiedlichen Kontexten und für unterschiedliche Menschen Verschiedenes. Wenn er in einem Gottesdienst verwendet wird, dann werden die einen an Jesus und sein Wirken denken, an Heilungen oder gemeinsame Mahlzeiten mit Zöllnern und Sündern, die anderen an das Bild vom neuen Jerusalem, in dem Gott abwischen wird alle Tränen, wieder andere werden politische Hoffnungsbilder vor Augen haben oder Szenen gelingenden Lebens und einige werden wohl gar nichts mit dem Begriff verbinden und ihn als unverständliches theologisches Fachwort einordnen. An dieser Stelle dient das sog. *semiotische Dreieck* aus Signifikat, Signifikant und Referent als Veranschaulichung. Neu gegenüber den bisherigen Begriffen taucht der „Referent" auf. Zunächst ein einfaches Beispiel aus dem Alltag: Wenn der Meister auf der Baustelle zu seinem Lehrling sagt: „Bring mir bitte einen Eimer", dann wird das Wort „Eimer" (=Signifikant) von diesem Lehrling, wenn er des Deutschen mächtig ist, wohl allermeist so entschlüsselt, dass das Bild eines zylindrischen, oben offenen und mit einem Henkel ausgestatteten Gefäßes entsteht

(=Signifikat). Wenn der Lehrling dann mit diesem Bild im Kopf losläuft, dann macht er sich auf die Suche nach einem „Referenten", nach einem konkreten, außersprachlich, „real" existierenden Eimer. So weit, so einfach. Wie aber ist es mit dem Begriff „Reich Gottes"? Hier gibt es – wie bereits angedeutet – zunächst einmal sehr unterschiedliche Signifikate, je nach Hörer und Situation. Noch schwieriger aber ist die Frage nach dem „Referenten" zu beantworten, nach der außersprachlichen Realität. Faktisch „gibt" es das „Reich Gottes" nicht jenseits von neuerlichen Zeichenprozessen, die wiederum gedeutet werden müssen: im Wort der Verheißung, in Brot und Wein, im Wasser der Taufe.

Es leuchtet ein, dass an dieser Stelle wiederum besonders die Homiletik, die Predigtlehre, herausgefordert ist. Der in seiner grammatischen Struktur äußerst schlichte Satz: „Liebe Gemeinde. Das Reich Gottes ist nah und fern zugleich." ermöglicht umfangreiche Analysen und führt in eine Pluralität der Verständnisse. So eindeutig der Satz zunächst auch erscheint: Im Zeichenprozess wird er mehrdeutig, ambiguitär. Wilfried Engemann (geb. 1959), der sich wie kaum ein anderer Praktischer Theologe mit der Semiotik beschäftigt, unterscheidet zwei Weisen dieser *Ambiguität*: die *faktische* und die *taktische*. *Faktische Ambiguität* beschreibt jene Mehrdeutigkeit, die immer vorliegt, sobald irgendjemand ein Zeichen verwendet. *Taktische Ambiguität* hingegen meint den bewussten und steuernden Umgang mit dieser Mehrdeutigkeit. Es gehe, so Engemann, in allem Zeichenhandeln (also z. B. im kirchlichen Reden) darum, den Weg von der faktischen zur taktischen Ambiguität zu gehen, also Ambiguität bewusst zu lenken. Nur so führt der Reichtum vielfältiger Deutung nicht zur Beliebigkeit der Interpretation.

faktische und taktische Ambiguität

Ein Beispiel: Wird am Ende des Gottesdienstes der sogenannte „aaronitische Segen" gesprochen, so geht dieser auf Num 6,24–26 zurück. In der Luther-Übersetzung lautet er: „Der HERR segne dich und behüte dich; der HERR lasse sein Angesicht leuchten über dir und sei dir gnädig; der HERR hebe sein Angesicht über dich und gebe dir Frieden." In der Diskussion des 20. Jahrhunderts wurden vor allem zwei sprachliche „Kleinigkeiten" häufig thematisiert und problematisiert: (1) Was geschieht,

Sprachform des Segens

wenn der Segen – wie in der biblischen Vorgabe – in der zweiten Person Singular gesprochen wird? In der Bibel ist klar, dass sich der Segen auf die „Israeliten" bezieht, also auf das ganze Volk (vgl. Num 6,23). Liturgisch gilt er primär der zum Gottesdienst versammelten *Gemeinde*, nicht den einzelnen Individuen, die aber natürlich als Teile der Gemeinde mit gemeint sind. Wird der Segen zu individualistisch gehört, wenn das „dich" des Segens verwendet wird? Sollte daher gesagt werden: „Der HERR segne *euch*"? (2) Das zweite Problem betrifft das Subjekt „der HERR". In der Lutherbibel ist das Wort charakteristisch in Kapitälchen gedruckt – wie immer, wenn im hebräischen Text der unübersetzbare Gottesname JHWH steht, der im Judentum aus Ehrfurcht vor Gott nie vokalisiert ausgesprochen wird. Seit alters aber wird dafür die Aussprache „HERR" verwendet (im Hebräischen: „Adonai"). Nun fragen vor allem feministische Kreise, ob „HERR" als Signifikant nicht zu Signifikaten führe, die in eine ganz andere Richtung gehen, als es der Intention des geschlechtlich nicht fixierten Tetragramms JHWH entspricht. Werden nicht automatisch patriarchale Assoziationen wach, da ja die besondere Schreibweise in Kapitälchen nie mitgesprochen werden kann? Und wird damit nicht ein bestimmtes und problematisches Gottesbild vermittelt? Sollte daher unspezifischer gesagt werden: „Gott segne dich ..."? Es wird deutlich, dass vermeintliche „Kleinigkeiten" der Sprachgestalt gar nicht so klein sind, sondern weitreichende Konsequenzen haben.

4. Sprechakttheorie

Sprechakt-theorie nach Austin

Bereits die semiotische Perspektive hat deutlich gemacht, dass (sprachliche) Zeichen auf ihre Wirkung hin untersucht werden müssen. Dieser Aspekt wurde von der sog. *Sprechakttheorie* ausführlicher reflektiert. Als ihr Vater gilt John Langshaw Austin (1911–1960), der 1955 eine Vorlesungsreihe hielt, die sieben Jahre später unter dem markanten Titel „How to do things with words" publiziert wurde. Ein einfaches Beispiel: Wenn ein Besucher in einen Raum geführt wird, dort Platz genommen hat und den Satz äußert: „Es ist kühl hier drin", dann ist dies zunächst ein beschreibender Satz. Er trifft eine Feststellung. Wenn der Gastgeber ihn so aufnimmt, dann wird er darauf z. B. mit einem „Ja, ziemlich kühl" antworten. Als guter Gastgeber hört er aber mehr – z. b. die Aufforderung, das Fenster zu schließen oder die Heizung höher zu drehen. Und erst dann wird der Gast sagen können, dass sein Satz – im Sinne einer Sprechhandlung – erfolgreich war. Austin unterscheidet drei Aspekte einer sprachlichen Äußerung:

- Es gibt den *lokutionären* oder *propositionalen* Aspekt, der den Inhalt beschreibt, der auf seine „Wahrheit" hin analysiert werden kann.
- Daneben bestimmt der *illokutionäre* Aspekt das Ziel, das ein Sprecher oder Autor mit einem Satz verfolgt.
- Der *perlokutionäre* Aspekt blickt auf den Rezipienten und die Wirkung des Satzes.

Eine ähnliche Unterscheidung hat Friedemann Schulz von Thun in seinem Buch „Miteinander reden" vor Augen geführt. Er schlägt vor, sprachliche Aussagen nach ihrer Sachseite (Was sage ich?), ihrer Selbstoffenbarungsseite (Was sage ich über mich?), ihrer Beziehungsseite (Was sage ich über uns?) und ihrer Appellseite (Was will ich?) zu differenzieren.

vier Aspekte einer Aussage

Ein Problem von Sprachwahrnehmung in kirchlichem Kontext lag oftmals darin, zu einseitig auf die „Sachseite" zu achten. Man analysierte kirchliche Sätze (etwa: Sätze aus Predigten) dann z. B. nur auf ihre theologische Stimmigkeit hin, ohne zu bedenken, was die Intention dieser Sätze ist und was sie bei den Hörern auslösen. So ist der Satz „Jesus Christus starb als Opfer für unsere Sünden" zwar vielleicht dogmatisch korrekt. Wenn ein Prediger oder eine Liturgin damit aber erreichen will, dass Menschen sich befreit fühlen, so wird dies wohl nur selten gelingen. Menschen könnten nach diesem Satz auch eher bedrückt sein und sich mit einem für sie problematischen Gottes- und Menschenbild konfrontiert sehen. Die Wahrnehmung durch die Rezipienten ist konstitutiv mit einzubeziehen, wenn es um die Reflexion von Sprache geht.

Wirkung von Sprache

Es gibt sprachliche Eigentümlichkeiten kirchlicher Rede, die im Kontext der Sprechakttheorie als echte Probleme erscheinen. Eine solche Eigentümlichkeit liegt in der überaus intensiven

kirchlicher Voluntativ

Verwendung von Modalkonstruktionen vor. „Gott will uns alle trösten", einen Satz wie diesen kann man in Predigten, Andachten, Gebeten etc. hören. Ja, Sätze, in denen Gott etwas „will", begegnen so häufig, dass es sich lohnen könnte, eine eigene Bezeichnung dafür einzuführen und vom „kirchlichen Voluntativ" zu sprechen. Auf der Sachebene ist dieser Satz eine Aussage über das, was Gott vorhat, über Gottes Willen und Plan. Eine Predigerin, die diesen Satz verwendet, möchte wahrscheinlich aber die Botschaft vermitteln, dass Gott „dich", liebe Zuhörerin/lieber Zuhörer, tröstet. Sie scheut sich aber vor der direkten Aussage: „Gott tröstet uns alle" – wohl, weil diese (zu Recht!) als zu groß und angesichts der realen menschlichen Erfahrung als zu umfassend gehört würde. „Wir" erfahren oft genug nichts von Gottes Trost. Genau hier setzt das Problem der Aussage in ihrer Appellfunktion ein (nach Austin: das perlokutionäre Problem): Wie höre ich den Satz, wenn ich mich nicht getröstet fühle? Als Aussage über einen merkwürdigen Gott, der zwar „will", aber nicht „kann"? Als Aussage über mich merkwürdigen Menschen, der irgendwie Schuld daran trägt, dass der Trost nicht bei mir ankommt? Vielleicht weil ich mich „verschließe" (was auch immer das dann bedeutet)? Die vermeintliche Intention der Predigerin ist geeignet, sich in ihr Gegenteil zu verkehren: Der Versuch, etwas Tröstliches zu sagen, stößt Hörende unter Umständen nur weiter zurück in das Gefühl der Trost-Losigkeit. Umgekehrt würde es gelten, die seltsame Modalkonstruktion aufzulösen und so zu sprechen, dass es stimmig wird. Mutiger müsste dann vielleicht geredet werden (wie oben in dem Beispiel von Bieritz) oder vorsichtiger, aber in jedem Fall nicht verschleiernd wie in dem zitierten Satz.

homiletischer Lassiv

Nicht nur das Wörtchen „will" begegnet geradezu inflationär in kirchlichem Reden, sondern z. B. auch das Wörtchen „lassen". Wilfried Engemann wagt die Diagnose eines „homiletischen Lassiv" als problematischer Sprachform (evangelischer) Rede (67–69). „Wir müssen Gottes Gnade nur an uns wirken *lassen*", „Wir dürfen uns die Augen öffnen *lassen*" – Sätze wie diese gehören zum Standardrepertoire (nicht nur) evangelischer Predigt. Sie sind aber in mehrfacher Hinsicht problematisch: Als

Handlungsanweisung bleiben sie leer, weil nicht klar ist, wie das funktionieren soll: Wie lasse ich denn die Gnade Gottes an mir wirken? Gleichzeitig verschleiern sie einen eigentlich gemeinten Imperativ und kaschieren Appelle. Meint der Prediger nicht doch, dass die Hörer höchst aktiv etwas tun sollen, findet aber nicht den Mut, dies direkt zur Sprache zu bringen? Schließlich bleiben die Sätze theologisch unklar. Der Indikativ des Evangeliums, der in dem gründet, was Gott tut, verwandelt sich in die Aufforderung an den Hörer, irgendetwas zu tun. Wieso haben Predigende so wenig Mut, den Indikativ des Evangeliums direkt zuzusagen: „Gottes Gnade wirkt und verändert Dein Leben!"; „Gott öffnet die Augen – und wir sehen!"?

Mit Rhetorik, Semiotik und Sprechakttheorie liegen drei einander ergänzende Sichtweisen auf das Phänomen der Sprache vor. Es wäre möglich (und wird durchaus gelegentlich so praktiziert), die (Praktische) Theologie insgesamt als Wissenschaft von der Sprache des Glaubens zu verstehen. Sie hätte dann die Aufgabe, kritisch und konstruktiv auf die Art und Weise zu blicken, wie Glaube Sprache findet und Grundregeln zu entdecken bzw. zu formulieren. Sie würde sich dann als eine Schule der „Grammatik" der Glaubenssprache verstehen und als Ort, in dem elementares Reden wahrgenommen, reflektiert und eingeübt wird.

Fragen:

1. Ein sehr vereinfachtes Schema von Kommunikation könnte wie folgt aussehen:

Fragen

Problematisieren Sie dieses vereinfachte Bild, indem Sie sich der Einsichten von Rhetorik, Semiotik und Sprechaktanalyse bedienen.

2. Jesus redet in Gleichnissen und sagt z. B.: „Das Himmelreich gleicht einem Kaufmann, der gute Perlen suchte, und

als er eine kostbare Perle fand, ging er hin und verkaufte alles, was er hatte, und kaufte sie" (Mt 13,45f.). Analysieren Sie das Gleichnis sprechakttheoretisch – und überlegen Sie dann, was Ihre Analyse für eine kurze Ansprache zu diesem Text in einer Gemeindeversammlung und für die Gestaltung einer Unterrichtsstunde zu diesem Gleichnis bedeuten könnte.

3. Im Internet ist das Leitbild des Diakonischen Werkes der EKD nachzulesen. Betrachten Sie dessen Leitsätze („Wir orientieren unser Handeln an der Bibel." ...) anhand der Unterscheidungen von Austin und Schulz von Thun.

4. Praktische Theologie als Wissenschaft

4.1 Praktische Theologie als Übung vernetzten Denkens

Sie haben in diesem Buch gesehen, wie Praktische Theologie betrieben wird und grundlegende Erkenntnisse aus ihren einzelnen Arbeitsbereichen kennengelernt. Dieses abschließende Kapitel zeigt Ihnen knapp, wie die Praktische Theologie im Kontext anderer Wissenschaften (4.2) sowie im Kontext der Theologie (4.3) verortet ist. Einen wesentlichen Grundsatz praktischtheologischen Arbeitens heben wir nochmals hervor: Praktische Theologie kann nicht (mehr) ausschließlich sektoral betrieben werden, so als ob sie lediglich aus einzelnen, voneinander getrennten Schubladen bestünde. Wenn es um die Predigt geht, dann ziehe ich den homiletischen Schub auf und schaue, was sich alles darin befindet, wenn es um die Seelsorge geht, den poimenischen.

Notwendig und zugleich reizvoll ist es vielmehr, die Vernetzungen der einzelnen Handlungsfelder zu entdecken und zu erproben. Immer wieder lässt sich ja zum Beispiel fragen: Welchen seelsorgerlichen Bezug hat die Predigt oder das Ritual des Gottesdienstes? Oder: Was lässt sich in einem Gottesdienst oder in einer Predigt lernen und wie sind folglich Pädagogik und Liturgik verknüpft? Nicht nur die Sektoren gilt es zu verknüpfen, sondern entscheidend ist es, dass diese auch mit den von uns aufgeführten Themen verbunden werden. So können Sie fragen: Wie lässt sich die religiöse Landschaft der Gegenwart beschreiben und welche Auswirkungen hat dies für die kirchliche Rede in Predigt bzw. den schulischen Unterricht? Oder: Welches Kirchenbild gehört zu welchem Verständnis von Gottesdienst bzw. Seelsorge? Diese Fragen ließen sich weiterführen und zu einem Bild der Praktischen Theologie fügen, das die einzelnen Handlungsfelder als wechselseitig miteinander verknüpftes, interagie-

Handlungsfelder und Themen in wechselseitiger Vernetzung

rendes System darstellt, zu dem verschiedene zentrale Themen gegenwärtiger Reflexion als Kontexte hinzutreten.

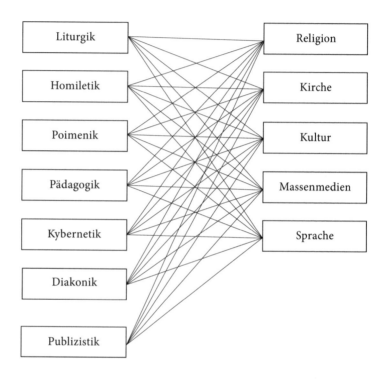

4.2 Praktische Theologie als Wissenschaft im Kontext anderer Wissenschaften

Das eben dargestellte vernetzte Bild der Praktischen Theologie bleibt immer noch unzureichend. Denn es berücksichtigt nicht, in welch starkem Maß die Praktische Theologie auf die Erkenntnisse anderer Wissenschaften angewiesen ist. Einige der wesentlichen Nachbarwissenschaften, mit denen seit Jahren enge Arbeitskontakte bestehen, haben wir in diesem Buch benannt.

Nachbarwissenschaften der Praktischen Theologie

- Für die Wahrnehmung der Gesellschaft der Gegenwart ist die *Soziologie* Partnerin der Praktischen Theologie. Aus ihr kommen nicht nur Versuche, die gesellschaftliche Lage insgesamt zu beschreiben (zum Beispiel als „Erlebnisgesellschaft"), sondern auch empirische Verfahren, um methodisch fundiert Aussagen über Aspekte der Gesellschaft machen zu können. Nicht zuletzt sind die Milieutheorien, auf die wir in diesem Buch verwiesen haben, aus der Soziologie entnommen. Für die Erforschung von Riten und symbolischem Handeln hat sich in jüngster Zeit eine eigene Wissenschaft der „Ritual Studies" herausgebildet, die aus der klassischen *Ethnologie* hervorging.

- Die allgemeine *Sprach-, Literatur- und Kommunikationswissenschaft* ist Partnerin, wo immer es um die Frage geht, wie gegenwärtig Worte und Zeichen gedeutet und gefunden werden können. Hinzu kommt die *Medienwissenschaft*, die helfen kann, aktuelle Herausforderungen der Medienlandschaft auf klassische Handlungsfelder der Kirche zu beziehen.

- Seit vielen Jahren schon ist die *Psychologie* und sind die verschiedenen Schulen der *Psychotherapie* Partner vor allem der Seelsorgelehre. Ihren Weg in die Theologie haben sich diese Disziplinen teilweise mühsam erkämpft. Gegenwärtig aber ist ihre Bedeutung unhinterfragt – wenngleich im Kontext gerade dieser Wissenschaft und ihrer zugehörigen Praxis die Frage nach dem Proprium der Theologie in besonderer Weise gestellt wurde und gestellt werden muss.

Die Psychologie spielt auch für die pädagogische Reflexion kirchlichen Handelns eine wesentliche Rolle. Ohne Erkenntnisse über die (religiöse) Entwicklung von Kindern, Jugendlichen und Erwachsenen könnte ein angemessenes pädagogisches Handeln nicht mehr gedacht werden. Natürlich steht damit auch die allgemeine *Pädagogik* in Dialog mit der Praktischen Theologie.

Die Praktische Theologie gehört, so zeigt sich, aufgrund ihrer vielfältigen Vernetzungen mitten hinein, in das, was gegenwärtig als *Kultur- bzw. Gesellschaftswissenschaft* bezeichnet werden kann.

Praktische Theologie in interreligiösem Horizont

Einen Kontext heben wir hervor, weil er uns für die gegenwärtige theologische Arbeit insgesamt besonders wichtig erscheint: der Kontext der Religionen. Praktische Theologie ist herausgefordert, den multi-religiösen Kontext wahrzunehmen. Vor allem Methoden der Vergleichenden Religionswissenschaft werden auch für das praktisch-theologische Arbeiten zunehmend relevant, d. h. Methoden, die es ermöglichen, Voraussetzungen, Möglichkeiten und Grenzen des Vergleichs zweier (oder mehrerer) Religionen und der Begegnungs-, Dialog- und Lernchancen zwischen ihnen auszuloten. In besonderer Weise hat sich dieser Dialog bisher mit jener Religion vollzogen, die zum Christentum in einem einzigartigen Verhältnis steht: mit dem Judentum. Selbstverständlich ist zudem der Dialog mit dem Islam – als der zweitgrößten Religionsgemeinschaft in Deutschland – von besonderem Interesse.

4.3 Der Ort der Praktischen Theologie im Hause der Theologischen Fakultät

Anfang der universitären Praktischen Theologie

Friedrich Daniel Ernst Schleiermacher gilt als der Vater der modernen Praktischen Theologie. Die Geschichte der Entstehung dieses Fachs gehört hinein in einen allgemeinen Umbruch der Universitätslandschaft im frühen 19. Jahrhundert, an dem Schleiermacher in Berlin federführend beteiligt war. Damals war die Chance gegeben, sich über die Struktur der einzelnen Fächer, ihre Bedeutung und ihr Selbstverständnis zu verständigen; das ist gegenwärtig in Zeiten des Bologna-Prozesses wieder so. In seiner Schrift „Kurze Darstellung des theologischen Studiums zum behuf einleitender Vorlesungen" aus dem Jahr 1811 nutzt Schleiermacher diese Chance. Er schlägt eine Dreiteilung des theologischen Studiums in *Philosophische, Historische* und *Praktische Theologie* vor, wobei alle drei Aspekte des theologischen Studiums in der einen Aufgabe der Erhaltung und Förderung des christlichen Glaubens in der Gemeinschaft verbunden sind. Die *Philosophische Theologie* solle mit den Disziplinen der Apologetik und Polemik den Wurzelgrund bilden, die *Historische Theologie* mit ihren Fächern Exegese, Kirchengeschichte, Dogmatik und kirchliche Statistik den eigentlichen Stamm und die *Praktische Theologie* die Krone des Baums des theologischen Studiums. Auch wenn die konkreten Reformvorschläge Schleiermachers nicht unmittelbar umgesetzt wurden und auch wenn die Praktische Theologie noch lange um ihr Selbstverständnis und ihre Geltung kämpfen musste, markiert das Jahr 1811 doch so etwas wie die Geburtsstunde der Praktischen Theologie als eigener theologischer Disziplin. Seither nämlich lässt sich die Praktische Theologie aus der Organisation der Theologischen Fakultät nicht mehr wegdenken.

Freilich: es gab auch vor Schleiermacher einen Zweig der „Praktischen Theologie", der meist „theologia applicata" („angewandte Theologie") genannt wurde. Hier ging es darum, die Ergebnisse der theologischen Wissenschaft zu bündeln und auf die konkreten gemeindlichen Handlungsfelder des Pfarrers zu übertragen. Daher auch die Bezeichnung „Pastoraltheologie" für diesen Zweig der Theologie, der allerdings kaum als Wissenschaft im strengen Sinn bezeichnet werden konnte. Vielmehr wurden Regeln für das pastorale Handeln im Einzelnen gesammelt und pastorale Fertigkeiten vermittelt und eingeübt.

Praktische Theologie vor Schleiermacher

Dies reichte nun – zu Beginn des 19. Jahrhunderts – nicht mehr aus. Denn diese Zeit wurde als Krisenzeit für Kirche und Theologie erlebt. Man nahm wahr, dass Christentum und Kirche auf eine Weise auseinander traten, wie dies in den Jahrhunderten vorher nicht der Fall war (siehe 3.2.2). Es gab christlichen Glauben und christliches Leben in vielfältiger, individueller Gestalt.

Veränderungen im frühen 19. Jahrhundert

Auch der Konnex von Religion und Theologie hatte sich verändert: Theologische Lehre und religiöse Erfahrung wurden – ähnlich wie heute – vielfach als einander widersprechend erlebt. Damit drohten in jenen Jahren Relevanzverluste für die Kirche einerseits und die Theologie andererseits. Die klassische Konstruktion einer dogmatisch orientierten Gotteslehre, die dann nur noch auf die gemeindliche Praxis „angewandt" werden musste, konnte nicht die Lösung sein. Die Theologie musste sich den neuzeitlichen Transformationen des christlichen Glaubens und religiösen Lebens stellen. Es ging zunächst darum, die neuartige christlich-kirchlich-religiöse Lebenswirklichkeit wahrzunehmen, um auf der Grundlage dieser Wahrnehmung und in Vermittlung mit der theologischen Tradition „Kunstregeln" (Schleiermacher) für das Handeln in der Kirche zu entwickeln.

Theorie und Praxis im Wechselspiel

Für Schleiermacher ist es überhaupt erst durch die Praktische Theologie möglich, dass die Theologie ihren Auftrag als „positive Wissenschaft" erfüllt, d. h. als eine Wissenschaft, die auf eine konkrete Aufgabenstellung und deren Lösung bezogen ist. Wie sich die Medizin um den Menschen und die Heilung seiner Krankheiten kümmert und die Jurisprudenz um die Hervorbringung einer Rechtsordnung, so die Theologie um die „Erhaltung des christlichen Glaubens in der Gemeinschaft" bzw. konkreter um die Kirche und ihre „Leitung" – d. h. um alles Reden und Handeln in ihr. Schleiermachers Bestimmung der Praktischen Theologie bleibt damit in einer gewissen Spannung: Einerseits grenzt sie sich gegen eine überkommene „theologia applicata" ab, andererseits aber geht es der Praktischen Theologie auch nach Schleiermacher um die pastorale Tätigkeit und die Kunstregeln, die für deren Ausübung notwendig sind. – Diese Spannung zwischen wissenschaftlicher Reflexion und auf sie bezogener konkreter Handlungsorientierung, zwischen Wahrnehmungs-/Erkenntnislehre und Technik/Kunst prägt die Praktische Theologie bis heute. Vielleicht ist es gerade dies, was seit rund 200 Jahren ihren besonderen Reiz ausmacht.

Die Praktische Theologie ist das jüngste Kind in der theologischen Familie und hat es sich und den anderen nicht immer leicht gemacht. Den Familienfrieden wirbelt sie manchmal gehörig durcheinander. Christian Albrecht beschreibt dies humorvoll und treffend: „Geschwisterzwist im Haus der Theologie: die jüngste Schwester, die Praktische Theologie, hat das klassische Problem des jüngsten Kindes. Sie findet ihre Rolle unter den Geschwistern nicht. Und dieses Problem will sie lösen wie so viele jüngste Kinder: indem sie ihre Beziehungsprobleme mit den älteren Geschwistern ausdiskutiert. Die beißen nicht recht an; sie ahnen schon, was kommt, denn es ist immer das gleiche: erst kokettiert die Jüngste etwas beleidigt mit ihrer Rolle als Aschenputtel unter den Geschwistern, und wenn keiner schnell genug widerspricht, dann wird sie aggressiv und zetert, dass der Vater ihr eigentlich die Krone versprochen habe. […] Nur die Systematische Theologie, die älteste Schwester, hört dem Lamento ab und an zu, und in ihrer milden Zuwendung schwingt mit, was eigentlich alle denken: dass die jüngste Schwester natürlich zur Familie gehört, auch wenn sie schon immer ein wenig anders war als die anderen: ein wenig kapriziöser, ein wenig sprunghafter – und manchmal leider auch: ein wenig einfältiger" (8).

jüngstes Kind im theologischen Haus

Wo also gehört die Praktische Theologie hin? Wir haben versucht, ihren Ort im Haus der Theologischen Fakultät zu bestimmen und kamen dabei auf vier unterschiedliche Möglichkeiten.

Verortung im Haus der Theologischen Fakultät

1. *Keller und Fundament*: Praktische Theologie könnte als „Grundlagenforschung" bezeichnet werden. Fragen wie die nach dem Verhältnis von Kirche und Kunst, Kirche und Gesellschaft, Kirche und Religion werden hier verhandelt und haben Auswirkungen auf alle anderen Disziplinen der Theologie.

2. *Eigenes Stockwerk, ziemlich weit oben, mit Fahrstühlen in alle anderen Stockwerke*: Eine Praktische Theologie, die sich als „Handlungstheorie" versteht, hätte wohl hier ihren Ort. Sie nimmt Bezug auf die Ergebnisse der anderen Fächer der Theologie, bündelt diese und orientiert so das Handeln der Kirche.

3. *Kleiner Rückzugs- und Experimentierraum*: Martin Nicol nennt die Praktische Theologie eine „Hohe Schule der Gotteskunst", und Albrecht Grözinger versteht sie als „Schnitt-

stelle" von Kunst und Wissenschaft. Sieht man sie so, dann würde sie im Kontext der übrigen Fächer wohl eine sehr eigenständige und auch etwas eigentümliche Existenz führen, weil sie nicht nur *über* Phänomene reflektiert, sondern diese selbst in sprachlicher und ritueller Hinsicht erprobt.

4. *Der gute, aber manchmal etwas nervige Hausgeist*: Dieser ist auf den Gängen der Theologischen Fakultät unterwegs, begegnet immer mal wieder und erinnert an das, wozu Theologie eigentlich da ist. In dieser Hinsicht hat etwa Gert Otto (1927–2005) die Praktische Theologie als „Kritik der Theologie" verstanden.

Keine der vier Ortsbeschreibungen trägt allein das Fach der Praktischen Theologie. Und es könnte gut sein, dass das Besondere dieses Faches gerade darin besteht, Aspekte von allen vier genannten Aufgaben zu erfüllen. Das hat einen spielerischen Ernst, der, so meinen wir, auch der Rolle der jüngsten Schwester im Familienverbund ganz gut entspricht.

Fragen:

Fragen

1. Üben Sie sich in das vernetzende praktisch-theologische Denken ein, indem Sie die in diesem Buch genannten Handlungsfelder der Praktischen Theologie exemplarisch in kultureller und sprachlicher Dimension reflektieren.

2. Begründen Sie, inwiefern die Praktische Theologie als „Anwendungswissenschaft" bzw. als „Grundlagenforschung" bezeichnet werden könnte und beziehen Sie sich dazu auch auf die Geschichte der Praktischen Theologie.

5. Arbeits- und Hilfsmittel zur Praktischen Theologie

Allgemeine Lehr- und Arbeitsbücher

Gräb, Wilhelm/Birgit Weyel (Hgg.): Handbuch Praktische Theologie, Gütersloh 2007
Ein meist sehr gut lesbares und aktuelles Lexikon der Praktischen Theologie zu Grundbegriffen, Phänomenen, Praxisvollzügen und Diskursen – von Abendmahl und Ästhetik über Drogen, Esoterik, Kino, Liebe, Medien bis hin zu Predigt, Seelsorge und Unterricht

Grethlein, Christian/Helmut Schwier (Hgg.): Praktische Theologie. Eine Theorie- und Problemgeschichte, APrTh 33, Leipzig 2007
In 13 Einzelartikeln äußern sich jüngere Praktische Theologinnen und Theologen zu Themen, die drei Bereichen zugeordnet werden: (1) Die Stellung der Praktischen Theologie innerhalb der Theologie, (2) Zentrale Themen der Praktischen Theologie (Bibel, Empirie, Religion, Kirche, Mission), (3) Ausgewählte Bereiche der Praktischen Theologie (Pastoraltheologie, Poimenik, Kybernetik, Katechetik und Religionspädagogik, Diakonik). Das Buch ist für all diejenigen hervorragend geeignet, die die Geschichte der Praktischen Theologie intensiv kennenlernen wollen.

Meyer-Blanck, Michael/Birgit Weyel: Studien- und Arbeitsbuch Praktische Theologie, UTB 3149, Göttingen 2008
Dieses Arbeitsbuch ist so konzipiert, dass es nicht nur gelesen, sondern durchgearbeitet werden will. Anhand einzelner Problemstellungen werden elementare Grundkenntnisse, Orientierungen für das Studium der Praktischen Theologie und Einblicke in die Fachdiskussion erworben.

Möller, Christian: Einführung in die Praktische Theologie, UTB 2529, Tübingen u. a. 2004
Beeindruckende Verbindung von historischer Orientierung, (meist) solidem Überblick über einzelne Konzeptionen und anregenden Beiträgen zu einzelnen Fragestellungen der jeweiligen Disziplinen. Kritisiert werden kann die teilweise sehr unterschiedliche Gewichtung und Qualität der einzelnen Abschnitte sowie die knappe (und manchmal einseitige) Darstellung der gegenwärtigen praktisch-theologischen Landschaft.

Nicol, Martin: Grundwissen Praktische Theologie. Ein Arbeitsbuch, Stuttgart/Berlin/Köln 2000
Der Vor- oder Nachteil dieses Buches über die einzelnen Disziplinen der Praktischen Theorie: Es handelt sich um ein Arbeitsbuch, dessen Lektüre nur funktioniert, wenn Sie bereit sind, die zahlreichen Texte, die im Buch angegeben werden, zu lesen und die entsprechenden Fragestellungen dazu zu beantworten. Gerade deshalb lässt sich Nicols Grundwissen aber auch als Literaturschlüssel zur Praktischen Theologie und als Begleiter während des theologischen Studiums verwenden.

Rössler, Dietrich: Grundriß der Praktischen Theologie, Berlin/New York ²1994
Wer nicht nach aktuellen Entwicklungen der vergangenen 20 Jahre sucht, sondern stattdessen eine historisch fundierte und systematisch-reflektierte Darstellung der Praktischen Theologie lesen will, ist mit Rösslers Buch hervorragend bedient, in dem die konkreten Handlungs- und Reflexionsfelder der Praktischen Theologie zum Einzelnen, zur Kirche und zur Gesellschaft in Bezug gesetzt werden.

Winkler, Eberhard: Praktische Theologie elementar. Ein Lehr- und Arbeitsbuch, Neukirchen-Vluyn 1997
Dieses sehr knappe Lehrbuch bietet gut lesbare, klar und einfach formulierte Überlegungen zu den einzelnen Handlungsfeldern der Praktischen Theologie. Wer einen schnellen Überblick über wichtige Fragestellungen sucht, ist bei Winkler nach wie vor gut aufgehoben. Wer sich mit praktisch-theologischen Konzeptionen oder historischen Entwicklungen eingehender beschäftigen will, darf bei Winkler auf keinen Fall stehen bleiben.

Zeitschriften für das ganze Gebiet der Praktischen Theologie

Pastoraltheologie (PTh)
Die älteste der noch immer erscheinenden praktisch-theologischen Zeitschriften. Sie wurde 1878 gegründet und spiegelt in ihrer Geschichte die Entwicklung der Praktischen Theologie im 20. Jahrhundert. Bis vor einigen Jahren konnte die PTh als das konservativere Pendant zur Zeitschrift „Praktische Theologie" gelten – eine Kategorisierung, die den neueren Jahrgängen allerdings nicht mehr gerecht wird.

Praktische Theologie (PrTh)
Häufiger als in der PTh werden Themenhefte (etwa zu „Familie", „Bildung" etc.) und mit ihnen Querschnitte zum gegenwärtigen kirchlichen Handeln im gesellschaftlichen Kontext geboten.

International Journal of Practical Theology (IJPT)
Die IJPT erscheint seit 1997 und stellt – wie der Name schon sagt – die Praktische Theologie bewusst in internationalen Kontext. Beiträge wer-

den in Englisch und Deutsch abgedruckt. Besonders beachtlich ist die
„Book Review", die aktuelle Rezensionen von Titeln aus dem englisch-
und deutschsprachigen Kontext bietet.

zu 2. Kirchliche Handlungsfelder in der Reflexion der Praktischen Theologie

Grethlein, Christian/Helmut Schwier (Hgg.): Praktische Theologie. Eine
 Theorie- und Problemgeschichte, APrTh 33, Leipzig 2007
 *Das umfangreiche Buch zeigt die Entwicklung der Praktischen Theologie
 bis zur Gegenwart.*

Josuttis, Manfred: Die Einführung in das Leben. Pastoraltheologie
 zwischen Phänomenologie und Spiritualität, Gütersloh 1996
 *Eine eminent herausfordernde Grundlegung der Praktischen Theologie
 und Ausführung einzelner Handlungsfelder*

2.2 Liturgik

Bieritz, Karl-Heinrich: Liturgik, Berlin/New York 2004
 *Ein umfangreiches Nachschlagewerk und Studienbuch für alle liturgisch
 Interessierten*

Grethlein, Christian/Günter Ruddat (Hgg.): Liturgisches Kompendium,
 Göttingen 2003.
 *Der kleine und günstigere Bruder des „Handbuchs der Liturgik" (s. un-
 ten)*

Schmidt-Lauber, Hans-Christoph/Michael Meyer-Blanck/Karl-Heinrich
 Bieritz (Hgg.): Handbuch der Liturgik. Liturgiewissenschaft in
 Theologie und Praxis der Kirche, Göttingen ³2003
 *Ein Lesebuch und Nachschlagewerk zu allen Fragen (evangelischer) Li-
 turgik*

2.3 Homiletik

Engemann, Wilfried: Einführung in die Homiletik, UTB 2128,
 Tübingen/Basel 2002
 *Das UTB-Lehrbuch besticht dadurch, dass es Predigtpraxis und homile-
 tische Theorie zugleich im Blick behält.*

Engemann, Wilfried/Frank Michael Lütze, Frank Michael (Hgg.):
 Grundfragen der Predigt. Ein Studienbuch, Leipzig 2006
 *Die Herausgeber versammeln grundlegende Texte zur Homiletik, wobei
 jeweils „theoretische Grundlegungen" und „Überlegungen zur Praxis"
 zusammengestellt werden.*

Grözinger, Albrecht: Homiletik, Lehrbuch Praktische Theologie 2,
 Gütersloh 2008
 *Eine hervorragende Einführung in Grundfragen und Konzeptionen der
 Homiletik und ein eindrucksvolles Plädoyer für die „Predigtkunst" (ars
 praedicandi)*

2.4 Poimenik

Engemann, Wilfried (Hg.): Handbuch der Seelsorge. Grundlagen und Profile, Leipzig 2007
In 28 Einzelartikeln werden grundlegende Fragen der Seelsorge kompetent und aktuell diskutiert.

Morgenthaler, Christoph: Seelsorge, Lehrbuch Praktische Theologie 3, Gütersloh 2009
Ein gut lesbares, umfassendes und aktuelles Lehrbuch zur Seelsorge mit ausführlichen Literaturhinweisen

Pohl-Patalong, Uta/Frank Muchlinsky (Hgg.): Seelsorge im Plural. Perspektiven für ein neues Jahrhundert, Lernort Gemeinde 1, Hamburg 1999
Ein Sammelband, der einen guten Überblick über neuere Entwicklungen und Konzeptionen gibt

Ziemer, Jürgen: Seelsorgelehre. Eine Einführung für Studium und Praxis, UTB 2147, Göttingen ²2004
Ein empfehlenswertes Standardwerk, das dem Leser ein vertieftes Studium der Seelsorge ermöglicht und sehr gut begleitend zur eigenen Praxis gelesen werden kann

2.5 Religionspädagogik

Grethlein, Christian: Gemeindepädagogik, Berlin/New York 1994; ders., Religionspädagogik, Berlin/New York 1998
Anspruchsvolle und umfassende Lehrbücher der Gemeinde- und Religionspädagogik zur Vertiefung eigenen Wissens

Lämmermann, Godwin/Elisabeth Naurath/Uta Pohl-Patalong: Arbeitsbuch Religionspädagogik. Ein Begleitbuch für Studium und Praxis, Gütersloh 2005
Übersichtliches, gut zu lesendes Arbeitsbuch zum ersten Überblick und Einstieg in das Studium der Religionspädagogik

Lachmann, Rainer/Reinhold Mokrosch/Erdmann Sturm: Religionsunterricht – Orientierung für das Lehramt, Göttingen 2006
Sehr gute Einführung in Studium und Praxis des Lehramtes im Fach Evangelische Religion

Schweitzer, Friedrich: Religionspädagogik, Lehrbuch Praktische Theologie 1, Gütersloh 2006
Umfangreiches Lehrbuch, das den neuesten Stand der Forschung im Bereich der evangelischen Religionspädagogik wiedergibt

2.6 Kybernetik

Breitenbach, Günter: Gemeinde leiten. Eine praktisch-theologische Kybernetik, Stuttgart 1994

Lindner, Herbert: Kirche am Ort. Ein Entwicklungsprogramm für
Ortsgemeinden, Stuttgart 2000
Breitenbach und Lindner entfalten in ihren Büchern grundlegende Gedanken zur praktisch-theologischen Kybernetik, in die sie organisations- und systemtheoretische Ansätze integrieren.

Michael N. Ebertz/Hans-Georg Hunstig (Hgg.): Hinaus ins Weite. Gehversuche einer milieusensiblen Kirche, Würzburg 2008

Hauschildt, Eberhard/Eike Kohler/Claudia Schulz: Milieus praktisch. Analyse- und Planungshilfen für Kirche und Gemeinde, Göttingen 2008
Die beiden Bücher bieten einen gut lesbaren und praxisbezogenen Einstieg in neueste Ergebnisse kirchensoziologischer Untersuchungen, die wertvolle Hinweise für eine Theorie kirchenleitenden Handelns bereithalten.

2.7 Diakonik

Ruddat, Günter/Gerhard K. Schäfer (Hgg.), Diakonisches Kompendium, Göttingen 2005
Umfassendes und trotzdem übersichtliches Buch, das Grundlagen, Konzepte und Handlungsfelder in einer Sammlung von Aufsätzen reflektiert

Schibilsky, Michael/Renate Zitt (Hgg.): Theologie und Diakonie, Gütersloh 2004
Gute Sammlung von Aufsätzen zur Verortung der Diakonie im weiteren Kontext der Theologie

2.8 Publizistik

Haberer, Johanna/Friedrich Kraft (Hgg.): Lesebuch Christliche Publizistik, Erlangen 2004
Mit gut lesbaren Beiträgen zu den einzelnen Bereichen innerhalb des Handlungsfeldes Christliche Publizistik, auch in historischer Perspektive, von Praktikern verfasst

Kirchenamt der Evangelischen Kirche in Deutschland (Hg.): Mandat und Markt, Perspektiven evangelischer Publizistik, Publizistisches Gesamtkonzept 1997, Frankfurt am Main 1997
Knapper Text, der die Suche nach der eigenen Identität christlicher Publizistik verdeutlicht und dabei die zentralen Positionen nennt

Thomé, Hans Erich: Gottesdienst frei Haus? Fernsehübertragungen von Gottesdiensten, Göttingen 1991
Übersichtliche und kritische Darstellung der evangelischen und katholischen Konzeption im Spannungsfeld von Gottesdienst und Fernsehen als Medium

zu 3. Zentrale Themen in praktisch-theologischer Reflexion

3.2 Religion

Bertelsmann-Stiftung (Hg.): Religionsmonitor 2008, Gütersloh 2007
Eine lesenswerte, gut aufbereitete aktuelle Studie zur Religiosität in 21 verschiedenen Ländern

Gräb, Wilhelm: Art. Religion und Religionen, in: ders./Birgit Weyel (Hgg.), Handbuch Praktische Theologie, Gütersloh 2007, 188–199
Eine knappe Wahrnehmung des gegenwärtigen Redens von Religion in kulturhermeneutischer Perspektive

Grethlein, Christian: Grundinformation Kasualien. Kommunikation des Evangeliums an Übergängen des Lebens, Göttingen 2007
Ein hervorragend strukturiertes und didaktisch aufgebautes Buch zu den Kasualien im gegenwärtig praktisch-theologischen Diskurs

Luther, Henning: Die Lügen der Tröster. Das Beunruhigende des Glaubens als Herausforderung für die Seelsorge, in: PrTh 33 (1998), 163–176
Dieser posthum veröffentlichte Vortrag des Marburger Praktischen Theologen gehört vielleicht zum Herausforderndsten, was in den vergangenen Jahren zur Wahrnehmung von gegenwärtiger Religion und zur seelsorgerlichen Aufgabe in diesem Kontext geschrieben wurde.

3.3 Kirche

Preul, Reiner: Kirchentheorie. Wesen, Gestalt und Funktionen der Evangelischen Kirche, Berlin/New York 1997
Auch wenn sich der Autor zu wenig sozialwissenschaftlicher, empirischer Methoden bedient, um die kirchliche Wirklichkeit zu erfassen, und die dogmatische, vor allem lutherische Ekklesiologie ein sehr starkes Gewicht erhält, ist das Buch eine gute, materialreiche Einführung.

Hermelink, Jan/Thorsten Latzel: Kirche empirisch. Ein Werkbuch, Gütersloh 2008
Eine notwendige Ergänzung zu Preuls Kirchentheorie. Das Buch fasst die wesentlichen Untersuchungen und Daten zur sozialen Wirklichkeit der evangelischen Kirchen in Deutschland zusammen. Die Ergebnisse werden aufbereitet, reflektiert und in die praktisch-theologische Diskussion eingeordnet.

Grethlein, Christian: Pfarrersein heute. Zwischen „Führer" ins Heilige und „intellektuellem Amt", DtPfrBl 109 (1999), 10–13, und ders., Pfarrer(in)sein als christlicher Beruf. Hinweis zu den veränderten Rahmenbedingungen einer traditionellen Tätigkeit, ZThK 98 (2001), 372–398
Hilfreiche Zusammenfassung der gegenwärtigen Debatte um das pastorale Berufsverständnis

3.4 Kultur

Gräb, Wilhelm/Birgit Weyel (Hgg.): Praktische Theologie und protestantische Kultur, Gütersloh 2002
In einer Vielzahl von Beiträgen reflektieren Praktische Theologen die Wechselwirkungen von Protestantismus und Kultur. Neben grundsätzlichen Überlegungen geht es um einzelne kulturelle Bereiche wie Kunst, Musik, Bildung etc.

Kirchenamt der EKD (Hg.): Räume der Begegnung. Religion und Kultur in evangelischer Perspektive. Eine Denkschrift der Evangelischen Kirche in Deutschland und der Vereinigung Evangelischer Freikirchen, Gütersloh 2002
Knapper, verständlicher Zugang zur Debatte um das Verhältnis von Religion und Kultur, wie sie derzeit in der evangelischen Kirche geführt wird. In produktiver Weise wird die Rolle der unterschiedlichen Künste gestärkt und auch die Trivialkultur ernst genommen.

3.5 Massenmedien

Hermann, Jörg: Sinnmaschine Kino. Sinndeutung und Religion im populären Film, Praktische Theologie und Kultur 4, Gütersloh 2002
Ertragreiche Analyse populärer Filme wie „Titanic", „Forrest Gump" oder „Independence Day" aus praktisch-theologischer Perspektive, verknüpft mit grundsätzlichen Reflexionen zum Verhältnis der Sinnstrukturen im Film und im Christentum

Schibilsky, Michael: Kirche in der Mediengesellschaft, in: Reiner Preul/ Reinhard Schmidt-Rost (Hg.), Kirche und Medien, Gütersloh 2000, 51-70
Der Autor benennt theologische Vorbehalte, setzt diese zur Wirklichkeit der Medien in Beziehung und gibt Handlungsempfehlungen für die Christliche Publizistik.

Themenheft „Zwischen Medium und Medien. Religion und Öffentlichkeit", in: Pastoraltheologische Information 2007/1 (Jg. 27)
Sammelband einer ökumenischen Tagung mit knappen, pointierten Aufsätzen jener Praktischer Theologen, die sich schwerpunktmäßig mit den Massenmedien beschäftigen

3.6 Sprache

Grözinger, Albrecht: Die Sprache des Menschen. Grundwissen für Theologinnen und Theologen, München 1991
Übersichtliche und anregende Darstellung der bis zum Erscheinen des Buches relevanten Forschungen zur „Sprache des Menschen"

Nicol, Martin/Alexander Deeg: Im Wechselschritt zur Kanzel. Praxisbuch Dramaturgische Homiletik, Göttingen 2005
Eine Predigtlehre mit zahlreichen kommentierten Predigtausschnitten

Otto, Gert: Rhetorische Predigtlehre. Ein Grundriss, Mainz 1999
Lust an der Sprache für die Rede im kirchlichen Raum wecken – das ist das Programm von Gert Otto, das er in dieser Predigtlehre zusammenfassend durchführt.

Weitere empfehlenswerte und zitierte Literatur

Albrecht, Christian: Zur Stellung der Praktischen Theologie innerhalb der Theologie – aus praktisch-theologischer Sicht, in: Grethlein, Christian/Helmut Schwier (Hgg.), Praktische Theologie. Eine Theorie- und Problemgeschichte, APrTh 33, Leipzig 2007, 8–60

Barth, Karl: Homiletik. Wesen und Vorbereitung der Predigt, Zürich ³1986

Barth, Ulrich: Religion und ästhetische Erfahrung. Interdependenzen symbolischer Erlebniskultur, in: ders., Religion in der Moderne, Tübingen 2003, 235–262

Belting, Hans: Bild und Kunst. Eine Geschichte des Bildes vor dem Zeitalter der Kunst, München 1990

Blanke, Eberhard: Christliche Kommunikationskampagnen. Ansätze zu einer praktisch-theologischen Public Relations-Theorie, in: DtPfrBl 108 (2008), 355–358

Bohren, Rudolf: Unsere Kasualpraxis – eine missionarische Gelegenheit?, München 1960

Cornehl, Peter: Der Evangelische Gottesdienst. Biblische Kontur und neuzeitliche Wirklichkeit, Bd. 1: Theologischer Rahmen und biblische Grundlagen, Stuttgart 2006

Dahm, Karl-Wilhelm: Beruf: Pfarrer. Empirische Aspekte, München 1971

Deeg, Alexander: Predigt und Derascha. Homiletische Textlektüre im Dialog mit dem Judentum, APTLH 48, Göttingen 2006

Gräb, Wilhelm: Art. Ästhetik, in: ders./Weyel, Birgit, Handbuch Praktische Theologie, Gütersloh 2007, 737–747

Grözinger, Albrecht: Predigt als Unterhaltung. Bemerkungen zu einer verachteten homiletischen Kategorie, in: PTh 76 (1987), 425–440

Grözinger, Albrecht: Rhetorik, in: Wilhelm Gräb/Birgit Weyel (Hg.), Handbuch Praktische Theologie, Gütersloh 2007, 821–832

Habermas, Jürgen: Glauben und Wissen. Friedenspreis des Deutschen Buchhandels 2001, Frankfurt/Main 2001

Härle, Winfried: Dogmatik, Berlin/New York 1995

Hall, Stuart: Cultural Studies. Zwei Paradigmen, in: Bromley, Roger u. a. (Hg.), Cultural Studies. Grundlagentexte zur Einführung. Aus dem Englischen von Gabriele Kreuzner u. a., Lüneburg 1999, 113–138

Hauschildt, Eberhard: Alltagsseelsorge. Eine sozio-linguistische Analyse des pastoralen Geburtstagsbesuchs, APT 29, Göttingen 1995

Herbst, Michael: Missionarischer Gemeindeaufbau in der Volkskirche, Stuttgart 1987

Jens, Walter: Von deutscher Rede, München 1969

Jetter, Werner: Symbol und Ritual. Anthropologische Elemente im Gottesdienst, Göttingen ²1986

Josuttis, Manfred: Der Pfarrer ist anders. Aspekte einer zeitgenössischen Pastoraltheologie, München 1982

Josuttis, Manfred: Segenskräfte. Potentiale einer energetischen Seelsorge, Gütersloh 2000

Jüngel, Eberhard: Paulus und Jesus. Eine Untersuchung zur Präzisierung der Frage nach dem Ursprung der Christologie, HUT 2, Tübingen ⁷2004

Karle, Isolde: Pastorale Kompetenz, in: PTh 89 (2000), 508–523

Keppler, Angela: „Medienreligion" ist keine Religion. Fünf Thesen zu den Grenzen einer erhellenden Analogie, in: Günter Thomas (Hg.): Religiöse Funktionen des Fernsehens?, Medien-, kultur- und religionswissenschaftliche Perspektiven, Wiesbaden 200, 223–230

Kuschel, Karl-Josef: Im Spiegel der Dichter. Mensch, Gott und Jesus in der Literatur des 20. Jahrhunderts, Düsseldorf 1997

Lindner, Herbert: Spiritualität und Modernität. Das evangelische München-Programm, in: PTh 86 (1997), 244–264

Mädler, Inken: Transfigurationen. Materielle Kultur in praktisch-theologischer Perspektive, Stuttgart ²2008

Martin, Gerhard Marcel: Predigt als „offenes Kunstwerk"? Zum Dialog zwischen Homiletik und Rezeptionsästhetik, in: EvTh 44 (1984), 46–58

Meier, Daniel: Kirche in der Tagespresse. Empirische Analyse der journalistischen Wahrnehmung von Kirche anhand ausgewählter Zeitungen, Studien zur Christlichen Publizistik 12, Erlangen 2006

Möller, Christian: Lehre vom Gemeindeaufbau, Bd. 1: Konzepte – Programme – Wege, Göttingen ³1991

Morgenroth, Matthias: Heiligabend-Religion. Von unserer Sehnsucht nach Weihnachten, München 2003

Moser, Tilman: Von der Gottesvergiftung zu einem erträglichen Gott. Psychoanalytische Überlegungen zur Religion, Stuttgart 2003

Nipkow, Karl Ernst: Bildung als Lebensbegleitung und Erneuerung. Kirchliche Bildungsverantwortung in Gemeinde, Schule und Gesellschaft, Gütersloh ²1992

Nürnberger, Christian: Kirche, wo bist Du?, München 2000

Otto, Gert: Predigt als Rede. Über Wechselwirkungen von Homiletik und Rhetorik, Stuttgart 1976

Pirner, Manfred L.: Werbung in theologischer Perspektive, in: Gerd Buschmann/ders., Werbung, Religion, Bildung, Frankfurt am Main 2003, 11–38, und ders.: Heilige Höschen. Religion und Erotik in der Populärkultur, a. a. O., 132–137

Pohl-Patalong, Uta: Von der Ortskirche zu kirchlichen Orten. Ein Zukunftsmodell, Göttingen 2004

Schleiermacher, Friedrich: Die praktische Theologie nach den Grundsätzen der evangelischen Kirche im Zusammenhang dargestellt (1850), hg. von Jacob Frerichs, Berlin/New York 1983

Schleiermacher, Friedrich: Kurze Darstellung des theologischen Studiums zum Behuf einleitender Vorlesungen (1811/1830), hg. v. Dirk Schmid, Berlin 2002

Schmidbauer, Wolfgang: Die hilflosen Helfer. Über die seelische Problematik der helfenden Berufe, überarb. Neuaufl., Reinbek bei Hamburg 1992

Schulz von Thun, Friedemann: Miteinander reden, Bd. 1: Störungen und Klärungen. Allgemeine Psychologie der Kommunikation, Hamburg 1981

Schulze, Gerhard: Die Erlebnisgesellschaft. Kultursoziologie der Gegenwart, Frankfurt am Main 1992

Schweitzer, Friedrich: Lebensgeschichte und Religion. Religiöse Entwicklung und Erziehung im Kindes- und Jugendalter, München 1987

Seitz, Manfred: Unsere Kasualpraxis – eine gottesdienstliche Gelegenheit?, in: ders., Praxis des Glaubens. Gottesdienst, Seelsorge und Spiritualität, Göttingen ^{3}1985, 42–50

Thomas, Günter: Medien – Ritual – Religion. Zur religiösen Funktion des Fernsehens, Frankfurt am Main 1998

Thurneysen, Eduard: Die Lehre von der Seelsorge, Zürich ^{2}1957

Volp, Rainer: Gastfreie Orte. Über die stille Botschaft von Kirchenräumen, in: Degen, Roland/Hansen, Inge (Hg.), Lernort Kirchenraum. Erfahrungen – Einsichten – Anregungen, Münster u. a. 1998, 257–262